Parlamentsrechtliche Strukturmerkmale im Recht der kommunalen Volksvertretung

Europäische Hochschulschriften
Publications Universitaires Européennes
European University Studies

Reihe II
Rechtswissenschaft

Série II Series II
Droit
Law

Bd./Vol. 4179

PETER LANG
Frankfurt am Main · Berlin · Bern · Bruxelles · New York · Oxford · Wien

Jan-Peter Spiegel

Parlamentsrechtliche Strukturmerkmale im Recht der kommunalen Volksvertretung

PETER LANG
Europäischer Verlag der Wissenschaften

Bibliografische Information Der Deutschen Bibliothek
Die Deutsche Bibliothek verzeichnet diese Publikation in der Deutschen Nationalbibliografie; detaillierte bibliografische Daten sind im Internet über <http://dnb.ddb.de> abrufbar.

Zugl.: Freiburg (Breisgau), Univ., Diss., 2004

Gedruckt auf alterungsbeständigem,
säurefreiem Papier.

D 25
ISSN 0531-7312
ISBN 3-631-53778-6

www.peterlang.de

Vorwort

Die vorliegende Arbeit wurde im Wintersemester 2004/2005 von der Rechtswissenschaftlichen Fakultät der Albert-Ludwigs-Universität zu Freiburg im Breisgau als Dissertation angenommen. Rechtsprechung und Literatur konnten bis Ende Dezember 2004 berücksichtigt werden.

An erster Stelle danke ich meinem verehrten Doktorvater, Herrn Prof. Dr. Thomas Würtenberger, für die Betreuung meiner Dissertation, seine sehr konstruktiven Anregungen während ihrer Entstehungsphase sowie die Erstellung des Erstgutachtens. Herrn PD Dr. Ralf Peter Schenke möchte ich für die überaus zügige Erstellung des Zweitgutachtens danken.

In dieser Liste nicht fehlen sollen außerdem die Herren Gerd Spiegel, Dr. Martin Greßlin, Dr. Martin Liebisch und Dr. Philipp Wüllrich, die die Mühe des Korrekturlesens auf sich genommen haben sowie Frau Julia Bartmann, die mir in während der zahlreichen Reparaturen meines „Montagscomputers" mit ihrem Notebook ausgeholfen hat.

Auch dem Juristischen Seminar der Albert-Ludwigs-Universität Freiburg soll ein großes Lob ausgesprochen werden. Die Arbeitsbedingungen und die Ausstattung dieser Bibliothek sind auch in Zeiten knapper Mittel exzellent und haben die Erstellung meiner Dissertation wesentlich erleichtert.

Gewidmet ist die Arbeit meinen Eltern Angelika und Gerd Spiegel. Ihre in jeglicher Weise großzügige Unterstützung hat nicht nur mein Promotionsvorhaben, sondern das gesamtes Jurastudium erst ermöglicht. Dafür danke ich ihnen von Herzen. In die Widmung mit einbeziehen möchte ich zudem meinen Großvater Rolf Nagel, der – 1999 im Alter von 80 Jahren verstorben – so gerne noch erlebt hätte, dass sein Enkel promovieren wird.

Letztlich gilt mein Dank dem Deutschen Bundestag. Die Veröffentlichung dieser parlamentsrechtlichen Dissertation wird von ihm mit einem beachtlichen Druckkostenzuschuss gefördert.

Berlin, im März 2005

Jan-Peter Spiegel

Inhaltsübersicht

Inhaltsverzeichnis IX

Abkürzungsverzeichnis XVII

Einleitung 1
- A. Anlass der Untersuchung 1
- B. Gang der Untersuchung 4

1. Kapitel: Funktions- und Strukturvergleich zwischen Bundestag und Gemeinderat – Merkmale eines Parlaments 5
- A. Strukturmerkmale eines Parlaments am Beispiel des Bundestags 5
- B. Ergebnis der Untersuchung der Strukturmerkmale 131

2. Kapitel: Vergleichende Darstellung der Rechtsstellung der Gemeinderäte und Abgeordneten anhand ausgewählter Befugnisse 137
- A. Vorbereitung auf die Wahl zum Gemeinderat bzw. auf die Bundestagswahl 137
- B. Pflicht zur Annahme der Wahl zum Bundestagsabgeordneten bzw. Gemeindevertreter 150
- C. Rechte und Pflichten nach Annahme der Wahl als Mandatsträger 152
- D. Ergebnis der Untersuchung der Statusrechte 239

3. Kapitel: Recht fraktionsloser Gemeinderäte auf Ausschussmitgliedschaft. 243
- A. Systematische Adaptionsvoraussetzungen 243
- B. Anwendung des Systems auf den Anspruch auf Ausschussmitgliedschaft 247

4. Kapitel: Zusammenfassung der Ergebnisse und Ausblick 289

Literaturverzeichnis 295

Inhaltsverzeichnis

Abkürzungsverzeichnis XVII

Einleitung 1

A. Anlass der Untersuchung 1

B. Gang der Untersuchung 4

1. Kapitel: Funktions- und Strukturvergleich zwischen Bundestag und Gemeinderat – Merkmale eines Parlaments 5

A. Strukturmerkmale eines Parlaments am Beispiel des Bundestags 5
I. Juristische und politische Sichtweise des Parlamentsbegriffs 6
II. Verfassungsrechtliche Vorgaben für die parlamentarischen Strukturprinzipien 8
1. Prinzip der repräsentativen Demokratie und dessen Verwirklichung durch Wahlen 8
a) Parlamentsrechtliche Situation 8
aa) Legitimation und formelle bzw. materielle Repräsentationsfunktion 8
bb) Repräsentative Demokratie und Wahlen 11
b) Demokratische Repräsentation und kommunale Selbstverwaltungsautonomie 12
aa) Geschichtlicher Hintergrund des Selbstverwaltungsprinzips 12
bb) Heutige Bedeutung und Inhalt der Selbstverwaltungsgarantie 13
cc) Auswirkungen der Selbstverwaltungsautonomie auf das Legitimationsniveau des Gemeinderats 17
α) Legitimatorische Anforderungen des Art. 20 Abs. 2 GG in der funktionalen Selbstverwaltung 19
β) Geltung dieser Grundsätze im Bereich der kommunalen Selbstverwaltung? 26
αα) Erfordernis einer unmittelbar von den Bürgern gewählten Vertretung 26
ββ) Rückschlüsse aus Art. 28 Abs. 1 S. 2 GG auf die Legitimationsmacht des Gemeindevolks 27
γ) Ergebnis der Untersuchung 29
2. Eigenschaft als Volksvertretung 30
a) Bundestag als Volksvertretung 31

b) Gemeinderat als (Teil-)Volksvertretung 31
aa) Bedenken gegen die Bezeichnung des Gemeinderats als Volksvertretung 32
bb) Gemeinderat als Volksvertretung im Sinne des Petitionsrechts 32
cc) Auswirkungen auf die Volksvertretungseigenschaft gemäß Art. 28 Abs. 1 GG 34
III. Parlamentsfunktionen 35
1. Willensbildungs- und Entscheidungsfunktion 36
2. Parlamentarische Gesetzgebungsfunktion bzw. kommunale Satzungsbefugnis 38
a) Wesen und Hintergrund kommunaler Satzungsautonomie 39
b) Zuständiges Gemeindeorgan 41
c) Qualität der Gesetz- bzw. Satzungsgebungsgewalt 41
aa) Verfassungsunmittelbare Gewährung des Satzungsrechts 43
bb) Abgeleitetheit der Satzungsbefugnis 45
α) Lehre von der derivativen Rechtsetzungsmacht der Gemeinden 46
β) Kritik an dieser Auffassung und eigene Stellungnahme 47
cc) Grenzen der Satzungsbefugnis durch den Vorbehalt des Gesetzes 51
α) Argumente der herrschenden Ansicht zur Geltung des Vorbehalts des Gesetzes 52
β) Auseinandersetzung mit der herrschenden Ansicht 53
γ) BVerfGE 33, 125 ff. – Facharztbeschluss und die Folgen für die kommunale Selbstverwaltung 57
δ) Demokratische Legitimation des Gemeinderats und die Dimensionen des Gesetzesvorbehalts 62
αα) Grundrechte 63
ββ) Demokratieprinzip 65
γγ) Rechtsstaatsprinzip 66
d) Ergebnis der Untersuchung 76
3. Kreationsfunktion 78
4. Regierungskontrollfunktion 81
a) Parlamentsebene 81
b) Kreation und Kontrolle auf gemeindlicher Ebene 83
aa) Kommunale Volksvertretung als Kontrollorgan 83
bb) Mögliche Unterschiede in der Ausprägung des Kontrollrechts? 85
α) Fehlende Trennung zwischen Kontrollsubjekt und -objekt 85
β) Geringere Abhängigkeit der Gemeindeverwaltung von der Ratsvertretung 86

γ) Recht zur Einsetzung eines Untersuchungsausschusses 87
cc) Ergebnis 89
5. Öffentlichkeitsfunktion 89
6. Weitere Funktionen und Befugnisse des Parlaments 94
a) Souveränität und Eingriffe in die parlamentarische Unabhängigkeit 95
aa) Parlamentarische Souveränität und konkrete Normenkontrolle 95
bb) Souveränität der Vertretungskörperschaft und Aufsichtsbefugnisse 95
α) Verfassungsrechtlicher Hintergrund des kommunalen Aufsichtswesens 96
αα) Kritik am Aufsichtswesen und Stellungnahme 96
ββ) Aufsicht entbehrlich wegen Abweichung vom Prinzip der Staatsaufsicht? 99
γγ) Darstellung und Würdigung von BVerfGE 78, 331 ff. 100
β) Wesen und Instrumente der Rechtsaufsicht und vergleichbare parlamentsrechtliche Mittel 102
αα) Abgrenzung zur Fachaufsicht und kommunale „Vertrauensaufsicht“ 103
ββ) Einschränkung der gemeindlichen Unabhängigkeit durch Aufsichtsmittel 105
γγ) Aufsichtsähnliche Souveränitätseinschränkungen im Parlamentsrecht 109
δδ) Rechtfertigung der Aufsichtsregelungen durch kommunale Besonderheiten 114
b) Autonomie der Vertretungskörperschaft 115
aa) Parlament 115
bb) Gemeinderatsautonomie 115
α) Geschäftsordnungsautonomie als Ausdruck der Volkssouveränität 116
β) Gesetzliche Rahmenbedingungen des kommunalen Geschäftsordnungsrechts 118
γ) Rechtsaufsicht über die Geschäftsordnungsbestimmungen 119
δ) Gewaltenteilender Aspekt der Autonomie auf Gemeindeebene und Ergebnis 120
c) Wahlprüfungsrecht 121
aa) Prüfungsrecht des Parlaments 121
bb) Normativer Befund in den Gemeindeordnungen 122
cc) Parlamentarisches Wahlprüfungsrecht zwingender Parlamentsbestandteil? 123
α) Geschichtlicher Hintergrund 124

β) Kritik am Primärprüfungsrecht des Bundestags 125
γ) Ausgestaltung des Wahlprüfungsrechts in den Ländern und anderen Staaten 126
dd) Ergebnis 127
d) Diskontinuität im Parlamentsrecht bzw. Kontinuität im Kommunalrecht 128

B. Ergebnis der Untersuchung der Strukturmerkmale 131
I. Wertigkeit der einzelnen Strukturmerkmale 131
1. Kontrollfunktion 131
2. Kreationsfunktion 132
3. Willensbildungs- und Gesetzgebungsfunktion 132
4. Öffentlichkeitsfunktion 134
5. Sonstige Parlamentsfunktionen 134
II. Übereinstimmungen und Differenzen im Parlaments- und Kommunalrecht 135

2. Kapitel: Vergleichende Darstellung der Rechtsstellung der Gemeinderäte und Abgeordneten anhand ausgewählter Befugnisse 137

A. Vorbereitung auf die Wahl zum Gemeinderat bzw. auf die Bundestagswahl 137
I. Behinderungsverbot und Anspruch auf Wahlvorbereitungsurlaub 137
1. Bewerber um ein Bundestagsmandat 137
2. Rechtslage im Kommunalrecht 138
3. Ergebnis 142
II. Inkompatibilitätsvorschriften 143
1. Parlamentsrechtliche Inkompatibilitäten 143
2. Kommunalrechtliche Beurteilung 144
a) Einzelne Fallgruppen der Inkompatibilitätsvorschriften 145
b) Konflikte und Lösungsmöglichkeiten nach erfolgreicher Wahl 147
3. Ergebnis 149

B. Pflicht zur Annahme der Wahl zum Bundestagsabgeordneten bzw. Gemeindevertreter 150

C. Rechte und Pflichten nach Annahme der Wahl als Mandatsträger 152
I. Das freie Mandat des Abgeordneten und des Gemeinderatsmitglieds 152
1. Bundestagsabgeordneter 152
2. Gemeinderatsmitglied 153

a) Grundsätzliche Anerkennung des freien Mandats 153
b) Inhaltliche Ausgestaltung des freien Mandats 154
II. Statusrechte und Verpflichtungen außerhalb und innerhalb der Sitzung 157
1. Frage-, Informations- und Akteneinsichtsrecht 157
a) Parlamentsrechtliche Beurteilung 157
b) Kommunalrechtliche Situation 160
aa) Informationsrechte bei der Ladung zur Gemeinderatssitzung .. 160
bb) Allgemeines Frage- und Informationsrecht des Gemeindevertreters 165
α) Zuordnungsobjekt des Informations- und Fragerechts 165
β) Angelegenheiten der Gemeinde und ihrer Verwaltung 166
γ) Grenzen des Fragerechts 168
cc) Akteneinsichtsrecht als Mitgliedschaftsrecht des Ratsvertreters 169
c) Ergebnis 169
2. Das Recht und die Pflicht zur Sitzungsteilnahme 170
a) Kommunalrechtliche Beurteilung 170
b) Rechtslage beim Parlamentsabgeordneten 171
c) Ergebnis 174
3. Rede- und Antragsrecht des einzelnen Volksvertreters 175
a) Parlamentsrechtliche Beurteilung 175
b) Gemeinderat 176
c) Ergebnis 177
4. Mitwirkungsverbote 177
a) Kommunalrechtliche Untersuchung 178
aa) Hintergrund der Regelung 178
bb) Verfassungsrechtliche Bedenken 178
cc) Tatbestandsvoraussetzungen 180
α) Befangenheitsauslösende Konstellationen und deren Konsequenzen 180
β) Unmittelbarer Vor- oder Nachteil 182
γ) Gesetzliche Ausnahmen vom Mitwirkungsverbot 187
dd) Folgen bei unberechtigter Mitwirkung bzw. unberechtigtem Ausschluss 191
b) Parlamentsrechtliche Beurteilung 193
aa) § 17 WahlprüfungsG 194
bb) Immunitätsaufhebung 195
cc) Art. 84 BremLV, § 141 Abs. 1 GO BayLT 195
dd) Art. 137 Abs. 1 GG analog 197
ee) Stellungnahme und abschließende Bewertung 197

III. Weitere Rechte und Pflichten der Gemeinderäte bzw. Parlamentarier ... 199
1. Fraktionsbildungsrecht ... 199
a) Parlamentsrecht ... 199
b) Fraktionsbildung im Kommunalrecht ... 202
c) Ergebnis ... 205
2. Verschwiegenheits- und Geheimhaltungspflicht ... 206
a) Parlamentarische Verschwiegenheits- und Geheimhaltungspflichten ... 206
b) Verschwiegenheit in den Kommunalverfassungen ... 209
c) Ergebnis ... 213
3. Aussagepflicht, Genehmigungsvorbehalt und Zeugnisverweigerungsrecht ... 213
a) Parlamentsrechtliche Beurteilung ... 213
b) Aussagegenehmigung und Zeugnisverweigerung in den Gemeindeordnungen ... 216
c) Ergebnis ... 219
4. Immunität und Indemnität ... 220
a) Vergleichbare Bestimmungen in den Kommunalverfassungen? ... 221
b) Historische Wurzeln der Indemnität und Immunität ... 222
c) Rechtfertigung im modernen Verfassungsstaat? ... 223
aa) Immunität ... 223
bb) Indemnität ... 229
d) Ergebnis ... 231
5. Kommunales Vertretungsverbot ... 231
a) Unterschiede im sachlichen und personellen Geltungsbereich in den Ländern ... 232
b) Sinn und Zweck des Vertretungsverbots ... 233
c) Verhältnis zum Mitwirkungsverbot und Auswirkungen auf das Mandat ... 234
d) Vergleichbare Regeln und Interessenlagen im Parlamentsrecht? .. 236
e) Ergebnis ... 237
IV. Rechtschutzmöglichkeiten bei Verletzung von Statusrechten ... 238

D. Ergebnis der Untersuchung der Statusrechte ... 239

3. Kapitel: Recht fraktionsloser Gemeinderäte auf Ausschussmitgliedschaft . 243

A. Systematische Adaptionsvoraussetzungen ... 243
I. Abgrenzung der Analogiebildung zur verfassungskonformen Auslegung ... 244

II. Voraussetzungen eines Analogieschlusses ... 245
1. Bestehen einer planwidrigen Regelungslücke ... 245
2. Vergleichbare Interessenlage ... 246

B. Anwendung des Systems auf den Anspruch auf Ausschussmitgliedschaft ... 247
I. Rechte des Bundestagsabgeordneten auf Mitwirkung in einem Ausschuss ... 249
1. Rechtslage bis zum Jahr 1989 ... 249
2. Wandel in der Rechtsprechung – das „Wüppesahl-Urteil“ ... 250
3. Das Sondervotum Mahrenholz′ ... 253
4. Stimmen im Schrifttum zum „Wüppesahl-Urteil“ ... 254
5. Stellungnahme ... 257
II. Situation auf kommunaler Ebene ... 261
1. Hintergrund des gemeindlichen Ausschusswesens ... 261
2. Gegenwärtige Rechtslage ... 262
3. Lösungsmöglichkeiten trotz fehlendem einfachgesetzlichen Anspruch ... 266
a) Die herrschende Ansicht in der verwaltungsgerichtlichen Spruchpraxis ... 268
b) OVG Bremen ... 272
c) Stellungnahme ... 273
aa) Recht auf Vollmitgliedschaft aufgrund verfassungsrechtlicher Vorgaben ... 273
bb) Modifizierung des Ergebnisses aufgrund kommunaler Besonderheiten? ... 279
α) Effektivitätsverlust der Ausschussarbeit ... 279
β) Spiegelbildliche Repräsentation in den Ausschüssen ... 281
cc) Ergebnis ... 282
dd) Pflicht zur Schaffung ausreichender Ausschusssitze? ... 282
4. Folgen der Verfassungswidrigkeit der Besetzungsvorschriften ... 285

4. Kapitel: Zusammenfassung der Ergebnisse und Ausblick ... 289

Literaturverzeichnis ... 295

Abkürzungsverzeichnis

A.	Auflage
a.A.	andere Ansicht
a.F.	alte Fassung
AbgG	Abgeordnetengesetz
Abs.	Absatz
AfK	Archiv für Kommunalwissenschaften (Zeitschrift)
Alt.	Alternative
Anl.	Anlage
Anm.	Anmerkung
AöR	Archiv des öffentlichen Rechts (Zeitschrift)
Az.	Aktenzeichen
BayBgm.	Bayerischer Bürgermeister (Zeitschrift)
BayGLKrWG	Bayerisches Gemeinde- und Landkreiswahlgesetz
BayGO	Bayerische Gemeindeordnung
BayLV	Bayerische Landesverfassung
BayVBl.	Bayerische Verwaltungsblätter (Zeitschrift)
BayVerfGH	Bayerischer Verfassungsgerichtshof
BayVGH	Bayerischer Verwaltungsgerichtshof
BBG	Bundesbeamtengesetz
BDSG	Bundesdatenschutzgesetz
BGBl.	Bundesgesetzblatt
BGHSt	Entscheidungen des Bundesgerichtshofs in Strafsachen
BGHZ	Entscheidungen des Bundesgerichtshofs in Zivilsachen
BHO	Bundeshaushaltsordnung
BK	Bonner Kommentar (Zweitbearbeitung)
BORA	Berufsordnung für Rechtsanwälte
BRAO	Bundesrechtsanwaltsordnung
BremLV	Bremische Landesverfassung
BremLWG	Bremisches Landeswahlgesetz
BremStGH	Bremischer Staatsgerichtshof
BRRG	Beamtenrechtsrahmengesetz
BSGE	Entscheidung des Bundessozialgerichts
BT-Drs.	Drucksache des Deutschen Bundestags
BVerfGE	Entscheidung des Bundesverfassungsgerichts
BVerfGG	Bundesverfassungsgerichtsgesetz
BVwVfG	Bundesverwaltungsverfahrensgesetz
BWahlG	Bundeswahlgesetz
BWGZ	Die Gemeinde (Zeitschrift)
BWVPr.	Baden-Württembergische Verwaltungspraxis (Zeitschrift)

bzw.	Beziehungsweise
d.	das, der, des, die
ders.	Derselbe
DGO	Deutsche Gemeindeordnung
d.h.	das heißt
dies.	dieselbe
Diss.	Dissertation
DÖV	Die öffentliche Verwaltung (Zeitschrift)
DRiG	Deutsches Richtergesetz
DRiZ	Deutsche Richterzeitung (Zeitschrift)
DRV	Deutsche Rentenversicherung (Zeitschrift)
DStR	Deutsches Steuerrecht (Zeitschrift)
DVBl.	Deutsches Verwaltungsblatt (Zeitschrift)
DVP	Deutsche Verwaltungspraxis (Zeitschrift)
E	Entscheidung
EL	Ergänzungslieferung
Erl.	Erläuterung
EGV	Vertrag zur Gründung der Europäischen Gemeinschaft
EU	Europäische Union
EuAbgG	Europaabgeordnetengesetz
EV	Europäische Verfassung (Entwurf)
f.	folgende (Singular)
ff.	folgende (Plural)
Fn.	Fußnote
FraktG Bbg.	Fraktionsgesetz Brandenburg
FS	Festschrift
GBl. BW	Gesetzblatt für Baden-Württemberg
GemKrWahlG SH	Gemeinde- und Kreiswahlgesetz Schleswig Holstein
GG	Grundgesetz
GO AbgH Berlin	Geschäftsordnung Berliner Abgeordnetenhaus
GO BayLT	Geschäftsordnung des Bayerischen Landtags
GO Bbg.	Gemeindeordnung Brandenburg
GO BR	Geschäftsordnung des Bundesrates
GO BremBürgerschaft	Geschäftsordnung der Bremischen Bürgerschaft
GO BT	Geschäftsordnung des Deutschen Bundestages
GO Bürgerschaft HH	Geschäftsordnung der Hamburger Bürgerschaft
GO BW	Gemeindeordnung Baden-Württemberg
GO Gem. Ausschuss	Geschäftsordnung des Gemeinsamen Ausschusses

GO HLT	Geschäftsordnung des Hessischen Landtags
GO LT MV	Geschäftsordnung des Mecklenburg-Vorpommerschen Landtags
GO LT NW	Geschäftsordnung des Nordrhein-Westfälischen Landtags
GO LT RP	Geschäftsordnung des Rheinland-Pfälzischen Landtags
GO LT Saar.	Geschäftsordnung des Saarländischen Landtags
GO LT Sachsen	Geschäftsordnung des Sächsischen Landtags
GO LT SH	Geschäftsordnung des Schleswig-Holsteinischen Landtags
GO NLT	Geschäftsordnung des Niedersächsischen Landtags
GO NW	Gemeindeordnung Nordrhein-Westfalen
GO RP	Gemeindeordnung Rheinland-Pfalz
GO SA	Gemeindeordnung Sachsen-Anhalt
GO Sachsen	Gemeindeordnung Sachsen
GO SH	Gemeindeordnung Schleswig-Holstein
GO ThürLT	Geschäftsordnung Thüringer Landtag
GSO AbgH Berlin	Geheimschutzordnung des Berliner Abgeordnetenhauses
GSO BT	Geheimschutzordnung des Deutschen Bundestags
GSO HLT	Geheimschutzordnung des Hessischen Landtags
GSO LT Bbg.	Geheimschutzordnung des Landtags Brandenburg
GSO LT MV	Geheimschutzordnung des Landtags Mecklenburg-Vorpommern
GSO LT NW	Geheimschutzordnung des Landtags Nordrhein-Westfalen
GSO ThürLT	Geheimschutzordnung des Thüringer Landtags
HdbKWP	Handbuch der kommunalwissenschaftlichen Praxis
HdbStR	Handbuch des Staatsrechts der Bundesrepublik Deutschland
HessStGH	Hessischer Staatsgerichtshof
HessVGH	Hessischer Verwaltungsgerichtshof
HFraktG	Hessisches Fraktionsgesetz
HGO	Hessische Gemeindeordnung
HKWG	Hessisches Kommunalwahlgesetz
HLKrO	Hessische Landkreisordnung
HLV	Hessische Landesverfassung
Hs.	Halbsatz
HStGHG	Hessisches Staatsgerichtshofsgesetz
i.V.m.	in Verbindung mit
insbes.	insbesondere
i.S.d.	im Sinne des
JA	Juristische Arbeitsblätter (Zeitschrift)

JöR	Jahrbuch des öffentlichen Rechts der Gegenwart (Zeitschrift)
Js	Ermittlungsverfahren in Strafsachen
JURA	Juristische Ausbildung (Zeitschrift)
JuS	Juristische Schulung (Zeitschrift)
JZ	Juristenzeitung (Zeitschrift)
Kap.	Kapitel
KritV	Kritische Vierteljahresschrift für Gesetzgebung und Rechtswissenschaft (Zeitschrift)
KSVG Saar.	Kommunalselbstverwaltungsgesetz des Saarlandes
KV MV	Kommunalverfassung Mecklenburg-Vorpommern
KWG Bbg.	Kommunalwahlgesetz Brandenburg
KWG BW	Kommunalwahlgesetz Baden-Württemberg
KWG MV	Kommunalwahlgesetz Mecklenburg-Vorpommern
KWG Nds	Kommunalwahlgesetz Niedersachsen
KWG NW	Kommunalwahlgesetz Nordrhein-Westfalen
KWG RP	Kommunalwahlgesetz Rheinland-Pfalz
KWG SA	Kommunalwahlgesetz Sachsen-Anhalt
KWG Saar.	Kommunalwahlgesetz des Saarlandes
KWG Sachsen	Kommunalwahlgesetz Sachsen
KWG SH	Kommunalwahlgesetz Schleswig-Holstein
KWG Thür.	Kommunalwahlgesetz Thüringen
Lfg.	Lieferung
LG	Landgericht
lit.	Buchstabe
LKrO SA	Landkreisordnung Sachsen-Anhalt
LKrO Sachsen	Landkreisordnung Sachsen
LKV	Landes- und Kommunalverwaltung (Zeitschrift)
LV Bbg.	Landesverfassung Brandenburg
LV Berlin	Landesverfassung Berlin
LV BW	Landesverfassung Baden-Württemberg
LV HH	Landesverfassung Hamburg
LV MV	Landesverfassung Mecklenburg-Vorpommern
LV NW	Landesverfassung Nordrhein-Westfalen
LV RP	Landesverfassung Rheinland-Pfalz
LV SA	Landesverfassung Sachsen-Anhalt
LV Saar.	Landesverfassung des Saarlandes
LV Sachsen	Landesverfassung Sachsen
LV SH	Landesverfassung Schleswig-Holstein
LWG MV	Landeswahlgesetz Mecklenburg-Vorpommern

m.w.N.	mit weiteren Nachweisen
MDR	Monatszeitschrift für Deutsches Recht (Zeitschrift)
n.F.	neue Fassung
NGO	Niedersächsische Gemeindeordnung
NJW	Neue Juristische Wochenschrift (Zeitschrift)
NKWG	Niedersächsisches Kommunalwahlgesetz
NLKrO	Niedersächsische Landkreisordnung
NLV	Niedersächsische Landesverfassung
Nr.	Nummer
NStVwR	Staats- und Verwaltungsrecht für Niedersachsen
NVwZ	Neue Zeitschrift für Verwaltungsrecht (Zeitschrift)
NVwZ-RR	Neue Zeitschrift für Verwaltungsrecht-Rechtssprechungsreport (Zeitschrift)
NW LT-Drs.	Drucksache des Nordrhein-Westfälischen Landtags
NWVBl.	Nordrhein-Westfälische Verwaltungsblätter (Zeitschrift)
NZS	Neue Zeitschrift für Sozialrecht (Zeitschrift)
OLG	Oberlandesgericht
OVG	Oberverwaltungsgericht
OVG Bremen	Oberverwaltungsgericht Bremen
OVG MV	Oberverwaltungsgericht Mecklenburg-Vorpommern
OVG Nds.	Oberverwaltungsgericht Niedersachsen
OVG NW	Oberverwaltungsgericht Nordrhein-Westfalen
OVG RP	Oberverwaltungsgericht Rheinland-Pfalz
OVG Saar.	Oberverwaltungsgericht des Saarlandes
OVG Sachsen	Oberverwaltungsgericht Sachsen
OVG SH	Oberverwaltungsgericht Schleswig-Holstein
PKGrG	Parlamentarisches Kontrollgremiumgesetz
RGBl.	Reichsgesetzblatt
RGSt	Entscheidung des Reichsgerichts in Strafsachen
s.; S.	siehe; Seite, Satz
s.a.	siehe auch
SächsVBl.	Sächsische Verwaltungsblätter (Zeitschrift)
SGB	Sozialgesetzbuch
SRH	Sozialrechtshandbuch
SKV	Staats- und Kommunalverwaltung (Zeitschrift)
SoldatenG	Soldatengesetz
s.o.	siehe oben

SRH	Sozialrechtshandbuch
StPO	Strafprozessordnung
StGB	Strafgesetzbuch
str.	strittig
StuGB	Stadt - und Gemeindebund (Zeitschrift)
StuG	Stadt und Gemeinde (Zeitschrift)
StV	Strafverteidiger (Zeitschrift)
ThürKO	Thüringer Kommunalordnung
ThürLV	Thüringische Landesverfassung
u.a.	und andere, unter anderem
u.d.T.	unter dem Titel
v.	von
v.a.	vor allem
VBlBW	Verwaltungsblätter für Baden-Württemberg (Zeitschrift)
Verf.	Verfasser, Verfasserin, Verfassers
VerfG	Verfassungsgericht
VerfG SA	Verfassungsgericht Sachsen-Anhalt
VerfGH NW	Verfassungsgerichtshof Nordrhein-Westfalen
VerfGHG	Verfassungsgerichtshofgesetz
VerwArch.	Verwaltungsarchiv (Zeitschrift)
VerwRspr.	Verwaltungsrechtsprechung in Deutschland (Entscheidungssammlung)
VG	Verwaltungsgericht
VGH BW	Verwaltungsgerichtshof Baden-Württemberg
vgl.	vergleiche
Vorbem.	Vorbemerkung
VR	Verwaltungsrundschau (Zeitschrift)
VVDStRL	Veröffentlichungen der Vereinigung der Deutschen Staatsrechtslehrer(Zeitschrift)
VwGO	Verwaltungsgerichtsordnung
WahlprüfungsG	Wahlprüfungsgesetz
WehrbeauftrG	Wehrbeauftragtengesetz
WRV	Weimarer Reichsverfassung
z.B.	zum Beispiel
ZG	Zeitschrift für Gesetzgebung (Zeitschrift)
ZParl.	Zeitschrift für Parlamentsfragen (Zeitschrift)
ZPO	Zivilprozessordnung

Einleitung

A. Anlass der Untersuchung

Fraktionslose Gemeinderäte[1] haben nach Auffassung der Rechtsprechung keinen verfassungsunmittelbaren Anspruch auf Sitz und Stimme in einem Ausschuss der kommunalen Vertretungskörperschaft, obwohl das gemeindliche Ausschusswesen dort ähnlich wichtig ist wie auf Bundestagsebene. Für diesen Bereich hat das Bundesverfassungsgericht im so genannten „Wüppesahl-Urteil"[2] entschieden, dass jeder Parlamentsabgeordnete[3] in einem Ausschuss mitwirken darf, wenngleich nur als stimmrechtsloses Mitglied. Dieser Anspruch ist mittlerweile als Folge der Entscheidung in § 57 Abs. 2 GO BT ausdrücklich normiert.

Das Bundesverfassungsgerichtsurteil[4] und die Frage nach der Übertragbarkeit der darin aufgestellten Leitlinien auf den kommunalen Bereich sind genauso ausführlich behandelt worden wie die Problematik der Parlamentseigenschaft des Gemeinderats[5]. Trotz dieser Flut an Veröffentlichungen sind längst nicht alle inhaltlichen und dogmatischen Fragen zufrieden stellend beantwortet. Das zeigt sich unter anderem daran, dass die überwiegende Zahl der Verwaltungsgerichte bei der Frage der Anwendbarkeit „von Parlamentsrecht" im Recht der

---

1 Diese werden nachfolgend entsprechend der unterschiedlichen Bezeichnungen in den jeweiligen Kommunalverfassungen „Gemeinderatsmitglieder", „Ratsmitglieder", „Gemeinderäte", „Ratsvertreter" oder „Gemeindevertreter" genannt.

2 BVerfGE 80, 188 ff.

3 Die Begriffe „Abgeordneter", „Parlamentarier" und „Parlamentsabgeordneter" werden in dieser Abhandlung ausschließlich für Mitglieder des Deutschen Bundestags und der Landtage verwendet.

4 Zum „Wüppesahl-Urteil" z. B. *Berwanger*, S. 147 ff.; *Ziekow*, JuS 1991, S. 28 ff.; *Brandner*, JA 1990, S. 151 ff.; *Bernzen/Gottschalck*, ZParl. 1990, S. 393 ff.; *Schulze-Fielitz*, DÖV 1989, S. 829 ff.; *Morlok*, JZ 1989, S. 1035 ff.

5 *Röper*, VR 1991, S. 298 f.; *Meyer*, Kommunales Parteien- und Fraktionsrecht, 1990, S. 221 ff.; *Wurzel*, BayVBl. 1986, S. 417, 420; *Hien*, BayVBl. 1984, S. 203, 205; *Schmidt-Jortzig*, Kommunalrecht, Rn. 71 f.; *Frowein*, DÖV 1976, S. 44, 45. In Rechtsprechung und Schrifttum wird überwiegend die Ansicht vertreten, die Gemeindevertretungen seien keine Parlamente im staatsrechtlichen Sinne, vgl. BVerfGE 78, 344, 348; BVerwG, NJW 1993, S. 411, 412; BayVerfGH BayVBl. 1984, S. 621, 623; VGH BW, BWVPr. 1978, S. 88, 89; *Gern*, Deutsches Kommunalrecht, Rn. 314; *Schmidt-Aßmann*, in: *ders.*, Besonderes Verwaltungsrecht, 1. Kap., Rn. 59; *ders.*, in: FS 50 Jahre Bundesverfassungsgericht II, S. 803, 811; *Schröder*, in: *Achterberg/Püttner/Würtenberger*, Besonderes Verwaltungsrecht II, § 16 Rn. 68; *Waechter*, Rn. 284; *Rothe*, DÖV 1991, S. 486, 487; *Meyer*, Kommunales Parteien- und Fraktionsrecht, 1990, S. 221 ff.; *Bethge*, NVwZ 1983, S. 577, 579; *Forsthoff*, § 27 D (S. 548), § 27 E (S. 551); *Bleutge*, S. 163; a.A. *Ott*, passim; *Hoppe/Kleindiek*, VR 1992, S. 82, 83; *Stargardt*, VR 1991, S. 146, 153; *Meyn*, S. 41; *Naßmacher*, ZParl. 1973, S. 550; *Jakob*, DÖV 1970, S. 666, 668.

kommunalen Vertretungskörperschaften trotz kritischer Stimmen aus der Literatur, die bei der Bestimmung der Parlamentseigenschaft der formalen eine funktionale Sichtweise vorziehen[6], geradezu stoisch an ihrer Auffassung festhalten, der Gemeinderat[7] sei kein Parlament[8]. Beim Studium der einschlägigen Urteile drängt sich der Eindruck auf, mit der Verneinung der Parlamentseigenschaft könne man eine inhaltliche Auseinandersetzung mit den einzelnen Struktur- und Formprinzipien des Organs vollständig vermeiden. Ob die hinter der zur Diskussion stehenden Norm befindlichen formprägenden Parlamentsmerkmale in gleicher oder ähnlicher Form im Kommunalrecht verwirklicht sind, wird nämlich von den Gerichten nur sehr vordergründig dargelegt[9]. Das ist verwunderlich, da keinesfalls klar ist, was ein Parlament im Einzelnen auszeichnet. Der Begriff wird im Deutschen Staatsrecht nirgendwo definiert und ist in keiner Gesetzesnorm enthalten[10].

Auch innerhalb des Schrifttums ist man sich nicht einig, ob und gegebenenfalls unter welchen Voraussetzungen eine Adaption von Parlamentsrecht möglich ist bzw. wie parlamentsrechtliche Regelungen und Erkenntnisse in die kommunalrechtliche Beurteilung mit einfließen können. Eine Weiterentwicklung der Methodik zur Heranziehung parlamentsrechtlicher Grundsätze ist seit dem Werk von *Schröder*[11] nicht mehr erfolgt. Die gesamte Diskussion ist von einer Überlagerung und Vermischung juristischer und politologischer Argumen-

---

6 *Wollmann*, in: *Hammerbacher*, Handbuch kommunale Politik, I/D 3.3, S. 1, 4 ff.; *Berwanger*, passim; *Ott*, passim.

7 In Baden-Württemberg (§ 24 Abs. 1 GO BW), Bayern (Art. 29 BayGO), Rheinland-Pfalz (§ 28 Abs. 1 S. 1 GO RP), Sachsen (§ 27 Abs. 1 GO Sachsen), Sachsen-Anhalt (§ 35 GO SA), Thüringen (§ 22 Abs. 1 S. 1 ThürKO) und im Saarland (§ 29 Abs. 1 KSVG Saar.) wird die Vertretungskörperschaft „Gemeinderat" genannt. In Brandenburg (§ 32 Abs. 2 S. 1 GO Bbg.), Hessen (§ 49 S. 1 HGO), Mecklenburg-Vorpommern (§ 21 KV MV) und Schleswig-Holstein (§ 27 Abs. 1 S. 1 GO SH) heißt sie „Gemeindevertretung", in Niedersachsen (§ 31 Abs. 1 NGO) und Nordrhein-Westfalen (§ 40 Abs. 2 S. 1 GO NW) „Rat".

Entsprechend dieser unterschiedlichen Termini in den einzelnen Ländern werden die Kommunalvertretungen zur Vermeidung von Begriffshäufungen nicht ausschließlich als „Gemeinderat", sondern auch „Gemeindevertretung" oder „Rat" bezeichnet. Daneben wird zur Bezeichnung der kommunalen Volksvertretung der Begriff „Ratsvertretung" verwendet werden.

8 BVerwG, NVwZ 2004, S. 621; VGH BW, BWGZ 1993, S. 164, 165; VGH BW, DÖV 1990, S. 625; BayVGH, BayVBl. 1993, S. 180, 183; BayVGH, BayVBl. 1990, S. 468; a.A. nur OVG Bremen, NVwZ 1990, S. 1195 ff.

9 Die fehlende Übertragbarkeit dieser Grundsätze auf die kommunalen Vertretungskörperschaften wird unter anderem darauf gestützt, der Gemeinderat sei ein Verwaltungsorgan mit lediglich staatlich verliehener Satzungsgewalt. Dazu bestünden beachtliche Unterschiede in der Rechtsstellung der Mitglieder.

10 *Ott*, S. 11.

11 *Schröder*, Grundlagen und Anwendungsbereich des Parlamentsrechts.

te geprägt. Die mit der Bejahung oder Verneinung der Parlamentseigenschaft verbundenen Konsequenzen liegen im Dunkeln.

Geklärt ist lediglich, dass die Stellung und Bedeutung der kommunalen Volksvertretung im verfassungsrechtlichen System der Bundesrepublik von den funktionsimmanenten Zuständigkeiten der Vertretungskörperschaft und den Rechten und Pflichten ihrer Mitglieder abhängt[12]. Sowohl bei der Bestimmung der dem Kollegialorgan zugewiesenen Funktionen als auch bei der Herausarbeitung der Statusrechte der Gemeinderatsmitglieder spielt das Maß der Verwandtschaft zu staatlichen Parlamenten wie dem Bundestag und seinen Abgeordneten eine elementare Rolle. Schließlich muss auch das Volk in den Gemeinden gemäß Art. 28 Abs. 1 S. 2 GG eine Vertretung haben, die nach den gleichen Wahlgrundsätzen wie der Bundestag konstituiert wird. Außerdem enthalten alle Gemeindeordnungen – außer der von Bayern – Bestimmungen über das freie Mandat der Gemeinderatsmitglieder, die äußerlich weitgehend Art. 38 Abs. 1 S. 2GG entsprechen.

Angesichts der bestehenden Unklarheiten und methodischen Unschärfen wird in dieser Arbeit eine ausführliche Gegenüberstellung der strukturellen Merkmale der Vertretungskörperschaften auf staatlicher bzw. kommunaler Ebene und der Statusrechte ihrer Mitglieder vorgenommen[13]. Das geschieht mit dem Ziel, anhand der bestehenden Gemeinsamkeiten und unter Berücksichtigung der bestehenden Differenzen Grundsätze für die Übertragbarkeit parlamentsrechtlicher Regelungen ins Kommunalverfassungsrecht zu entwickeln. Diese werden letztlich auf das Ausschussmitgliedschaftsrecht fraktionsloser Ratsmitglieder konkret angewendet.

Ferner soll diese Abhandlung einen Beitrag zur Beseitigung etwaiger Zweifelsfragen bei der Bestimmung der Organrechte kommunaler Ratsmitglieder leisten. Deshalb wird partiell über das zum Vergleich der Mandatsträger unbedingt erforderliche Maß hinausgegangen und die Statusrechte der Gemeinderatsmitglieder werden ausführlich erörtert und diskutiert. Hierin besteht das zweite Ziel dieser Arbeit.

Die Darstellung beschränkt sich nicht auf Baden-Württemberg, sondern weist bei jedem behandelten Punkt auf die Rechtslage in den übrigen Flächenländern der Bundesrepublik Deutschland hin. Sofern in einem oder mehreren Bundesländern deutliche Abweichungen und Eigenheiten bestehen, wird darauf gesondert eingegangen werden.

---

12 *Wurzel*, S. 18.

13 Als staatsrechtliches Vergleichsobjekt wird dazu vorwiegend der Deutsche Bundestag herangezogen. Auf die Länderparlamente, das Europaparlament und die Volksvertretungen anderer Staaten wird ergänzend abgestellt, wenn das für die Gegenüberstellung dienlich ist.

B. Gang der Untersuchung

Da das Hauptziel der Arbeit darin besteht, Grundsätze für die Anwendbarkeit parlamentsrechtlicher Regelungen im Kommunalverfassungsrecht zu entwickeln und sie auf das Recht, Ausschussmitglied zu werden, anzuwenden, ist es erforderlich, sich zunächst mit der Parlamentsähnlichkeit der kommunalen Vertretungskörperschaft auseinander zu setzen. Dabei müssen Übereinstimmungen und Differenzen herausgearbeitet werden. Eine gemeinsame Rückführbarkeit der Strukturprinzipien auf identische verfassungsrechtliche Grundlagen kann entscheidende Auswirkungen auf die Bestimmung der Statusrechte der Gemeindevertreter haben, also auch auf das Teilnahmerecht im Ausschuss (1. Kapitel).

Daneben hat bei der Untersuchung der Vergleichbarkeit kommunal- und parlamentsrechtlicher Vertretungskörperschaften eine Auseinandersetzung mit den Rechten und Pflichten der Gemeindevertreter mit Bezug auf die parlamentsrechtliche Situation zu erfolgen. Dabei wird auch darauf eingegangen, welche der der Vertretungskörperschaft insgesamt zukommenden Struktur- und Formprinzipien hinter den Mandatsrechten und –pflichten stehen. Zwischenziel ist es, aufgrund der gefundenen Ergebnisse einen Überblick darüber zu geben, welche Gemeinsamkeiten und Unterschiede zwischen Abgeordneten und Gemeindevertretern bestehen. Diese Vorgehensweise dient zugleich der Schaffung eines weiteren Ausgangspunktes für die Beantwortung der Frage nach der Heranziehung parlamentsrechtlicher Prinzipien im Kommunalrecht (2. Kapitel).

Im letzten Teil der Bearbeitung werden aus den gewonnenen Erkenntnissen Grundsätze zur parlamentsrechtlichen Prägung des Kommunalverfassungsrechts aufgestellt und eine methodische Vorgehensweise zur Übertragbarkeit parlamentarischer Strukturprinzipien entwickelt. Auf die praktisch bedeutsame und bis heute umstrittene Frage, ob ein fraktionsloses Gemeinderatsmitglied Anspruch auf Sitz und – darüber hinausgehend – Stimme in einem Ausschuss hat und welche Konsequenzen das für die Landesgesetzgeber ergeben, sollen die in den ersten beiden Kapiteln herausgearbeiteten Ergebnisse angewendet werden (3. Kapitel).

Die Abhandlung endet mit einer thesenartigen Zusammenfassung der Ergebnisse und einem kurzen Ausblick (4. Kapitel).

1. Kapitel: Funktions- und Strukturvergleich zwischen Bundestag und Gemeinderat – Merkmale eines Parlaments

Die Antwort auf die Frage, ob und gegebenenfalls auf welche Weise parlamentsrechtliche Grundsätze im Kommunalverfassungsrecht anwendbar sind, setzt eine umfassende Untersuchung der Strukturprinzipien und der Funktionen des Bundestags und der Gemeindevertretungen voraus. Dabei kommt es weniger auf die positive oder negative Beantwortung der Frage nach der Parlamentseigenschaft der Kommunalvertretung an. Allein aufgrund dieser Erkenntnis lassen sich keine weiteren Schlüsse ziehen. Wenngleich die Bejahung dieses Merkmals elementar für die Anwendbarkeit parlamentsrechtlicher Grundsätze im Kommunalverfassungsrecht zu sein scheint[14], ist die Fokussierung auf diesen Gesichtspunkt Ausdruck übertriebener Begriffsjurisprudenz. Tatsächlich ist die Bezeichnung des Gemeinderats als Parlament von untergeordneter Bedeutung[15].

Vielmehr ist für die Frage der Anwendbarkeit parlamentsrechtlicher Prinzipien auf den Rat maßgeblich, welche Strukturprinzipien sich auf die einzelnen parlamentsrechtlichen Regelungen auswirken und ob diese Strukturprinzipien auch auf kommunaler Ebene gelten. Ob parlamentsrechtliche Grundsätze im Gemeinderecht herangezogen werden können, lässt sich nur durch die Herausarbeitung gemeinsamer Prinzipien mitsamt deren tragenden Gründen beantworten, nicht aber durch eine pauschale Bejahung oder Verneinung der Parlamentseigenschaft[16].

A. Strukturmerkmale eines Parlaments am Beispiel des Bundestags

Die Problematik, ob der Gemeinderat parlamentsähnliche Strukturmerkmale aufweist, ist in einem kaum mehr überschaubaren Maße behandelt worden. Die als herrschend zu bezeichnende Ansicht lehnt eine Vergleichbarkeit zwischen kommunalen und parlamentarischen Vertretungskörperschaften ab. Sie beruft sich dabei auf folgende Argumente:

---

14 VGH BW, BWGZ 1993, S. 164, 165; BayVGH, BayVBl. 1990, S. 468; OVG NW, VerwRspr. 23, S. 473, 474; in diesen Gerichtsentscheidungen wird die analoge Anwendbarkeit parlamentsrechtlicher Grundsätze im Kommunalrecht mit dem pauschalen Argument, der Gemeinderat sei kein Parlament, abgelehnt. Vgl. auch *Beckmann/Rühberg*, DVP 2000, S. 104, 106; *Flach*, S. 28; *Forsthoff*, § 27 D (S. 548).

15 So auch *Dreier*, in: *ders.*, GG-Kommentar II, Art. 28 Rn. 70; *Ladeur*, BayVBl. 1992, S. 387, 390 (bezogen auf Beteiligungsrechte an der Ausschusstätigkeit).

16 Ähnlich *Groh*, NWVBl. 2001, S. 41, 43; *Schmidt-Jortzig*, Kommunalrecht, Rn. 72; *Frowein*, in: *Püttner*, HdbKWP II, § 28 A I 3 (S. 84); in diesem Sinne auch *Ipsen*, JZ 1990, S. 789, 791.

- Das institutionelle Gesamtsystem der Gemeinde gehört nicht zur Legislative, sondern zur Exekutive[17];
- Der Gemeinderat kann sich nicht auf eine originäre, sondern nur auf eine abgeleitete Gesetzgebungsgewalt berufen[18];
- Entscheidungen des Rats können von der Aufsichtsbehörde beanstandet und aufgehoben werden[19];
- Es fehlt auf kommunaler Ebene an der Realisierung des Gewaltenteilungsgrundsatzes[20];
- Die Rechtsstellung der Gemeinderatsmitglieder weicht von jener der Bundestagsabgeordneten ab[21].

Manche nehmen den Parlamentscharakter dagegen ohne dezidierte Erörterung aufgrund der fortschreitenden Politisierung der Gemeindeebene an, wobei der Gemeinderat plakativ als „Gemeinde- oder Ortsparlament" bezeichnet wird[22]. In Ausnahmefällen finden sich sogar Aussagen, wonach man den Status der Gemeindevertretungen als vollwertige Parlamente „wohl kaum noch bestreiten könne"[23].

I. Juristische und politische Sichtweise des Parlamentsbegriffs

Zunächst sei auf die Besonderheit in der wissenschaftlichen Diskussion hingewiesen, dass die Parlamentsmerkmale nicht ausschließlich im juristischen, sondern zugleich im politischen Kontext untersucht werden. Zur Begründung der Parlamentseigenschaft des Gemeinderats wird die sich fortentwickelnde Politisierung der kommunalen Ebene und der wachsende Einfluss der politischen Parteien herangezogen[24]. Es wird sogar von einer „Parlamentisierung der Kommunalpolitik" bzw. der kommunalen Gremien gesprochen[25].

---

17 LG Krefeld, NJW 1994, S. 2036, 2037; *Flach*, S. 28; *Bick*, S. 35; *Wurzel*, BayVBl. 1986, S. 419; *dies.*, S. 149; *Schmidt-Jortzig*, Kommunalrecht, Rn. 71; *Breer*, S. 105; *Eckart Klein*, DÖV 1980, S. 853, 855.

18 *Fichtner*, S. 67; *Hubert Meyer*, Kommunales Parteien- und Fraktionenrecht, S. 223; *Bick*, S. 35; *Wurzel*, BayVBl. 1986, S. 419 f.; *Bethge*, NVwZ 1983, S. 577, 579; *Breer*, S. 104; *Eckart Klein*, DÖV 1980, S. 853, 856; *Forsthoff*, § 27 C (S. 536); *Bocks*, S. 13; *Badura*, DÖV 1963, S. 561.

19 *Wurzel*, BayVBl. 1986, S. 419; *Forsthoff*, § 27 E (S. 551); *Bleutge*, S. 165.

20 *Bethge*, NVwZ 1983, S. 577, 579; *Frowein*, in: *Püttner*, HdbKWP II, § 28 A II (S. 85).

21 LG Krefeld, NJW 1994, S. 2036, 2037; *Bick*, S. 35; *Wurzel*, BayVBl. 1986, S. 417 f.

22 *Hoppe/Kleindiek*, VR 1992, S. 82; *Stargardt*, VR 1991, S. 146, 147, 148; *Schwerdtner*, DÖV 1990, S. 14, 15; *Miller*, DVBl. 1986, S. 1131, 1133; *Trachternach*, S. 78 f.; *Jakob*, DÖV 1970, S. 667, 668.

23 *Schmidt-Eichstaedt*, AfK 24 (1985), S. 20, 35.

24 *Eichert*, BWGZ 1994, S. 569, 571; *Löwer*, SKV 1975, S. 35; kritisch zu dieser Vorgehensweise *Berwanger*, S. 102 f.

25 *Rohde*, S. 178; *Bussalb*, S. 189 f.; *Groh*, NWVBl. 2001, S. 41, 43; *Gabriel*, in: *ders/ Haungs/Zender*, Opposition in Großstadtparlamenten, S. 101.

Die wachsende Politisierung der Ortsstufe ist in der Tat nicht zu übersehen. Nachdem in der Nachkriegszeit zunächst Rathausparteien und Wählervereinigungen in den Gemeinderäten federführend waren, entdeckten die überregionalen politischen Parteien in den 60er und 70er Jahren des letzten Jahrhunderts die kommunale Ebene als idealen Ort für die Entwicklung späterer Führungskräfte und zur Mobilisierung ihrer Wählerschichten[26]. Das führte zwangsläufig zu einem Wandel der kommunalen Vertretungskörperschaft von einem Ort konsensgeprägter Sachentscheidungen hin zu einer durch politische Meinungsvielfalt bestimmten Körperschaft mit dafür charakteristischen Merkmalen. So besteht der Rat in der öffentlichen Wahrnehmung und in seinem Selbstverständnis aus Mehrheit und Minderheit. Die Gemeinderatsmitglieder sind zumeist parteipolitisch eingebunden und sammeln sich in Fraktionen. Die Arbeitsweise im Rat ähnelt durch die Fraktionen und die von ihnen beschickten Ausschüsse dem des Bundestags und der Landtage.

Diese Entwicklung führt zu der Frage, ob die politischen Funktionen des Gemeinderats zur Herausarbeitung parlamentsrechtstypischer Merkmale überhaupt herangezogen werden können. Eine strikte Trennung zwischen politischer und juristischer Klassifizierung des Gemeinderats könnte möglicherweise erforderlich sein, wenn durch die politische Betrachtungsweise die Gefahr droht, dass beide Disziplinen vermengt werden und eine argumentative Unschärfe entsteht.

Gerade das Staatsorganisationsrecht stellt einen Bereich dar, in dem hinter den juristischen Fragestellungen oftmals politische Interessen stehen und in dem die zwei Kategorien fließend ineinander übergehen. Es ist widersprüchlich, parlamentsrechtliche Begriffe normativ zu bestimmen, sich aber mit der immer stärker werdenden politischen Funktion des Kommunalrechts und der politischen Relevanz der Differenzen und Gemeinsamkeiten zwischen den Vertretungskörperschaften nicht auseinander zu setzen[27].

Das darf aber nicht dazu führen, allein wegen der politischen Dimension des Kommunalverfassungsrechts Regelungen aus dem Bereich des Parlamentsrechts zu übernehmen. Nur weil sich ein Gemeinderat aufgrund seines umfangreichen Aufgabenbereichs als „Kommunalparlament" versteht und seine Arbeits- und Funktionsweisen politologisch und soziologisch an ein „richtiges" Parlament angenähert sind[28], führt das nicht automatisch zur Erlangung des Status eines vollwertigen Parlaments[29]. Andernfalls wäre angesichts der faktisch geprägten

26 *Wollmann*, in: *Hammerbacher*, Handbuch kommunale Politik, I/D 3.3, S. 1, 7.

27 *Gabriel*, in: *ders./Haungs/Zender*, Opposition in Großstadtparlamenten, S. 101, 102.

28 *Eichert*, BWGZ 1994, S. 569, 570; *Löwer*, SKV 1975, S. 35; *Naßmacher*, ZParl. 4 (1973), S. 550.

29 So aber wegen der politischen Funktionen des Rats *Gabriel/Holtmann*, in: *Graf von Westfalen*, Parlamentslehre, § 21 V 1 (S. 481); kritisch zur Heranziehung sozialwissenschaftlicher Ansätze zur Beantwortung juristischer Fragestellungen *Stein*, S. 20.

politologischen Sichtweise ein hohes Maß an Rechtsunsicherheit im Parlamentsrecht die Folge.

Eine Beantwortung der Frage, ob parlamentsrechtliche Kriterien vom Gemeinderat erfüllt werden, kann daher nur auf Grundlage einer juristischen Argumentation erfolgen. Dabei sind die tatsächlichen politischen Gegebenheiten und der steigende Einfluss der Parteipolitik auf kommunaler Ebene in die rechtlich-normative Bewertung mit einzubeziehen, sofern die sich wandelnden Verhältnisse vom Normbereich erfasst sind[30]. Gerade in einem derart von Verfassungsprinzipien geprägten Rechtsgebiet wie dem der kommunalen Vertretungskörperschaften wird die juristische Entwicklung von einer sich wandelnden kommunalverfassungspolitischen Realität begleitet[31].

II. Verfassungsrechtliche Vorgaben für die parlamentarischen Strukturprinzipien

Obwohl die Existenz eines Parlaments für das demokratische System unverzichtbar ist, fehlt im Grundgesetz eine eindeutige Bestimmung seiner Funktionen und Kompetenzen[32]. Es kann deshalb nur indirekt aus einzelnen Verfassungsnormen und historisch gewachsenen Zuständigkeiten auf die parlamentarischen Strukturmerkmale geschlossen werden.

1. Prinzip der repräsentativen Demokratie und dessen Verwirklichung durch Wahlen

a) Parlamentsrechtliche Situation

aa) Legitimation und formelle bzw. materielle Repräsentationsfunktion

Gemäß Art. 20 Abs. 2 S. 1 GG und den entsprechenden Bestimmungen in den Landesverfassungen geht alle Staatsgewalt vom Volk aus. Damit trifft das

---

30 Für eine Synthese zwischen juristischen und politikwissenschaftlichen Elementen auch *Wollmann*, in: *Hammerbacher*, Handbuch kommunale Politik, I/C 2.1, S. 1, 13 f.; ähnlich *Berwanger*, S. 103; zur Relevanz eines faktischen Wandels für die Veränderung juristischer Normen *Hesse*, in: *Ehmke/Kaiser/Kewening/Meessen/Rüfner*, FS für Scheuner, S. 123, 138.

31 *Wollmann*, in: *Hammerbacher*, Handbuch kommunale Politik, I/D 3.3, S. 1, 12 f.; zur Möglichkeit des Bedeutungswandelns einer Grundgesetznorm durch Veränderung der Verfassungswirklichkeit BVerfGE 2, 380, 401; 3, 407, 422; einschränkend zum Verhältnis zwischen tatsächlichen Veränderungen und einem nachfolgenden Verfassungswandel *Stein*, S. 75 f.

32 *Ott*, S. 11; *Hans Meyer*, in: *Schneider/Zeh*, Parlamentsrecht und Parlamentspraxis, § 4 Rn. 1; *Stern*, Staatsrecht II, § 26 II 1 a (S. 44).

Grundgesetz eine grundsätzliche Entscheidung für das demokratische System und erkennt das Prinzip der Volkssouveränität an.

Auf Bundesebene ist das gesamte Staatsvolk alleiniger Inhaber der Staatsgewalt und Quelle sämtlicher Legitimationsmacht. Dieser Zustand stellt einen „Kernsatz" aller Demokratien dar[33].

In den Ländern – ausgehend von der Konstruktion des zweigliedrigen Staatsaufbaus in der Bundesrepublik, wonach sowohl dem Bund als auch den Ländern Staatsqualität zukommt[34] – setzten sich die Landesvölker aus den im jeweiligen Bundesland wohnenden deutschen Staatsangehörigen zusammen. Sie sind mit dem Gesamtvolk teilidentisch, stellen aber ungeachtet der Fassung des Art. 28 Abs. 1 S. 2 GG „das Volk" und nicht nur einen Teil davon dar[35]. Das Glied-Staatsvolk der jeweiligen Länder besitzt dieselbe personelle Legitimationskraft wie das Gesamt-Staatsvolk. Dagegen geht die sachlich-inhaltliche Legitimation der Ausübung von Staatsgewalt auf Länderebene zum Teil auf das Bundesstaatsvolk zurück. Das ist deshalb der Fall, weil die Länder gemäß Art. 83 ff. GG an die von ihnen auszuführenden Bundesgesetze gebunden sind[36].

Insgesamt zeichnet sich das in Art. 20 Abs. 2 S. 1 GG aufgeführte Legitimationssubjekt „Volk" dadurch aus, dass sich der Kreis der zugehörigen Personen als Gesamtheit der Staatsangehörigen ausschließlich territorial definiert. Es handelt sich somit um eine „unbestimmt-gleichheitliche Allgemeinheit"[37].

Da der Gedanke der Volkssouveränität in einem modernen, mehr als 80 Millionen Einwohner zählenden Staat nicht vollständig durch das Volk selbst verwirklicht werden kann[38], sieht Art. 20 Abs. 2 S. 2 GG die Ausübung der Staatsgewalt durch besondere Organe vor und stellt die Weichen für eine repräsentative, mittelbare Form der Demokratie[39]. Um die Rückkopplung des staatlichen Handelns an den Volkssouverän sicherzustellen, erfordert Art. 20 Abs. 2 S. 1 GG eine durchgängige organisatorisch-personelle Legitimation der staatli-

---

33 *Böckenförde*, in: *Isensee/Kirchhof*, HdbStR II, § 24 Rn. 3, 10.
Dabei ist der Begriff „Volk" im Sinne des Art. 20 Abs. 2 S. 1 GG von dem der „Bevölkerung" zu unterscheiden. Nur die Gesamtheit des deutschen, wahlberechtigten Staatsvolks und den ihnen nach Art. 116 Abs. 1 GG gleichgestellten Personen sind Rechtsinhaber der Volkssouveränität (BVerfGE 83, 37, 50 f.; 83, 60, 71).

34 *Isensee*, in *ders./Kirchhof*, HdbStR IV, § 98 Rn. 64 ff; *Breer*, S. 95.

35 *Grawert*, in: *Isensee/Kirchhof*, HdbStR II, § 16 Rn. 33.

36 *Bussalb*, S. 83; *Löwer*, in: *v. Münch/Kunig*, GG-Kommentar II, Art. 28 Rn. 26.

37 *Böckenförde*, in: *Isensee/Kirchhof*, HdbStR II, § 24 Rn. 26, 31.

38 *Böckenförde*, in: *Isensee/Kirchhof*, HdbStR II, § 24 Rn. 1; *Klein*, in: *Rüther*, Repräsentative oder plebiszitäre Demokratie, S. 33, 39.

39 Mit Art. 20 Abs. 2 GG hat der Verfassungsgeber zum Ausdruck gebracht, dass er die staatliche Legislative als eine Form demokratisch autorisierter Staatsgewalt akzeptiert (*Böckenförde*, in: *Isensee/Kirchhof*, HdbStR II, § 24 Rn. 15). Damit kann sich der Bundestag auf eine unmittelbar in der Verfassung eingeräumte institutionelle Legitimation berufen.

chen Institutionen und deren Entscheidungsträger. Primäres Subjekt zur Ausübung von Staatsgewalt ist das Parlament und seine Abgeordneten, da diese unmittelbar vom Volk selbst legitimiert sind[40].

Die exklusive unmittelbare Rückführbarkeit der personellen Legitimation der Abgeordneten auf das Staatsvolk erhebt das Parlament zum prädestinierten Legitimationssubjekt im materiell-demokratischen Sinne[41]. Die sachlich-inhaltliche Legitimation jeglichen staatlichen Handelns geht auf Parlamentsgesetze zurück, die personelle Legitimation der Entscheidungsträger wird über eine ununterbrochene Legitimationskette vermittelt. Wenn man von den verfassungsrechtlichen Vorgaben an die Legislative absieht, unterliegt sie bei der Ausübung der Legitimationsmacht keinen vom Volkssouverän bestimmten sachlich-inhaltlichen Grenzen[42].

Die zentrale Stellung des Bundestags und seiner Abgeordneten als originäres Repräsentationsorgan ohne sachliche Bindungen wird durch die Bestimmung des Art. 38 Abs. 1 S. 2 GG untermauert. Danach sind die Abgeordneten Vertreter des ganzen Volkes und nur ihrem Gewissen unterworfen. Diese elementare Stellung muss gleichermaßen für das Kollegialorgan gelten, in dem sie zusammengefasst sind.

Die Möglichkeit der Verleihung demokratischer Legitimation ist Ausdruck der parlamentarischen Vertretungs- und Repräsentationsfunktion. Letztere lässt sich in eine formelle und eine materielle Seite aufteilen[43]. Formell hat das Parlament mit dem Legitimationsakt durch das Volk die Befugnis, dieses durch seine Entscheidungen als Zurechnungsobjekt zu verpflichten[44]. Materiell besteht seine Aufgabe darin, das in seiner Gesamtheit abwesende Volk zu verkörpern und ihm gegenüber gemäß Art. 38 Abs. 1 S. 2 GG unmittelbare Verantwortung zu tragen[45]. Die vollständige Verwirklichung des Willens des gesamten Volkes – so-

---

40 Ansonsten muss die Legitimation der entscheidungsbefugten Personen nicht unmittelbar auf das Volk zurückzuführen sein; zumeist genügt eine mittelbare Berufung durch das Volk über eine zurück zum Parlament führenden Legitimationskette (BVerfGE 47, 253, 275; 77, 1, 40; 83, 60, 72; *Böckenförde*, in: *Isensee/Kirchhof*, HdbStR II, § 24 Rn. 16; *Axer*, S. 294; *Jestaedt*, S. 268).

41 *Böckenförde*, in: *Isensee/Kirchhof*, HdbStR II, § 24 Rn. 16; *Jestaedt*, S. 272.

42 *Jestaedt*, S. 272. Aus diesem Grund kann man den Schluss ziehen, dass jede Sachentscheidung ihren legitimatorischen Ursprung in einem Akt personell-organisatorischer Legitimation hat (*Oebbecke*, S. 84).

43 Zutreffend stellt *Ott*, S. 88, fest, dass die Vertretungs- bzw. Repräsentationsfunktion zumeist nicht bei den allgemeinen Parlamentsfunktionen aufgeführt ist, sondern erst bei der Rechtsstellung des einzelnen Abgeordneten. Richtigerweise prägt dieser Grundsatz sowohl die Stellung des Kollegialorgans als auch die der Parlamentsabgeordneten.

44 *Böckenförde*, in: *Isensee/Kirchhof*, HdbStR II, 2. A., § 30 Rn. 18; *Achterberg*, Parlamentsrecht, § 5 I 1 a (S. 78).

45 Hierin ist auch das dritte Merkmal demokratischer Legitimation zu sehen, das sachlich-inhaltliche. Es dient dazu, die Ausübung der Staatsgewalt materiell vom Volk abzuleiten und so eine mittelbare Ausübung der Staatsgewalt durch das Volk zu garantieren (*Böcken-*

fern es ihn überhaupt gibt – wird bei der Vielschichtigkeit der unterschiedlichen Interessen nicht möglich sein. Daher bedeutet materielle Repräsentation, trotz des bestehenden Meinungspluralismus die Interessen des Volkes so weit wie möglich zu berücksichtigen und eine Rückkopplung mit der Fortentwicklung und Veränderung des Volkswillens vorzunehmen. Da dabei keine rechtlichen Bindungen an den Volkswillen bestehen[46], sind die einzige Sanktionsmöglichkeit des Volkes der Entzug der zeitlich begrenzten personellen Legitimation beim kommenden Wahlgang[47].

bb) Repräsentative Demokratie und Wahlen

Obwohl die Mitglieder des Bundestags den veränderten Ansichten der Bevölkerung Rechnung tragen sollen, ist das in der Praxis nicht immer der Fall. Eine unwiderrufliche, unveränderliche Übertragung der Macht auf das Parlament hätte im Ergebnis die Loslösung der Herrschaftsmacht vom Volkssouverän und die Perpetuierung einmal geschaffener Mehrheitsverhältnisse zur Folge. Personelle demokratische Legitimation erschöpft sich deshalb nicht in der einmaligen Autorisierung zur Ausübung von Staatsgewalt. Das Mandat bedeutet lediglich Herrschaft auf Zeit und erfordert eine fortwährende Berechtigung[48]. Deshalb muss die Legitimation zur Ausübung der dem Parlament und den Abgeordneten anvertrauten Herrschaftsmacht regelmäßig durch unmittelbare Ausübung von Staatsgewalt durch das Volk erneuert werden. Dazu dient der Wahlakt. Wie eben schon erwähnt stellt er die einzige Möglichkeit für das Volk dar, unmittelbar demokratische Macht auszuüben und auf sachlich-inhaltliche Legitimationsakte des Parlaments personell zu reagieren[49]. Die in Art. 38 Abs. 1 S. 1 GG aufgestellten Wahlgrundsätze sind daher keine autonomen Prinzipien, sondern Ausfluss und Konkretisierung des Wesens einer repräsentativen Demokratie[50].

Das in der Verfassung institutionell legitimierte Parlament ist demnach dadurch gekennzeichnet, dass es in seiner Gesamtheit die Vertretung des Volkes im Sinne von Repräsentation wahrnimmt und ihm gegenüber unmittelbar verantwortlich ist. Es ist das einzige Staatsorgan, das seine personelle Legitimation

---

förde, in: *Isensee/Kirchhof*, HdbStR II, § 24 Rn. 21). Die verantwortungsvolle Erfüllung des Wählerauftrags besteht unmittelbar gegenüber dem Volk (*Böckenförde*, in: *Isensee/Kirchhof*, HdbStR II, § 24 Rn. 21; *Klein*, in: *Rüther*, Repräsentative oder plebiszitäre Demokratie, S. 33, 37).

46 *Böckenförde*, in: *Isensee/Kirchhof*, HdbStR II, 2. A., § 30 Rn. 18; *Hans Meyer*, in: *Schneider/Zeh*, Parlamentsrecht und Parlamentspraxis, § 4 Rn. 10.

47 *Böckenförde*, in: *Isensee/Kirchhof*, HdbStR II, § 24 Rn. 21.

48 *Böckenförde*, in: *Isensee/Kirchhof*, HdbStR II, § 24 Rn. 11, 15, 50.

49 *Hans Meyer*, in: *Isensee/Kirchhof*, HdbStR II, 2. A., § 37 Rn. 1.

50 *Trute*, in: *v. Münch/Kunig*, GG-Kommentar II, Art. 38 Rn. 1; bezweifelt wird das nur für das Merkmal der Unmittelbarkeit der Wahl, vgl. *Schnapp*, in: *v. Münch/Kunig*, GG-Kommentar II, Art. 20 Rn. 15.

unmittelbar von Staatsvolk herleitet. Hieraus folgt die Stellung als prädestiniertes Legitimationssubjekt aller anderen Staatsorgane. Die ordnungsgemäße Erfüllung dieser Pflichten wird dadurch abgesichert, dass den Abgeordneten personelle Legitimation nur für einen bestimmten Zeitraum verliehen ist und nach Ablauf dieses Zeitraums eine Abwahlmöglichkeit besteht. Damit besitzt das Volk die Möglichkeit, unmittelbar auf die personelle Legitimation und mittelbar auf die Ausübung der sachlich-inhaltlichen Legitimationskomponente Einfluss zu nehmen.

b) Demokratische Repräsentation und kommunale Selbstverwaltungsautonomie

Die nachfolgende Darstellung beschäftigt sich mit der Frage, ob das für ein Parlament strukturprägende Prinzip der repräsentativen Demokratie und die Notwendigkeit der periodischen Erneuerung der Legitimation durch den Wahlakt im Kommunalrecht ebenso verwirklicht sind. Dabei stellt sich auch die Frage, ob die institutionelle, materielle und personelle Legitimation der kommunalen Selbstverwaltung und ihrer Entscheidungsträger eine vergleichbare Ebene erreicht wie die staatlicher Parlamente oder ob – wie in anderen Selbstverwaltungsbereichen[51] – das Demokratieprinzip flexible Lösungen ermöglicht und ihm auch dann Genüge getan ist, wenn das Legitimationsniveau der Entscheidungsträger nicht dem staatlicher Legislativ- und Exekutivorgane entspricht.

aa) Geschichtlicher Hintergrund des Selbstverwaltungsprinzips

Bei der Bestimmung der staatsrechtlichen Einordnung des Gemeinderats und seiner Mitglieder ist zunächst auf die überragende Bedeutung des in Art. 28 Abs.2 GG enthaltenen Prinzips der kommunalen Selbstverwaltung einzugehen. Deren Anfänge liegen in der von Freiherrn vom Stein entworfenen Preußischen Städteordnung vom 19.11.1808. Diese Kodifikation wird zu Recht als „epochales Ereignis“ und als „Geburtsstunde“ des Selbstverwaltungsgedankens gesehen[52]. Durch die Gewährung eigener Befugnisse für die örtliche Gemeinschaft sollte die Distanz zwischen Obrigkeitsstaat und Bürgertum verringert und das politische Interesse der Untertanen für das Gemeinwohl geweckt werden[53]. Der gemeindlichen Selbstverwaltung kam damit die Rolle einer demokratischen En-

---

51 So für die Ausübung von Staatsgewalt in Wasserzweckverbänden BVerfG, NVwZ 2003, S. 974 ff.

52 *Hendler*, in: *Isensee/Kirchhof*, HdbStR IV, § 106 Rn. 2; *Merten*, in: *ders.*, Die Selbstverwaltung im Krankenversicherungsrecht, S. 11.

53 *Ruland*, DRV 1993, S. 684, 688; *Schuppert*, AÖR 114 (1989), S. 127, 128. Zur geschichtlichen Entwicklung des Selbstverwaltungsrechts BVerfGE 11, 266, 274 ff.; *Bussalb*, S. 21 ff.; *Frotscher*, in: *v. Mutius*, Selbstverwaltung im Staat der Industriegesellschaft, S. 127, 128 f.

klave der Mitbestimmung im monarchischen Obrigkeitsstaat zu[54]. Hierin schritten die Demokratisierung und die Gegensätzlichkeit zum Staat immer weiter fort. Außerdem wurde das anfänglich für die kommunale Ebene konzipierte Selbstverwaltungsprinzip auf andere Lebensbereiche ausgedehnt und fasste schon im Laufe des 19. Jahrhunderts im universitären, wirtschaftlichen und sozialversicherungsrechtlichen Bereich Fuß[55].

Schließlich wurde das Selbstverwaltungsprinzip in der Weimarer Republik auf eine volldemokratische Basis gestellt, indem man das Reichstagswahlrecht gemäß Art. 17 Abs. 2 S. 1 WRV auf die Gemeindewahlen übertrug. Es etablierte sich der Begriff der kommunalen Selbstverwaltung als Abgrenzungsmerkmal der örtlichen von der unmittelbaren Staatsverwaltung[56]. Allerdings bestand durch die nun auch auf staatlicher Ebene eingetretene Demokratisierung des politischen Systems nicht mehr der schroffe Gegensatz zwischen überörtlicher und örtlicher Exekutive wie noch im 19. Jahrhundert.

Im Dritten Reich verlor die kommunale Selbstverwaltung, bedingt durch das Führerprinzip und die damit verknüpfte Zentralisierung, vollständig an Bedeutung und war nicht mehr als eine Verwaltungsform im Einheitsstaat[57].

bb) Heutige Bedeutung und Inhalt der Selbstverwaltungsgarantie

In der seit 1949 geltenden Verfassungsordnung ist die verfassungsrechtliche Garantie der kommunalen Selbstverwaltung in Art. 28 Abs. 2 GG enthalten. Den gemeindlichen Selbstverwaltungskörperschaften kommt als institutionelles Exekutivorgan[58] bereits nach Art. 20 Abs. 2 S. 2 GG institutionelle demokratische Legitimation zu. Diese wird durch die Existenz von Art. 28 Abs. 1 S. 2, Abs. 2 GG noch verstärkt[59] und führt zu einem institutionellen Legitimationsniveau der kommunalen Ebene, das materiell mit dem „klassischer" Parlamente vergleichbar ist.

Ferner bringt die Bestimmung des Art. 28 Abs. 2 GG die vollständige Integration der kommunalen Selbstverwaltung in die Staatsorganisation zum Ausdruck[60]. Die Verfassung hat in den Bundesländern den Staatsaufbau einer gegliederten Demokratie gewählt. Dessen Fundament sind die kommunalen Ge-

---

54 *V. Arnim*, AÖR 113 (1988), S. 1, 15 bezeichnet die Gemeinden als „örtliche Inseln der Selbstbestimmung".

55 *Hendler*, in: *Isensee/Kirchhof*, HdbStR IV, § 106 Rn. 2; zu funktionalen Selbstverwaltungseinheiten ausführlicher unten S. 19 ff.

56 BVerfGE 11, 266, 275.

57 *Grawert*, in: *Isensee/Kirchhof*, HdbStR I, § 6 Rn. 12; *Gönnenwein*, S. 24.

58 Zur Stellung der kommunalen Vertretungskörperschaft im Lichte des Gewaltenteilungslehre unten S. 54 f.

59 *Maunz/Zippelius*, § 16 II (S. 124).

60 BVerfGE 83, 37, 54.

bietskörperschaften, in denen Selbstverwaltung als Teil des demokratischen Systems und nicht lediglich als eigenverantwortliche Betroffenenverwaltung ausgeübt wird[61].

Daneben trägt Art. 28 Abs. 2 GG dem Subsidiaritätsgedanken und dem damit verbundenen organisationsrechtlichen Prinzip der Dezentralisierung von Staatsgewalt Rechnung[62]. Die Kernaussage des Subsidiaritätsprinzips besteht darin, dass eine größere gesellschaftliche Einheit nur dann zur Erfüllung einer gesellschaftlichen Aufgabe berufen werden soll, wenn die kleinere Einheit dazu nicht ebenso gut oder besser in der Lage ist[63]. Damit sollen zwischen dem Staat und dem Einzelnen weitere Stufen eingeschoben werden, die dem Staat einen Teil seiner Anonymität nehmen und den Bürger näher am Geschehen dieses Zwischengebildes teilhaben lassen[64]. Dieser gedankliche Hintergrund muss bei der konkreten Bestimmung des Umfangs des gemeindlichen Selbstverwaltungsrechts berücksichtigt werden. Er wird regelmäßig für ein weites Verständnis des eigenverantwortlich zu erfüllenden Aufgabenkatalogs sprechen und ist Garant dafür, dass die Selbstverwaltungsgarantie nicht völlig zu Gunsten von Zentralisierungskompetenzen ausgehöhlt wird[65].

Gesichert, möglicherweise sogar verstärkt wird die Tendenz zur Verlagerung der Aufgabenwahrnehmung auf kleinstmögliche Verwaltungseinheiten durch die Bestimmungen zum kommunalen Selbstverwaltungsrecht im Entwurf der geplanten EU-Verfassung vom 20.06.2003[66]. In Art. I-9 Abs. 3 EV wird der bereits heute in Art. 5 Abs. 2 EGV enthaltene Subsidiaritätsgrundsatz auf Regionen und Kommunen ausgedehnt, indem sie explizit in die Bestimmung mit aufgenommen werden. Eine Aufwertung der Kommunen erfolgt darüber hinaus dadurch, dass erstmals seit Bestehen der Europäischen Gemeinschaften eine Aufnahme der regionalen und kommunale Selbstverwaltung in das Gebot der Achtung der nationalen Identität der Mitgliedsstaaten erfolgt, Art. I-5 Abs. 1 S. 1 EV.

---

61 BVerfGE 52, 95, 112; 79, 127, 148 f.; 83, 37, 54; *Püttner*, in: *Isensee/Kirchhof*, HdbStR IV, § 107 Rn. 14 f.

62 *Maunz/Zippelius*, § 11 III 5 (S. 69); *Scholtis*, S. 273 f.

63 *Rupp*, in: *Isensee/Kirchhof*, HdbStR II, § 31 Rn. 51; § 106 Rn. 51; *Maunz/Zippelius*, § 11 III 5 (S. 69); *Hilz*, S. 36 f.

64 *Maunz/Zippelius*, § 11 III 5 (S. 69); *Püttner*, in: *Isensee/Kirchhof*, HdbStR IV, § 107 Rn. 5.

65 *Hilz*, S. 40 f.

66 Der vollständige Entwurf ist im Internet abrufbar unter der Adresse http://european-convention.eu.int.

Zum jetzigen Zeitpunkt sind die Rechte und Kompetenzen der Gemeinden im EGV nicht festgeschrieben. Ausdrücklich erwähnt sind die Kommunen nur an wenigen Stellen, nämlich beim Kommunalwahlrecht (Art. 19 EGV) und dem Ausschuss der Regionen (Art. 263 EGV). Dieser Umstand führt dazu, dass die EU bislang als „kommunalblind" bezeichnet wird (so *Landsberg/Zimmermann*, StuG 2004, S. 3)

Außerdem wird der Ausschuss der Regionen (Art. I-31 Abs. 1, Abs. 2 EV) gemäß Art. I-46 EV bei den geplanten EU-Vorhaben konsultiert und erhält auf diesem Weg eine Partizipationsmöglichkeit. In einem verbindlichen Ausführungsprotokoll des Art. I-9 Abs. 3 EV „über die Anwendbarkeit der Grundsätze der Subsidiarität und der Verhältnismäßigkeit" sind diese Anhörungspflichten im Vorfeld von Gesetzgebungsakten konkretisiert. Bei der Gesetzesfolgenabschätzung sind die regionale und die kommunale Ebene mit einzubeziehen; die auf sie zukommenden administrativen und finanziellen Belastungen sind zu berücksichtigen und so gering wie möglich zu halten. Wenn der Ausschuss der Regionen dabei zu der Auffassung gelangt, dass eine Verletzung des Subsidiaritätsgrundsatzes vorliegt, steht ihm ein Klagerecht zum Europäischen Gerichtshof zu.

Neben diesen allgemeinen Merkmalen enthält das Subsidiaritätsprinzip spezifische Teilaspekte, nämlich den Gedanken eines föderalistischen, dezentralisierten und gewaltenteiligen Staates mit klaren Kompetenzzuweisungen an Bund, Länder und Gemeinden[67].

Dezentralisierung im rein organisationsrechtlichen Sinn lässt sich als Wahrnehmung an sich staatlicher Aufgaben durch verselbständigte Verwaltungsträger unter staatlicher (Rechts-)Aufsicht beschreiben[68]. Da die Selbstverwaltung somit immer die Erledigung öffentlicher Aufgaben zum Inhalt hat, trägt sie maßgeblich zur Pluralisierung des Kreises der Organe bei, die hoheitliche Entscheidungen treffen. Damit ist das Selbstverwaltungsmodell Zeichen einer gegliederten Demokratie auf allen Entscheidungsebenen[69], tritt als Mittel der vertikalen neben die horizontale Gewaltenteilung, schafft Distanz zum Staat und trägt so zur staatlichen Machtmäßigung bei[70]. Die Dezentralisationsfunktion beschränkt sich nicht auf einen bestimmten Bereich der Selbstverwaltung, sondern ist in allen Selbstverwaltungseinheiten wirksam[71]. Als reines Organisationsprinzip ist ihre Bedeutung allerdings auf den formellen, rechtsstaatlich geprägten Teil des Selbstverwaltungsgedankens beschränkt. Konkrete Aussagen über den materiellen Gehalt der Selbstverwaltung lassen sich durch diese formale Betrachtungsweise nicht gewinnen[72].

---

67 *Vetter*, in: *Hrbek*, Subsidiaritätsprinzip, S. 35.

68 *Forsthoff*, § 24 a (S. 459); s.a. *Reiter*, DRV 1993, S. 657, 658.

69 *V. Unruh*, DVBl. 1975, S. 1, 2.

70 *Hendler*, in: *Isensee/Kirchhof*, HdbStR IV, § 106 Rn. 51; ähnlich *Püttner*, in: *Isensee/Kirchhof*, HdbStR IV, § 107 Rn. 6; *Kluth*, S. 370.

71 *Reiter*, DRV 1993, S. 657; *Hendler*, S. 345.

72 *Reiter*, DRV 1993, S. 657 f.; *Jestaedt*, S. 67; *Schuppert*, AÖR 114 (1989), S. 127, 130; a.A. *Zippelius*, in: *Müller/Rhinow/Schmidt/ Wildhaber*, Staatsorganisation und Staatsfunktion im Wandel, S. 147, 149 f., wonach die in dieser Arbeit separat aufgeführten Selbstverwaltungsfunktionen unterschiedliche Ausprägungen der Dezentralisierung darstellen. Inhaltliche Unterschiede sind damit aber nicht verbunden.

Daher steht der organisationsrechtliche Dezentralisierungsaspekt nicht im Mittelpunkt der Bedeutung der kommunalen Selbstverwaltungsgarantie. Diese Stellung nimmt stattdessen der Gedanke der politisch-demokratischen Selbstverwaltung ein, die auch als „demokratische Dezentralisierung" bezeichnet wird[73]. In diesem Zusammenhang bedeutet Selbstbestimmung Selbstverwaltung der Angelegenheiten eines überschaubaren Lebensbereichs unter aktiver Teilnahme der Mitglieder selbst[74]. Damit soll die Identifikationslücke zwischen Verwaltung und Bürgerschaft durch eine bürgernahe Exekutive geschlossen und das Verantwortungsbewusstsein der Einwohner für die eigenen örtlichen Angelegenheiten gestärkt werden[75]. Politische Selbstverwaltung hat also eine engere Verzahnung von Staat und dem betroffenen Gesellschaftsteil zum Ziel. Sie bedeutet Betroffenheitsschutz durch Betroffenenpartizipation[76].

Das wichtigste Mittel zur Teilnahme an der gemeindlichen Mitbestimmung ist die Übernahme und Ausübung von Ehrenämtern, wozu die Einwohner grundsätzlich verpflichtet sind[77]. Mit dem Prinzip der ehrenamtlichen Bürgerbeteiligung dient die kommunale Selbstverwaltung, wie es in Art. 11 Abs. 4 BayLV lautet, dem Aufbau der Demokratie von unten nach oben und ist deren „Keimzelle"[78]. Da die Auswirkungen der Entscheidungen der Selbstverwaltungskörperschaften oft unmittelbar und persönlich wahrnehmbar sind, ist das demokratische Modell für die Bürger auf dieser Gliederungsebene am ehesten greifbar[79].

---

73 So *Maunz/Zippelius*, § 11 III 5 (S. 69).

74 *V. Arnim*, AöR 113 (1988), S. 1, 14 f.; *Maunz/Zippelius*, § 11 III 5 (S. 69); *Zippelius*, in: *Müller/Rhinow/Schmidt/ Wildhaber*, Staatsorganisation und Staatsfunktion im Wandel, S. 147, 149.

75 *Mayer*, S. 18; *Stober*, § 7 I 2 a (S. 59).

76 *Hendler*, in: *Isensee/Kirchhof*, HdbStR IV, § 106 Rn. 15 f.; *Schuppert*, AÖR 114 (1989), S. 127, 131. Auch dieser Gesichtspunkt – Betroffenenmitwirkung an der Aufgabenerfüllung – ist nicht auf den kommunalen Bereich beschränkt, sondern gilt auch in der funktionalen Selbstverwaltung.

77 § 15 Abs. 1 GO BW; Art. 19 Abs. 1 S. 2 BayGO; § 26 Abs. 1 S. 1 GO Bbg.; § 21 Abs. 1 S. 2 HGO; § 19 Abs. 2 KV MV; § 23 Abs. 1 S. 1 NGO; § 28 Abs. 1, 2 GO NW; § 18 Abs. 1 GO RP; § 24 Abs. 2 S. 1 KSVG Saar.; § 17 Abs. 1 GO Sachsen; § 28 Abs. 1 GO SA; § 19 S. 1 GO SH; § 12 Abs. 1 S. 2 ThürKO; näher zum Stellenwert des Ehrenamts im Prinzip der kommunalen Selbstverwaltung BVerfGE 11, 351, 363 f.

78 BVerfGE 79, 127, 149; *Gönnenwein*, S. 65 bezeichnet die Gemeinde als „Urzelle einer Demokratie"; *Schulze*, in: *Hammerbacher*, Handbuch Kommunale Politik, I/A 1.1, S. 1, 8 spricht von der Kommunalpolitik als „Schule der Demokratie". In der Teilnahmemöglichkeit des Einzelnen liegt auch der materielle Kern des Modells der gegliederten Demokratie. Der Verfassungsgeber ist nämlich davon ausgegangen, dass mit der Schaffung von mehreren Verwaltungsebenen den zentralistischen Einflüssen im Dritten Reich entgegengewirkt werden kann. Dabei hat er die Gemeinden wegen der Partizipationsmöglichkeiten der Bürger am ehesten als diktaturresistent angesehen (BVerfGE 79, 127, 149 f.).

79 *Zippelius*, § 23 III (S. 208); ähnlich *v. Arnim*, AÖR 113 (1988), S. 1, 15 f.

Aus der vorangegangenen Darstellung ergibt sich, dass die von den Gemeinden und ihren Einwohnern wahrgenommene kommunale Selbstverwaltung im demokratischen Prinzip wurzelt und keinen Gegensatz dazu darstellt[80]. Das Demokratieprinzip kann in unterschiedlichem Ausmaß umgesetzt sein, wobei die kommunale Selbstverwaltung eine Spielart davon ist. Sie zeichnet sich dadurch aus, dass eine direkte Partizipation an der politischen Willensbildung typischerweise eher möglich ist als im Bund oder in den Ländern, wo sich die Teilnahmehandlung zumeist in der Ausübung des Wahlrechts erschöpft. Damit ist jedoch keine wesensmäßige Verschiedenheit zwischen Wahlakt und politischer Willensbildung durch die Wahrnehmung von Ehrenämtern verbunden. Vielmehr zeigt sich darin die prägnante Gemeinsamkeit, dass weder staatliche (Wahl-) Demokratie noch kommunale Selbstverwaltung denkbar sind, wenn sich die Bürger daran nicht aktiv beteiligen[81].

Zusammengefasst ist die Zuerkennung der kommunalen Selbstverwaltungsautonomie in Art. 28 Abs. 2 GG Ausdruck der Umsetzung des mehreren Zielen dienenden Subsidiaritätsgedanken. Organisationsrechtlich stellt die kommunale Selbstverwaltung ein Mittel der Dezentralisierung staatlicher Hoheitsgewalt dar, ist ein Instrument vertikaler Gewaltenteilung und Ausdruck des grundgesetzlichen Modells einer gegliederten Demokratie. Politisch-demokratisch dient sie der Verringerung der Distanz zwischen Verwaltung und Bürger sowie der Aktivierung betroffener Personen. Diese sollen die Möglichkeit erhalten, an der Gestaltung der vorwiegend nur sie berührenden Vorhaben aktiv mitzuwirken.

Ob sich die gemeindlichen Volksvertretungen auf ein mit den staatlichen Parlamenten identisches Legitimationsniveau berufen können, ist damit jedoch noch nicht gesagt und bleibt der sogleich folgenden Prüfung vorbehalten[82].

cc) Auswirkungen der Selbstverwaltungsautonomie auf das Legitimationsniveau des Gemeinderats

Die mit der kommunalen Selbstverwaltungsgarantie verfolgten Ziele setzen ein hohes Maß an Eigenverantwortlichkeit und Selbstständigkeit der gemeindlichen Vertretungskörperschaft voraus, sofern es um die Regelung der gemeindlichen

---

80 BVerfG, NVwZ 2003, S. 974, 976; *Schnapp*, in: *v. Münch/Kunig*, GG-Kommentar II, Art. 20 Rn. 22; *Püttner*, in: *ders.*, HdbKWP II, § 25 I (S. 4 f.); *Ipsen*, JZ 1990, S. 789, 790.
Allerdings ist das Verhältnis zwischen Demokratie und Selbstverwaltung bis heute nicht völlig geklärt (dazu *Püttner*, in: *Isensee/Kirchhof*, HdbStR IV, § 107 Rn. 14 m.w.N.). Neben den dort genannten Punkten stellt sich die Frage, ob die Beschränkung der Teilnahmemöglichkeiten an den Selbstverwaltungsaufgaben auf einen begrenzten Kreis – z. B. Gemeindebürger, Berufsträger, Versicherungsnehmer – mit dem formalen Gleichheitsverständnis des Art. 38 Abs. 1 S. 1 GG vereinbar ist (dazu *Hendler*, in: *Isensee/Kirchhof*, HdbStR IV, § 106 Rn. 49; *Schuppert*, AÖR 114 (1989), S. 127, 136 f. sowie unten S. 22).

81 *Hendler*, in: *Isensee/Kirchhof*, HdbStR IV, § 106 Rn. 48.

82 Unten S. 18 ff.

Angelegenheiten geht. Die kommunalen Selbstverwaltungseinheiten führen aber nicht nur im übertragenen, sondern auch im eigenen Wirkungskreis amtliche Handlungen mit Entscheidungscharakter aus[83]. Da darin das entscheidende Kriterium für die Ausübung von Staatsgewalt liegt[84], stellt sich die Frage nach dem Legitimationsniveau der gemeindlichen Selbstverwaltungsorgane.

Jegliche Form der Ausübung von Staatsgewalt erfordert demokratische Legitimation durch den Volkssouverän[85]. Diese muss, wie bereits angesprochen[86], nicht immer zwingend unmittelbar durch eine Volkswahl vermittelt werden. Oftmals genügt eine mittelbare Legitimation durch eine ununterbrochene Legitimationskette des Volkes über die gewählten Vertretungen hin zu den mit der Ausübung von Staatsgewalt betrauten Entscheidungsträgern[87]. Auf diese Weise ist die Ausübung von Staatsgewalt im Bereich der unmittelbaren Staatsverwaltung verfassungsrechtlich unproblematisch. Das Parlament als vom Volk unmittelbar gewähltes Repräsentativorgan greift personell nicht direkt auf die Verwaltungsorgane zu. Es überträgt die notwendige demokratische Legitimation indirekt über die Wahl und Kontrolle der Regierung als Exekutivspitze, die ihrerseits die ministeriale Leitungs- und Kontrollfunktion der nachgeordneten Exekutivstellen wahrnimmt[88].

Eine solche ununterbrochene Legitimationskette der Volksvertreter hin zum Staatsvolk besteht im Bereich der kommunalen Selbstverwaltung nicht[89]. Das ist die Konsequenz der Ausgliederung der Selbstverwaltung aus der staatlich-hierarchischen Exekutive, die zu einer Verlagerung des staatlichen Normvollzugs zu einer Betroffenenverwaltung und zu begrenzten staatlichen Einflussmöglichkeiten auf das gemeindliche Handeln im eigenen Wirkungskreis führt.

Damit ändert sich jedoch nichts an der Notwendigkeit der demokratischen Legitimation kommunaler Entscheidungsträger, die sie personell – und wegen des Prinzips der Allzuständigkeit teilweise auch sachlich-inhaltlich[90] – nur von der Gemeindebevölkerung durch die Gemeinderatswahlen erlangen können. Die fehlende legitimatorische Anbindung der kommunalen Volksvertretung an das Bundes- oder Landesvolk führt deshalb zu der Frage, ob das Hauptorgan der kommunalen Selbstverwaltung, der Gemeinderat, durch die Gemeindebürger dasselbe Legitimationsniveau erhält wie der Bundestag bzw. die Landtage oder

---

83 *V. Arnim*, AÖR 113 (1988), S. 1, 7.

84 BVerfGE 47, 253, 272 f.; 83, 60, 73; 93, 37, 68.

85 BVerfGE 83, 60, 73; *Musil*, DÖV 2004, S. 116; *Emde*, S. 322; *Oebbecke*, VerwArch 81 (1990), S. 349, 355.

86 Oben S. 10 (insbes. Fn. 40).

87 BVerfGE 83, 60, 72 f.; *Klein*, in: *Rüther*, Repräsentative oder plebiszitäre Demokratie, S. 33, 36 f.

88 *Emde*, S. 338 f., 351 f.

89 *V. Arnim*, AÖR 113 (1988), S. 1, 8.

90 So *v. Arnim*, AÖR 113 (1988), S. 1, 8 f.

ob inhaltliche Abweichungen von diesem Legitimationsniveau vorhanden sind[91]. Dafür kommt es letztlich darauf an, ob eine Identität zwischen Gemeindevolk und Staatsvolk festgestellt werden kann. Sollte das nicht der Fall sein und für den kommunalen Bereich das unabdingbare Legitimationsniveau und die Art und Weise der Legitimation nicht dem staatlicher Volksvertretungen entsprechen, kann man nicht von einer vergleichbaren Umsetzung des Demokratieprinzips im Parlaments- bzw. Kommunalverfassungsrecht ausgehen. Der Gemeinderat kann nur dann als gegenüber den staatlichen Parlamenten gleichwertiges Organ angesehen werden, wenn die wahlberechtigten Gemeindebürger als Legitimationsquelle qualitativ nicht hinter dem Volk des Gesamtstaats zurückstehen[92]. Ein entscheidendes parlamentsprägendes Formprinzip würde sonst auf gemeindlicher Ebene fehlen.

a) Legitimatorische Anforderungen des Art. 20 Abs. 2 GG in der funktionalen Selbstverwaltung

Zunächst ist im Rahmen dieser Untersuchung ein Blick auf eine eng mit der kommunalen Selbstverwaltung verwandte Exekutivform zu werfen, in der sich die Frage nach der Legitimationsmacht eines Bevölkerungsausschnitts ebenfalls stellt. Es handelt sich hierbei um so genannte funktionale Selbstverwaltungseinheiten.

Der Verwaltungsaufbau der Bundesrepublik gliedert sich in die staatlich-hierarchische Ministerialverwaltung und die mitgliedschaftliche Selbstverwaltung auf. Der Typus der Selbstverwaltung erschöpft sich nicht in der kommunalen Selbstverwaltung, sondern umfasst daneben auch funktionale Selbstverwaltungseinheiten[93]. Diese zeichnen sich dadurch aus, dass sie funktions- und aufgabenbezogen ausgestaltet sind und nicht wie die Gemeinden auf einem territorialen Fundament stehen[94]. Ferner ist für sie wie für den kommunalen Bereich charakteristisch, dass es sich um aus der unmittelbaren Staatsverwaltung ausgelagerte, grundsätzlich nur der Rechtsaufsicht unterworfene, mitgliedschaftlich verfasste juristische Personen handelt, die Aufgaben durch und für die betroffenen Gesellschaftsteile in eigener Regie erfüllen[95].

91 Zu dieser Möglichkeit im Bereich der funktionalen Selbstverwaltung BVerfG, NVwZ 2003, S. 974 ff.

92 Nur so kann eine entsprechende Qualität der Rechtsetzungsmacht angenommen werden (dazu unten S. 41 ff.; ähnlich wie hier *Meyn*, S. 11).

93 Grundlegen und umfassend zum Begriff der funktionalen Selbstverwaltung und zur demokratischen Legitimation der Selbstverwaltungseinheiten *Emde*, S. 5 ff.; S. 363 ff.

94 *Böckenförde*, in: *Isensee/Kirchhof*, HdbStR II, § 24 Rn. 33; *Jestaedt*, S. 71.

95 *Böckenförde*, in: *Isensee/Kirchhof*, HdbStR II, § 24 Rn. 33 (Fn. 61); *Musil*, DÖV 2004, S. 116, 117; *Hendler*, in: *Isensee/Kirchhof*, HdbStR IV, § 106 Rn. 61; *Jestaedt*, S. 71; *Reiter*, DRV 1993, S. 657, 658; *Oebbecke*, VerwArch 81 (1990), S. 349, 351; zu den einzelnen Kriterien *Emde*, S. 9–11.

Die funktionale Selbstverwaltung umfasst wichtige gesellschaftliche Bereiche, in denen sich der Gesetzgeber die Vorteile einer mitgliedschaftlichen Eigenverwaltung zu Nutze macht. Namentlich handelt es sich um Rundfunkanstalten, berufsständische Kammern, Hochschulen sowie die Sozialversicherungsträger, Art. 87 Abs. 2 GG. Neben die wirtschaftliche, akademische und soziale Selbstverwaltung tritt die historisch gewachsene boden– und wasserwirtschaftliche Selbstverwaltung[96]. Diese Aufzählung ist nicht erschöpfend, sondern enthält nur die neben Art. 28 Abs. 2 GG wichtigsten Selbstverwaltungsbereiche[97].

Sich mit allen Arten der Selbstverwaltungskörperschaften auseinander zu setzen, würde den Rahmen der Abhandlung sprengen oder müsste sich in oberflächlichen Allgemeinplätzen erschöpfen[98]. Außerdem würde dadurch der Untersuchungsgegenstand verwässert, der ausschließlich in der Herausarbeitung von Parallelen und Differenzen zwischen kommunalen und staatlichen Vertretungskörperschaften liegt. Deshalb beschränken sich die folgenden Überlegungen auf die Darstellung der vom Demokratieprinzip an den personellen Legitimationsgrad der Träger funktionaler Selbstverwaltung gestellten Anforderungen und die Möglichkeit ihrer Übertragbarkeit auf die kommunale Ebene[99].

---

96 BVerfG, NVwZ 2003, S. 974, 976; *Hendler*, in: *Isensee/Kirchhof*, HdbStR IV, § 106 Rn. 60, *Jestaedt*, S. 71.

97 Zu weiteren Selbstverwaltungsbereichen s. *Emde*, S. 19 ff.; *Oebbecke*, VerwArch 81 (1990), S. 349, 352. Die grundsätzliche Anerkennung des funktionalen Selbstverwaltung führt nicht zur Möglichkeit des Gesetzgebers zur beliebigen Erweiterbarkeit der Selbstverwaltungsbereiche mit schrankenloser Kompetenz (*Böckenförde*, in: *Isensee/Kirchhof*, HdbStR II, § 24 Rn. 34; *Emde*, S. 376 f.; *Hendler*, S. 317). Nach der grundgesetzlichen Konzeption unter Berücksichtigung des Demokratieprinzips stehen die staatliche Ministerialverwaltung und die Selbstverwaltung in einem Regel/-Ausnahmeverhältnis (*Böckenförde*, in: *Isensee/Kirchhof*, HdbStR II, § 24 Rn. 34; *Muckel*, NZS 2002, S. 118, 120; *Emde*, S. 376).

98 Auf diese aufgrund der großen „Artenvielfalt“ innerhalb der Selbstverwaltungskörperschaften bestehende Gefahr hat bereits *Emde*, S. 19 hingewiesen. Zu den großen Unterschieden innerhalb der verschiedenen Selbstverwaltungseinheiten auch *Jestaedt*, JuS 2004, S. 649, 652; *Oebbecke*, VerwArch 81 (1990), S. 349, 352.

99 Institutionell und sachlich stellt sich die Legitimationsfrage der Träger funktionaler Selbstverwaltung nicht in demselben Umfang wie personell. Die institutionelle Legitimation und die verfassungsrechtliche Zulässigkeit erfahren einige Selbstverwaltungsbereiche bereits durch die grundgesetzliche Erwähnung, etwa die akademische (Art. 5 Abs. 3 GG) und soziale Selbstverwaltung gemäß Art. 87 Abs. 2 GG (BVerfG, NVwZ 2003, S. 974, 976). Sofern die institutionelle Zulässigkeit der eigenverantwortlichen Wahrnehmung von Verwaltungsaufgaben durch eine Selbstverwaltungsinstitution nicht bereits in der Verfassung enthalten ist, folgt die Rechtfertigung aus der besonderen sachlichen Notwendigkeit dieser Verwaltungsform. Dazu gehört insbesondere die Ermöglichung kollektiv organisierter Ausübung von Grundrechten (*Böckenförde*, in: *Isensee/Kirchhof*, HdbStR II, § 24 Rn. 34). Die institutionelle Legitimation verweist in diesem Fall auf das Bundes- bzw. Landesstaatsvolk als Legitimationssubjekt (*Kluth*, S. 369).

Da auch die Träger funktionaler Selbstverwaltung Handlungen mit Entscheidungscharakter vornehmen und somit Staatsgewalt ausüben, liegt der Schluss nahe, wegen Art. 20 Abs. 1, Abs. 2 GG ein personelles Legitimationsniveau der Entscheidungsträger einzufordern, das jenem der Amtsinhaber im Bereich der unmittelbaren Staatsverwaltung gleichkommt[100]. Angesichts der fehlenden Rückkopplung der Entscheidungsträger in den funktionalen Selbstverwaltungskörperschaften an das territorial bestimmte Staatsvolk besteht ein Legitimationsdefizit, wenn man von den „klassischen" Anforderungen des Art. 20 Abs. 2 S. 2 GG ausgeht. Das bedeutet aber nicht zwingend, dass die durch die Mitglieder der autonomen Körperschaft vermittelte personelle Legitimation der Entscheidungsträger qualitativ nicht mit den Amtsträgern der staatlich-hierarchischen Verwaltung vergleichbar wäre. Da Art. 20 Abs. 2 GG nur ein bestimmtes Legitimationsniveau vorschreibt, nicht aber die genaue Legitimationsform[101], ist eine Kompensation des Legitimationsdefizits grundsätzlich denkbar[102].

Um die Vergleichbarkeit der Legitimationsqualität und die Möglichkeit einer Kompensation bejahen zu können, müsste den in der Selbstverwaltungskörperschaft zusammengefassten Mitgliedern dieselbe Legitimationskraft zukommen wie dem Gesamt- bzw. Landesstaatsvolks. Betrachtet man Art. 20 Abs. 2 GG und Art. 28 Abs. 1 S. 1 GG als Ausgangspunkt der Untersuchung, werden „Verbandsvölker" nicht als Legitimationssubjekte anerkannt, sondern nur Völker bzw. Teilvölker[103]. Entscheidend ist also, ob es sich hier um eine abschließende Aufzählung der in Frage kommenden Legitimationssubjekte handelt oder ob sie nur beispielhaft und erweiterbar ist.

Ein maßgebliches Merkmal der im Grundgesetz aufgeführten Legitimationssubjekte liegt darin, dass sich die Volkszugehörigkeit nur nach territorialen Kriterien richtet. Mit der Gebietszugehörigkeit als alleinigem Merkmal für die Legitimationsmacht einer Gruppe von Bürgern besteht ein Charakteristikum, das allgemein und unbestimmt gehalten ist. Materiell steht hinter der ausschließlichen Gebietsbezogenheit der Grundsatz der politischen Gleichheit aller Bürger[104]. Er kann indes nur dann ausreichend verwirklicht werden, wenn außer der

---

Materiell-sachliche Legitimation wird den Autonomieorganen durch die gesetzlichen Vorgaben verliehen, die die übertragenen Befugnisse nicht nur begründen, sondern zugleich begrenzen (*Muckel*, NZS 2002, S. 118, 124; *Oebbecke*, VerwArch 1990, S. 349, 357). Zu den insbesondere in Bezug auf die Verleihung und Ausübung von Satzungsautonomie bestehenden Grenzen der Befugnisse von funktionalen Selbstverwaltungsträgern BVerfGE 33, 125, 157 ff.; 101, 312, 322 f. sowie unten S. 59 f.

100 So *Jestaedt*, S. 224, 245 f., 264 (Fn. 278), 301; *Emde*, S. 215; *Oebbecke*, VerwArch 81 (1990), S. 349, 357.

101 BVerfG, NVwZ 2003, S. 974, 975; BVerfGE 93, 37, 66 f.; *Axer*, S. 295

102 So v.a. das Modell der autonomen Legitimation von *Emde*, S. 382 ff.

103 *Kluth*, S. 369; *Jestaedt*, S. 210 ff.

104 *Böckenförde*, in: *Isensee/Kirchhof*, HdbStR II, § 24 Rn. 27.

Staatszugehörigkeit und dem Wohnsitz keine weitergehenden Voraussetzungen für die Zuerkennung staatsbürgerlicher Rechte erfüllt sein müssen[105]. Ferner wird durch die geringen Anforderungen sichergestellt, dass keine besonderen, einseitigen Interessenbindungen der pluralistisch zusammengesetzten „Mitglieder" existieren, die den erforderlichen Abstand zwischen Entscheidungsträgern und Entscheidungsgegenstand in Frage stellen könnten[106].

Das alles trifft auf „Verbandsvölker" gerade nicht zu. Ihre Selbstverwaltungseinheiten definieren sich nicht gebietsbezogen, sondern funktional über die Wahrnehmung bestimmter, abgegrenzter Aufgaben[107]. Es gibt kein allgemeines Charakteristikum der Verbandszugehörigkeit, das nicht mit einem Interesse oder Merkmal verbunden ist, das so „neutral" ist wie die Gebietszugehörigkeit. Die drohende Wahrnehmung spezifischer Sonderinteressen bestimmter Gesellschaftsteile in einer Selbstverwaltungseinheit steht aber zu dem im Demokratiegebot enthaltenen Gleichheitsgrundsatz im Widerspruch.

Aus diesen Gründen sind die Mitglieder einer funktionalen Selbstverwaltungskörperschaft nicht in der Lage, den Entscheidungsträgern eine personelle Legitimation zu verleihen, die qualitativ derjenigen entspricht, die die in Art. 20 Abs. 2, Art. 28 Abs. 1 S. 1 GG erwähnten Gruppen vermitteln können[108]. Der in Art. 20 Abs. 2, Art. 28 Abs. 1 GG enthaltene Volksbegriff ist nicht erweiterbar, sondern meint mit „Volk" die Personengesamtheit der Staatsangehörigen[109]. Deshalb kann es in diesem Zusammenhang auch dahingestellt bleiben, ob die Gesamtheit der Mitglieder einer funktionalen Selbstverwaltungskörperschaft als „Verbandsvolk" bezeichnet werden können oder nicht[110]. Die von ihnen ausgehende autonome Legitimation ist ungeachtet ihrer Bezeichnung nicht geeignet, das durch die fehlende Rückbindung an das Staatsvolk entstandene Legitimationsdefizit zu kompensieren[111].

---

105 *Kluth*, S. 370 f.

106 *Böckenförde*, in: *Isensee/Kirchhof*, HdbStR II, § 24 Rn. 27. Das Erfordernis einer großen Distanz zwischen Normgeber und Normadressat als zwingendes Wesensmerkmal des demokratischen Legitimationsmodells zu bezeichnen, ginge allerdings zu weit. Gerade im gleich noch zu behandelnden Bereich der kommunalen Selbstverwaltung fehlt trotz unmittelbarer personeller Legitimation der Gemeinderatsmitglieder durch das in den Gemeinden lebende Volk dieser Abstand, weshalb dort durchgängig Befangenheitsvorschriften existieren (*Axer*, S. 294). Zu den Mitwirkungsverboten ausführlich unten S. 177 ff.

107 *Muckel*, NZS 2002, S. 119, 120.

108 Ebenso *Axer*, S. 298; *Kluth*, S. 372.

109 *Böckenförde*, in: *Isensee/Kirchhof*, HdbStR II, § 24 Rn. 27.

110 Bejahend *Oebbecke*, VerwArch 81 (1990), S. 349, 359 ff.

111 *Böckenförde*, in: *Isensee/Kirchhof*, HdbStR II, § 24 Rn. 27; *Musil*, DÖV 2004, S. 116, 120; *Jestaedt*, S. 548 ff.; a.A. *Muckel*, NZS 2002, S. 118, 124 f.; *Emde*, S. 382 ff., die von einer Legitimationskompensation durch die autonome Legitimation des Verbandsvolks ausgehen und auf die Möglichkeit der Absenkung des Legitimationsniveaus nicht eingehen.

Auch sonstige Kompensationsversuche, etwa für die Betroffenenverwaltung sprechende Praktikabilitätsgesichtspunkte, sind zum Scheitern verurteilt[112]. Von solchen Erwägungen geht keine demokratische Legitimation aus. Zum Erreichen eines Art. 20 Abs. 2 S. 1 GG entsprechenden personellen Legitimationsniveaus genügt es nicht, dass durch die aktive Mitwirkung an der Betroffenenverwaltung die bürgerschaftliche Teilnahme an der öffentlichen Aufgabenwahrnehmung gestärkt wird. Politische Partizipation in Gremien der Sozialversicherungsträger, in berufsständischen Kammern oder in Wasserzweckverbänden – um nur einige zu nennen – bedeutet nicht zwingend mehr Demokratie[113]. Das gilt vor allem deshalb, weil die in den Selbstverwaltungseinheiten zur Mitwirkung berechtigten Personen auch noch in ihrer Eigenschaft als Teil des Territorialvolks Teilhaberechte besitzen und damit stärkere Einflussmöglichkeiten besitzen als die Bürger, die keine Mitglieder der Selbstverwaltungseinheit sind[114].

Da im Bereich der funktionellen Selbstverwaltung hinsichtlich der personellen Legitimation der Entscheidungsträger nicht kompensierbare Legitimationsdefizite bestehen, kann man die Zulässigkeit dieses Verwaltungstypus nur mit einer Dispensierung des grundsätzlich erforderlichen Legitimationsniveaus durch die Verfassung selbst erklären[115]. Schließlich ist die funktionale Selbstverwaltung

---

Einen ganz anderen Ansatz vertritt *Kluth*, S. 373 ff., der die personelle Legitimation der funktionellen Selbstverwaltungsträger aus einer kollektiven personellen Legitimation im Rahmen des Gründungsakts durch den staatlichen Gesetzgeber herleitet. Als Konsequenz geht er von einem vergleichbaren Legitimationsniveau wie in der staatlich-hierarchischen Ministerialverwaltung aus. (S. 381). Dem ist jedoch entgegenzuhalten, dass mit dieser Konstruktion auf den individuellen Bestellungsakt als Voraussetzung der Vermittlung personeller Legitimation verzichtet wird (in diesem Sinne auch *Musil*, DÖV 2004, S. 116, 119 f.; *Axer*, S. 298 f.). Darüber hinaus würde man so einen Teil der Staatsgewalt aus der periodisch zu erneuernden Verantwortung entlassen und ein Eigenleben zulassen, das mit den unabdingbaren Grundsätzen des Demokratieprinzips nicht in Einklang gebracht werden kann.

112 Kritisch zur Modifikation der parlamentarisch-demokratischen Legitimationsstrukturen aufgrund von Sachzwängen und Sachverstand *Axer*, S. 298; *Jestaedt*, S. 587 ff.

113 *Muckel*, NZS 2002, S. 118, 123; *Oebbecke*, VerwArch 81 (1990), S. 349, 354; *Hendler*, S. 305; nach Ansicht des Bundesverfassungsgerichts (NVwZ 2003, S. 974, 976) ergänzt die funktionale Selbstverwaltung das Demokratieprinzip, sofern die der Verwirklichung des Ziels der freien Selbstbestimmung aller Bürger dient (in diesem Sinne auch *Ruland*, DRV 1993, S. 684, 692).

114 *Muckel*, NZS 2002, S. 118, 123; zu diesem Gleichheitsproblem *Hendler*, in: *Isensee/Kirchhof*, HdbStR IV, § 106 Rn. 49.

115 BVerfG, NVwZ 2003, S. 974, 976; *Böckenförde*, in: *Isensee/Kirchhof*, HdbStR II, § 24 Rn. 25; *Jestaedt*, S. 264; a.A. *Oebbecke*, VerwArch 81 (1990), S. 349, 357 ff. Danach gelten die qualitativen Anforderungen des Art. 20 Abs. 2 GG ohne Ausnahme, wenn Staatsgewalt ausgeübt wird. Mit der institutionellen Anerkennung der funktionellen Selbstverwaltung soll der Verfassungsgeber zum Ausdruck gebracht haben, dass das Verbandsvolk abweichend vom Normalfall als Basis zur Vermittlung demokratischer Legitimation im Sinne des Art. 20 Abs. 2 GG tauglich sein soll (*Muckel*, NZS 2002, S. 118, 124). Aller-

etwa im Bereich des Sozialversicherungsrechts in Art. 87 Abs. 2, Abs. 3 GG grundgesetzlich erwähnt, wenngleich nur rudimentär. Ungeachtet der Frage nach der Verfassungsfestigkeit der sozialen Selbstverwaltung[116] und der autonomen Aufgabenwahrnehmung in den übrigen gesellschaftlichen Bereichen hat diese Grundgesetznorm legitimationsrelevante Bedeutung[117]. Sie stellt mit der institutionellen Anerkennung der funktionellen Selbstverwaltung als Verwaltungstyp eine Ermächtigung an den staatlichen Gesetzgeber dar, das erforderliche personelle Legitimationsniveau abzusenken, da ein Legitimationsdefizit in diesem Bereich – gemessen an den Anforderungen des Art. 20 Abs. 2 GG – unvermeidbar ist[118].

Dieses Ergebnis wird durch die jüngste Rechtsprechung des Bundesverfassungsgerichts im Bereich der funktionalen Selbstverwaltung untermauert. Im „Lippe-Emscher-Beschluss" vom 05.12.2002 hat das Gericht entschieden, dass das Demokratiegebot außerhalb der unmittelbaren Staatsverwaltung und der

---

dings leitet *Oebbecke* (VerwArch 81 (1990), S. 349, 358 f.) aus der abweichenden Legitimationsbasis eine restriktive Handhabung des Selbstverwaltungsbereiches und des Tätigkeitsumfangs her und fordert eine strikte Beachtung der Wesentlichkeitstheorie. Kollisionen mit dem Gleichheitsgehalt des Demokratiegrundssatzes möchte er dadurch vermeiden, dass die Aufgaben des Verbandes mit den ihn betreffenden Sonderinteressen korrespondieren und nur in engen Ausnahmefällen ein Tätigwerden gegenüber Dritten zulässig sein kann.

116 Ob es sich bei Art. 87 Abs. 2 GG um eine mit Art. 28 Abs. 2 GG vergleichbare institutionelle Selbstverwaltungsgarantie im Sozialversicherungsrecht handelt, ist umstritten. Das Bundesverfassungsgericht hat das in mehreren Entscheidungen mit der Begründung verneint, es handle sich bei Art. 87 Abs. 2 GG nur um eine Kompetenznorm und nicht um ein Indiz der verfassungsrechtlichen Garantie der Selbstverwaltung in der Sozialversicherung (E 11, 310, 320 f.; 21, 362, 371; 39, 302, 314 f.). In der Literatur spricht sich die Mehrzahl der Autoren gegen einer verfassungsrechtliche Gewährleistung aus (*Wimmer*, NJW 2004, S. 3369, 3370; *Jestaedt*, S. 552; *Hendler*, in: *Isensee/Kirchhof*, HdbStR IV, § 106 Rn. 56 f.; *Oebbecke*, VerwArch 81 (1990), S. 349, 354; *Krause*, in: *Gleitze/Krause/v. Maydell/Merten*, GK-SGB IV, § 29 Rn. 37; *Reiter*, DRV 1993, S. 657, 658 f.; *Ruland*, DRV 1993, S. 684, 691). Andere gehen davon aus, dass Art. 87 Abs. 2 GG nicht nur ein Kompetenztitel darstellt, sondern auch die Selbstverwaltung der Sozialversicherungsträger garantiert. Diese Garantie sei aber inhaltlich sehr schwach, weil der Norm – anders als Art. 28 Abs. 2 GG – keine Vermutung für einen bestimmten Aufgabenbestand entnommen werden könne (*Becker*, in: *v. Maydell/Ruland*, SRH, B. 6. Rn. 12; *Lerche*, in: *Maunz/Dürig*, GG-Kommentar IV, Art. 87 Rn. 152).

Sofern sich der parlamentarische Gesetzgeber aber dazu entschieden hat, einen bestimmten Lebensbereich im Wege der funktionalen Selbstverwaltung regeln zu lassen, muss er in dem Errichtungsakt darauf achten, Freiräume zu schaffen, die mit dem Grundgedanken einer autonomen Selbstverwaltung vereinbar sind (BVerfG, NVwZ 2003, S. 974, 977; BSGE 71, 108, 110).

117 BVerfG, NVwZ 2003, S. 974, 976; zustimmend *Musil*, DÖV 2004, S. 116, 120.

118 So bereits *Jestaedt*, S. 549; ders., in: *Umbach/Clemens*, Art. 87 Rn. 93, 104; *Bieback*, in: *Heinze/Schmitt*, FS für Gitter, S. 83, 93 f.

gemeindlichen Selbstverwaltung offen für andere Formen der Organisation der Ausübung von Staatsgewalt sei. Insbesondere am Erfordernis einer lückenlosen personellen demokratischen Legitimation der Entscheidungsträger müsse nicht festgehalten werden[119]. Da aber Art. 20 Abs. 2 GG auch für die funktionalen Selbstverwaltungskörperschaften gilt, kommt damit zum Ausdruck, dass in begrenzten Teilbereichen der Exekutive ein personelles Legitimationsdefizit hingenommen werden kann. Ansonsten wäre das Verwaltungsmodell der funktionalen Selbstverwaltung mit der Verfassung nicht zu vereinbaren, da die „autonome Legitimation" der Verbandsmitglieder den Anforderungen des Art. 20 Abs. 2 GG nicht genügt.

Wegen der Absenkung der an funktionale Selbstverwaltungskörperschaften gestellten Anforderungen des Art. 20 Abs. 2 GG ist es zur Wahrung eines gewissen Legitimationsniveaus erforderlich, dass die Aufgaben und Handlungsinstrumente der Selbstverwaltungskörperschaft in einem parlamentarischen Errichtungsgesetz detailliert beschrieben und vorherbestimmt werden. Die Auswirkungen der Selbstverwaltungstätigkeit müssen sich außerdem in der Regel auf die Mitglieder beschränken und die Aufgabenwahrnehmung muss strikt der personell demokratisch legitimierten staatlichen Rechtsaufsicht unterliegen[120]. Folglich kann mit der Stärkung der sachlich-inhaltlichen Legitimationskomponente einzelner Selbstverwaltungsbereiche und der konsequenten Einbindung der Rechtsaufsicht Art. 20 Abs. 2 GG angemessen berücksichtigt werden.

---

119 BVerfG, NVwZ 2003, S. 974, 976 (kritisch gegenüber den dogmatischen Unklarheiten des Urteils jüngst *Jestaedt*, JuS 2004, S. 649 ff.; s.a. *Musil*, DÖV 2004, S. 116 ff.). Nur so lässt sich auch erklären, dass bei den Wahlen der Selbstverwaltungsorgane im Sozialversicherungsrecht so genannte „Friedenswahlen" i.S.d. § 46 Abs. 3 SGV IV verfassungsrechtlich zulässig sind (BSGE 36, 242, 243 f.). Diese zeichnen sich nämlich dadurch aus, „dass sie gar keine Wahlen sind" (*Becker*, S. 182; ebenso *Wimmer*, NJW 2004, S. 3369). *Oebbecke*, VerwArch 81 (1990), S. 349, 363 steht den Friedenswahlen daher kritisch gegenüber und hält § 46 Abs. 3 SGB IV für verfassungswidrig. Deutliche Kritik an diesem System übt auch *Wimmer*, NJW 2004, S. 3369 ff. („undemokratisches und verfassungswidriges Institut").

Im Kommunalrecht hat das Bundesverfassungsgericht (E 13, 1 ff.) entschieden, dass Friedenswahlen mit Art. 28 Abs. 1 S. 2 GG unvereinbar sind. Das ist zutreffend, folgt aber bereits aus Art. 20 Abs. 2, 28 Abs. 1 S. 1 GG, da der Verzicht auf den Wahlakt zum Grundsatz der Rückführbarkeit jeglicher Ausübung von Staatsgewalt eindeutig in Widerspruch steht. Genau diese Grundsätze gelten im Recht der funktionalen Selbstverwaltungskörperschaften nicht uneingeschränkt.

120 BVerfG, NVwZ 2003, S. 974, 977; *Musil*, DÖV 2004, S. 116, 120; *Böckenförde*, in: *Isensee/Kirchhof*, HdbStR II, § 24 Rn. 34; *Britz*, VerwArch 91 (2000), S. 418, 23; *Emde*, S. 331. Für das Rentenversicherungsrecht bemerkt *Ruland*, DRV 1993, S. 684. 692, „dass die materiell-rechtlichen Fragen der Versicherung bis hin zur Aufrundung der 4. Stelle hinter dem Komma gesetzlich geregelt sind". In diese Richtung auch *Reiter*, DRV 1993, S. 657, 659.

Gleichzeitig ist eine Absenkung des personellen Legitimationsniveaus der Entscheidungsträger verfassungsrechtlich unbedenklich.

β) Geltung dieser Grundsätze im Bereich der kommunalen Selbstverwaltung?

Nach der Behandlung der Legitimationsproblematik im funktionalen Selbstverwaltungsbereich bleibt zu klären, ob das Legitimationsniveau der kommunalen Selbstverwaltungskörperschaften ebenfalls hinter dem staatlicher Legislativorgane zurückbleibt und zurückbleiben darf. Anders ausgedrückt: Sind die Grundsätze der „Lippe-Emscher-Entscheidung" des Bundesverfassungsgerichts auf die kommunale Vertretungskörperschaft übertragbar? Das ist zu bejahen, wenn die Gemeindebürger wie die Mitglieder einer funktionalen Selbstverwaltungseinheit nicht in der Lage sind, ein personelles Legitimationsniveau zu vermitteln, das qualitativ mit der vom Staatsvolk ausgehenden Legitimation identisch ist.

αα) Erfordernis einer unmittelbar von den Bürgern gewählten Vertretung

Den Schlüssel zur Beantwortung dieser Frage findet man in Art. 28 Abs. 1, Abs. 2 GG. Eine vergleichbare verfassungsrechtliche Norm existiert im Bereich der funktionalen Selbstverwaltung nicht. Das beruht auf den Unterschieden zwischen den verschiedenen Selbstverwaltungsbereichen und lässt maßgebliche Aussagen über die Legitimationsmacht von „Verbandsvölkern" und „Gemeindevölkern" zu.

Art. 28 Abs. 1 S. 2 GG präzisiert die Geltung des Grundsatzes der repräsentativen Demokratie in den Gemeinden. Danach muss in den Gemeinden eine Vertretung des Volkes vorhanden sein, die nach den gleichen Wahlgrundsätzen wie der Bundestag konstituiert wird[121]. Diese Grundgesetznorm überträgt die in Art. 20 Abs. 1, Abs. 2 GG enthaltene Entscheidung für die Prinzipien der Volkssouveränität und der Demokratie auf die gemeindliche Ebene[122]. Anders als bei den Trägern funktionaler Selbstverwaltung ist der Tätigkeitsbereich kommunaler Selbstverwaltungseinheiten sachlich unbeschränkt, sofern es sich um eine Angelegenheit der örtlichen Gemeinschaft handelt. Das Prinzip der Allzuständigkeit erfordert als Korrelat eine unmittelbare Volkswahl der Kommunalvertre-

---

121 Art. 28 Abs. 1 S. 3 GG enthält alternativ dazu die Möglichkeit, anstelle einer gewählten Körperschaft die Selbstverwaltung direkt durch die Gemeindeversammlung auszuüben. Aufgrund der Größe der Gemeinden nach den Gebietsreformen ist diese Möglichkeit der unmittelbaren Demokratie in der Verfassungswirklichkeit weitgehend obsolet geworden (*Adler*, S. 115 (Fn. 433); *Scholtis*, S. 245).

122 BVerfGE 47, 253, 272; 83, 37, 53; BVerwG, NVwZ 2004, S. 621; *Muckel*, NZS 2002, S. 118, 121.

tungen, damit die demokratische Absicherung eines bedeutsamen Teils der öffentlichen Verwaltung sichergestellt wird[123].

Über den klaren Wortlauts des Art. 28 Abs. 1 S. 2 GG hinaus erfordern bereits die Homogenitätserfordernisse des Art. 28 Abs. 1 S. 1 GG auf Länder- und Gemeindeebene eine unmittelbar vom Gemeindevolk gewählte Vertretung[124]. Das Homogenitätsprinzip überträgt die auf Bundesebene geltenden Staatsprinzipien – insbesondere die aus dem Prinzip der Volkssouveränität folgenden Grundsätze der demokratischen Organisation und Legitimation von Staatsgewalt – auf die Länder[125]. Damit gelten sie auch in den Gemeinden als Gebietskörperschaften und verfassungsrechtlich anerkannte Selbstverwaltungseinheiten. Dafür spricht der Wortlaut des Art. 28 Abs. 1 S. 1 GG, der nicht eine verfassungsmäßige Ordnung *der* Länder, sondern *in den* Ländern verlangt[126]. Dazu gehören die Gemeinden, die mangels eigener Staatsqualität organisatorische Binnengefüge der Bundesländer darstellen[127]. Damit bringt die weite Formulierung des Art. 28 Abs. 1 S. 1 GG zum Ausdruck, dass die verfassungsmäßige Ordnung innerhalb eines Landes auch unterhalb der staatlichen Ebene zur verfassungsmäßigen Ordnung des Landes selbst zählt[128]. Deshalb erfassen die Grundprinzipien des demokratischen, republikanischen und sozialen Rechtsstaats auch die kommunale Ebene und erfordern eine personell unmittelbar legitimierte Vertretung[129].

ββ) Rückschlüsse aus Art. 28 Abs. 1 S. 2 GG auf die Legitimationsmacht des Gemeindevolks

Trotz der vollständigen Übertragung der auf staatlicher Ebene gültigen Demokratiegrundsätze auf den gemeindlichen Bereich und der verfassungsrechtlichen Pflicht einer unmittelbar gewählten Vertretung lässt sich die personelle Legiti-

---

123 BVerfGE 83, 37, 55; 83, 60, 72; *Böckenförde*, in: *Isensee/Kirchhof*, HdbStR II, § 24 Rn. 31; *Muckel*, NZS 2002, S. 118, 121.

124 BVerfGE 83, 60, 71; OVG NW, DÖV 1979, S. 60, 61 f.; *Maunz/Zippelius*, § 16 III (S. 124).

125 BVerfGE 9, 268, 281; 60, 71; 93, 36, 66.

126 Wie hier OVG Münster, DVBl. 1978, S. 895, 896; *Stern*, in: BK (Zweitbearbeitung), Art. 28 Rn. 197; *Ott*, S. 103 f.; *Schmidt-Jortzig*, Kommunalrecht, Rn. 68; *Oebbecke*, VerwArch 81 (1990), S. 349, 361 (Fn. 88); *Frowein*, in: *Püttner*, HdbKWP II, § 28 A I 1 (S. 81 f.); a.A. *Schwerdtfeger*, S. 1, 110, der davon ausgeht, dass Homogenität nur für die Länder als *staatliche* öffentlich rechtliche Körperschaften vorgeschrieben sei, während die Gemeinden als *nicht staatliche* Körperschaften nicht davon erfasst seinen, sondern erst in Art. 28 Abs. 1 S. 1 GG erwähnt würden.

127 *Maunz/Zippelius*, § 16 III 1 (S. 123); *Mayer*, S. 21; *Püttner*, in: *Isensee/Kirchhof*, HdbStR IV, § 107 Rn. 2; *Oebbecke*, VerwArch 81 (1990), S. 349, 356, 361 (Fn. 88); *v. Arnim*, AÖR 113 (1988), S. 1, 15; *Schmidt-Jortzig*, Kommunalrecht, Rn. 68.

128 OVG Münster, DVBl. 1978, S. 895, 896; *Stern*, in: BK (Zweitbearbeitung), Art. 28 Rn. 197; *Roters*, in: *v. Münch/Kunig*, GG-Kommentar II, 2. A., Art. 28 Rn. 11.

129 *V. Unruh*, DVBl. 1975, S. 1, 2.

mation der Gemeinderatsmitglieder nicht auf das Gesamtstaatsvolk zurückführen, sondern ausschließlich auf die in den Gemeinden lebenden Bürger. Dieser Befund scheint wie bei den funktionalen Selbstverwaltungseinheiten zu einem Konflikt zwischen dem Grundsatz der Rückführbarkeit jeglicher Form von Staatsgewalt auf das Gesamtvolk und der fehlenden Kompensationstauglichkeit einer autonomen Legitimation zu führen.

Abweichend zu den funktionalen Selbstverwaltungskörperschaften ist es wegen der vollständigen Übertragung des Art. 20 Abs. 2 GG auf die kommunalen Selbstverwaltungskörperschaften und deren Allzuständigkeit nicht möglich, Legitimationsdefizite anzuerkennen und über eine verstärkte sachlich-inhaltliche Kontrolle des Selbstverwaltungsbereichs die Rückführbarkeit der Staatsgewalt auf das Staatsvolk zu garantieren. Auf gemeindlicher Ebene ist das Demokratiegebot abweichend zum funktionalen Selbstverwaltungsbereich[130] nicht offen für Formen der Organisation und Ausübung von Staatsgewalt, die vom Erfordernis einer lückenlosen personellen Legitimation der Entscheidungsträger absehen[131].

Wenn diese Möglichkeit aber ausscheidet, der Verfassungsgeber die kommunale Selbstverwaltung aber im Grundgesetz vorsieht und ihre Existenz garantiert, kann die personelle Legitimation gemeindlicher Entscheidungsträger nur dann den Ansprüchen der Verfassung entsprechen, wenn die Gemeindebürger abweichend zu den „Verbandsvölkern“ in der Lage sind, eine Legitimation zu vermitteln, die mit der des Gesamtstaatsvolk identisch ist. In diesem Fall besteht auch kein Widerspruch zu Art. 20 Abs. 2 GG.

Zwar kommt den Gemeinden als Länderbestandteilen keine eigene Staatsqualität zu[132]. Daher ist das in den Gemeinden lebende Staatsvolk kein autonomes „Gemeindevolk“, sondern ein im Gemeindegebiet lebender Ausschnitt des jeweiligen Bundes- bzw. Landesvolks, nämlich die örtliche Gemeinschaft[133]. Ungeachtet dessen umschreibt der Volksbegriff in Art. 28 Abs. 1 S. 2 GG eine territorial bestimmbare und begrenzte Gruppe von Personen innerhalb des Gesamtstaatsvolks[134]. Die Zugehörigkeit zu einer kommunalen Gebietskörperschaft bestimmt sich nicht wie bei den funktionalen Selbstverwaltungsverbänden nach gruppenspezifischen Kriterien wie Eigenschaften, Funktionen oder Interessen, sondern ausschließlich nach dem Wohnsitz[135]. Die Offenheit und Unbestimmtheit der vom Verband erfassten Menschen ist die Reaktion auf die inhaltlich-gegenständlich nicht eingegrenzte verfassungsrechtliche Kompetenzzuweisung

---

130 *Oebbecke*, VerwArch 81 (1990), S. 349, 357.

131 BVerfG, NVwZ 2003, S. 974, 976.

132 *Püttner*, in: *Isensee/Kirchhof*, HdbStR IV, § 107 Rn. 2; oben S. 27.

133 *Bussalb*, S. 89; *Grawert*, in: *Isensee/Kirchhof*, HdbStR II, § 16 Rn. 34; *Merten*, in: *ders.*, Die Selbstverwaltung im Krankenversicherungsrecht, S. 11, 17; *Breer*, S. 94; *Klein*, in: *Schnur*, FS für Forsthoff zum 70. Geburtstag, S. 165, 177 (Fn. 64).

134 BVerfGE 47, 253, 275; 83, 37, 53 ff.; 83, 60, 71, 75 f.; *Muckel*, NZS 2002, S. 118, 121.

135 BVerfGE 83, 37, 54 f.; *Kluth*, S. 371.

an die Kommunen[136] – eine weitere Differenz zur funktionalen Selbstverwaltung. Zugleich liegt in der reinen Gebietsbezogenheit als Merkmal der Zugehörigkeit zum „Gemeindevolk" ein strukturgleiches Element zum Staatsverband vor, das die Bezeichnung der Gemeindebürger als Volksteil erlaubt[137]. Wenn die Gemeindebürger mit dem gesamten Staatsvolk teilidentisch sind, kommt ihnen, wie auch Art. 28 Abs. 1 S. 1 GG nahe legt, dieselbe Legitimationsfähigkeit zu[138]. Deshalb wird mit dieser Verfassungsnorm abweichend zur funktionalen Selbstverwaltung nicht die „mitgliedschaftlich-partizipatorische" Komponente der Selbstverwaltung gestärkt, sondern die Einheitlichkeit der Legitimation der Entscheidungsträger im gesamten demokratisch gegliederten Staatsaufbau abgesichert[139].

γ) Ergebnis der Untersuchung

Die Notwendigkeit einer unmittelbar legitimierten Volksvertretung ergibt sich im Kommunalverfassungsrecht aus der umfassenden kommunalen Selbstverwaltungsautonomie, deren eigentlicher Träger das Gemeindevolk ist[140]. Eine mit Allzuständigkeit versehene autonome Aufgabenwahrnehmung anstelle für die Bürger ist nur dann verfassungsrechtlich zulässig, wenn sich die zuständige Vertretungskörperschaft auf eine unmittelbare demokratische Legitimation berufen kann, die regelmäßig erneuert werden muss[141]. Die in Art. 38 Abs. 1 S. 2 GG bzw. Art. 28 Abs. 1 S. 2 GG enthaltenen Wahlgrundsätze sind somit zwingende Folge der in Art. 20 Abs. 2 S. 2 GG normierten mittelbaren Ausübung der Volkssouveränität, die über Art. 28 Abs. 1 S. 1 GG auf die kommunale Ebene übertragen worden ist.

Die personelle demokratische Legitimation der gemeindlichen Vertretungskörperschaft und seiner Mitglieder entspricht im Grundsatz der des Bundestags und seiner Abgeordneten. Der Gemeinderat ist auf kommunaler Ebene genauso Ausdruck des Systems der repräsentativen Demokratie wie es auf Bundes- und Landesebene die Parlamente sind. Ihm kommt dieselbe legitimatorische Funktion für die Delegation von Staatsgewalt zu[142].

---

136 BVerfGE 83, 37, 54 f.; *Böckenförde*, in: *Isensee/Kirchhof*, HdbStR II, § 24 Rn. 31.

137 BVerfGE 83, 37, 55; *Böckenförde*, in: *Isensee/Kirchhof*, HdbStR II, § 24 Rn. 31; in diese Richtung auch *Kluth*, S. 370; *Jestaedt*, S. 213.

138 *Kluth*, S. 369.

139 BVerfG, NVwZ 2003, S. 974, 975; BVerfGE 83, 37, 53, 55; *Böckenförde*, in: *Isensee/Kirchhof*, HdbStR II, § 24 Rn. 32.

140 BVerfGE 83, 37, 55.

141 BVerfGE; 52, 95, 112; 83, 60, 72. Institutionell ist die Gemeindevertretung durch einen Legitimationsakt des Gesamtvolks als Verfassungsgeber legitimiert, personell durch das wahlberechtigte Gemeindevolk (*Mayer*, S. 19 f.).

142 So auch *Muckel*, NZS 2002, S. 118, 121; *Rohde*, S. 53 f.; *Borchert*, AöR 102 (1977), S. 210, 233; a.A. *Merten*, in: *ders*., Die Selbstverwaltung im Krankenversicherungsrecht,

Die Legitimationskraft des in den Gemeinden lebenden Volkes ist nicht weniger ausgeprägt als auf bundes- oder landesstaatlicher Ebene, wenngleich auf kommunaler Ebene keine räumlich beschränkte Souveränität ausgeübt wird, sondern lediglich eine autonome Selbstverwaltungskörperschaft zur Regelung der örtlichen Gemeinschaft gewählt wird[143].

Daraus folgt eine erste strukturelle Übereinstimmung zwischen Staatsparlamenten und kommunalen Selbstverwaltungskörperschaften. Das demokratische Prinzip ist im Bund, den Ländern und den Gemeinden vergleichbar verwirklicht. Die Ausübung der Staatsgewalt erfolgt durch ein unmittelbar legitimiertes Repräsentationsorgan, das nach identischen Wahlrechtsgrundsätzen konstituiert wird und das der periodischen Erneuerung seiner Legitimation bedarf. Der in den Gemeinden lebende Volksteil ist ein qualitativ mit dem Gesamtstaatsvolk auf gleicher Ebene stehendes Legitimationssubjekt.

2. Eigenschaft als Volksvertretung

Nachdem das Gemeindevolk ein Ausschnitt des Gesamtvolks mit identischer Legitimationsmacht ist, bleibt zu klären, ob das von ihm unmittelbar legitimierte Organ, der Gemeinderat, als „Volksvertretung" im staatsrechtlichen Sinne bezeichnet werden kann.

S. 11, 18 f., wonach kommunale Selbstverwaltung keine demokratische, sondern eine reine Betroffenverwaltung ist, deren Legitimationsgrund vor allem in der Ortsnähe liegt (dazu auch unten Fn. 143).

143 Mit diesem Ergebnis wird auch die Einbettung der Gemeinden in die Bundesländer im zweigliedrigen Staatsaufbau nicht in Frage gestellt. Die Zubilligung originären Staatsgewalt an das jeweilige Gemeindevolk und die Annahme einer dritten Ebene der Staatlichkeit neben dem Bund und den Ländern ist mit der Bejahung der Teilidentität des Staats- und des Gemeindevolkes nämlich nicht verbunden (ebenso *Scholtis*, S. 249 f.; a.A. *v. Mutius*, VerwArch. 70 (1979), S. 165, 173 ff., nach dessen Ansicht die Zuerkennung der Eigenschaft als Volksvertretung im Sinne des Art. 17 GG eine Anerkennung des Gemeindevolks als Träger originärer Staatsgewalt einer dritten staatlichen Ebene impliziert.). *Merten* (in: *ders.*, Die Selbstverwaltung im Krankenversicherungsrecht, S. 11, 18) lehnt es ab, die von den Lokalvölkern ausgehende Legitimation als Legitimation im Sinne von Art. 20 Abs. 2 S. 1 GG anzuerkennen und bezeichnet diese als – vergleichbare – „quasidemokratische" Legitimation. Dabei verkennt er, dass in den Gemeinden uneingeschränkt Staatsgewalt ausgeübt wird und der Verfassungsgeber mit Art. 28 Abs. 1 S. 2, Abs. 2 S. 1 GG zu verstehen gibt, dass die Gemeinderatswahlen eine personelle Legitimation vermitteln, die die Anforderungen des Art. 20 Abs. 2 S. 1 GG wegen des sachlich-gegenständlichen nicht weiter eingegrenzten Aufgabenkreises erfüllen muss (so auch BVerfG, NJW 2003, S. 974, 975 f.).

Die Ablehnung der Legitimationsfähigkeit auf die überregionale Bedeutung großer Projekte zu stützen (S. 17) ist allein deshalb nicht möglich, weil für die von *Merten* aufgezählten Aufgaben (Bestimmung von Einflugschneisen, Standort von Atomkraftwerken) a priori keine Angelegenheiten der örtlichen Gemeinschaft darstellen und damit die kommunale Verbandskompetenz gar nicht eröffnet ist.

a) Bundestag als Volksvertretung

Aufgrund der Repräsentativfunktion des Parlaments und der Tatsache, dass die Abgeordneten gemäß Art. 38 Abs. 1 S. 2 GG in ihrer Gesamtheit als Vertreter des ganzen Volkes beschrieben werden, kann man den Bundestag als Volksvertretung im Sinne des Art. 20 Abs. 2 GG bezeichnen.

Allerdings ist im juristischen Sprachgebrauch bis heute nicht eindeutig geklärt, was eine Volksvertretung charakterisiert. Manche verstehen darunter das staatlich organisierte Volk, dessen Willensbildung unmittelbar in der Form des Parlamentsbeschlusses vor sich geht[144]. Andere dehnen den Geltungsbereich über den parlamentarischen Raum auch auf örtliche Volksvertretungen aus[145].

Ohne die Begrifflichkeit sogleich hier zu klären, ist jedenfalls festzuhalten, dass ein Parlament in den Begriffsdefinitionen als demokratisch legitimierte Volksvertretung beschrieben wird und die Begriffe „Parlament" und „Volksvertretung" weitgehend synonym verwendet werden[146]. Dies ist zulässig, da auch nach der engeren Ansicht jedes staatliche Parlament zugleich eine Volksvertretung ist. Ob umgekehrt jede Volksvertretung zugleich parlamentstypische Merkmale aufweist oder ob die Begriffe „Volksvertretung" und „Parlament" unterschiedlichen Gehalt aufweisen und voneinander geschiedene Bereiche beschreiben, soll bei der Untersuchung der Strukturprinzipien des Rats erörtert werden[147].

b) Gemeinderat als (Teil-)Volksvertretung

Gemäß Art. 28 Abs. 1 S. 2 GG muss das Volk in den Gemeinden eine Vertretung haben, die nach den gleichen Grundsätzen konstituiert wird wie Parlamente im staatsrechtlichen Sinn. Das spricht dafür, den das zentrale Organ der Selbstverwaltungsautonomie darstellenden Gemeinderat wie den Bundestag und die Landtage als Volksvertretung zu bezeichnen. Die Identität des Volksbegriffs in Art. 20 Abs. 2 GG und Art. 28 Abs. 1 S. 2 GG sowie die qualitativ identische Legitimationsmacht des jeweiligen Gesamt- bzw. Teilvolks[148] legt eine solche Annahme ebenfalls nahe.

Zwingend ist dieser Schluss indes nicht. In Art. 28 Abs. 1 S. 2 GG wird nicht wörtlich von einer „Volksvertretung" gesprochen, sondern lediglich davon, dass das Volk in den Gemeinden eine Vertretung haben muss. Zudem fordert der auf Art. 28 Abs. 1 S. 2 GG Bezug nehmende Art. 28 Abs. 1 S. 4 GG im Gegensatz

---

144 *Löwer*, StuGB 1979, S. 29, 31; *v. Mutius*, VerwArch. 70 (1979), S. 165, 172.

145 BVerfGE 18, 151, 154; BVerwGE 6, 247, 251.

146 Explizit *Löwer*, StuGB 1979, S. 29, 31; s.a. *Hans Meyer*, in: *Schneider/Zeh*, Parlamentsrecht und Parlamentspraxis, § 4 Rn. 8; *Stern*, Staatsrecht II, § 26 I 1 (S. 37).

147 Unten S. 35 ff.

148 Dazu ausführlich oben S. 17 ff.

zu Art. 28 Abs. 1 S. 2 GG für die Gemeinden keine Volksvertretung, sondern eine gewählte Körperschaft[149].

aa) Bedenken gegen die Bezeichnung des Gemeinderats als Volksvertretung

Die Uneinheitlichkeit bezüglich der Eigenschaft des Rats als Volksvertretung lässt sich vor allem darauf zurückführen, dass die Begriffe „Parlament“ und „Volksvertretung“ weitgehend synonym gebraucht werden[150]. Deshalb besteht eine gewisse Scheu, den Gemeinderat trotz des – allerdings wegen Art. 28 Abs. 1 S. 4 GG nicht ganz eindeutigen – Wortlauts des Art. 28 Abs. 1 S. 2 GG als Volksvertretung zu bezeichnen. Ein weiteres Motiv für die ablehnende Haltung bezüglich des Charakters als Volksvertretung ist die These, Demokratie und Selbstverwaltung seien zwei völlig getrennte Bereiche[151]. Die kommunale Selbstverwaltung sei nicht wie im Staatsrecht auf die demokratische Ausübung des Wahlrechts beschränkt, sondern umfasse darüber hinaus die aktive Mitarbeit der Gemeindebürger in Form von Ehrenämtern. Zudem sei in den Gemeinden nicht die politische Willensbildung, sondern die sachgerechte Erledigung örtlicher Verwaltungsaufgaben vorrangig[152].

Die Konsequenz der Auffassung, Demokratie und Selbstverwaltung stünden zueinander im Gegensatz, besteht darin, die Gleichsetzung einer Selbstverwaltungskörperschaft mit einem Parlament durch die Bezeichnung „Volksvertretung“ abzulehnen und diesen Begriff ausschließlich einer staatlichen Legislativkörperschaft vorzubehalten. In diese Richtung geht auch die - nach den vorangegangenen Ausführungen zur Legitimationsmacht der Gemeindebürger - nicht haltbare Annahme, dass unter einer Volksvertretung im verfassungsrechtlichen Sinn nur die Vertretungskörperschaft des Volksganzen gemeint und das Partikuläre im Staat nicht „volksvertretungsfähig“ sei[153]. Im ersten Fall gehe um Souveränität, während im zweiten Fall lediglich die Ausübung von Autonomie stattfände.

bb) Gemeinderat als Volksvertretung im Sinne des Petitionsrechts

Konkret entfaltet sich der Streit anhand einer anderen Norm, nämlich dem Petitionsgrundrecht. Hier ist umstritten, ob der Gemeinderat als Volksvertretung Pe-

149 *Löwer*, StuGB 1979, S. 29, 32.
150 S. dazu bereits S. 31.
151 *Forsthoff*, § 27 Vorbem. (S. 536); ebenfalls ablehnend *Merten*, in: *ders.*, Die Selbstverwaltung im Krankenversicherungsrecht, S. 11, 16; a.A. BVerfG, NJW 2003, S. 974, 976.
152 *Forsthoff*, § 27 Vorbem. (S. 536 f.); ähnlich *Löwer*, SKV 1975, S. 35, 36; s.a. *Hubert Meyer*, Kommunales Parteien- und Fraktionenrecht, S. 223; ablehnend *Bussalb*, S. 189 ff.
153 *Löwer*, StuGB 1979, S. 29, 31 f.; *Breer*, S. 105.

titionsadressat im Sinne von Art. 17 GG ist[154]. Eine Erörterung dieser Problematik im Rahmen der vorliegenden Abhandlung erscheint zunächst wegen der Verschiedenartigkeit der Materie nicht erforderlich. Jedoch wird bei der Beantwortung der Frage, ob der Gemeinderat als Volksvertretung im Sinne des Petitionsgrundrechts bezeichnet werden kann, der Bezug zu Art. 28 Abs. 1 S. 2 GG deutlich. Neben der Erörterung spezifischer Merkmale des Petitionsrechts wird zur Herausarbeitung der Merkmale einer Volksvertretung auf Art. 28 Abs. 1 S. 2 GG zurückgegriffen[155].

Um zu einer Lösung zu gelangen, ist auch hier entscheidend, was eine Volksvertretung auszeichnet. Entweder beschränkt man diesen Begriff auf ein staatliches Legislativorgan mit parlamentarischen Strukturen oder stellt darauf ab, dass die Vertretungskörperschaft ihre verfassungsrechtliche Legitimation unmittelbar vom Gesamtstaats- bzw. Teilstaatsvolk herleitet.

Ohne die Problematik über das Ziel dieser Arbeit hinaus vertiefen zu wollen, ist doch auf Wortlaut und Hintergrund des Petitionsrechts hinzuweisen. Selbst wenn das Wortlautargument wegen der anders lautenden Bezeichnung des Art. 28 Abs. 1 S. 4 GG nicht uneingeschränkt durchschlägt, ist in Art. 17 GG allgemein von der „Volksvertretung“ (gemeint: die Volksvertretungen) als Petitionsadressat die Rede, ohne dass ein spezifischer Bezug zu Bundes- oder Landesparlamenten hergestellt wird[156].

Außerdem trägt das Grundrecht einem demokratischen Merkmal Rechnung. Dieses besteht darin, dass menschliche Anliegen, Nöte und Sorgen auch jenseits gerichtlicher Verfahren und ohne Rücksicht auf Fristen zur Kenntnis genommen, geprüft und beschieden werden müssen[157]. Die für diese Aufgabe prädestinierte Institution ist aufgrund ihrer unmittelbaren demokratischen Legitimation und ihrer repräsentativen Stellung die Volksvertretung[158].

---

154 Die Eigenschaft der Gemeindevertretung als „zuständige Stelle“ ist unstreitig. Die Bedeutung dieser Problematik liegt darin, dass nur der Volksvertretung ein Petitionsüberweisungsrecht zusteht. Das bedeutet, dass sie auch bei Eingaben, die außerhalb ihrer Befassungskompetenz liegen, einen rechtlich unverbindlichen Beschluss fassen darf, wie ihrer Ansicht nach die Sache zu entscheiden wäre. Art. 17 GG begründet damit eine „formelle Allzuständigkeit“ der Volksvertretungen (OVG Münster, DVBl. 1978, S. 895, 896; *Burmeister*, in: *Isensee/Kirchhof*, HdbStR II, 2. A., § 32 Rn. 47). Die politische Bedeutung dieser Empfehlung darf für die anschließende Sachentscheidung nicht unterschätzt werden. Vertiefend dazu *Herbert*, VR 1994, S. 154, 156 f.

155 Vgl. *Löwer*, StuGB 1979, S. 29, 32 f.

156 OVG NW, DÖV 1979, S. 60, 61.

157 *Dürig*, in: *Maunz/ders.*, GG-Kommentar II, Art. 17 Rn. 1.

158 *Herbert*, VR 1994, S. 154, 158 ff. Dieses Verständnis liegt auch der Entscheidung des Oberverwaltungsgerichts Nordrhein-Westfalen zu Grunde, wenn es das Petitionsrecht als ein „Instrument des staatlichen Integrationsprozesses zwischen den demokratischen Repräsentativkörperschaften und dem Einzelnen“ ansieht (OVG NW, DÖV 1979, S. 60, 62; ablehnend *Friesenhahn*, FS für Huber, S. 353, 358).

Die Integrationsfunktion kann aber nicht nur von einem Bundes- oder Landesparlament geleistet werden, sondern auch von einem Gemeinderat. Dieser kann sich auf dieselbe Legitimation berufen; er übt auf kommunaler Ebene die Repräsentationsfunktion aus. Mit Art. 28 Abs. 1 S. 2 GG ist eine verfassungsrechtliche Aussage darüber getroffen worden, dass eine Konnexität zwischen Selbstverwaltung und Demokratie besteht und dass die Ausübung von repräsentativer Demokratie nicht auf die staatliche Ebene beschränkt ist[159]. Mit dem Petitionsrecht wird das System der repräsentativen Demokratie gestärkt, da die Verbindung zwischen Volk und Volksvertretung, die wegen des ausgeprägten räumlich-sachlichen Zusammenhangs zwischen Legitimationssubjekt und –objekt von vornherein sehr stark ist, noch enger geknüpft wird. Dies trifft aber auf den Gemeinderat wegen der örtlichen Beschränktheit seines Tätigkeitsbereichs eher zu als auf Bundes- oder Landesparlamente.

Da die weiter gehende staatsrechtlich-funktionale Stellung der Vertretungskörperschaft, insbesondere die Legislativfunktion, für die Eignung als Petitionsadressat keine Rolle spielt, ist Adressat des Petitionsrechts jedes direkt vom Volk gewählte Kollegialorgan, also auch der Gemeinderat[160].

cc) Auswirkungen auf die Volksvertretungseigenschaft gemäß Art. 28 Abs. 1 GG

Obwohl die Bedeutung des Begriffs „Volksvertretung" in Art. 17 und Art. 28 Abs. 1 S. 2 GG variieren kann[161], ist das gefundene Ergebnis für die vorliegende Arbeit beachtlich. Art. 17 GG knüpft an die Zuerkennung des Charakters als Volksvertretung die Eigenschaft als Petitionsadressat. Damit geht eine umfassende Petitionszuständigkeit einher. Da bei den Volksvertretungen in Art. 17 GG – anders als bei den „Stellen" – der Zusatz „zuständig" fehlt, ist es für die Befugnis zur Beschlussfassung nur erforderlich, dass der Petitionsgegenstand in die Verbandskompetenz der Volksvertretung fällt, nicht aber in seine Organkompetenz[162]. Ist dieses Merkmal erfüllt, begründet das Petitionsrecht eine formelle Allzuständigkeit der Parlamente[163].

Dagegen enthält Art. 28 Abs. 1 S. 2 GG lediglich die Forderung nach Selbstverwaltungskörperschaften auf Gemeinde- und Kreisebene. Wenn der Gemeinderat selbst die an eine Volksvertretung als Petitionsadressaten gestellten Anforderungen mit der damit verbundenen weitreichenden Befassungskompetenz er-

---

159 *Bussalb*, S. 97.

160 OVG NW, DÖV 1979, S. 60, 61 f.; *Krings*, JuS 2004, S. 474, 476; *Brenner*, in: *v. Mangoldt/Klein/Starck*, GG-Kommentar I, Art. 17 Rn. 51; *Herbert*, VR 1994, S. 154, 160; a.A. *Friesenhahn*, FS für Huber, S. 353, 358.

161 So auch *Löwer*, StuGB 1979, S. 29, 33, der von einem „erweiterten Volksvertretungsbegriff" in Art. 28 Abs. 1 S. 2 GG und den in Art. 17 GG verwendeten als „klassisch" ansieht.

162 BremStGH, NVwZ-RR 1997, S. 145, 146; *Krings*, JuS 2004, S. 474, 476 f.

163 BremStGH, NVwZ-RR 1997, S. 145, 146.

füllt und die Voraussetzungen des Art. 17 GG erfüllt, dann gilt das erst recht im Rahmen des Art. 28 Abs. 1 S. 2 GG.

Aus den Erwägungen zu Art. 17 GG folgt, dass keine weiter gehenden, parlamentsspezifischen Funktionen für den Begriff der Volksvertretung prägend sind, sondern nur die Stellung als unmittelbar legitimiertes Repräsentationsorgan des Volkes oder eines Teils davon[164]. Alle nach den verfassungsrechtlichen Grundsätzen gewählten Vertretungskörperschaften des Gesamtstaatsvolks und seiner Volksteile können als Volksvertretung bezeichnet werden. Der nach den auch bei Bundes- und Landtagswahlen geltenden Grundsätzen gewählte Gemeinderat ist deshalb im Sinne des Art. 28 Abs. 1 S. 2, S. 4 GG genauso Volksvertretung wie es der Bundestag oder die Landesparlamente sind[165].

Damit ist noch nichts über die parlamentsrechtstypischen Eigenschaften des Gemeinderats gesagt. Das Wesensmerkmal einer Volksvertretung ist die Stellung als unmittelbar legitimiertes Repräsentationsorgan. Die weiteren parlamentarischen Strukturen und Funktionen sind zur Bejahung dieser Eigenschaft irrelevant. Deshalb ist zwar jedes Parlament im staatsrechtlichen Sinne aufgrund seiner unmittelbaren demokratischen Legitimation eine Volksvertretung, nicht aber jede Volksvertretung zwingend zugleich ein Parlament[166].

III. Parlamentsfunktionen

Die bisher dargestellten Merkmale betreffen die staatsrechtliche Einordnung des Repräsentativorgans im Gesamtgefüge der parlamentarischen Demokratie und die Art und Weise seiner Konstituierung. Die das Wesen eines Parlaments ausmachenden Eigenschaften erschöpfen sich aber darin nicht. Zur Charakterisierung eines Parlaments zählen vor allem die ihm zur Ausübung übertragenen Funktionen. Für das englische Parlament hat *Bagehot*[167] im Jahr 1867 Funktionen herausgearbeitet, die bis heute im Kern gültig sind[168]. Die Aufgaben des Parlaments lassen sich nach seinen Ausführungen in die „elective function" (Wahlfunktion), die „expressive function" (Meinungsäußerungsfunktion), die „teaching function" (Lehrfunktion), die „information function" (Beschwerdefunktion) und die „function of legislation" (Gesetzgebungsfunktion) einteilen. Unter Berücksichtigung der Tatsache, dass das Grundgesetz ein parlamentarisches Regierungssystem verfasst, in der die Volksvertretung der Regierung widerruflich das Vertrauen ausspricht und das Handeln der Exekutivspitze kontrol-

---

164 Zustimmend *Scholtis*, S. 248.

165 So auch *Ladeur*, BayVBl. 1992, S. 387, 388; *Ipsen*, JZ 1990, S. 789, 791; *Rothe*, DÖV 1990, S. 736, 737; *Schmidt-Eichstaedt*, AfK 24 (1985), S. 20, 31; *Frowein*, in: *Püttner*, HdbKWP II, § 28 A I 3 (S. 84).

166 *Scholtis*, S. 250; *Schmidt-Jortzig*, Kommunale Organisationshoheit, S. 155.

167 S. 99 ff.

168 *Klein*, in: *Isensee/Kirchhof*, HdbStR II, 2. A., § 40 Rn. 13; *Ott*, S. 87.

liert, lassen sich die wesentlichen Funktionen des Bundestags in folgende Kategorien einteilen[169]:

- Funktion der politischen Willensbildung;
- Gesetzgebungsfunktion;
- Kreationsfunktion;
- Regierungskontrollfunktion;
- Öffentlichkeitsfunktion.

Die grundgesetzliche Umsetzung dieser Funktionen soll nun genauer dargestellt und ihrer Verwirklichung im Kommunalrecht nachgegangen werden.

1. Willensbildungs- und Entscheidungsfunktion

Aus dem Umstand, dass der Bundestag das einzige unmittelbar vom Volk legitimierte Organ ist, folgt die Notwendigkeit, ihm entscheidende Aufgaben in der Staatsführung zu übertragen[170]. Dem Parlament kommt von Verfassungs wegen eine Vorrangstellung gegenüber den anderen Staatsorganen zu, die durch die Rechtsprechung des Bundesverfassungsgerichts mit der Entwicklung der Parlamentsvorbehalts und der Wesentlichkeitstheorie bestärkt worden ist[171]. Der Bundestag darf sich seiner Aufgaben nicht in beliebigem Umfang entäußern und muss das zentrale Forum sein, in dem die politischen Kämpfe um grundsätzliche Entscheidungen ausgetragen werden[172]. Ziel dieses Willensbildungsprozesses ist es, die widerstreitenden Interessen unterschiedlicher Gesellschaftsteile mittels eines Kompromisses oder, wenn ein solcher nicht möglich ist, durch das Mehrheitsprinzip zu entscheiden. Aufgrund der letztgenannten Komponente wird durch die Wahrnehmung der Willensbildungs- und Entscheidungsfunktion ein weiterer an das Parlament gestellter Auftrag erfüllt, nämlich die Integration verschiedener Ansichten in einer pluralistischen Gesellschaft durch eine von weiten Kreisen akzeptierte Lösung[173].

Wie auf Bundes- und Landesebene ist die kommunale Vertretungskörperschaft als einziges Organ unmittelbar demokratisch legitimiert. Das in dieser Vorschrift zum Ausdruck gebrachte staatsrechtliche Strukturmerkmal der Demokratie impliziert im Kommunalrecht die vorrangige Zuständigkeit des unmittelbar vom Volk gewählten Organs und die Kompetenz in grundsätzlichen Fra-

---

169 Aufzählung nach *Klein*, in: *Isensee/Kirchhof*, HdbStR II, 2. A., § 40 Rn. 13. s.a. *Klein*, in: *Rüther*, Repräsentative oder plebiszitäre Demokratie, S. 33, 40.

170 *Scholtis*, S. 204; *Stern*, Staatsrecht I, § 18 II 5 b β (S. 609 f.).

171 *Ott*, S. 142 f., 145; a.A. *Klein*, in: *Rüther*, Repräsentative oder plebiszitäre Demokratie, S. 33, 40.

172 BVerfGE 33, 125, 158 f.; 40, 237, 248 ff.; 58, 257, 268 f.; *Grimmer*, in: *Graf von Westfalen*, Parlamentslehre, § 9 IV (S. 187 f.).

173 Integrationsfunktion, s. *Neßler*, ZG 1998, S. 84, 85 f.; *Grimmer*, in: *Graf von Westfalen*, Parlamentslehre, § 9 I 1 (S. 172).

gen genauso wie auf staatlicher Ebene[174]. Ebenso wie der Bundestag hat der Gemeinderat die Aufgabe, die divergierenden Ansichten seiner Mitglieder durch Rede und Gegenrede sowie anschließenden Abstimmungen und Wahlen zu einem konsens- bzw. mehrheitsfähigen Gemeindewillen zu bündeln und damit die Handlungsfähigkeit der Gemeinde sicherzustellen[175]. Dem überragenden Stellenwert entsprechend bestimmen die meisten Gemeindeordnungen, dass der Gemeinderat das Hauptorgan der Gemeinde ist[176]. Er besitzt die Zentralzuständigkeit für die kommunale Willensbildung und Entscheidungsfindung, sofern sich aus der Gemeindeordnung keine Zuständigkeit des Bürgermeisters oder eines sonstigen Gemeindeorgans ergibt. Dem Homogenitäts- und Demokratiegebot entsprechen auch die in den Kommunalordnungen enthaltenen Kompetenzkataloge für den Gemeinderat[177], durch die der Befugnis des Rats, einzelne Angelegenheiten an Ausschüsse und andere Gemeindeorgane zu delegieren, Grenzen gesetzt werden.

Die verfassungsrechtlich determinierte Vorrangstellung des Gemeinderats ist nicht auf die Fassung allgemein verbindlicher Anordnungen beschränkt. Es steht dem Rat genau wie dem Bundestag auf parlamentarischer Ebene wegen der ihm zukommenden allgemeinen Willensbildungskompetenz frei, sich zu Angelegenheiten zu äußern, die die örtliche Gemeinschaft betreffen, auch wenn die innere Zuständigkeit bei einem anderen Organ der Gemeinde liegt[178]. Es fehlt dann lediglich an der Rechtsverbindlichkeit dieser Äußerung. Genau wie auf Bundesebene besteht damit für die gemeindliche Volksvertretung die Möglichkeit, sich gegenüber der Gemeindeöffentlichkeit zu erklären oder auf das Organ, welches für die Entscheidung in der Sache zuständig ist, politischen Druck auszuüben.

Bezogen auf die exponierte Stellung des unmittelbar gewählten Vertretungsorgans im Gesamtgefüge der Verfassung bestehen zwischen kommunaler und staatlicher Ebene keine Unterschiede. Der Gemeinderat ist genau wie der Bundestag und die Landtage zentrales Willensbildungs- und Entscheidungsfindungsorgan, dem für den jeweiligen Wirkungskreis die politische Führungs- und Leitfunktion zukommt[179].

---

174 *Ott*, S. 146; *Hubert Meyer*, Kommunales Parteien- und Fraktionenrecht, S. 223 f.

175 BVerwG, NVwZ 1988, S. 837.

176 § 24 GO BW; Art. 29, 30 BayGO; §§ 32 Abs. 2, 35 Abs. 1 GO Bbg.; § 9 Abs. 1 S. 1 HGO; § 22 Abs. 1 KV MV; § 31 NGO; §§ 40, 41 Abs. 1 GO NW; § 32 Abs. 1 GO RP; § 34 KSVG Saar.; § 27 Abs. 1 GO Sachsen; § 44 Abs. 1 GO SA; § 27 Abs. 1 GO SH; § 22 Abs. 1 ThürKO.

177 Art. 32 Abs. 2 BayGO; § 39 Abs. 2 GO BW; § 35 Abs. 2 GO Bbg.; § 51 HGO; § 22 Abs. 3 KV MV; § 40 Abs. 1 NGO; § 41 Abs. 1 GO NW; § 32 Abs. 2 GO RP; § 35 KSVG Saar.; § 41 Abs. 2 GO Sachsen; § 44 Abs. 3 GO SA; § 28 GO SH; § 26 Abs. 2 ThürKO.

178 *Ott*, S. 149.

179 *Gern*, Deutsches Kommunalrecht, Rn. 315; *Budde*, S. 214 f.; *Schmidt-Jortzig*, Kommunalrecht, Rn. 192. In der Formulierung des § 22 Abs. 1 S. 2 KV MV wird das explizit zum Ausdruck gebracht.

Das in Art. 20 Abs. 2 S. 2 GG beschriebene besondere Organ der Gesetzgebung, an dessen formell und materiell verfassungsmäßigen Gesetze Exekutive und Judikative gemäß Art. 20 Abs. 3 GG gebunden sind, ist der Bundestag. Mit der Gesetzgebungsfunktion kommt ihm im Gefüge der Gewaltenteilung die zentrale Stellung im Legislativbereich zu[180]. Er besitzt nach Art. 76 Abs. 1 GG das Recht zur Gesetzesinitiative und beschließt die Bundesgesetze, Art. 77 Abs. 1 S. 1 GG. Damit kommt ihm nach heutigem Verfassungsverständnis zwar kein Rechtsetzungsmonopol, wohl aber eine Rechtsetzungsprärogative zu[181].

Das für ein Staatsparlament Charakteristische an dieser Gesetzgebungskompetenz soll in der Unabgeleitetheit dieser Art von Ausübung von Staatsgewalt bestehen, da der Staat dazu von Natur aus berechtigt sei. Dieser Aspekt wird sogleich im Rahmen der kommunalrechtlichen Analyse vertieft werden, da er immer wieder als zentrales Argument gegen den Parlamentscharakter gemeindlicher Volksvertretungen angeführt wird.

Damit ist die Gesetzgebungsbefugnis der staatlichen Parlamente das Merkmal, welches maßgeblich zur Einordnung dieser Gewalt in den Bereich der Legislative führt. Dieser Kompetenz des Bundestags und der Landesparlamente könnte in den Gemeinden die Verordnungs- und Satzungsbefugnis der Gemeinde entsprechen. Es soll daher untersucht werden, ob die kommunalen Vertretungskörperschaften der Legislative zugeordnet werden können, wenn sie in diesem Bereich tätig sind[182].

Dabei werden die folgenden Überlegungen auf den gemeindlichen Satzungserlass beschränkt. Die Befugnis zum Erlass von Rechtsverordnungen stellt neben der Satzungsautonomie die zweite wichtige Möglichkeit der Gemeinden zur Normierung abstrakter Sachverhalte dar. Sie kann aber nicht mit der Gesetzgebungsbefugnis der Parlamente verglichen werden[183]. Rechtsverordnungen haben

---

180 Die Untertrennung in drei Gewalten und die Zuordnung des Parlaments zur Gesetzgebung dient der Machtmäßigung des Staates und wird auch als gewaltenteilende Funktion das Parlament bezeichnet (*Ott*, S. 90).

181 *Achterberg*, Parlamentsrecht, § 5 I 1 (S. 75).

182 Das Urteil des OVG Münster, DVBl. 1978, S. 895, 896 legt diesen Schluss nahe. Dort wird der Satzungserlass wörtlich als „legislatorische Betätigung“ bezeichnet.

183 Zwar ist der Inhalt der vom Bundestag und den Landtagen zu erlassenden Normen ebenfalls von geringem Spielraum geprägt, wenn es um die Umsetzung von EU-Richtlinien in nationales Recht bzw. um die Ausfüllung von Rahmen- oder Grundsatzgesetzen des Bundes durch die Länderparlamente geht. Trotz der vorhandenen Bindungen ist der Umsetzungsakt rechtlich eine autonome Entscheidung eines souveränen Legislativorgans. Dagegen kann man beim Erlass von Rechtsverordnungen durch die kommunale Vertretungskörperschaft nicht einmal von einer funktionalen Legislativtätigkeit sprechen. Eine exekutive Aufgabenerfüllung muss sich nämlich nicht zwingend auf die Regelung eines Einzel-

zwar ebenfalls abstrakt-generellen Charakter und werden als Gesetze im materiellen Sinn klassifiziert, sind aber das Instrument zur Ausfüllung und Konkretisierung formeller Parlamentsgesetze durch Verwaltungsorgane[184]. Sie dienen nicht wie Satzungen der demokratischen Dezentralisierung, sondern allein der Dekonzentration und damit der Entlastung des Verwaltungshandelns[185]. Sofern die Gemeinden allgemein verbindliche Regelungen im Verordnungswege treffen, handeln sie nicht autonom, sondern als integraler Bestandteil des Staates aufgrund einer parlamentarischen Ermächtigung[186]. Rechtsverordnungen sind das Resultat heteronomer Rechtsetzung und daher zur Herausarbeitung von parlamentsrechtlichen Parallelen ungeeignet.

a) Wesen und Hintergrund kommunaler Satzungsautonomie

Der Erlass von Satzungen ist seit jeher ein klassisches Instrument lokaler Rechtsetzung und ein wesentliches Element kommunaler Selbstverwaltungsgarantie, das die Mitwirkung an der gemeindlichen Willensbildung für die betroffenen Einwohner besonders interessant macht[187]. Neben dieser demokratisch-politischen Komponente des Satzungsrechts wird damit, wie bereits dargestellt[188], dem Dezentralisierungsgedanken und dem Subsidiaritätsprinzip Rechnung getragen, indem möglichst alle Probleme der örtlichen Gemeinschaft auf derselben Ebene gelöst werden sollen. Dazu wird die ausgeprägtere Sachnähe der Entscheidungsträger zum Vorteil einer auf die örtlichen Besonderheiten angepassten Regelung genutzt.

Der Hauptanwendungsbereich des Satzungsinstituts lässt sich in drei Teile gliedern. Neben der Regelung von Vorgängen kommunaler Massenverwaltung werden Satzungen im Bereich der Planung und der kommunalen Selbstorganisation verwendet[189]. Die nachfolgende Darstellung wird sich auf den prägnantes-

falls beziehen. Zudem sind die Kommunen im Rahmen dieser Tätigkeit vollständig in die staatliche Exekutive eingliedert.

184 *Ossenbühl*, in: *Isensee/Kirchhof*, HdbStR III, § 66 Rn. 6; *ders.*, in: *Isensee/Kirchhof*, HdbStR III, § 64 Rn. 1.

185 *Gern*, Deutsches Kommunalrecht, Rn. 258; *Badura*, DÖV 1963, S. 561, 564.

186 *Ossenbühl*, in: *Isensee/Kirchhof*, HdbStR III, § 66 Rn. 35; vgl. Art. 23 Abs. 1 S. 2 BayGO; § 19 Abs. 1 S. 2 ThürKO.

187 *Hendler*, in: *Isensee/Kirchhof*, HdbStR IV, § 106 Rn. 40; *Schmidt-Aßmann*, in: *ders.*, Besonderes Verwaltungsrecht, 1. Kap., Rn. 93.
Hierbei ist zu beachten, dass allein die Einräumung des Selbstverwaltungsrechts nicht zwingend die Kompetenz zum Satzungserlass mit einschließt. Das ist vielmehr eine Frage, die sich nur im Kontext des jeweiligen Selbstverwaltungsbereichs beantworten lässt (*Hendler*, in: *Isensee/Kirchhof*, HdbStR IV, § 106 Rn. 39).

188 Oben S. 13 ff.

189 *Schoch*, NVwZ 1990, S. 801, 802; *Schmidt-Aßmann*, in: *Püttner*, HdbKWP III, § 53 B I 1 (S. 183 f.).

ten Bereich des Normerlasses beschränken, nämlich auf den Erlass von für die betroffenen Einwohner unmittelbar relevanten Außenrechtssätzen.

Das Bundesverfassungsgericht versteht unter Satzungen Rechtsvorschriften, die von einer in den Staat eingeordneten juristischen Person des öffentlichen Rechts im Rahmen der ihr gesetzlich verliehenen Autonomie mit Wirksamkeit für die ihr angehörigen und unterworfenen Personen erlassen werden[190]. Da formelle Gesetze nach herrschender Ansicht nur von den staatlichen Legislativorganen erlassen werden können, die Gemeinden nach ganz herrschender Ansicht aber insgesamt zum Bereich der Exekutive zu zählen sind[191], handelt es sich bei Satzungen nicht um förmliche Gesetze. Allerdings werden mit diesem Instrument abstrakt-generelle Regelungen getroffen, weshalb Satzungen Gesetze im materiellen Sinn sind[192].

Damit unterscheiden sich Satzungen und formelle Gesetze in ihrer Wirkung nicht. Das entscheidende Merkmal einer generell-abstrakten Regelung liegt in ihren Konsequenzen für denjenigen, der dem Normbefehl unterworfen wird. Wenn der Gemeinderat die Macht hat, den Normadressaten durch die von ihm erlassene Regelung genauso zu binden wie das bei einem vom Bundestag oder einem Landtag beschlossenen Gesetz der Fall ist, so spricht das dafür, dass er bei der Satzungsgebung legislativ tätig wird[193]. Zudem wird eine Satzung vom Normadressaten nicht anders als ein Gesetz empfunden. Die Verletzung eines in einer Satzung enthaltenen Verhaltensgebots führt unter bestimmten Umständen genauso zu Sanktionen, wie das bei einem Parlamentsgesetz der Fall ist.

Dagegen kann der Umstand, dass es sich bei Parlamentsgesetzen nach herrschender Ansicht um formelle, bei Satzungen dagegen nur um materielle Gesetze handelt, nicht gegen die Einordnung des Satzungserlasses als Legislativtätigkeit herangezogen werden. Eine solche Aussage impliziert die fehlende funktionale Legislativeigenschaft der kommunalen Volksvertretungen und die vollständige funktionale Zuordnung zur Exekutive. Ob der Gemeinderat aber als Parlament und Legislativorgan bezeichnet werden kann oder einem solchen Organ gleichgestellt ist, soll unter anderem durch den Vergleich des Satzungserlasses mit der Gesetzgebung geklärt werden. Das Problem unter der vorstehenden Prämisse zu behandeln, käme einem Zirkelschluss gleich.

Selbst wenn die kommunale Vertretungskörperschaft nicht als Parlament im staatsrechtlichen Sinne bezeichnet werden kann, ist die Unterscheidung von Satzungen und parlamentarischer Rechtsnormen in formelle und materielle Gesetze äußerst formalistisch.

---

190 BVerfGE 10, 20, 49 f.; 33, 125, 156.

191 Es wird insofern keine Aufspaltung des gemeindlichen Handelns in die Bereiche der allgemeinen Verwaltung und der Satzungsgebung vorgenommen.

192 *Ossenbühl*, in: *Isensee/Kirchhof*, HdbStR III, § 66 Rn. 35; *Oerder*, NJW 1990, S. 2104; *Schmidt-Jortzig*, Kommunalrecht, Rn. 614.

193 Ähnlich *Berwanger*, S. 99.

b) Zuständiges Gemeindeorgan

Innerhalb der Gemeinden sind die Gemeindevertretungen für den Erlass von Satzungen zuständig. Lediglich in Bayern besteht gemäß Art. 32 Abs. 2 S. 2 Nr. 2 BayGO die Option zur Abgabe nicht genehmigungsbedürftiger Satzungen an beschließende Ausschüsse[194]. Die Zuständigkeit des Gemeinderats ist Konsequenz seiner herausragenden Stellung im kommunalen Gesamtgefüge[195]. Es gehört zur Kernkompetenz jeder Volksvertretung, die der jeweiligen Gebietskörperschaft zustehenden Rechtsetzungsbefugnisse wahrzunehmen[196]. Insofern besteht eine strukturelle Vergleichbarkeit mit den Gesetzgebungsorganen auf Bundes- und Landesebene.

c) Qualität der Gesetz- bzw. Satzungsgebungsgewalt

Wenn sich Ortssatzungen und Parlamentsgesetze in ihrer Wirkung für Dritte nicht unterscheiden und die Differenzierung zwischen formellen und materiellen Gesetzen nicht ausschlaggebend ist, bleibt als relevante Unterscheidung letztlich die Qualität der Rechtsetzungs- bzw. Satzungsgewalt.

Nach herrschender Ansicht kommt dem Bundestag und den Landtagen als staatlichen Legislativorganen die Befugnis zur Rechtsetzung ohne besondere Ermächtigung zu, da die Normgebung eine von der Staatsgewalt originär erfasste Tätigkeit sei[197]. Dagegen wird der Erlass von Satzungen durch die Gemeinden als eine Form mittelbarer Staatsverwaltung der Exekutive zugeordnet, da den Kommunen die Rechtsetzungsmacht lediglich durch die Selbstverwaltungsgarantie des Art. 28 Abs. 2 GG staatlich verliehen sei[198]. So wird ein unabdingbarer Zusammenhang zwischen der Einordnung als Legislativorgan innerhalb der Gewaltenteilungslehre und der Ausübung unabgeleiteter Staatsgewalt hergestellt. Dieses Merkmal wird damit neben der unmittelbaren demokratischen Legitimation der Vertretungskörperschaft, die der Gemeinderat – wie zuvor festgestellt – aufweist, zum zweiten Charakteristikum eines Legislativorgans.

---

194 In den anderen Gemeindeordnungen ist der Satzungserlass als nicht übertragbare Aufgabe aufgeführt: § 39 Abs. 2 Nr. 3 GO BW; § 35 Abs. 2 Nr. 10 GO Bbg.; § 51 Nr. 6 HGO; § 22 Abs. 3 Nr. 6 KV MV; § 40 Abs. 1 Nr. 4 NGO; § 41 Abs. 1 S. 2 GO NW; § 32 Abs. 2 Nr. 1 GO RP; § 35 Nr. 12 KSVG Saar.; § 41 Abs. 2 Nr. 3 GO Sachsen; § 44 Abs. 3 Nr. 1 GO SA; § 28 Nr. 2 GO SH; § 26 Abs. 2 Nr. 2 ThürKO; kritisch zur Regelung in Bayern wegen der auf der unmittelbaren demokratischen Legitimation beruhenden Vorrangstellung des Gemeinderats *Stober*, § 18 III 1 a cc (S. 264).

195 *Schmidt-Jortzig*, DVBl. 1980, S. 1, 3.

196 *Meyn*, LKV 1995, S. 265, 271.

197 *Wurzel*, BayVBl. 1986, S. 417, 419; *dies.*, S. 144; *Badura*, DÖV 1963, S. 561.

198 *Hubert Meyer*, Kommunalrecht, Rn. 142; *ders.*, Kommunales Parteien- und Fraktionenrecht, S. 223; *v. Mutius*, JURA 1991, S. 410, 413; *Wurzel*, BayVBl. 1986, S. 417, 419 f.; *Eckart Klein*, DÖV 1980, S. 853, 855 f.; *Gönnenwein*, S. 145.

Außerdem werden Umfang und Tiefe der Satzungsbefugnis der Gemeinden nach herrschender Auffassung durch den aus Art. 20 Abs. 3 GG zu entnehmenden Vorbehalt des Gesetzes begrenzt[199]. Diese Argumentation hängt eng mit der Qualifizierung der gemeindlichen Rechtsetzungsmacht als abgeleitet zusammen. Art. 28 Abs. 2 S. 1 GG wird als Kompetenzübertragungsnorm und unmittelbare Befugnis zum Satzungserlass im Bereich der Daseinsvorsorge verstanden, nicht aber als Ermächtigung für Grundrechtseingriffe und zur Regelung wesentlicher Fragen. Diese können nach herrschender Auffassung nur vom staatlichen Normgeber mittels Parlamentsgesetz vorgenommen werden[200].

Diese überblickartig zusammengefasste Ansicht wird im jüngeren Schrifttum vor allem von *Ott*[201] entschieden bestritten. Sie sieht die Satzungsermächtigungen in den Gemeindeordnungen[202] als deklaratorisch an[203] und misst Art. 28 Abs. 2 GG die Bedeutung einer unmittelbaren Ermächtigung zum Erlass kommunaler Satzungen zu. Dem Einwand, Art. 28 Abs. 2 GG gewähre zwar eine unmittelbare Satzungsbefugnis für die Kommunen, stelle aber selbst die Delegation der staatlichen Herrschaftsgewalt dar[204], entgegnet sie, es gäbe in einem modernen Verfassungsstaat keine unabgeleitete Hoheitsgewalt staatlicher Organe. Bund und Länder würden ihre Kompetenzen ebenfalls aus der Verfassung beziehen, da sie alleinige Grundlage aller Herrschaftsmacht sei[205]. Die Staatsgewalt der Gemeinden könne man daher nicht vom Staat, sondern allenfalls aus der Verfassung ableiten[206].

Bedenken seitens des Vorbehalts des Gesetzes, die dadurch entstehen, dass bei einer uneingeschränkten Satzungsgewalt Eingriffe in Grundrechte durch die Kommunen vorgenommen werden könnten, gibt es bei diesem Verständnis des Art. 28 Abs. 2 S. 1 GG nicht. *Ott* kommt nämlich zu dem Ergebnis, der Ge-

---

199 BVerfGE 32, 346, 362; BVerwGE 6, 247, 250 f.; BGHZ 61, 7, 15; *Gern*, Deutsches Kommunalrecht, Rn. 251; *Waechter*, Rn. 475; *Bethge*, NVwZ 1983, S. 577, 578 ff.; *Schmidt-Jortzig*, Kommunalrecht, Rn. 629; *Wurzel*, S. 158; *Badura*, DÖV 1963, S. 561, 562.

200 BVerfGE 32, 346, 362; 33, 125, 157 ff.; *Schmidt-Jortzig*, Kommunalrecht, Rn. 628 f.

201 *Ott*, S. 153 – 178.

202 § 4 Abs. 1 S. 1 GO BW; Art. 23 S. 1 BayGO; § 5 Abs. 1 S. 1 GO Bbg.; § 5 Abs. 1 S. 1 HGO; § 5 Abs. 1 S. 1 KV MV; § 6 Abs. 1 S. 1 NGO; § 7 Abs. 1 S. 1 GO NW; § 24 Abs. 1 S. 1 GO RP; § 12 Abs. 1 S. 1 KSVG Saar.; § 4 Abs. 1 S. 1 GO Sachsen; § 6 Abs. 1 S. 1 GO SA; § 4 Abs. 1 S. 1 GO SH; § 19 Abs. 1 S. 1 ThürKO.

203 Anders insofern *Wurzel*, S. 132, die die Auffassung vertritt, Selbstverwaltung allein umfasse nicht die Fähigkeit zum Erlass von Satzungen, weshalb sich die Satzungsgewalt erst aus den in den Gemeindeordnungen enthaltenen Befugnisnormen ergäbe.

204 So *Schmidt-Jortzig*, Kommunalrecht, Rn. 612 f.

205 *Ott*, S. 159; ebenso *Engel-Boland*, S. 22, die das Problem der Abgeleitetheit der Satzungsbefugnis aber nicht im Kontext der Vergleichbarkeit parlamentarischer und kommunaler Rechtsetzung untersucht, sondern bei der Frage, ob die Gemeinden durch die Norm des Art. 28 Abs. 2 GG unmittelbar dazu berechtigt werden.

206 *Ott*, S. 159 f.

meinderat sei ein Parlament. Außerdem vertritt sie die Ansicht, die Geltung des Vorbehalts des Gesetzes auf kommunaler Ebene würde zu einer Aushöhlung des Selbstverwaltungsrechts führen, da die Gemeinden nur noch „unwesentliche" Entscheidungen in eigener Regie treffen könnten.[207].

Wenn die Selbstverwaltungsgarantie nicht als Verlagerung der Rechtsetzungsmacht des Gesetzgebers auf eine andere Stelle, sondern als eigenes, ursprüngliches Recht der Gemeinden angesehen wird, dann liegt es in der Tat nahe, in Art. 28 Abs. 2 GG eine umfassende Eingriffsermächtigung für die Kommunen zu sehen und die von der örtlichen Gemeinschaft auf dem Satzungsweg regelbaren Sachverhalte vom Geltungsbereich des Vorbehalts des Gesetzes auszunehmen. Aber auch vom Ausgangspunkt der Abgeleitetheit der Rechtsetzungsmacht der Gemeinden ist es wegen der Kompetenzzuweisungsnorm des Art. 28 Abs. 2 GG nicht ausgeschlossen, den Vorbehalt des Gesetzes durch die gemeindliche Satzungsentscheidung der kommunalen Volksvertretung als erfüllt anzusehen[208].

Die eben zusammengefassten Kritikpunkte betreffen eine Vielzahl von Problemen und Unklarheiten. Daher soll zur Wahrung des Verständnisses zu jedem einzelnen Problem eine ausführliche Erörterung vorgenommen werden.

aa) Verfassungsunmittelbare Gewährung des Satzungsrechts

Die Frage, ob den Gemeinden das Recht auf Selbstverwaltung und damit die Kompetenz zum Satzungserlass verfassungsunmittelbar eingeräumt ist oder ob es sich dabei nur um eine Normativbestimmung handelt, die die Länder zur Gewährung von Selbstverwaltungsrechten verpflichten, ist mittlerweile geklärt. Art. 28 Abs. 2 GG garantiert den kommunalen Gebietskörperschaften unmittelbar das Satzungsrecht, welches dem Kernbereich der kommunalen Selbstverwaltung zuzurechnen ist[209]. Bereits der Wortlaut („im Rahmen der Gesetze") spricht für die unmittelbare Gewährung des Rechts auf Selbstverwaltung. Wenn in Art. 28 Abs. 2 S. 2 GG erwähnt wird, dass Gemeindeverbände „auch" das Recht zur Selbstverwaltung „haben", dann setzt diese Diktion ein Recht der Gemeinden voraus, das bereits in der einschlägigen Verfassungsnorm selbst eingeräumt wird[210]. Daneben spricht auch die Verwendung des Wortes „regeln" dafür, die Satzungshoheit als dem kommunalen Selbstverwaltungsrecht des Art. 28 Abs. 2

---

207 *Ott*, S. 178.

208 So auch *Meyn*, S. 15, 17.

209 *Bussalb*, S. 70 f.; *Flach*, S. 25; *Ipsen*, JZ 1990, S. 789, 790; *Schmidt-Aßmann*, in: *v. Mutius*, Selbstverwaltung im Staat der Industriegesellschaft, S. 607; *Budde*, S. 217.

210 *Engel-Boland*, S. 20; *Ott*, S. 155; *Maurer*, DÖV 1993, S. 184, 188 f.

S. 1 GG immanent anzusehen. Dieser Begriff umfasst nicht nur Einzelfallregelungen, sondern auch normatives Handeln durch den Erlass von Satzungen[211].

Vor allem mit Einführung des Art. 93 Abs. 1 Nr. 4 b GG hat der verfassungsändernde Gesetzgeber zu verstehen gegeben, dass er Art. 28 Abs. 2 GG als mit der kommunalen Verfassungsbeschwerde rügbares Selbstverwaltungsrecht ansieht[212].

Letztlich überzeugt die Überlegung, dass das Selbstverwaltungsrecht dem Grunde nach außerhalb des einfachen Rechts gewährt sein muss, wenn das Bundesverfassungsgericht den Terminus des „nicht einschränkbaren Kernbereichs" des Rechts auf kommunale Selbstverwaltung verwendet. Denn die Verletzung eines Kernbereichs ist nur möglich, wenn das Autonomierecht außerhalb der einfachen Normen geschaffen worden ist.

Diesem Befund kann auch nicht entgegengesetzt werden, damit seien die einfachgesetzlichen Ermächtigungsnormen zum Satzungserlass in den Gemeindeordnungen überflüssig und rein deklaratorisch[213]. Zum einen können auf verfassungsrechtlicher Ebene einfachgesetzliche Argumente nicht herangezogen werden[214]. Zum anderen ist es dem Gesetzgeber nicht verwehrt und aus Gründen der Rechtssicherheit und Rechtsklarheit bisweilen geboten, unmittelbar in der Verfassung verankerte Rechte und Kompetenzen einfachgesetzlich zu wiederholen[215]. Weiterhin ist mit der prinzipiellen Zuerkennung der Satzungsautonomie als Gestaltungsmittel der kommunalen Selbstverwaltung keine Aussage darüber getroffen, in welchem Umfang die Gemeinden dieses garantierte Recht ausüben dürfen und ob die grundgesetzliche Selbstverwaltungsgarantie den Gemeinden die zur Erfüllung dieser Aufgaben erforderlichen Mittel in die Hand gibt[216].

Mit diesem Zwischenergebnis ist daher noch nichts über die Vergleichbarkeit der Qualität der Normgebung durch Parlamente bzw. kommunale Selbstverwal-

---

211 *Berwanger*, S. 99; *Engel-Boland*, S. 17 f.; *Adler*, S. 24; *Waechter*, Rn. 471; *Ossenbühl*, in: *Isensee/Kirchhof*, HdbStR III, § 66 Rn. 17; *Schoch*, NVwZ 1990, S. 801, 802; *v. Mutius*, JURA 1982, S. 28, 32, 34.

212 Allerdings handelt es sich dabei nicht um ein Grundrecht, sondern um eine Kompetenzzuweisungsnorm, deren Beachtung von den Gemeinden verfassungsgerichtlich überprüft werden kann (*Engel-Boland*, S. 21; *Ott*, S. 155).

213 So aber *Wurzel*, S. 132.

214 Ebenso *Engel-Boland*, S. 19.

215 Vgl. beispielsweise die einfachrechtliche Zuerkennung des freien Mandats des Gemeindevertreters in sämtlichen Gemeindeordnungen mit Ausnahme von Bayern, die ebenfalls nur deklaratorische Wirkung hat, da das freie Mandat bereits durch Art. 28 Abs. 1 S. 2 GG auf der Gemeindeebene Geltung erlangt (ausführlicher dazu S. 153).

Konsequenterweise sehen *Adler*, S. 147 und *Schmidt-Jortzig*, Kommunalrecht, Rn. 613 die einfachrechtlichen Autonomieverleihungen als deklaratorisch an; *Bethge*, NVwZ 1983, S. 577, 579 spricht von lediglich organisatorischer Bedeutung; ebenso *Schmidt-Aßmann*, in: *ders.*, Besonderes Verwaltungsrecht, 1. Kap., Rn. 95.

216 So auch *Engel-Boland*, S. 25; *Flach*, S. 26; *Meyn*, S. 11.

tungsorgane sowie die Ursprünglichkeit oder Abgeleitetheit der Satzungsautonomie gesagt. Wenn die Gemeinden sich aber nicht einmal auf eine verfassungsrechtliche Kompetenzgarantie berufen könnten, der Erlass von Satzungen bereits dem Grunde nach von einer einfachgesetzlichen Ermächtigung des Parlaments abhängig wäre, ließe sich die Diskussion an dieser Stelle abbrechen. Die Qualität materieller Rechtsetzung von „gesetzgeberischen Gnaden" kann nicht mit der eines staatlichen Legislativorgans verglichen werden.

bb) Abgeleitetheit der Satzungsbefugnis

Weniger eindeutig lässt sich die Frage klären, ob die Gemeinden ein unabgeleitetes Recht auf kommunale Rechtsetzung haben oder ob ihnen diese Macht vom Staat verliehen worden ist. Diese Frage ist nicht nur von theoretischer Bedeutung, sondern zeichnet die Antwort auf den im Anschluss zu behandelnden Punkt vor, nämlich die Geltung des Vorbehalts des Gesetzes bei der kommunalen Rechtsetzung[217].

Zunächst muss man darauf achten, dass ein bedeutender Unterschied zwischen eigener und unabgeleiteter Normgebungskompetenz besteht[218]. Nachdem die Grundsatzentscheidung für das Institut der Satzungsgebungsbefugnis bereits unmittelbar in der Verfassung getroffen worden ist, kann die Satzungsautonomie der Gemeinden unabhängig von ihrer Ursprünglichkeit oder Abgeleitetheit als eigene Befugnis bezeichnet werden[219]. Das Selbstverwaltungsrecht kann bereits von seiner Begrifflichkeit her nicht eine in dieser Form dem Parlament zustehende Befugnis sein, das den Gemeinden durch einfaches Gesetz übertragen worden ist[220]. Schließlich ist es dem Selbstverwaltungsgedanken immanent, dass öffentliche Aufgaben gerade nicht vom Staat selbst, sondern von einem ausgegliederten, unterstaatlichen Träger in eigenem Namen wahrgenommen werden[221].

Umstritten ist aber, ob es sich hierbei auch um ein originäres Recht handelt, also um ein im Grundgesetz auf gleicher Stufe mit den staatlichen Gesetzgebungsbefugnissen geschaffenes Recht. Dies ist nicht der Fall, wenn den Gemeinden die Selbstverwaltungsautonomie vom Bund bzw. den Ländern als naturgegebene, übergesetzliche Träger sämtlicher Staatsgewalt im Grundgesetz übertragen worden ist.

Die Qualifizierung der gemeindlichen Satzungsgewalt als abgeleitet ist auch nicht durch die vorherige Prämisse ausgeschlossen, wonach die Selbstverwaltungsautonomie ein eigenes Recht der Gemeinden darstellt. Auch ein eigenes

---

217 Ebenso *Bussalb*, S. 68.

218 *Ott*, S. 159; *David*, S. 27.

219 *Wurzel*, S. 144; *David*, S. 27.

220 So bereits *Schmidt-Aßmann*, in: *Püttner*, HdbKWP III, § 53 B I 2 (S. 185).

221 *Hendler*, in: *Isensee/Kirchhof*, HdbStR IV, § 106 Rn. 13.

Recht kann vom Bund bzw. den Ländern verliehen sein und derivativen Charakter haben. Wenn man den staatlichen Gesetzgeber als originären Inhaber sämtlicher Staatsgewalt ansieht, steht ihm das uneingeschränkte Recht zu, kommunale Aufgaben staatlich-hierarchisch durch weisungsabhängige örtliche Verwaltungseinheiten zu erledigen[222]. Seine Souveränität ermöglicht es ihm aber ebenso, diesen Bereich aus der staatsunmittelbaren Verwaltung herauszunehmen und autonomen Selbstverwaltungskörperschaften zur Wahrnehmung zu übertragen. Da der Verwaltungstyp der autonomen Selbstverwaltung aber zwingend eine unterstaatliche Institution als Entscheidungsinstanz voraussetzt, wäre der Staat selbst nie in der Lage, Gemeinden auf diese Art und Weise zu verwalten. Aus diesem Grund ist die kommunale Satzungsautonomie als Bestandteil des Selbstverwaltungsrechts in jedem Fall ein eigenes Recht der Gemeinden.

Ob das gemeindliche Selbstverwaltungsrecht originär oder abgeleitet ist, hängt maßgeblich davon ab, ob die Verfassung eine vorkonstitionell bestehende uneingeschränkte Herrschaftsmacht des Staates begrenzt oder ob Bund und Länder ihre auf gleicher Ebene mit den Gemeinden stehenden Kompetenzen durch sie verliehen bekommen haben. Diese Unterscheidung geht auf *Jellinek*[223] zurück, der bei der Ausübung von Staatsgewalt durch den Staat selbst bzw. durch autonome Einheiten nach Art der Herrschaftsmacht als originär oder derivativ unterschied.

α) Lehre von der derivativen Rechtsetzungsmacht der Gemeinden

Vertreter der Theorie der derivativen Staatsgewalt der Gemeinden setzen die Unabgeleitetheit der Staatsgewalt des Bundes und der Länder als außerhalb der Verfassung stehend voraus. Sie begründen ihre Auffassung damit, dass die Befugnis zur Rechtsetzung allein dem die Stellung des Leviathans einnehmenden souveränen Staat zukäme. Dagegen seien die Gemeinden dazu nur aufgrund eines staatlichen Rechtsaktes fähig, wodurch ihre verfassungsrechtliche Stellung bestimmt werde[224]. Die ursprüngliche Hoheitsgewalt des Staates als Ausdruck der Rückführbarkeit der Staatsgewalt auf einen einzigen Träger – den Staat selbst – wird als Errungenschaft moderner Staatsrechtsdogmatik angesehen. Durch sie sei die unkoordinierte Rechtsschöpfung nebeneinander stehender partikulärer Rechtsgemeinschaften überwunden worden[225].

---

222 *V. Arnim*, AÖR 113 (1988), S. 1, 15.

223 Allgemeine Staatslehre, S. 430.

224 BVerwGE 6, 247, 249 f.; *Busch*, S. 57 f.; *Ladeur*, BayVBl. 1992, S. 387,388; *Meyer*, Kommunales Parteien- und Fraktionenrecht, S. 223; *Bleckmann*, DVBl. 1987, S. 1085, 1088 f.; *Seibert*, DÖV 1986, S. 957, 960 f.; *Wurzel*, BayVBl. 1986, S. 417, 419 f. (v.a. Fn. 30); *dies.*, S. 140 f., 144 f.; *Hien*, BayVBl. 1984, S. 203, 204; *Schmidt-Jortzig*, Kommunalrecht, Rn. 71; *Löwer*, SKV 1975, S. 35, 36; *Badura*, DÖV 1963, S. 561; *David*, S. 27.

225 *Badura*, DÖV 1963, S. 561.

Geht man von dieser Prämisse aus, ergibt sich die Qualifizierung der gemeindlichen Satzungsgewalt als derivativ geradezu zwingend. Der Bund ist nach unbestrittener Auffassung der sich aus den einzelnen Gliedstaaten zusammensetzende Gesamtstaat. Die Merkmale der Staatlichkeit ergeben sich dann nicht durch die Aufgabenzuweisungen in der Verfassung. Bund und Länder sind unbeschadet der in den Art. 70 ff. GG normierten Gesetzgebungsbefugnisse aufgrund ihrer tatsächlichen Stellung dazu berechtigt, Herrschaftsgewalt im Wege der Normsetzung auszuüben. Deshalb kann es ihnen nicht verwehrt sein, im Grundgesetz die Aufgaben aufzuteilen, zu bestimmen, ob es überhaupt Gemeinden gibt und ob diesen als Untergliederungen der Länder autonome Befugnisse eingeräumt werden. Die kommunale Selbstverwaltung als Institut ist dann vom Bund bzw. den Ländern als staatliche Normgeber geschaffen worden und von diesen abgeleitet[226]. Für den Staat stellt sich die Verfassungsordnung als selbstgesetzte Begrenzung seiner originär bestehenden Rechtsetzungsbefugnisse dar. Dagegen werden die Kompetenzen der Gemeinden im Grundgesetz zugleich begründet und begrenzt[227].

β) Kritik an dieser Auffassung und eigene Stellungnahme

Auffällig an dieser Argumentation ist, dass immer nur von einer originären Gewalt des „Staates" gesprochen wird[228]. Konkretisierungen, welcher ursprüngliche Kompetenzträger mit dieser Beschreibung eigentlich gemeint sein soll, werden nicht vorgenommen. In Betracht kommen aber nur der Bund und die Länder.

Wenn man von einer „naturgegebenen" Gewalt des Staates ausgeht, so trifft das sicher für das Zeitalter des Absolutismus zu, in dem Herrscher und Staatsgewalt in einer Person zusammenfielen. In der weiteren Entwicklung zum modernen Verfassungsstaat stellten die Verfassungen im Frühkonstitutionalismus in der Tat nicht die Begründung der Herrschaftsgewalt dar, sondern deren Begrenzung.

Unter der Geltung des Grundgesetzes ist diese Auffassung jedoch nicht mehr vertretbar, da es keine naturrechtlich begründete Vorrangstellung eines Staates mehr gibt[229]. Bund und Länder beziehen ihre Kompetenzen und Befugnisse ge-

---

226 BVerwGE 6, 247, 249; ebenso *Berwanger*, S. 86, *Mayer*, S. 44; s.a. *Maurer*, DÖV 1993, S. 184, 188, alle jedoch ohne nähere Begründung.

227 *Badura*, DÖV 1963, S. 561, 565.

228 S. z.B. *Seibert*, DÖV 1986, S. 957, 960 f.

229 *Bussalb*, S. 71; *Engel-Boland*, S. 22; *Adler*, S. 29 f.; *Ott*, S. 158; *Meyn*, S. 15 f. Deshalb kann die Unabgeleitetheit der gemeindlichen Hoheitsgewalt auch nicht damit begründet werden, die Gemeinden seien historisch älter als die Staaten, so dass der Verfassungsgeber das Grundgesetz auf diesem natürlichen Bestand des Selbstverwaltungsrechts aufge-

nauso aus der Verfassung wie die Gemeinden. Alle drei Einrichtungen leiten ihre institutionelle Legitimation von der verfassungsgebenden Gewalt (pouvoir constituant) ab. Diese steht aber nicht dem Bund oder den Ländern als vorkonstitutionelle Herrschaftsapparate zu, sondern dem Volk als alleinigem Inhaber der souveränen Kompetenzhoheit in einem demokratischen Staat[230]. Diese verfassungstheoretische Annahme ist in der Präambel des Grundgesetzes und in Art. 20 Abs. 2 S. 1 GG festgeschrieben, hat aber nur deklaratorische Bedeutung. Bei der Frage nach der ursprünglichen Legitimationsquelle des in der Verfassung festgelegten staatlichen Handelns handelt es sich zwingend um eine vorkonstitionelle Problematik[231]. Dass der Bund auch nach der umfassenden Kompetenzgewährung durch das Grundgesetz nicht Inhaber der verfassungsgebenden Gewalt ist, die Legitimationsmacht weiterhin beim Volk als Souverän liegt, wird in Art. 146 GG deutlich. Danach tritt das Grundgesetz nur dann außer Kraft, wenn das Deutsche *Volk* eine neue Verfassung beschlossen hat[232]. Daher genießen Bund und Länder auch nach Schaffung des Grundgesetzes keine ursprüngliche und erstrangige Kompetenz. Nach dem Kreationsakt einer Staatsverfassung sind zwar die konstituierten Organe im Rahmen des Art. 79 Abs. 3 GG an sie gebunden, nicht aber das konstituierende Volk, das sich nicht selbst irreversibel verpflichten kann[233]. Die verfassungsgebende Gewalt des Volkes hat mit dem Erlass des Grundgesetzes nicht seinen Abschluss gefunden, sondern ruht nur, solange die gegenwärtige Verfassung als allgemein gültige staatsrechtliche Grundlage angesehen und akzeptiert wird[234]. Art. 146 GG enthält daher nur einen deklaratorischen Hinweis auf die Befugnisse des Verfassungsgebers, sich jederzeit neu zu konstituieren[235].

Eine andere Ansicht bezüglich der ursprünglichen Herrschaftsgewalt des Staates könnte sich möglicherweise daraus ergeben, dass nur Bund und Ländern, nicht aber den Gemeinden Staatsqualität im Sinne des Völkerrechts zukommt[236]. Außerdem sind den Ländern und dem Bund nach der grundgesetzlichen Kompe-

---

baut habe. Eine derartige Betrachtung ist in einer Zeit nicht mehr haltbar, in der die Gemeinden und der Staat keine Gegenpole, sondern sich ergänzende Körperschaften sind.

230 *Böckenförde*, in: *Isensee/Kirchhof*, HdbStR II, § 24 Rn. 5, 10; *Klein*, in: *Rüther*, Repräsentative oder plebiszitäre Demokratie, S. 33, 34; *Kriele*, S. 62 f.; *v. Arnim*, AöR 113 (1988), S. 1, 6.

231 *Würtenberger*, in: *Stern*, Deutsche Wiedervereinigung I, S. 95; *Meyn*, S. 15 (Fn. 18).

232 *Scheuner*, in: *Kurz*, Volkssouveränität und Staatssouveränität, S. 288, 293; *Maunz*, in: *Kurz*, Volkssouveränität und Staatssouveränität, S. 311, 318.

233 *Würtenberger*, in: *Stern*, Deutsche Wiedervereinigung I, S. 95, 101; *Maunz*, in: *Kurz*, Volkssouveränität und Staatssouveränität, S. 311, 315 ff., insbes. S. 322.

234 *Würtenberger*, in: *Stern*, Deutsche Wiedervereinigung I, S. 95, 96; *Klein*, in: *Rüther*, Repräsentative oder plebiszitäre Demokratie, S. 33, 34.

235 *Randelzhofer*, in: *Stern*, Deutsche Wiedervereinigung I, S. 141, 155 f.

236 *V. Arnim*, AöR 113 (1988), S. 1, 18.

tenzordnung mehr Befugnisse eingeräumt als den Gemeinden[237]. Ferner können Bundes- und Landesgesetze nicht durch Rechtsnormen niedrigeren Ranges durchbrochen werden, wozu Gemeindesatzungen zu zählen sind.

Wenn Bund und Ländern unabhängig von der Existenz des Grundgesetzes Staatsqualität und damit nach der Drei-Elementen-Lehre auch Staatsgewalt im Sinne des Völkerrechts zukommt, dann ist dies kein Argument gegen die Gleichrangigkeit der Kompetenzen von Bund, Ländern und Gemeinden. Zwar findet der Verfassungsgeber die Konzeption des Staates als völkerrechtlich determiniert vor, was sich auch auf die Staatsorganisation auswirkt[238]. Hiervon ist aber nur die *äußere* Souveränität des Staates betroffen. Sie gehört aus völkerrechtlicher Sicht zum Wesen des Staates, da die spezifische Bedeutung des Völkerrechts, die Sicherung des Weltfriedens, seine universelle Geltung voraussetzt. Dagegen trifft sie über Qualität, Ursprünglichkeit und Legitimität der Ausübung von Staatsgewalt keine Aussage[239]. Für die völkerrechtliche Bestimmung des Staatsbegriffs ist es nur relevant, die staatliche Gewalt innezuhaben, nicht aber der Ursprung dieser Herrschaftsmacht, die innere Souveränität des Staates, die sich vom Volk als einzigem Souverän und Verfassungsgeber ableitet. Daraus folgt, dass der Staatsbegriff ein relativer ist, der je nach Regelungsaspekt eine differenzierte Begrifflichkeit erfordert[240].

Aus diesem Befund ergibt sich geradezu zwingend die Antwort auf den zweiten aufgeworfenen Kritikpunkt an der Gleichrangigkeit kommunaler und staatlicher Herrschaftsgewalt. Dem Bund und den Ländern sind mehr Kompetenzen zugewiesen worden als den Kommunen. Parlamentarische Normen stehen in der Hierarchie über den Satzungen. Es besteht die Möglichkeit, das Selbstverwaltungsrecht der Gemeinden einfachgesetzlich auszugestalten und unter Beachtung des Kernbereichs einzuschränken. Es liegt sogar in der Macht der staatlichen Legislative, die kommunale Selbstverwaltung als Institution mit verfassungsändernder Zweidrittelmehrheit gemäß Art. 79 Abs. 1 GG abzuschaffen, da Art. 28 Abs. 2 GG nicht von der Ewigkeitsgarantie des Art. 79 Abs. 3 GG umfasst ist. Das folgt daraus, dass Art. 79 Abs. 3 GG lediglich die vollständige Abschaffung der Länder verbietet[241] und nur die Einhaltung elementarer staats-

---

237 In diesem Zusammenhang ist die Kompetenz des Bundes zu erwähnen, aufgrund des in Art. 28 Abs. 2 GG enthaltenen institutionell-organisatorischen Gesetzesvorbehalts, der die Anwendbarkeit des Vorrangs des Gesetzes auf kommunaler Ebene unterstreicht, die Selbstverwaltungsgarantie des Art. 28 Abs. 2 GG auszugestalten und einzuschränken, sofern der Kernbereich nicht berührt ist (*Ossenbühl*, in: *Isensee/Kirchhof*, HdbStR III, § 62 Rn. 28).

238 *Isensee*, in: *ders./Kirchhof*, HdbStR II, § 15 Rn. 139 f.

239 *Kriele*, S. 52 ff., 60 f.

240 *Isensee*, in: *ders./Kirchhof*, HdbStR II, § 15 Rn. 138; *Oebbecke*, VerwArch. 81 (1990), S. 349, 355.

241 Wegen Art. 29 GG ist die Abschaffung von Bundesländern grundsätzlich möglich, solange mindestens noch drei Bundesländer vorhanden sind, denen ein Kernbestand eigener

rechtlicher Grundsätze wie das Demokratieprinzip verlangt. Von der Aufrechterhaltung der Untergliederung der Länder in Gemeinden ist in Art. 79 Abs. 3 GG dagegen keine Rede. Das Demokratieprinzip verlangt nicht zwingend die Existenz kommunaler Selbstverwaltungskörperschaften, sondern nur die Einhaltung eines Mindestbestands an demokratischer Willensbildung und die Beachtung der Legitimationsanforderungen an die demokratische Ausübung von Staatsgewalt[242]. Diese Anforderungen können aber auch dann erfüllt werden, wenn die Regelung örtlicher Angelegenheiten nicht durch autonome Selbstverwaltungskörperschaften, sondern durch staatsunmittelbare Verwaltungseinheiten erfolgt.

Allerdings berührt der vorgenannte Umstand nicht den Problemkreis der originären bzw. derivativen Gewaltausübung, sondern manifestiert den Vorrang der staatlichen vor der autonomen Gewalt, betrifft also die aus dem Vorrang des Gesetzes und damit die aus dem Rechtsstaatsprinzip hergeleitete Normenhierarchie[243]. Die Vorrangstellung des staatlichen Rechts gegenüber autonomen Recht der Selbstverwaltungskörperschaften und die Möglichkeit, bestimmte Bereiche durch den Erlass eigener Normen dem Zugriff der Gemeinden zu entziehen, ist das Parlamentsgesetze von Satzungen unterscheidende Merkmal[244]. Die unterschiedliche Bewertung der Rangstufe von Rechtssätzen ist aber kein wesentliches Differenzierungsmerkmal zwischen parlamentarischen Gesetzen und gemeindlichen Satzungen. Gemäß Art. 31 GG besteht eine Normhierarchie auch zwischen Bundes- und Landesrecht, ohne dass die Qualität der Landesgesetze hinter denen der Bundesgesetze zurücksteht.

Darüber hinaus ist der Staat mit der Befugnis zur Ausgestaltung der Selbstverwaltungsgarantie und zur Ausweitung der eigenen Befugnisse unter Beachtung der institutionellen Garantie des Art. 28 Abs. 2 GG nicht Inhaber der souveränen Kompetenz über die verfassungsrechtliche Grundkonstruktion geworden. Einen Souverän *im* Verfassungsstaat existiert nicht[245]. Selbst die Möglichkeit der vollständigen Abschaffung der kommunalen Selbstverwaltung als Verwaltungstyp durch ein verfassungsänderndes Gesetz ändert daran nichts. Denn auch die Macht zur Verfassungsänderung innerhalb der Grenzen des Art. 79 Abs. 3 GG steht ihm nicht originär zu, sondern ist ihm vom Volk in der Verfassung als Kompetenz-Kompetenz eingeräumt worden. Damit hängt der staatliche Gesetzgeber ungeachtet seiner verfassungsrechtlichen Möglichkeiten weiterhin von der Legitimation durch den Volkssouverän ab[246].

Aufgaben und eigenverantwortlicher Aufgabenerfüllung verbleibt (BVerfGE 87, 181, 196 f.; *Jarras/Pieroth*, Art. 79 Rn. 8 m.w.N.).

242 *Jarras/Pieroth*, Art. 79 Rn. 8; *Wegge*, S. 69, 169 f.

243 *Schmidt-Bleibtreu/Klein*, GG-Kommentar, § 20 Rn. 26.

244 *Kriele*, S. 63.

245 *Klein*, in: *Rüther*, Repräsentative oder plebiszitäre Demokratie, S. 33, 34.

246 *Kriele*, S. 62.

Möglicherweise könnte man an der Gleichrangigkeit staatlicher und kommunaler Normsetzungsbefugnisse zweifeln, da die Quelle der Staatsgewalt, die die institutionelle und demokratische Legitimation der Gemeinden im Grundgesetz und den Landesverfassungen vermittelt, das Gesamtvolk ist, nicht aber das in der in den Gemeinden lebende Teil. Insofern ist die Existenz der Gemeinden vom Staatsvolk abgeleitet[247]. Damit besteht eine Differenz zwischen staatlicher und gemeindlicher Normgebung nur hinsichtlich des Grades der Ableitung der Herrschaftsgewalt, nicht bezüglich der Abgeleitetheit an sich. Während Bund und Länder ihre funktionale und institutionelle Legitimation von „ihrem" Staatsvolk erhalten, sind die autonomen Selbstverwaltungskörperschaften institutionell nicht vom Gemeinde-, sondern ebenfalls vom Staatsvolk als Verfassungsgeber legitimiert. Da aber beide Arten der Ausübung von Staatsgewalt derivativ sind, wenn auch auf einer unterschiedlichen Stufe, wird mit diesem Argument die Gleichwertigkeit der Legitimation nicht in Frage gestellt. Die hier vertretene Auffassung wird dadurch gestützt, dass die unmittelbare personelle Legitimation der kommunalen Volksvertretung in gleichwertiger Weise direkt vom Gemeindevolk erfolgt und das Gesamtstaatsvolk daran nicht beteiligt ist.

Abschließend kann festgehalten werden, dass die gemeindliche Satzungsgewalt genau wie die Gesetzesgebungsgewalt von Bund und Ländern als originär zu bezeichnen ist, wenn man als Bezugspunkt die Verfassung nimmt, oder als derivativ, wenn man sich auf das Volk als Inhaber der verfassungsgebenden Gewalt beruft. Jedenfalls stehen die verfassungsrechtlich zugewiesenen Kompetenzen von Bund, Ländern und Gemeinden auf derselben Legitimationsstufe[248].

cc) Grenzen der Satzungsbefugnis durch den Vorbehalt des Gesetzes

Ein bis heute nicht eindeutig gelöstes Problem, das eng mit der Frage nach der Abgeleitetheit oder Ursprünglichkeit kommunaler Satzungsmacht verknüpft ist, besteht darin, ob beim Satzungserlass der allgemeine Vorbehalt des Gesetzes zu beachten ist. Daran wäre zu zweifeln, wenn Art. 28 Abs. 2 GG eine umfassende Zuweisung der „Ortsgesetzgebung" an die Gemeinden darstellen würde, die eine gesetzliche Ermächtigung zum Satzungserlass in grundlegenden normativen Bereich überflüssig machen könnte.

Dieser Punkt ist elementar für die Vergleichbarkeit kommunaler und parlamentarischer Rechtsetzung, da eine gemeindliche Satzungsbefugnis ungleich schwächer ist, wenn der Erlass belastender Regelungen einen vorgeschalteten parlamentarischen Willensakt erfordert. Daneben besitzt er auch erhebliche praktische Relevanz, weil die Tätigkeitsmöglichkeiten der Gemeinden deutlich

---

247 *Bussalb*, S. 82.; *v. Arnim*, AöR 113 (1988), S. 1, 19.

248 *Faber*, in: AK I, 2. A., Art. 28 Abs. 2 Rn. 24; *Engel-Boland*, S. 22; *Adler*, S. 29 f.; *Ott*, S. 159 f.; *Hoppe/Kleindiek*, VR 1992, S. 82, 83; *Schmidt*, S. 99; *v. Arnim*, AöR 113 (1988), S. 1, 18; *Hanns Meyer*, S. 57.

beschränkt werden, wenn bei der Erschließung neuer Aufgabenfelder eine grundrechtsrelevante Satzung erlassen werden soll, für die keine oder keine ausreichende gesetzliche Ermächtigungsgrundlage besteht[249].

α) Argumente der herrschenden Ansicht zur Geltung des Vorbehalts des Gesetzes

Die höchstrichterliche Rechtsprechung und der überwiegende Teil der Literatur lehnen die qualitative Gleichwertigkeit von Satzungen und Parlamentsgesetzen ab. Art. 28 Abs. 2 GG räume den Gemeinden zwar organisationsrechtlich die Satzungsbefugnis ein, enthalte aber nicht die erforderliche Ermächtigung für den Erlass grundrechtsrelevanter Regelungen[250]. Art. 28 Abs. 2 GG stellt bei einer solchen Interpretation der Selbstverwaltungsgarantie nur eine Verpflichtung für den staatlichen Gesetzgeber dar, das Institut der Satzung als Mittel der Rechtsetzung in ausreichendem Maße zur Verfügung zu stellen. Damit fehlt es den Gemeinden bei Vorbehaltsmaterien an einer eigenen, unbeschränkten Rechtsetzungsmacht. Dies wird damit begründet, dass die kommunalen Vertretungskörperschaften trotz der unmittelbar vom Gemeinde- und Staatsvolk abgeleiteten personellen bzw. funktional-institutionellen Herrschaftsgewalt aufgrund ihrer engen lokalen Verflechtungen insgesamt nicht dieselbe Legitimation aufwiesen wie die staatlichen Volksvertretungen[251]. Dazu seien wichtige Fragen und grundrechtsrelevante Entscheidungen gesamtstaatliche Angelegenheiten, über die nur das Organ entscheiden dürfe, das eine über den Bereich der örtlichen Gemeinschaft hinausgehende Legitimation vorweisen könne[252]. Außerdem ändere die demokratische Legitimation nichts daran, dass es sich bei der Satzungsgebung um administrative Normsetzung handle, womit sämtliche rechtsstaatlichen Sicherungen gegenüber Verwaltungshandeln anwendbar seien, also auch der Vorbehalt des Gesetzes. Allein der Mehrwert demokratischer Legitimation der kommunalen Vertretungskörperschaften ziehe keine Rechtmäßigkeitsvermutung der erlassenen Satzung nach sich[253].

Die Berücksichtigung der lokalen Besonderheiten erscheint als Begründung nicht sonderlich geglückt. Damit stellt man nämlich den Selbstverwaltungsge-

---

249 Zu den Problemfeldern in der Praxis s. *Bussalb*, S. 10.

250 BVerfGE 32, 346, 362; BVerwGE 6, 247, 250 f.; BGHZ 61, 7, 15; *Gern*, Deutsches Kommunalrecht, Rn. 251; *Waechter*, Rn. 475; *Bethge*, NVwZ 1983, S. 577, 578 ff.; *Schmidt-Jortzig*, Kommunalrecht, Rn. 629; *Wurzel*, S. 158; *Badura*, DÖV 1963, S. 561, 562.

251 *Waechter*, Rn. 466; *Ossenbühl*, in: *Isensee/Kirchhof*, HdbStR III, § 66 Rn. 29; *Bleckmann*, DVBl. 1987, S. 1085, 1089; *Bethge*, NVwZ 1983, S. 577, 579.

252 *Ossenbühl*, in: *Isensee/Kirchhof*, HdbStR III, § 66 Rn. 29; ähnlich *Wurzel*, S. 158, die im Erlass grundrechtsrelevanter Regelungen eine gesamtstaatliche Angelegenheit und nicht eine der örtlichen Gemeinschaft sieht.

253 *Schoch*, NVwZ 1990, S. 801, 803.

danken insgesamt und die Integrität der kommunalen Entscheidungsträger jenseits der zur Vermeidung von Interessenkonflikten geschaffenen Mitwirkungsverbote a priori in Frage stellt.

Deshalb wird alternativ argumentiert, dass ein von einem größeren Bevölkerungsteil legitimiertes Parlament besser zur Entscheidung über anspruchsvolle, den grundrechtlichen Bereich tangierende Rechtsfragen geeignet sei als eine kommunale Vertretungskörperschaft, die aus „zehn juristisch nicht vorgebildeten Gemeinderäten“[254] bestehen könne. Der Vorbehalt des Gesetzes gelte daher auch beim Erlass von Satzungen und strahle derart stark in den einfachrechtlichen Bereich aus, dass nicht einmal die kommunalrechtlichen Generalermächtigungen aufgrund ihrer zu großen Abstraktheit ausreichten, um Eingriffe in Freiheit und Eigentum der Gemeindebürger zu rechtfertigen[255]. Die Satzungsautonomie sei eine verliehene, wenn auch verfassungsrechtlich verbürgte Befugnis[256], Art. 28 Abs. 2 GG eine staatsgerichtete organisationsrechtliche Norm, die zur Begründung einer Eingriffsbefugnis im Verhältnis Gemeinde – Bürger nichts hergebe[257]. Zudem diene der ohne parlamentsgesetzliche Grundlage unzulässige Erlass von Eingriffssatzungen dem Schutz der Gemeinden, da diese dadurch nicht in die Rolle des „Eingriffsurhebers“ gedrängt würden und die Last, Eingriffen Akzeptanz in der Bevölkerung zu verschaffen, ausschließlich bei den Parlamenten läge[258].

β) Auseinandersetzung mit der herrschenden Ansicht

Die Mehrheit dieser Argumente vermögen die Geltung des Gesetzesvorbehalts im Bereich grundrechtsrelevanter Satzungen nicht zu begründen. Nach den vorigen Ausführungen zur Ursprünglichkeit der Satzungsbefugnis kann die Geltung des Vorbehalts des Gesetzes nicht damit gerechtfertigt werden, die Selbstverwaltungsautonomie sei nur (staatlich) verliehen, wenn auch verfassungsrechtlich verbürgt. Hierbei wird die Tatsache, dass der staatliche Gesetzgeber seine Macht genau wie die kommunalen Einrichtungen vom Volk als Verfassungsgeber ableitet, nicht ausreichend berücksichtigt.

Der allgemeine Hinweis auf die fehlende Parlamentseigenschaft der kommunalen Vertretungskörperschaft trägt zur Unterstützung der herrschenden Mei-

---

254 *Waechter*, Rn. 475; ebenso *v. Arnim*, AöR 113, (1988), S. 1, 19 – 26.

255 *Hubert Meyer*, Kommunalrecht, Rn. 144; *Schoch*, NVwZ 1990, S. 801, 803.

256 *Hubert Meyer*, Kommunalrecht, Rn. 145; *Schmidt-Jortzig*, DVBl. 1990, S. 920, 921; *Bethge*, NVwZ 1983, S. 577, 579.

257 *Schmidt-Aßmann*, in: *Badura/Dreier*, FS 50 Jahre Bundesverfassungsgericht II, S. 803, 809; *ders.*, in: *v. Mutius*, Selbstverwaltung im Staat der Industriegesellschaft, S. 607, 608, 621; *Hubert Meyer*, Kommunalrecht, Rn. 145; *Schoch*, NVwZ 1990, S. 801, 803.

258 *Schmidt-Aßmann*, in: *v. Mutius*, Selbstverwaltung im Staat der Industriegesellschaft, S. 607, 608.

nung nichts bei, da sich aus dieser Feststellung keine besonderen Schlüsse ziehen lassen. Gleiches gilt für die angebliche „Staatsgerichtetheit" der Selbstverwaltungsautonomie, dem Charakter des Art. 28 Abs. 2 S. 1 GG als reine Kompetenznorm[259]. Es ist zutreffend, dass die staatsorganisationsrechtlichen Normen des Grundgesetzes die Kompetenzen der jeweiligen Organe festlegen. Zu Recht weist *Engel-Boland*[260] darauf hin, dass es bei der Befugnis zur Schaffung von Eingriffsgrundlagen um eine Kompetenzfrage geht, die ihrerseits nur durch Kompetenzvorschriften beantwortet werden kann. Die Kompetenzzuweisungsnormen für Bund und Länder haben ebenfalls keinen direkten Bezug zum Bürger, ohne dass an der Befugnis zum Erlass belastender Gesetze gezweifelt wird. Deshalb ist die Aussage unzutreffend, im Verhältnis zwischen Gemeinde und Bürger gäbe Art. 28 Abs. 2 GG nichts her. Vielmehr spricht die Zuweisung bestimmter Kompetenzen für die Berechtigung, diese Dritten gegenüber auszuüben. Daher stellt sich nicht die Frage, ob die Kompetenzzuweisung in Art. 28 Abs. 2 GG die Befugnis zum Erlass von Satzungen mit Eingriffsermächtigungen enthält, sondern umgekehrt, weshalb sie von der Selbstverwaltungsgarantie gerade nicht umfasst sein soll[261].

Ebenfalls nicht durchschlagend ist der Gedanke, der Vorbehalt des Gesetzes gelte, weil Gemeinden institutionell als Teil der Exekutive rechtsetzend tätig würden, so dass im Anwendungsbereich der Wesentlichkeitstheorie nach den für die Verwaltung geltenden Grundsätzen ein Parlamentsgesetz erforderlich sei[262]. Zutreffend an dieser These ist, dass die kommunale Satzungsgebung auf Grundlage der klassischen Gewaltenteilungslehre als Akt der vollziehenden Gewalt verstanden werden muss[263]. Relevanz für die durchzuführende Untersuchung

---

259 A.A. *Schmidt-Aßmann*, in: *v. Mutius*, Selbstverwaltung im Staat der Industriegesellschaft, S. 607, 621.

260 S. 26.

261 *Engel-Boland*, S. 26.

262 Explizit *Schoch*, NVwZ 1990, S. 801, 803.

263 BVerfGE 65, 283, 289; 78, 344, 378; BVerwG DVBl. 1993, S. 153, 154; *Schmidt-Aßmann*, in: *ders.*, Besonderes Verwaltungsrecht, 1. Kap., Rn. 95; *Adler*, S. 105 f.; *Waechter*, Rn. 284; *Stober*, § 18 I 3 b (S. 260 f.); *Oerder*, NJW 1990, S. 2104; *Bethge*, NVwZ 1983, S. 577, 579; *Frotscher*, in: *v. Mutius*, Selbstverwaltung im Staat der Industriegesellschaft, S. 127, 130; *Eckart Klein*, DÖV 1980, S. 853, 855; *Schröder*, S. 435 f.; *Klein*, in: *Schnur*, FS für Forsthoff zum 70. Geburtstag, S. 165, 183; a.A. *Hoppe/Kleindiek*, VR 1992, S. 82, 83; *Jakob*, DÖV 1970, S. 666, 669.

Eine Teilung der *institutionellen* Einordnung des Gemeinderats nach Art der Aufgabenwahrnehmung, wie es *Heilmann*, BayVBl. 1984, S. 196, 201 f., aufgrund der „Kulturdimension der Gemeinden" und der fehlenden Reduktionsmöglichkeit der Gemeinden auf die Wahrnehmung leistungsstaatlicher Verwaltungsaufgaben befürwortet, ist dagegen mangels klarer Grenzziehung zwischen den Gewalten praktisch nicht durchführbar. Kritisch zu dieser Ansicht auch *Hien*, BayVBl. 1984, S. 203, 205 f., der angesichts der angeblichen „Janusköpfigkeit" des Gemeinderats je nach Art der Aufgabenwahrnehmung von einem „Chamäleon kommunalis" spricht, das den Ausleseprozess kaum überstehen dürfte.

entfaltet dieser Aspekt jedoch nicht. Wenn allein der pauschale Hinweis auf die institutionelle Zugehörigkeit der Gemeinden zur Exekutive auch im Bereich der Satzungsgebung die Anwendbarkeit des Gesetzesvorbehalts rechtfertigen könnte, würde letztere nicht mehr als einen Selbstzweck darstellen[264]. Um ein solch schematisches Ergebnis ohne Beachtung der hinter dem allgemeinen Vorbehalt des Gesetzes stehenden Motive zu vermeiden, ist eine funktionale Betrachtungsweise vorzunehmen, die über die institutionelle Einordnung des Normgebers weit hinausgeht. Die Heranziehung parlamentsrechtlicher Grundsätze im rechtsetzenden Bereich kommt dann in Betracht, wenn genügend Gemeinsamkeiten zwischen kommunalen Selbstverwaltungskörperschaften und staatlichen Parlamenten existieren[265].

Eine funktionale Aufspaltung der Tätigkeit des Gemeinderats ist ungeachtet der Tatsache möglich, dass der Schwerpunkt der kommunalen Aufgaben – auch der des nicht nur mit der Satzungsgebung betrauten Gemeinderats – im verwaltenden Bereich liegt[266]. Die Verneinung einer normativen Zurechnung der Satzungsgebung zur Verwaltung ist ohne weiteres möglich, wenn man keine formale, sondern eine materielle Betrachtungsweise vornimmt, da der gemeindliche Satzungserlass funktional „echte" Rechtsetzung darstellt.

Aber auch wenn man die kommunale Normgebung als exekutives Handeln qualifizieren möchte[267], wäre damit nicht automatisch die Anwendbarkeit der Vorbehaltslehre beim Satzungserlass verbunden. Nach der Konzeption des Grundgesetzes sind kommunale Selbstverwaltungskörperschaften *besondere* Verwaltungsorgane. Sie lassen sich nicht nahtlos in das klassische Gewaltenteilungsschema einordnen. Schließlich sind sie Träger verfassungsunmittelbar eingeräumter, gegenständlich nicht begrenzter Autonomierechte und besitzen im Gegensatz zu den übrigen Exekutivorganen eine unmittelbar demokratisch legitimierte Vertretung. Konsequenterweise hat die Satzungsgebung einer autonomen, gewählten Körperschaft eine andere Qualität als die derivative Rechtsetzung staatlich-hierarchischer Verwaltungsbehörden[268]. Das hat zur Folge, dass nicht alle für die hierarchische Staatsverwaltung geltenden Grundsätze auf Gemeinden anwendbar sind, da sich ihre Kompetenzen nicht in klassischer Verwaltungstätigkeit erschöpfen[269].

---

264 *Adler*, S. 106 f.; *Scheuner*, AfK 1 (1962), S. 149, 167.

265 Ähnlich *Ott*, S. 164 f.

266 Das gilt vor allem dann wenn die Gemeinden im Bereich der mittelbaren Staatsverwaltung tätig sind, vgl. *Berwanger*, S. 107 f.; *Schröder*, S. 436 f.; *Knebel-Pfuhl*, S. 27.

267 Das ist dann möglich, wenn man „regeln" nicht nur als „verwalten" und „ausführen", sondern in einem umfassenderen Sinn versteht (so *Scheuner*, AfK 1 (1962), S. 149, 167).

268 *Engel-Boland*, S. 26 f.; ähnlich *v. Arnim*, AöR 113 (1988), S. 1, 21.

269 Ähnlich *Ott*, S. 202 f.

Weshalb die „Last der Akzeptanzverschaffung“ ausschließlich bei den Parlamenten liegen soll, wird von *Schmidt-Aßmann*[270] nicht näher begründet. Ob die Kommunen aus Sicht der betroffenen Bürger tatsächlich in ein positiveres Licht gestellt werden, wenn der Satzung eine parlamentarische Eingriffsermächtigung vorgeschaltet ist, darf bezweifelt werden. Eine derart differenzierte Betrachtung der Urheberschaft belastender Satzungen wird ein juristischer Laie kaum vornehmen. Für ihn ist die Grundlage der Einengung seines Rechtskreises die Satzung und nicht das dazu ermächtigende Gesetz. Außerdem liegt im Bereich des eigenen Wirkungskreises der Willensakt, von der parlamentarischen Eingriffsermächtigung Gebrauch zu machen, bei den kommunalen Vertretungskörperschaften und nicht beim staatlichen Gesetzgeber.

Wenn man vom Schutzaspekt der Gemeinden absieht, lässt sich die Argumentation *Schmidt-Aßmanns* unter die Rubrik der rechtsstaatlichen Bedenken gegen eine uneingeschränkte Satzungsgewalt der Gemeinden fassen. Mit der Last der Akzeptanzverschaffung korreliert nämlich die Möglichkeit der Akzeptanzverschaffung, die auf einer höheren Richtigkeitschance eines Parlamentsgesetzes im Vergleich zur Satzung beruhen soll.

Allerdings können auch die Argumente zur höheren Richtigkeitsgarantie des formellen Gesetzes die Anwendbarkeit des Gesetzesvorbehalts nicht ohne weiteres rechtfertigen. Der Beigeschmack einer juristisch schwer fassbaren „Angst“ vor weit reichenden Entscheidungen unsachverständiger Gemeinderäte in kleineren Gemeinden und einem Misstrauen gegenüber kommunaler Selbstverwaltung bei wesentlichen Entscheidungen kann nicht geleugnet werden kann. Wenn diese Bedenken für eine Einschränkung des kommunalen Satzungsrechts maßgeblich sein sollen, muss man sich verdeutlichen, dass mit der Geltung des Parlamentsvorbehalts beim Satzungserlass Inhalt und Reichweite des Art. 28 Abs. 2 GG stark beschnitten werden. Der Einwand, der Bereich der Selbstverwaltungsgarantie würde durch die Anwendbarkeit des Vorbehalts des Gesetzes ausgehöhlt, ist nicht von der Hand zu weisen. In diesem Falle benötigten die Gemeinden vor Erlass der grundrechtsrelevanten Satzung eine parlamentarische Ermächtigung, deren Verabschiedung im Ermessen des Parlaments stünde. Zwar weist *Waechter*[271] zu Recht darauf hin, dass sich dieses Ermessen über den Schutzpflichtcharakter der Selbstverwaltungsgarantie reduzieren kann. Das ändert aber nichts daran, dass der Wortlaut des Art. 28 Abs. 2 GG nicht für eine solche Interpretation spricht und ein – wie auch immer geartetes und durchzusetzendes – Recht auf Erlass einer Eingriffsgrundlage wenig hilfreich ist. Es würde erhebliche Zeit beanspruchen, bis ein solches Gesetz tatsächlich in Kraft wäre[272].

---

270 In: *v. Mutius*, Selbstverwaltung im Staat der Industriegesellschaft, S. 607, 608.

271 Rn. 475.

272 *Engel-Boland*, S. 28.

Damit wird trotz Anspruch auf Tätigwerden des Gesetzgebers das zum Kernbereich gehörende Recht der Gemeinden auf „Spontaneität“ [273] und dem zumeist mit grundrechtsrelevanten Entscheidungen verbundenen Aufgabenerfindungsrecht durch das Erfordernis einer parlamentarischen Ermächtigung eingeschränkt. Zwar bewegt sich in der Praxis der Schwerpunkt der Satzungsgebung im Bereich der Daseinsvorsorge, während die Mehrzahl der Eingriffe traditionell als staatliche Aufgaben im übertragenen Wirkungskreis bzw. als Fremdverwaltungsaufgaben erledigt werden. Dieser Umstand kann an den Auswirkungen der Geltung des allgemeinen Gesetzesvorbehalts nichts ändern. Nach der gegenwärtigen Dogmatik zum Erfordernis eines Parlamentsgesetzes ist ein solches nicht nur bei Eingriffen notwendig, sondern auch im Bereich der Leistungsverwaltung und Daseinsvorsorge, wenn es sich um eine grundlegende, „wesentliche“ Entscheidung handelt. Beachtet man diesen Ausgangspunkt, kann es nicht darum gehen, ob die Gemeinden aus besonderen Gründen ein verfassungsunmittelbares Recht zum Erlass grundrechtsrelevanter Regelung haben. Vielmehr stellt sich die Frage, ob die dem Wortlaut des Art. 28 Abs. 2 GG und dem Sinn der gemeindlichen Selbstverwaltungsautonomie nach gebotene umfassende Befugnis durch andere verfassungsrechtliche Grundsätze eingeschränkt ist[274]. Das gilt umso mehr, als die unmittelbare grundgesetzliche Garantie der Satzungsbefugnis „in allen Angelegenheiten der örtlichen Gemeinschaft“ für eine umfassende Rechtsetzungsbefugnis spricht, also auch bei von der Vorbehaltslehre erfassten Fragestellungen.

Allerdings können die gerade dargestellten Gefahren, die das Handeln der örtlichen Volksvertretung, insbesondere in kleineren Gemeinden, für die Richtigkeit der Regelung unter Umständen mit sich bringt, allein durch die bisherigen Argumente nicht von der Hand gewiesen werden. Es ist aus rechtsstaatlichen Gründen zum Schutz des Einzelnen zumindest zu erwägen, den Gemeinden kein allzu „spontanes“ Handeln zuzugestehen, wenn es um belastende Regelungen geht.

γ) BVerfGE 33, 125 ff. – Facharztbeschluss und die Folgen für die kommunale Selbstverwaltung

Nachdem die bisherige Diskussion gezeigt hat, dass es für beide Ansichten nachvollziehbare und gewichtige Argumente gibt, wird im Folgenden die Spruchpraxis des Bundesverfassungsgerichts zur Rechtsetzungsmacht autonomer Körperschaften dargestellt. Damit sollen Ansatzpunkte für eine systematische Untersuchung des Vorbehalts des Gesetzes im Bereich des Normerlasses

273 *Nierhaus*, in: *Sachs*, Art. 28 Rn. 42 („Aufgabenerfindungsrecht“); *Löwer*, in: *v. Münch/Kunig*, GG-Kommentar II, Art. 28 Rn. 49; *Engel-Boland*, S. 28; *Ott*, S. 163.

274 So auch *Engel-Boland*, S. 25 ff. 109; *Ott*, S. 162.

autonomer Selbstverwaltungskörperschaften gefunden werden. Eine Auseinandersetzung mit dieser Rechsprechung ist deshalb notwendig, weil die Geltung des Gesetzesvorbehalts auch auf die analoge Anwendung der im Facharztbeschluss[275] entwickelten Grundsätze gestützt wird[276].

Nach einhelliger Ansicht ist Art. 80 Abs. 1 S. 2 GG im Rahmen der Satzungsautonomie unanwendbar[277]. Das wurde von Bundesverfassungsgericht und Bundesverwaltungsgericht in der älteren Rechtsprechung damit begründet, dass bei der Satzungsgebung eine Verlagerung der Rechtsetzungsbefugnis nicht auf die Exekutive, sondern nur innerhalb der Legislative erfolge, der Gewaltenteilungsgrundsatz also gar nicht durchbrochen sei[278]. Diese Aussage legt auf den ersten Blick in der Tat den Schluss nahe, den Gesetzesvorbehalt nicht anzuwenden. Zumindest seine gewaltenteilende Dimension greift nicht, wenn Kompetenzen der gesetzgebenden Gewalt nicht von einem Organ der vollziehenden Gewalt wahrgenommen werden, sondern die Zuständigkeit innerhalb derselben Gewalt verschoben wird.

Bei genauerer Prüfung trägt diese Rechtsprechung allerdings kaum zur Lösungsfindung bei. Es ist nicht eindeutig zu klären, ob die Ausführungen in den älteren Entscheidungen des Bundesverfassungsgerichts nicht die institutionelle, sondern die funktionale Zugehörigkeit des Satzungsgebers zur gesetzgebenden Gewalt betreffen. Außerdem darf bezweifelt werden, ob mit der Verlagerung der Gesetzgebungsbefugnis innerhalb der Legislative nicht von Anfang an als Gemeinsamkeit der Erlass generell-abstrakter Normen durch ein unmittelbar demokratisch legitimiertes Organ gemeint war.

Wie gerade geschildert, handelt es sich beim Satzungserlass um Normgebung eines besonderen Verwaltungs-, nicht aber um die Tätigkeit eines institutionellen Legislativorgans. In diesem Sinne bejaht die überwiegende Ansicht im Schrifttum eine Durchbrechung des Gewaltenteilungsgrundsatzes auf kommunaler Ebene. Sie versteht den Erlass von Satzungen als Normgebung durch die institutionelle Exekutive und stützt die Entbehrlichkeit einer dem Art. 80 Abs. 1 S. 2 GG genügenden Ermächtigungsgrundlage auf die unmittelbare demokratische Legitimation des Autonomieträgers[279].

Später hat sich die verfassungsgerichtliche Spruchpraxis, insbesondere im Facharztbeschluss[280], im Sinne dieser Kritik dahingehend geändert, dass die

---

275 BVerfGE 33, 125 ff.

276 *Schmidt-Aßmann*, in: *ders.*, Besonderes Verwaltungsrecht, 1. Kap., Rn. 95; *Fichtner*, S. 68; *Ossenbühl*, in: *Isensee/Kirchhof*, HdbStR III, § 66 Rn. 29; *Bethge*, NVwZ 1983, S. 577, 578; *Starck*, NJW 1972, S. 1489, 1490.

277 *Bussalb*, S. 9; *Starck*, AöR 92 (1967), S. 449, 458.

278 BVerfGE 12, 319, 325;21, 54, 62 f.; 32, 346, 361; BVerwGE 6, 247, 251.

279 *Seibert*, DÖV 1986, S. 957, 961; *Bethge*, NVwZ 1983, S. 577, 579; *Eckart Klein*, DÖV 1980, S. 853, 856; *Frotscher*, ZParl. 1976, S. 494, 499; *Wurzel*, S. 149.

280 BVerfGE 33, 125 ff.

Nichtanwendbarkeit des Art. 80 Abs. 1 S. 2 GG nicht mehr mit der Stellung der Autonomieträger als Teil der Legislative, sondern mit ihrer unmittelbaren demokratischen Legitimation begründet wird. Diese unterscheide die Selbstverwaltungskörperschaften erheblich von der hierarchisch organisierten Exekutive und rechtfertige ihr weites gesetzgeberisches Ermessen. Damit käme eine entsprechende Heranziehung der für den Erlass von Rechtsverordnungen geltenden verfassungsrechtlichen Grundsätze auf die Satzungsgebung nicht in Betracht[281].

Im Facharztbeschluss finden sich außerdem Ausführungen zur Grenze der Übertragbarkeit der Rechtsetzungsmacht. Demnach gilt im Rahmen der Autonomiegewährung der aus dem Rechtsstaats- und Demokratieprinzip herzuleitende Grundsatz, dass der Gesetzgeber sich seiner Rechtsetzungsbefugnis nicht völlig entäußern und seinen Einfluss auf den Inhalt der von den körperschaftlichen Organen zu erlassenden Normen nicht gänzlich preisgeben darf. Da die Staatsgewalt des Volkes am unmittelbarsten durch das Parlament ausgeübt werde, habe dieses als Hüter des Gemeinwohls gegenüber Gruppeninteressen in einem öffentlichen Willensbildungsprozess unter Abwägung der verschiedenen Interessen darüber zu entscheiden, wie die wesentlichen Grundsätze des menschlichen Zusammenlebens ausgestaltet werden sollen[282].

Diese Auffassung hat das Bundesverfassungsgericht in seiner neueren Judikatur bestätigt, indem es das in § 13 BORA a.F. enthaltene Verbot des Erlasses eines unangekündigten Versäumnisurteils bei anwaltlicher Vertretung der Gegenseite für nichtig erklärt hat. Zur Begründung hat das Gericht in diesem Urteil ausgeführt, das zulässige Maß der grundrechtsbeschränkenden Eingriffe hänge maßgeblich von Umfang und Inhalt der zwingend erforderlichen Ermächtigungsgrundlage ab[283]. Schließlich sei es Sache der institutionellen Legislative, verschiedene widerstreitende Interessen und Positionen gegeneinander abzuwägen und auszugleichen[284].

In diesem Urteil wird eine weitere ausdrückliche Beschneidung des Umfangs der Satzungsautonomie in Hinblick auf autonome Eingriffsnormen aufgegriffen und bestärkt, sofern damit der Wirkungskreis der funktionalen Selbstverwaltungskörperschaft verlassen wird. Die gesetzgeberische Pflicht zum Erlass ausführlicher, detaillierter Ermächtigungsgrundlagen verstärkt sich zunehmend, wenn nicht nur Interessen der Selbstverwaltungskörperschaften und ihrer Mitglieder berührt sind, sondern auch solche der Allgemeinheit[285]. Wenn eine ge-

---

281 BVerfGE 33, 125, 157 f.

282 BVerfGE 33, 125, 158; 36, 212, 216 f.; 37, 1, 25; 64, 208, 214 f.; 76, 171, 184 f.

283 BVerfGE 101, 312, 322 f.

284 BVerfGE 101, 312, 323.

285 BVerfGE 33, 125, 158 f.; 71, 162, 172; 101, 312, 323; BVerwGE 106, 64, 76.
Dieses Ergebnis wird auch in der Literatur vertreten. Begründet wird dies für den Bereich der funktionalen Selbstverwaltung zum Teil damit, dass Legitimationsdefizite im Sine des Art. 20 Abs. 2 GG durch eine so genannte „autonome Legitimation“ kompensiert

setzliche Grundlage Selbstverwaltungskörperschaften zum Erlass von Normen ermächtigt, die über die darin zusammengefassten Mitglieder hinausgehen, reicht diese Befugnis materiell nur so weit, wie der Gesetzgeber erkennbar selbst in der Ermächtigungsgrundlage den Weg dazu bereitet hat[286]. Hinter dieser Grenze der Verleihung von Rechtsetzungsbefugnissen steht die Grundidee der funktionalen Selbstverwaltung als *Betroffenen*verwaltung. Solange nur die Mitglieder mit den Regelungen in Berührungen kommen, rechtfertigt das eine weniger eng gefasste Rechtssetzungsbefugnis. Ein außenstehender Dritter kann auf die verbandsinterne Willensbildung jedoch keinen Einfluss nehmen, weshalb in dieser Konstellation strengere Anforderungen an die Ermächtigungsgrundlage bestehen.

Erscheinen diese Grundsätze zunächst als allgemeine Einschränkungen der Rechtsetzungsmacht der Autonomieträger durch den Vorbehalt des Gesetzes, so führen sie im Bereich kommunaler Satzungsgebung nicht weiter[287]. Die verschiedenen Formen der Autonomiegewährung sind so unterschiedlich, dass eine Diskussion über den Umfang und die Grenzen der Selbstverwaltung nicht allgemein, sondern nur anhand der jeweiligen Erscheinungsform erfolgen kann[288]. Das Bundesverfassungsgericht ist selbst der Auffassung, die Grenze der Verleihung und Ausübung der Satzungsautonomie könne bei den verschiedenen Körperschaften variieren, lässt diese Frage aber unbeantwortet, da es nur über die

---

werden können. An die Stelle der parlamentarischen Kontrolle der Satzungstätigkeit trete die Kontrolle durch und die Verantwortung gegenüber den Mitgliedern der kommunalen Selbstverwaltungskörperschaft (*Britz*, VerwArch. 91 (2000), S. 418, 430 f.; *Emde*, S. 42 ff., 382 ff.). Das Modell greift aber nur, soweit Staatsgewalt gegenüber den eigenen Verbandsmitgliedern ausgeübt wird, nicht aber gegenüber Dritten, die an der Konstituierung und Kontrolle der Organe nicht partizipieren (*Britz*, VerwArch. 91 (2000), S. 418, 431). Dann können die Eingriffsbefugnisse nicht mehr auf das Prinzip der autonomen Legitimation gestützt werden, sondern bedürfen einer eindeutig bestimmten Legislativermächtigung.

Böckenförde (in: *Isensee/Kirchhof*, HdbStR II, § 24 Rn. 34) lehnt diesen Ansatz ab. Er sieht die sachlich-inhaltliche Legitimation der funktionalen Selbstverwaltung unabhängig von der Reichweite der autonomen Regelung ausschließlich über das ermächtigende Gesetz und seinen inhaltssteuernden Gehalt sowie über die in die Legitimationskette zum Volk eingebettete Staatsaufsicht vermittelt. Dieser Ansicht ist zuzustimmen. Zur Begründung wird auf die Ausführungen zur fehlenden Legitimationsmacht der Mitglieder funktionaler Selbstverwaltungsträger verwiesen (oben S. 19 ff.).

286 BVerfGE 38, 373, 381 ff.; 101, 312, 323.

287 Ebenso *Bussalb*, S. 13 f.; a.A. *Schmidt-Aßmann*, in: *Püttner*, HdbKWP III, § 53 B I 2 (S. 185), wonach der für die berufsständische Selbstverwaltung entwickelten Schutzauftrag bei der kommunalen Normsetzung beachtet werden muss; ähnlich *Stober*, § 18 I 3 a (S. 260), der aber auf die Beachtung der "kommunalspezifischen Besonderheiten" hinweist.

288 *Hendler*, in: *Isensee/Kirchhof*, HdbStR IV, § 106 Rn. 62; *Oebbecke*, VerwArch 81 (1990), S. 349, 352; *Häberle*, DVBl. 1972, S. 909.

Verleihung von Satzungsgewalt an Berufsverbände, also über einen Teilbereich der funktionalen Selbstverwaltung entscheiden musste[289]. In seiner neueren Rechtsprechung hat das Gericht eine ausdrückliche Differenzierung zwischen unmittelbarer Staatsverwaltung bzw. kommunaler Selbstverwaltung auf der einen und der funktionalen Selbstverwaltung auf der anderen Seite vorgenommen[290].

Ein erheblicher Unterschied zwischen berufsständischer und kommunaler Selbstverwaltung besteht darin, dass aufgrund der Wahrnehmung bestimmter Gruppeninteressen bei ersterer Gefahren für die Freiheit des Betroffenen und der Allgemeinheit drohen[291], während die Gemeinden im Bereich der örtlichen Gemeinschaft Allzuständigkeit besitzen, keine bestimmten Gruppeninteressen vertreten und ausdrücklich dem Allgemeinwohl verpflichtet sind. Auf kommunaler Ebene ist damit anders als im funktionalen Selbstverwaltungsbereich das im Demokratieverständnis des Art. 20 Abs. 2 GG angelegte Gleichheitsgebot verwirklicht. Deshalb können die Ratsvertretungen wie die staatlichen Parlamente als „Hüter des Gemeinwohls gegenüber Gruppeninteressen" angesehen werden[292].

Außerdem ist den Gemeinden im Gegensatz zu den berufsständischen Kammern und anderen funktionalen Selbstverwaltungsträgern die Satzungsbefugnis nicht vom parlamentarischen Gesetzgeber verliehen, sondern vom Verfassungsgeber im Grundgesetz verankert worden[293]. Wenn in den Entscheidungsgründen der Begriff der „Rechtsetzungsdelegation"[294] auf autonome Körperschaften ver-

---

289 BVerfGE 33, 125, 157.

290 BVerfG, NVwZ 2003, S. 974, 975 f. Bereits der erste Leitsatz („Außerhalb der unmittelbaren Staatsverwaltung und der kommunalen Selbstverwaltung...") macht deutlich, dass zwischen gemeindlicher und funktionaler Selbstverwaltung erhebliche Differenzen bestehen, wenngleich das Urteil sich nicht mit den Grenzen der Rechtsetzungsmacht beschäftigt, sondern mit den Unterschieden des Legitimationsniveaus. Zu diesem Problempunkt ausführlich oben S. 19 ff.

291 BVerfGE 76, 171, 185 – hier wird auf die Gefahren der Rechtssetzung durch Berufsverbände für Berufsanfänger und Außenseiter abgestellt, die durch eine Überbetonung von Verbandsinteressen oder verengtes Standesdenken eintreten können. Konkret ging es um die Bindungswirkung der in der BRAO enthaltenen Standsrichtlinien.

292 *Adler*, S. 99; *Maurer*, DÖV 1993, S. 184, 188; *v. Arnim*, AöR 113 (1988), S. 1, 23 f.; *Hempel/Hempel*, DVBl. 1982, S. 67, 68 f.; die Gemeinwohlverpflichtung der Gemeinden ist in mit Ausnahme Bayerns in allen Gemeindeordnungen ausdrücklich normiert, s. § 1 Abs. 2 GO BW; § 1 Abs. 2 S. 2 GO Bbg.; § 1 Abs. 1 S. 2 HGO; § 1 Abs. 2 S.2 KV MV; § 1 Abs. 1 S. 2 NGO; § 1 Abs. 1 S. 2 GO NW; § 1 Abs. 1 S. 2 GO RP; § 5 Abs. 1 KSVG Saar.; § 1 Abs. 2 GO Sachsen; § 1 Abs. 1 S. 2 GO SA; § 1 Abs. 1 S. 2 GO SH; § 1 Abs. 2 S. 1 ThürKO.

293 Die fehlende Verfassungsfestigkeit funktionaler Selbstverwaltungsbereiche ist keinesfalls unumstritten. Das gilt insbesondere für die Selbstverwaltung im Sozialversicherungsrecht. Sie dazu oben Fn. 116.

294 BVerfGE 33, 125, 157 f.

wendet wird, zeigt dies die fehlende Übertragbarkeit dieser Jurisdiktion auf die Gemeinden.

Damit sind die verfassungsgerichtlichen Ausführungen zur Aufgabe des Parlaments, grundsätzliche Fragen selbst zu regeln, nicht direkt auf die kommunale Selbstverwaltung übertragbar. Dennoch eröffnen sie den Zugang zur Lösung des Problems, ob der Gesetzesvorbehalt auf kommunaler Ebene anwendbar ist. Maßgeblich dafür ist, ob die unmittelbare demokratische Legitimation des Gemeinderats und das kommunale Normsetzungsverfahren wie die parlamentarische Gesetzgebung den Anforderungen des Vorbehalts des Gesetzes genügen oder ob dem staatlichen Gesetzgeber aufgrund des Sinnzusammenhangs zwischen Selbstverwaltungsgarantie und anderen grundgesetzlichen Vorschriften ein exklusives Normgebungsrecht zukommt[295].

δ) Demokratische Legitimation des Gemeinderats und die Dimensionen des Gesetzesvorbehalts

Der ungeschriebene allgemeine Vorbehalt des Gesetzes in seiner überkommenen Form besagt, dass ein Eingriff der Verwaltung in Grundrechte, vor allem in Freiheit und Eigentum, nur auf Grundlage einer formellen Ermächtigung zulässig ist[296].

Der grundrechtliche Vorbehalt wurde vom Bundesverfassungsgericht in der Folgezeit unter Berücksichtigung der Funktion des Parlaments in einem repräsentativdemokratischen Rechtsstaat zu einem allgemeinen Gesetzesvorbehalt weiterentwickelt. Danach ist es die aus Art. 20 Abs. 3 GG folgende Pflicht des Gesetzgebers, in grundlegenden normativen Bereichen alle wesentlichen Regelungen ausschließlich selbst zu treffen[297]. Als besondere Ausprägung dieses Gesetzesvorbehalts hat sich der Parlamentsvorbehalt entwickelt. Danach werden im Geltungsbereich der Wesentlichkeitstheorie besondere Anforderungen an Form und Inhalt der Äußerung des parlamentarischen Gesetzgebers gestellt. Anders als beim „gewöhnlichen“ Gesetzesvorbehalt reicht eine allgemeine Äußerung mit verbundener Ermächtigung an die Exekutive oder die Autonomieträger nicht aus. Es sind dezidierte Vorgaben des parlamentarischen Gesetzgebers erforderlich. Damit stellt der Parlamentsvorbehalt einen zum Delegationsverbot verdichteten Gesetzesvorbehalt dar[298]. Tragendes dogmatisches Fundament des Geset-

---

295 So auch *Engel-Boland*, S. 31; *v. Arnim*, AöR 113 (1988), S. 1, 23; *v. Mutius*, JURA 1982, S. 28, 36; *Meyn*, S. 28; s.a. *Kracht*, S. 219.

296 BVerfGE 8, 155, 166 f.; bereits hier wurde in den Entscheidungsgründen an der „Eingriffsformel“ leicht gezweifelt.

297 BVerfGE 40, 237, 249; 47, 46, 79; 49, 89, 126; 61, 260, 275; 77, 170, 230 f.; 80, 124, 132; *Ossenbühl*, in: *Isensee/Kirchhof*, HdbStR III, § 66 Rn. 43.

298 *Krebs*, JURA 1979, S. 304, 312.

zesvorbehalts bilden neben den Grundrechten[299] das Demokratie- und Rechtsstaatsprinzip[300].

αα) Grundrechte

Zunächst soll untersucht werden, ob die grundrechtlichen Vorbehalte eine allgemeine und uneingeschränkte Kompetenzaussage zugunsten des parlamentarischen Gesetzgebers enthalten. Neben den vorbehaltlosen Grundrechten, die nur verfassungsimmanenten Schranken unterliegen, und den Grundrechten mit qualifiziertem Vorbehalt sehen die mit einfachem Gesetzesvorbehalt ausgestatteten Grundrechte eine Einschränkbarkeit nur durch oder aufgrund eines Gesetzes vor. Es ist aber umstritten, ob allein aus der Formulierung der Grundrechte hergeleitet werden kann, dass es sich zwingend um Gesetze im formellen Sinne handeln muss[301].

Das Erfordernis eines Parlamentsgesetzes wird aus der überragenden Bedeutung der Grundrechte und ihrer objektivrechtlichen, freiheitssichernden Dimension abgeleitet. Zur Verhinderung interpretatorischer Beliebigkeit der Normen und zum Schutze des Grundrechtsgehalts sei eine verfahrensrechtliche Absicherung erforderlich[302]. Aufgrund ihrer ausgeprägten demokratischen Legitimation, der Teilnahme der Öffentlichkeit am Verfahren und der Publizität der Ergebnisse falle diese Aufgabe den Parlamenten zu[303].

Es zeigt sich bereits hier deutlich, dass der allgemeine Vorbehalt des Gesetzes nicht explizit aus den Grundrechten abgeleitet, sondern auf andere verfassungsrechtliche Prinzipien rekurriert wird. Wortlaut und Systematik der Grundgesetznormen legen das Erfordernis eines formellen Gesetzes keinesfalls nahe. Dies ergibt sich aus einem Gegenschluss aus Art. 104 Abs. 1 S. 1 GG, wonach eine Freiheitsbeschränkung nur aufgrund eines förmlichen Gesetzes zulässig ist,

---

299 Vgl. hierzu *Kracht*, S. 219 – 230; *Krebs*, Vorbehalt des Gesetzes, S. 32 ff.

300 BVerfGE 47, 46, 78 f.; *Seiler*, S. 73; *Adler*, S. 97; *Ossenbühl*, in: *Isensee/Kirchhof*, HdbStR III, § 66 Rn. 33; *Busch*, S. 26 f.

301 Ausschließlich förmliche Gesetze zulässig: *Pieroth/Schlink*, Rn. 263; *Misera-Lang*, S. 12; *Bleckmann*, Staatsrecht II, § 12 Rn. 60; *Hesse*, in: *Benda/Maihofer/Vogel*, Handbuch des Verfassungsrechts, § 5 Rn. 66.

Eberle, DÖV 1984, S. 485, 486 weist darauf hin, es bliebe allein aus der Formulierung der Grundrechte unklar, ob der Gesetzesbegriff ein formeller oder ein materieller sei. Ähnlich *Adler*, S. 82 ff., der die Ansicht vertritt, dass aus den Grundrechtsformulierungen gerade nicht der Schluss gezogen werden könne, dass eine gemeindliche Satzung für sich kein taugliches Mittel zur Grundrechtseinschränkung sei. In diesem Sinne auch *v. Arnim*, AöR 113 (1988), S. 1, 21.

302 *Krebs*, JURA 1979, S. 304, 310. Damit ist die Funktion des Gesetzesvorbehalts als Mittel zur Verwirklichung materieller Grundrechtsinhalte angesprochen (*Seiler*, S. 102).

303 *Krebs*, JURA 1979, S. 304, 310.

während sich in den Art. 1 – 19 GG keine solche Einengung des Gesetzesbegriffs findet[304].

Wegen dieser sprachlichen Unklarheit und der unterschiedlichen Interessenlage bei den einzelnen Garantien wird deshalb auch vertreten, eine pauschale Antwort auf die Frage sei kaum zu finden, vielmehr müsse man die Besonderheiten des jeweiligen Grundrechts im Wege einer individuellen Lösung berücksichtigen[305].

Ohne auf die Problematik näher einzugehen, kann an dieser Stelle festgestellt werden, dass allein aus den Grundrechten kein zur Beschneidung der gemeindlichen Satzungsbefugnis führendes allgemeines Prinzip der exklusiven Einschränkbarkeit ableitbar ist. Selbst wenn alle Grundrechte, in denen die Formulierung „Gesetz" verwendet wird, nur durch formelle Gesetze einschränkbar wären, so würde das auch für die vorbehaltslosen Grundrechte gelten, nicht aber für Art. 2 Abs. 1 GG. Die allgemeine Handlungsfreiheit ist nämlich nicht unter den Vorbehalt eines – wie auch immer gearteten – Gesetzes gestellt, sondern unterliegt der Schranke der verfassungsmäßigen Ordnung. Nach herrschender Ansicht gehören dazu ohne Einschränkung alle formell und materiell verfassungsmäßigen Gesetze, also auch Vorschriften des Ortsrechts[306]. Somit enthält Art. 2 Abs. 1 GG keinen Gesetzes-, sondern einen Rechtssatzvorbehalt[307].

Sofern entgegen dieser Ansicht eine originäre Kompetenz des parlamentarischen Gesetzgebers jedenfalls zum Erlass einer formellgesetzlichen Eingriffsermächtigung gefordert wird[308], folgt die Argumentation nicht aus der Grundgesetznorm heraus, sondern aus allgemeinen verfassungsrechtlichen Prinzipien, die das Primat eines Parlamentsgesetzes rechtfertigen sollen[309]. Wenn der Gesetzesvorbehalt für die allgemeine Handlungsfreiheit nicht gilt, kann aus dem Grundrechtskatalog kein allgemeiner Grundsatz folgen, der den Satzungsgeber in seiner Tätigkeit einschränkt[310].

---

304 *Adler*, S. 82; ähnlich *v. Arnim*, AöR 113 (1988), S. 1, 21, der darauf hinweist, dass es einer gesonderten Begründung bedürfe, weshalb die grundrechtlichen Vorbehalte gerade ein Parlamentsgesetz verlangten und nicht auch eine gemeindliche Satzung ausreiche.

305 *Ott*, S. 166; *Papier*, S. 30.

306 BVerfGE 54, 143, 144; 80, 137, 153; 90, 145, 171 f.; 96, 10, 21; *Engel-Boland*, S. 41; *Ott*, S. 166; *Seibert*, DÖV 1986, S. 957, 962; *Meyn*, S. 50; *Papier*, S. 31.

307 *Kunig*, in: *v. Münch/ders.*, GG-Kommentar I, Art. 2 Rn. 23; *Misera-Lang*, S. 20; *Papier*, S. 31; a.A. *Krebs*, Vorbehalt des Gesetzes, S. 112 f.

308 *Seiler*, S. 90.

309 Explizit *Wülfing*, S. 39: „Die Abhängigkeit der Funktionenordnung vom Grundgesetzes macht aber deutlich, dass der Gesetzesbegriff nur aus dem Sinnzusammenhang des Verfassungsganzen ermittelt werden kann."; s.a. *Krebs*, Vorbehalt des Gesetzes, S. 111 f.; wie hier *Ott*, S. 166.

310 *Seibert*, DÖV 1986, S. 957, 962.

ββ) Demokratieprinzip

Soweit im Rahmen des Demokratieprinzips die Vorrangstellung des Parlaments als höchstes Organ unter den Staatsorganen unterstrichen wird[311], liegt dieser Annahme die unmittelbare demokratische Legitimation der Volksvertretung zu Grunde. Dieses Argument spricht nicht gegen ein uneingeschränktes Satzungsrecht der Gemeinden. Die aus Art. 20 Abs. 2 GG folgende demokratische Legitimation der gesamten Staatsgewalt und damit auch die der Exekutive ist unstreitig vorhanden[312]. Damit wird eine Kompetenzvermutung zugunsten einer Gewalt gerade nicht vorgenommen[313]. Aus dem Demokratieprinzip lässt sich nicht pauschal ein Gewaltenmonismus in Form eines allumfassenden Parlamentsvorbehalts ableiten[314]. Eine exklusive Kompetenzzuweisung an den parlamentarischen Gesetzgeber kann sich nur daraus ergeben, dass die Grundrechtsrelevanz von Eingriffen eine intensivere demokratische Legitimationsgrundlage des Exekutivhandelns erfordert[315]. Der Grad der personellen demokratischen Legitimation des Gemeinderats ist aber wesentlich stärker als der der staatlich-hierarchischen Verwaltung. Deshalb bestehen keine Legitimationsdefizite.

Nach Ansicht des Bundesverfassungsgerichts ist in einem Staatswesen, in dem die Staatsgewalt am direktesten durch das vom Volk legitimierte Organ ausgeübt wird, hauptsächlich das Parlament dazu berufen, über die von der Verfassung offen gelassenen Fragen des Zusammenlebens zu entscheiden[316]. Diese Aussage trifft auch auf die kommunalen Vertretungskörperschaften zu. Die Auffassung, die dem jeweils zur Wahl berufenen Volk eine unterschiedliche Legitimationskraft mit der Folge der ausschließlichen Kompetenzzuweisung an das durch das Gesamtvolk legitimierte Parlament zubilligt[317], überzeugt nicht. Sofern die Auswirkungen der Satzung über den eigenen Wirkungskreis der Gemeinden hinausragen, ist ein Rückgriff auf das Demokratieprinzip entbehrlich, um die Befugnis zum Erlass einer solchen Regelung abzulehnen. In diesem Fall handelt es sich nicht mehr um eine Angelegenheit der örtlichen Gemeinschaft im Sinne des Art. 28 Abs. 2 S. 1 GG. Sonst ist es zwar richtig, dass eine ununterbrochene personell-sachliche Legitimationskette des Gemeinderats zum Gesamtstaatsvolk fehlt, das Gemeindevolk quantitativ nicht mit dem Staatsvolk verglichen werden kann. Dies ist aber gar nicht erforderlich, da das Gemeinde-

---

311 *Seiler*, S. 88; *Jesch*, S. 205; dieses Verständnis legt auch *Baedeker*, S. 95 f. seinen Ausführungen zur Rolle der Legislative in der parlamentarischen Demokratie zu Grunde.

312 BVerfGE 49, 89, 124 ff; 68, 1, 86 f.; *Würtenberger*, S. 263.

313 *Krebs*, Vorbehalt des Gesetzes, S. 106; *Papier*, S. 34.

314 BVerfGE 49, 89, 125.

315 *Seiler*, S. 84; *Papier*, S. 35.

316 BVerfGE 33, 125, 159; 40, 237, 249.

317 So ausdrücklich *Breer*, S. 105; ähnlich *Bethge*, NVwZ 1983, S. 577, 579; *Klein*, in: *Schnur* (Hrsg.), FS für Forsthoff zum 70. Geburtstag, S. 165, 184 f.

volk als Legitimationssubjekt dem Staatsvolk qualitativ gleichwertig[318] und der Volksbegriff in Art. 28 Abs. 1 S. 2 GG identisch mit dem des Art. 20 Abs. 2 S. 1 GG ist. Deshalb hängen Stärke und Intensität der Legitimation nicht davon ab, ob sie vom Gemeinde-, Landes- oder Gesamtstaatsvolk verliehen wird[319]. Naturgemäß ist die Demokratie wegen der geringeren lokalen Distanz zwischen den Beteiligten und den vorhandenen plebiszitären Elementen auf kommunaler Ebene sogar direkter als im Bund und den Ländern[320].

γγ) Rechtsstaatsprinzip

Letztlich ist zu klären, ob die gemeinhin in Art. 20 Abs. 3 GG verortete[321] rechtsstaatliche Komponente des Gesetzesvorbehalts beim Erlass einer Satzung genauso erfüllt ist wie bei einem formellen Parlamentsgesetz.

Mit dem Rechtsstaatsprinzip soll das Ziel verfolgt werden, die weitestgehende Entfaltungsmöglichkeit des Einzelnen zu sichern und Freiheitsbeschränkungen auf das geringstmögliche Maß zu reduzieren[322]. Dies werde durch Sachverstand, Unabhängigkeit und Öffentlichkeitsbeteiligung im Normgebungsverfahren erreicht[323]. Zur Erfüllung dieser Voraussetzungen sei der parlamentarische Gesetzgeber prädestiniert, da er als Hüter des Gemeinwohls mit einem auf den Ausgleich widerstreitender Interessen gerichteten Verfahren tätig werde. Hiermit korreliere ein höchstmögliches Maß an Richtigkeit, Dauerhaftigkeit und Vorhersehbarkeit der getroffenen Regelung[324].

Dagegen soll die Satzungsgebung diesen Anforderungen nicht genügen, da die Entwürfe nicht wie im Bund und den Ländern von der Ministerialbürokratie mit ihrem entsprechenden juristischen Sachverstand ausgearbeitet würden. Darunter leide das Verfahren der Satzungsgebung. Ferner werde die Gefahr des Machtmissbrauchs und der Vetternwirtschaft als Folge der geringeren Distanz zwischen den Beteiligten auf kommunaler Ebene größer. Letztlich sei die Kontrolle des Verfahrens durch die Öffentlichkeit wesentlich schlechter ausgeprägt[325].

---

318 Vgl. oben S. 29; wohl auch *Frotscher*, in: *v. Mutius*, Selbstverwaltung im Staat der Industriegesellschaft, S. 127, 144.

319 *Ott*, S. 173.

320 *Mayer*, S. 18 m.w.N.

321 *Engel-Boland*, S. 79; *Seibert*, DÖV 1986, S. 957, 962.

322 *Busch*, S. 28.

323 *V. Arnim*, AöR 113 (1988), S. 1, 24.

324 *Petz*, BayVBl. 1989, S. 353, 354.

325 BVerfGE 40, 237, 249; *v. Arnim*, AöR 113 (1988), S. 1, 24 f.; ähnlich *Bleckmann*, DVBl. 1987, S. 1085 f.; *Seibert*, DÖV 1986, S. 957, 963; *Eberle*, DÖV 1984, S. 485, 489; *Frotscher*, in: *v. Mutius*, Selbstverwaltung in der Industriegesellschaft, S. 127, 141; *Schmidt-Aßmann*, in: *Püttner*, HdbKWP III, § 53 B I 2 (S. 185); diese Autoren stellen ebenfalls auf die höhere Legitimation durch Verfahren ab; s.a. *Meyn*, S. 49, für den die Verfahrenswei-

Der Einwand der fehlenden Unabhängigkeit der Gemeinderäte rechtfertigt eine Begrenzung der Satzungsbefugnis nicht. Wie bei Erörterung der Nichtübertragbarkeit der Grundsätze des „Facharztbeschlusses" festgestellt wurde[326], ist der Gemeinderat grundsätzlich genauso Hüter des Gemeinwohls wie die Landtage und der Bundestag. Dies spricht dafür, ihn ebenso als Garant einer richtigen und ausgewogenen Entscheidung anzusehen wie die staatlichen Parlamente. Zum Schutz vor kommunalen Verfilzungen ist auf die Inkompatibilitätsvorschriften und Mitwirkungsverbote zu verweisen. Aus ihnen ist die gesetzgeberische Wertung zu entnehmen, dass das Problem der Interessenverfilzung damit angemessen gelöst ist[327]. Wie bereits im Rahmen der allgemeinen Kritik an der herrschenden Ansicht angedeutet wurde[328], ist es problematisch, das Ausmaß der Nähe auf kommunaler Ebene als Argument für die Geltung des Gesetzesvorbehalts anzuführen. Die fehlende Distanz des Normgebers zum Normempfänger ist wegen der größeren Gefahr von Interessenkonflikten ein unbestreitbarer Nachteil der kommunalen Selbstverwaltung. Er ist trotz der vorhandenen Sicherungsinstrumente ausgeprägter als auf parlamentarischer Ebene. Dies wird aber dadurch aufgewogen, dass erst die sachlich-räumliche Nähe als wesentlicher Bestandteil der kommunalen Selbstverwaltungsgarantie dezentralisierte, bürgernahe Entscheidungen ermöglicht, die den lokalen Besonderheiten besser Rechnung tragen als Parlamentsgesetze „aus der Ferne"[329].

Davon abgesehen ist die Problematik von Interessenkonflikten und Einflussnahmeversuchen durch Dritte nicht auf das Kommunalrecht beschränkt. Auch auf Bundes- und Landesebene ist die Objektivität und Unvoreingenommenheit der Entscheidungsträger keineswegs in dem Umfang gewährleistet, wie dies für die Verwirklichung des Demokratieprinzips wünschenswert wäre. Schließlich sind Vertreter von Interessenverbänden, zum Teil sogar als Abgeordnete, gerade in der Bundespolitik tätig, um ein für ihre Interessengruppe günstiges Ergebnis zu erzielen, das nicht unbedingt dem Gemeinwohl entsprechen muss[330]. Daher bietet ein parlamentarisches Gesetz hinsichtlich der Unvoreingenommenheit der Abgeordneten keine wesentlich höhere Gewähr als eine kommunale Satzung.

Die nicht vorhandene Gleichwertigkeit zwischen Satzungs- und Gesetzgebung wird damit begründet, den Gemeindevertretern fehle der zur ordnungsgemäßen Abwägung erforderliche Sachverstand[331]. Daher käme dem förmlichen Gesetz-

---

se in kleineren Gemeinden dem „Bild einer Ortshonoratiorenversammlung" entspricht; zusammenfassend *Bussalb*, S. 181 ff.

326 S. 61.

327 Ebenso *Engel-Boland*, S. 63; *Adler*, S. 99 f.; zu Inkompatibilitäten und Mitwirkungsverboten unten S. 143 ff., 177 ff.

328 Dazu S. 56.

329 *Adler*, S. 100; *Ott*, S. 169 f.; *Hill*, S. 1, 16.

330 Dazu ausführlich *Engel-Boland*, S. 64 – 68.

331 *V. Arnim*, AöR 113 (1988), S. 1, 24 f.

gebungsverfahren ein höheres Maß an inhaltlicher Richtigkeit und ein „schärferer Blick für das Allgemeininteresse und die generellen Auswirkungen“[332] zu.

Es kann nicht abgestritten werden, dass die verfassungsrechtliche Vorbildung zwar in Großstädten, nicht aber in kleineren Landgemeinden an die der für die Entwicklung von Gesetzesentwürfen zuständigen Ministerialbeamten heranreicht[333]. Da eine unterschiedliche Behandlung nach der jeweiligen Gemeindegröße unzulässig ist[334], muss das Niveau der Landgemeinden zum Vergleich herangezogen werden. Daran ändert sich auch nichts durch die Beteiligung der Gemeindeverwaltung bei der Entwicklung der Satzung, da auch dort der erforderliche juristische Sachverstand oft nicht vorhanden ist[335].

Der Nachteil der fehlenden verfassungsrechtlichen Vorbildung der Gemeinderäte und der Gemeindeverwaltung wird zum Teil dadurch wettgemacht, dass in die Entscheidungsfindung andere wichtige, nicht juristische Kriterien mit einfließen. Diese können aufgrund der örtlichen Nähe der Gemeinderatsmitglieder zum Regelungsgegenstand von ihnen besser eingebracht werden als von Parlamentsabgeordneten[336]. Ferner sind zusätzlich Kontrollinstrumente in den Gemeindeordnungen vorhanden, die die Richtigkeit der Entscheidung trotz des geringeren juristischen Fachwissens der Entscheidungsträger gewährleisten und damit die Geltung des Vorbehalts des Gesetzes nicht erforderlich erscheinen lassen. Bereits im Vorfeld der Entscheidung des Gemeinderats besteht die Möglichkeit zur Anhörung von Sachverständigen in den Ausschüssen, die mögliche Defizite im Sachverstand der Ratsmitglieder ausgleichen[337]. Zusätzlich können Gutachten von außen eingeholt und die Aufsichtsbehörden um Beratung gebeten werden[338]. Außerdem sehen die meisten Gemeindeordnungen die Obliegenheit zur Anzeige bestimmter Satzungen bei der Rechtsaufsichtsbehörde oder sogar

---

332 *Seibert*, DÖV 1986, S. 957, 963; für eine höhere Richtigkeitschance des förmlichen Gesetzes auch *Adler*, S. 125.

333 *Engel-Boland*, S. 60; *Ott*, S. 170; *Meyn*, S. 49.

334 *V. Arnim*, AöR 113 (1988), S. 1, 25.

335 *Oebbecke*, DÖV 2001, S. 406, 408; *Hill*, S. 1, 17; *v. Arnim*, AöR 113 (1988), S. 1, 25; a.A. *Engel-Boland*, S. 61; *Knemeyer*, BayVBl. 1999, S. 193, 195; *Ott*, S. 170.

Allerdings sind auch auf parlamentarischer Ebene nicht die allein unmittelbar legitimierten Volksvertreter maßgeblich an der Erarbeitung von Gesetzesentwürfen beteiligt, sondern die Ministerialbürokratie. Mangels zur Verfügung stehendem materiellem und technischem Apparat wäre es selbst bei vorhandenem Willen für die Mitglieder des Bundestags kaum möglich, brauchbare Gesetzesentwürfe für umfangreiche und schwierige Themenkomplexe zu erarbeiten (*Troßmann*, JÖR 28 (1979), S. 1, 284). Rein faktisch sind dem Legislativrecht des Bundestags und der Landtage damit Grenzen gesetzt.

336 *Hill*, S. 1, 17; *Frotscher*, in: *v. Mutius*, Selbstverwaltung im Staat der Industriegesellschaft, S. 127, 133.

337 *Ott*, S. 170.

338 *Engel-Boland*, S. 61.

deren Genehmigung vor[339]. Diese Pflicht ist Ausfluss des Rechtsstaatsprinzips und dient zur Gültigkeitsprüfung der Satzung[340]. Die Aufsichtsbehörde kann gegen den geplanten Beschluss auf verschiedene Art und Weise einschreiten, wenn sie die Satzung für rechtswidrig hält[341]. Dabei steht nicht die Beanstandung einzelner Entscheidungen im Vordergrund, sondern die antizipierte Rechtskontrolle zur Verhinderung von rechtswidrigen Regelungen und damit ein sorgfältigeres Arbeiten der Gemeinden im Vorfeld[342]. Eine weitere Möglichkeit, den Bürger vor ungerechtfertigten Eingriffen in seine Rechtssphäre zu schützen, stellt die Pflicht des Gemeindevorstehers zum Widerspruch oder zur Beanstandung von Beschlüssen des Rats und seiner Ausschüsse dar, die er für rechtswidrig hält[343]. Dabei steht ihm wegen der Geltung des Legalitätsprinzips in den inneren Kommunalverfassungen der meisten Länder kein Ermessensspielraum zu[344]. Diese rechtsstaatlichen Sicherungen sind ausreichend, um eine Abwägung der verschiedenen Interessen sicherzustellen, die zu einer rechtsstaatlichen Anforderungen entsprechenden Richtigkeitschance der gemeindlichen Satzungen führt.

In diesem Zusammenhang werden noch weitere Gesichtspunkte genannt, welche die Richtigkeit der Entscheidung sicherstellen sollen. Konkret handelt es sich um die Möglichkeit zur Nutzung der von den Rechtsaufsichtsbehörden entwickelten Mustersatzungen sowie die Inanspruchnahme der Verwaltungsgerichte durch die Betroffenen zur Kontrolle der Satzungen[345]. Überzeugen können diese Ansätze nicht. Sofern auf die Existenz von Mustersatzungen rekurriert wird, soll damit die Richtigkeitschance gemeindlicher Satzungen und die Entbehrlichkeit des allgemeinen Vorbehalts des Gesetzes begründet werden. Damit werden Mustersatzungen als Argument zur Begründung einer größtmöglichen Wirksamkeit der kommunalen Satzungsautonomie herangezogen. Bei genauerer

---

339 § 4 Abs. 3 S. 3 GO BW; Art. 25 BayGO; § 5 Abs. 1 S. 3 GO Bbg.; § 5 Abs. 1 S. 2 HGO; § 5 Abs. 4 S. 5 KV MV; § 6 Abs. 3 S. 2 NGO; § 7 Abs. 2 S. 1 GO NW; § 116 Abs. 2 S. 2 GO RP; § 222 Abs. 4 KSVG Saar.; § 128 GO Sachsen; § 6 Abs. 2 GO SA; § 21 Abs. 3 S. 1 ThürKO.

340 *Knemeyer*, JuS 2000, S. 521, 523; *Stober*, § 9 III 1 a (S. 149).

341 §§ 120 ff. GO BW; Art. 111 ff. BayGO; §§ 122 ff. GO Bbg.; §§ 137 ff. HGO; §§ 80 ff. KV MV; §§ 129 ff. NGO; §§ 118 ff. GO NW; §§ 120 ff. GO RP; §§ 129 ff. KSVG Saar.; §§ 113 ff. GO Sachsen; §§ 135 ff. GO SA; §§ 122 ff. GO SH; §§ 119 ff. ThürKO; auf die Aufsichtsunterworfenheit wird bei der Darstellung der gemeindlichen Souveränität noch genauer einzugehen sein, vgl. dazu unten S. 95 ff.

342 Ähnlich *Rohde*, S. 52; *Breer*, S. 102 f.

343 Die verwendete Terminologie ist nicht einheitlich; vgl. § 43 Abs. 2, Abs. 3 GO BW; § 65 GO Bbg.; § 63 HGO; § 33 KV MV; § 65 NGO; § 54 GO NW; § 60 KSVG Saar.; § 52 Abs. 2 GO Sachsen; § 62 Abs. 3 GO SA; § 43 GO SH.

344 *Knemeyer*, BayVBl. 1999, S. 193, 196 (v.a. Rn. 39).

345 *Ott*, S. 170; ähnlich *Engel-Boland*, S. 61 f., die jedoch der verwaltungsgerichtlichen Kontrollmöglichkeit auch präventiven Charakter zuspricht, indem sich die Gemeinden durch die bloße Möglichkeit eines Gerichtsverfahrens zu einer sorgfältigen Arbeit beim Satzungserlass gezwungen sähen.

Betrachtung entpuppen sich die Mustersatzungen jedoch nicht als Garant der Satzungsautonomie, sondern stehen ihr hinderlich entgegen. Mit der Ausarbeitung von Mustersatzungen durch Behörden der Staatsverwaltung wird das Satzungsrecht stark beschnitten, da die „Satzungsprärogative" rein tatsächlich von einer Selbstverwaltungskörperschaft auf die staatlich-hierarchische Exekutive übertragen wird. Gerade kleinere Landgemeinden mit einem geringen Grad an institutionalisierten Rechtskenntnissen werden sich faktisch dazu angehalten sehen, die „Vorschläge" der Regierungspräsidien zu befolgen und von den Mustersatzungen umfassend Gebrauch zu machen. Das erscheint aus Gründen der Gewaltenteilung und der fehlenden unmittelbaren personellen Legitimation der Aufsichtsbehörden nicht unproblematisch. Es entspricht auch nicht dem Sinn gemeindlicher Selbstverwaltung, nämlich die Eigenverantwortlichkeit und Entscheidungsfreudigkeit der Kommunen zu stärken.

Auch die Rechtsschutzmöglichkeiten gegen eine rechtswidrige Satzung im Normenkontrollverfahren gemäß § 47 VwGO oder inzident im Anfechtungsprozess stellen keine adäquate Richtigkeitsgarantie für das Ortsrecht dar. Mit der Beschreitung des Rechtswegs werden lediglich die negativen Auswirkungen einer rechtswidrigen Entscheidung für die Bürger abgemildert. Um die Notwendigkeit der gerichtlichen Auseinandersetzung zu minimieren und rechtswidrige Eingriffe in subjektiv-öffentliche Rechte gar nicht erst entstehen zu lassen, muss bereits der Abwägungsprozess rechtsstaatlichen Anforderungen entsprechen. Nur so kann die freiheitliche Entfaltung des Einzelnen angemessen verwirklicht werden.

Aufgrund der anderen Sicherungsinstrumente ändert die Untauglichkeit der beiden letztgenannten Argumente jedoch nichts daran, dass möglicherweise fehlende juristische Kenntnisse angemessen kompensiert werden können und die „Richtigkeit" des Ergebnisses gewährleistet ist.

Die Überlegenheit des Gesetzgebungsverfahrens gegenüber dem Satzungserlass mit der Chance der höheren inhaltlichen Richtigkeit wird zusätzlich mit der ausgeprägteren Kontrolle durch die Öffentlichkeit begründet[346]. Insbesondere die mindere Qualität der Presse auf Regionalebene, die engen persönlichen Verflechtungen zwischen Lokalredakteuren und Gemeinderatsmitgliedern sowie der mangels Konkurrenzblätter fehlende Meinungspluralismus führe zu einer schlechteren Informationsmöglichkeit der Gemeindebürger und stehe der Ent-

---

346 *V. Arnim*, AöR 113 (1988), S. 1, 25; *Petz*, BayVBl. 1989, S. 353, 354; *Seiler*, S. 86 fasst die Möglichkeit der öffentlichen Diskussion nicht unter das Rechtsstaatsprinzip, sondern betrachtet die Partizipationsoption der Öffentlichkeit als einen Teilaspekt des Demokratieprinzips. Daraus ergeben sich inhaltlich aber keine Differenzen zu der hier dargestellten Ansicht, wonach durch Beteiligung der Öffentlichkeit die Richtigkeit der Entscheidung gefördert wird.

wicklung einer öffentlichen Diskussion zur Optimierung der Entscheidung entgegen[347].

Es ist aber nicht erkennbar, weshalb dieser Gesichtspunkt zu einer höheren Richtigkeitschance des Parlamentsgesetzes führen soll. Möglicherweise ist die regionale Presse tendenziell weniger hochwertig als einige überregionale Tageszeitungen und Nachrichtenmagazine, sofern es sich um den ländlichen Raum und nicht um Großstädte handelt. Das gilt jedoch nicht für die für die Meinungsbildung der Masse maßgeblichen Boulevardblätter, worauf bereits *Engel-Boland*[348] hingewiesen hat. Außerdem ist das Vorhandensein hochwertiger Presseerzeugnisse für die Information und Beteiligung der Öffentlichkeit am Verfahren in den Gemeinden nicht so bedeutsam wie auf parlamentarischer Ebene. Das liegt daran, dass die große Distanz zwischen Entscheidungsträger und Adressat im Bund und den Ländern eine andere Art der Kenntnisnahme von Gesetzgebungsvorhaben faktisch unmöglich macht. In den Gemeinden besteht dagegen die Möglichkeit, an den öffentlichen Sitzungen des Gemeinderats teilzunehmen oder wegen der Begrenzung der Gemeindekompetenzen auf Angelegenheiten der örtlichen Gemeinschaft durch „Mund-zu-Mund-Propaganda" von geplanten Vorhaben zu erfahren[349]. Zudem ist die Vorstellung, eine kritische Öffentlichkeit würde von einer kritischen Presse über sämtliche politischen Vorgänge im Bundesparlament informiert, reine Fiktion. Die überwiegende Anzahl der Gesetzesvorhaben ist so komplex, dass ohne Detailwissen eine vollständige Information durch die Lektüre einer Tageszeitung kaum möglich ist und, von der Fachöffentlichkeit abgesehen, auch kein Informationsinteresse besteht[350]. Von den Print- und Fernsehmedien werden zumeist elementare Fragen aufgegriffen und behandelt, wodurch eine öffentliche Diskussion und eine Einflussnahme auf die politische Willensbildung von Entscheidungsträgern ausgelöst werden kann[351]. Selbst in diesem Bereich können nur die Grundsätze skizziert werden, da auch hier die Sachverhalte im Detail so kompliziert sind, dass ohne Vorkenntnis eine wirksame Kontrolle oder Einflussnahme auf die Sachentscheidung durch die Bevölkerung kaum vorstellbar ist. Ferner ist die Objektivität der öffentlichen Debatte nicht sichergestellt, da Lobbyisten über die Medien ihre Interessen durchzusetzen versuchen[352]. Auch die Medien selbst sind keine völlig unabhängigen Berichterstatter, sondern achten bei vielen Themen zunehmend auf ihre eigene In-

---

347 *V. Arnim*, AöR 113 (1988), S. 1, 25; kritisch zur Qualität und dem fehlenden Meinungspluralismus in den Kommunen auch *Rohde*, S. 85 ff.

348 S. 71; kritisch zur pauschalen Herabsetzung der Qualität lokaler Presseerzeugnisse *Bussalb*, S. 186.

349 Ebenso *Bussalb*, S. 187 f.; *Adler*, S. 102.

350 Ähnlich zur unzureichenden Teilnahme der Bevölkerung an den meisten Plenardebatten *Bussalb*, S. 186.

351 *Seiler*, S. 86.

352 *Seiler*, S. 86.

teressenlage[353]. Die öffentliche Diskussion wirkt sich daher nicht unbedingt positiv auf die Richtigkeit der Entscheidung aus.

Außerdem werden in den Gemeinden trotz der fehlenden Zeitungslandschaft grundsätzliche Fragen genauso der Öffentlichkeit zugänglich gemacht wie Themen mit landes- oder bundesweiter Relevanz. Wenn die lokale Presse über ein wichtiges Thema informiert – wenn auch nicht in der Qualität einer großen, überregionalen Zeitung – hat ein Gemeindebürger als Teil einer kleineren, überschaubareren Gemeinschaft viel eher die Möglichkeit, selbst aktiv zu werden und sich die relevanten Informationen zu besorgen. Er kann mit einem Gemeinderatsmitglied direkt in Verbindung treten oder die Lokalöffentlichkeit in einer Bürgerinitiative mobilisieren, um gegen ein geplantes Vorhaben vorzugehen. Dazu stehen im Kommunalrecht Elemente der direkten Demokratie zur Verfügung wie der Volksentscheid[354]. Das alles zeigt, dass wegen der Überschaubarkeit und des engen räumlichen Kontakts die Kontrolle durch die Öffentlichkeit und die Beteiligung der Betroffenen bei Entscheidungsvorbereitungen ebenso möglich ist wie auf Bundes- und Landesebene.

Die Satzung wird darüber hinaus gegenüber dem Parlamentsgesetz zurückgesetzt, da Rechtssicherheit und Vertrauen auf eine lange Bestandskraft – beides konkrete Ausformungen des Rechtsstaatsprinzips[355] – nicht in demselben Maße gewährleistet seien wie auf Bundes- und Landesebene. Überzeugend ist dieser Ansatz nicht. Rein theoretisch kommt einem förmlichen Gesetzes eine hohe Bestandskraft zu, da das Gesetzgebungsverfahren auf parlamentarischer Ebene wesentlich komplexer ist. Es nimmt mit den erforderlichen drei Lesungen, der Beteiligung des Bundesrates und der möglicherweise erforderlichen Anrufung des Vermittlungsausschusses einen wesentlich längeren Zeitraum in Anspruch als das Satzungsgebungsverfahren[356].

Allein der zeitliche und verfahrenstechnische Aufwand einer Gesetzesänderung ist aber nicht maßgeblich zur Bestimmung der Bestandskraft einer Regelung und dem damit verbundenen Vertrauensschutz. Gerade bei der Normierung wichtiger, politisch kontroverser Vorhaben, in der die parteipolitische Färbung die jeweilige Richtung bestimmt und zwischen Parlamentsmehrheit und Opposition kein Konsens herrscht, besteht nur ein begrenztes Vertrauen auf den Bestand der Regelung, nämlich bis zur nächsten Bundestagswahl[357]. Solche Er-

---

353 *Albrecht Müller*, S. 101 f.

354 *Ott*, S. 169, 171; *Frotscher*, in: *v. Mutius*, Selbstverwaltung im Staat der Industriegesellschaft, S. 127, 125; ähnlich *Adler*, S. 124.

355 BVerfGE 7, 192, 196; 49, 148, 164; *Petz*, BayVBl. 1989, S. 353, 354.

356 *Engel-Boland*, S. 48; *Busch*, S. 29.

357 Dieses Phänomen lässt sich insbesondere im Arbeitsrecht beobachten. Nach dem Regierungswechsel 1998 von der CDU/FDP-Regierung zur rot-grünen Koalition wurde stark in die bis dahin bestehende Gesetzeslage eingegriffen. Eine überblickartige Zusammenfas-

scheinungen zeigen sich mit der Ausdehnung des Parteieneinflusses und der fortschreitenden Politisierung des kommunalen Bereichs[358] immer mehr, gerade, wenn es um grundlegende politische Entscheidungen der Gemeinden geht[359]. Dennoch ist die kommunale Satzungsgebung „unpolitischer" als die Gesetzgebung, da es in vielen Fällen nicht um politische „Glaubensfragen" geht, sondern um die Lösung von Sachproblemen[360]. Aus diesem Grund besteht im gemeindlichen Bereich auch beim Erlass von Eingriffssatzungen eine größere Wahrscheinlichkeit, mangels überhand nehmender Dogmatisierung vernünftige Lösungen über die Parteigrenzen hinweg zu entwickeln.

Von der Dauerhaftigkeit eines förmlichen Gesetzes kann spätestens dann nicht mehr gesprochen werden, wenn man Maßnahmegesetze in die Diskussion mit einbezieht[361]. Die Existenz einer Satzungsermächtigung hätte auch keine Optimierung der Dauerhaftigkeit der Satzung zur Folge. Ob und in welchem Umfang von einer abstrakt gehaltenen Ermächtigung Gebrauch gemacht wird und wie lange die Satzung unverändert bestehen bleibt, liegt im Ermessen der kommunalen Vertretungskörperschaft. Es ist äußerst zweifelhaft, ob die Rechtssicherheit durch eine gesetzliche Eingriffsermächtigung gesteigert wird, wenn damit ein grober Rahmen mit unscharfen Konturen für die gemeindlichen Regelungen vorgegeben wird. Außerdem müsste eine solche Ermächtigung wegen der Vielzahl der örtlichen Besonderheiten sehr allgemein gehalten sein, wodurch ebenfalls der Rechtsunsicherheit Vorschub geleistet würde[362].

Die wegen des Vorrangs des Gesetzes bestehende Möglichkeit, eine auf niedrigster Stufe stehende Gemeindesatzung außer Kraft zu setzen, indem entgegenstehendes höherrangiges Recht gesetzt wird, kann nicht bestritten werden. Al-

---

sung der einzelnen – zum Teil schon wieder überholten – Änderungen findet man bei *Kittner*, in: *ders./Zwanziger*, Arbeitsrecht, § 3 Rn. 121 f.

358 Dazu *Bussalb*, S. 188 ff.

359 Aus diesem Grund ist die Argumentation von *Löwer*, SKV 1975, S. 35, 37 zu undifferenziert. Es kann nicht pauschal angenommen werden, im Bereich der Selbstverwaltung ginge es niemals um grundlegende, allgemeinpolitische Fragen, sondern um schlichte Verwaltungsarbeit mit einem möglichen politischen Aspekt. Zwar hat der Gemeinderat kein allgemeinpolitisches Mandat. Dennoch ist er zur Weichenstellung bei grundlegenden Fragen berufen, wenn es sich um Angelegenheiten der örtlichen Gemeinschaft handelt. Ebenso wenig überzeugt die Aussage von *Gönnenwein*, S. 250, wonach die Tätigkeit der Gemeinde zwar eine politische, aber keine hochpolitische sei, sondern Verwaltungsentscheidungen getroffen würden. Dieser vermittelnde Ansatz ist gekünstelt und praktisch nicht durchführbar, da eine Unschärfe zwischen politischen und hochpolitischen unvermeidbar ist und der Grund für diese Differenzierung verborgen bleibt.

360 *Frotscher*, in: *v. Mutius*, Selbstverwaltung im Staat der Industriegesellschaft, S. 127, 139 f.; *Bussalb*, S. 189 sieht in dem auf kommunaler Ebene häufiger anzutreffenden Konsens einen Grundvoraussetzung einer lebendigen Demokratie.

361 *Adler*, S. 101; *Zender*, S. 35 sieht in den Maßnahmegesetzen sogar eine Art Verwaltungstätigkeit der Parlamente.

362 Ebenso *Adler*, S. 102.

lerdings würde sich daran auch nichts ändern, wenn der Vorbehalt des Gesetzes im Gemeinderecht unanwendbar wäre. Denn eine Änderung der Ermächtigungsgrundlage hätte ebenfalls eine Modifizierung oder Revidierung der auf ihr beruhenden Satzung zur Folge. Deshalb muss man den Zweck des Handlungsinstruments „Satzung" betrachten, der darin liegt, dauerhafte Regelungen zu treffen. Unter dieser Prämisse wiegt die theoretische Möglichkeit zur Abänderbarkeit einer Satzung nicht so schwer, als dass das mit dem Satzungserlass geschaffene Maß an Bestandskraft und Rechtssicherheit so weit hinter dem eines förmlichen Gesetzes zurückbleibt, dass es rechtsstaatlichen Anforderungen nicht mehr entspricht[363].

Umstritten ist darüber hinaus, ob eine Satzung Vorhersehbarkeit in einem dem Rechtsstaat entsprechenden Umfang aufweist. Dieses Merkmal dient dazu, grundrechtsrelevante Regelungen für den Bürger berechenbar zu machen, weshalb eine hinreichende Bestimmt- und Begrenztheit der Norm unentbehrlich ist[364]. Diese verfassungsrechtlichen Anforderungen gelten auch für Ortssatzungen und werden von ihnen genauso erfüllt wie von Parlamentsgesetzen[365]. Daher kann die Vorhersehbarkeit einer gemeindlichen Norm nur dann bezweifelt werden, wenn man vor dem Erlass der Regelung auf ihre generelle Vorhersehbarkeit abstellt[366]. Mit einer solchen Konstruktion wird der Inhalt des Rechtsstaatsprinzips aber weit überdehnt, da kein Gesetzgeber, ganz gleich auf welcher Ebene, eine Norm erlassen kann, mit der bereits vor ihrer Existenz zu rechnen war[367]. Die Erschließung neuer Bereiche ist eine Kernaufgabe der Volksvertretungen, da nur so flexibel auf die sich wandelnden Lebensverhältnisse reagiert werden kann. Im Ergebnis greift das Vorhersehbarkeitserfordernis erst nach vollzogenem Normerlass.

Daneben kann die Rechtsstaatlichkeit einer Satzung auch nicht mit der Begründung angezweifelt werden, wegen der geringen räumlichen Größe des Regelungsbereichs fehle es an der hinreichenden Bestimmt- und Begrenztheit und damit an der Vorhersehbarkeit der Norm für Dritte, die nicht im Gemeindegebiet wohnen[368]. Ein gewisses Maß an Rechtszersplitterung ist dem Konzept der örtlichen Selbstverwaltung immanent und kann auch nicht vermieden werden. Sollte der staatliche Gesetzgeber der Auffassung sein, das Maß der Rechtsuneinheitlichkeit zwischen den Gemeinden sei zu stark, liegt es in seiner Kompetenz, die-

---

363 Ebenso *Engel-Boland*, S. 49; a.A. *Adler*, S. 101, der grundsätzlich von einer größeren Dauerhaftigkeit des Parlamentsgesetzes ausgeht.

364 BVerfGE 8, 274, 325; 17, 306, 314; 48, 210, 221 f.

365 *Engel-Boland*, S. 50; *Ott*, S. 167; *v. Arnim*, AöR 114 (1988), S. 1, 21.

366 In diesem Sinne BayVGH, BayVBl. 1992, S. 337, 338; zustimmend *Knemeyer/Deubert*, BayVBl. 1992, S. 340.

367 *Engel-Boland*, S. 50 f.; *Ott*, S. 167.

368 So aber *Adler*, S. 103.

sen Zustand durch Erlass einer vereinheitlichenden Norm zu beseitigen[369]. Eine Satzung kann a priori keinen überregionalen Bezug haben, da es sich in einem solchen Fall um eine außerhalb der gemeindlichen Autonomiegewährung erlassene Norm handeln würde, die nichtig wäre[370]. Auswirkungen auf zunächst unbeteiligte Dritte sind nur möglich, indem diese selbst einen Bezug zu einer Gemeinde herstellen, etwa durch Erwerb eines Grundstücks oder der Vornahme von Investitionen. Wenn man aber in potenzieller Kenntnis der kommunalen Satzungsautonomie in einer bestimmten Gemeinde tätig wird, kann man nicht mehr von Unbeteiligten sprechen, zumal die zumutbare Möglichkeit besteht, sich über die rechtliche Situation vor Ort zu informieren. Wenn man dies unterlässt, kann keine Rede mehr davon sein, mögliche Eingriffe durch bestehende gemeindliche Satzungen seien nicht vorhersehbar gewesen.

Letztlich soll der aus dem Rechtsstaatsprinzip abgeleitete Gewaltenteilungsgrundsatz[371] für den Vorbehalt des Gesetzes sprechen. Danach werde das Erfordernis eines Parlamentsgesetzes die Funktionstrennung zwischen gesetzgebender und vollziehender Gewalt gewährleisten[372]. Es verbietet sich aber eine pauschale Zuweisung jeglicher rechtsetzender Tätigkeit an die gesetzgebende Gewalt, da der Gewaltenteilungsgrundsatz kein Selbstzweck ist und Funktionendurchbrechungen in der Verfassung nicht die Ausnahme, sondern eher die Regel sind[373]. Normgebung durch die Exekutive ist nicht von vornherein ausgeschlossen. Als Beispiel dafür lässt sich etwa das Zustandekommen eines förmlichen Gesetzes anführen. Dieses geht letztlich auf einen Legislativakt zurück. Die Gesetzgebungsinitiative wird jedoch schwerpunktartig von der Regierung und der dahinter stehenden Ministerialbürokratie ausgeübt. Das ist wegen der Abhängigkeit der Regierung von der Parlamentsmehrheit und dem damit verbundenen hohen Legitimationsgrad der Exekutivspitze nicht zu beanstanden[374], führt allerdings dazu, dass ein Gesetz zum Großteil ein Werk der Exekutive darstellt. Eine klare Kompetenzordnung zugunsten des Parlaments besteht de facto nicht[375]. Deshalb stellt sich die Frage, ob das wesentliche Anliegen des Gewaltenteilungsgrundsatzes, nämlich das Gleichgewicht zwischen den Gewalten durch wechselseitige Machtkontrolle zu wahren[376], den allgemeinen Gesetzesvorbehalt

369 *Engel-Boland*, S. 53; *Adler*, S. 143 ff.

370 *Engel-Boland*, S. 53.

371 *Berwanger*, S. 104.

372 BVerfGE 33, 125, 158; *Seibert*, DÖV 1986, S. 957, 963; auf S. 962 (Fn. 44) weist der Autor darauf hin, dass in der zitierten Bundesverfassungsgerichtsentscheidung das Gewaltenteilungsprinzip gemeint ist, obwohl das Gericht in seiner Argumentation nicht ausdrücklich darauf Bezug nimmt.

373 *Engel-Boland*, S. 74 f.; *Ott*, S. 176; *Würtenberger*, S. 266; in diesem Sinne zum Vorbehalt des Gesetzes oben S. 55.

374 *Würtenberger*, S. 264 f.

375 *Eberle*, DÖV 1984, S. 485, 488; dazu oben S. 68.

376 *Bussalb*, S. 137; *Würtenberger*, S. 266 f.

für grundrechtsrelevante Satzungen erfordert. Das ist im Bereich der kommunalen Satzungsgebung nicht der Fall. Wenn man die unmittelbare demokratische Legitimation der autonomen Vertretungskörperschaft, die im Grundgesetz eingeräumte originäre Rechtsetzungsmacht und die ebenso vorhandene Richtigkeitschance im Satzungsgebungsverfahren berücksichtigt, fällt es schwer, die Selbstverwaltungskörperschaften trotz institutioneller Stellung als Exekutivorgan in das klassische Gewaltenteilungsschema mit den damit verbundenen Konsequenzen einzuordnen[377]. In Art. 20 Abs. 2 S. 2 GG wird darüber hinaus nur eine Differenzierung und Trennung nach Staatsfunktionen vorgenommen, nicht aber eine konkrete Gewaltenzuordnung. Daher bedeutet die Modifizierung des Gewaltenteilungsgrundsatzes nicht automatisch seine Durchbrechung mit der Notwendigkeit der in der Diskussion stehenden Sicherungsinstrumente[378].

Die Anwendung des Vorbehalts des Gesetzes ist auch nicht erforderlich, um eine Machtmäßigung der Kommunen herbeizuführen. Vielmehr wird durch die Geltung des allgemeinen Gesetzesvorbehalts die Macht bei den Landesparlamenten und dem Bundestag gebündelt, die Gemeinden verlieren maßgeblich an Kompetenzen. Der föderale Staatsaufbau und das Instrument der kommunalen Selbstverwaltung dienen aber nicht nur dem Prinzip der Dezentralisation, sondern verfolgen durch die Machtverschiebung vom Bund auf die Autonomieträger auch den Gedanken der vertikalen Gewaltenteilung[379]. Unter dieser Prämisse wäre es inkonsequent und widersprüchlich, denselben Grundsatz zur Begründung des Gesetzesvorbehalts heranzuziehen. Das Ziel einer ausgewogenen Machtbalance zwischen Bund, Ländern und Gemeinden würde sonst teilweise wieder zunichte gemacht[380].

d) Ergebnis der Untersuchung

Weder die Grundrechte noch das Demokratie- oder Rechtsstaatsprinzip gebieten die Anwendung des allgemeinen Gesetzesvorbehalts auf die kommunale Satzungsautonomie. Ein großer Unterschied zu den Autoren, die den Gesetzesvorbehalt für anwendbar halten, jedoch aufgrund kommunaler Besonderheiten ge-

---

377 *Engel-Boland*, S. 75. Zugleich weist sie (S. 76 f.) auf einen weiteren Aspekt gegen die Herleitung des Gesetzesvorbehalts aus dem Gewaltenteilungsgrundsatz hin, nämlich auf die fehlende unmittelbare Geltung des Art. 20 Abs. 2 S. 2 GG auf Länderebene. Das Homogenitätsgebot verlangt zwar eine Entsprechung bundesverfassungsrechtlicher Prinzipien in den Ländern, nicht aber eine völlige Konformität; s.a. *v. Arnim*, AöR 113 (1988), S. 1, 21.

378 So zum Verordnungsrecht *Schwanengel*, S. 12 f.

379 *Bussalb*, S. 139; *Mayer*, S. 22.

380 *Engel-Boland*, S. 78 f.; *Ott*, S. 177 f.; *Jakob*, DÖV 1970, S. 666, 669; a.A. *Wurzel*, S. 156, die im Prinzip der Dezentralisation keine Alternative zum Grundsatz der organisatorischen Gewaltenteilung sieht.

ringere Anforderungen an die Ermächtigung stellen[381], ergibt sich mit der hier vertretenen Auffassung nicht. Die Vertreter dieser Ansicht halten eine abstrakt und allgemein gehaltene Regelung für ausreichend.

Damit wird auch das große Problem der gegenteiligen Auffassung in der Praxis deutlich, wonach die Anforderungen an die gesetzliche Eingriffsermächtigung nicht allzu weit unter denen des Art. 80 Abs. 1 S. 2 GG liegen dürfen[382]. Es bleibt verborgen, wie diese strengen Vorgaben bezüglich Inhalt, Zweck und Ausmaß der Ermächtigung vom parlamentarischen Gesetzgeber erfüllt werden sollen. Schließlich ist die kommunale Selbstverwaltung unter anderem deshalb geschaffen worden, weil eine Detailkenntnis der gemeindlichen Verhältnisse von der staatlichen Legislative nicht erwartet werden kann. Dies gilt umso mehr, als es nicht in die Befugnis des Staates fällt, durch den Erlass von Eingriffsermächtigungen die Tätigkeitsfelder der Gemeinde konstitutiv zu schaffen. Die Geltung des Vorbehalts des Gesetzes in einem dem Art. 80 Abs. 1 S. 2 GG entsprechenden Maße ist daher nicht nur verfassungsrechtlich entbehrlich, sondern wäre auch mit erheblichen praktischen Schwierigkeiten verbunden.

Wenn man sich aber mit einem sehr allgemeinen Inhalt der Ermächtigungsnorm zufrieden gibt, die den Gemeinden eine extensive Möglichkeit zum Tätigwerden einräumt, so werden die maßgeblichen Aspekte, die zur Entwicklung des allgemeinen Parlamentsvorbehalts geführt haben, kaum noch sichtbar. Es drängt sich dann nach der vorangegangenen Erörterung der Anschein auf, am Vorbehalt des förmlichen Gesetzes nur seiner selbst wegen festhalten zu wollen. Dieses verfassungsrechtliche Prinzip stellt aber keinen Selbstzweck dar, sondern ist Mittel zur Verwirklichung anderer Ziele[383]. Verfassungsrechtliche Grundsätze fordern einen allgemeinen Gesetzesvorbehalt aber nicht. Daher wird mit der Anerkennung einer extensiven Satzungsbefugnis die Garantie des Art. 28 Abs. 2 GG so zur Geltung gebracht, wie das dem Wortlaut und der eigentlichen Konzeption der Einräumung autonomer Befugnisse entspricht. Eine Hauptfunktion des kommunalen Selbstverwaltungsrechts besteht darin, die Probleme der Gemeinde unter Berücksichtigung der örtlichen und regionalen Besonderheiten zu lösen. Sie kann nur dann angemessen erfüllt werden, wenn die Gemeinden in ihrem Wirkungsbereich keinen Einschränkungen unterworfen sind und sich so den der Veränderung unterworfenen äußeren Bedingungen anpassen können[384]. Eine Gefahr des Kompetenzverlusts für den staatlichen Gesetzgeber besteht dadurch nicht, da das Selbstverwaltungsrecht sachlich, örtlich und personell auf die Regelung eigener Angelegenheiten beschränkt und nur im Rahmen der Ge-

---

381 *Maurer*, DÖV 1993, S. 184, 188 f.; *Bleckmann*, DVBl. 1987, S. 1085, 1089; *Wurzel*, S. 157 f.; *Bethge*, NVwZ 1983, S. 577, 580.

382 *Waechter*, Rn. 475; *Schoch*, NVwZ 1990, S. 801, 803 (Fn. 27); *Schmidt-Aßmann*, in: *Püttner*, HdbKWP III, § 53 B I 2 (S. 185).

383 *Seiler*, S. 89, 101.

384 *Mayer*, S. 30.

setze gewährleistet ist[385]. Damit kann eine Regelungsmaterie durch Erlass eines Gesetzes dem kommunalen Zugriff entzogen oder die Gestaltungsmöglichkeiten kanalisiert werden, sofern der Kernbereich des Art. 28 Abs. 2 GG nicht berührt ist. Damit steht dem Staat nicht das Rechtsetzungsmonopol, wohl aber die Rechtsetzungsprärogative zu[386].

Art. 28 Abs. 2 GG stellt eine verfassungsrechtliche Einräumung funktional echter gesetzgeberischer Kompetenz dar[387]. Die Rechtsetzungsbefugnis der Gemeinden steht zwar im Rang den förmlichen Gesetzen nach, entspricht sonst aber qualitativ der des Gesetzgebers auf Bundes- und Landesebene[388]. Die institutionelle Exekutiveigenschaft des Gemeinderats spielt dabei keine Rolle.

3. Kreationsfunktion

Die auch als Legitimations- oder Wahlfunktion bezeichnete Kreationsfunktion enthält die aus dem Grundsatz der mittelbaren Demokratie und dem daraus folgenden Repräsentationsprinzip hergeleitete Befugnis des Parlaments zur Legitimation der Mandatsträger der übrigen obersten Bundesorgane[389]. Nur über den Kreationsakt des Bundestags bzw. der Landtage kann für alle weitere auf Zeit verliehene Macht im Staat eine uneingeschränkte Legitimationskette zum Volk hergestellt werden.

Die formal starke Stellung des Bundestags in der Verfassung hängt untrennbar mit dem parlamentarischen Regierungssystem zusammen. In Ländern mit Präsidialsystem, in denen der Regierungschef ummittelbar vom Volk gewählt wird, etwa den Vereinigten Staaten, kommt der Vertretungskörperschaft die Kreationsaufgabe nicht in demselben Umfang zu wie in der Bundesrepublik. Dennoch

---

385 Nach der hier vertretenen Ansicht ist dieser Teil des Art. 28 Abs. 2 GG nur deklaratorisch, da die Gemeinden als Teil der Exekutive unmittelbar gemäß Art. 20 Abs. 3 GG an höherrangiges Recht und die Verfassungen des Bundes und des jeweiligen Landes gebunden sind (Ebenso *Seiler*, S. 88 f.; *Adler*, S. 141 ff.; *Waechter*, Rn. 473 (Rn. 17)).

386 *Kriele*, S. 62; *Adler*, S. 141 f.

387 *Meyn*, Kommunalrecht, in: *Huber*, ThürStVwR, 2000, Rn. 114 (S. 241 f.); *Budde*, S. 217 ff. *Hempel/Hempel*, DVBl. 1982, S. 67, 69.

Damit ist aber keine Aussage darüber getroffen, ob die Gemeinden dann keine Befugnis zum Satzungserlass haben, wenn der Anwendungsbereich der speziellen Gesetzesvorbehalte der einzelnen Grundrechte eröffnet ist. Typischerweise handelt es sich dabei um Art. 14, Art. 12 Abs. 1 und Art. 2 Abs. 1 GG. Eine dezidierte Erörterung dieser Problematik ist im Rahmen der vorliegenden Arbeit aus Platzgründen nicht möglich; es wird aber vollständig auf die Darstellung von *Engel-Boland,* S. 99 ff. verwiesen. Im Ergebnis sind die Gemeinden ohne weiteres zum Eingriff in die Schutzbereiche der oben genannten Grundrechte ermächtigt.

388 A.A. *Fichtner*, S. 68 f.

389 *Grimmer*, in: *Graf von Westfalen*, Parlamentslehre, § 9 III (S. 183); *Hans Meyer*, in: *Schneider/Zeh*, Parlamentsrecht und Parlamentspraxis, § 4 Rn. 90.

sind die Volksvertretungen dort unstreitig Parlamente[390]. Die Parlamentseigenschaft zieht also nicht zwangsläufig ein parlamentarisches Regierungssystem nach sich[391]. Aus der Vorrangstellung der Parlamente in einem demokratischen Staat folgt nur die Aufgabenzuweisung der Kreation, wenn das Volk sie nicht selbst wahrnimmt. In letzterem Fall ist dem Demokratieprinzip in direkter Form Genüge getan.

Die bedeutendste den Parlamenten in der Bundesrepublik zukommende Wahlaufgabe ist die des Regierungschefs gemäß Art. 63 Abs. 1 GG. Relativierend für die Freiheit der Volksvertretungen bei der Wahrnehmung der Wahlfunktion wirkt in der Verfassungswirklichkeit der Umstand, dass die Parlamente dabei faktisch an das Wahlergebnis gebunden sind. Bundes- und Landtagswahlen werden in den meisten Fällen nicht durch das Parteiprogramm, sondern durch die Person des Spitzenkandidaten geprägt und entschieden. Somit ist die Wahl des Bundeskanzlers bzw. des Ministerpräsidenten nicht mehr als die Ratifikation des bei den Wahlen zu Ausdruck gebrachten Wählerwillens[392].

Auch an der Legitimation der Judikativspitze ist der Bundestag durch einen Teil seiner Mitglieder beteiligt, indem sie gemäß Art. 94 Abs. 1 S. 2 GG an der Wahl der Bundesverfassungsrichter und gemäß Art. 95 Abs. 2 GG im Richterwahlausschuss an der personellen Besetzung der obersten Rechtsmittelgerichte partizipieren.

Nach Art. 54 Abs. 3 GG besteht die Bundesversammlung, das Gremium zur Wahl des Bundespräsidenten, zur Hälfte aus Mitgliedern des Bundestags. Aber auch in diesem Bereich kann nicht von einer uneingeschränkten Wahlfreiheit des Parlaments gesprochen werden, da die Qualifikation und die Qualität des Kandidaten nicht die allein entscheidenden Kriterien sind, sondern macht- und parteipolitische Aspekte und sonstige Verdienste oder Merkmale im Vordergrund stehen.

Wie bereits festgestellt wurde, ist die kommunale Volksvertretung wie auf Bundes- und Landesebene das zentrale politische Leitungsorgan mit unmittelbarer demokratischer Legitimation. Die daraus im Parlamentsrecht folgende Befugnis zur Einsetzung weiterer Organe lässt sich nicht ohne Schwierigkeiten auf die kommunale Situation übertragen. Dort sind weder ein parlamentarisches Regierungssystem noch verfassungsrechtlich vorgeschriebene Kommunalorgane vorhanden. Ein bis vor wenigen Jahren maßgeblicher Kreationsakt ist den Gemeindevertretungen genommen wurden: Der Bürgermeister wird in den meisten Bundesländern mittlerweile unmittelbar vom Volk gewählt. Auch eine Abwahl ist ebenfalls nur auf diese Weise möglich, wenngleich – außer in Brandenburg

---

390 *Ott*, S. 181.

391 *Schmidt-Eichstaedt*, AfK 24 (1985), S. 20. 31; *Loewenstein*, in: *Kluxen*, Parlamentarismus, S. 65.

392 *Jun*, in: *Graf von Westfalen*, Parlamentslehre, § 16 II 2 (S. 501); die Ausführungen beziehen sich auf Landesparlamente, sind aber auf den Bundestag ohne weiteres übertragbar.

und Sachsen – das Abwahlverfahren nicht durch ein Bürgerbegehren, sondern nur durch die Gemeindevertretung in Gang gesetzt werden kann[393]. Wegen dieser Direktwahl sieht *Berwanger*[394] die Parlamentseigenschaft der Gemeindevertretung selbst in politologischer Hinsicht in Frage gestellt, da deren Wahlfunktion weitgehend weggefallen sei.

Die direkte Bürgermeisterwahl und das Fehlen eines klassischen parlamentarischen Regierungssystems[395] sprechen aber nicht gegen die Zuerkennung der Regierungsfunktion. Zunächst beschränkt sich der Geltungsbereich des parlamentarischen Regierungssystems mit den damit verbundenen Konsequenzen für das Parlament auf den Bund. Die Homogenitätsklausel des Art. 28 Abs. 1 S. 1 GG erfordert lediglich ein bestimmtes Maß an Deckungsgleichheit zwischen bundes- und landesrechtlichen Verfassungsprinzipien, aber keine vollständige Konformität[396]. Da ein demokratischer Rechtsstaat und das Prinzip der Volkssouveränität auch ohne parlamentarisches Regierungssystem verwirklicht werden kann, ist in den Ländern und damit auch in den Kommunen eine vom Bund abweichende Ausgestaltung des Verhältnisses zwischen Parlament und Exekutivspitze möglich[397]. Mit der Einführung der Direktwahl des Bürgermeisters kann man die lokale Variante eines Präsidialsystems erkennen, das die demokratische Legitimation des Bürgermeisters und die bürgerschaftliche Mitwirkung stärkt[398]. Neben diesem demokratietheoretischen Aspekt zur Steigerung basisdemokratischer Elemente war der Wunsch nach einem starken Leiter der Kommunalverwaltung in

---

393 § 62 S. 3 GO Bbg. i.V.m. §§ 72 Abs. 1, 81 Abs. 1 KWG Bbg.; § 76 Abs. 4 S. 1 HGO; § 32 Abs. 5 KV MV; § 61 a S. 1 NGO; § 66 Abs. 1 S. 1 GO NW; § 55 Abs. 1 S. 1 GO RP; § 58 Abs. 1 S. 1 KSVG Saar.; § 51 Abs. 7 S. 1 GO Sachsen; § 61 Abs.1 S. 1 GO SA; § 57 d Abs. 1 S. 1 GO SH; § 28 Abs. 6 S. 1 ThürKO; in Baden-Württemberg und Bayern besteht dagegen keine derartige Möglichkeit, so dass zur Durchführung einer Amtsentfernung nur der Disziplinarweg bleibt (*Wollmann*, in: *Hammerbacher*, Handbuch kommunale Politik, I/D 3.3, S. 1, 22; *Püttner*, Kommunalrecht, Rn. 192). Dieser Befund überrascht, da die Direktwahl des Bürgermeisters gerade von diesen beiden Ländern in die übrigen Kommunalverfassungen übernommen worden ist.

394 S. 110.

395 Die frühere Modalität der Wahl und Abwahl des Bürgermeisters durch den Gemeinderat kann als eine Art parlamentarisches Regierungssystem auf Kommunalebene bezeichnet werden; vgl. *Wollmann*, in: *Hammerbacher*, Handbuch kommunale Politik, I/C 2.1, S. 1, 8 f.

396 *Maunz*, in: *Isensee/Kirchhof*, HdbStR IV, § 95 Rn. 2; *Dreier*, in: *ders.*, GG-Kommentar II, Art. 28 Rn. 53.

397 Ebenso *Dreier*, in: *ders.*, GG-Kommentar II, Art. 28 Rn. 62, Art. 79 Rn. 35; *Ott*, S. 181; a.A. *Löwer*, in: *v. Münch/Kunig*, GG-Kommentar II, Art. 28 Rn. 15.

398 NW LT-Drs. 12/4597, S. 1, 24; *Wollmann*, in: *Hammerbacher*, Handbuch kommunale Politik, I/C 2.1, S. 1, 8 f.; *Meyn*, LKV 1995, S. 265, 270; *Schulze*, in: *Hammerbacher*, Handbuch kommunale Politik, I/A 1.1, S. 1, 3 bezeichnet den Bürgermeister plakativ als „Stadtoberhaupt“.

finanziell schwierigen Zeiten maßgeblich für die Einführung der Direktwahl[399]. Die Schwächung des Rats hingegen war nicht beabsichtigt.

Dementsprechend variiert der Umfang der Kreationsbefugnisse der Volksvertretung. Wie gerade bei der Beurteilung der Kreationsaufgaben der Parlamente angemerkt, folgt aus dem Demokratieprinzip nur dann das Gebot zur Übertragung der Kreationsaufgaben auf die Volksvertretung, wenn und soweit das Volk sie nicht selbst wahrnimmt. Genau das ist mit der unmittelbaren Wahl des Bürgermeisters geschehen, ohne dass damit ein Aspekt normativer Vergleichbarkeit entfallen ist[400]. Es kann nur das verglichen werden, was einem Parlament – unabhängig von einer bestimmten Regierungsform – an Funktionen zukommen muss, um als solches bezeichnet werden zu können. Dazu gehört die Einsetzung des Regierungschefs bei Durchführung einer Volkswahl gerade nicht. Sonst fällt den Gemeindevertretungen die Kreationsfunktion genauso zu wie den Landtagen und dem Bundestag.

Der Grundsatz der Wahl und Abwahl durch das Gemeindevolk gilt nicht für die Bereichsbürgermeister und die Beigeordneten. Sie hängen direkt vom Vertrauen der Vertretungskörperschaft ab. Abgesehen von der Wahl des Bürgermeisters gehen die Kreationsbefugnisse der kommunalen Volksvertretungen sogar über die des Bundestags hinaus. So verlangt das Bundesverfassungsgericht nicht nur die Legitimierung einzelner, sondern aller Mitglieder des Gemeindevorstands durch den Gemeinderat[401]. Damit fällt dem Gemeinderat die Kreationsfunktion in vollem Umfang zu, soweit das Volk sie nicht selbst wahrnimmt[402]. Dieser Umstand stellt eine gewisse Angleichung an das parlamentarische Regierungssystem dar[403], ist aber kein struktureller Unterschied zwischen Rat und den Volksvertretungen des Bundes und der Länder.

4. Regierungskontrollfunktion

a) Parlamentsebene

Unabhängig von der jeweiligen Staatsleitungsform ist die Kontrolle der Regierung ein klassisches Recht des Parlaments, wodurch unter anderem das Demokratieprinzip konkretisiert wird[404]. Außer der Gesetzgebungsfunktion ist diese Funktion zugleich Ausprägung des verfassungsrechtlichen Gewaltenteilungs-

---

399 *Wollmann*, in: *Hammerbacher*, Handbuch kommunale Politik, I/D 3.3, S. 1, 21 f.

400 So aber *Berwanger*, S. 110 (Fn. 630).

401 BVerfGE 38, 258, 271.

402 Ebenso *Ott*, S. 185.

403 *Wollmann*, in: *Hammerbacher*, Handbuch kommunale Politik, I/D 3.3, S. 1, 12.

404 *Hans Meyer*, in: *Schneider/Zeh*, Parlamentsrecht und Parlamentspraxis, § 4 Rn. 16, 21.

prinzips, die den Vorrang der Volksvertretung als Konsequenz der Volkssouveränität absichert[405].

Explizit erwähnt ist die Befugnis der Volksvertretung zur parlamentarischen Kontrolle lediglich in dem erst 1956 in die Verfassung eingefügten Art. 45 b S. 1 GG, der aber auf die Kontrolle der Bundeswehr beschränkt ist. Die übrigen Kontrollfunktionen ergeben sich aus einer Gesamtschau verschiedener Grundgesetznormen[406]. Zur Einholung der zur Durchführung der parlamentarischen Kontrolle erforderlichen Informationen steht dem Bundestag ein Zitier- und Interpellationsrecht zu. Nach Art. 43 Abs. 1 GG kann jederzeit die Anwesenheit jedes Mitglieds der Bundesregierung verlangt werden. Nach zutreffender Ansicht korrespondiert mit dem Zitierrecht nicht nur eine Anwesenheits-, sondern auch eine Antwortpflicht des Regierungsmitglieds[407]. Das ebenfalls aus Art. 43 Abs. 1 GG herzuleitende Interpellationsrecht[408] enthält die Berechtigung des Bundestags, Anfragen an die Regierung stellen zu dürfen. Konkretisiert ist es in den §§ 100 ff. GO BT, wonach eine Unterscheidung in Kleine, Große und kurze, mündliche Anfragen in der Fragestunde vorgenommen wird. Das Interpellationsrecht ist zur Regierungskontrolle von erheblicher Wichtigkeit, weil eine Anfrage nicht nur der Erlangung von Informationen dient, sondern auch das Interesse der Öffentlichkeit an der Behandlung der Anfrage weckt[409]. Damit wird die Regierung angehalten, ihr Handeln offen und transparent zu gestalten.

Gemäß Art. 63 Abs. 1 GG ist es Aufgabe des Bundestags, auf Vorschlag des Bundespräsidenten den Bundeskanzler als Regierungschef zu wählen. Darüber hinaus hängt der Bestand der Exekutivspitze während ihrer Amtszeit vom Vertrauen des Parlaments ab[410]. Zum einen besteht für das Parlament die Möglichkeit, dem Kanzler durch ein konstruktives Misstrauensvotum das Vertrauen zu entziehen, Art. 67 Abs. 1 GG. Dadurch kommen die parlamentarische Verantwortlichkeit des Regierungschefs und seine Abhängigkeit deutlich zum Ausdruck. Zum anderen kann der Bundeskanzler den Bundestag dazu zwingen, seine Unterstützung zum Ausdruck zu bringen, indem er von der ihm in Art. 68 Abs. 1 GG eingeräumten Möglichkeit Gebrauch macht, die Vertrauensfrage zu stellen.

Aufgrund der parteipolitisch geprägten Gliederung des Parlaments in Fraktionen ist die Regierungskontrolle in der Realität eine regelmäßig von der Opposi-

---

405 *Badura*, in: *Isensee/Kirchhof*, HdbStR II, § 25 Rn. 11.

406 *Hans Meyer*, in: *Schneider/Zeh*, Parlamentsrecht und Parlamentspraxis, § 4 Rn. 66.

407 BVerfGE 67, 100, 129; *Versteyl*, in: *v. Münch/Kunig*, GG-Kommentar II, Art. 43 Rn. 22; *Grimmer*, in: *Graf von Westfalen*, Parlamentslehre, § 9 IV 2 (S. 189).

408 *Mein*, in: *v. Münch/Kunig*, GG-Kommentar II, Art. 68 Rn. 6 a.

409 *Ipsen*, Staatsrecht I, Rn. 206.

410 Dies gilt nicht nur für Staaten mit parlamentarischem Regierungssystem wie die Bundesrepublik, sondern aufgrund faktischer Zwänge auch für präsidiale Regierungsformen, vgl. *Badura*, in: *Isensee/Kirchhof*, HdbStR II, § 25 Rn. 8.

tion zu erfüllende Aufgabe. Die Person des Bundeskanzlers und die Zusammensetzung der Bundesregierung sind nämlich durch die parteipolitische Mehrheit der Abgeordneten determiniert, weshalb keine Frontstellung mehr zwischen Parlament und Regierung besteht[411].

Das wichtigste und älteste Instrumentarium zur Regierungskontrolle und der dazu erforderlichen Informationsgewinnung, aber auch zur parlamentarischen Selbstkontrolle, ist die Einsetzung eines Untersuchungsausschusses gemäß Art. 44 GG[412]. Es handelt sich hierbei um ein klassisches Minderheitsrecht, das zugleich wegen der immensen Öffentlichkeitswirksamkeit der Untersuchung selbst ein wichtiges „politisches Kampfmittel“[413] des Parlaments bzw. der Opposition darstellt.

b) Kreation und Kontrolle auf gemeindlicher Ebene

aa) Kommunale Volksvertretung als Kontrollorgan

Eine dem Bundestag entsprechende Funktion käme der kommunalen Vertretungskörperschaft dann zu, wenn sie als „Kommunalparlament“ die Aufgabe hätte, die Gemeindeverwaltung als „Kommunalregierung“ zu kontrollieren. Dies ist zweifelhaft, da das Prinzip der Gewaltenteilung, dessen Verwirklichung das Kontrollrecht der Regierung durch das Parlament dient, in den Gemeinden nicht im klassischen Sinne verwirklicht ist. Allein aufgrund der institutionellen Zugehörigkeit der Ratsvertretung zur vollziehenden Gewalt[414] ist es jedoch nicht möglich, der kommunalen Vertretungskörperschaft ihre Kontrollfunktion im Gesamtgefüge des Systems der kommunalen Selbstverwaltung abzusprechen. Dies liefe erneut auf eine schematische Anwendung des Gewaltenteilungsgrundsatzes hinaus und würde nicht berücksichtigen, dass auch innerhalb der Gewalten eine Verstärkung der wechselseitigen Kontrolle durch eine nochmalige Aufgabentrennung denkbar ist. So finden sich erste Stimmen in der Literatur, die in

---

411 BVerfGE 102, 224, 236; *Lieber/Rautenberg*, DRiZ 2003, S. 56, 59; *Klein*, in: *Isensee/Kirchhof*, HdbStR II, 2. A., § 40 Rn. 31; *Schneider*, Das parlamentarische System, in: *Benda/Maihofer/Vogel*, Handbuch des Verfassungsrechts, § 13 Rn. 66.

412 *Brocker*, ZParl. 1999, S. 739, 740, 743; *Zeh*, in: *Isensee/Kirchhof*, HdbStR II, 2. A., § 43 Rn. 84; *Hoppe/Kleindiek*, VR 1992, S. 83, 85.

413 *Hans Meyer*, in: *Schneider/Zeh*, Parlamentsrecht und Parlamentspraxis, § 4 Rn. 85.

414 S. dazu schon oben S. 54; a.A. *Hoppe/Kleindiek*, VR 1992, S. 83, 84, die in Gemeindevertretungen vollwertige Legislativorgane sehen und nicht von einem zwei-, sondern einem vierstufigen Staatsaufbau ausgehen (Bund, Länder, Landkreise, Gemeinden). Dabei wird aber übersehen, dass die Gemeinden trotz originärer verfassungsrechtlicher Befugnisse im staatlichen Gesamtsystem Teile der Länder sind und es sich bei ihnen institutionell um Exekutivorgane handelt, die in manchen Bereichen funktional legislativ handeln.

der dualistischen Aufgabenverteilung zwischen Rat und Gemeindeverwaltung eine Form lokaler, faktischer Gewaltenteilung sehen[415].

Dementsprechend ist in allen Bundesländern die Rolle der kommunalen Volksvertretung als Binnenkontrollorgan der Gemeindeverwaltung normiert[416]. Indem der Gemeinderat nicht nur die Durchführung seiner Beschlüsse, sondern auch den übrigen Ablauf der Gemeindeverwaltung zu überwachen hat, kommt seine exponierte Stellung innerhalb der Gemeinde zum Ausdruck[417].

Darüber hinaus ist das Recht zur Kontrolle der Exekutivspitze nicht nur ein Instrument der horizontalen Gewaltenteilung, sondern auch eine Konkretisierung des Demokratieprinzips[418]. Dem Gemeinderat kommt im Vergleich zur Gemeindeverwaltung die unmittelbarere Legitimation zu, sofern es sich nicht um den direkt gewählten Bürgermeister handelt. Er nimmt eine exponierte Stellung ein und hat wie der Bundestag das Handeln der Gemeindeverwaltung zu kontrollieren und in der Gemeindeverwaltung auftretende Missstände zu beseitigen[419]. Deshalb ist die Kontrolle der Verwaltung in der Gemeinde ebenso wie auf Bundes- und Landesebene eine wesentliche Aufgabe der Volksvertretung[420]. Systembedingt beschränkt sich das Kontrollrecht des Gemeinderats auf den Bereich der kommunalen Selbstverwaltung und umfasst nicht die Aufgaben des übertragenen Wirkungskreises[421].

Zur ordnungsgemäßen Erfüllung dieser Pflicht stehen dem Rat Anfrage-, Unterrichtungs- und Akteneinsichtsrechte gegenüber der Gemeindeverwaltung zur

---

415 *Bussalb*, S. 189; *Wollmann*, in: *Hammerbacher*, Handbuch kommunale Politik, I/C 2.1, S. 1, 8; *ders.*, in: *Hammerbacher*, Handbuch kommunale Politik, I/D 3.3, S. 1, 7, 9; wohl auch *Püttner*, in: *Isensee/Kirchhof*, HdbStR IV, § 107 Rn. 41; a.A. *Hubert Meyer*, Kommunales Parteien- und Fraktionenrecht, S. 224: „Hieraus [der vorrangigen Zuständigkeit des Gemeinderats für bedeutsame Angelegenheiten, Anm. d. Verf.] lässt sich indes nichts herleiten für eine an staatlichen Vorbildern orientierte Gewalten- oder Funktionentrennungslehre."

416 § 24 Abs. 1 S. 3 GO BW; Art. 30 Abs. 3 BayGO; § 35 Abs. 1 GO Bbg.; § 50 Abs. 2 HGO; § 22 Abs. 2 S. 1 KV MV; § 40 Abs. 3 NGO; § 55 Abs. 3 GO NW; § 32 Abs. 1 S. 3 GO RP; § 37 KSVG Saar.; § 28 Abs. 2 GO Sachsen; § 44 Abs. 2 S. 2 GO SA; § 27 Abs. 1 S. 2 GO SH; § 22 Abs. 3 S. 2 – 4 ThürKO.

417 *Eiermann*, VBlBW 1999, S. 447 f; *Wurzel*, S. 159 f. Relativiert werden muss das allerdings für *Nordrhein-Westfalen*, wo der Rat gemäß § 41 Abs. 1 GO NW grundsätzlich für alle Angelegenheiten der Gemeindeverwaltung zuständig ist. Die Geschäfte der laufenden Verwaltung sind nur deshalb vom Bürgermeister wahrzunehmen, weil sie gemäß § 41 Abs. 3 GO NW als auf diesen übertragen gelten. Eine unabhängige Kontrolle der Verwaltungstätigkeit mit dem Ziel der wechselseitigen Machtmäßigung ist dort nur möglich, solange der Rat sich für bestimmte Fragen nicht die Letztentscheidungskompetenz vorbehält. Kritisch hierzu *Frowein*, in: *Püttner*, HdbKWP II, § 28 A II (S. 85).

418 *Ott*, S. 187.

419 *Gern*, Deutsches Kommunalrecht, Rn. 316; *Ott*, S. 187.

420 *Waechter*, Rn. 291.

421 *Wollmann*, in: *Hammerbacher*, Handbuch kommunale Politik, I/D 3.3, S. 1, 9 f.

Verfügung, die in ihrem Umfang je nach Bundesland divergieren, aber aufgrund des Homogenitätsgebots zwingend einen Mindeststandard aufweisen müssen[422]. Mit der gesetzlichen Einräumung dieser Befugnisse für ein besonderes Verwaltungsorgan wird deutlich, dass für die Wahrnehmung der Kontrollfunktion nicht die Eigenschaft als Legislativorgan im klassischen Gewaltenteilungsgefüge maßgeblich ist, sondern die aus der unmittelbaren demokratischen Legitimation folgende Vertretungsfunktion. Außerdem wird damit dem aus der dualistischen Zuständigkeitsverteilung folgenden funktionalen und institutionellen Spannungsverhältnis zwischen gemeindlicher Volksvertretung und Verwaltungsleitung Rechnung getragen[423].

bb) Mögliche Unterschiede in der Ausprägung des Kontrollrechts?

Dieses Zwischenergebnis stellt zwar im Grundsatz die parlamentarische mit der gemeindlichen Kontrollaufgabe der Vertretungskörperschaften auf eine Stufe. Eine Vergleichbarkeit dieses Strukturprinzips kann aber nur dann angenommen werden, wenn nicht jenseits der Eigenschaft als Volksvertretung liegende spezifische Merkmale des jeweiligen Rechtsgebiets zu einem anderen Ergebnis führen.

α) Fehlende Trennung zwischen Kontrollsubjekt und -objekt

Hierfür könnte die fehlende konsequente Trennung zwischen Subjekt und Objekt der Kontrolle angeführt werden, da der Bürgermeister in einigen Bundesländer nicht nur – zumeist stimmberechtigtes[424] – Mitglied der kommunalen Volksvertretung [425] ist, sondern auch Leiter der Gemeindehauptverwaltung[426]. Hierdurch sind Interessenkonflikte möglich. Dies kann jedoch zu einem gewissen Maße durch die kommunalen Mitwirkungsverbote kompensiert werden, indem der betroffene Bürgermeister von der Wahrnehmung der Kontrollbefugnisse ausgeschlossen ist. Ferner betrifft die fehlende Trennung zwischen Kontrol-

422 *Waechter*, Rn. 291; *Stober*, § 15 II 4 a (S. 194).

423 *Wollmann*, in: *Hammerbacher* Handbuch kommunale Politik, I/C 2.1, S. 1, 9.

424 So in allen in Fn. 425 aufgeführten Ländern; nicht aber im Saarland. Dort ist der Bürgermeister gemäß § 42 Abs. 1 S. 1 KSVG Saar. Vorsitzender des Gemeinderats, hat jedoch kein Stimmrecht, § 42 Abs. 1 S. 2 KSVG Saar.

425 § 25 Abs. 1 S. 1 GO BW; Art. 31 Abs. 1 BayGO; § 34 Abs. 1 GO Bbg.; § 40 Abs. 2 S. 1 GO NW; §§ 29 Abs. 1 S. 1, 36 Abs. 1 S. 1 GO RP; § 36 Abs. 1 GO Sachsen; § 36 Abs. 1 S. 1 GO SA; § 23 Abs. 1 S. 1 ThürKO.

426 §§ 42 Abs. 1 S. 1, 44 Abs. 1 S. 1 GO BW; Art. 36 Abs. 1 S. 1, 37 Abs. 1 BayGO; § 61 Abs. 1 S. 1 GO Bbg.; § 70 Abs. 1 S. 2 HGO; § 37 Abs. 2 S. 2 KV MV; § 62 Abs. 2 S.1 NGO; § 62 Abs. 1 S. 2 GO NW; § 47 Abs. 1 S. 2 GO RP; § 59 Abs. 2 S. 1 KSVG Saar.; § 53 Abs. 1 GO Sachsen; § 63 Abs. 1 S. 1 GO SA; §§ 50 Abs. 5, 55 Abs. 1 GO SH; § 29 Abs.1 ThürKO.

leur und Kontrolliertem nicht nur die kommunale Ebene, sondern auch die Volksvertretungen in Bund und Ländern. Hier wird die Trennung der Gewalten genauso wenig durchgehalten, da die Regierungschefs und die Minister in der Regel nicht nur Teil der Exekutivspitze, sondern auch Mitglieder des das Kontrollrecht ausübenden Legislativorgans sind. Dieser Aspekt spricht nicht gegen die Gleichwertigkeit des Kontrollrechts der kommunalen Volksvertretung.

β) Geringere Abhängigkeit der Gemeindeverwaltung von der Ratsvertretung

Ein weiterer Unterschied zwischen dem Kontrollrecht des Bundestags und der Ratsvertretungen könnte in der Abhängigkeit der Regierung von der Volksvertretung liegen. Grund für diesen Unterschied ist das parlamentarische Regierungssystem, das nur in Bund und Ländern existiert und eine stärkere Dependenz nach sich zieht. Während das Schicksal der Exekutivspitze auf staatlicher Ebene rechtlich vom Vertrauen der Legislative abhängt, ist das auf kommunaler Ebene nicht in diesem Maße der Fall, sofern man auf die fehlende Abwahlmöglichkeit des Bürgermeisters abstellt. Dies relativiert sich aber, wenn man die Untersuchung nicht auf dieses Amt beschränkt, sondern die übrigen Mitglieder des Gemeindevorstandes und die Beigeordneten mit einbezieht. Insofern geht das dem Gemeinderat zustehende Kontrollrecht über das der Parlamente sogar hinaus.

Außerdem darf nicht übersehen werden, dass es – genau wie für den Bundeskanzler und den Ministerpräsidenten – für den Bürgermeister nahezu unmöglich ist, die Gemeindeverwaltung nach seinen Vorstellungen und mit der Chance auf Wiederwahl zu führen, wenn er sich weigert, den Rat bei der Wahrnehmung seiner Kontrollaufgaben zu unterstützen und vertrauensvoll mit ihm zusammenzuarbeiten. Schließlich ist das bedeutendste Kontrollinstrument der Kontakt der Ratsmitglieder mit der Bevölkerung, wodurch sie von einer guten oder schlechten Amtsführung des Bürgermeisters erfährt[427]. In dieser Hinsicht besteht eine Parallele zwischen seiner Stellung und der der Regierung im parlamentarischen System[428].

Abgeschwächt wird das Merkmal der *rechtlichen* Abhängigkeit der Regierung von der Legislative im Parlamentsrecht dadurch, dass in der Parteiendemokratie Parlamentsmehrheit und Exekutivspitze derselben Partei angehören. Somit ist eine wirksame Kontrolle durch das Parlament fragwürdig, zumal ein Sturz der Regierung durch Abgeordnete derselben Partei in der Regel schwer wiegende Auswirkungen für das nächste Wahlergebnis nach sich ziehen wird. Hier ist auf gemeindlicher Ebene sogar eine effektivere Erfüllung der Kontrollaufgaben

---

427 *Bussalb*, S. 188; *Ott*, S. 192; *Lehmann-Grube*, in: *Püttner*, HdbKWP II, § 28 C I 4 (S. 123).

428 BVerfGE 7, 155, 164 f.

möglich, wenn wegen der Direktwahl des Bürgermeisters seine politische Ausrichtung konträr zu der der Mehrheitsfraktion im Rat ist. Bei identischer Parteizugehörigkeit von Bürgermeister und Gemeinderatsmehrheit ist das Kontrollrecht aber sowohl im Kommunalrecht als auch in Bund und Ländern de facto ein den Oppositionsfraktionen zukommendes Minderheitenrecht[429], wodurch eine weitere gemeindliche Gemeinsamkeit zur parlamentsrechtsrechtlichen Situation besteht. Jedenfalls kann die Abhängigkeit der Regierung vom Parlament nicht als Begründung einer „Minderwertigkeit" des kommunalrechtlichen Kontrollrechts dienen.

γ) Recht zur Einsetzung eines Untersuchungsausschusses

Der kommunalen Vertretungskörperschaft steht eines der wichtigsten, ältesten und schärfsten Instrumentarien[430] zur Gewährleistung einer wirksamen Kontrolle, nämlich das Recht zur Einsetzung eines Untersuchungsausschusses im klassischen Sinne, nicht zu[431]. Dies wird mit den weit reichenden Befugnissen eines Untersuchungsausschusses begründet. Mit den Ermittlungen werde zwangsläufig in primäre Zuständigkeiten von grundsätzlich voneinander unabhängigen Organen anderer Gewalten eingegriffen. Das sei aber nur dann zulässig, wenn ein Organ dazu verfassungsunmittelbar legitimiert sei. Da dies in Art. 44 GG und den entsprechenden Vorschriften der Landesverfassungen[432] für die Parlamente geschehen sei, eine ausdrückliche Regelung in Art. 28 Abs. 2 GG dagegen fehle, stünde den Gemeindevertretungen ein entsprechendes Untersuchungsrecht nicht zu[433].

In der Tat unterscheidet sich der parlamentarische Untersuchungsausschuss des Bundestags von sonstigen Ausschüssen dadurch, dass er von Verfassungs wegen über das Recht zur Beweiserhebung und zur Rechts- und Amtshilfe gemäß Art. 44 Abs. 2, Abs. 3 GG verfügt. Diese Rechte können im kommunalen Bereich auch nicht als der aus Art. 28 Abs. 2 GG folgenden und gerade erörterten Kontrollfunktion immanent angesehen werden. Zwar leiten auch Bundes- und Landesparlamente ihre Überwachungskompetenzen aus ihrer Stellung als unmittelbar legitimierte Volksvertretung ab. Im Parlamentsrecht ist aber eine verfassungsrechtliche Institutionalisierung des Untersuchungsausschusswesens vorgenommen worden, die über die allgemeine Überwachungskompetenz der Volksvertretung hinausgeht. Daraus lässt sich der Gegenschluss ziehen, dass die

---

429 *Wollmann*, in: *Hammerbacher*, Handbuch kommunale Politik, I/D 3.3, S. 1, 7.

430 *Glauben*, DRiZ 2003, S. 161; *Hoppe/Kleindiek*, VR 1992, S. 83, 85.

431 VG Würzburg, BayVBl. 1996, S. 377, 378 f.; *Stober*, § 15 II 4 a (S. 194); *Hoppe/Kleindiek*, VR 1992, S. 83, 86; *Schröder*, S. 539.

432 Nachweise bei *Magiera*, in: *Sachs*, Art. 44 vor Rn. 1.

433 VG Würzburg, BayVBl. 1996, S. 377, 379; *Wohlfahrt*, Rn. 142; *Beckmann/Rühberg*, DVP 2000, S. 104, 105 f.; *Foerster*, VR 1989, S. 167, 170.

Rechte zur Zeugen- und Sachverständigenvernehmung und der Anspruch auf Amtshilfe nicht existieren, wenn sie nicht verfassungsunmittelbar eingeräumt sind[434]. Andernfalls wären die bundes- und landesverfassungsrechtlichen Untersuchungsrechte des Bundestags und der Landtage rein deklaratorisch, was bei der genauen Aufzählung der Untersuchungsrechte nicht angenommen werden kann.

Ungeachtet der gerade dargestellten Unterschiede – diese betreffen nur die zur Verfügung stehenden Mittel, nicht aber das Recht an sich – besteht das Untersuchungsrecht der kommunalen Volksvertretung dem Grunde nach genauso wie im Bund und den Ländern. Freilich ist die Wahl der bei der Ausübung der Befugnis zur Verfügung stehenden Mittel im Vergleich zum parlamentarischen Untersuchungsrecht beschränkt[435]. Mangels Kompetenzen wäre es unzulässig, einen Untersuchungsausschuss mit denselben Befugnissen wie auf parlamentarischer Ebene einzurichten. Schließlich kann ein Ausschuss nicht mehr Rechte haben als das Hauptorgan selbst[436]. Dabei muss aber berücksichtigt werden, dass die weitgehenden Rechte eines Untersuchungsausschusses eng mit dem parlamentarischen Regierungssystem verbunden sind. Die starke rechtliche Abhängigkeit der Regierung vom Vertrauen der Volksvertretung erfordert schlagkräftige Kontrollinstrumente[437]. Da dieses System in den Gemeinden gerade nicht besteht, die Legitimation des Bürgermeisters direkter ist als die des Kanzlers oder der Ministerpräsidenten, bedarf es auch nicht derselben Waffen zur effektiven Durchsetzung der Kontrollfunktion.

Darüber hinaus bleibt es dem Rat aufgrund seiner allgemeinen Kontroll- und Überwachungsaufgabe unbenommen, einen Ausschuss zur Untersuchung von Missständen einzusetzen, dem die Aufgabe der Meinungsbildung in der Gemeindevertretung zukommt[438]. Dieser sollte wegen der fehlenden Befugnisse und zur Vermeidung von Abgrenzungsschwierigkeiten zum parlamentarischen Untersuchungsausschuss nicht diesen Namen tragen, da es sich um einen „Überwachungsausschuss“ handelt[439]. Er kann selbstverständlich auch Zeugen und Sachverständige zur Beschaffung von Informationen laden, wenngleich das Erscheinen der Personen auf freiwilliger Basis beruht und nicht mit Zwangsmitteln durchsetzbar ist[440]. Ein zentraler Unterschied zum parlamentarischen Untersu-

---

434 VG Würzburg, BayVBl. 1996. S. 377, 379. Daher kann die Unzulässigkeit kommunaler Untersuchungsausschüsse auch nicht auf die fehlende Parlamentseigenschaft gestützt werden, da der Bundestag seine ausgeprägten Befugnisse nicht wegen seines Parlamentscharakters innehat, sondern aufgrund Art. 44 Abs. 1 GG; a.A. *Beckmann/Rühberg*, DVP 2000, S. 104, 106.

435 *Ott*, S. 192.

436 So auch *Beckmann/Rühberg*, DVP 2000, S. 104, 105; *Beckmann*, DVP 1998, S. 239, 243.

437 BVerwG NJW 1988, S. 1924, 1926; daher wenig überzeugend *Wurzel*, S. 164.

438 Ebenso *Hubert Meyer*, Kommunalrecht, Rn. 385; *Foerster*, VR 1989, S. 167, 170.

439 Für die Rechtslage in Bayern *Lissack*, § 4 Rn. 74.

440 *Ott*, S. 191.

chungsausschuss besteht außerdem in der fehlenden Aussage- und Wahrheitspflicht des Zeugen.[441] Der Gemeinderat bzw. der von ihm eingerichtete Überwachungsausschuss kann sich generell keiner strafprozessualer Untersuchungsmittel bedienen.

cc) Ergebnis

Die Gemeindevertretungen haben dem Grunde nach denselben Auftrag wie der Bundestag und die Landtage, nämlich das Handeln der Exekutive[442] zu überwachen und zu kontrollieren[443]. Damit zeigt sich, dass die Wahrnehmung dieser Aufgabe nicht mit der Einordnung als Legislativ- oder Exekutivorgan zusammenhängt, sondern Konsequenz der Eigenschaft als Volksvertretung ist. Damit erfüllt der Gemeinderat dieses klassische Merkmal dem Grunde nach genauso wie ein staatliches Parlament.

Allerdings unterscheiden sich die Kontrollbefugnisse durch die stärkere rechtliche Abhängigkeit der Regierung vom Vertrauen des Parlaments und den Mitteln, die dem Kollegialorgan zur effektiven Erfüllung seiner Überwachungstätigkeit zur Verfügung stehen. Dies kann an der grundsätzlichen Vergleichbarkeit dieser Funktion nichts ändern. Die Differenzen tragen den Besonderheiten des auf gemeindlicher Ebene nicht existierenden parlamentarischen Regierungssystems Rechnung.

Die Kontrollfunktion stellt unabhängig vom Regierungssystem ein parlamentarisches Wesensmerkmal mit unterschiedlicher Ausprägung dar; das parlamentarische Regierungssystem kann diese Parlamentsaufgabe allein nicht erklären[444]. Deshalb eignet sich die besondere Ausgestaltung der Ausübungsmodalitäten nicht zur Ablehnung der Parallelität dieser Kompetenz auf staatlicher und gemeindlicher Ebene.

5. Öffentlichkeitsfunktion

Die Ermächtigung des Parlaments, den Willen des Volkes zu repräsentieren und an seiner Stelle Staatsmacht auszuüben, lässt sich nicht ausschließlich mit der regelmäßigen Durchführung demokratischer Wahlen rechtfertigen. Die Volksvertretung muss auch während der Legislaturperiode den Souverän über den Willensbildungs- und Entscheidungsprozess Auskunft geben, damit er den poli-

---

441 *Glauben*, DRiZ 2003, S. 161, 162.

442 Im kommunalrechtlichen Sinne ist die Bezeichnung mangels klassischer Gewaltenteilung untechnisch zu verstehen.

443 Ebenso *Bick*, S. 33 f.; dort wird die Verwaltungskontrollfunktion des Gemeinderats als „parlamentsähnliche Struktur" bezeichnet.

444 *Hans Meyer*, in: *Schneider/Zeh*, Parlamentsrecht und Parlamentspraxis, § 4 Rn. 67.

tischen Prozess verfolgen kann[445]. Damit ermöglicht sie eine subjektiv richtige Wahlentscheidung und eine hinreichende Kontrolle der parlamentarischen Tätigkeit durch Bildung einer öffentlichen Meinung[446]. Das Volk leitet aus dem Demokratie- und dem Rechtsstaatsprinzip einen Anspruch her, die Verhandlungen des Bundestags und der Landtage in transparenter Weise verfolgen zu können. Deshalb sind die Verhandlungen der Parlamente grundsätzlich öffentlich. Dieser Grundsatz ist ein elementares Wesensmerkmal des demokratischen Parlamentarismus[447] und in Art. 42 Abs. 1 S. 1 GG grundgesetzlich festgelegt.

Die Öffentlichkeit kann nur auf Antrag eines Zehntels der Mitglieder des Bundestags mit Zwei-Drittel-Mehrheit ausgeschlossen werden, Art. 42 Abs. 1 S. 2 GG. Spezielle Ausschlussgründe werden dabei nicht genannt. Ein Missbrauch ist aber aus zwei Gründen nicht zu befürchten: Zum einen führt das erforderliche Quorum bei gewöhnlicher Zusammensetzung des Bundestags zu einer Zustimmungspflicht eines großen Teils der oppositionellen Abgeordneten und damit zu einer hohen Richtigkeitschance des Beschlusses[448]. Zum anderen handelt es sich beim Öffentlichkeitsgrundsatz nicht um ein Parlamentsprivileg, über das die Volksvertretungen beliebig disponieren dürfen. Wegen der Bedeutung der Publizität der Verhandlungen als Verfassungsgrundsatz kommt eine Einschränkung nur zum Schutz anderweitiger Rechtsgüter von Verfassungsrang in Betracht, wobei die verschiedenen Positionen im Wege praktischer Konkordanz in Ausgleich zu bringen sind[449]. Letztlich kommt eine Einschränkung nur zum Schutz privater und staatlicher Geheimnisse sowie strafrechtlicher Ermittlungen in Frage[450].

Das Prinzip der Öffentlichkeit beansprucht nicht nur im Parlamentsrecht Geltung, sondern ist ein historisch gewachsener, fundamentaler kommunalrechtlicher Grundsatz. Bereits in der Paulskirchenverfassung vom 28.03.1849 war in § 184 die öffentliche Verhandlung der Gemeindeversammlung als Regelfall vorgesehen[451]. Heute dient sie wie der parlamentsrechtliche Öffentlichkeitsgrundsatz der Kontrollmöglichkeit durch Einblicke in die Tätigkeit der kommunalen Vertretungskörperschaft und der Willensbildung der Bürger für die nächste Wahl[452]. Durch die öffentliche Fokussierung der Gemeinderatssitzungen wird außerdem die ordnungsgemäße, sachliche Aufgabenerfüllung gefördert und

---

445 *Klein*, in: *Isensee/Kirchhof*, HdbStR II, 2. A., § 40 Rn. 39.

446 *Klein*, in: *Isensee/Kirchhof*, HdbStR II, 2. A., § 40 Rn. 39; *Gramlich*, DÖV 1982, S. 139, 141.

447 BVerfGE 70, 324, 355; 84, 304, 329.

448 *Linck*, ZParl. 23 (1992), S. 673, 687 f.; *Gramlich*, DÖV 1982, S. 139, 142.

449 *Linck*, ZParl. 23 (1992), S. 673, 688 f.

450 *Linck*, ZParl. 23 (1992), S. 673, 695.

451 Zur historischen Entwicklung des Öffentlichkeitsgrundsatzes in den unterschiedlichen Kodifikationen *Gramlich*, DÖV 1982, S. 139 f.

452 OVG Saar., DÖV 1993, S. 964, 965; VGH BW, NVwZ-RR 1992, S. 373; *Rohde*, S. 71; *Buß*, VR 1997, S. 377; *Foerstemann*, in: *Püttner*, HdbKWP II, § 28 B I 2 a (S. 97).

durch Gewährleistung von Transparenz Verfilzung und Vetternwirtschaft entgegengewirkt[453]. Es soll erst gar nicht der Eindruck entstehen, bei der Entscheidungsfindung „hinter verschlossenen Türen" könnten zweifelhafte Motive im Spiel gewesen sein[454]. Damit ist der Öffentlichkeitsgrundsatz ein Mittel, das Interesse der Gemeindebürger an der kommunalen Selbstverwaltung zu wecken und sie zu einer aktiven Gestaltung des Gemeinwesens anzuhalten[455]. In dieser vor allem auf das Gesetzmäßigkeitsprinzip und das Interesse an einer sauberen Verwaltung abstellenden Begründung zeigt sich die institutionelle Zugehörigkeit der Gemeindevertretung zur Exekutive.

Daneben ist der Öffentlichkeitsgrundsatz eine Ausprägung des Demokratie- und Rechtsstaatsprinzips[456]. Manche Gerichte übertragen die für Öffentlichkeit der Verhandlungen parlamentarischer Gremien maßgebliche Begründung, demokratische Legitimation, Kontrolle und Partizipation könnte adäquat nur in einem öffentlichen Forum verwirklicht werden, direkt auf die kommunalrechtliche Ebene[457].

Diese unterschiedlichen Begründungsansätze für die Sitzungsöffentlichkeit haben ihren Hintergrund in der unterschiedlichen Sichtweise des Rats als Verwaltungsorgan bzw. als Parlament[458]. Sie schließen sich aber nicht aus, sondern ergänzen sich, da nur bei einer Berücksichtigung aller Argumente die strukturellen Besonderheiten der Gemeindevertretung angemessen erfasst werden. Der spezielle Charakter der kommunalen Volksvertretung liegt ja gerade darin, institutionell und in Teilen seiner Tätigkeit ein Verwaltungsorgan zu sein, zugleich aber im Bereich der Satzungsgebung normsetzende Gewalt auszuüben und hierbei von der direkten Legitimation des Volkes abzuhängen. Deshalb können die Wähler aus dem Demokratie- und dem Rechtsstaatsprinzip ein Anrecht auf Beobachtung der gemeindlichen Vorgänge ableiten.

Entsprechend dieser Darstellung sind die Sitzungen des Gemeinderats nach sämtlichen Gemeindeordnungen der Bundesrepublik Deutschland grundsätzlich öffentlich[459]. Nicht öffentlich darf nur verhandelt werden, wenn das Allgemeinwohl oder berechtigte Interessen Einzelner dies erfordern. In Hessen, Nordrhein-Westfalen und Rheinland-Pfalz sind diese Ausschlussgründe nicht im Gesetzestext enthalten. Wegen des hohen Stellenwertes des Öffentlichkeitsgrundsatzes

---

453 VGH BW, NVwZ-RR 1992, S. 373; *Foerstemann*, in: *Püttner*, HdbKWP II, § 28 B I 2 a (S. 97).

454 VGH BW, NVwZ-RR 1992, S. 373.

455 *Rohde*, S. 74; *Frömel*, VBlBW 1993, S. 488, 489.

456 *Hubert Meyer*, Kommunalrecht, Rn. 412, 414; *Gramlich*, DÖV 1982, S. 139, 145 f.

457 OVG NW, Der Städtetag 1979, 528 f.; wohl auch VG Freiburg, NJW 1974, S. 762, 763.

458 *Stühler*, VBlBW 1997, S. 288, 289.

459 § 35 Abs. 1 GO BW; Art. 52 Abs. 2 BayGO; § 44 S. 1 GO Bbg.; § 52 Abs. 1 S. 1 HGO; § 29 Abs. 5 S. 1 KV MV; § 45 S. 1 NGO; § 48 Abs. 2 S. 1 GO NW; § 35 Abs. Abs. 1 S. 1 GO RP; § 40 Abs. 1 KSVG Saar.; § 37 Abs. 1 S. 1 GO Sachsen; § 50 Abs. 1 GO SA; § 35 Abs. 1 S. 1 GO SH; § 40 Abs. 1 S. 1 ThürKO.

steht den kommunalen Volksvertretungen jedoch keine unbegrenzte Befugnis zur Schaffung von Ausschlusstatbeständen zu. Daher ist auch in diesen Ländern die Anordnung der Nichtöffentlichkeit keinesfalls willkürlich möglich, sondern nur zum Schutz von Gemeinwohl- oder Individualinteressen[460].

Unterschiede zwischen Parlaments- und Kommunalrecht in der Ausgestaltung der Volksvertretung als zentrales öffentliches Forum zur Erörterung der anstehenden Projekte bestehen insoweit, als der Öffentlichkeitsgrundsatz für das Bundes- und die Landesparlamente verfassungsrechtlich festgeschrieben ist. Dagegen findet er sich für den Gemeinderat nur einfachgesetzlich in den Gemeindeordnungen. Außerdem ist die Öffentlichkeit der parlamentarischen Verhandlungen lediglich Konsequenz der Stellung als verfassungsrechtlich exponiertes Legislativorgan, während dies beim Gemeinderat nicht nur daraus, sondern auch aus dem Grundsatz der Rechtmäßigkeit der Verwaltung folgt.

Die fehlende ausdrückliche verfassungsrechtliche Absicherung des kommunalen Öffentlichkeitsgrundsatzes ist aber kein zwingender Gesichtspunkt gegen die Existenz des Grundsatzes auch auf gemeindlicher Ebene. *Gramlich*[461] ist zwar der Auffassung, die unmittelbare Herleitung eines kommunalen Öffentlichkeitsgrundsatzes direkt aus dem Demokratieprinzip sei unmöglich. Er stützt sich dabei auf die fehlende verfassungsrechtliche Erwähnung des Grundsatzes in Bezug auf die kommunalen Volksvertretungen. Nur wenn das Grundgesetz bzw. die Länderverfassungen insoweit ausdrückliche Bestimmung enthielten, könne man daraus schließen, dass die Beachtung des Öffentlichkeitsgrundsatzes zwingend notwendig sei.

Überzeugen kann dieses Argument jedoch nicht. Die gerade angesprochenen Divergenzen genügen nicht zur Begründung eines qualitativen Unterschieds zwischen den jeweiligen Organen. Die Öffentlichkeit der Gemeinderatssitzungen ist nämlich auch ohne einfachgesetzliche Festschreibung verfassungsrechtlich vorgegeben[462].

Auf parlamentsrechtlicher Ebene wird mit der verfassungsrechtlichen Normierung des parlamentarischen Öffentlichkeitsgrundsatzes in Art. 42 Abs. 1 S. 1 GG seine überragende Bedeutung eindeutig zum Ausdruck gebracht. Eine Konstituierung des Grundsatzes wird indes nicht vorgenommen. Die Öffentlichkeit der Verhandlungen im Plenum ist unabhängig vom Verfassungstext eine Selbstverständlichkeit. Es handelt sich dabei um einen elementaren, zwingenden und unverzichtbaren Bestandteil eines Willensbildungsorgans in einer repräsentativen Demokratie, nicht nur um eine wertvolle Ergänzung[463].

---

460 *Jacoby*, S. 246; *Gramlich*, DÖV 1982, S. 139, 140 f. (Fn. 33).

461 DÖV 1982, S. 139, 145.

462 Ebenso *Rohde*, S. 75.

463 BVerfGE 70, 324, 355; 84, 304, 329; *Versteyl*, in: *v. Münch/Kunig*, GG-Kommentar II, Art. 42 Rn. 33; *Schneider*, in: AK II, Art. 42 Rn. 2; *Buß*, VR 1997, S. 377.

Die vom Demokratieprinzip an den Öffentlichkeitsgrundsatz gestellten Bedingungen werden gemäß Art. 28 Abs. 1 S. 1 GG auf die gemeindliche Ebene transponiert. Daher folgt der kommunalverfassungsrechtliche Öffentlichkeitsgrundsatz auch ohne ausdrückliche Erwähnung in den Verfassungen unmittelbar aus Art. 28 Abs. 1 S. 1 i.V.m. Art. 20 Abs. 1 S. 1 GG. Das Homogenitätsgebot des Art. 28 Abs. 1 S. 1 GG gilt nämlich nicht nur in den Ländern, sondern auch in den Kommunen[464] und überträgt damit auch den aus dem Demokratieprinzip folgenden Öffentlichkeitsgrundsatz. Aus diesen Gründen ändert die fehlende verfassungsrechtliche Erwähnung des Öffentlichkeitsgrundsatzes der Gemeinderatssitzungen nichts an der qualitativen Vergleichbarkeit mit der parlamentsrechtlichen Situation. Zudem enthalten Art. 28 Abs. 1, Abs. 2 GG kaum ausdrückliche Vorgaben für die Strukturprinzipien der kommunalen Vertretungskörperschaft. Damit ist ein Rückgriff auf allgemeine Verfassungsgrundsätze zur Bestimmung der im Kommunalverfassungsrecht unabdingbaren Mindeststandards unvermeidbar[465].

Auch der zweite Begründungspfeiler der kommunalrechtlichen Sitzungsöffentlichkeit, das Interesse an einer sauberen und rechtmäßig agierenden Verwaltung, führt nicht zu einem wesensmäßigen Unterschied zum Parlamentsrecht. Dieses Motiv ist nicht dazu geeignet, den Öffentlichkeitsgrundsatz zu begründen, sondern kann nur ergänzend herangezogen werden. Trotz des im gesamten Verwaltungsrecht gültigen Rechtmäßigkeitsgrundsatzes gilt in nichtförmlichen Verwaltungsverfahren der eingeschränkte Grundsatz der Parteiöffentlichkeit[466]. Auch im förmlichen Verwaltungsverfahren besteht kein uneingeschränkter Öffentlichkeitsgrundsatz, sondern gemäß § 68 Abs. 1 BVwVfG bzw. der jeweiligen Landesgesetze ebenfalls das Prinzip der Beteiligtenöffentlichkeit[467].

---

464 Dazu S. 27.

465 A.A. *Gramlich*, DÖV 1982, S. 139, 145. Er hält die Herleitung jeglicher Ausgestaltungen der Sitzungsöffentlichkeit als Konkretisierung eines einzigen Verfassungsgrundsatzes für bedenklich. Das trifft möglicherweise für die konkrete Ausgestaltung eines Instituts zu, ist aber gerade bei der Klärung der grundsätzlichen Geltung eines Instituts im Kommunalrecht unvermeidbar, wenn man die Argumentation nicht auf einfachgesetzliche Normen reduzieren möchte. Zudem ist die Herausarbeitung einzelner Lösungen durch die Konkretisierung allgemeiner verfassungsrechtlicher Grundsätze im Staatsrecht die Regel.

466 *Kopp/Ramsauer*, § 28 Rn. 2.

467 *Knack-Dürr*, § 68 Rn. 4; *Kopp/Ramsauer*, § 68 Rn. 3. Nach Auffassung des BVerwG (E 45, 351, 353; zustimmend *Kopp-Ramsauer*, § 68 Rn. 3) dient die Nichtöffentlichkeit neben dem Schutz der persönlichen Sphäre auch der Freiheit der Beteiligten vor Beeinflussung. Andere sind der Ansicht, es wäre ohne große Schwierigkeiten vorstellbar, die mündliche Verhandlung in einem förmlichen Verwaltungsverfahren öffentlich zu gestalten (so *Seegmüller*, in: *Obermayer*, § 68 Rn. 9; *Borgs-Maciejewski*, in: *Meyer/ders.*, § 68 Rn. 1).

An organisatorische Grenzen stößt der Nichtöffentlichkeitsgrundsatz, wenn in einem umfangreichen Planfeststellungsverfahren der – gemäß §§ 73 Abs. 6 S. 6, 68 Abs. 1 BVwVfG nicht öffentliche – Erörterungstermin durchgeführt wird, an dem unbeteiligte

Ein relevanter Unterschied besteht auch nicht in der unterschiedlichen Ausgestaltung der Ausschlussgründe. Wenngleich die im Kommunalrecht regelmäßig anzutreffenden Tatbestände im Parlamentsrecht nicht vorhanden sind, entsprechen die für diesen Bereich entwickelten Grundsätze den gemeinderechtlichen, da eine nicht öffentliche Verhandlung ebenfalls nur aufgrund berechtigter öffentlicher oder privater Interessen möglich ist[468].

Daher führt die überragende Bedeutung des Demokratieprinzips für die Aufgabenwahrnehmung sämtlicher Volksvertretungen dazu, dass der Gemeinderat genauso ein Organ der Öffentlichkeit ist wie der Bundestag und die Landtage und uneingeschränkt diese klassische Parlamentsfunktion erfüllt[469].

6. Weitere Funktionen und Befugnisse des Parlaments

Nach Abschluss der Untersuchung der „klassischen" Funktionen im Sinne *Bagehots* soll nun die Verwirklichung weiterer wichtiger Parlamentsmerkmale erörtert werden. Es handelt sich dabei um die Befugnisse, die Parlamentsautonomie wahrzunehmen und das Primärwahlprüfungsrecht auszuüben. Prägend ist darüber hinaus die Tatsache, dass ein Parlamentsbeschluss aus Zweckmäßigkeitsgründen niemals und aus Gründen der Verfassungswidrigkeit ausschließlich von der Judikative und innerhalb dieser Gewalt nur vom Bundesverfassungsgericht aufgehoben werden kann, Art. 100 Abs. 1 GG.

Die drei vorgenannten Punkte lassen sich unter den Oberbegriff der Souveränität der Volksvertretung zusammenfassen, die möglicherweise beim Bundestag stärker ausgeprägt ist als beim Rat. In diesem Zusammenhang soll bei der kommunalrechtlichen Gegenüberstellung auch geprüft werden, ob andere Grundsätze vorhanden sind, die sich als Befugnisse der Kontrolle und Einflussnahme anderer Organe über und auf die Legislative qualifizieren lassen.

Letztlich soll der Diskontinuitätsgrundsatz ein klassisches parlamentsrechtliches Merkmal verkörpern. Danach führt das Ende der Legislaturperiode zur Beendigung sämtlicher personeller und sachlicher parlamentarischer Tätigkeiten.

Analog dieser Aufzählung wird kommunalrechtlich die Aufsichtsunterworfenheit der Gemeinden, die autonomen Befugnisse der Vertretungskörperschaft im Bereich der Selbstorganisation und des Wahlprüfungsrechts sowie der Diskontinuitätsgrundsatz untersucht.

Dritte teilnehmen möchte. Ausführlich zu diesem Problem *Büllesbach/Diercks*, DVBl. 1991, S. 469, 472 ff.

468 Oben S. 90.

469 Ebenso *Ott*, S. 197.

a) Souveränität und Eingriffe in die parlamentarische Unabhängigkeit

aa) Parlamentarische Souveränität und konkrete Normenkontrolle

Ein für den Bundestag und die Landtage prägender Grundsatz ist die politische und juristische Unabhängigkeit, die aus der Vorrangstellung der Parlamente als unmittelbar gewählte Vertretungskörperschaften folgt[470]. Um diesem verfassungsrechtlichen Prinzip gerecht zu werden, gibt es für die Legislativorgane weder in rechtlicher noch in fachlicher Hinsicht explizit als solche bezeichnete Aufsichts- oder Weisungsinstrumente.

Da aber auch die gesetzgebende Gewalt während der Legislaturperiode nicht frei jeder Kontrolle sein darf, besteht eine exklusive Prüfungsbefugnis des Bundesverfassungsgerichts. Sie ist für nachkonstitutionelle, formelle Gesetze nach herrschender Auffassung nicht erst durch Art. 100 Abs. 1 GG konstitutiv gewährleistet, sondern ergibt sich bereits aus der Rolle der Judikative in der Verfassung, insbesondere aus der Bindung des Richters an das Gesetz gemäß Art. 97 Abs. 1 GG und dem Rechtstaatsprinzip[471]. Sie rechtfertigt sich zudem durch das Kontrollerfordernis, ob die Legislative ihre Bindung an die Grundrechte und die verfassungsmäßige Ordnung beachtet[472]. Außerdem ergänzt sie die durch die Entwicklung der Parteistaatlichkeit in ihrer Effektivität herabgesetzte gesetzgeberische Selbstkontrolle und beeinflusst das verfassungsgemäße Verhalten des Parlaments bei der Gesetzgebung, wenn ihm dabei bewusst ist, dass sein Handeln unter dem Vorbehalt richterlicher Kontrolle steht[473]. Auf der anderen Seite dient die Norm der Sicherung demokratisch legitimierter Entscheidungen des Gesetzgebers und bringt die Autorität des Parlaments zum Ausdruck, die nicht durch jedes Gericht, sondern nur vom Bundesverfassungsgericht in Frage gestellt werden kann[474].

bb) Souveränität der Vertretungskörperschaft und Aufsichtsbefugnisse

Die Aufsichtsunterworfenheit der Gemeinden[475] wird immer wieder als Begründung der Unterschiede zwischen Gemeinderat und Parlament genannt[476]. Wäre

---

470 *Schröder*, S. 310.

471 *Maunz*, in: *ders./Dürig*, GG-Kommentar V, Art. 100 Rn. 2 m.w.N.

472 *Maunz*, in: *ders./Dürig*, GG-Kommentar V, Art. 100 Rn. 3.

473 *Maunz*, in: *ders./Dürig*, GG-Kommentar V, Art. 100 Rn. 3.

474 *Wieland*, in: *Dreier*, GG-Kommentar III, Art. 100 Rn. 5. Aus Art. 100 GG folgt für nachkonstitutionelle Gesetze nach herrschender Ansicht auch, dass Regierung und Verwaltung keine Normverwerfungskompetenz besitzen (*Ehlers*, DÖV 2001, S. 412, 413).

475 Einen Überblick über die historische Entwicklung der staatlichen Aufsicht über Kommunen gibt *Bracker*, in: *v. Mutius*, Selbstverwaltung im Staat der Industriegesellschaft, S. 459 – 461.

476 *Berwanger*, S. 112 f.; *Wurzel*, BayVBl. 1986, S. 417, 419; *Schröder*, S. 310, 421.

die kommunale Vertretungskörperschaft wie die Parlamente ein institutionelles Legislativorgan mit unmittelbarer Legitimation, könnte die Staatsaufsicht durch Exekutivorgane nicht gerechtfertigt werden. Die Kontrolle der Legislative obliegt ausschließlich der Judikative[477]. Mit der Kontrolle der parlamentarischen Tätigkeit durch eine Rechts- oder Fachaufsichtsbehörde wäre die Infragestellung der Souveränität des Volkes, welches das Parlament als Träger der Staatsgewalt eingesetzt hat, verbunden[478].

Außerdem käme die unterschiedliche Rechtsstellung der zu vergleichenden Volksvertretungen und damit der Rahmen und die Grenzen für die Aktivitäten der Gemeindevertretung besonders deutlich zum Ausdruck. Schließlich gehöre die Überwachung der Einhaltung der Rechtsvorschriften nicht wie im Parlamentsrecht zu den eigenen Aufgaben des Rats, sondern zu denen der Aufsichtsbehörden[479].

α) Verfassungsrechtlicher Hintergrund des kommunalen Aufsichtswesens

Während alle Landesverfassungen ausdrückliche Ausführungen zur Staatsaufsicht über die Kommunen enthalten, sind solche bundesverfassungsrechtlich in Art. 28 Abs. 2 GG nicht zu finden. Da die eigenverantwortliche Erfüllung der Selbstverwaltungsangelegenheiten nur im Rahmen der Gesetze gewährleistet ist, dient diese Einschränkung der Autonomiebefugnisse als Rechtfertigung der Staatsaufsicht auf dem Gebiet der gemeindlichen Tätigkeit. Sie gehört nach herrschender Ansicht nicht zum Wesen der kommunalen Selbstverwaltung, sondern ist das verfassungsrechtlich gebotene Korrelat dazu[480].

αα) Kritik am Aufsichtswesen und Stellungnahme

Ott[481] vertritt die Auffassung, auf Grundlage einer originären, verfassungsunmittelbaren Herrschaftsgewalt der Gemeinden sei die Staatsaufsicht als Einrichtung überflüssig. Einer Einschränkung des Selbstverwaltungsrechts bedürfe es nicht. Sofern man das Gemeindevolk als eigenständige Legitimationsquelle öffentlicher Amtsgewalt anerkennt, wird sogar angenommen, dass das Institut der

---

477 *Flach*, S. 28.

478 *Schröder*, S. 310.

479 *Wurzel*, BayVBl. 1986, S. 417, 419.

480 *Hubert Meyer*, NVwZ 2003, S. 818, 819; *Knemeyer*, BayVBl. 1999, S. 193, 194; *Bracker*, in: *v. Mutius*, Selbstverwaltung im Staat der Industriegesellschaft, S. 459; die Formulierung geht auf BVerfGE 6, 104, 118 zurück; a.A. *Weber*, in: Aktuelle Probleme der Kommunalaufsicht, S. 17, 18 f., der die Aufsicht zum Wesen der Selbstverwaltung zählt.

481 S. 123 f.

Staatsaufsicht kaum zu rechtfertigen sei[482]. Der Einzelne sei durch die von Art. 19 Abs. 4 GG garantierten Rechtsschutzmöglichkeiten hinreichend gegen rechtswidriges Handeln der Gemeinden geschützt[483]. Mit der Anerkennung der staatlichen Kommunalaufsicht als verfassungsrechtlich geboten würde man diese sehr stark auf die Wahrung des Rechts orientieren[484].

Zutreffend daran ist, dass die Gemeinderatsmitglieder ihre personelle Legitimation unmittelbar von den Gemeindebürgern verliehen bekommen und dass sie qualitativ mit der Legitimation der Parlamente durch das Gesamtvolk vergleichbar ist[485]. Das führt aber nicht zur Entbehrlichkeit des Aufsichtswesens. Die institutionelle Legitimation der kommunalen Selbstverwaltung geht nämlich auf das Gesamtvolk in seiner Eigenschaft als Verfassungsgeber zurück. Dasselbe gilt teilweise auch für die sachlich-inhaltliche Legitimation der gemeindlichen Organe. Die konkrete Ausgestaltung der kommunalen Selbstverwaltung ist nämlich zu einem nicht unerheblichen Teil durch die staatliche Legislative vorgegeben ist, an deren Entscheidungen die Gemeinden gebunden sind[486].

Damit ist eine Rückkopplung der kommunalen Tätigkeit auch dann geboten, wenn die personelle Legitimationsgewalt bei den Gemeindebürgern liegt. Andernfalls wäre die Institutionalisierung der Selbstverwaltungsorgane der einzige Legitimationsakt des Gesamtstaatsvolks und eine legitimatorische Loslösung der Gemeindevertretungen vom Staatsvolk die Konsequenz. Das wäre aber nur zulässig, wenn die kommunalen Vertretungskörperschaften nicht nur ihre personelle, sondern auch ihre institutionelle und inhaltlich-sachliche Legitimation vollständig von Gemeindevolk herleiten würden. Das ist aber gerade nicht der Fall, da die kommunalen Volksvertretungen eine dualistische demokratische Legitimation aufweisen, nämlich sowohl durch das Gemeinde- als auch durch das Staatsvolk[487].

Otts Auffassung, die Aufsicht über die gemeindliche Tätigkeit sei unnötig, trägt Widersprüche in sich. An einer anderen Stelle ihrer Arbeit zieht sie das Aufsichtswesen nämlich zur Rechtfertigung der Nichtanwendbarkeit des Gesetzesvorbehalts im Rahmen der kommunalen Satzungsgebung heran, indem sie die unter Umständen fehlenden juristischen Fachkenntnisse der gemeindlichen Mitarbeiter durch die der Aufsichtsbehörden als kompensiert ansieht[488]. Man kann nur dann von der Unanwendbarkeit des Vorbehalts des Gesetzes ausgehen, wenn man das Aufsichtswesen als zwingend notwendig ansieht.

---

482 *Klein*, in: *Schnur*, FS für Forsthoff zum 70. Geburtstag, S. 165, 177 (Fn. 64); ähnlich *Flach*, S. 28.

483 *Hans Meyer*, in: *ders./Stolleis*, HessStVwR, S. 169, 248.

484 *Oebbecke*, DÖV 2001, S. 406, 407.

485 Dazu oben S. 27 ff.

486 *V. Arnim*, AÖR 113 (1988), S. 1, 10 f.

487 Dazu umfassend *v. Arnim*, AÖR 113 (1988), S. 1, 6 ff.

488 Genau so verfährt aber *Ott*, S. 170.

Der Verweis auf Art. 19 Abs. 4 GG als Argument gegen die Notwendigkeit der Staatsaufsicht überzeugt nicht. Gerichtlicher Rechtsschutz wird nur bei einer möglichen Verletzung subjektiv-öffentlicher Rechte gewährt. Die Allgemeinheit hat aber ein darüber hinausgehendes Interesse an der Einhaltung aller öffentlich-rechtlichen Normen ohne Individualbezug. Dieses kann nur durch ein staatliches Aufsichtswesen angemessen befriedigt werden.

Dazu ist der Schutzgegenstand des Rechtsstaatsprinzips nicht nur die Geltung, sondern auch die Effektivität des Rechts. Im Idealfall erfolgt die Normbefolgung zwar freiwillig[489]. Da es sich beim Untersuchungsobjekt um einen Träger öffentlicher Gewalt handelt, sollte dies noch viel eher gelten als bei einer Privatperson, die keine derart enge Bindung an den Staat aufweist, ihn möglicherweise sogar ablehnt. Jedoch besteht aufgrund der örtlich-sachlichen Beschränktheit der kommunalen Vertretungsorgane und der bisweilen engen Verbundenheit der Gemeinderatsmitglieder zum Entscheidungsgegenstand die Gefahr, dass ihnen diese Staatsgerichtetheit nicht immer bewusst ist. Diese Besonderheit lässt es erforderlich erscheinen, dass eine weitere rechtliche Institution die Bindung der Gemeinden an Recht und Gesetz sicherstellt[490]. Dieses Ziel kann nur mit dem Instrument der Aufsicht erreicht werden. Gerichtliche Hilfe, die zudem hinaus sehr viel Zeit in Anspruch nimmt, genügt dagegen nicht[491]. Schließlich besteht die der gerichtlichen Inanspruchnahme vorgelagerte Pflicht der Verwaltungsorgane, Eigenverantwortung für die von ihnen getroffenen Entscheidungen zu übernehmen und fehlerhafte Entscheidungen selbst zu korrigieren[492].

Für die Bejahung der verfassungsrechtlichen Gebotenheit der Aufsicht spricht auch die immer weiter fortschreitende Komplizierung des öffentlichen Rechts durch zunehmenden europarechtlichen Einfluss. Der Bund kann seine europäischen Verpflichtungen nur dann erfüllen, wenn die zur Bundestreue verpflichteten Länder gegen gemeindliche Gemeinschaftsrechtsverstöße vorgehen[493].

Zur Wahrnehmung der aufsichtsbehördlichen Aufgaben ist ein staatliches Verwaltungsorgan prädestiniert. Zum einen ist es personell mittelbar durch das Gesamtvolk legitimiert. Zum anderen stellt die Ausübung von Hoheitsgewalt trotz organisatorischer Trennung der Staats- und Selbstverwaltung eine funktionelle Einheit dar, für deren Rechtmäßigkeit der Staat verantwortlich ist[494].

---

489 *Rehbinder*, Rn. 115; danach ist aber die Androhung und der Vollzug negativer Sanktionen ein ergänzendes Mittel, das zur Integration des Einzelnen beiträgt und die Effektivität des Rechts absichert.

490 Ähnlich *Lübking/Vogelsang*, Rn. 60.

491 Wegen des zeitlichen Aspekts ist die zur Wahrung des Rechtsstaatsprinzips von *Oebbecke*, DÖV 2001, S. 406, 407 vorgeschlagene weit reichende Aktenöffentlichkeit in Verbindung mit einer Popularklagemöglichkeit keine Alternative.

492 *Pitschas*, DÖV 1998, S. 907, 910.

493 *Ehlers*, DÖV 2001, S. 412, 415.

494 *Stober*, § 9 III 1 a (S. 149).

ββ) *Aufsicht entbehrlich wegen Abweichung vom Prinzip der Staatsaufsicht?*

Zweifel an der verfassungsrechtlichen Gebotenheit der Staatsaufsicht über kommunale Tätigkeiten könnten sich jedoch daraus ergeben, dass der soeben dargestellte Grundsatz möglicherweise nicht im gesamten Bundesgebiet verwirklicht ist. Nach der Gesetzeslage gilt überall das Prinzip, dass bei Gemeinden, die keine kreisfreien Städte bzw. Stadtkreise sind, die Landratsämter oder der Landrat als untere Rechtsaufsichtsbehörde tätig werden[495]. Dies bedeutet keine Abweichung vom Prinzip der Staatsaufsicht, wenn die Landkreise bzw. der Landrat diese Aufgabe als staatliche untere Verwaltungsbehörde wahrnehmen, wie es in den meisten Bundesländern der Fall ist[496].

Anders stellt sich die Lage in Niedersachsen, Sachsen und Sachsen-Anhalt dar. Dort sind die Landratsämter unabhängig von der Art der Aufgabenwahrnehmung aus der hierarchischen Staatsorganisation ausgegliedert, also ausschließlich Behörden des Landkreises und nicht des Staates[497]. Läge in diesem Umstand tatsächlich eine verfassungskonforme Abweichung vom vorherrschenden Prinzip der Staatsaufsicht, könnte die Aufsichtsunterworfenheit der Kommunen kaum mehr als Argument gegen eine strukturelle Unterscheidung von Gemeinderat und Bundestag dienen. Denn die Beaufsichtigung einer reinen Selbstverwaltungskörperschaft durch eine andere kann keine *staatliche* Rechtmäßigkeitskontrolle gewährleisten, womit die Rechtsaufsicht insgesamt in Frage zu stellen wäre.

In diesem Sinne wird an den Zuständigkeitsregelungen kritisiert, dass durch die Kontrolle einer kommunalen Selbstverwaltungskörperschaft durch eine andere neben der Durchbrechung des Prinzips der kommunalen Eigenständigkeit auch eine systemwidrige Abweichung vom Grundsatz der Staatsaufsicht durch eine kommunale Substitution vorläge[498]. *Knemeyer*[499] bezeichnet die Übertragung der Aufsichtstätigkeit auf die Kreise deshalb als „Systembruch".

Dieser Kritik folgend hat das Verwaltungsgericht Chemnitz mit Urteil vom 05.06.1996 die Zuweisung der Rechtsaufsichtsbefugnisse an die Landkreise als Verstoß gegen die landesverfassungsrechtlichen Vorgaben des Art. 89 Abs. 1

---

495 Teilweise gilt dies auch für große kreisangehörige Städte.

496 § 119 GO BW i.V.m. § 1 Abs. 3 S. 2 LKrO BW; Art. 110 S. 1 BayGO; § 121 Abs. 1 GO Bbg.; § 136 Abs. 3 HGO i.V.m. § 55 Abs. 2 HLKrO; § 79 Abs. 1 KV MV; § 117 Abs. 1 GO NW; § 118 GO RP (Kreisverwaltung); § 128 KSVG Abs. 1 Nr. 1 KSVG Saar.; § 121 Abs. 1 GO SH; § 118 Abs. 1 ThürKO.

497 Zur Rechtslage in Sachsen vgl. VG Dresden, LKV 2000, S. 83; VG Chemnitz, LKV 1997, S. 261, 262; OVG Sachsen, SächsVBl. 1994, S. 59; *Sponer*, LKV 2003, S. 314; *Krüger/Apitz*, LKV 1998, S. 90; für Niedersachsen vgl. *Thieme-Langrehr*, § 128 Abs. 1; *Schmidt-Jortzig*, Kommunalrecht, Rn. 332; für Sachsen-Anhalt *Wiegand/Grimberg*, § 134 Rn. 1.

498 *Knemeyer*, JuS 2000, S. 521, 522; *ders.*, BayVBl. 1999, S. 193, 196 (Fn. 36).

499 Bayerisches Kommunalrecht, Rn. 400 (Fn. 3).

LV Sachsen bewertet, da die Gemeinden nach dieser Norm der Aufsicht des Landes unterstünden. Dem werde eine Aufsicht durch die Landratsämter als rein kommunale, nichtstaatliche Behörde nicht gerecht[500]. Eine Vorlage an den Sächsischen Verfassungsgerichtshof unterblieb letztlich mangels Entscheidungserheblichkeit. Dieses Urteil ist auch für Niedersachsen und Sachsen-Anhalt relevant, da die landesverfassungsrechtlichen Vorgaben und die kommunalrechtliche Ausgestaltung denen in Sachsen entsprechen. Gemäß Art. 57 Abs. 5 NLV bzw. Art. 87 Abs. 4 LV SA stellt das Land durch seine Aufsicht sicher, dass die Gemeinden die Gesetze beachten und die Auftragsangelegenheiten weisungsgemäß erfüllen. Wahrgenommen wird diese Aufgabe in beiden Ländern teilweise von den Landkreisen, die reine Kommunalbehörden sind.

γγ) Darstellung und Würdigung von BVerfGE 78, 331 ff.

Entgegen der Auffassung des Verwaltungsgerichts Chemnitz hat das Bundesverfassungsgericht rechtliche Bedenken hinsichtlich der Situation in Niedersachsen ausgeräumt. Die Entscheidung beschäftigt sich im Gegensatz zu der des Verwaltungsgerichts Chemnitz vor allem mit den Auswirkungen der möglicherweise fehlenden Distanz der Landkreise zu den Gemeinden. Nach Ansicht des Bundesverfassungsgerichts muss die Übertragung der Aufsichtsbefugnisse auf die Landkreise das Recht der Gemeinden aus Art. 28 Abs. 2 S. 1 GG nicht von vornherein beeinträchtigen, da dieser Umstand nicht zwingend eine Einmischungsaufsicht oder eine Quasi-Fachtaufsicht zur Folge hätte[501]. Sofern eine Kollision zwischen Interessen der Gemeinde und des Landkreises drohe, sei dieses Problem normativ gelöst, da dann die Kommunalaufsicht auf die nächsthöhere Behörde verlagert werde[502].

Auf die Frage nach der Zulässigkeit der Abweichung vom Prinzip der unmittelbaren Staatsaufsicht wird in der Entscheidung dagegen nur am Rande eingegangen. Die Übertragung der Aufsichtsbefugnisse von der Bezirksregierung auf die Landkreise wird als Regelung der „Zuständigkeit für die *Staats*aufsicht" und deren organisatorischen Ausgestaltung bezeichnet[503].

Sofern die fehlende Distanz zwischen Aufsichtssubjekt und –objekt tangiert ist, kann der Ansicht des Bundesverfassungsgerichts uneingeschränkt zugestimmt werden. Es ist nicht möglich, eine unsachgemäße Erledigung der Aufsichtsarbeit durch die Landkreise unabhängig vom konkreten Einzelfall anzu-

---

500 VG Chemnitz, LKV 1997, S. 261, 262; zur „Kommunalisierung" der Landratsämter in Sachsen *Krüger/Apitz*, LKV 1998, S. 90 f.

501 BVerfGE 78, 331, 340 ff.

502 BVerfGE 78, 331, 342; gemäß § 128 Abs. 2 NGO ist in diesem Fall die obere Kommunalaufsichtsbehörde Rechtsaufsichtsbehörde.

503 BVerfGE 78, 331, 340 f.

nehmen. Außerdem haben die Gemeinden die Möglichkeit, gegen vermeintlich rechtswidrige Aufsichtsmaßnahmen gerichtlich vorzugehen.

Von weitaus größerer Relevanz für die vorliegende Untersuchung ist allerdings der Aspekt der partiellen Übertragung der Aufsichtsbefugnisse auf die Landkreise. Diese Substitution stellt keinen Verstoß gegen den Grundsatz der Staatsaufsicht über die Gemeinden dar. Eindeutig bejaht werden müsste dies nur, wenn der Kreis als Selbstverwaltungskörperschaft im eigenen Wirkungskreis tätig wäre[504]. Da die Landkreise als Rechtsaufsichtsbehörden im übertragenen Wirkungskreis handeln und die Funktion einer unteren Verwaltungsbehörde ausüben, ist dies nicht der Fall[505]. Argumentativ begründen lässt sich das durch den in den Landkreisordnungen enthaltenen Zusatz „als untere Verwaltungsbehörde“[506]. Dieser Gesichtspunkt wird vom Verwaltungsgericht Chemnitz zwar erkannt, jedoch nicht gebührend berücksichtigt. Zwar sind die Landratsämter gemäß § 1 Abs. 4 LKrO Sachsen ausschließlich Behörden des Landkreises[507]. Dennoch handeln sie gemäß § 2 Abs. 5 LKrO Sachsen als untere Verwaltungsbehörde und sind im Rahmen des § 2 Abs. 2, Abs. 3 LKrO Sachsen weisungsgebunden. Gemäß §§ 65 Abs. 1, Abs. 2 LKrO Sachsen i.V.m. §§ 111 Abs. 1, Abs. 2, 112 Abs. 1 GO Sachsen werden die Landkreise unmittelbar durch die Regierungspräsidien und mittelbar über diese durch das Staatsministerium des Innern beaufsichtigt[508]. Damit ist das Prinzip der Staatsaufsicht zwar institutionell, nicht aber funktional durchbrochen. Die unmittelbare Staatsaufsicht, die zugleich eine mittelbare Aufsicht über die Gemeinden darstellt, ist nach Auffassung des Verwaltungsgerichts Chemnitz zur Erfüllung der landesverfassungsrechtlichen Vorgaben nicht ausreichend[509]. Dagegen wird im Beschluss des Bundesverfassungsgerichts auf den Gesichtspunkt der mittelbaren Staatsaufsicht als Rechtfertigung der Aufgabenzuweisung an die Landkreise explizit rekurriert[510]. Damit sind die staatlichen Einflüsse in Sachsen in einem Maße sichergestellt, dass auch hier das Prinzip der Staatsaufsicht materiell verwirklicht ist. Außerdem ist das Landratsamt nicht die einzige Rechtsaufsichtsinstanz. Mittlere und höhere Rechtsaufsichtsbehörden sind das Regierungspräsidium und das Staatsministerium des Innern. Damit ist die Staatsaufsicht im Weg über die

504 *Oebbecke*, DÖV 2001, S. 406, 407; *Gern*, Sächsisches Kommunalrecht, Rn. 911; ähnlich BVerfGE 78, 331, 343.

505 *Gern*, Sächsisches Kommunalrecht, Rn. 917; *Thieme-Langrehr*, § 128 Rn. 1.

506 *Krüger/Apitz*, LKV 1998, S. 90.

507 OVG Sachsen, SächsVBl. 1994, S. 59.

508 So auch VG Dresden, LKV 2000, S. 83.

509 VG Chemnitz, LKV 1997, S. 361, 362; a.A. VG Dresden, LKV 2000, S. 83 f.

510 BVerfGE 78, 331, 343; im einer neuen Entscheidung des BGH, NVwZ 2003, S. 634 f., wird das Problem der Verfassungsmäßigkeit der Übertragung der Aufsichtsbefugnisse auf die kommunalisierten Landkreise in Sachsen gar nicht mehr angesprochen.

oberen Rechtsaufsichtsbehörden gewährleistet, obwohl die Rechtsaufsicht den Landkreisen als Aufgabe des übertragenen Wirkungskreises zugewiesen ist[511].

Einer solchen Interpretation stehen auch keine Vorschriften der Sächsischen Verfassung entgegen. Obwohl Art. 89 Abs. 1 LV Sachsen die Kommunalaufsicht dem Staat als Aufgabe zuweist, erlaubt Art. 85 Abs. 1 S.1 LV Sachsen die Übertragung bestimmter Aufgaben auf die kommunalen Träger der Selbstverwaltung, womit staatliche Aufgaben gemeint sind[512]. Daher gehen auch die Ausführungen *Sponers* fehl, der aus der Formulierung des Art. 89 Abs. 1 LV Sachsen, worin nicht von einer Aufgabe des „Landes“, sondern des „Freistaats“ die Rede ist, einen uneingeschränkten Staatsvorbehalt für die Wahrnehmung der Rechtsaufsicht ohne Übertragungsmöglichkeit auf den Landkreis herleiten möchte[513].

Gleiches gilt in Niedersachsen und Sachsen-Anhalt. Auch dort unterliegen die Landratsämter im übertragenen Wirkungskreis gemäß § 4 Abs. 1 NLKrO bzw. § 5 Abs. 1 LKrO SA der Fachaufsicht und sind uneingeschränkt weisungsabhängig. Zudem nehmen mit den Bezirksregierungen in Niedersachsen bzw. den Regierungspräsidien in Sachsen-Anhalt und dem jeweiligen Landesinnenministerium staatliche Verwaltungsorgane die Rolle der oberen und obersten Rechtsaufsichtsbehörde wahr, § 128 Abs. 1 S. 2 NGO, § 134 GO SA.

Im Ergebnis ist das Aufsichtswesen im Bereich der kommunalen Selbstverwaltung als Ausgleich der weitgehenden Autonomiebefugnisse und zur Ausräumung rechtsstaatlicher Bedenken verfassungsrechtlich geboten. Das „kommunale“ Landratsamt steht wegen der uneingeschränkten Weisungsabhängigkeit dem „staatlichen“ Landratsamt gleich, da es bei Ausübung der Aufsichtstätigkeit im übertragenen Wirkungskreis handelt. Das Prinzip der staatlichen Kommunalaufsicht ist somit ein gemeindliches Formprinzip in allen Bundesländern.

β) Wesen und Instrumente der Rechtsaufsicht und vergleichbare parlamentsrechtliche Mittel

Dieser Zwischenbefund belegt noch nicht die Existenz eines im Vergleich zum Bundestag und den Landtagen abweichenden Strukturprinzips. Dazu bedarf es Prüfung der rechtlichen Ausgestaltung und der praktischen Handhabung der Aufsichtsbefugnisse unter Beachtung etwaiger kommunaler Besonderheiten sowie eines Vergleichs der Einschränkungen parlamentarischer Souveränitätsrechte durch aufsichtsähnliche Kontrollinstrumente.

---

511 VG Dresden, LKV 2000, S. 83 f.; *Hubert Meyer*, Kommunalrecht, Rn. 715.

512 *Krüger/Apitz*, LKV 1998, S. 90, 92.

513 *Sponer*, LKV 2003, S. 314, 315; a.A. VG Dresden, LKV 2000, S. 83 f., das wie der Verfasser von einem weiten Begriff der Staatsorganisation in Sachsen ausgeht.

αα) Abgrenzung zur Fachaufsicht und kommunale „Vertrauensaufsicht“

Aufgabe der Staatsaufsicht über die Gemeinden ist die Überwachung der rechtlichen Bindungen der Organe und zugleich, ihnen bei der Aufgabenerfüllung behilflich zu sein[514]. Die Verwaltungsbehörde ist bei Selbstverwaltungsangelegenheiten auf eine reine Rechtmäßigkeitskontrolle beschränkt[515]. Eine darüber hinausgehende Fachaufsicht, die auch Zweckmäßigkeitserwägungen berücksichtigen darf, existiert nur dann, wenn die Gemeinden im dualistischen System Auftragsangelegenheiten im übertragenen Wirkungskreis bzw. nach der monistisch geprägten Konzeption weisungsgebundene Pflichtaufgaben erledigen[516]. In diesem Tätigkeitsfeld ist jedoch nicht der Gemeinderat Adressat der Weisung, sondern grundsätzlich der Bürgermeister als Gemeindevorsteher, in dessen originäre Kompetenz die Erledigung von Pflichtaufgaben bzw. Auftragsangelegenheiten fällt[517]. Damit wird die kommunale Volksvertretung nicht zum staatlichen Vollzugsorgan, weshalb die Souveränität des Gemeinderats und seine Repräsentationsbefugnis in vollem Umfang gewahrt bleiben[518].

Eine qualitative Gleichwertigkeit zwischen Gemeinderat und den Parlamenten im Bund und in den Ländern kann der Natur der Sache nach nur in solchen Bereichen bestehen, die im dualistischen System vom eigenen Wirkungskreis und im monistischen System als weisungsfreie Angelegenheiten erfasst sind. Die übrigen Aufgaben sind originär staatlicher Natur und nur unter Zweckmäßigkeitsgesichtspunkten den Gemeinden zur Erledigung übertragen worden[519]. Daher beschränkt sich die nachfolgende Darstellung ausschließlich auf die im Bereich der Selbstverwaltungsaufgaben bestehende Rechtsaufsicht.

Zunächst ist zu klären, unter welchen Voraussetzungen die Behörden gegen ein rechtswidriges Verhalten des Gemeinderats einschreiten können. Unstreitig

---

514 *Bracker*, in: *v. Mutius*, Selbstverwaltung im Staat der Industriegesellschaft, S. 459, 464.

515 *Schmidt-Aßmann*, in: *ders.*, Besonderes Verwaltungsrecht, 1. Kap., Rn. 41.

516 *Knemeyer*, JuS 2000, S. 521, 524; auf die einzelnen Unterschiede zwischen monistischem und dualistischem System kann im Rahmen dieser Untersuchung nicht eingegangen werden.

517 *Scholtis*, S. 252.

518 Etwas anderes soll dagegen in Bayern gelten, da die sonderaufsichtsrechtlichen Weisungen sich dort gemäß Art. 116 Abs. 1 S. 2 BayGO allgemein an „die Gemeinde“ und damit auch unmittelbar an den Rat richten, womit eine erhebliche Beschneidung der Repräsentationsbefugnisse einhergehe (*Berwanger*, S. 113).

Diese Schlussfolgerung überzeugt nicht, da fachliche Weisungsbefugnisse per se nicht dazu geeignet sind, die Einschränkung der Souveränität des Gemeinderats zu belegen. Die Kommunen werden in diesem Bereich zwar nicht integrativer Teil der staatlich-hierarchischen Verwaltung, sind jedoch quasi-staatlich tätig. Die Garantie des Art. 28 Abs. 2 S. 1 GG entfaltet daher keinerlei Wirkung und muss von der Aufsichtsbehörde nicht beachtet werden (BVerfGE 78, 331, 341; *Lübking/Vogelsang*, Rn. 270; *Waechter*, Rn. 213).

519 *Knemeyer*, JuS 2000, S. 521, 522.

folgt aus der Aufsichts- eine Prüfungspflicht, wenn der Behörde ein Verhalten bekannt wird, das Zweifel an der Rechtmäßigkeit des gemeindlichen Handelns aufkommen lässt[520].

Davon zu abstrahieren ist die Frage, ob es im Ermessen der Aufsichtsbehörde steht, bei Bejahung der Rechtswidrigkeit Maßnahmen zu ergreifen. Eine Beschneidung der gemeindlichen Gestaltungsfreiheit wäre eher zu bejahen, wenn die Aufsichtsbehörden bei jedem Verstoß nach dem Legalitätsprinzip einschreiten müssten. Diese Rechtslage besteht in der äußeren Kommunalverfassung allerdings nur noch in Thüringen, §§ 120, 121 ThürKO. Nachdem in Bayern im Jahr 1997 das ursprünglich in den Art. 112 und Art. 113 BayGO enthaltene „hat zu" durch das Wort „kann" ersetzt worden ist, gilt in allen anderen zur Untersuchung gestellten Ländern das Opportunitätsprinzip[521]. Diese normative Gestaltung der Aufsichtstätigkeit ist Ausdruck des Ziels, die Selbstverwaltungsautonomie der Länder durch einen Rückzug des Staates zu stärken[522]. Damit wird der Gefahr entgegengewirkt, die Selbstverwaltungsautonomie bei Erfüllung eigener Aufgaben auf dem Aufsichtswege zu unterminieren. Zudem setzt die Garantie des Art. 28 Abs. 2 GG der Aufsicht dadurch Grenzen, dass sie die verfassungsrechtliche Gewährleistung zu beachten und für den Erhalt der gemeindlichen Funktionsfähigkeit einzutreten hat[523]. Die Ersetzung des Legalitäts- durch das Opportunitätsprinzip ist ein besonderes Merkmal des Prinzips des gemeindetreuen Verhaltens[524]. Darin zeichnet sich eine fortschreitende Tendenz zugunsten des Schutzes gemeindlicher Souveränität durch staatliche Zurückhaltung ab.

Gleichwohl darf dieser Umstand nicht zu der Annahme verleiten, Opportunität sei mit Beliebigkeit gleichzusetzen. Die Ersetzung des Legalitätsprinzips durch das Opportunitätsprinzip ermöglicht eine flexiblere Handhabung der Aufsichtstätigkeit und die angemessene Berücksichtigung der streitigen Grundrechtspositionen. Sie stellt aber keine Blankovollmacht zur unsachgemäßen oder willkürlichen Verwaltungsarbeit dar[525]. Bei einem eindeutigen Gesetzesverstoß kann von einer zum Einschreiten verpflichtenden Ermessensreduktion auf Null ausgegangen werden. Gleiches wird wegen der überragenden Bedeutung des „effet utile" regelmäßig bei einem Verstoß der Gemeinden gegen Europäisches Gemeinschaftsrecht gelten[526]. Deshalb kann das Opportunitätsprinzip auch nicht als Be-

---

520 *Hubert Meyer*, NVwZ 2003, S. 818, 819.

521 *Hubert Meyer*, NVwZ 2003, S. 818, 819; auf S. 819 (Fn. 6) wird jedoch irrtümlicherweise von der Geltung des Legalitätsprinzips auch in Bayern ausgegangen; *Ehlers,* DÖV 2001, S. 412, 415; *Lübking/Vogelsang*, Rn. 191 bezeichnen die Rechtslage in Thüringen hinsichtlich des Selbstverwaltungsrechts als „Rückschritt".

522 *Knemeyer*, BayVBl. 1999, S. 193.

523 *Lübking/Vogelsang*, Rn. 120.

524 *Lübking/Vogelsang*, Rn. 122.

525 *Knemeyer*, BayVBl. 1999, S. 193, 196.

526 *Ehlers*, DÖV 2001, S. 412, 415.

gründung für die fehlende verfassungsrechtliche Erforderlichkeit der staatlichen Kommunalaufsicht dienen[527]. Auf der anderen Seite zwingt die von den übrigen Ländern abweichende Rechtslage in Thüringen nicht zu einer elementar abweichenden Beurteilung des Wandels der Rechtsaufsicht zur „Vertrauensaufsicht“[528]. Das dort geltende Legalitätsprinzip führt zu einer Handlungspflicht der Aufsichtsbehörde, nicht aber in jedem Fall zu einem Anspruch auf rechtliche Beanstandung.

Wenn man die rechtlichen Grenzen bei der Ermessensausübung mit einbezieht, sind die Unterschiede zwischen Legalitäts- und Opportunitätsprinzip faktisch kaum noch vorhanden, wenngleich mit der Abschaffung des Legalitätsprinzips das Bekenntnis zum gewandelten Aufsichtsverständnis hin zur „Vertrauensaufsicht“ offen und eindeutig zum Ausdruck gebracht wird[529].

ββ) Einschränkung der gemeindlichen Unabhängigkeit durch Aufsichtsmittel

Sofern sich die Aufsichtsbehörde nach ordnungsgemäßer Ermessensausübung zum Einschreiten entscheidet, folgt aus der Beschränkung auf eine reine Rechtmäßigkeitskontrolle, dass allein dieser Umstand nicht als Argument für die Einschränkung der Souveränität des Gemeinderats fruchtbar gemacht werden kann. Damit wird nämlich nur der Zustand gesichert bzw. wiederhergestellt, zu dessen Beachtung der Gemeinderat von vornherein verpflichtet ist und zu dessen Einhaltung er genauso durch ein Gerichtsurteil gezwungen werden könnte[530].

Etwas anderes könnte sich durch die Anwendung einzelner Aufsichtsmittel ergeben, wenn damit ein Eingriff in die Souveränitätsrechte des Rats verbunden ist[531]. Die aufsichtsrechtlichen Möglichkeiten lassen sich in einen präventiven und einen repressiven Teil unterteilen. Mittel der vorbeugenden Kontrolle sind – mit landesspezifischen Besonderheiten – Anzeige- und Vorlagepflichten, Genehmigungsvorbehalte und als mildestes Mittel die gesetzlich nicht durchgehend geregelte schlichte Beratung der Gemeinden. Repressiv stehen den Aufsichtsbehörden Beanstandungs-, Aufhebungs- und Anordnungsrechte zu. Daneben haben sie die Befugnis zur Ersatzvornahme, zur Bestellung eines Beauftragten, zur Auflösung des Rats sowie zur Beendigung der Amtszeit des Bürgermeisters.

Trotz des beachtlichen Umfangs des „Arsenals“ der Aufsichtsbefugnisse muss beachtet werden, dass wegen der Geltung des Übermaßverbots stets nur das mildeste Mittel angewendet werden darf[532]. Das Bundesverfassungsgericht hat schon in einer frühen Entscheidung festgehalten, dieser Grundsatz folge aus dem

---

527 So aber *Hans Meyer*, in: *ders./Stolleis*, HessStVwR, S. 169, 250.
528 Der Begriff stammt von *Knemeyer,* BayVBl. 1999, S. 193.
529 *Knemeyer*, BayVBl. 1999, S. 193, 196.
530 *Ott*, S. 124.
531 *Berwanger*, S. 112; *Schröder*, S. 421; *Forsthoff*, § 27 E (S. 551).
532 *Oebbecke*, DÖV 2001, S. 406, 409; *Knemeyer*, JuS 2000, S. 521, 522; *Klemt*, S. 19.

aufsichtsrechtlichen Hintergrund, die Eigenverantwortlichkeit der Gemeinden und damit die Selbstverwaltung im eigentlichen Sinn zu stärken, woraus die Beschränkung der Anwendung repressiver Aufsichtsmittel auf Extremfälle folge[533]. Der gedankliche Hintergrund dieser Rechtsprechung lässt sich mit der fortschreitenden Durchsetzung des Opportunitätsprinzips aus den Gemeindeordnungen herauslesen. Darin kommt die gewachsene Bedeutung der Gemeinden und ihre Eigenständigkeit zum Ausdruck.

Die Rechtsaufsicht hat entgegen der zunächst dominant erscheinenden repressiven Mittel vorwiegend präventive Aufgaben wahrzunehmen, indem sie die Gemeinden berät, fördert und schützt[534]. Allgemein besteht eine Tendenz zur Vermeidung von Konflikten durch kooperatives Zusammenarbeiten zwischen Gemeinderat und Aufsichtsbehörde[535].

Als konkretes Beispiel dafür kann die in allen Gemeindeordnungen enthaltene Vorlagepflicht der gemeindlichen Haushaltssatzung genannt werden[536]. Obwohl das Haushaltsrecht Bestandteil der durch Art. 28 Abs. 2 GG geschützten gemeindlichen Finanzhoheit ist[537], sehen die Kommunalverfassungen eine präventive Rechtskontrolle des geplanten Einnahme- und Ausgabenrahmens vor. Die Vorlagepflicht lässt sich damit erklären, dass der Haushaltsplan für die Gemeindebürger zu finanziellen Nachteilen führen kann, gegen die der Einzelne rechtlich nicht vorgehen kann[538]. Rein funktional betrachtet kann man darin die haushaltsrechtliche Kontrolle einer mit Legislativaufgaben betrauten Einrichtung durch ein staatlich-hierarchisches Exekutivorgan sehen.

Die Anwendung präventiver Aufsichtsmittel stellt freilich keine Beschränkung der Autonomie dar, da die Entscheidungskompetenz als solche bei den Gemeindevertretungen verbleibt. Gerade durch die vom Bundesverfassungsgericht[539] als eine der wichtigsten Formen vorbeugender Kommunalaufsicht klassifizierte Beratungstätigkeit soll ein Einschreiten der Aufsichtsbehörden verhindert werden[540]. Auch die präventive Rechtskontrolle der Haushaltssatzung bedeutet kei-

---

533 BVerfGE 6, 104, 118.

534 *Knemeyer*, Bayerisches Kommunalrecht, Rn. 401; *Schuppert*, DÖV 1998, S. 831, 832.

535 *Pitschas*, DÖV 1998, S. 907, 909 f.

536 § 81 Abs. 3 GO BW; Art. 65 Abs. 2 BayGO; § 78 Abs. 4 GO Bbg.; § 97 Abs. 4 HGO; § 48 Abs. 2 KV MV; § 86 Abs. 1 NGO; § 79 Abs. 5 GO NW; § 97 Abs. 1 GO RP; § 86 Abs. 2 KSVG Saar.; § 76 Abs. 2 S. 2 GO Sachsen; § 94 Abs. 2 GO SA; § 79 Abs. 2 GO SH; § 57 Abs. 2 ThürKO.

537 OVG NW, NWVBl. 1990, S. 121, 122; *Gern*, Deutsches Kommunalrecht, Rn. 682; *Walz/Süß*, DStR 2003, S. 1637, 1638.

538 Kunze/Bronner/Katz, § 81 Rn. 28.

539 BVerfGE 58, 177, 195.

540 Bei der Beratungstätigkeit ist sogar umstritten, ob es sich überhaupt um ein Aufsichtsmittel handelt (dazu *Klemt*, S. 14 ff.)

nen Eingriff in die kommunale Finanzhoheit, da die Prüfung auf eine reine Rechtskontrolle beschränkt ist[541].

Im Bereich der nachträglichen Aufsicht zur Wiederherstellung des rechtmäßigen Zustands wird nicht durch jedes Aufsichtsmittel in die Souveränitätsrechte eingegriffen. Wie bei jedem Verwaltungshandeln muss die Aufsichtsbehörde zunächst einmal den Sachverhalt ermitteln[542]. Dazu dienen die die Schnittmenge zwischen präventiven und repressiven Aufsichtsmöglichkeiten bildenden Informations- und Unterrichtungsrechte. Mit der bloßen Informationsverschaffung werden keine Entscheidungen der Gemeinden in Zweifel gezogen oder abgeändert. Zu Beginn der Untersuchung steht oft nicht einmal fest, ob die Fakten zur Kontrolle oder zum Schutz und zur Entwicklung der Gemeinden benötigt werden. Deshalb sind solche Maßnahmen von vornherein nicht zur Begründung der Autonomieeinschränkung geeignet.

Ein weiteres Mittel der förmlichen Repressivaufsicht ist das der Beanstandung. Damit rügt die Rechtsaufsichtsbehörde die Rechtswidrigkeit einer örtlichen Maßnahme und gibt der Gemeinde die Möglichkeit zur Eigenbeseitigung[543]. Außerdem kann die Aufhebung der Maßnahme und ihre Rückgängigmachung verlangt werden[544]. Dabei führt die Aufsicht keine inhaltlich-materielle Prüfung mit eigenen Vorschlägen durch, sondern ist auf eine rechtliche Prüfung beschränkt. Wie die verletzten Pflichten erfüllt und welche Alternativregelungen getroffen werden, verbleibt in der Primärkompetenz der Gemeinde. Infolgedessen fehlt es auch bei diesem Aufsichtsmittel an einer Beeinträchtigung der gemeindlichen Souveränitätsrechte.

Gleiches gilt für das Anordnungsrecht, das in Betracht kommt, wenn die Gemeinde gesetzlich obliegende Pflichten nicht erfüllt und die Rechtswidrigkeit des Verhaltens in einem pflichtwidrigen Unterlassen liegt[545]. Hier fehlt es an einem Eingriff in das gemeindliche Selbstverwaltungsrecht, da wegen der Beschränkung der Aufsicht auf eine reine Rechtskontrolle solche Vorgaben auch von gerichtlicher Seite erfolgen könnten. Es wird also nur der gesetzeskonforme Zustand wiederhergestellt. Neue Verpflichtungen der Gemeinde werden nicht begründet. Die staatliche Aufsichtsbehörde kann bei der Ausübung des Anordnungsrechts nicht selbst handeln, die Befugnis zum unmittelbaren Tätigwerden liegt weiterhin bei der Gemeinde[546]. Außerdem muss sie die Anordnungen der

---

541 *Gern*, Deutsches Kommunalrecht, Rn. 683; *Kunze/Bronner/Katz*, § 81 Rn. 32. Nichts anderes gilt, wenn die vorzulegende Satzung genehmigungspflichtige Teile enthält (str., wie hier *Gern*, Deutsches Kommunalrecht, Rn. 685; a.A. OVG Münster, DÖV 1988, S. 648 f.; ausführlich zum Streitstand *Hill*, S. 1, 36 ff.).

542 *Oebbecke*, DÖV 2001, S. 406, 409.

543 OVG NW, NVwZ-RR 1992, S. 449; *Lübking/Vogelsang*, Rn. 188.

544 *Gern*, Deutsches Kommunalrecht, Rn. 812.

545 OVG NW, NVwZ 1990, S. 187; *Hubert Meyer*, Kommunalrecht, Rn. 724.

546 *Lübking/Vogelsang*, Rn. 218.

Rechtsaufsichtsbehörde nicht unwidersprochen hinnehmen, sondern kann jede Maßnahme gerichtlich prüfen lassen[547].

Sollte auf die Beanstandung oder die Anordnung keine Reaktion erfolgen, können die Aufsichtsbehörden anstelle und auf Kosten der Gemeinde die erforderlichen Maßnahmen durch eine Aufhebungsverfügung bzw. eine Ersatzvornahme in die Wege leiten. Wenn vom aufsichtsrechtlichen Selbsteintrittsrecht Gebrauch gemacht wird, kann schwerlich von einer beim Gemeinderat verbleibenden Kompetenz gesprochen werden. Das kommunale Selbstverwaltungsrecht wird teilweise beseitigt, die Rechtsaufsichtsbehörde übt im Rahmen der erforderlichen Maßnahme die Stellung eines gesetzlichen Vertreters aus[548]. Außerdem bringt ein solches Vorgehen eine Ausweitung der Befugnisse der Aufsichtsbehörde mit sich. Schließlich fließen bei mehreren Möglichkeiten zur Beseitigung des rechtswidrigen Zustands zwangsläufig neben Rechtmäßigkeits- auch Zweckmäßigkeitserwägungen in die Entscheidung mit ein, da das gemeindliche Ermessen auf sie übergeht[549]. Letztlich wird mit diesem Aufsichtsmittel erheblich in die Unabhängigkeit des Gemeinderats eingegriffen. Dabei darf aber nicht außer Acht gelassen werden, dass es sich bei der Ersatzvornahme und der Aufhebung um „schwere Geschütze" der Aufsichtsbehörden handelt, die als ultima ratio nur subsidiär in Betracht kommen[550]. Zuvor folgt aus dem Übermaßverbot die erfolglose Anwendung weniger einschneidender Mittel, konkret der Beanstandung und Anordnung[551]. Auch während der Durchführung der Ersatzvornahme sind die Aufsichtsbehörden zur fortwährenden Prüfung verpflichtet, ob nicht ein milderes Mittel zur Zweckerreichung ausreicht[552].

Das Vorhergesagte gilt der Natur der Sache nach erst recht für den Fall der Bestellung eines Staatsbeauftragten. Auch hier lässt sich ein Eingriff in die gemeindliche Unabhängigkeit nicht abstreiten. Allerdings vollzieht die Rechtsaufsichtsbehörde diesen Schritt wegen des Verhältnismäßigkeitsgrundsatzes nur, wenn eine Situation vorliegt, in der die bisherigen Aufsichtsmittel nicht gefruchtet haben oder ein partielles Eingreifen in die Selbstverwaltungsautonomie von vornherein voraussichtlich nicht zum Erfolg führen wird[553]. Wenn es tatsächlich

547 *Ott*, S. 125.

548 OVG NW, NVwZ 1990, S. 187; *Lübking/Vogelsang*, Rn. 229.

549 *Ott*, S. 125; *Lübking/Vogelsang*, Rn. 232.

550 *Schmidt-Aßmann*, in: *ders.*, Besonderes Verwaltungsrecht, Kap. 1, Rn. 42; BVerwG DVBl. 1972, S. 828, 829.

551 *Gern*, Deutsches Kommunalrecht, Rn. 814; in Mecklenburg-Vorpommern kann darauf bei Gefahr im Verzug verzichtet werden.

552 *Lübking/Vogelsang*, Rn. 237.

553 VG Dresden, SächsVBl. 1996, S. 284, 285. Dass es sich bei der Einsetzung eines Beauftragten um die nur in Extremsituationen anzuwendende Maßnahme handelt, zeigt sich beispielsweise an der gestuften bayerischen Regelung gemäß Art. 114 Abs. 1, Abs. 2 BayGO. Danach müssen zunächst sämtliche Bürgermeister ersucht werden, für die Gemeinde zu handeln, bevor die Rechtsaufsichtsbehörde selbst einschreitet.

zu einer solchen Bestellung kommt, ersetzt der Beauftragte den demokratisch gewählten Gemeinderat und leitet vorübergehend im erforderlichen Umfang die gemeindlichen Geschicke, während das ersetzte Organ seine Stellung in der Gemeinde verliert. Damit liegt ein schwerer Eingriff in das kommunale Selbstverwaltungsrecht vor[554]. Aus diesem Grund hat die Rechtsaufsichtsbehörde unter Beachtung und Schonung des Selbstverwaltungsrechts der Gemeinde nur die zur Wiederherstellung der Gesetzmäßigkeit des gemeindlichen Handelns unbedingt erforderlichen Schritte einzuleiten[555]. Keinesfalls darf es dabei zu einer über das Maß der erforderlichen Maßnahmen hinausgehenden Ausübung des Selbstverwaltungsrechts kommen.

γγ) Aufsichtsähnliche Souveränitätseinschränkungen im Parlamentsrecht

Bei der Schilderung der Souveränitätsrechte des Parlaments wurde bereits festgehalten, dass im Parlamentsrecht eine Rechtsaufsicht nicht existiert[556]. Damit ist eine Aufwertung der Unabhängigkeit parlamentarischer gegenüber kommunalen Vertretungskörperschaften nur dann verbunden, wenn keine vergleichbaren Mittel vorhanden sind, die die Parlamente über die Bestimmung des Art. 100 Abs. 1 GG hinaus in ihrer Souveränität einschränken.

In diesem Zusammenhang ist zunächst auf die Beteiligung des Bundesrates an der Gesetzgebung des Bundestags gemäß Art. 50, 76 – 78 GG hinzuweisen. Aus der grundgesetzlichen Konzeption des Gesetzgebungsverfahrens folgt, dass der Bundesrat in irgendeiner Form immer beim Zustandekommen eines Gesetzes mitwirkt[557]. Die verschiedenartigen Beteiligungsrechte des Bundesrats an der Bundesgesetzgebung werden als Mittel der Präventivkontrolle auf parlamentsrechtlicher Ebene angesehen[558]. Zutreffend daran ist, dass die Souveränität des Bundestags insbesondere bei zustimmungsbedürftigen Gesetzen eingeschränkt wird. Schließlich führt die Verweigerung der Zustimmung des Bundesrats zur Ablehnung und zum Scheitern des Gesetzesvorhabens[559]. Daraus kann aber nur eine Gemeinsamkeit zwischen kommunaler und staatlicher Ebene hergeleitet werden, wenn die Beteiligung des Bundesrats an der Bundesgesetzgebung analog der Motive des kommunalen Aufsichtswesens die Verfassungsmäßigkeit der Gesetze sicherstellen soll. Allerdings besteht die Partizipationsbefugnis der Länder nicht zum Zweck der Kontrolle des Bundestags, sondern dient der Kompensation des Verlusts eines Teils der staatlichen Souveränitätsrechte zugunsten

554 *Rohde*, S. 48; *Lübking/Vogelsang*, Rn. 243.

555 *Gern*, Deutsches Kommunalrecht, Rn. 815.

556 Oben S. 95.

557 BVerfGE 28, 66, 79.

558 *Ott*, S. 127 f.

559 *Stettner*, in: *Dreier*, GG-Kommentar II, Art. 78 Rn. 5.

des Bundes[560]. Desgleichen kommt damit die Verantwortlichkeit der Bundesländer für den Gesamtstaat zum Ausdruck und die Konkretisierung des in Art. 20 Abs. 1 GG enthaltenen Bekenntnisses zum Bundesstaat[561]. Der Bundesrat ist bei seinem Abstimmungsverhalten nicht auf föderale Aspekte beschränkt, geschweige denn auf eine reine Kontrolle der Verfassungsmäßigkeit. Die Teilnahme der Länderkammer an der politischen Willensbildung des Bundestags verfolgt also einen ganz anderen Zweck als die staatliche Rechtsaufsicht über Kommunen und ist als Beleg der Einschränkung der Souveränitätsrechte des Parlaments ungeeignet.

Im gleichen Maße gilt das für die aufgewertete Position des Bundesrats im Gesetzgebungsnotstand gemäß Art. 81 GG, der teilweise als parlamentsrechtliches Äquivalent zur aufsichtsbehördlichen Ersatzvornahme verstanden wird[562]. Davon abgesehen, dass es sich um eine „vergessene Verfassungsnorm“[563] mit fehlender praktischer Relevanz handelt, kann das Instrument auch nicht mit der Ersatzvornahme verglichen werden. Wenn sich Bundestag und Bundesregierung in einer Regierungskrise gegenseitig blockieren, soll mit der Modifizierung des Gesetzgebungsverfahrens die Handlungs- und Regierungsfähigkeit durch Deckung des Gesetzgebungsbedarfs gewahrt bleiben[564]. In der Vorschrift spiegelt sich das Leitbild des grundgesetzlichen Verständnisses des parlamentarischen Systems wider, wonach die einmal im Amt befindliche Regierung so stark wie möglich abgesichert werden muss[565]. Letztendlich wird der Bundesrat nach Abschluss des Verfahrens gemäß Art. 81 Abs. 2 S. 1 GG nur für das konkrete Gesetzgebungsvorhaben unter Übergehung des Bundestags alleiniges Legislativorgan[566]. Eine Ausweitung auf weitere Vorhaben ist nur unter den Voraussetzungen des Art. 81 Abs. 3 GG und nach Durchlaufen des darin vorgesehenen schwerfälligen Verfahrens möglich. Eine Abänderung des Grundgesetzes ist gemäß Art. 81 Abs. 4 GG gänzlich ausgeschlossen.

Im Gesetzgebungsnotstand übernimmt der Bundesrat als „Legislativreserve“[567] zwar partiell die Rolle des Gesetzgebers, allerdings nicht zur Sicherung der Rechtmäßigkeit der Arbeit des Bundestags, sondern zum zeitlich befristeten Erhalt der Regierungsfähigkeit. Keinesfalls ist das Notgesetzgebungsverfahren ein aufsichtsähnliches Strukturmerkmal im Parlamentsrecht, wenngleich eine

---

560 *Sachs*, VVDStRL 58 (1999), S. 39, 47.

561 *Krebs*, in: *v. Münch/Kunig*, GG-Kommentar II, Art. 50 Rn. 1; *Sachs*, VVDStRL 58 (1999), S. 39, 54 f. (zur Beteiligung an verfassungsändernden Gesetzen gemäß Art. 79 Abs. 2 GG).

562 *Ott*, S. 125 f.

563 Die Bezeichnung geht auf die Abhandlung von *Stern*, in: *Jekewitz/Melzer/Zeh*, Politik als gelebte Verfassung, S. 129 ff. zurück.

564 *Rubel*, in: *Umbach/Clemens*, Art. 81 Rn. 8.

565 *Stern*, in: *Jekewitz/Melzer/Zeh*, Politik als gelebte Verfassung, S. 129, 131.

566 *Herzog*, in: *Maunz/Dürig*, GG-Kommentar IV, Art. 81 Rn. 64, 71.

567 *Herzog*, in: *Maunz/Dürig*, GG-Kommentar IV, Art. 81 Rn. 4, 64.

Gemeinsamkeit zur Ersatzvornahme darin liegt, dass das primär zuständige Organ in begrenztem Umfang seine Kompetenzen einbüßt.

Als Mittel der Aufsicht über die Rechtmäßigkeit der parlamentarischen Gesetzesbeschlüsse kommt das Prüfungsrecht des Bundespräsidenten bei der Ausfertigung der Gesetze nach Art. 82 GG in Betracht. Nach dem eindeutigen Wortlaut des Art. 82 GG muss er die Ausfertigung aus Gründen formeller Verfassungswidrigkeit verweigern, besitzt also eine uneingeschränkte förmliche Prüfungsbefugnis[568].

Nach einer Auffassung dient das Ausfertigungsrecht des Bundespräsidenten primär nicht der Rechtskontrolle des Parlaments[569]. Vielmehr soll die Ausfertigung der Gesetze den Sinn haben, ihrer hervorgehobenen Stellung Ausdruck zu verleihen und ihren Staatsbezug durch Dokumentierung des Abschlusses der politischen Meinungsverschiedenheiten zu betonen[570]. Damit sind in erster Linie die Repräsentations- und Integrationsfunktion des Bundespräsidenten angesprochen[571]. Eine Verwandtschaft mit dem Institut der staatlichen Kommunalaufsicht besteht bei dieser Betrachtungsweise konsequenterweise nur am Rande.

Wenngleich die eben dargestellten Punkte zur Begründung des Ausfertigungserfordernisses sicherlich beitragen können, erschöpft sich der Sinn des Instruments der Ausfertigung darin nicht. Sofern das uneingeschränkte formelle Prüfungsrecht betroffen ist, kann es durchaus mit der kommunalaufsichtsrechtlichen Tätigkeit verglichen werden. Dafür spricht nämlich, dass alle Verfassungsorgane dazu verpflichtet sind, unabhängig von der Kompetenzordnung klare Verfassungsverstöße zu verhindern und die verfassungsmäßige Ordnung zu wahren[572]. Genau das ist Hintergrund der Prüfung, wenn der Bundespräsident feststellt, ob dem Bundesgesetzgeber überhaupt die Gesetzgebungskompetenz zugestanden hat und ob das Verfahren ordnungsgemäß durchgeführt worden ist[573]. Zudem ist der Bundespräsident ein vom politischen Tagesgeschehen weitgehend unabhängiges und neutrales Staatsorgan, das aufgrund dieser Distanz zur Überprüfung und Feststellung der formellen Verfassungsmäßigkeit eines Gesetzes prädestiniert ist[574]. Damit ist die Aufgabe der Ausfertigung der Parlamentsgesetze dem Bundespräsident jedenfalls auch zur Durchführung einer Rechtskontrolle zuge-

---

568 *Lutze*, NVwZ 2003, S. 323, 324 f.; *Bryde*, in: *v. Münch/Kunig*, GG-Kommentar III, Art. 82 Rn. 3; *Rubel*, in: *Umbach/Clemens*, Art. 82 Rn. 12; *Brenner*, in: *v. Mangoldt/Klein/Starck*, GG-Kommentar III, Art. 82 Rn. 23; *Bauer*, in: *Dreier*, GG-Kommentar II, Art. 82 Rn. 12.

569 *Maurer*, in: *Börner/Jahrreiß/Carstens*, Einigkeit und Recht und Freiheit II, 1984, S. 701, 711.

570 *Schlaich*, in: *Isensee/Kirchhof*, HdbStR II, 2. A., § 49 Rn. 25; *Maurer*, in: *Börner/Jahrreiß/Carstens*, Einigkeit und Recht und Freiheit II, 1984, S. 701, 711.

571 *Rubel*, in: *Umbach/Clemens*, Art. 82 Rn. 11.

572 *Degenhart*, Rn. 564, 566; *Bauer*, in: *Dreier*, GG-Kommentar II, Art. 82 Rn. 13.

573 *Bryde*, in: *v. Münch/Kunig*, GG-Kommentar III, Art. 82 Rn. 3.

574 *Brenner*, in: *v. Mangoldt/Klein/Starck*, GG-Kommentar III, Art. 82 Rn. 24.

wiesen. Die Rechtskontrollfunktion stellt mehr als nur einen Annex der Ausfertigung dar[575].

Damit ist aber lediglich eine Aussage über die Vergleichbarkeit von Gesetzesausfertigung und kommunaler Rechtsaufsicht getroffen, wenn es um formelle Mängel geht. Es stellt sich die Frage, ob Gemeinsamkeiten auch im Bereich materieller Fehler bestehen. Schließlich üben die Aufsichtsbehörden keine beschränkte, sondern eine umfassende Rechtmäßigkeitskontrolle aus, die sich nicht auf formelle Gesichtspunkte beschränkt.

Ob und in welchem Umfang der Bundespräsident analog der kommunalrechtlichen Rechtslage vor der Ausfertigung des Gesetzes seine Vereinbarkeit mit materiellem Verfassungsrecht, insbesondere den Grundrechten und den Verfassungsprinzipien, prüfen kann, ist zwar vom Bundesverfassungsgericht mehrfach angesprochen worden[576], jedoch bis heute nicht ausdrücklich entschieden und umstritten[577]. Ein uneingeschränktes Recht zur materiellen Überprüfung wird nach weit verbreiteter Ansicht aufgrund der Stellung des Bundespräsidenten im Gesamtsystem der Verfassung abgelehnt[578]. Aus Gründen der Gewaltenteilung ist primär der unmittelbar demokratisch legitimierte Gesetzgeber für den Inhalt der Gesetze verantwortlich. Dabei kommt ihm mit seiner verfassungsrechtlichen Bewertung eine Einschätzungsprärogative zu[579]. Andererseits kann ein Verfassungsorgan nicht dazu gezwungen werden, in offensichtlichen Fällen „sehenden Auges" einen Verfassungsverstoß zuzulassen. In einer solch klaren Situation kann wegen der überragenden Bedeutung der Bindungen gemäß Art. 20 Abs. 3 bzw. Art. 1 Abs. 3 GG auch nicht mit der schwachen Stellung des Bundespräsidenten im Gesamtgefüge der Verfassung argumentiert werden. Ohne auf die genauen Grenzen dieses materiellen Prüfungsrechts eingehen zu können – damit würde der Rahmen dieser Abhandlung gesprengt – zeichnet sich doch eine Tendenz zugunsten eines auf Evidenzfälle beschränkten materiellen Prüfungsrechts des Bundespräsidenten ab[580]. Eine Verwandtschaft zwischen seinem Prüfungsrecht und den Befugnissen der Aufsichtsbehörden kann daher im Ergebnis dem Grunde nach festgestellt werden. Hinsichtlich der inhaltlichen Ausprägung des Prüfungsrechts einerseits und der Aufsichtsbefugnisse andererseits bestehen

---

575 A.A. *Schlaich*, in: *Isensee/Kirchhof*, HdbStR II, 2. A., § 49 Rn. 32; *Maurer*, in: *Börner/Jahrreiß/Carstens*, Einigkeit und Recht und Freiheit II, S. 701, 711 f.

576 BVerfGE 1, 396, 413; 2, 143, 169; 34, 9, 22 f.

577 *Bauer*, in: *Dreier*, GG-Kommentar II, Art. 82 Rn. 13.

578 *Degenhart*, Rn. 566; *Ipsen*, Staatsrecht I, Rn.489 ff. (insbes. Rn. 492); *Bauer*, in: *Dreier*, GG-Kommentar II, Art. 82 Rn. 13.

579 *Degenhart*, Rn. 565.

580 *Brenner*, in: *v. Mangoldt/Klein/Starck*, GG-Kommentar III, Art. 82 Rn. 27; *Bryde*, in: *v. Münch/Kunig*, GG-Kommentar III, Art. 82 Rn. 6; *Degenhart*, Rn. 566; zu pauschal dagegen *Ott*, S. 128, wonach nach „allgemeiner Ansicht" – allerdings ohne Fundstellenangabe – ein materielles Prüfungsrecht des Bundespräsidenten bestehen soll.

aber gewichtige Unterschiede, die eine Vergleichbarkeit nur ansatzweise zulassen.

Letztlich unterliegen Ausgaben erhöhende Gesetze gemäß Art. 113 Abs. 1 GG – eine ähnliche Regelung findet sich in Art. 23 Abs. 5 S. 3 GG – dem Zustimmungsvorbehalt der Regierung. Damit weist die Regelung gewisse Parallelen zur Vorlage- und Genehmigungspflicht kommunaler Haushaltssatzungen des „Ortsparlaments" durch die Rechtsaufsichtsbehörden auf[581].

Art. 113 GG wird zutreffend als Mittel verbandsinterner parlamentarischer Präventivkontrolle gesehen[582]. Die Norm stellt einen Eingriff in die Rechte des Legislativorgans dar. Das Budgetrecht soll die Regierung zur Sparsamkeit anhalten, sie aber nicht dazu zwingen, gegen ihren Willen Mehrausgaben zu veranlassen[583]. Der Norm liegt der Gedanke zu Grunde, dass auch das Parlament bei einer spendierfreudigen Ausgabengestaltung kontrolliert werden muss, weshalb der Bundesregierung ein echtes Vetorecht zukommt[584].

Die Kontrollbefugnis der Regierung darf indes in der Verfassungswirklichkeit nicht überbewertet werden. Ihr liegt das historische Bild eines Interessenwiderstreits zwischen Parlament und Regierung bei haushaltspolitischen Streitigkeiten zu Grunde. Diese Vorstellung ist in einem Regierungssystem, in dem die Regierung vom Vertrauen der Parlamentsmehrheit abhängt, überholt, weshalb dem Vetorecht faktisch-politische Grenzen gesetzt sind[585]. Es fällt in der Tat sehr schwer, sich eine Regierung vorzustellen, die sich als Sachwalter sparsamer Haushaltspolitik gegenüber der Erhöhung der ihr zur Verfügung stehenden Mittel durch ein ausgabefreudiges Parlament geriert[586].

Damit sind parlamentsrechtliche Mittel, die der staatlichen Kommunalaufsicht entsprechen, nur rudimentär vorhanden. Völlig unbekannt sind sie indes nicht. Der Grund für die wenig vergleichbaren Regelungen liegt in den divergierenden Motiven der meisten staatsrechtlichen Normen, die zum Nachweis aufsichtsähnlicher Befugnisse im Grundgesetz anführt werden. Als Gemeinsamkeit zwischen Gemeinde- und Parlamentsrecht kann allerdings festgehalten werden, dass auch die parlamentarische Souveränität nicht uneingeschränkt besteht, wenngleich zumeist aus davon abweichenden Gründen.

---

581 Dazu S. 106.

582 *Ott*, S. 127, 132.

583 *Maunz*, in: *ders./Dürig*, GG-Kommentar V, Art. 113 Rn. 1.

584 *Maunz*, in: *ders./Dürig*, GG-Kommentar V, Art. 113 Rn. 1.

585 Ähnlich *Heintzen*, in: *v. Münch/Kunig*, GG-Kommentar III, Art. 113 Rn. 1; *Heun*, in: *Dreier*, GG-Kommentar III, Art. 113 Rn. 4.

586 *Heun*, in: *Dreier*, GG-Kommentar III, Art. 113 Rn. 4.

δδ) Rechtfertigung der Aufsichtsregelungen durch kommunale Besonderheiten

Ein zwingend parlamentsfremdes Strukturmerkmal ist die kommunale Staatsaufsicht nur dann, wenn die Souveränität zwangsläufig aus Gründen beschnitten wird, die auf eine Schwächung des Rats als zentrales, unabhängiges Entscheidungsorgan der Gemeinde abzielen. Wenn die staatliche Aufsicht dagegen kommunalrechtlichen Besonderheiten Rechung trägt, die außerhalb der Stellung des Gemeinderats liegen, führt dies lediglich zu einer Modifizierung der Ausgestaltung der kommunalen Volksvertretung gegenüber dem Bundestag und den Landtagen. Eine Ablehnung des parlamentarischen Strukturmerkmals der Souveränität ist damit aber nicht verbunden.

Genau ein solcher Umstand liefert aber die Erklärung für die staatliche Kommunalaufsicht. Neben den bei der Darstellung der verfassungsrechtlichen Gebotenheit der Aufsicht genannten Gründen[587] gibt es noch weitere Gesichtspunkte, die kommunalrechtliche Besonderheiten erkennen lassen. Gerade kleineren Gemeinden fehlt es oft am erforderlichen juristischen Fachwissen, wodurch sich aufgrund der großen Nähe zum Bürger Rechtsverstöße häufig unmittelbar auswirken[588]. Außerdem liegt im großen Vorteil der kommunalen Selbstverwaltung, flexible und auf die örtlichen Bedürfnisse angepasste Entscheidungen der eigenen Angelegenheiten durch die Betroffenen treffen zu können, auch der große Nachteil drohender einseitiger Interessenbevorzugungen[589].

Aus diesen Aspekten wird deutlich, dass das Aufsichtswesen in keinem speziellen Zusammenhang mit parlamentsfernen Eigenschaften des Gemeinderats steht. Es stellt lediglich eine Reaktion auf die Eigenheiten der Selbstverwaltungsautonomie dar, die es auf staatlicher Ebene nicht gibt[590].

Auch die Unabhängigkeit der Parlamente besteht nicht uneingeschränkt, wenngleich mit der schwächeren Ausprägung die faktisch stärkere Position der Parlamente gegenüber den kommunalen Vertretungskörperschaften zum Vorschein kommt. Verbandsinterne Kontrollmechanismen sind dem Parlamentsrecht nicht völlig fremd. Sie verfolgen ansatzweise sogar dieselben Ziele wie die Mittel der staatlichen Kommunalaufsicht. Von einer Beeinträchtigung der Souveränitätsrechte des Rats durch Rechtsaufsichtsbefugnisse in einem die Wesensfremdheit gegenüber der parlamentarischen Unabhängigkeit begründenden Maß kann entgegen der Auffassung *Schröders*[591] nicht gesprochen werden.

587 Oben S. 105.

588 *Oebbecke*, DÖV 2001, S. 406, 408.

589 *Oebbecke*, DÖV 2001, S. 406, 408; auf diesen Punkt wird noch bei der Untersuchung kommunaler Befangenheits- und Inkompatibilitätsvorschriften vertieft einzugehen sein.

590 Ebenso *Oebbecke*, DÖV 2001, S. 406, 408.

591 S. 310.

b) Autonomie der Vertretungskörperschaft

aa) Parlament

Ein im Zeitalter des Konstitutionalismus vom Parlament erkämpftes Recht bestand darin, Angelegenheiten im eigenen Verantwortungsbereich selbst regeln zu können, ohne auf die Mitwirkung anderer Staatsorgane – dem Monarchen als Exekutive – angewiesen zu sein[592]. Damit ging auch ein Schutz vor ungerechtfertigten Eingriffen der Exekutive in die Legislativgewalt einher, insbesondere vor der Parlamentsauflösung[593].

Zwar ist im parlamentarischen Regierungssystem der Monarch als „Gegenspieler" des Parlaments nicht mehr vorhanden. Dennoch ist die Autonomie Ausdruck des Prinzips der Volkssouveränität[594] und dient dem Schutz der Legislative vor Gängelungsversuchen seitens der Regierung, die trotz ihrer formellen Abhängigkeit vom Parlament nicht ausgeschlossen sind[595]. Ferner sichert sie im Gefüge der klassischen Gewaltenteilung die Unabhängigkeit der gewählten Volksvertretung gegenüber den übrigen Verfassungsorganen ab[596]. Insgesamt hängt die Selbstorganisationsbefugnis eng mit dem verfassungsrechtlichen Status des Parlaments als eines der obersten Verfassungsorgane zusammen.

Die Autonomiebefugnisse der Vertretungskörperschaften beziehen sich allgemein auf das Recht der Volksvertretung, ihre Angelegenheiten selbst zu regeln[597]. Der Hauptanwendungsfall ist dabei das in Art. 40 GG verankerte Recht zur Regelung des Geschäftsgangs[598]. Die Norm umfasst in Art. 40 Abs. 1 S. 2 GG den parlamentarischen Innenbereich, für den der Bundestag eine Geschäftsordnung erlassen kann und für die notwendige Organisation verantwortlich ist. Dazu ist der parlamentarische Außenbereich mit eingeschlossen, indem die Integrität der Räumlichkeiten gemäß Art. 40 Abs. 2 GG geschützt ist.

bb) Gemeinderatsautonomie

Ein Unterschied zwischen Gemeinderat und Bundestag ergibt sich gegebenenfalls aus der variierenden Ausgestaltung der Geschäftsordnungsautonomie im Kommunalrecht. Dieses Strukturmerkmal lässt sich genau wie die allgemeine

---

592 *Versteyl*, in: *v. Münch/Kunig*, GG-Kommentar II, Art. 40 Rn. 1; *Schröder*, S. 201 f.

593 *Ott*, S. 215.

594 *Morlok*, in: *Dreier*, GG-Kommentar II, Art. 40 Rn. 5.

595 BVerfGE 70, 324, 361; *Schröder*, S. 202.

596 *Klein*, in: *Maunz/Dürig*, GG-Kommentar III, Art. 40 Rn. 18; *Morlok*, in: *Dreier*, GG-Kommentar II, Art. 40 Rn. 6; *Schröder*, S. 202.

597 BVerfGE 102, 224, 235; BVerfG, NJW 2002, S. 1111, 1114.

598 BVerfGE 44, S. 308, 314; 102, 224, 236.

Aufsichtsunterworfenheit letztlich unter den Oberbegriff „Beeinträchtigung der Souveränitätsrechte durch aufsichtsrechtliche Maßnahmen" zusammenfassen.

Das Recht und die Pflicht der gemeindlichen Volksvertretungen zur Ausgestaltung des Innenbereichs mit der Geschäftsordnung ist in allen Gemeindeverfassungen enthalten[599]. Zum Regelungsbereich gehören die innere Organisation des Gemeinderats und der Ablauf der organinternen Meinungs- und Willensbildung[600]. So enthalten die Geschäftsordnungen sämtlicher Vertretungskörperschaften Regelungen über die Bildung der Fraktionen, der Ausschüsse und des Ältestenrats. Zusätzlich sind das Rede- und Antragsrecht sowie das Abstimmungsprozedere und organinterne Ordnungsmaßnahmen konkret ausgestaltet[601].

α) Geschäftsordnungsautonomie als Ausdruck der Volkssouveränität

Dem äußeren Bilde nach bestehen keine beachtlichen Abweichungen zwischen der Parlaments- und der Gemeinderatsautonomie. Es wird jedoch an der Gleichwertigkeit gezweifelt, da trotz der grundsätzlichen Anerkennung der innerorganschaftlichen Autonomiebefugnisse einige zu beachtende Eckpunkte für die individuelle Ausgestaltung vom Gesetzgeber vorgegeben seien. Damit bestünde die Organisationshoheit des Gemeinderats nicht im gleichen Maß wie beim Bundestag und den Landtagen, weshalb von einer parlamentarischen Geschäftsordnungsautonomie des Gemeinderats nicht gesprochen werden könne[602]. Als Hintergrund dieser gesetzlichen Vorgaben wird die Abgeleitetheit der gemeindlichen Hoheitsgewalt aufgeführt, weshalb dem Rat keine originären, sondern derivative Autonomiebefugnisse zukämen[603]. Ein weiterer Unterschied zwischen parlamentarischen und gemeinderechtlichen Selbstorganisationsrecht liege in der fehlenden Parlamentseigenschaft des „obersten Verwaltungsorgans" Gemeinderats[604].

Wenn dabei auf die normative Abhängigkeit des Gemeinderats von der staatlichen Hoheitsgewalt rekurriert wird, kann auf das bereits gefundene Ergebnis verwiesen werden, wonach die von den Gemeinden wahrgenommene Hoheits-

---

599 § 36 Abs. 2 GO BW; Art. 45 Abs. 1 BayGO; § 60 Abs. 1 HGO; § 50 NGO; § 37 Abs. 1 GO RP; § 39 KSVG Saar.; § 38 Abs. 2 GO Sachsen; § 34 Abs. 2 GO SH; § 34 Abs. 1 ThürKO; s.a. § 43 Abs. 1 S. 2 GO Bbg.; § 29 Abs. 2 S. 2 KV MV; §§ 47 Abs. 2, 48 Abs. 1 GO NW; § 55 Abs. 1 S. 1 GO SA, wo die Existenz einer Geschäftsordnung als selbstverständlich vorausgesetzt wird.

600 VG BW, DÖV 2002, S. 912, 913.

601 *Schröder*, S. 426 f.; eine ausführliche Darstellung der üblichen Bestimmungen in den Geschäftsordnungen findet man bei *Foerstemann*, in: *Püttner*, HdbKWP II, § 28 B II 2 d (S. 109 f.).

602 *Berwanger*, S. 114; *Scholtis*, S. 277; *Schröder*, S. 427.

603 So *Löwer*, SKV 1975, S. 35, 36 f.; ähnlich *Schröder*, S. 428 f.

604 *Rothe*, DÖV 1991, S. 486, 487; *Löwer*, SKV 1975, S. 35, 37.

gewalt qualitativ auf derselben Stufe steht wie die des Bundes und der Länder[605]. Unter Zugrundelegung dieses Vorverständnisses ist es unmöglich, damit Differenzen zwischen den jeweiligen Autonomiebefugnissen zu begründen.

Ebenso wenig überzeugt der Hinweis auf die fehlende Parlamentseigenschaft der Gemeindevertretung. Diese stereotype Formel dringt zum eigentlichen Problem gar nicht vor, nämlich ob das die parlamentarischen Autonomienbefugnisse indizierende Strukturmerkmal im gleichen Maße dem Kommunalverfassungsrecht wesensimmanent ist. Eine Antwort auf die Frage der Gleichwertigkeit der jeweiligen Autonomiebefugnisse kann nur gefunden werden, wenn man untersucht, ob die Befugnis zur eigenverantwortlichen Gestaltung der inneren Ordnung der Vertretungskörperschaft Ausdruck der unbeeinflussten Verwirklichung der Volkssouveränität und des Gewaltenteilungsgrundsatzes ist. Soweit der Hintergrund des parlamentarischen Selbstorganisationsrechts in der Stellung als Volksvertretung und alleiniges unmittelbar legitimiertes Verfassungsorgan gesehen wird[606], kann im Gemeinderecht nichts anderes gelten. Der Gemeinderat ist wie ein Parlament das unmittelbar legitimierte Vertretungs- und Leitungsorgan des Gemeindevolks in exponierter Stellung. Mit dieser Position verträgt es sich nicht, wenn andere kommunale Organe die innere Organisation der Führungsinstanz bestimmen können[607]. Daher folgt das Recht zum Erlass einer Geschäftsordnung dem Grundsatz nach unmittelbar aus der Selbstverwaltungsgarantie des Art. 28 Abs. 2 GG und ist Ausfluss der Autonomie der Vertretungskörperschaft[608]. Die Ermächtigungen in den Gemeindeordnungen zum Erlass von Geschäftsordnungen haben lediglich deklaratorische Bedeutung[609].

---

605 Vgl. oben S. 51; ebenso *Ott*, S. 219.

606 *Kühnreich*, S. 58.

607 *Waechter*, Rn. 300 (Fn. 134).

608 *Hubert Meyer*, Kommunalrecht, Rn. 309; *Rothe*, DÖV 1991, S. 486, 488, der die Geschäftsordnungsbefugnis allerdings als Teil der - ebenfalls unmittelbar aus Art. 28 Abs. 2 S. 1 GG folgende – Organisationshoheit sieht; a.A. *Scholtis*, S. 278; *Schröder*, S. 429; ablehnend auch *Kühnreich*, S. 56, der Art. 40 Abs. 1 S. 2 GG konstitutiven Charakter mit der Argumentation zuweist, ansonsten müsste nicht nur den obersten Bundesorganen, sondern auch den Unterorganen Autonomiebefugnisse zustehen. Dabei wird aber verkannt, dass die Ausübung des Selbstorganisationsrechts unabhängig von der Stellung als Verfassungsorgan bei den Volksvertretungen aus deren unmittelbarer Legitimation folgt, diese Eigenschaft bei Unterorganen hingegen fehlt.

609 *Schmidt-Jortzig*, Kommunalrecht, Rn. 202, 211, 416; dabei wird die Autonomie aus der gemeindlichen Organisationshoheit hergeleitet; es erscheint jedoch zweifelhaft, ob hierbei eine qualitative Gleichwertigkeit der Autonomiebefugnisse angenommen wird (vgl. Rn. 416 (Fn. 64)).

β) Gesetzliche Rahmenbedingungen des kommunalen Geschäftsordnungsrechts

Eine Fremdbestimmung folgt auch nicht aus den gesetzgeberischen Rahmenbedingungen in den Gemeindeordnungen. Zwar haben die Gemeindevertretungen eine Reihe von Vorgaben bei der Durchführung der Selbstorganisation zu beachten. Obligatorisch sind in den einzelnen Gemeindeordnungen Regelungen über Form und Frist der Sitzungsladungen, das Prozedere der Behandlung von Anfragen, die Fraktionsbildung und die Aufrechterhaltung der Ordnung in der Sitzung[610].

Die zwingenden gesetzlichen Vorschriften stecken jedoch nur einen Rahmen ab, der von den Gemeinden noch im Detail konkretisiert und ergänzt wird. So ist in Baden-Württemberg gemäß § 24 Abs. 4 S. 1 GO BW zwar das Recht der Gemeinderatsmitglieder zur Stellung von Anfragen festgehalten, seine Ausgestaltung obliegt jedoch ohne weitere Vorgaben den Vertretungskörperschaft, § 24 Abs. 4 S. 3 GO BW. Daneben besteht ein beachtlicher, nicht durch gesetzgeberische Vorgaben determinierter Gestaltungsfreiraum. Er wird nur durch entgegenstehendes Verfassungs- und Kommunalrecht begrenzt, insbesondere bei der Festlegung des Sitzungsablaufs und der Ausgestaltung des Rederechts[611].

Entsprechend stellt sich die Situation auf Bundes- und Landesebene dar. Selbstständigkeit und Unabhängigkeit bedeuten nicht vom Verfassungsrecht losgelöste inhaltliche Gestaltungsfreiheit[612]. Die Verfassung begründet das Geschäftsordnungsrecht nicht nur, sondern begrenzt es auch[613]. Sie enthält Bestimmungen über die parlamentarische Organisation, indem gemäß Art. 45 – 45 c GG die Existenz bestimmter Ausschüsse bzw. der Person des Wehrbeauftragten zwingend vorausgesetzt wird, der Ablauf des Gesetzgebungsverfahrens detailliert in den Art. 76 ff. GG festgelegt ist und Art. 39 GG Regelungen über die Einberufung und das Zusammentreten des Bundestags trifft. Dazu haben die Parlamente bei der Ausübung ihres Selbstorganisationsrechts neben den ausdrücklichen Vorgaben des Grundgesetzes und allgemeinen verfassungsrechtlichen Prinzipien sämtliche verfassungskonforme einfachgesetzliche Vorschriften zu beachten[614].

Für die Landesparlamente ist die Situation vergleichbar, obwohl einige Landesverfassungen den Vertretungskörperschaften keinen so großen Gestaltungsspielraum lassen wie das Grundgesetz dem Bundestag. Beispielsweise sind in der Verfassung des Landes Brandenburg in den Art. 55 ff. genaue Vorgaben zur

610 Ausführlich zu den in den einzelnen Bundesländern vorgeschriebenen Regelungsgegenständen *Gern*, Deutsches Kommunalrecht, Rn. 440.

611 OVG NW, NWVBl. 1996, S. 7, 8; *Gern*, Deutsches Kommunalrecht, Rn. 440; *Stober*, § 15 II 5a (S. 196); *Rothe*, DÖV 1991, S. 486, 488.

612 *Hölscheidt*, § 3 IV (S. 128).

613 *Schneider*, in: AK II, Art. 40 Rn. 10.

614 Beispielsweise § 6 BVerfGG.

Ausschussbesetzung, der Bildung von Pflichtausschüssen, der Beschlussfassung und der Einberufung der Sitzungen enthalten, ohne dass am Bestehen parlamentarischer Autonomiebefugnisse gezweifelt wird. Auch in den Landesverfassungen von Hessen, Mecklenburg-Vorpommern, dem Saarland, Sachsen-Anhalt und Thüringen ist der Geschäftsgang wesentlich stärker festgelegt als im Grundgesetz[615].

Nicht nur die kommunalen Volksvertretungen, sondern auch der Bundestag und die Landesparlamente unterliegen normativen Beschränkungen bei der Ausgestaltung ihrer inneren Ordnung, wenngleich diese geringer sind. Grundsätzlich können aber sämtliche Volksvertretungen ein aus ihrer Stellung als alleiniges unmittelbar demokratisches Vertretungsorgan folgendes Recht zur autonomen Gestaltung der eigenen Angelegenheiten ableiten. Das Prinzip der Volkssouveränität ist in beiden Rechtsgebieten Hintergrund der Autonomiebefugnis[616]. Die im Vergleich zum Parlamentsrecht umfangreicheren gesetzlichen Vorgaben im Kommunalrecht betreffen nur das Maß der Gestaltungsfreiheit, stellen sie aber nicht grundsätzlich und substanziell in Frage.

γ) Rechtsaufsicht über die Geschäftsordnungsbestimmungen

Scholtis und *Schröder* sehen die Souveränität durch die Aufsichtsbefugnisse im Geschäftsordnungsrecht elementar beeinträchtigt[617]. Beispielsweise sind die Aufsichtsbehörden dazu berechtigt, sich über Missstände in der Gemeinde umfassend zu informieren. Dazu haben die Behörden das Recht zur Teilnahme an den Gemeinderatssitzungen, was in den Gemeindeordnungen von Hessen und Rheinland-Pfalz sogar ausdrücklich festgeschrieben ist[618]. Den beiden Vorschriften kommt allerdings nur deklaratorische Bedeutung zu. Die der Beschaffung von Informationen dienenden Normen sind in keinem Bundesland dahingehend eingeschränkt, dass die Teilnahme an den Ratssitzungen kein zulässiges Mittel der Informationsgewinnung ist. Vielmehr soll die Informationserlangung *in geeigneter Weise* geschehen, wovon auch die Sitzungsteilnahme umfasst ist. In den Gemeindeordnungen von Brandenburg, Mecklenburg-Vorpommern, Niedersachsen, dem Saarland und Schleswig-Holstein wird dieses Ergebnis zusätzlich durch die Formulierung bestärkt, dass die Behörde jederzeit an *Ort und Stelle* prüfen und besichtigen darf[619]. In Hessen ist es gemäß § 137 S. 2 HGO darüber hinaus zulässig, die Anberaumung einer Rats- oder Ausschusssitzung zu

---

615 Art. 75 ff. HLV; Art. 20 ff. LV MV; Art. 65 ff. LV Saar.; Art. 41 ff. LV SA; Art. 48 ff. LV Thür.

616 Ebenso *Ott*, S. 219.

617 *Scholtis*, S. 278; *Schröder*, S. 428.

618 § 137 S. 2 HGO; § 120 GO RP.

619 *V. Mutis/Ruge*, LKV 1998, S. 377, 379; vgl. § 123 GO Bbg.; § 80 KV MV; § 129 Abs. 1 NGO; § 129 Abs. 1 KSVG Saar.; § 122 GO SH.

einem bestimmten Thema zu verlangen. Dies kann in den anderen Bundesländern durch das Instrument der Beanstandung verlangt werden.

Trotz dieser Möglichkeiten kann nicht davon ausgegangen werden, dass die bloße Anwesenheit eines Vertreters der Rechtsaufsichtsbehörde bei einer Gemeinderatssitzung unmittelbar-faktisch die kommunale Eigenverantwortlichkeit und das Selbstverwaltungsrecht beeinträchtigt[620]. Das originäre Recht zum Tätigwerden liegt weiterhin bei der Gemeinde selbst und nicht bei der Aufsichtsbehörde. Hinsichtlich anderer Aufsichtsmittel kann auf das Vorhergesagte verwiesen werden[621]. Ein substanzieller Eingriff in die Souveränitätsbefugnisse der Gemeindevertretung geht mit den Aufsichtsbefugnissen im Geschäftsordnungsrecht nicht einher.

δ) Gewaltenteilender Aspekt der Autonomie auf Gemeindeebene und Ergebnis

Das Gewaltenteilungsprinzip, das als zweiter Verfassungsgrundsatz zur Begründung des Selbstorganisationsrechts herangezogen wird, kann in seiner klassischen Form nicht als Rechtfertigungsgrund auf gemeindlicher Ebene dienen. Dort existiert keine strikte Trennung zwischen Legislativ- und Exekutivaufgaben[622].

Allerdings ist der hinter dem Prinzip der Gewaltenteilung stehende Grundsatz, nämlich die Machtkonzentration bei einem Träger der Hoheitsgewalt zu vermeiden, nicht auf das Verhältnis zwischen den Gewalten beschränkt. Es kann sinngemäß auch innerhalb einer Gewalt als Mittel zur weiteren Machtverschränkung dienen. Die Vergleichbarkeit der Gewaltenteilung auf staatlicher und kommunaler Ebene wird zwar bestritten, da es wegen des verwaltenden Charakters der gesamten Tätigkeit der Gemeinde gar nicht um Gewalten-, sondern um Verwaltungsteilung gehe[623]. Dieser Punkt kann an dieser Stelle der Bearbeitung offen gelassen werden, da nicht die im Kommunalrecht fehlende organisatorische Gewaltenteilung im klassischen Sinne zur Debatte steht, sondern die Wahrung der Stellung des kommunalen Vertretungsorgans gegenüber anderen Organen. Genau dieses Ziel wird mit der Zuerkennung von Autonomiebefugnissen verfolgt. Dadurch wird nämlich der Einfluss der Gemeindehauptverwaltung auf die Gestaltung der inneren Ordnung des Rats zurückgedrängt und eine Kompetenzvermischung zulasten des kommunalen Leitorgans verhindert.

Nach alledem sind die Autonomiebefugnisse des Gemeinderats bezüglich des Selbstorganisationsrechts nicht nur dem äußeren Erscheinungsbild nach, sondern auch qualitativ gleichwertig mit denen des Bundestags und der Landesparlamente. Eine relevante Abweichung von der parlamentsrechtlichen Rechtslage be-

---

620 Ebenso *v. Mutius/Ruge*, LKV 1998, S. 377, 378.
621 S. 105 ff.
622 S. 54 ff.
623 *Schröder*, S. 435 f.

steht dem Grunde nach nicht. Lediglich in der konkreten Ausgestaltung dieses Rechts gibt es Unterschiede, die jedoch am Bestand desselben Formprinzips nichts ändern.

c) *Wahlprüfungsrecht*

Eine weitere aus der Parlamentsautonomie abgeleitete Befugnis, in dem sich das Maß der Souveränität und die Unabhängigkeit der Vertretungskörperschaft widerspiegeln, ist die zur Überprüfung der Rechtmäßigkeit der Wahl. Auch hier stellt sich die Frage, ob dieses Recht den Gemeinden im selben Maße zusteht wie dem Bundestag bzw. den Landtagen und welche Konsequenzen das für eine Vergleichbarkeit der Vertretungskörperschaften nach sich zieht[624].

aa) *Prüfungsrecht des Parlaments*

Der Grundsatz der Volkssouveränität erfordert ein Instrumentarium, durch das der rechtmäßige Ablauf des Legitimationsaktes gewährleistet wird, damit in der Zusammensetzung des Parlaments der wahre Wille des Volkes zum Ausdruck kommt[625]. Das Sicherungsmittel dafür ist die in Art. 41 Abs. 1 S. 1 GG normierte und aufgrund der Ermächtigung des Art. 41 Abs. 3 GG im Wahlprüfungsgesetz konkretisierte Wahlprüfung, die ein Instrument parlamentarischer Selbstkontrolle darstellt[626]. Freilich ist die Unabhängigkeit und Selbstständigkeit des Eigenkontrollrechts der Volksvertretung in diesem Punkt eingeschränkt, da gegen die Entscheidung des Bundestags Beschwerde zum Bundesverfassungsgericht möglich ist, Art. 41 Abs. 2 GG. Damit wird durch die Letztentscheidungskompetenz der rechtsprechenden Gewalt eine verbindliche Entscheidung des Parlaments in eigener Sache verhindert, die möglicherweise nicht von sachlichen Erwägungen getragen sein könnte. Ein solches Szenario erscheint vor allem dann vorstellbar, wenn ein Abgeordneter der Mehrheitsfraktion von dem Wahlfehler und damit sie selbst davon profitiert hat[627].

Diese knappe Zusammenfassung des Wahlprüfungsrechts des Bundestags soll an dieser Stelle für einen ersten Überblick genügen. In der vergleichenden Betrachtung der kommunalrechtlichen Befugnisse wird vertieft auf den historischen Hintergrund und die Verfassungswirklichkeit eingegangen[628].

---

624 *Wurzel*, BayVBl. 1986, S. 417, 419 zieht auch diesen Aspekt zur fehlenden Vergleichbarkeit der kommunalen Volksvertretung mit dem Bundestag und den Landtagen heran.

625 *Magiera*, in: *Sachs*, Art. 41 Rn. 4; *Versteyl*, in: *v. Münch/Kunig*, GG-Kommentar II, Art. 41 Rn. 1; *Morlok*, in: *Dreier*, GG-Kommentar II, Art. 41 Rn. 7.

626 BVerfGE 1, 208, 238; 66, 369, 378; *Magiera*, in: *Sachs*, Art. 41 Rn. 1; *Morlok*, in: *Dreier*, GG-Kommentar II, Art. 41 Rn. 7.

627 *Hans Meyer*, KritV 77 (1994), S. 312, 353 f.

628 Dazu S. 123 ff.

bb) Normativer Befund in den Gemeindeordnungen

Wahlverfahren und Rechtsschutz nach der Kommunalwahl sind in den einzelnen Bundesländern unterschiedlich ausgestaltet. Der Grund dafür liegt in den kaum vorhandenen Vorgaben durch das Grundgesetz und den meisten Landesverfassungen. Damit kommt den Landtagen als Wahlgesetzgeber ein weiter Spielraum bei der Gestaltung der Materie zu[629]. Ein Unterschied zwischen den Kommunalverfassungen besteht darin, dass einige Kommunalwahlgesetze eine Wahlprüfung nicht aufgrund von Einwendungen und Anfechtungen Einzelner vorsehen, sondern nur von Amts wegen. Dagegen wird in Brandenburg, Hessen, Mecklenburg-Vorpommern, Niedersachsen, Sachsen-Anhalt, Schleswig-Holstein und im Saarland nur im ersten Falle eine Wahlprüfung durchgeführt[630].

Eine andere, für diese Untersuchung wesentlich relevantere Divergenz liegt in der Zuständigkeitsregelung für das Wahlprüfungsverfahren. Zwar gelangt das Verfahren letztlich in allen Bundesländern zu den Verwaltungsgerichten[631]. Der Weg dorthin führt in sieben Bundesländern über ein vorgeschaltetes Selbstprüfungsrecht der neu gewählten Gemeindevertretungen[632], während in den anderen sechs Flächenländern das Recht zur erstmaligen Prüfung der Kommunalwahlergebnisses nicht dem Rat, sondern der Aufsichtsbehörde zusteht[633]. Verfassungsrechtlich wird diese Zuständigkeit für die Ungültigkeitsentscheidung damit ge-

629 *Hans Meyer*, in: *Püttner*, HdbKWP II, § 27 B I 3 (S. 47); zur Gesetzgebungskompetenz der Länder bei der Durchführung von Kommunalwahlen *Hubert Meyer*, Kommunalrecht, Rn. 265.

630 Zum Wahlprüfungsrecht s. §§ 30 ff. KWG BW; Art. 50 ff. BayGLKrWG; §§ 55 ff. KWG Bbg.; §§ 25 ff. HKWG; §§ 43 ff. KWG MV; §§ 46 ff. NKWG; §§ 39 ff. KWG NW; §§ 48 ff. KWG RP; §§ 47 f. KWG Saar.; §§ 25 ff. KWG Sachsen; §§ 50 ff. KWG SA; §§ 38 ff. KWG SH; §§ 31 ff. KWG Thür.; in den namentlich genannten Ländern folgt die Beschränkung der Wahlprüfung auf Einwendungen oder Anfechtungen aus § 55 Abs. 1 KWG Bbg.; § 25 Abs. 1 HKWG; § 43 Abs. 1 KWG MV; § 46 Abs. 1 NKWG; § 47 Abs. 2 KWG Saar.; § 50 Abs. 1 KWG SA; § 38 Abs. 1 KWG SH. In Rheinland-Pfalz und Thüringen gibt es eine Kombinationslösung, wonach die Wahl sowohl aufgrund einer Anfechtung als auch von Amts wegen geprüft werden *kann*, §§ 48, 49 Abs. 2 KWG RP; §§ 31 Abs. 1, 32 Abs. 2 KWG Thür. In den übrigen Ländern ist die Wahlprüfung von Amts wegen obligatorisch.

631 § 30 Abs. 2 KWG BW; Art. 52 Abs. 1 S. 1 BayGLKrWG; § 58 Abs. 2 S. 1 KWG Bbg.; § 27 HKWG; § 45 Abs. 2 KWG MV; § 49 Abs. 2 NKWG; § 41 Abs. 1 KWG NW; § 51 KWG RP; § 48 Abs. 4 KWG Saar.; § 26 Abs. 3 KWG Sachsen; § 53 Abs. 2 S. 1 KWG SA; § 40 Abs. 1 KWG SH; § 33 Abs. 1 KWG Thür.

632 § 56 Abs. 1 KWG Bbg.; § 26 Abs. 1 HKWG; § 44 KWG MV; § 47 Abs. 1 NKWG; § 40 Abs. 1 KWG NW; § 51 Abs. 1 KWG SA; § 39 GKWG SH; unzutreffend ist daher die Aussage *Wurzels*, BayVBl. 1986, S. 417, 419, die Wahlprüfung werde „grundsätzlich von der Aufsichtsbehörde wahrgenommen".

633 § 30 Abs. 1 KWG BW; Art. 50 Abs. 1 BayGLKrWG; § 48 S. 2 KWG RP; § 48 Abs. 1 KWG Saar.; § 26 Abs. 1 KWG Sachsen; §§ 31 Abs. 1, 32 Abs. 2 KWG Thür.

rechtfertigt, dass die Kommunalaufsicht nicht nur beim Satzungserlass und der verwaltenden Tätigkeit des Gemeinderats, sondern auch im Wahlprüfungsrecht das gebotene Korrelat der Selbstverwaltung darstelle[634].

Unabhängig davon, ob es sinnvoll wäre, den Gemeinderat durchgehend mit einem Primärprüfungsrecht auszustatten, kann diese Argumentation zwar verfassungsrechtliche Bedenken beseitigen und den gesetzgeberischen Gestaltungsfreiraum bei der Ausgestaltung des Wahlprüfungsrechts unterstreichen. Überzeugen kann sie dagegen nicht. Wäre es verfassungsrechtlich geboten, die Kommunalaufsicht mit der Legitimationsprüfung zu betrauen, müsste man sich konsequenterweise die Frage stellen, wie dieses Ergebnis mit der normativen Ausgestaltung des Wahlprüfungsrechts in den Bundesländern in Einklang gebracht werden kann, in denen eine Überprüfung durch die neu gewählte Gemeindevertretung vorgesehen ist. Verfassungsrechtliche Gründe, die zwingend eine aufsichtsbehördliche Erstprüfungskompetenz erfordern, gibt es nicht.

Trotz dieser theoretischen Bedenken ergibt sich de lege lata die Situation, dass nur in den erstgenannten Ländern eine mit dem Parlamentsrecht vergleichbare Rechtslage besteht. In den anderen Bundesländern besteht mit der Zuständigkeit der Aufsichtsbehörde eine Abweichung dazu. In diesen Ländern sind die Souveränitätsrechte der Gemeindevertretungen in diesem Bereich weniger stark ausgeprägt als die des Bundestags und der Landesparlamente.

cc) Parlamentarisches Wahlprüfungsrecht zwingender Parlamentsbestandteil?

Dieses Ergebnis kommt als Nachweis einer qualitativen Ungleichwertigkeit der Strukturmerkmale der Vertretungskörperschaften in Betracht. Bei der Erörterung des parlamentarischen Wahlprüfungsrechts wurde es bereits als Selbstkontrollrecht qualifiziert[635]. Allein damit kann man zwar den größeren Umfang der Autonomiebefugnisse und der Souveränität der staatlichen Parlamente belegen, nicht aber eine grundsätzliche Abweichung der Strukturprinzipien. Dazu müsste das Wahlprüfungsrecht der Parlamente über die rein faktische Unterscheidung hinaus unabdingbarer Bestandteil der parlamentarischen Selbstkontrolle und der Autonomiebefugnisse sein. Um dies zu klären, sind eine kurze Beleuchtung des geschichtlichen Hintergrundes des parlamentarischen Wahlprüfungsrechts und ein Blick auf die normative Ausgestaltung des Wahlprüfungsverfahrens in den Bundesländern und einigen ausländischen Staaten erforderlich.

---

634 BVerwG LKV 1997, S. 171, 172 (zur Prüfungskompetenz der Aufsichtsbehörde über die Gültigkeit einer Bürgermeisterwahl in Sachsen); zum Sinn und Zweck des Aufsichtswesens oben S. 95 f.

635 Oben S. 121; aus dem in einigen Ländern fehlenden Wahlprüfungsrecht des Gemeinderats leitet *Berwanger*, S. 113 einen relevanten Unterschied zwischen kommunalen und staatlichen Volksvertretungen her.

α) Geschichtlicher Hintergrund

Die Anfänge der Wahlprüfungsbefugnis des Parlaments liegen in der Zeit der konstitutionellen Monarchie und beruhen auf dem Gedanken, die Eigenständigkeit der Volksvertretung gegenüber dem Herrscher und seinen Gerichten sicherzustellen. Letztere genossen damals noch keine Unabhängigkeit, sondern waren Ausdruck monarchischer Gewalt[636]. Infolgedessen bestand die Gefahr, auf gerichtlichem Wege unliebsamen und unbequemen Abgeordneten ihr Mandat zu nehmen. Nach anfänglichen Schwankungen in der Kompetenzfrage im Frühkonstitutionalismus[637] wurde später die Alleinzuständigkeit des Parlaments für die Wahlprüfung in der Paulskirchenverfassung von 1849 (§ 112) und der Reichsverfassung von 1871 (Art. 27 S. 1) ausdrücklich kodifiziert. Die Kritik an der Befugnis der Volksvertretungen, in eigener Sache entscheiden zu dürfen[638], wurde in der Weimarer Reichsverfassung teilweise berücksichtigt. Das Selbstkontrollrecht wurde nicht abgeschafft, jedoch mit der gerichtlichen Prüfung verknüpft. In Art. 31 Abs. 1, Abs. 2 WRV war die Einrichtung eines Wahlprüfungsgerichts vorgesehen, das aus Reichstagsabgeordneten und Reichsverwaltungsgerichtsmitgliedern bestand. An diesem Kombinationsgrundsatz orientiert sich auch die Regelung in Art. 41 GG, die das Erstprüfungsrecht des Bundestags mit der Beschwerdemöglichkeit zum Bundesverfassungsgericht verbindet.

Dieser kurze geschichtliche Abriss zeigt, dass das exklusive Selbstprüfungsrecht der Volksvertretung auf einer parlamentarischen Tradition beruht, die im Laufe der Zeit an Bedeutung verloren hat, indem die gerichtliche Beteiligung an der Prüfung immer weiter ausgedehnt wurde. Nach der Konzeption des Grundgesetzes ist die Position des Bundestags schwächer als die des Bundesverfassungsgerichts, da ersterer zwar die Primärprüfungskompetenz besitzt, die endgültige Entscheidung über die Rechtmäßigkeit der Besetzung des Bundestags dagegen vom Bundesverfassungsgericht getroffen wird. An diesem Stufenverhältnis zeigt sich, dass die Rechtfertigung des Wahlprüfungsrechts der Volksvertretung, nämlich die Verteidigung der parlamentarischen Souveränität gegenüber obrigkeitsabhängigen Gerichten, in der gegenwärtigen Verfassungswirklichkeit obsolet geworden ist. Das Szenario einer von unsachlichen Motiven beeinflussten Wahlprüfungsentscheidung ist in einem Rechtsstaat mit einer unabhängigen Justiz nicht mehr denkbar.

---

636 *Roth*, in: *Umbach/Clemens*, Art. 41 Rn. 4; *Hans Meyer*, KritV 77 (1994), S. 312, 353.

637 Dazu *Morlok*, in: *Dreier*, GG-Kommentar II, Art. 41 Rn. 2.

638 *Jellinek*, Wahlprüfung, S. 121, 132 ff.; *Sendel*, Wahlprüfung, S. 130, 143 ff.

β) Kritik am Primärprüfungsrecht des Bundestags

Bei der Wahrnehmung der Prüfungsbefugnisse ist die Kompetenz von Parlament und Bundesverfassungsgericht identisch ausgestaltet. Beide Organe haben bei der Wahlprüfung eine reine Rechtskontrolle vorzunehmen[639]. Aus diesem Umstand wurde die Forderung erhoben, die Prüfungskompetenz vollständig auf die Judikative zu verlagern, da die Wahlprüfung mit bisweilen schwierigen staats- und verwaltungsrechtlichen Fragen verbunden sei. Daher sei ein mit Volljuristen besetztes Organ der Justiz eher dazu geeignet, zu sachlich richtigen Entscheidungen zu gelangen[640].

Dieser Punkt allein kann eine Kritik an der Erstprüfungskompetenz des Parlaments kaum rechtfertigen. Wenngleich ein Verfassungsrichter exzellente und zumeist bessere Rechtskenntnisse besitzt als ein Bundestagsabgeordneter, muss berücksichtigt werden, dass bei der Besetzung des Wahlprüfungsausschusses, der die Einspruchsentscheidungen maßgeblich vorbereitet, juristische Fähigkeiten eine maßgebliche Rolle spielen. So sind unter den neun Mitgliedern des aktuellen Wahlprüfungsausschusses fünf Voll- und ein Diplomjurist. In der 14. Legislaturperiode waren es von zehn Mitgliedern sogar neun Juristen[641]. Von ausreichenden Fachkenntnissen kann bei der Behandlung der Einsprüche grundsätzlich ausgegangen werden, zumal sich die Abgeordneten bei der Entscheidungsfindung ministerialbürokratischer Unterstützung bedienen können.

Anlass zur Kritik am Wahlprüfungsrecht bietet dagegen die parlamentarische Praxis. Die Gefahr einer subjektiven Entscheidung ist anders als beim bundesverfassungsgerichtlichen Prüfungsergebnis auch heute noch präsent, wenn der Bundestag die Rechtmäßigkeit seiner Zusammensetzung überprüft und dabei in eigener Sache entscheidet. Insbesondere die primärprüfungsrechtliche Behandlung zweier Einsprüche gegen die Bundestagswahl 1994, die die Verfassungsmäßigkeit von Überhang- und Grundmandaten zum Inhalt hatten[642], lässt an der Stellung des Parlaments als objektive Rechtskontrollinstanz zweifeln. In der Begründung eines der Beschlüsse, durch den der Einspruch als offensichtlich unbegründet zurückgewiesen wurde, führt der Wahlprüfungsausschuss des Bundestags aus, er habe sich noch nie dazu verleiten lassen, die Verfassungswidrig-

---

639 *Hoppe*, DVBl. 1996, S. 344.

640 So *Sendel*, Wahlprüfung, S. 130, 146.

641 Vgl. dazu die Gremienübersicht des Deutschen Bundestags. Diese ist erhältlich für die aktuelle 15. Wahlperiode unter http://www.bundestag.de/gremien15/wpa/index.html; für die vorangehende 14. Wahlperiode lautet die Adresse http://www.bundestag.de/gremien/a1_wpa/index.html. Zwingend ist die überwiegende Besetzung des Wahlprüfungsausschusses mit Juristen selbstverständlich nicht.

642 Beschluss in der Wahlanfechtungssache – Az. WP 51/94 – Dr. Dr. Hans Meyer, BT-Drs. 13/2800, Anl. 1, S. 5 – 10; Beschluss in der Wahlanfechtungssache – Az. WP 1077/94 – Dr. Werner Hoppe, BT-Drs. 13/2800, Anl. 19, S. 53 – 56.

keit einer Wahlrechtsvorschrift festzustellen. Argumentativ habe er sich lediglich mit dem Vorwurf auseinandergesetzt, bestimmte Wahlrechtsvorschriften seien mit der Verfassung nicht in Einklang zu bringen. Diese Auseinandersetzung sei allerdings von Anfang an mit dem Ziel geschehen, die Verfassungskonformität der Normen explizit festzustellen[643]. Wortwahl und materieller Gehalt der Ausführungen vermitteln den Eindruck, es gehe dem Parlament ausschließlich um die Verteidigung des Wahlrechts, nicht aber um eine ergebnisoffene Auseinandersetzung mit den Einwendungen und um eine unvoreingenommenen Abwägung, wovon bei einer objektiven Rechtskontrolle grundsätzlich auszugehen sein müsste[644]. Unter dieser Prämisse wäre es angebracht, die Primärprüfungszuständigkeit des Bundestags zugunsten einer ausschließlichen Rechtskontrolle durch das Bundesverfassungsgericht abzuschaffen. Dies gilt umso mehr, weil das Parlament es in der Hand hat, durch eine zögerliche Behandlung der Einsprüche den möglichen Legitimationsmangel der Volksvertretung bis zur Entscheidung übermäßig lang aufrechtzuerhalten und dem Bundesverfassungsgericht wenig Zeit für ein eigenes Urteil zu lassen. Der Grund dafür liegt darin, dass der Einspruch mit Ende der Legislaturperiode faktisch obsolet wird[645].

Mit einer solchen Modifizierung des Wahlprüfungsrechts ginge auch keine erhebliche Verschlechterung der Position des Bundestags einher, da bereits nach der jetzigen Konzeption die letztverbindliche Entscheidung vom Bundesverfassungsgericht getroffen wird. Gleiches gilt für die Gemeindevertretungen, die auch bei einem durchgängig gewährten Erstprüfungsrecht nicht verbindlich über die Gültigkeit der Wahl befinden könnten, da dies wie auf Bundes- und Landesebene der Justiz vorbehalten ist.

γ) Ausgestaltung des Wahlprüfungsrechts in den Ländern und anderen Staaten

Neben der unzureichenden Legitimationsgrundlage des parlamentarischen Wahlprüfungsrechts in einem modernen Rechtsstaat offenbart sich bei der Untersuchung des Wahlprüfungsrechts in den Bundesländern ein nicht ganz einheitliches Ergebnis. Zwar haben fast alle Landesverfassungen die grundgesetzliche Kombinationslösung übernommen[646]. Dennoch kann in den Bundesländern

---

643 Beschluss in der Wahlanfechtungssache – Az. WP 51/94 – Dr. Dr. Hans Meyer, BT-Drs. 13/2800, Anl. 1, S. 5, 8.

644 *Hoppe*, DVBl. 1996, S. 344, 346.

645 *Roth*, in: *Umbach/Clemens*, Art. 41 Rn. 4; *Hoppe*, DVBl. 1996, S. 344, 347; scharfe, bisweilen polemische Kritik an der dilatorischen Verfahrensweise des Bundestags findet sich bei *Hans Meyer*, KritV 77 (1994), S. 312, 354 ff.

646 Art. 31 LV BW; Art. 33, 63 BayLV; Art. 63 LV Bbg.; Art. 9 LV HH; Art. 21 LV MV; Art. 11 NLV; Art. 33 LV NW; Art. 82 LV RP; Art. 75 LV Saar.; Art. 45 LV Sachsen; Art. 44 LV SA; Art. 3 LV SH. Diese Rechtslage besteht auch in Thüringen, obwohl Art. 49 Abs. 3 ThürLV ein Prüfungsrecht des Landtags ohne gerichtlicher Beschwerdemöglichkeit vorsieht. Die Möglichkeit der Anfechtung der Landtagsentscheidung beim

eine übereinstimmende Ausgestaltung nicht festgestellt werden, da in Hessen – ähnlich wie in der Weimarer Reichsverfassung – die Kompetenzen bei einem Wahlprüfungsgericht gebündelt sind, das gemäß Art. 78 HLV aus den beiden höchsten Richtern und drei Landtagsabgeordneten besteht. In den Stadtstaaten Berlin und Bremen, die in ihrer Eigenschaft als Bundesländer zum Vergleich herangezogen werden können, fehlt die Normierung des Wahlprüfungsrechts in der jeweiligen Landesverfassung. Einfachgesetzlich weicht die Ausgestaltung vom Grundgesetz und den Verfassungen der vorgenannten Länder ab. In Berlin ergeben sich die Voraussetzungen und die Zuständigkeit für die Einspruchsentscheidung aus §§ 14 Nr. 2, 40 ff. VerfGHG. Danach obliegt es ausschließlich dem Verfassungsgerichtshof, über Einsprüche gegen die Gültigkeit der Wahlen zum Abgeordnetenhaus zu entscheiden. In Bremen ist dafür ein Wahlprüfungsgericht zuständig, das gemäß § 37 Abs. 1 BremLWG aus zwei Verwaltungsrichtern und fünf Mitgliedern der Bürgerschaft besteht. Diese abweichende Gestaltung der Wahlprüfung kann auch nicht uneingeschränkt mit den Besonderheiten eines Stadtstaates begründet werden, da in Hamburg gemäß Art. 9 LV HH eine der grundgesetzlichen Regelung entsprechende Kombinationslösung vorgesehen ist. Die Unterschiede in drei Bundesländern sind ein Indiz dafür, dass das Wahlprüfungsrecht der Volkvertretung kein zwingender Bestandteil des parlamentarischen Selbstkontrollrechts ist. Andernfalls wäre es uneingeschränkt in sämtlichen Landesverfassungen verankert.

Wirft man darüber hinaus einen Blick auf die Regelungen ausländischer Verfassungen, so ergibt sich ein weit uneinheitlicheres Bild als in den Bundesländern. In manchen Staaten ist das Parlament zuständiges Wahlprüfungsorgan[647], in anderen ein allgemeines oder speziell für diesen Fall installiertes Gericht[648]. Trotz der fehlenden Prüfungskompetenz sind die Volksvertretungen in Bulgarien, Griechenland, Polen, Spanien und Schweden Parlamente im juristischen Sinne. Darin wird deutlich, dass das Wahlprüfungsrecht kein zwingendes Merkmal eines Parlaments ist, sondern ein überkommenes Relikt aus der Zeit des Frühkonstitutionalismus, dessen damalige Berechtigung sich im modernen Rechtsstaat überlebt hat.

dd) Ergebnis

Dem Bundestag und der Mehrzahl der Landesparlamente steht mit der Wahlprüfungsbefugnis ein Souveränitäts- und Selbstverwaltungsrecht zu, das für die

---

Verfassungsgerichtshof folgt indirekt aus dem Zuständigkeitskatalog des Art. 80 Abs. 1 Nr. 8 ThürLV.

647 Etwa in Belgien (Art. 48), Dänemark (§ 33), Italien (Art. 66), Lettland (Art. 18), Luxemburg (Art. 57) und den Niederlanden (Art. 58).

648 Beispielsweise in Bulgarien (Art. 66), Griechenland (Art. 58), Polen (Art. 101), Spanien (Art. 70 Abs. 2) sowie Schweden (Kapitel 3 § 11).

Gemeindevertretungen nur in sieben Bundesländern vorgesehen ist. Damit ergibt sich ein weiterer Aspekt, der die stärkere Eigenständigkeit der „klassischen" Parlamente gegenüber den kommunalen Vertretungskörperschaften zum Ausdruck bringt[649]. Ein zwingendes Parlamentsmerkmal ist das Wahlprüfungsrecht jedoch nicht.

d) Diskontinuität im Parlamentsrecht bzw. Kontinuität im Kommunalrecht

Während für den Bundestag als Verfassungsorgan der Grundsatz der Kontinuität gilt, endet die Tätigkeit des Parlaments in seiner konkreten Zusammensetzung mit dem Ende der Wahlperiode. Dies gilt im Wege der personellen Diskontinuität sowohl für die Mitglieder des Bundestags, deren Mandat mit Ablauf der Legislaturperiode erlischt, als auch für die Unterorgane[650], die der institutionellen Diskontinuität unterliegen.

Die in § 125 GO BT normierte sachliche oder materielle Diskontinuität besagt, dass alle Vorlagen, Anträge und Anfragen mit Ablauf des Legitimationszeitraums als erledigt gelten und in der nächsten Legislaturperiode neu eingebracht werden müssen, sofern es sich nicht um Petitionen und nicht beschlussfassungsbedürftige Vorlagen handelt.

Ausdrückliche gemeinderechtliche Vorschriften über das Schicksal eingebrachter, aber nicht vollendeter Beratungsthemen nach Ende der Wahlperiode existieren dagegen nicht. Mit dem Fehlen dieses Instituts wird ein trennendes Charakteristikum zwischen Bundestag und Gemeindevertretung hergeleitet[651].

Der Verweis auf die Stellung als Verwaltungsorgan greift in seiner Pauschalität zu kurz. Bei der Untersuchung des Merkmals – die auf das Schicksal unerledigter Gesetzesvorhaben beschränkt bleibt – muss zunächst zwischen formeller und materieller Kontinuität unterschieden werden. Die Diskontinuität der Organisation als solcher, ihrer Ausschüsse und ihrer Mitglieder ist untrennbar mit dem in Art. 20 Abs. 2, 38 Abs. 1, 39 GG zum Ausdruck kommenden Repräsentationsprinzip verknüpft und stellt eine Selbstverständlichkeit dar[652]. Der Grundsatz der formellen Diskontinuität ist jedoch im Gemeinderecht ebenso verwirklicht wie im Parlamentsrecht. Das Mandat endet genauso mit Ablauf der Wahlperiode wie die Tätigkeit der Ratsausschüsse und der Fraktionen[653].

Differenzen können sich daher nur bei der sachlichen Diskontinuität ergeben, da es kommunalrechtliche Vorschriften mit einem § 125 GO BT entsprechenden

---

649 Ebenso *Berwanger*, S. 111.

650 *Stern*, Staatsrecht II, § 26 III 4 (S. 74).

651 *Berwanger*, S. 118; präziser auf die sachliche Kontinuität beschränkt *Lissack*, § 4 Rn. 54.

652 *Achterberg*, Parlamentsrecht, S. 209.

653 *Zulegg*, in: *Püttner*, HdbKWP II, § 28 E I 3 (S. 153).

Inhalt nicht gibt[654]. Hier verhält es sich in der Tat so, dass Eingaben und Vorhaben mit Beendigung des Mandats der Gemeinderäte ihre Gültigkeit nicht verlieren. Damit entfalten Vorlagen ihre Wirkung über den Legitimationszeitraum der gemeindlichen Volksvertreter hinaus. Aus diesem Umstand wird das Bestehen eines kommunalrechtlichen Diskontinuitätsgrundsatzes mit der wenig überzeugenden Begründung negiert, der Gemeinderat sei kein Parlament, sondern hauptsächlich ein Verwaltungsorgan[655]. Eine analoge Anwendung des § 125 GO BT soll ebenfalls nicht in Betracht kommen[656].

Ein Strukturunterschied zwischen Bundestag und Gemeinderat folgt aus diesem Umstand aber nur dann, wenn es sich bei der materiellen Diskontinuität um ein zwingendes und unverzichtbares Parlamentsmerkmal handelt[657]. Dies wäre der Fall, wenn es sich als Ausfluss des Repräsentationsprinzips entpuppen würde bzw. wenn der Grundsatz der materiellen Kontinuität gegen das Prinzip der Übertragung von zeitlich begrenzter Herrschaftsmacht verstieße. Andernfalls liegt keine strukturelle Divergenz zwischen den Vertretungskörperschaften vor.

Eine Verbindung zwischen der sich periodisch erneuernden Repräsentation und der Erledigung aller Vorlagen und Entwürfe lässt sich am ehesten herstellen, wenn man im Fortwirken der unerledigten Vorlagen in die nächste Legislaturperiode eine unzulässige Ausstrahlungswirkung der Tätigkeit des alten Bundestags über den ihm zustehenden Legitimationszeitraum hinaus sieht[658]. Folgerichtig stellt dann die sachliche Diskontinuität eine konkrete Umsetzung des Grundsatzes der mittelbaren Demokratie dar, wonach nur eine Übertragung von „Herrschaft auf Zeit" vorgenommen wird[659]; sie ist die Konsequenz der formellen Diskontinuität[660].

Durchschlagend ist diese Begründung aber nicht. Es trifft sicherlich zu, dass mit dem Erhalt unerledigter Vorlagen und Entwürfe in der nächsten Legislaturperiode das Werk des untergegangenen Bundestags und seiner Mitglieder in gewissem Umfang weiterwirkt. Darin liegt aber kein Verstoß gegen das Repräsentationsprinzip, da mit dem Fortbestand der unerledigten Vorlagen der Entschei-

---

654 Hierbei ist allerdings umstritten, ob § 125 GO BT konstitutive oder deklaratorische Wirkung hat. Dies folgt aus dem Verständnis der materiellen Diskontinuität als positives oder gewohnheitsrechtliches Verfassungsrecht (etwa *Scheuner*, DÖV 1965, S. 510, 512 [positives Verfassungsrecht]; *Lissack*, § 4 Rn. 54 [Verfassungsgewohnheitsrecht]) bzw. als Gewohnheitsrecht mit einfachem Gesetzesrang (etwa *Achterberg*, Parlamentsrecht, S. 210). Eine Darstellung dieses Problems würde zur Ausuferung dieser Untersuchung führen und unterbleibt daher.

655 OVG NW, VerwRspr. 23 (1972), S. 473, 476 ff.; BVerwGE 97, 223, 225.

656 *Berwanger*, S. 118.

657 Für eine funktionsadäquate Erfüllung der Aufgaben des Gemeinderats ist sie jedenfalls nicht erforderlich, s. *Schröder*, S. 529.

658 *Jekewitz*, JÖR 27 (1978), S. 75, 155; *Maassen*, in: Aktuelle Rechtsprobleme, S. 68, 70.

659 *Morlok*, in: *Dreier*, GG-Kommentar II, Art. 39 Rn. 20.

660 *Leinemann*, JZ 1973, S. 618, 621; *Maassen*, in: Aktuelle Rechtsprobleme, S. 68, 70, 75.

dung des neu gewählten Parlamentes nicht vorgegriffen wird. Sein Ermessen, ob es sich mit unerledigten Vorlagen befassen möchte, bleibt uneingeschränkt bestehen. Sofern es sich für eine Fortsetzung des Gesetzgebungsverfahrens entschließt, eignet es sich die Vorarbeiten des untergegangenen Bundestags zu und entscheidet in eigener Verantwortung darüber, wobei jederzeit Änderungsvorschläge und Ergänzungen eingearbeitet werden können[661].

Ein anderer Ansatz zur Begründung der materiellen Diskontinuität liegt darin, dass die neu konstituierte Volksvertretung mit der Gegenstandslosigkeit aller unerledigten Vorlagen nicht die Erbschaft vieler offener und möglicherweise unerwünschter Pläne und Vorhaben antreten muss[662]. Damit ist die Erhaltung der Funktionsfähigkeit der Vertretungskörperschaft durch einen echten „Neuanfang" ohne „Altlasten" angesprochen. Damit stehen aber nicht mehr mit dem Repräsentationsprinzip zusammenhängende Erwägungen im Vordergrund, sondern Zweckmäßigkeits- und Praktikabilitätsgesichtspunkte[663], die nicht zur Begründung parlamentsrechtlicher Besonderheiten taugen.

Selbst wenn man anderer Auffassung ist, kann diesem Ansatzpunkt keine inhaltliche Überzeugungskraft zugesprochen werden. Die Funktionsfähigkeit des Parlaments wird durch das Kontinuitätsprinzip nicht mehr gefährdet als durch den gegenwärtigen Zustand der materiellen Diskontinuität. Deren beiden großen Nachteile bestehen darin, dass große, bedeutsame Gesetzgebungsverfahren oftmals nicht innerhalb einer Legislaturperiode zu verwirklichen sind und die Beratungen von Gesetzesvorhaben gegen Ende der Legislaturperiode nur noch unzureichend durchgeführt werden[664]. Mit einer solchen Parlamentspraxis wird die Volksvertretung ihrer Verantwortung vor den Bürgern nicht gerecht und ihre Funktionsfähigkeit gehemmt, wenn ein nahezu entscheidungsreifes Gesetzesvorhaben ganz von vorne begonnen werden muss[665]. Um dies zu vermeiden, werden zur Verkürzung des Gesetzgebungsverfahrens in der Parlamentspraxis ursprünglich von der Regierung stammende Gesetzesentwürfe als solche aus der Mitte des Bundestags umetikettiert. Das zeigt, dass die Folgen der Gegenstandslosigkeit aller Vorlagen mit Ende der Legislaturperiode auch von den Abgeordneten nicht als glücklich betrachtet werden. Um diese negativen Konsequenzen zu vermeiden, erscheint es angebracht, dem neuen Parlament jedenfalls die Möglichkeit einzuräumen, die begonnenen Verfahren fortzuführen, auch wenn damit Mehrarbeit verbunden ist. Schließlich kann der anfängliche Mehraufwand durch die Vermeidung neuer Gesetzgebungstätigkeit

---

661 *Versteyl*, in: *v. Münch/Kunig*, GG-Kommentar II, Art. 39 Rn. 27; *Klaus Müller*, DÖV 1965, S. 505, 508.

662 So *Ossenbühl*, in: *Isensee/Kirchhof*, HdbStR III, § 63 Rn. 39; ähnlich *Stern*, Staatsrecht II, § 26 III 4 (S. 75); *Scheuner*, DÖV 1965, S. 510, 512 f.

663 Ebenso *Versteyl*, DVBl. 1973, S. 161, 162.

664 *Versteyl* in *v. Münch/Kunig*, GG-Kommentar II, Art. 39 Rn. 26; *ders.*, DVBl. 1973, S. 161, 163 f.; *Wessel*, VBlBW 1993, S. 172, 174.

665 *Wessel*, VBlBW 1993, S. 172, 174.

durch die Vermeidung neuer Gesetzgebungstätigkeit wieder eingespart werden. Mit einer solchen Lösung wird die Entscheidungsfreiheit des neuen Bundestags über die Behandlung unerledigter Gesetzesvorlagen im Gegensatz zum heutigen Zustand nicht eingeengt und einer „Entmündigung" des Parlaments entgegengewirkt[666].

De lege lata ist an der formellen Diskontinuität wegen der parlamentarischen Selbstbindung für die jeweilige Legislaturperiode gemäß § 125 GO BT nicht zu zweifeln. Auch die lange parlamentarische Tradition dieses Merkmals kann und soll nicht abgestritten werden. Angesichts der uneingeschränkten Autonomie des neu gewählten Bundestags wäre die formelle Diskontinuität allerdings mit materieller Kontinuität vereinbar, ohne dass der Parlamentscharakter in Frage gestellt werden müsste[667]. Damit kann dieser Umstand nicht als strukturrelevante Differenz zwischen Gemeinderat und Bundestag dienen. Zudem nivellieren sich die Unterschiede in der Praxis dadurch, dass der neu gewählte Gemeinderat – insbesondere bei einem Wechsel der Mehrheitsverhältnisse – das Satzungsgebungsverfahren nicht weiterführen muss. Damit ist er ebenfalls nicht an unvollendete und ungewollte „Altlasten" gebunden. Im Ergebnis stellt die materielle Kontinuität auf Gemeindeebene kein parlamentsfremdes und mit dem Repräsentationsgedanken unvereinbares Merkmal dar.

B. Ergebnis der Untersuchung der Strukturmerkmale

I. Wertigkeit der einzelnen Strukturmerkmale

Um eine Zwischenbetrachtung über die Vergleichbarkeit der Strukturprinzipien des Gemeinderats mit denen des Bundestags vornehmen zu können, muss zuvor geklärt werden, welchem Funktionsmerkmal welches Gewicht zukommt und welches eher vernachlässigbar ist.

1. Kontrollfunktion

Im Sinne des reinen Gewaltenteilungsprinzips ist die Kontrollfunktion des Parlaments zur Eindämmung der Macht der vollziehenden Gewalt eine sehr wichtige Funktion. Im Wandel des Verfassungs- und Staatsverständnisses hat sich ihre Bedeutung jedoch relativiert. Durch die Konzeption des parlamentarischen Regierungssystems und der Etablierung der Parteiendemokratie im Grundgesetz ist der Gedanke des Parlaments als Gegenstück und Kontrolleur der Regierung zur Fiktion geworden. Die klare Grenze zwischen Legislative und Exekutive verschwimmt, wenn Regierung und Parlamentsmehrheit durch dieselbe Parteizuge-

666 So auch *Hönig/Stoltenberg*, DÖV 1973, S. 689, 690.
667 *Wessel*, VBlBW 1993, S. 172, 174; *Achterberg*, Parlamentsrecht, S. 209.

hörigkeit nicht als Kontrahenten angesehen werden können, sondern gemeinsam an der politischen Entwicklung des Staates beteiligt sind[668]. Die Kontrollfunktion fällt weitgehend der Opposition zu, deren Rechte aber aufgrund des parlamentarischen Mehrheitsprinzips begrenzt sind. Die unzureichende Ausübung der parlamentarischen Kontrolle aufgrund einer Interessenvermischung von Mehrheitsfraktion und Regierung ist deshalb auch gegenwärtig ein starker Kritikpunkt an der Aufgabenwahrnehmung des Parlaments[669].

Außerdem handelt es sich bei der Kontrollfunktion im modernen Rechtsstaat nicht um eine allein dem Parlament zufallende Aufgabe. Sie steht vielmehr allen Staatsorganen zu, wie sich etwa in der Kontrollbefugnis der Judikative über die Legislative zeigt. Daher kann man nicht mehr von einem elementaren Bestandteil des Parlamentsbegriffs sprechen[670].

2. Kreationsfunktion

Die Kreationsfunktion hat dagegen bis heute nichts an Aktualität und Bedeutung eingebüßt, obwohl es auch hierzu Kritikpunkte gibt. In der Diskussion steht etwa die Wahl der Bundesverfassungsrichter durch ein Wahlgremium gemäß § 6 BVerfGG, obwohl Art. 94 Abs. 1 GG eine Wahl durch den Bundestag vorsieht[671]. Abgesehen von solchen Ausnahmen ist diese Funktion für die Verwirklichung des Demokratieprinzips durch Schaffung einer lückenlosen Legitimationskette hin zum Volk elementar und zentral im Aufgabenbereich des Bundestags. Wie bereits dargestellt wurde, handelt es sich zwar dem Grunde nach um eine klassische Parlamentsfunktion, die aber bezüglich des Umfangs der Kreationsbefugnis stark vom jeweiligen Regierungssystem abhängt.

3. Willensbildungs- und Gesetzgebungsfunktion

Die Mehrheit der Autoren sieht die Gesetzgebung im Vordergrund der parlamentarischen Tätigkeit und betrachtet sie als die zentrale staatsleitende Funktion[672]. Diese Aussage ist nicht ohne Widerspruch geblieben. So wird darauf hingewiesen, dass die Gesetzgebung lediglich *eine* Form staatlicher Willensbildung

---

668 BVerfGE 102, 224, 236; *Hans Meyer,* in: *Schneider/Zeh*, Parlamentsrecht und Parlamentspraxis, § 4 Rn. 78 bemerkt dazu sehr anschaulich, Regierung und die sie tragende Parlamentsmehrheit säßen in einem Boot, und es mache keinen Sinn, es zu versenken.

669 *Schneider*, in: AK II, Art. 38 Rn. 14; *ders.*, Das parlamentarische System, in: *Benda/Maihofer/Vogel*, Handbuch des Verfassungsrechts, § 13 Rn. 66.

670 *Achterberg*, Parlamentsrecht, § 1 I 1 b aa (1) (S. 4), § 18 III 1 a (S. 408).

671 Vgl. *Hans Meyer*, in: *Schneider/Zeh*, Parlamentsrecht und Parlamentspraxis, § 4 Rn. 93.

672 *Klein*, in: *Isensee/Kirchhof*, HdbStR II, 2. A., § 40 Rn. 17; *Grimmer*, in: *Graf von Westfalen*, Parlamentslehre, § 9 II 1 (S. 174); *Achterberg*, Parlamentsrecht, § 1 I 1 b aa (2) (S. 9).

sei[673]. Andere gehen von einem Wandel der Aufgaben des Parlaments aus, weshalb die gesetzgeberische Tätigkeit „zu einer normalen Handlungsform neben anderen" geworden sei[674].

Trotz eines geänderten Verfassungsverständnisses darf aber nicht außer Acht gelassen werden, dass der Gesetzgebungsfunktion sowohl im Umfang als auch in den Auswirkungen maßgebliche Bedeutung zukommt. Das Gemeinwesen kommt nicht ohne allgemein verbindliche Regelungen aus. Das Mittel der Gestaltung und Veränderung der gesellschaftlichen und politischen Landschaft ist trotz der Vielschichtigkeit des Entwicklungsprozesses letztlich der Gesetzeserlass[675]. Der Stellenwert des Parlaments in seiner gesetzgeberischen Tätigkeit kommt vor allem im Licht der Lehre vom Gesetzesvorbehalt und der Wesentlichkeitstheorie zum Ausdruck. Aufgrund dieser Institute haben die Bereiche zugenommen, in denen nur durch ein Parlamentsgesetz Änderungen vorgenommen werden können[676]. Die immer weiter fortschreitende Notwendigkeit der unterschiedlichen Lebensbereiche ist unlängst im so genannten „Kopftuch-Urteil" des Bundesverfassungsgerichts vom 24.09.2003 erneut bestätigt worden[677].

An dem hohen Stellenwert der Gesetzgebungsfunktion ändert auch die Tatsache nichts, dass die überwiegende Mehrheit der Gesetzesvorlagen nicht aus der Mitte des Bundestags eingebracht wird, sondern von der Bundesregierung. Dadurch kann der Eindruck entstehen, dass die Regierung der eigentliche Gesetzgeber, das Parlament lediglich ihr Vollzugsorgan ist. Ungeachtet dessen bleibt die Letztentscheidungskompetenz bei der Volksvertretung, wenngleich aus Gründen der parteipolitischen Organisation von Bundestag und Exekutivspitze ein Regierungsentwurf in der Regel vom Parlament als Gesetz verabschiedet wird[678]. Deshalb kann die Gesetzgebung auch heute noch als zentrale Aufgabe eines Parlaments bezeichnet werden, was sich auch in der Gewichtung der voranstehenden Untersuchung widerspiegelt.

---

673 *Ott*, S. 89.

674 So *Hans Meyer*, in: *Schneider/Zeh*, Parlamentsrecht und Parlamentspraxis, § 4 Rn. 49; in diese Richtung, allerdings ohne Begründung zum Funktionswandel, *Hölscheidt*, § 7 II 1 b (S. 255): „Die wichtigste Veränderung ist eine Schmälerung der Gesetzgebungsfunktion."

675 Ebenso *Achterberg*, Parlamentsrecht, § 1 I 1 b aa (2) (S. 9).

676 *Hans Meyer*, in: *Schneider/Zeh*, Parlamentsrecht und Parlamentspraxis, § 4 Rn. 49.

677 BVerfG, NJW 2003, S. 3111, 3116; danach darf die Frage nach dem Verbot, als Lehrerin im Schulunterricht ein Kopftuch als Zeichen des islamischen Glaubens tragen zu dürfen, nicht der Exekutive überlassen werden, sondern muss vom Gesetzgeber selbst beantwortet werden.

678 Aus diesem Umstand wird bisweilen sogar eine Auflösung des Gewaltenteilungsgrundsatzes zugunsten einer Gewaltenverschränkung im Parlamentsrecht hergeleitet (*Zender*, S. 35).

4. Öffentlichkeitsfunktion

Die Öffentlichkeitsfunktion der Volksvertretungen hat bis heute große Bedeutung, da eine wirkliche Einbindung und Teilhabe des interessierten Teils des Volkes an der parlamentarischen Entscheidungsfindung nur dann verwirklicht ist, wenn die verbindlichen Gesetze in einem öffentlichen Forum diskutiert und verabschiedet werden.

Relativierend ist hier allerdings auf die zunehmende Bedeutung der Vorberatungen in den nicht immer öffentlich tagenden Ausschüssen und Unterausschüssen hinzuweisen. Das Verhältnis zwischen diesen Treffen und den Plenarberatungen liegt bei acht bis zehn zu eins[679]. Da die in die Bundestagsberatung eingebrachte Verhandlungsmasse maßgeblich in den Ausschüssen bestimmt wird, bestehen hierbei Defizite bei der öffentlichen Mitverfolgung dieser Debatten. Gerade deshalb gewinnt die Teilnahmemöglichkeit der Öffentlichkeit an den Parlamentsdebatten an Wichtigkeit hinzu und ist ein elementares Strukturprinzip. Es stellt jedoch keinen Selbstzweck dar, sondern ist ein Mittel zur Erreichung anderer verfassungsrechtlicher Grundsätze. So wird durch die Möglichkeit, die parlamentarischen Debatten mitverfolgen zu können, die Kontrollfunktion der Öffentlichkeit erst ermöglicht[680].

5. Sonstige Parlamentsfunktionen

Die unter dem Oberbegriff „sonstige Parlamentsfunktionen“ behandelten Befugnisse der Vertretungskörperschaften beschäftigen sich vorwiegend mit den ihnen zustehenden Souveränitätsrechten.

Dabei hat sich herausgestellt, dass mit der Stellung als unmittelbar legitimiertes Repräsentationsorgan unabdingbar ein großes Maß an Unabhängigkeit und Souveränität einhergeht. Sofern dies nicht der Fall ist, kann man die in Rede stehende Vertretungskörperschaft nicht als Parlament bezeichnen, da eine selbstbestimmte Ausübung des Wählerauftrags nicht sichergestellt ist. Dies gilt vor allem für die Befugnis, sich ohne Fremdbestimmung eine Geschäftsordnung geben zu können und eine inhaltliche Gestaltungsfreiheit beim Normerlass auszuüben.

Dagegen sind das parlamentarische Wahlprüfungsrecht und der Grundsatz der sachlichen Diskontinuität anachronistische Merkmale, die in der gegenwärtigen Verfassungslage keine zwingende Existenzberechtigung mehr haben. Man kann sie nicht mehr als zugehörig zu den parlamentarischen Strukturmerkmalen bezeichnen.

---

679 *Schneider*, Das parlamentarische System, in: *Benda/Maihofer/Vogel*, Handbuch des Verfassungsrechts, § 13 Rn. 65.

680 *Rohde*, S. 74 ff.

Als Fazit des ersten Kapitels lässt sich festhalten, dass das nach der hier vertretenden Auffassung prägendste Parlamentsmerkmal, die Gesetzgebungsfunktion, in identischem Maße und in qualitativ vergleichbarer Weise von den Gemeindevertretungen beim Satzungserlass wahrgenommen wird[681]. Ihnen kommt verfassungsunmittelbar gewährte Herrschaftsgewalt zu. Eine Einschränkung der kommunalen Rechtsetzungsbefugnis erfolgt auch nicht aus Gründen des allgemeinen Vorbehalts des Gesetzes. Dieser ist unanwendbar, weil der Gemeinderat die Anforderungen aus dem Rechtsstaats- und Demokratieprinzip beim Erlass abstrakt-genereller Normen genauso erfüllt wie ein „klassisches“ Parlament.

Die Stellung des Rats als funktionelles Legislativorgan wird auch dadurch nicht in Frage gestellt, dass die Gemeinden insgesamt institutionell der Exekutive zugehören. Dieses förmliche Argument berücksichtigt die veränderte Wahrnehmung des Parlamentsverständnisses nicht angemessen[682]. Die schematische Anwendung des klassischen Gewaltenteilungsprinzips kann keine Antwort auf die Frage geben, ob strukturelle Gemeinsamkeiten zwischen staatlichen und kommunalen Volksvertretungen bestehen, die eine analoge Heranziehung parlamentsrechtlicher Grundsätze zulassen. Die bisherige Untersuchung hat ergeben, dass Sinn und Zweck dieses Prinzips, eine Machtmäßigung des Staates zu bewirken, eine funktionelle Betrachtung erfordern. Unter dieser Prämisse folgen aus der unmittelbaren demokratischen Legitimation der Gemeindevertretung deren quasi-legislatorische Stellung innerhalb der institutionellen Exekutive und die Aufgabe der öffentlichen Willensbildung und Entscheidungsfindung. Dagegen ist die Gemeindeverwaltung das eigentliche Exekutivorgan. Es kann von einer funktionellen Gewaltenteilung auf Ortsebene gesprochen werden, wobei der Gemeinderat die Kontrolle über die Gemeindeverwaltung ausübt und damit eine weitere parlamentarische Funktion sinngemäß erfüllt.

Bei seiner Aufgabenerfüllung kommt der Gemeindevertretung auch die erforderliche parlamentsspezifische Souveränität zu. Sie unterliegt zwar stärkeren Bindungen als der Bundestag. Dadurch wird ihre Unabhängigkeit nicht grundsätzlich in Frage gestellt, zumal auch die Herrschaftsmacht der Parlamente im staatsrechtlichen Sinn nicht unbeschränkt besteht und aufsichtsähnliche Merkmale ansatzweise vorhanden sind.

Insgesamt fällt auf, dass der Bundestag und die Landtage zwar in der Quantität ihrer Rechte dem Gemeinderat überlegen sind und die Parlamentsgesetze in der Normhierarchie über den Ortssatzungen stehen. Das überrascht aber nicht, weil der Bundestag die Verantwortung für den Gesamtstaat trägt, während die Ge-

---

681 Im Ergebnis ebenso *Meyn*, Kommunalrecht, in: *Huber*, ThürStVwR, 2000, Rn. 114 (S. 241 f.).

682 Ebenso *Meyn*, Kommunalrecht, in: *Huber*, ThürStVwR, 2000, Rn. 114 (S. 242).

meinden auf den örtlichen Wirkungskreis beschränkt sind. Im Rahmen dieses eingegrenzten Bereichs erfüllt der Gemeinderat in seiner Funktion als Satzungsgeber allerdings alle wesentlichen Strukturmerkmale eines Parlaments im staatsrechtlichen Sinne.

Damit ist das Problem der Wesensverwandtschaft zwischen kommunaler und staatlicher Volksvertretung aber noch nicht vollständig gelöst. Differenzen und parlamentsfremde Strukturprinzipien können sich aus der Stellung der Mitglieder der Vertretungskörperschaft ergeben[683]. Deren Statusrechte stellen eine Absicherung und Konkretisierung der Unabhängigkeit und Freiheit des Mandats dar und lassen indirekt Schlüsse auf die Rechtsstellung des Kollegialorgans zu[684]. Diesbezüglich vorhandene Gemeinsamkeiten und Unterschiede sollen im zweiten Kapitel dieser Abhandlung herausgearbeitet werden.

683 Ebenso *Fichtner*, S. 69.

684 *Wurzel*, BayVBl. 1986, S. 417, 418; *Stern*, Staatsrecht I, § 24 II 2 b (S. 1059).

2. Kapitel: Vergleichende Darstellung der Rechtsstellung der Gemeinderäte und Abgeordneten anhand ausgewählter Befugnisse

A. Vorbereitung auf die Wahl zum Gemeinderat bzw. auf die Bundestagswahl

Bevor ein Bürger die Stellung eines Gemeindevertreters erlangt hat, kann nicht von Statusrechten im eigentlichen Sinn gesprochen werden. Vielmehr geht es um Rechte und Pflichten, die einem potenziellen Gemeinderatsmitglied im Vorfeld der Erlangung der Organstellung zustehen. Die dem Bewerber dafür zugesprochenen Rechte sind aber ein erstes Indiz dafür, ob der Gesetzgeber die Möglichkeit, kommunaler Volksvertreter zu werden, genauso unterstützt wie die, ein Bundestagsmandat zu erringen. Im Folgenden soll daher auf den Anspruch der Kandidaten auf Freistellung von der beruflichen Tätigkeit im Wahlkampf sowie auf die Inkompatibilitätsvorschriften eingegangen werden, die ebenfalls im Vorfeld der Mandatserlangung relevant sind.

I. Behinderungsverbot und Anspruch auf Wahlvorbereitungsurlaub

1. Bewerber um ein Bundestagsmandat

Bundestagskandidaten dürfen nicht an der Übernahme und Ausübung des Mandats gehindert werden. Kündigungen und Entlassungen aus diesem Grunde sind unzulässig. Dabei handelt es sich nur um Beispiele von Benachteiligungen. Jede sich aus der Abgeordnetentätigkeit ergebenden Schlechterstellung ist unzulässig[685]. Das Behinderungsverbot folgt aus Art. 48 Abs. 2 GG, ist in § 2 AbgG näher konkretisiert und erfasst auch den Wahlvorbereitungszeitraum. Wäre dies anders, bestünde ein nicht zu erklärender Widerspruch zu Art. 48 Abs. 1 GG, der gerade die Zeit vor der Wahl im Auge hat[686].

In Art. 48 Abs. 1 GG ist der in § 3 AbgG genauer beschriebene Anspruch auf den zur Wahlvorbereitung erforderlichen Urlaub verfassungsunmittelbar normiert[687]. Voraussetzung ist die Ernsthaftigkeit der Bewerbung, die dem Dienst-

---

685 *Trute*, in: *v. Münch/Kunig*, GG-Kommentar II, Art. 48 Rn. 13; ausführlich zum Abgeordnetenbehinderungsverbot *Medding*, DÖV 1991, S. 494 ff.

686 *Klein*, in: *Maunz/Dürig*, GG-Kommentar III, Art. 48 Rn. 75 f.; *Trute*, in: *v. Münch/Kunig*, GG-Kommentar II, Art. 48 Rn. 11; *Schulze-Fielitz*, in: *Dreier*, GG-Kommentar II, Art. 48 Rn. 13; *Achterberg/Schulte*, in: *v. Mangoldt/Klein/Starck*, GG-Kommentar II, Art. 48 Rn. 27; *Medding*, DÖV 1991, S. 494, 495.

687 Ausführlich zu diesem Komplex *Medding*, VR 1990, S. 161 ff. Um die Missbrauchsmöglichkeiten durch den Anspruch auf Wahlvorbereitungsurlaub zu reduzieren und indirekt einen Nachweis der Ernsthaftigkeit der Bewerbung zu erhalten, ist die Urlaubsdauer gemäß § 3 S. 1 AbgG auf maximal zwei Monate begrenzt. Ein Anspruch auf Entgeltfortzahlung für diese Zeit besteht nicht, § 3 S. 2 AbgG. Diese Begrenzung des Urlaubsanspruchs

herrn oder Arbeitgeber nachgewiesen werden muss[688]. Damit soll abhängig Beschäftigten die Chance gegeben werden, genügend Vorbereitungszeit für die Werbung um das Mandat zu haben, damit das Parlament möglichst repräsentativ mit Vertretern aller gesellschaftlichen Gruppen besetzt ist[689]. Art. 48 GG dient der Absicherung der Wahlrechtsgrundsätze und des aus Art. 38 Abs. 1 S. 2 GG folgenden freien Mandats, auf das später noch näher eingegangen wird[690]. Mit der grundgesetzlichen Normierung des Urlaubsanspruchs bringt der Verfassungsgeber den überragenden Stellenwert der Bundestagswahl zum Ausdruck und gibt zu verstehen, dass die notwendige Vorbereitung – also insbesondere der Wahlkampf – nicht ausschließlich in der Freizeit geführt werden muss.

2. Rechtslage im Kommunalrecht

Wie auf Bundesebene darf in Baden-Württemberg gemäß § 32 Abs. 2 GO BW niemand daran gehindert werden, das Amt eines Gemeinderats zu übernehmen und auszuüben. Kündigungen, Entlassungen, Versetzungen und alle anderen beruflichen Benachteiligungen sind auch hier unzulässig. Dieses Verbot findet sich in den meisten Gemeindeordnungen[691]. Es bezieht sich trotz seiner systematischen Stellung in der baden-württembergischen Kommunalverfassung nicht nur auf Behinderungen nach Erlangung des Gemeinderatsmandats, sondern erfasst auch den Zeitraum der Mandatsbewerbung[692]. Andernfalls läge eine Behinderung bei der Übernahme des Amts des Gemeinderats vor, da die Entscheidungsfreiheit der Bürger, sich um ein kommunales Mandat zu bewerben, nicht mehr gewährleistet wäre[693]. So ist in den meisten Gemeindeordnungen auch die Bewerbung um einen Gemeinderatssitz explizit vom Behinderungsverbot erfasst[694].

Das wirft die Frage auf, ob ein Anspruch auf Freistellung bzw. Sonderurlaub zur Wahlvorbereitung und zur Durchführung von Wahlkampfveranstaltungen

---

stellt keine Behinderung im Sinne von Art. 48 Abs. 2 GG dar und ist verfassungskonform (*Klein*, in: *Maunz/Dürig*, GG-Kommentar III, Art. 48 Rn. 62; *Achterberg/Schulte*, in: *v. Mangoldt/Klein/Starck*, GG-Kommentar II, Art. 48 Rn. 18; *Trute*, in: *v. Münch/Kunig*, GG-Kommentar III, Art. 48 Rn. 8; *Schulze-Fielitz*, in: *Dreier*, *GG*-Kommentar II, Art. 48 Rn. 12).

688 *Trute*, in: *v. Münch/Kunig*, GG-Kommentar II, Art. 48 Rn. 4; *Medding*, VR 1990, S. 161 f.

689 *Trute*, in: *v. Münch/Kunig*, GG-Kommentar II, Art. 48 Rn. 3.

690 Unten S. 152 ff.

691 § 37 Abs. 2 GO Bbg.; § 35 a HGO; § 27 Abs. 5 KV MV; § 39 Abs. 2 NGO; § 44 GO NW; § 18 a GO RP; § 35 Abs. 2 GO Sachsen; § 42 Abs. 2 GO SA; §§ 32 Abs. 3 i.V.m. 24 a GO SH; § 12 Abs. 1 S. 3 ThürKO.

692 *Stober*, § 15 b II 3 b bb (S. 186).

693 *Kunze/Bronner/Katz*, § 32 Rn. 10.

694 § 35 a Abs. 1 S.1 HGO; § 27 Abs. 5 S. 1 KV MV; § 44 Abs. 1 S. 1 GO NW; § 18 a Abs. 1 S. 1 GO RP; § 35 Abs. 2 S. 1 GO Sachsen; § 42 Abs. 2 S. 1 GO SA; §§ 32 Abs. 3 S. 1 i.V.m. 24 a S. 1 GO SH; § 12 Abs. 1 S. 3 ThürKO.

besteht. Ausdrücklich normiert ist ein solcher Anspruch lediglich in Nordrhein-Westfalen[695]. In den anderen Bundesländern finden sich keine ausdrücklichen Regelungen. Es ist deshalb zu prüfen, ob die allgemeinen kommunalrechtlichen Behinderungsverbote einen Anspruch auf Freistellung enthalten oder ob in Nordrhein-Westfalen ein Recht gewährleistet ist, das von der Konzeption der Kommunalwahlen keinesfalls zwingend geboten ist.

Ausgangspunkt der Untersuchung ist der gesetzliche Freistellungsanspruch gemäß § 32 Abs. 2 S. 3 GO BW. Er gewährt einen Anspruch auf Freistellung von der Arbeit, sofern die Tätigkeit als Gemeinderat dies erfordert[696]. Damit ist aber ausdrücklich nur der Zeitraum nach erfolgreicher Beteiligung an der Gemeinderatswahl erfasst. Der Wortlaut spricht gegen die Übertragbarkeit der zu dieser Vorschrift entwickelten Grundsätze auf die Bewerbungsphase. Dies gilt auch für die Formulierungen in den anderen deutschen Gemeindeordnungen.

Sinn und Zweck der Freistellungsregelungen ist es, allen Mitgliedern der Gemeindevertretungen unabhängig von ihrer beruflichen und wirtschaftlichen Stellung die gleiche Möglichkeit zur Mandatswahrnehmung einzuräumen, damit die Bevölkerung im Rat ungefähr spiegelbildlich vertreten ist[697]. Dieser Anspruch ist jedoch auf das für die Wahrnehmung des Amts erforderliche Maß begrenzt. Das hinter der gemeindlichen Selbstverwaltung stehende Motiv, den am Gemeindeleben interessierten Bürgern eine aktive Teilnahme an der kommunalen Verwaltung zu ermöglichen und die Identifikation von Staatsgewalt und Staatsvolk zu fördern[698], begrenzt die Tätigkeit auf den in der Freizeit realisierbaren Umfang. Eine extensive Handhabung der Freistellungsvorschriften würde zur Ausbildung von Berufspolitikern auch auf kommunaler Ebene führen und weite Teile der interessierten Bevölkerung von der kommunalen Ratsarbeit ausschließen. Zumal handelt es sich bei der Gemeinderatstätigkeit gemäß § 32 Abs. 1 S. 1 GO BW um ein Ehrenamt[699]. Damit ist eine Vollzeitbeschäftigung als Gemein-

---

695 § 13 Abs. 2 KWG NW.

696 § 37 Abs. 2 S. 3 GO Bbg.; § 35 a Abs. 4 S. 1 HGO; § 39 Abs. 2 S. 3 NGO; § 44 Abs. 2 S. 1 GO NW; § 18 Abs. 5 GO RP; § 35 Abs. 2 S. 3 GO Sachsen; § 42 Abs. 2 S. 4 GO SA; §§ 32 Abs. 3 i.V.m. 24 a S. 5 GO SH.

697 HessStGH, DVBl. 1991, S. 104, 106; *Schulze*, in: *Hammerbacher*, Handbuch Kommunale Politik, I/A 3.1, S. 1, 12.

698 *Püttner*, Kommunalrecht, Rn. 15; *Stober*, § 7 I 1 2 a (S. 59).

699 Ebenso Art. 19, 20, 20 a, 31 Abs. 2 S. 1 BayGO; § 18 GO RP; § 30 Abs. 1 S. 1 KSVG Saar.; § 35 Abs. 1 S. 1 GO Sachsen; § 36 Abs. 1 S. 1 GO SA; § 24 Abs. 1 S. 1 ThürKO; in anderen Gemeindeordnungen wird die Mitgliedschaft im Rat einer ehrenamtlichen Tätigkeit gleichgestellt, vgl. §§ 38 Abs. 3 S. 1, 26 Abs. 1 S. 2 GO Bbg.; § 35 Abs. 2 S. 1 HGO; § 39 Abs. 3 NGO; § 43 Abs. 2 GO NW; § 32 Abs. 3 GO SH.

Das Bundesverfassungsgericht (E 48, 64, 89) spricht von einer „Ausgestaltung als Ehrenamt"; so auch *Stober*, § 15 II 3 b aa (S. 185); *Glage*, S. 60 m.w.N; *Rothe*, NVwZ 1990, S. 936, 937. Zwar gibt es in Bayern nach Art. 40 Abs. 1 BayGO neben den ehrenamtlichen auch berufsmäßige Gemeinderäte. Diese haben aber gemäß Art. 40 Abs. 2 BayGO

deratsmitglied schon der Natur der Sache nach unvereinbar. Dem Argument, heutzutage könne eine Tätigkeit als Gemeinderat nicht mehr ehrenamtlich bewältigt werden, kann man entgegenhalten, dass die Ratstätigkeit nach der gesetzlichen Konzeption auf wesentliche Punkte begrenzt ist[700]. Soweit möglich, hat der Gemeinderat seine Mandatstätigkeit außerhalb der Kernarbeitszeit in seiner Freizeit wahrzunehmen[701]. Deshalb ist die vollständige Beurlaubung von der beruflichen Tätigkeit zur Ausübung der Tätigkeit als Gemeindevertreter unzulässig[702]. Lediglich in Hessen, Niedersachsen und Rheinland-Pfalz[703] ist den Ratsmitgliedern das Recht auf Sonderurlaub für die Teilnahme an Fortbildungsveranstaltungen eingeräumt.

Die restriktive Handhabung der Freizeitgewährung für amtierende Gemeinderäte spricht gegen eine entsprechende Anwendung der Vorschriften auf den Wahlvorbereitungszeitraum. Wenn schon die Wahrnehmung des Ehrenamts vor allem in der Freizeit erbracht werden soll[704], muss dies erst recht für die Wahlvorbereitung gelten. Hier besteht nämlich noch keine Sonderbeziehung zwischen Gemeinde und Mandatsbewerber.

Zudem widerspricht der Freistellungsanspruch zur Wahlvorbereitung und zur Wahlkampfführung dem Wesen kommunaler Selbstverwaltung. Wie gerade dargestellt wurde, ist die Wahl zum Ratsvertreter eine Gelegenheit für interessierte und engagierte Bürger, sich aktiv an der Entwicklung des örtlichen Gemeinwesens zu beteiligen[705]. Ein Freistellungsanspruch hätte zur Folge, dass der Wahlkampf auf Kommunalebene vergleichbare Züge mit dem Bundestagswahlkampf annähme. Ein solcher Wahlkampf wäre nur von parteipolitisch organisierten Gemeindebürgern mit Unterstützung des Parteiapparats durchführbar, nicht aber von nicht organisierten Einzelpersonen. Er würde zu einer noch größeren Benachteiligung parteiloser Bewerber führen. Deshalb und weil gerade einzelne interessierte Bürger am Gemeindeleben als Gemeindevertreter teilnehmen sollen, hat das Bundesverfassungsgericht das Verbot der Diskriminierung

---

nur ein beratendes, aber kein beschließendes Stimmrecht und sind keine Gemeindevertreter (*Gönnenwein*, S. 264), weshalb sich an der vorherigen Feststellung nichts ändert; a.A. zur rechtlichen Qualifizierung der Ratsmitgliedschaft – zumindest in Hessen – *Ott*, S. 237 – dagegen wiederum HessVGH, NVwZ 2001, S. 345 f.

700 *Stober*, § 15 II 3 b bb (S. 186); *Hofmann*, S. 417 sieht zur Sicherung der Ehrenamtlichkeit des kommunalen Mandats nur die Möglichkeit der zeitlichen und sachlichen Beschränkung der Ratsarbeit.

701 VG Köln, NVwZ 1989, S. 318.

702 *Gern*, Deutsches Kommunalrecht, Rn. 347; *Wiegand/Grimberg*, § 42 Rn. 5; *Gramlich*, DÖV 1982, S. 139, 147 weist daneben zutreffend auf den Öffentlichkeitsgrundsatz als Grund für die Anberaumung der Ratssitzungen „nach Feierabend" hin; zum Öffentlichkeitsgrundsatz s.o. S. 89 ff.

703 § 35 a Abs. 4 S. 2 HGO; § 39 Abs. 2 S. 4 NGO; § 18 a Abs. 6 GO RP.

704 So ausdrücklich § 44 Abs. 2 S. 2 GO NW.

705 *Püttner*, Kommunalrecht, Rn. 15.

einzelner und parteiloser Bewerber hervorgehoben[706]. Deshalb entspricht es dem Wesen der Gemeinderatswahl, wenn der Wahlkampf in der Freizeit geführt wird oder der interessierte Bewerber Urlaub nimmt[707].

Letztlich würden bei Gewährung eines Freistellungsanspruchs für Mandatsbewerber auch praktische Schwierigkeiten auftreten. Zur Mandatsausübung gehören alle sich direkt aus der Wahrnehmung des Mandats ergebenden Tätigkeiten, etwa die Vorbereitung auf und die Teilnahme an der Sitzung sowie vom Rat gebilligte Besprechungen und Ortsbesichtigungen[708]. Der Kreis der zur Mandatsausübung erforderlichen Tätigkeiten kann somit objektiv anhand des Pflichtenkatalogs des Gemeindevertreters im Voraus ermittelt werden. Anders liegt es beim Bewerber um ein Gemeinderatsmandat. Eine Bestimmung eines zum Kommunalwahlkampf angemessenen Zeitaufwands nach objektiven Kriterien ist kaum möglich.

Hierbei wird auch nicht übersehen, dass die kommunalrechtlichen Behinderungsverbote in der Bewerbungsphase durch die Versagung eines Freistellungsanspruchs mittelbar geschwächt werden. Dem Anliegen, jedem interessierten Bürger unabhängig von der finanziellen und beruflichen Situation die Möglichkeit zur Wahrnehmung des Mandats zu geben, widerspricht der fehlende Freistellungsanspruch. Finanziell oder beruflich unabhängigen Bürgern fällt es leichter, sich bei der Bewerbung um den Sitz im Gemeinderat genug Zeit zu nehmen, um möglichst viele Wahlberechtigte auf sich aufmerksam zu machen und so die Wahlchancen zu erhöhen.

Obwohl das Bundesverfassungsgericht das Recht auf Chancengleichheit vom eigentlichen Wahlvorgang auch auf die Wahlvorbereitung ausgedehnt hat[709], geht damit nicht Chancengleichheit in jeglicher Hinsicht einher[710]. Der Grundsatz der Wahlgleichheit verlangt, allen Bürgern das aktive und passive Wahlrecht in formal möglichst identischer Weise einzuräumen[711]. Vom kommunalrechtlichen Benachteiligungsverbot werden nur Regelungen erfasst, die die Bewerbung um ein Amt erschweren oder unmöglich machen *sollen*, nicht aber solche, die in eine andere Richtung zielen und als unbeabsichtigte und unvermeid-

---

706 BVerfGE 11, 266, 276; 12, 10, 25 ff.

707 *Püttner*, Kommunalrecht, Rn. 172 weist zutreffend darauf hin, dass es dem Diskriminierungsverbot für Rathausparteien und freie Wählergruppen entspricht, dass es in Baden-Württemberg bei Kommunalwahlen keine Wahlkampfkostenerstattung gibt. Dieser Aspekt bestärkt die hier vertretene Auffassung, dass Kommunalwahlkämpfe dem Anlass angemessen mit überschaubarem, für jeden interessierten Bewerber bewältigbarem Aufwand zu führen sind. Die besonderen Eigenschaften der gemeindlichen Selbstverwaltung stehen einer Übertragung des von den Parteien vor allem beim Bundeswahlkampf betriebenen immensen Aufwands entgegen.

708 *Wiegand/Grimberg*, § 42 Rn. 5; das ist in § 44 Abs. 2 S. 2 GO NW legaldefiniert.

709 BVerfGE 41, 399, 413.

710 BVerfGE 11, 266, 276.

711 BVerfGE 12, 10, 25.

liche Folge eine Beeinträchtigung der Bewerbung um das Mandat nach sich ziehen[712]. Der Grundsatz der Chancengleichheit verlangt auch nicht die Beseitigung vorhandener Unterschiede mit der Intention, Wettbewerbsgleichheit herzustellen[713]. Er enthält deshalb lediglich die Pflicht für die Verwaltung, nicht parteipolitisch organisierten Wählergruppen die gleichen Ressourcen anzubieten wie den Vertretern politischer Parteien. Dazu gehört etwa, ihnen die Stadthalle zu Wahlveranstaltungen zu überlassen oder Informationsstände in der Fußgängerzone zu genehmigen. Von gesetzlichen Normen und dem Verhalten der Verwaltung unabhängige Faktoren, welche die Wahlchancen negativ beeinflussen könnten und deren Grund in der Person des Bewerbers liegt, sind hinzunehmen und fallen nicht unter das Behinderungsverbot[714]. Zudem ist ein „Feierabendwahlkampf" nach der Konzeption der kommunalen Selbstverwaltung durchaus beabsichtigt. Deshalb können überobligatorische Anstrengungen Einzelner nicht dazu führen, allen Bewerbern die Möglichkeit zu einem solch zeitaufwändigen Wahlkampf einzuräumen[715].

Damit führt das Schweigen der Landesgesetze im Ergebnis dazu, dass es in der Phase der Wahlvorbereitung – außer in Nordrhein-Westfalen – keinen Anspruch gegen den Arbeitgeber oder Dienstherrn auf Freistellung von der Arbeit für die Durchführung des Wahlkampfes gibt[716].

3. Ergebnis

Sowohl auf kommunaler als auch auf Bundesebene besteht ein Behinderungsverbot bei der Bewerbung, Annahme und Ausübung des Mandats. Dabei handelt es sich im Vorfeld um eine Absicherung des Repräsentationsgedankens der Wahl und um ein parlamentsprägendes Formprinzip, das nicht nur im Grundgesetz und den Landesverfassungen, sondern auch in den Kommunalverfassungen enthalten ist[717].

Im Vergleich zu den Gemeinderatsbewerbern – Nordrhein-Westfalen ist davon auszunehmen – sind die Bundestagskandidaten durch den Urlaubsanspruch in der Wahlvorbereitungszeit besser gestellt. Dies lässt sich allerdings mit der unterschiedlichen räumlichen Situation auf Bundes- bzw. Landesebene auf der

---

712 VGH BW, DVBl. 1992, S. 1044, 1046.

713 BVerfGE 41, 399, 414.

714 Es handelt sich hierbei um sozialadäquate Behinderungen, vgl. hierzu BVerfGE 42, 312, 329 (zu Art. 48 Abs. 2 GG).

715 Kein anderes Ergebnis lässt sich aus § 13 Abs. 2 KWG NW herleiten. Selbst wenn in Nordrhein-Westfalen als einzigem Bundesland ein Anspruch auf Urlaubserteilung besteht, bedeutet dies nicht, dass die Freistellung zur Wahlvorbereitung zwingend erforderlich ist. Vielmehr stellt diese Bestimmung im System der unterschiedlichen Kommunalverfassungen einen nicht verallgemeinerungsfähigen Fremdkörper dar.

716 Ebenso für die Rechtslage in Hessen *Ott*, S. 268.

717 *Ott*, S. 268; *Frowein*, in: *Püttner*, HdbKWP II, § 28 A III 3 (S. 88).

einen und der gemeindlichen auf der anderen Seite erklären. Während der Bundes- und Landtagswahlkampf allein aufgrund der Größe des Wahlgebietes und der Vielzahl der Bewerber einen enormen Zeitaufwand erfordert, ist das Terrain einer Kommunalwahl wesentlich überschaubarer. Bewerber um ein parlamentarisches Mandat müssen sich wegen der uneingeschränkten Themenbereiche intensiver auf den Wahlkampf vorbereiten als jemand, der für einen Sitz im Gemeinderat kandidiert, dessen Tätigkeitsbereich auf Angelegenheiten der örtlichen Gemeinschaft beschränkt ist und der kein allgemeinpolitisches Mandat besitzt[718]. Außerdem wird ein kommunaler Volksvertreter grundsätzlich außerhalb seiner Hauptbeschäftigung tätig, während das parlamentarische Mandat vom Bild des Berufspolitikers geprägt ist. Diese Differenzierung wirkt sich zwangsläufig bereits in der Wahlvorbereitungsphase aus.

II. Inkompatibilitätsvorschriften

1. Parlamentsrechtliche Inkompatibilitäten

Um zum Schutz des Gewaltenteilungsgrundsatzes Kollisionen zwischen parlamentarischem Mandat und einem anderen öffentlichen Amt zu vermeiden und die parlamentarische Kontrollfunktion zu stärken, hat der Verfassungsgeber nach anfänglichem Zögern auf ausdrückliche Veranlassung der Alliierten Militärgouverneure auf Bundesebene Inkompatibilitäten eingeführt[719]. Mit der Stellung als Bundestagsabgeordneter unvereinbar ist gemäß Art. 55 Abs. 1 GG das Amt des Bundespräsidenten und das des Bundesverfassungsrichters, Art. 94 Abs. 1 S. 3 GG. Außerhalb der Verfassung hat der Gesetzgeber von der Ermächtigung des Art. 137 GG umfassend Gebrauch gemacht. Mitglieder des Bundesrates dürfen nicht zugleich ein Bundestagsmandat innehaben, § 2 S. 1 GO BR. Daneben gibt es noch weitere Inkompatibilitäten für den Bundesbeauftragten für Datenschutz, den Wehrbeauftragten des Bundestags sowie die Mitglieder des Sachverständigenrats zur Begutachtung der gesamtwirtschaftlichen Entwicklung[720], die allesamt in der Realität kaum einmal relevant werden und Einzelfälle betreffen.

---

718 BVerfGE 79, 127, 147; BVerwGE 87, 228; 231; *Stober*, § 7 II 1 c ff (S. 74 f.); *Wurzel*, BayVBl. 1986, S. 417, 420 f.; *Gönnenwein*, S. 34.

719 *Morlok*, in: *Dreier*, GG-Kommentar II, Art. 38 Rn. 134; ähnlich *Schlaich*, AöR 105 (1980), S. 188, 231; zur Kontrollfunktion *Lübbe-Wolff*, in: *Dreier, GG*-Kommentar III, Art. 137 Rn. 7. Zur Entstehungsgeschichte dieses dem deutschen Parlamentsrecht bis dahin fremden Merkmals *v. Campenhausen*, in: *v. Mangoldt/Klein/Starck*, GG-Kommentar III, Art. 137 Rn. 3.

720 § 23 Abs. 2 BDSG; § 14 Abs. 3 WehrbeauftrG; § 1 Abs. 3 des Gesetzes über die Bildung des Sachverständigenrates zur Begutachtung der gesamtwirtschaftlichen Entwicklung vom 14.08.1963 – BGBl. 1963 I S. 685.

Von ungleich größerer Bedeutung sind die Hinderungsgründe der §§ 5 ff. AbgG, in denen die Unvereinbarkeit von Beamten-, Soldaten- und Richterämtern mit der Mitgliedschaft im Bundestag geregelt ist. Gleiches gilt gemäß § 8 Abs. 3 S. 1 AbgG für Angestellte des öffentlichen Dienstes. Anders als in den Gemeindeordnungen liegt keine Beschränkung der Hinderungsgründe auf bestimmte öffentlich-rechtliche Ämter vor[721]. Eine gleichzeitige Tätigkeit in der Exekutive oder der Judikative ist nicht mit der Mitgliedschaft im Bundestag vereinbar.

Auf der anderen Seite hat ein Bundestagsabgeordneter nach Beendigung seiner Bundestagsmitgliedschaft gemäß § 6 Abs. 1 S. 2, S. 3 AbgG einen Anspruch auf Rückführung in das frühere Dienstverhältnis und Übertragung einer dem früheren Amt entsprechenden Tätigkeit in der gleichwertigen Laufbahn. Da das übertragene Amt nach § 6 Abs. 1 S. 3 AbgG mit demselben Endgrundgehalt ausgestattet sein muss wie das frühere, drohen dem Parlamentarier keine finanziellen Einbußen durch die Tätigkeit als Volksvertreter. Dies führt zu einer starken Absicherung der beruflichen Zukunft nach Beendigung des Mandats, womit den Bundestagskandidaten die Entscheidung zwischen öffentlich-rechtlichem Dienstverhältnis und Mandat erleichtert wird.

2. Kommunalrechtliche Beurteilung

Die Möglichkeit zur Annahme der Wahl als Gemeinderat ist in sämtlichen Flächenländern durch eine Reihe von Hinderungsgründen eingeschränkt[722]. Hintergrund dieser auf Art. 137 GG zurückgehenden und gemäß Art. 28 Abs. 1 S. 2 GG auf Wahlen zum Gemeinderat anwendbaren Regelungen[723] ist das Vermeiden von Interessenkonflikten, persönlichen Verflechtungen und Vetternwirtschaft bereits im Vorfeld der Tätigkeit als Gemeindevertreter[724]. Solche können gerade wegen den auf gemeindlicher Ebene vorhandenen engeren Kontakten

---

721 Weitere auf Art. 137 GG zurückzuführende und in den §§ 5 ff. AbgG konkretisierte einfachrechtliche Normen sind u.a. §§ 7 a, 33 Abs. 3 BRRG; § 57 S. 1 BBG; §§ 4 Abs. 1, 17 a, 21 Abs. 2 Nr. 2, 36 Abs. 2, 121 DRiG; § 25 Abs. 2 SoldatenG.

722 § 29 GO BW; Art. 31 Abs. 3, Abs. 4 BayGO; § 12 GO Bbg.; §§ 37, 65 Abs. 2 HGO; § 25 KV MV; § 35 a NGO; § 13 KWG NW; § 5 KWG RP, § 17 KWG Saar.; § 32 GO Sachsen; § 40 GO SA; § 31 a GO SH; § 23 Abs. 4 ThürKO. Ausführlich zur kommunalen Inkompatibilität *Hausmann*, Die Inkompatibilität im Gemeindeverfassungsrecht der Bundesrepublik Deutschland.

723 BVerfGE 12, 73, 77 f. Vgl. BVerfGE 48, 64, 82 f.; 58, 177, 191 f. zur Verfassungsmäßigkeit der Hinderungsgründe in Hinblick auf den von der kommunalen Selbstverwaltungsgarantie umfassten Grundsatz der freien Wählbarkeit der Gemeindebürger.

Zur umstrittenen Frage des Verhältnisses von Art. 137 GG zu landesverfassungsrechtlichen Normen statt vieler *Menzel*, DÖV 1996, S. 1037, 1040 ff. (mit Überblick über den Streitstand).

724 BVerfGE 93, 373, 377; *Gern*, Deutsches Kommunalrecht, Rn. 344; *Wengenroth*, S. 44.

leicht entstehen. Die Inkompatibilitätsvorschriften gewährleisten die Objektivität der vom Rat getroffenen Entscheidungen und sichern die Befangenheitsvorschriften im Vorfeld ab, auch wenn sie andere Konfliktsituationen im Auge haben[725].

Inkompatibilitäten beschränken das durch Art. 38 Abs. 2 i.V.m. Art. 28 Abs. 1 S. 2 GG auch auf Kommunalebene gewährleistete passive Wahlrecht im engeren Sinne nicht. Es handelt sich bei den Normen nicht um Ineligibilitätsbestimmungen, die von Art. 137 GG auch gar nicht gedeckt wären[726]. Eine drohende Inkompatibilität verhindert nicht die Teilnahme des Bewerbers an der Gemeinderatswahl. Lediglich die Übernahme des errungenen Mandats ist ausgeschlossen, sofern die Kollision von Amt und Mandat nicht durch die Aufgabe des öffentlich-rechtlichen Dienstverhältnisses vermieden wird[727].

a) Einzelne Fallgruppen der Inkompatibilitätsvorschriften

Gemeinsam ist den Regelungen der einzelnen Länder, dass die im öffentlichen Dienst der Gemeinde oder dem zugehörigen Kreis stehenden Beamten oder Angestellten nicht gleichzeitig Gemeinderatsmitglieder sein können. Damit sollen die örtlichen Volksvertretungen ein Maximum an Unabhängigkeit erhalten. Außerdem ist es mit dem der Verwirklichung und Aufrechterhaltung des Verfassungsprinzips der Trennung von Legislative und Exekutive dienenden[728] organisatorischen Gewaltenteilungsgrundsatz unvereinbar, wenn eine Person ein Exekutivamt in der Gemeinde innehat und gleichzeitig dem Gemeinderat angehört[729]. Dahinter steht die Grundaussage des Gesetzgebers, wer in Gemeindevertretungen ein Mandat wahrnehme, solle dies als Bürger und Vertreter des ganzen Volkes tun, nicht als Interessenvertreter der Gemeindeverwaltung[730]. Auch hier zeigt sich das Vorhandensein einer organisatorischen Gewaltenteilung innerhalb der Exekutive[731]. Darüber hinaus konkretisieren die Inkompatibilitätsbestimmungen eine Funktion des Rats, die, wie im ersten Abschnitt herausgearbeitet wurde, in der Kontrolle anderer gemeindlicher Organe liegt[732]. Eine Kumulation von Amt und Mandat steht aber einer wirksamen Kontrolle entgegen.

---

725 *Wiegand/Grimberg*, § 40 Rn. 1 weisen darauf hin, dass der Landesgesetzgeber durch die Einführung der Inkompatibilitätsvorschriften zu verstehen gegeben hat, dass er das allgemeine Mitwirkungsverbot für Gemeindevertreter nicht als ausreichend erachtet.

726 BVerfGE 48, 64, 88; *Ott*, S. 242.

727 BVerfGE 12, 73, 77; 48, 64, 88; *Gönnenwein*, S. 255.

728 BVerfGE 38, 326, 338 f.

729 BVerfGE 12, 73, 77; 48, 64, 83; *Menzel*, DÖV 1996, S. 1037, 1043.

730 *Engelken*, DÖV 1996, S. 853, 861.

731 *Stober*, § 8 II 7 (S. 138).

732 VerfG SA, NVwZ-RR 1995, S. 457, 462; *Wurzel*, S. 42 f.; zur Kontrollfunktion des Gemeinderats s.o. S. 83 ff.

Darüber hinaus sind in allen Ländern Personen von der Unvereinbarkeit von Amt und Mandat erfasst, die maßgeblich mit der Rechtsaufsicht über die Gemeinde betraut sind, in deren Rat sie gewählt wurden. Dies gründet sich ebenfalls auf die organisatorische Gewaltenteilung[733]. Eine Person soll nicht gleichzeitig Mitglied eines Gemeindeorgans und deren Aufsichtsbehörde sein, da eine objektive und effektive Überwachung der Rechtmäßigkeit des gemeindlichen Handelns die Nichtidentität von Aufsichtsführendem und Beaufsichtigtem voraussetzt[734].

Zudem sollen in den meisten Ländern durch eine dritte Gruppe von Unvereinbarkeitsgründen auch Interessenkonflikte vermieden werden, die bei Beschäftigten im Bereich der wirtschaftlichen Tätigkeit der Kommunen entstehen können, wenn sie zugleich Mitglied der Gemeindevertretung sind[735]. Dies trifft vor allem auf leitende Beamte und Angestellte einer juristischen Person zu, an der die Gemeinde mehrheitlich beteiligt ist[736].

Neben den amtsbezogenen gibt es in Baden-Württemberg, Bayern und Sachsen weitere Hinderungsgründe, die aus engen familiären Verhältnissen herrührende Interessenkonflikte verhindern sollen[737]. In den beiden zuerst genannten Bundesländern ist die Regelung aber nur in kleineren Gemeinden anwendbar[738]. Die Gefahr, sich durch enge persönliche Bindungen beeinflussen und sich damit nicht mehr allein von der eigenen Überzeugung leiten zu lassen, steigt mit der Begrenzung des örtlichen Wirkungskreises[739]. Außerdem wird so verhindert, dass Eigeninteressen der Familien oder befreundeter Dritter vereint und damit mit stärkerem Gewicht verfolgt werden[740]. Vor allem dieser Punkt fällt bei kleinen Gemeinden besonders ins Gewicht, da der Rat wesentlich weniger Mitglieder hat als der einer Großstadtgemeinde.

---

733 BVerfGE 12, 73, 77.

734 VG Düsseldorf, NWVBl. 1999, S. 64, 65.

735 § 29 Abs. 1 c GO BW; Art. 30 Abs. 4 Nr. 3 BayGO; § 12 Abs. 3 KWG Bbg.; § 37 Nr. 2 HGO; § 25 Abs. 1 Nr. 5 KV MV; § 13 Abs. 6 KWG NW; § 5 Abs. 1 Nr. 4 KWG RP; § 17 Abs. 1 Nr. 2 KWG Saar.; § 32 Nr. 2 GO Sachsen; § 40 Abs. 1 Nr. 1 lit. e GO SA; § 31 a Abs. 1 Nr. 4 GO SH; § 23 Abs. 4 Nr. 2 ThürKO.

736 Das einzige Land, das auf eine Inkompatibilitätsvorschrift zur Wahrung der Unabhängigkeit der Gemeindevertretung gegenüber den gemeindlichen Wirtschaftsunternehmen verzichtet hat, ist Niedersachsen.

737 §§ 29 Abs. 2 S. 1 i.V.m. 18 Abs. 1 Nr. 1-3 GO BW; Art. 29 Abs. 3 S. 1 BayGO; §§ 32 Abs. 1 Nr. 6 i.V.m. 20 Abs. 1 Nr. 1-3 GO Sachsen.

738 In Baden-Württemberg bei Gemeinden bis zu 20.000, in Bayern bis zu 10.000 Einwohnern.

739 BVerfGE 93, 373, 378.

740 BVerfGE 93, 373, 378.

b) Konflikte und Lösungsmöglichkeiten nach erfolgreicher Wahl

Wie schon erwähnt, schließen die Inkompatibilitätsvorschriften das Recht nicht aus, sich zur Wahl zu stellen. Ist der Bewerber aber zum Gemeindevertreter gewählt worden, werden die Hinderungsgründe relevant. Dem Konflikt zwischen Amt und Mandat kann der Gewählte – sofern es sich nicht um verwandtschaftsbedingte Hinderungsgründe handelt, bei denen nur ein Verzicht auf den Sitz in der Gemeindevertretung möglich ist – dadurch entgehen, dass er sich vor Annahme der Wahl zu einer anderen Behörde versetzen lässt. Eine kurzfristige Versetzung wird jedoch oft aus Zeitgründen scheitern. Darüber hinaus wird es vor allem in kleinen Gemeinden in den meisten Fällen an einer geeigneten Ausweichbehörde fehlen, bei der eine Stelle frei ist. Außerdem wird der Kandidat nicht immer gewillt sein, sein Amt gegen ein anderes einzutauschen. Deshalb ist diese Option in der Rechtswirklichkeit keine wirkliche Alternative.

Daher stellt sich die Frage, ob die Möglichkeit der Beurlaubung von seinem Amt für die Dauer der Zugehörigkeit zum Gemeinderat besteht oder ob das Dienstverhältnis beendet werden muss. In den Gemeinde- und Kommunalwahlordnungen gibt es keine einheitlichen Regelungen, die § 6 Abs. 1 S. 3 AbgG entsprechen und eine Rückkehrmöglichkeit in eine vergleichbare Stellung vorsehen.

In Brandenburg und Schleswig-Holstein können sich die betroffenen Personen für die Dauer der Mandatsausübung von ihrem Amt ohne Dienstbezüge beurlauben lassen[741]. Ähnliches gilt für Bayern und Thüringen. Dort ist die Möglichkeit vorhanden, sich entweder ohne Anspruch auf Dienstbezüge beurlauben zu lassen oder für die Dauer der Zugehörigkeit zum Gemeinderat die Pflichten aus dem Dienstverhältnis ruhen zu lassen[742]. In Rheinland-Pfalz besteht ein Wahlrecht zwischen Ausscheiden aus dem Amt oder Beurlaubung[743]. In Mecklenburg-Vorpommern, Niedersachsen, Nordrhein-Westfalen und dem Saarland ist die Lösung des Konflikts nur durch Ausscheiden aus dem Amt möglich[744]. Im Saarland besteht jedoch für Beamte und Angestellte der gemeindlichen Aufsichts- und Prüfungsbehörden die Möglichkeit, das Gemeinderatsmandat durch Entbindung von den Rechtsaufsichts- bzw. Prüfungsaufgaben wahrzunehmen[745]. In Baden-Württemberg, Hessen, Sachsen und Sachsen-Anhalt gibt es keine Rechtsfolgenregelung. In Hessen ist in §§ 23 Abs. 2, 24 Abs. 2 HKWG lediglich davon die Rede, dass die Annahme der Wahl nur erklärt werden kann, wenn der Wegfall des Hinderungsgrundes innerhalb einer Woche nach Zustellung der Wahl-

---

741 § 12 Abs. 4 S. 1 KWG Bbg.; § 37 a Gemeinde- und KreiswahlG SH.

742 Art. 31 Abs. 4 S. 2 BayGO; § 23 Abs. 4 S. 2 ThürKO.

743 § 5 Abs. 2 S. 1 KWG RP.

744 § 25 Abs. 4 S. 1 KV MV; § 35 Abs. 3 S. 1 NGO; § 13 Abs. 3 S. 1 KWG NW; § 17 Abs. 2 S. 1 KWG Saar.

745 § 17 Abs. 2 S. 2 KWG Saar.

benachrichtigung nachgewiesen worden ist. Wird der Nachweis nicht geführt, gilt die Wahl als abgelehnt. Nach welchen Modalitäten das den Hinderungsgrund auslösende Amt aufgegeben werden kann, ist nicht normiert[746].

Die fehlende Regelung der Inkompatibilitätsfolgen in den letztgenannten Ländern führt zu der Frage, ob dort die Möglichkeit besteht, die Wahl gegen vorübergehende Niederlegung der amtsrechtlichen Pflichten anzunehmen. Die Aussage, Rechtsfolgenbestimmungen seien auf gemeindlicher Ebene verzichtbar, da die mit der Beendigung eines öffentlich-rechtlichen Dienstverhältnisses verbundenen einschneidenden Folgen den Bewerber oft davon abhalten würden, die Wahl anzunehmen, kann so nicht hingenommen werden[747]. Der damit behauptete faktische Wählbarkeitsausschluss liegt nur dann vor, wenn das Dienstverhältnis vor Annahme der Wahl beendet werden muss. Wenn ein Beamter oder Angestellter im öffentlichen Dienst nur beurlaubt ist und nach Beendigung der Gemeinderatstätigkeit in seine angestammte Stellung zurückkehren kann, wird er sich eher für das Mandat entscheiden. Deshalb sind die Möglichkeiten zur Auflösung der Hinderungsgründe entscheidend für die Frage, ob der Bewerber sein Mandat annehmen wird oder nicht. Die Folgerung, Rechtsfolgenbestimmungen seien entbehrlich, weil kein Bewerber für die Tätigkeit als Gemeindevertreter seine hauptamtliche Stelle aufgeben würde, obwohl dies maßgeblich von der Ausgestaltung der Inkompatibilitätsfolgen abhängt, woran es in einigen Ländern aber gerade fehlt, stellt einen Zirkelschluss dar.

Gegen die Möglichkeit, bei fehlender Ausgestaltung der Inkompatibilitätsfolgen die Rechte und Pflichten aus dem öffentlich-rechtlichen Dienstverhältnis für eine gewisse Zeit ruhen oder sich beurlauben zu lassen, spricht, dass von dieser Möglichkeit nur Bayern, Brandenburg, Rheinland-Pfalz, Schleswig-Holstein und Thüringen Gebrauch gemacht haben. In den anderen vier Ländern mit Rechtsfolgenregelung muss das Amt aufgeben werden, wobei nur im Saarland eine weniger einschneidende Möglichkeit für Mitarbeiter der Rechtsaufsichtsbehörde besteht. Von einem allgemein gültigen Grundsatz eines Anspruchs auf Beurlaubung für die Zeit der Zugehörigkeit zum Rat kann keine Rede sein.

Außerdem gehört es nach der Rechtsprechung des Bundesverfassungsgerichts zum wesentlichen Merkmal einer Inkompatibilitätsvorschrift, die Annahme der Wahl von der Beendigung des Dienstverhältnisses abhängig zu machen[748]. Selbst wenn sich ein Bewerber wegen der mit der Beendigung seiner Beamtenstellung verbundenen wirtschaftlichen Konsequenzen faktisch zur Wahrnehmung des Mandats nicht in der Lage sieht, ist dies aufgrund der stärkeren Ver-

---

746 *Ott*, S. 243.

747 So aber *Ott*, S. 243.

748 BVerfGE 58, 177, 192; VGH BW, BWGZ 1992, S. 726 („Niederlegung des Amts"). Dadurch werden die kommunalen Inkompatibilitätsbestimmungen nicht zu Ineligibilitätsbestimmungen, da rechtlich immer noch zwischen Amt und Mandat entschieden werden kann.

flechtungen auf örtlicher Ebene, die einen Verzicht auf Hinderungsgründe nicht zulassen, eine zumutbare Härte[749]. Es besteht auch keine Verpflichtung für die Landesgesetzgeber, das Ausscheiden aus dem öffentlichen Dienst durch umfangreiche Auffangregelungen zu erleichtern[750]. Letztlich würden die Gemeinden durch einen Anspruch auf Beurlaubung während der Tätigkeit als Gemeinderat dazu gezwungen, die Stelle für die Zeit nach Beendigung des Mandats für den Bewerber freizuhalten. Die Folge davon wäre eine enorme organisatorische Belastung.

Aus den genannten Gründen kann die Wahl zum Gemeindevertreter in den Bundesländern Baden-Württemberg, Hessen, Sachsen und Sachsen-Anhalt nur angenommen werden, wenn das öffentliche Amt zuvor beendet wird. Dies gilt ungeachtet der Konsequenz, dass dieser Umstand zu einer beachtlichen Verschlechterung ihrer Rechtsstellung gegenüber parlamentarischen und gemeindlichen Volksvertretern in Bayern, Brandenburg, Rheinland-Pfalz, Schleswig-Holstein und Thüringen führt, die nach dem Ende der Ratszugehörigkeit wieder in ihr öffentlich-rechtliches Dienstverhältnis zurückkehren können[751]. Bundesweit mit Abstand am besten gestellt sind die Gemeinderatsmitglieder in Schleswig-Holstein. Sie können sich beurlauben lassen und haben gegebenenfalls gemäß § 37 a Abs. 3 Gemeinde- und KreiswahlG SH einen Anspruch auf Versetzung. Ihr Zugehörigkeitszeitraum zur Gemeindevertretung gilt als Dienstzeit im Sinne des Besoldungs- und Versorgungsrechts.

Um die Bedeutung des passiven Wahlrechts für das Funktionieren einer Demokratie angemessen zu berücksichtigen und den gewählten Volksvertretern eine echte Wahlmöglichkeit zwischen Amt und Mandat an die Hand zu geben, wäre es sinnvoll, ihnen die Rückkehrmöglichkeit in ihr Dienstverhältnis nach Beendigung des Mandats zu eröffnen. Eine verfassungsrechtliche Pflicht dazu besteht aber nicht.

3. Ergebnis

Inkompatibilitäten gibt es sowohl auf Bundes- als auch auf Kommunalebene. Zuvor als Beamte oder Angestellte im öffentlichen Dienst tätig gewesene Bewerber um ein Bundestagsmandat sind hinsichtlich der Wahrung ihrer beruflichen Stellung nach Beendigung der Abgeordnetentätigkeit besser gestellt als die Gemeinderäte, deren Kommunalordnung für die Annahme der Wahl die Beendigung des öffentlich-rechtlichen Dienstverhältnisses verlangt. Innerhalb der einzelnen Bundesländer bestehen erhebliche Divergenzen hinsichtlich der Rechtsfolgen bestehender Inkompatibilitäten. Dies soll aber nicht darüber hin-

---

749 BVerfGE 58, 177, 193.

750 BVerfGE 58, 177, 193.

751 So auch *Hausmann*, S. 69; *Wurzel*, S. 44, 47.

wegtäuschen, dass die Inkompatibilitätsvorschriften in beiden Fällen der Vermeidung von Interessenkonflikten dienen und die Unabhängigkeit der Volksvertretung als Kontrollorgan sichern. Der Grundsatz der Gewaltenteilung, der auf Bundesebene unmittelbar zur Begründung der Hinderungsgründe herangezogen werden kann, dient modifiziert als Grundsatz der funktionellen Gewaltenteilung auch im Gemeinderecht als Begründungsansatz. Zudem konkretisiert sich hier eine mit dem Parlamentsrecht identische Ratsaufgabe, nämlich die Ausübung der Kontrolle über andere gemeindliche Organe.

B. Pflicht zur Annahme der Wahl zum Bundestagsabgeordneten bzw. Gemeindevertreter

Ein weiterer Punkt, in dem sich die Gemeinsamkeiten und Unterschiede zwischen gemeindlichen Volksvertretern und Abgeordneten zeigen, ist die Frage, ob die Bewerber die Wahl annehmen müssen. Zwar sind auch hier nicht Statusrechte im eigentlichen Sinne betroffen. Schließlich geht es gerade um den Akt, der zur Stellung als Mandatsträger führt. Dennoch lassen sich aus der Behandlung dieser Frage Schlüsse für den Problembereich ziehen, wie ausgeprägt die Pflichtenstellung der beiden Vergleichsgruppen bereits im Vorfeld der Mandatsausübung ist.

Um als Bewerber um ein Bundestagsmandat auf einem Kreiswahlvorschlag oder einer Landesliste aufgeführt werden zu können, bedarf es gemäß §§ 20 Abs. 1 S. 3, 27 Abs. 4 S. 2 BWahlG der unwiderruflichen schriftlichen Zustimmung. Mit der Wahl wird der Kandidat nicht automatisch Mitglied des Parlaments, sondern muss zuvor gegenüber dem Wahlleiter seine Annahmeerklärung abgeben, § 45 BWahlG. Trotz der zuvor erfolgten Zustimmung zur Aufführung auf dem Wahlvorschlag seiner Partei besteht keine Verpflichtung zur Annahme der Wahl[752]. Der gewählte Bewerber ist rechtlich in seiner Entscheidung ungebunden.

Uneinheitlich stellt sich dagegen die kommunalverfassungsrechtliche Situation dar. Wie schon erwähnt, handelt es sich bei der Stellung des Gemeinderats um ein Ehrenamt eigener Art[753]. Zu den Grundsätzen des Ehrenamtes gehört auch, dass die Übernahme durch die Bürger obligatorisch ist, wenn keine speziellen Ablehnungsgründe vorliegen[754]. Sofern man als Sieger aus der Gemeinderatswahl hervorgegangen ist, besteht in Baden-Württemberg, Bayern, Sachsen

---

752 *Braun/Jantsch/Klante*, § 1 Rn. 42; *Becher*, S. 35.

753 Oben S. 139.

754 § 16 GO BW; Art. 19 Abs. 2 BayGO; § 18 GO Sachsen; § 29 GO SA. Dazu auch *Stober*, § 15 II 3 b cc (S. 186 f.); *Rothe*, NVwZ 1990, S. 936, 937 spricht von der Ausübung des Mandats als „allgemeine Bürgerpflicht". Zur grundrechtlichen Vereinbarkeit der Pflicht zur Übernahme einer ehrenamtlichen Tätigkeit vgl. VGH BW, VBlBW 1984, S. 281 ff.

und Sachsen-Anhalt die Pflicht zur Mandatsannahme[755]. Eine derartige Verpflichtung besteht in den anderen Ländern im Gegensatz zu sonstigen Ehrenämtern nicht[756].

Dieser Aspekt dient als Argument zur Begründung der vom Parlamentsabgeordneten angeblich abweichenden Rechtsstellung des Gemeindevertreters[757]. Die stark ausgeprägte Pflichtenstellung in den genannten vier Ländern wird jedoch an anderer Stelle relativiert und ist in der Praxis zu vernachlässigen[758]. Auch dort ist es nicht beabsichtigt, einem nicht interessierten Bürger gegen seinen Willen die Stellung des Gemeinderatsmitglieds aufzubürden. Deshalb ist nach den Kommunalwahlordnungen die Aufstellung als Bewerber nur mit schriftlicher Zustimmung des Kandidaten zulässig[759]. Sobald diese Zustimmung abgegeben worden ist, besteht allerdings keine Möglichkeit mehr, sich gegen die Mandatsübernahme auszusprechen. Im Ergebnis kann deshalb niemand zur Kandidatur und Übernahme des Mandats gezwungen werden. Das würde auch der hinter dem Prinzip der kommunalen Selbstverwaltung stehenden Konzeption, interessierte Bürger in die Verwaltung und die Gestaltung der örtlichen Gemeinschaft einzubinden, zuwiderlaufen[760].

Dennoch bestehen in Baden-Württemberg, Bayern, Sachsen und Sachsen-Anhalt Unterschiede zwischen Bundestagskandidaten und Gemeinderatsbewerbern[761]. Die Pflichtenstellung des gewählten Gemeindevertreters ist im Zeitpunkt zwischen erfolgter Wahl und deren Annahme stärker ausgeprägt als die des zukünftigen Abgeordneten. Relativiert wird das aber dadurch, dass sie zuvor ihrer Aufstellung als kommunaler Kandidat zustimmen müssen. In den übrigen Ländern bestehen dagegen keine Abweichungen zum Parlamentsrecht.

---

755 § 15 Abs. 1 GO BW; Art. 19 Abs. 1 S. 2 BayGO; §§ 35 Abs. 1 S. 1 i.V.m. 17 Abs. 1 GO Sachsen; § 28 Abs. 1 S. 1 GO SA.

756 § 26 Abs. 1 S. 2 GO Bbg.; §§ 35 Abs. 2 S. 1 i.V.m. 21 Abs. 1 S. 2 HGO; § 19 Abs. 2, Abs. 4 KV MV; § 39 Abs. 3 NGO; § 43 Abs. 2 GO NW; § 18 Abs. 1 GO RP; § 30 Abs. 1 S. 2 KSVG Saar.; § 32 Abs. 2 GO SH; § 12 Abs. 1 S. 2 ThürKO. Explizit geregelt ist das jedoch nur in Brandenburg, Rheinland-Pfalz, Schleswig-Holstein und Thüringen.

757 *Bick*, S. 35.

758 Ebenso *Becher*, S. 36.

759 § 8 Abs. 1 S. 4 KWG BW; Art. 25 Abs. 3 S. 2 BayGLKrWG; § 21 Abs. 8 KWG Nds; § 15 Abs. 3 S. 4 KWG NW; § 6 Abs. 4 S. 4 KWG Sachsen; § 21 Abs. 8 KWG SA; § 14 Abs. 3 S. 1 KWG Thür.

760 In diese Richtung geht die Formulierung des § 21 Abs. 1 S. 1 HGO.

761 So auch *Schröder*, S. 384 f., der aber einschränkend auf die Gemeinsamkeiten der kommunalrechtlichen Übernahmepflicht in Bayern und Baden-Württemberg und die Regelungen des frühkonstitutionellen deutschen Parlamentsrechts hinweist.

C. Rechte und Pflichten nach Annahme der Wahl als Mandatsträger

Die Rechte und Pflichten, die den gewählten Volksvertretern nach Annahme der Wahl in Ausübung ihrer Funktion zustehen bzw. auferlegt werden, verkörpern in ihrer Gesamtheit die Statusrechte. Durch sie wird der Stellenwert des Mandatsträgers im Gesamtgefüge der Volksvertretung bestimmt. Das bedeutsamste Wesensmerkmal der Abgeordnetenstellung bzw. der des Gemeindevertreters ist das freie Mandat[762]. Es lässt sich nicht in einen bestimmten Bereich der Statusrechte einordnen, da letztlich alle Befugnisse positivrechtliche Ausformungen und Konkretisierungen dieses Prinzips sind. Wegen der herausragenden Stellung dieses Prinzip wird die Darstellung allgemeiner Grundsätze vorgezogen[763].

I. Das freie Mandat des Abgeordneten und des Gemeinderatsmitglieds

1. Bundestagsabgeordneter

Gemäß Art. 38 Abs. 1 S. 2 GG ist ein Bundestagsabgeordneter Vertreter des ganzen Volkes, an Aufträge und Weisungen nicht gebunden und nur seinem Gewissen unterworfen. Die Landesverfassungen enthalten fast identisch lautende Bestimmungen[764]. Auch in Zeiten wachsender Machtfülle und Einwirkungsmöglichkeiten der politischen Parteien in der durch Art. 21 Abs. 1 GG vorgezeichneten Parteiendemokratie[765] wird im freien Mandat das zentrale Wesensmerkmal der Rechtsstellung des Abgeordneten und ein Kernpunkt des demokratisch-parlamentarischen Systems gesehen[766].

Zwar scheidet eine idealtypische Interpretation des Art. 38 Abs. 1 S. 2 GG aus, da die Realitäten in der heutigen Parlamentsarbeit und die Bedeutung der

---

762 *Achterberg*, Parlamentsrecht, § 11 I 1 b (S. 219) spricht von der „magna Charta des Abgeordnetenverhältnisses“.

763 Die sich aus dem freien Mandat ergebenden Kompetenzen lassen sich in drei Kategorien aufteilen, nämlich in solche außerhalb und zur Vorbereitung der Sitzung der Vertretungskörperschaft, Rechte innerhalb der Gemeinderatssitzung sowie in sonstige Rechte, die sich nicht unter die ersten beiden Gruppen einordnen lassen. Dieser Dreiteilung soll nach der Darstellung allgemeiner Grundsätze zur Wahrung der Systematik in der folgenden Untersuchung gefolgt werden.

764 Art. 27 Abs. 3 LV BW; Art. 13 Abs. 2 BayLV; Art. 38 Abs. 4 LV Berlin; Art. 56 Abs. 1 LV Bbg.; Art. 83 S. 3 BremLV; Art. 7 Abs. 1 LV HH; Art. 77 HLV; Art. 22 Abs. 1 LV MV; Art. Art. 12 NLV; Art. 30 Abs. 2 LV NW; Art. 79 Abs. 2 LV RP; Art. 66 Abs. 2 LV Saar.; Art. 39 Abs.3 LV Sachsen; Art. 41 Abs. 2 LV SA; Art. 11 Abs. 1 LV SH; Art. 53 Abs. 1 ThürLV.

765 Ein Überblick über die Kritik an der Konzeption des freien Mandats in der Rechtswirklichkeit sowie zum Spannungsverhältnis zwischen Art. 21 und Art. 38 Abs. 1 GG und den Auflösungsmöglichkeiten findet sich bei *Hubert Meyer*, Kommunales Parteien- und Fraktionenrecht, S. 228 – 239.

766 *Schröder*, S. 376.

Parteien bei der Bestimmung des materiellen Gehalts des freien Mandats nicht ausgeblendet werden können[767]. Es darf aber bei allen parteilichen Bindungen und Zwängen nicht außer Acht gelassen werden, dass die Bundestagsmitglieder ihre rechtliche Unabhängigkeit gegenüber Einflussnahmeversuchen durch Wähler, wirtschaftliche Kräfte oder Parteien erst durch diese Verfassungsbestimmung erhalten[768]. Sie eröffnet ihnen die theoretische Möglichkeit, sich bei auftretenden Divergenzen zur Haltung der Partei oder einer Interessengruppe auf ihre Gewissensunterworfenheit berufen zu können[769]. Nur durch die verfassungsrechtliche Absicherung der Unabhängigkeit kann das System der Volksrepräsentation adäquat zur Geltung kommen. Sonst besteht durch Einwirkungen auf den Mandatsträger die Gefahr, dass er nicht mehr Repräsentant des ganzen Volkes ist, sondern nur einer bestimmten Bevölkerungsgruppe und seine Entscheidungen in letzter Konsequenz nicht mehr an seiner eigenen Überzeugung orientiert sind.

2. Gemeinderatsmitglied

a) Grundsätzliche Anerkennung des freien Mandats

Auf die Gemeindevertreter ist die Bestimmung des Art. 38 Abs. 1 S. 2 GG unanwendbar[770]. Dennoch ist die Stellung der Gemeinderatsmitglieder aufgrund kommunalrechtlicher Bestimmungen durch dieses Prinzip gekennzeichnet[771]. Die Ratsmitglieder üben ihr Amt wie Parlamentsabgeordnete nach ihrer freien, nur dem Gemeinwohl verpflichteten Überzeugung aus und sind an Verpflichtungen und Aufträge nicht gebunden[772]. Die Geltung erklärt sich dadurch, dass sowohl auf Bundes- als auch auf Gemeindeebene durch die Schaffung einer gemäß Art. 28 Abs. 1 S. 2 GG nach denselben Wahlgrundsätzen zu konstituieren-

---

767 *Trute*, JURA 1990, S. 184, 187.

768 *Maunz*, in: *ders./Dürig*, GG-Kommentar III, Art. 38 Rn. 17; *Dreier*, JURA 1997, S. 249, 255; *Trute*, JURA 1990, S. 184, 187; *Morlok*, JZ 1989, S. 1035, 1038; *Achterberg*, Parlamentsrecht, § 11 I 1 b (S. 218); *Seifert*, S. 336.

769 *Berwanger*, S. 24; *Ott*, S. 240; *Hubert Meyer*, Kommunales Parteien- und Fraktionenrecht, S. 239; *Ridder*, DÖV 1970, S. 617, 619.

770 BVerfGE 78, 344, 348; a.A. *Berwanger*, S. 174 (bezogen auf das Recht auf Mitgliedschaft in einem Gemeinderatsausschuss).

771 § 32 Abs. 3 GO BW; § 37 Abs. 1 GO Bbg.; § 35 Abs. 1 HGO; § 23 Abs. 3 KV MV; § 39 Abs. 1 NGO; § 43 Abs. 1 GO NW; § 30 Abs. 1 GO RP; § 30 Abs. 1 S. 2 KSVG Saar.; § 35 Abs. 3 GO Sachsen; § 42 Abs. 1 GO SA; § 32 Abs. 1 GO SH; § 24 Abs. 1 ThürKO. Lediglich in Bayern fehlt eine explizite Regelung über das freie Mandat. Dennoch gilt es auch dort (BVerwG, DÖV 1992, S. 832; BayVerfGH, BayVBl. 1984, S. 621, 622; *Firsching*, BayVBl. 1995, S. 365, 366; *Wurzel*, BayVBl. 1986, S. 417; *dies.*, S. 37 f.; *Hien*, BayVBl. 1984, S. 203).

772 BVerwG, DÖV 1992, S. 832, 833.

den Volksvertretung und die Geltung des Homogenitätsgebots das Prinzip der repräsentativen Demokratie verwirklicht ist. Zu dessen Grundprinzipien gehört auch die Unabhängigkeit der Mandatsträger gegenüber unzulässigen äußeren Einflussnahmeversuchen[773]. Außerdem ist die Geltung des freien Mandats zwingend, wenn man die Selbstverwaltungsgarantie als Schutz gegen übermäßigen Parteieneinfluss ansieht, das Verhältnis von Art. 28 Abs. 2 GG zu Art. 21 GG mit dem von Art. 38 Abs. 1 S. 2 GG zu Art. 21 GG für vergleichbar hält[774]. Dann stellt das freie Mandat letztlich eine Grenze des in Art. 21 GG angelegten Parteienstaats im staatlichen Gesamtgefüge dar. Aus diesem Grund kommt den Normierungen des freien Mandats in den anderen Gemeindeordnungen lediglich deklaratorische Bedeutung zu[775].

b) Inhaltliche Ausgestaltung des freien Mandats

Mit der Geltung des Repräsentations- und Demokratieprinzips auf gemeindlicher und staatlicher Ebene besteht eine Gemeinsamkeit des deutschen Staatsrechts, die sich zwangsläufig in der Rechtsstellung des Gemeinderats- bzw. Bundestagsmitglieds fortsetzt[776]. Aus der prinzipiellen Geltung haben einige Autoren die Schlussfolgerung gezogen, das freie Mandat auf Kommunalebene habe einen identischen Regelungsinhalt wie das der Bundes- und Landtagsabgeordneten[777]. Dieser These kann an dieser Stelle der Arbeit noch nicht zugestimmt werden. Grundsätzlich gebietet es das Prinzip der Einheit der Rechtsordnung zwar, identisch lautenden Formulierungen denselben Inhalt zuzuerkennen. Dies gilt jedoch nur, wenn sie teleologisch im gleichen Kontext verwendet werden[778]. Einem gleichlautenden Rechtsbegriff kann dagegen unterschiedliche Bedeutung zuerkannt werden, wenn er in verschiedenen teleologischen Zusammenhängen verwendet wird[779]. Es ist daher keinesfalls zwingend, den Regelungsgehalt des

---

773 *Dreier*, in: *ders.*, GG-Kommentar II, Art. 28 Rn. 59; *Schröder*, S. 381; *Frowein*, DÖV 1976, S. 44, 45.

774 BVerfGE 11, 266, 273; 11, 351, 365; *Frowein*, DÖV 1976, S. 44, 45; *Ridder*, DÖV 1970, S. 617, 619 (Fn. 13).

775 *Hubert Meyer*, Kommunalrecht, Rn. 323; *ders.*, Kommunales Parteien- und Fraktionenrecht, S. 242 f.; *Hien*, BayVBl. 1984, S. 203; *Schmidt-Jortzig*, Kommunalrecht, Rn. 69; *Frowein*, DÖV 1976, S. 44, 45; *Seifert*, S. 336.

776 BVerwG, DÖV 1992, 832; *Dreier*, in: *ders.*, GG-Kommentar II, Art. 28 Rn. 70; *Glage*, S. 59; *Hubert Meyer*, Kommunales Parteien- und Fraktionenrecht, S. 240 f. m.w.N; *Frowein*, in: *Püttner*, HdbKWP II, § 28 A III 1 (S. 86); *Wurzel*, S. 39; *Becher*, S. 24.

777 Insbes. *Ott*, S. 237; s.a. *Wurzel*, S. 37, 39; *Becher*, S. 24.

778 *Vogel*, S. 58 f. (Fn. 24).

779 *Vogel*, S. 58 f. (Fn. 24); *Engisch*, S. 94, 208.

freien Mandats des Bundestagsabgeordneten vollständig auf den des Mandats des Gemeindevertreters zu übertragen[780].

Auch von Verfassungs wegen ist ein solches Vorgehen nicht determiniert. Der Landesgesetzgeber wird durch die in Art. 28 Abs. 1 S. 2 GG enthaltene Pflicht zur Schaffung kommunaler Vertretungskörperschaften und das Homogenitätsprinzip nicht dazu gezwungen, die Ratsmitglieder den Abgeordneten gleichzustellen[781]. Bestimmte Abweichungen, die das Verhältnis und die Bindung zum Staat betreffen und die speziellen örtlichen Begebenheiten berücksichtigen, sind möglich[782]. Die Ausgestaltung der Rechtsstellung und damit auch Inhalt und Umfang des freien Mandats der Gemeinderatsmitglieder obliegt dem Gesetzgeber. Dabei hat er allerdings die Selbstverwaltungsgarantie des Art. 28 Abs. 2 GG, das Repräsentationsprinzip sowie die sonstigen im ersten Kapitel herausgearbeiteten gemeinsamen Strukturmerkmale zu beachten[783].

Einigkeit besteht darüber, dem freien Mandat kommunalrechtlicher Prägung denselben Inhalt zuzuerkennen wie jenem auf Parlamentsebene, wenn es um die Sicherung der rechtlichen Unabhängigkeit der Mandatsträger gegenüber Wählern und den von Partei und Fraktion ausgehenden Zwängen geht. Das folgt aus dem Homogenitätsgebot, da hier der Schutz des auf beiden Ebenen verwirklichten Repräsentationsprinzips im Vordergrund steht[784].

Inwieweit das freie Mandat über den Repräsentationsaspekt hinaus einen identischen Inhalt hat, hängt von der gesetzlichen Ausgestaltung der Rechte und Pflichten ab. Dabei sind wiederum verfassungsrechtliche Fundamentalprinzipien zu beachten. Ob die Ausgestaltung der konkreten Rechtsstellung bezüglich des Verhältnisses zu außenstehenden Dritten überhaupt noch vom Geltungsbereich des freien Mandats erfasst wird, ist allerdings umstritten[785].

Ott[786] ist der Ansicht, die Sicherung der Unabhängigkeit der Ratsmitglieder und der Schutz vor mittelbaren Zwängen und Einflussnahmen sei kein Problem des freien Mandats. Ihres Erachtens nach sage dieses Prinzip nur aus, dass kein Mandatsträger dazu gezwungen werden könne, seine Gewissensentscheidung in eine bestimmte Richtung auszuüben, nicht aber, ihn von Belastungen freizuhalten. Damit wird die Sicherung des Repräsentationsprinzips als alleiniges We-

---

780 So *Foerster*, SKV 1973, S. 207, 208; wie hier *Hubert Meyer*, Kommunales Parteien- und Fraktionenrecht, S. 239 f.

781 BVerfGE 78, 344, 348; *Gönnenwein*, S. 261.

782 Ebenso *Hubert Meyer*, Kommunalrecht, Rn. 323; *ders.*, Kommunales Parteien- und Fraktionenrecht, S. 240.

783 BVerfGE 78, 344, 348; BVerwGE 90, 104, 105; *Wurzel*, BayVBl. 1986, S. 417, 418.

784 *Ott*, S. 235, 237; *Schröder*, S. 380 f.; *Becher*, S. 26.

785 *Ott*, S. 239; zweifelnd auch *Hien*, BayVBl. 1984, S. 203, allerdings relativierend auf S. 204: „Das Verbot der Stimmenthaltung [...] betrifft die nähere Ausgestaltung der Ausübung des freien Mandats, vermag aber dessen wesentliche Qualifikation nicht in Frage zu stellen".

786 S. 239.

sensmerkmal des freien Mandats auf Bundes- und Kommunalebene angesehen. Folglich kann sie mit der Geltung des freien Mandats mit identischem Inhalt eine Gemeinsamkeit zwischen Gemeindevertretern und Bundes- bzw. Landtagsabgeordneten feststellen[787].

Die Sicherung des Repräsentationsprinzips gegenüber Wählern, Parteien und Interessengruppen ist ein überaus wichtiger Aspekt des freien Mandats. Es kann aber nicht bestritten werden, dass das Maß der Unabhängigkeit und die Freiheit der Entscheidungsfindung sowohl von der Einflussnahme durch Dritte abhängt als auch von der Stellung des Mandatsträgers zu seiner Vertretungskörperschaft und zum Staat. Er wird eher sachfremde Erwägungen in sein Meinungsbildungs- und Abstimmungsverhalten einfließen und sich nicht von seiner eigenen Überzeugung leiten lassen, wenn an gewisse Verhaltensweisen staatliche Sanktionen geknüpft sind, die ihn persönlich treffen.

Durch die von *Ott*[788] angegebene Referenz kann ihr Ergebnis nicht untermauert werden. Die Aussage *Hans Meyers*, das freie Mandat habe nicht die Funktion, den Mandatsträger von Belastungen freizuhalten, bezieht sich nicht auf solche, die sich als rechtliche Sanktionen an ein bestimmtes Verhalten des Gemeinderatsmitglieds anschließen. Vielmehr sind damit rein tatsächliche Wünsche, Erwartungen, Forderungen der Wähler und seiner Partei gemeint, bei denen der Volksvertreter die Entscheidung treffen muss, ob er ihnen folgt oder nicht[789]. Dieser Aussage ist nichts hinzuzufügen. Es entspricht keinesfalls der Rechtswirklichkeit und ist auch gar nicht gewollt, das Spannungsfeld zwischen *faktischem* Parteien- und Wählereinfluss auf der einen und der Gewissensunterworfenheit auf der anderen Seite zu negieren[790]. Nur bedeutet das nicht, dass die *rechtlichen* Absicherungen der beim Mandatsträger liegenden Letztentscheidungskompetenz nicht zum Inhalt des freien Mandats gehören.

Es ist auch gar nicht möglich, adäquaten Schutz vor Beeinflussungen der Gewissensentscheidung zu bieten, wenn nicht geeignete Schutzmittel zur Seite gestellt werden. Die Feststellung, kein Mandatsträger sei dazu verpflichtet, seine Entscheidung in einem bestimmten Sinne auszuüben, bleibt ohne ausreichende Sicherung dieses Rechts bloße Theorie. Die Qualität des freien Mandats erschöpft sich nicht in der Festlegung der Gewissensfreiheit als maßgebliches Entscheidungskriterium bei Konflikten mit Interessen von Wählern, Interessengruppen oder der eigenen Partei. Es erschließt sich erst durch eine Gesamtschau der Rechte und Pflichten, die die Strukturprinzipien einer Volksvertretung absichern. Ob der Inhalt des freien Mandats im Staats- und im Kommunalrecht identisch ist, kann und wird daher erst nach einer nun vorzunehmenden Analyse und

---

787 *Ott*, S. 239.

788 S. 239.

789 *Hans Meyer*, VVDStRL 33 (1975), S. 69, 94.

790 Zur Darstellung dieses Spannungsverhältnisses in der Rechtswirklichkeit ausführlich *Patzelt*, ZParl. 1996, 462 ff. (insbes. S. 487 – 499).

Gegenüberstellung der einzelnen Befugnisse und Belastungen beantwortet werden[791].

II. Statusrechte und Verpflichtungen außerhalb und innerhalb der Sitzung

Trotz der großen Bedeutung der Ausschussarbeit ist der letztverbindliche Austragungsort politischer Auseinandersetzungen das Plenum. In den Sitzungen werden die Entscheidungen getroffen, wenngleich sie durch die Vorbereitungsfunktion der Ausschüsse bereits vorgezeichnet sind.

Im Folgenden wird zunächst auf die Rechte eingegangen, die zu einer angemessenen Sitzungsvorbereitung erforderlich sind. Anschließend soll die Pflicht zur Teilnahme an Plenarsitzungen, das Mitwirkungsverbot bei bestimmten Entscheidungen sowie das Rede-, Antrags- und Stimmrecht näher untersucht werden.

1. Frage-, Informations- und Akteneinsichtsrecht

Die verfassungsrechtliche Verankerung des freien Mandats ist wenig wert, wenn die Volksvertreter kein Recht auf Ausübung desselben haben[792]. Um den von den Wählern erhaltenen Auftrag zur Repräsentation überhaupt erfüllen zu können, muss ihnen die Möglichkeit zuerkannt werden, sich auf die Gemeinderatssitzungen durch Einholung von Vorabinformationen zu den Verhandlungsgegenständen angemessen vorbereiten zu können[793]. Diesem Ziel dienen die Frage-, Informations- und Akteneinsichtsrechte.

a) Parlamentsrechtliche Beurteilung

Im Gegensatz zu einigen Landesverfassungen[794] fehlen auf Bundesebene konkrete verfassungsrechtliche Befugnisse des einzelnen Abgeordneten. Nähere Ausführungen dazu enthält die Geschäftsordnung des Bundestags. Ihr kommt die Funktion zu, Art und Weise der grundgesetzlich garantierten Statusrechte zu regeln, nicht aber, sie über das zwingende Maß hinaus einzuschränken oder gar

---

791 Zur abschließenden Analyse S. 239 ff. Letztlich handelt es sich bei der hier vorgenommenen Differenzierung um eine rein methodische Frage, die nicht zwingend zu inhaltlichen Divergenzen zur Auffassung *Otts* führen muss. Bei unterstellter Identität der Rechte und Pflichten kommt man nach der hier vertretenen Ansicht zu einem materiell vergleichbaren freien Mandat, während *Ott* neben einem übereinstimmenden freien Mandat „kleiner Münze“ weitere Parallelen in der jenseits des freien Mandats liegenden Rechts- und Pflichtenstellung untersucht und feststellt.

792 *Gönnenwein*, S. 270.

793 *Buhren*, LKV 1992, S. 315, 316.

794 Art. 56 Abs. 2 LV Bbg.; Art. 89 a Abs. 2 LV RP; Art. 51 LV Sachsen – Fragerecht des Abgeordneten.

zu beseitigen[795]. Kompetenzen, Rechte und Einwirkungsmöglichkeiten der jeweiligen Verfassungsorgane können nämlich nur im Grundgesetz selbst festgelegt sein. Aus diesem Grund sind Frage-, Informations- und Akteneinsichtsrecht durch die Stellung des Abgeordneten als Träger eines parlamentarischen Mandats vorgezeichnet und im Wege der Auslegung zu gewinnen[796].

Im ersten Kapitel wurde dargestellt, dass die Hauptaufgaben des Parlaments in einem demokratischen Rechtsstaat darin liegen, Gesetze zu erlassen und die Regierung als oberstes Exekutivorgan zu kontrollieren[797]. Regierungskontrolle durch das Parlament impliziert eine Informationsbefugnis. Demzufolge dienen Informationen und Anfragen der Vorbereitung und Durchführung der Kontrollfunktion und stellen Annexkompetenzen dazu dar[798]. Das Recht und zugleich die Pflicht des Parlamentsabgeordneten ist es, als Mitglied eines Verfassungsorgans an diesen Befugnissen zu partizipieren und im Gesetzgebungsverfahren zusammen mit anderen Volksvertretern das Initiativrecht auszuüben, zur Sache reden und debattieren zu können sowie über die Gesetzesvorlagen abzustimmen[799].

Damit die Bundestagsabgeordneten diese zur Verwirklichung des Volkswillens in der parlamentarischen Arbeit notwendigen und zum Gewährleistungsbereich des freien Mandats gehörenden Statusrechte[800] ausüben und den Wählerauftrag angemessen wahrnehmen können, benötigen sie umfassende Sachinformationen[801]. Sehr plakativ hat das Bundesverfassungsgericht festgehalten, eine Beratung verfehle ihren Zweck, wenn über den Beratungsgegenstand keine oder nur unzureichende Informationen zur Verfügung stünden[802]. Auf Verschaffung dieser Informationen durch die Regierung hat der Abgeordnete einen Individualanspruch, um an den Informations- und Fragerechten des Bundestags teilnehmen zu können[803].

---

795 BVerfGE 80, 188, 219; 44, 308, 315; *Ziekow*, JuS 1991, S. 28, 30; zur Geschäftsordnungsautonomie oben S. 115 f.

796 *Badura*, in: *Schneider/Zeh*, Parlamentsrecht und Parlamentspraxis, § 15 Rn. 35; *Bodenheim*, ZParl. 1980, S. 38, 49 f.

797 Oben S. 131 ff.

798 *Bodenheim*, ZParl. 1980, S. 38, 46 ff.

799 BVerfGE 80, 188, 217 f.; 70, 324, 355.

800 *Ziekow*, JuS 1991, S. 28 f. verortet die Statusrechte in der Freiheit des Mandats. Auf die Frage, ob der Status des Abgeordneten nicht eher aus dem ebenfalls in Art. 38 Abs. 1 S. 2 GG enthaltenen Repräsentationsgedanken abzuleiten ist (BVerfGE 4, 144, 150) geht er nicht ein, weil diese dogmatische Feinheit ohne Einfluss auf den Inhalt der Statusrechte ist (so *Ziekow*, JuS 1991, S. 28, 29).

801 BVerfGE 13, 123, 125; 57, 1, 5; 67, 100, 129; *Klein*, in: *Isensee/Kirchhof*, HdbStR II, 2. A., § 41 Rn. 32; instruktiv zum Fragerecht BayVerfGH, NVwZ 2002, 715.

802 BVerfGE 70, 324, 355.

803 BVerfGE 70, 324, 354; VerfGH NW, DVBl. 1994, 48, 50; wohl auch *Klein*, in: *Isensee/Kirchhof*, HdbStR II, 2. A., § 41 Rn. 32.

Besteht beim einzelnen Parlamentarier weiterer Informationsbedarf oder möchte er an der Kontrolle der Exekutive mitwirken, so muss ihm dazu ein Fragerecht zugestanden werden. Dieses Statusrecht wird in § 105 GO BT konkretisiert. Damit es nicht leer läuft, korrespondiert mit ihm im Grundsatz eine Antwortpflicht der Regierung[804]. Allerdings ist das Fragerecht kein Selbstzweck, sondern dient der Aufgabenerfüllung des Abgeordneten. Zudem folgt aus dem Grundsatz der Verfassungsorgantreue die Pflicht zur gegenseitigen Rücksichtnahme auch im Verhältnis zwischen Regierung und Abgeordneten[805]. Deshalb ist die Exekutivspitze ausnahmsweise nicht zur Antwort verpflichtet, wenn die Frage den Kernbereich exekutiver Eigenverantwortung betrifft bzw. berechtigte Geheimhaltungsinteressen oder Grundrechte tangiert sind. Gleiches gilt für rechtsmissbräuchliche Auskunftsersuchen[806]. Da durch Anfragen der Parlamentarier zeitliche und finanzielle Ressourcen des Regierungsapparats gebunden werden, sind auch unter diesem Aspekt dem Recht auf Beantwortung von Fragen Grenzen gesetzt. Das gilt vor allem dann, wenn dadurch die Funktions- und Arbeitsfähigkeit der Regierung gefährdet wird, indem andere Aufgabenbereiche vernachlässigt werden müssten oder ganz zum Erliegen kämen. Allerdings hat die Regierung angesichts des verfassungsmäßig verbürgten Rechts und der zu erwartenden Anfragen adäquate Arbeitskapazitäten von vornherein für die Beantwortung von Anfragen zur Verfügung zu stellen. Deshalb kann sie sich bei Nichterfüllung dieser Pflicht nicht auf die Aufrechterhaltung der Funktions- und Arbeitsfähigkeit berufen[807].

Gemäß § 16 Abs. 1 GO BT sind die Parlamentsmitglieder berechtigt, alle Akten einzusehen, die dem Bundestag entstammen oder ihm von Dritten zugeleitet und überlassen worden sind[808]. Das Recht wird nur durch Ausnahmen in der Geheimschutzordnung und durch das allgemeine Persönlichkeitsrecht eingeschränkt. Eine Akteneinsichtnahme des Abgeordneten in Regierungsakten ist nicht vorgesehen. Sie kann aber im Einzelfall erforderlich sein, um eine vollständige und ausreichende Antwort auf Fragen des Parlamentariers zu geben.

Über die genannten Ansprüche hinaus gibt es keinen allgemeinen Informationsanspruch gegenüber der Regierung, der nicht auf die spezifische Funktion des Bundestags und seiner Mitglieder im Gesamtgefüge der Verfassung beschränkt ist[809].

---

804 BayVerfGH NVwZ 2002, S. 715, 716; VerfGH NW, DVBl. 1994, 48, 49; *Badura*, in: *Schneider/Zeh*, Parlamentsrecht und Parlamentspraxis, § 15 Rn. 40.

805 VerfGH NW, DVBl. 1994, S. 48, 50.

806 BayVerfGH, NVwZ 2002, S. 715, 716.

807 VerfGH NW, DVBl. 1994, S. 48, 50.

808 *Roll*, § 16 Rn. 1; *Troßmann*, § 21 Rn. 2 f.

809 *Badura*, in: *Schneider/Zeh*, Parlamentsrecht und Parlamentspraxis, § 15 Rn. 40.

b) Kommunalrechtliche Situation

aa) Informationsrechte bei der Ladung zur Gemeinderatssitzung

In Baden-Württemberg fällt die Sitzungsvorbereitung gemäß § 43 Abs. 1 GO BW in die Zuständigkeit des Bürgermeisters. Dabei muss er den Ratsvertretern die Einberufung gemäß § 34 Abs. 1 S. 1 GO BW innerhalb einer angemessenen Frist mitteilen[810], über die Verhandlungsgegenstände Auskunft geben und die zur Verhandlung erforderlichen Unterlagen beifügen. Zweck der Regelung ist es, den Gemeinderäten die Möglichkeit einzuräumen, sich im Sitzungsvorfeld mit den Tagesordnungspunkten durch das Studium der Unterlagen vertraut zu machen[811], sich untereinander zu besprechen[812] und einen zügigen Verlauf der Sitzungen mit einer sachangemessenen Beratung und Beschlussfassung zu ermöglichen[813]. Zugleich soll die Zusammenarbeit zwischen kommunaler Volksvertretung und Verwaltungsspitze gestärkt werden[814]. Eine Abweichung der am Sitzungstag besprochenen von der bekannt gemachten Tagesordnung führt zur Rechtswidrigkeit des über den nicht angekündigten Punkt gefassten Beschlusses. Der Verstoß ist allerdings heilbar, wenn alle Gemeinderatsmitglieder bei der Sitzung anwesend sind und der Änderung der Tagesordnung zustimmen bzw. sich rügelos darauf einlassen[815].

Die Vorbereitung und Einberufung der Ratssitzungen ist auch in den anderen Ländern Aufgabe des Gemeinderatsvorsitzenden[816], wenngleich – bedingt durch die unterschiedlichen Gemeindeverfassungen – dieses Amt nicht immer von der Person des Bürgermeisters wahrgenommen wird[817].

Nicht in allen Bundesländern ist die Pflicht zur Übersendung der Unterlagen so eindeutig normiert wie in Baden-Württemberg[818]. Zumeist ist lediglich von

---

810 Zur Frage, wann die Frist angemessen ist, s. *Reichert/Baumann*, Rn. 196 m.w.N. – als allgemeine Regel hat sich aber eine Mindestfrist von drei Tagen herausgebildet, die in manchen Gemeindeordnungen ausdrücklich normiert ist (vgl. VGH BW, DÖV 2002, S. 912, 913; *Lissack*, § 5 Rn. 31; kritisch dazu *Wengenroth*, S. 89 f.).

811 VGH BW, DÖV 2002, S. 912, 913; *Wengenroth*, S. 92.

812 *Kunze/Bronner/Katz*, § 34 Rn. 5, 8.

813 OVG NW, NVwZ-RR 1989, 155; *Lissack*, § 5 Rn. 15; *Rothe*, NVwZ 1990, S. 936, 938.

814 *Rothe*, NVwZ 1990, S. 936, 938.

815 VG Meiningen, Beschluss vom 15.06.1994 – Az: 2 E 230/94.

816 Art. 46 Abs. 2 S. 2 BayGO; §§ 42 Abs. 1 S. 2, 43 Abs. 1 S. 1 GO Bbg.; § 58 Abs. 1 S. 1 HGO; § 29 Abs. 1 S. 1 KV MV; § 41 Abs. 1 S. 1 NGO; § 47 Abs. 1 S. 1 GO NW; § 34 Abs. 1 S. 1 GO RP; § 41 Abs. 1 S. 1 KSVG Saar.; § 36 Abs. 3 S. 1 GO Sachsen; § 51 Abs. 4 S. 1 GO SA; § 34 Abs. 1 S. 2 GO SH; § 35 Abs. 1 S. 1 ThürKO.

817 Eine Übersicht darüber, wer in den Ländern Gemeinderatsvorsitzender ist und wie das Amt bezeichnet wird, findet sich bei *Stober*, § 15 II 1 (S. 183 f.).

818 Eine ausdrückliche Festschreibung dieser Pflicht gibt es außer in Baden-Württemberg nur in Sachsen (§ 36 Abs. 3 S. 1 GO Sachsen) und Sachsen-Anhalt (§ 51 Abs. 4 S. 3 GO SA).

der Ladung unter Nennung der Tagesordnungspunkte die Rede[819]. Das führt zu der Frage, ob auch in den Ländern ohne explizit geregelten Überlassungsanspruch ein Mitgliedschaftsrecht der einzelnen Gemeindevertreter besteht, wonach neben den Tagesordnungspunkten auch das dazugehörige Informationsmaterial zur Sitzungsvorbereitung zugehen muss. In der Rechtsprechung haben insbesondere das Oberverwaltungsgericht Mecklenburg-Vorpommern und das Verwaltungsgericht Schwerin die Pflicht zur Zusendung von Begleitunterlagen eindeutig bejaht[820]. In der Literatur ist umstritten, ob und in welchem Umfang Unterlagen mitgeschickt werden müssen.

Lissack[821] vertritt für die Rechtslage in Bayern die Auffassung, Sinn und Zweck der Ladung zur Gemeinderatssitzung könne nicht eindeutig entnommen werden, ob auch Unterlagen zur Information beigefügt werden müssten. Insbesondere bei umfangreichen Unterlagen könne das Informationsbedürfnis der Gemeindevertreter auch durch die Möglichkeit befriedigt werden, die Unterlagen im Rathaus einzusehen.

Hubert Meyer[822] zufolge soll eine Zuleitung von Begleitunterlagen schon vor der Sitzung in Hinblick auf die Informationspflicht des Gemeinderatsvorsitzenden sinnvoll, verfassungsrechtlich aber nicht erforderlich sein. Er beruft sich dabei auf Urteile des Bundesverwaltungsgerichts und des Hessischen Verwaltungsgerichtshofs[823].

Ehlers/Heydemann[824] sind dagegen der Ansicht, die Unterrichtung der Gemeinderatsmitglieder mache es in der Regel erforderlich, ihnen vor der Sitzung Verwaltungsunterlagen zur Vorbereitung zu überlassen.

Die bloße Nennung der einzelnen Tagesordnungspunkte wird bei diffiziler und komplexer Materie eine ausreichende Einarbeitung in die Problematik oft nicht zulassen. Deshalb könnte mit der Pflicht auf rechtzeitige Mitteilung der Tagesordnungspunkte unter Beifügung der dazugehörigen Unterlagen dem Umstand Rechnung getragen werden, dass eine Hauptaufgabe des Gemeinderats in der Diskussion gemeindlicher Themen und der Beschlussfassung darüber liegt. Beratungen setzen aber voraus, über den Beratungsgegenstand die notwendigen

---

819 Art. 46 Abs. 2 S. 2 BayGO; § 43 Abs. 1 S. 3 GO Bbg.; § 58 Abs. 1 S. 1 HGO; § 41 Abs. 1 S. 1 HGO, § 34 Abs. 2 S. 1 GO RP; § 41 Abs. 3 S. 1 KSVG Saar.; § 34 Abs. 4 S. 1 GO SH; § 35 Abs. 2 S. 1 ThürKO; in Mecklenburg-Vorpommern (§ 29 Abs. 3 S. 3 KV MV) sollen mit der Ladung nicht nur die Tagesordnung, sondern auch die Beschlussvorlagen der Verwaltung übersandt werden.

820 OVG MV, LKV 1999, S. 109; VG Schwerin, LKV 2000, S. 167; LKV 1999, S. 74; LKV 1999, 76. *Hubert Meyer*, Kommunalrecht, Rn. 328 bezeichnet die Rechtsprechung des VG Schwerin und des OVG MV als „zu weitgehend“.

821 Bayerisches Kommunalrecht, § 5 Rn. 32.

822 Kommunalrecht, Rn. 328.

823 BVerwG, NVwZ-RR 1990, S. 208; HessVGH, NVwZ-RR 1988, S. 82, 83.

824 DVBl. 1990, S. 1, 7.

Informationen zu besitzen[825]. Für ein ungeschriebenes Recht auf Überlassung der Unterlagen spricht weiterhin, dass gerade bei Beratung und Abstimmung die grundgesetzliche Konzeption der repräsentativen Demokratie besonders zum Tragen kommt. Die Gemeinderatsmitglieder handeln bei der Mitwirkung an gemeindlichen Beschlüssen als Repräsentanten der gemeindlichen Bevölkerung und üben dabei ihr freies Mandat aus. Da eine Entscheidung immer Diskussionen und Beratungen als Vorbereitungsakte enthält, sind auch diese Stadien von der Ausübung des freien Mandats erfasst[826]. Deshalb dient das Informationsrecht der Gemeinderatsmitglieder durch rechtzeitige Mitteilung der Tagsordnungspunkte und Übersendung der dazugehörenden Unterlagen der Absicherung des freien Mandats bereits im Vorfeld der Ratssitzungen. Da die Repräsentantenstellung des Ratsvertreters ohne Informationsanspruch nicht denkbar ist, handelt es um ein zum Kernbereich des freien Mandats zählendes Merkmal. Eine den gesetzlichen Ansprüchen genügende, sachgerechte und verantwortungsvolle Aufgabenwahrnehmung des gemeindlichen Ehrenamts ist ohne hinreichende Informationen nicht möglich[827]. Das von *Hubert Meyer* zur Ablehnung einer solchen Pflicht herangezogene Urteil des Bundesverwaltungsgerichts[828] enthält keine Aussage über die hier in Frage stehende Problematik. Dem Urteil lag ein Sachverhalt zu Grunde, der nicht den Anspruch auf Beifügung von Unterlagen im Rahmen der Ladung zur Gemeinderatssitzung zum Inhalt hatte, sondern einen davon losgelösten Anspruch auf Überlassung gemeindeeigener Verwaltungsvorschriften.

Der Hessische Verwaltungsgerichtshof[829] hatte seinerzeit darüber zu entscheiden, ob der Gemeinderatsvorsitzende in der Ladung neben den Verhandlungsgegenständen auch die Beschlussvorlagen und die geplanten Anträge übermitteln muss. Dies lehnte er mit dem Argument ab, die Hessische Gemeindeordnung gehe davon aus, eine ordnungsgemäß erstellte Tagesordnung genüge, um über die beabsichtigten Verhandlungsgegenstände ausreichend informiert zu sein[830]. Es ging also um die Pflicht zur Übersendung der Beschlussvorlagen im Wortlaut und nicht um ergänzende Informationen zu den einzelnen Beratungsgegenständen. Im Übrigen ist es für die Einarbeitung und die Bildung einer Meinung nicht notwendig, die Beschlussvorlagen im Wortlaut vorliegen zu haben, wenn die Unterlagen eine adäquate Vorbereitung auf die Sitzung ermöglichen. Deshalb ist dem Hessischen Verwaltungsgerichtshof zuzustimmen, dass die Tagesord-

---

825 HessVGH, NVwZ 2001, S. 345; OVG MV, LKV 1999, S. 109; *Rothe*, NVwZ 1990, S. 936, 938.

826 HessVGH, NVwZ 2001, S. 345; VG Schwerin, LKV 1998, S. 76; *Stober*, § 15 II 3 b cc (S. 187).

827 VG Schwerin, LKV 1998, S. 74, 75.

828 NVwZ-RR 1990, S. 208.

829 NVwZ 1988, S. 82.

830 HessVGH, NVwZ 1988, S. 82, 83.

nungspunkte so bezeichnet sein müssen, dass es für die einzelnen Gemeinderäte erkennbar ist, worüber Beschlüsse gefasst werden sollen[831]. Aus den gerade genannten Gründen ist es nicht erforderlich, die zu treffenden Beschlüsse im Wortlaut in die Ladung aufzunehmen[832]. Das Gericht hat auch keine explizite Aussage über die Beifügung von Erörterungen der einzelnen Punkte getroffen. Es verlangt jedoch eine ordnungsgemäß erstellte Tagesordnung, zu der nach der hier vertretenen Ansicht auch Begleitunterlagen gehören. Das Urteil enthält damit keine stichhaltigen Argumente gegen ein umfassendes Informationsrecht.

Entgegen der Ansicht *Lissacks* kann dem Informationsrecht der Gemeinderatsmitglieder auch nicht durch Bereitstellen der Unterlagen im Rathaus Genüge getan werden. Da die Wahrnehmung des kommunalen Mandats ehrenamtlich erfolgt und die Gemeinderatsmitglieder in den Geschäftszeiten der Gemeindeverwaltung ihrem Beruf nachgehen, würde die Billigung einer solchen Praxis zu einer Kollision zwischen Beruf und Mandat führen. Dies hätte zur Folge, dass die Ratsvertreter oftmals auf die Einsichtnahme in die Unterlagen bei der Gemeindeverwaltung trotz bestehender Freistellungsansprüche für die gemeindliche Tätigkeit verzichten würden.

Ein anderes Ergebnis kann auch nicht mit dem Argument erzielt werden, der Zweck der Ladung sei nicht hinreichend geklärt. Die Ladung dient nicht nur als förmlicher Nachweis dafür, dass alle Gemeindevertreter über den Termin der nächsten Sitzung informiert worden sind und von ihrem Teilnahmerecht Gebrauch machen können. Würde sich der Ladungszweck allein darin erschöpfen, wäre die Beifügung der Tagesordnung nicht erforderlich. Darüber hinaus dient sie, wie die Pflicht zur Übersendung der Tagesordnung zeigt, auch der Befriedigung von Informationsbedürfnissen in dem dargestellten Umfang.

Deswegen besteht ein ungeschriebenes Recht auf Überlassung der zur Vorbereitung der Gemeinderatssitzung erforderlichen Unterlagen auch in den Flächenländern, die auf eine Normierung verzichtet haben[833]. Die Regelungen in Baden-Württemberg, Sachsen und Sachsen-Anhalt sind deklaratorischer Natur. Lediglich bei einfach gelagerten Beratungsgegenständen kann auf eine Beifügung der Unterlagen verzichtet werden, wenn sich alle notwendigen Informationen aus der Tagesordnung selbst ergeben[834].

Mit dieser Feststellung ist aber noch nicht geklärt, wie umfangreich die Unterlagen zu den einzelnen Tagesordnungspunkten sein müssen. Eine Pflicht zur Überlassung sämtlicher Dokumente würde im Ergebnis zu einem nicht zu ver-

---

[831] VG Schwerin, LKV 1999, S. 110; *Kunze/Bronner/Katz*, § 34 Rn. 5.

[832] So auch VG Schwerin, LKV 1999, S. 110.

[833] So auch VG Schwerin, LKV 2000, S. 167; OVG NW, NVwZ-RR 1989, S. 155; *Beckmann*, DVP 1998, S. 239, 241.

[834] *Kunze/Bronner/Katz*, § 34 Rn. 8; *Reichtert/Baumann*, Rn. 187.

nachlässigenden Zeit- und Kostenfaktor für die Gemeindeverwaltung führen[835]. In vielen Fällen wird es zur Gewährleistung einer angemessenen Vorbereitung nicht erforderlich sein, den Gemeinderatsmitgliedern jedes Detail mitzuteilen.

Auf der anderen Seite können Zeit- und Arbeitsaufwand kein durchschlagendes Argument zur Beschneidung des speziellen Informationsrechts über die Tagesordnungspunkte sein. Schließlich steht dahinter die Ausübung des freien Mandats. Wenn die Beifügung von Unterlagen nicht ausnahmsweise wegen der Einfachheit des Sachverhalts entbehrlich ist, müssen alle tatsächlich vorhandenen und für die Entscheidungsfindung notwendigen Unterlagen so rechtzeitig übersandt werden, dass eine den Anforderungen an eine gewissenhafte Mandatsausübung entsprechende Prüfung des Sachverhalts möglich ist[836]. Die Unterlagen müssen zur Vorbereitung auf die Sitzung, zur Bildung eines sachgerechten vorläufigen Urteils und zur Vorbesprechung in der Fraktion ausreichen[837]. Welche Unterlagen konkret der Ladung beizufügen sind, hängt vom jeweiligen Einzelfall ab und kann abstrakt nicht beantwortet werden[838].

Das Recht auf Beifügung von Begleitunterlagen besteht allerdings nicht grenzenlos. Sofern die Gemeindevertreter der Ansicht sind, die tatsächlich vorhandenen Dokumente seien zur pflichtgemäßen Vorbereitung unzureichend, folgt aus dem Informationsanspruch kein Recht gegenüber der Gemeindeverwaltung auf Überlassung darüber hinausgehenden Unterlagen[839]. Andernfalls hätte es jeder einzelner Gemeindevertreter in der Hand, die Behandlung eines Tagesordnungspunktes hinauszuzögern und die Ressourcen der Gemeinde übermäßig in Anspruch zu nehmen.

Da es sich bei den „für die Verhandlung erforderlichen Unterlagen" um einen gerichtlich voll nachprüfbaren unbestimmten Rechtsbegriff handelt und die ordnungsgemäße Einberufung der Sitzung ein einklagbares Mitgliedschaftsrecht des einzelnen Gemeinderatsmitglieds darstellt[840], bleibt ihm die Möglichkeit, eine Pflicht zur Mitteilung weiterer Informationen gerichtlich klären zu lassen[841]. Dies kommt dann in Betracht, wenn ein Ratsmitglied der Ansicht ist, es seien nicht alle tatsächlich vorhandenen und für die Entscheidungsfindung erforderlichen Unterlagen übermittelt worden.

---

835 Auf diesen Punkt weist der VGH BW, NVwZ-RR 1989, S. 153, 155 hin und rechtfertigt damit die Beifügung einer zusammenfassenden Übersicht anstelle der vollständigen Jahresabrechnung einer Gemeinde.

836 VG Schwerin, LKV 1998, S. 76 f.

837 VGH BW, VBlBW 2003, S. 190, 192; VG Schwerin, DÖV 2000, S. 654; *Kunze/Bronner/Katz*, § 34 Rn. 8; *Wengenroth*, S. 92.

838 VGH BW, VBlBW 2003, S. 190, 192; VG Schwerin, LKV 2000, S. 167, 168; VGH BW, NVwZ-RR 1989, S. 153, 154; *Wengenroth*, S. 92.

839 VGH BW, VBlBW 2003, S. 190, 191; VG Schwerin, LKV 1998, S. 76; *Beckmann*, DVP 1998, 239, 241.

840 VGH BW, NVwZ-RR 1989, S. 153, 154.

841 *Kunze/Bronner/Katz*, § 34 Rn. 8.

Der Gemeindevertretung als Kollegialorgan bleibt darüber hinaus auf Antrag eines Mitglieds die Möglichkeit, die Beschlussfassung über einen Behandlungsgegenstand zu vertagen, wenn sie sich in ihrer Mehrheit nicht ausreichend informiert fühlt[842]. Sofern dies nicht geschieht, der unzureichend oder zeitlich zu knapp informierte Gemeinderat sich an der Debatte beteiligt und die aus seiner Sicht fehlerhafte Einladung nicht rügt, tritt eine Heilung des Fehlers ein[843].

bb) Allgemeines Frage- und Informationsrecht des Gemeindevertreters

Der zuletzt behandelte Punkt betrifft einen speziellen Informationsanspruch, der sich auf die hinreichende Erörterung der Verhandlungsgegenstände der nächsten Gemeinderatssitzung bezieht. Sofern sich ein Gemeinderat nach Mitteilung der Tagesordnung und den entsprechenden Dokumentationen immer noch nicht in der Lage fühlt, sich angemessen auf die Sitzung vorzubereiten und eine vorläufige Meinung zu bilden, kann er diese Defizite in den vorbereitenden Fraktionssitzungen beseitigen[844]. Dies ist etwa dadurch möglich, dass er sich bei denjenigen Fraktionskollegen informiert, die mit den Verhandlungsgegenständen enger betraut sind als er selbst.

Darüber hinaus besteht für die Mitglieder der kommunalen Vertretungskörperschaft zur pflichtgemäßen Ausübung ihres Mandats die Notwendigkeit, sich bei der Gemeindeverwaltung über wichtige Angelegenheiten der Gemeinde informieren zu können.

α) Zuordnungsobjekt des Informations- und Fragerechts

Zur Befriedigung dieses Informationsanspruchs besteht in Baden-Württemberg gemäß §§ 24 Abs. 4 S. 1 1. Alt., Abs. 3 S. 1 GO BW die Möglichkeit, außerhalb der Sitzung schriftliche Anfragen an den Bürgermeister über Angelegenheiten der Gemeinde und ihrer Verwaltung zu stellen[845]. Hintergrund der Regelung ist zum einen die Gewährleistung von Informationsmöglichkeiten für den einzelnen Gemeinderat zur ordnungsgemäßen Aufgabenerfüllung, zum anderen die Kontrolle der Gemeindehauptverwaltung und die Aufdeckung der Missstände durch den Rat und seine Mandatsträger[846]. Mit dem Informationsrecht wird somit genau wie auf Bundesebene der Überwachungs- und Kontrollfunktion des Ge-

---

842 VG Schwerin, LKV 1998, S. 76; VGH BW, NVwZ-RR 1989, S. 153, 155.

843 VGH BW, VBlBW 2003, S. 190, 192; VGH BW, DÖV 2002, S. 912, 914.

844 *Rothe*, NVwZ 1990, S. 936, 939.

845 In der Sitzung kann das Fragerecht mündlich ausgeübt werden, § 24 Abs. 4 S. 1 2. Alt. GO BW. Da ansonsten keine prinzipiellen Unterschiede zum Fragerecht außerhalb der Sitzung bestehen, wird auf eine Darstellung verzichtet.

846 VGH BW, DÖV 1992, S. 838, 839; *Gern*, Deutsches Kommunalrecht, Rn. 316; *Wiegand/Grimberg*, § 44 Rn. 12; *Kunze/Bronner/Katz*, § 24 Rn. 23.

meinderats und seiner Mitglieder Rechnung getragen[847]. Angesichts dieses Hintergrundes darf das Fragerecht weder durch die Geschäftsordnung noch durch einen Gemeinderatsbeschluss unterbunden werden[848]. Der Gemeindevertreter hat einen Rechtsanspruch auf Beantwortung der Frage innerhalb einer angemessenen Frist[849].

In identischer oder ähnlicher Form ist ein Individualrecht zur Stellung von Anfragen in den meisten Gemeindeordnungen enthalten[850]. Lediglich in Bayern, Nordrhein-Westfalen und Thüringen ist die Befugnis nicht dem Gemeinderatsmitglied, sondern der Gemeindevertretung insgesamt oder Teilen davon zugewiesen[851]. Wenn hier ein eigenes Kontrollrecht des Gemeinderatsmitglieds nicht explizit aufgeführt ist, kann man es auch nicht aus allgemeinen Erwägungen herleiten[852]. Insbesondere das freie Mandat, zu dessen Ausübung auch das Unterrichtungsrecht gehört, lässt ein individuelles Frage- und Akteneinsichtsrecht auf Gemeindeebene nicht von Verfassungs wegen erforderlich erscheinen. Der fehlende Individualanspruch des Ratsmitglieds führt im Ergebnis nicht dazu, dass er keine Informationen über die Verwaltung und die Umsetzung der Ratsbeschlüsse erhält. Über das Informationsrecht des Gemeinderats als Gesamtorgan werden die Mitglieder über die jeweiligen Vorgänge unterrichtet. Zugegebenermaßen ist die Erlangung von Informationen schwieriger, wenn man auf die Tätigkeit des Gesamtorgans oder auf ein bestimmtes Quorum angewiesen ist und nicht selbst eine Anfrage über klärungsbedürftige Punkte stellen kann. Diese Schwierigkeiten führen aber nicht zur Verhinderung einer pflichtgerechten und verantwortungsbewussten Ausübung des freien Mandats kommunalrechtlicher Ausprägung.

β) Angelegenheiten der Gemeinde und ihrer Verwaltung

Sofern nach der einschlägigen Gemeindeordnung dem Gemeinderat ein Recht zur Stellung von Anfragen zusteht, ist es umstritten, welche Angelegenheiten als „solche der Gemeinde und ihrer Verwaltung“ bezeichnet werden können.

---

847 *Ade*, § 24 Erl. 3, 5, 6.

848 VGH BW, NVwZ-RR 1989, 91, 92.

849 OVG NW, NWVBl. 1991, S. 115, 116; VGH BW, NVwZ-RR 1989, 91, 92.

850 § 36 Abs. 1, Abs. 2 GO Bbg.; § 50 Abs. 2 S. 5 HGO; §§ 22 Abs. 2 S. 1, 34 Abs. 3 S. 1 KV MV; § 40 Abs. 3 S. 3 NGO; §§ 32 Abs. 1 S. 3, 33 Abs. 3 S. 1, Abs. 4 S. 1 GO RP; § 37 Abs. 1 S. 2 KSVG Saar.; § 28 Abs. 5 S. 1 GO Sachsen; § 44 Abs. 6 S. 1 GO SA; § 30 Abs. 1 S. 1 GO SH.

851 Art. 30 Abs. 3 BayGO; § 55 Abs. 1, Abs. 3 GO NW; § 22 Abs. 3 ThürKO.

852 *Berwanger*, S. 68; *Schmidt-Jortzig*, Kommunalrecht, Rn. 197; wohl auch *Widtmann/ Grasser*, Art. 30 Rn. 10 f.

Rothe[853] ist der Meinung, das Anfragerecht sei auf die Angelegenheiten beschränkt, über die der Gemeinderat selbst abschließend zu entscheiden habe. Dagegen dürfe es nicht mit Angelegenheiten kollidieren, die von anderen Gemeindeorganen ausgeführt werden.

Im Kommentar von *Kunze/Bronner/Katz*[854] wird die Auffassung vertreten, das Recht zur Stellung von Anfragen sei auf solche Gegenstände beschränkt, die in die ausschließliche Zuständigkeit des Bürgermeisters fallen. Eine nähere Begründung dieser Auffassung findet sich nicht.

Nach der Ansicht *Dols'* und *Ades* zählen zu den Angelegenheiten, über die sich der einzelne Gemeinderat informieren kann, nicht nur diejenigen, die in den Aufgabenbereich des Bürgermeisters fallen, sondern auch solche, für die der Gemeinderat selbst zuständig ist[855]. In diesem umfassenden Sinn hat auch der Verwaltungsgerichtshof Baden-Württemberg den Terminus der „Angelegenheiten der Gemeinde und ihrer Verwaltung" definiert[856].

Sowohl Wortlaut als auch Telos des Fragerechts sprechen für die letztgenannte Ansicht. Die Formulierung „Angelegenheiten der Gemeinde" ist allgemein gefasst und dem Wortlaut nach weder auf ausschließliche Zuständigkeiten des Bürgermeisters noch des Rats beschränkt. Gemeindliche Angelegenheiten sind nach der Konzeption der Gemeindeordnungen solche, die in der örtlichen Gemeinschaft selbst wurzeln oder einen spezifischen Bezug dazu haben[857]. Sie fallen erst nach Bejahung der gemeindlichen Verbandskompetenz in die Organkompetenz des Gemeinderats oder – originär oder durch Gesetz bzw. Ratsbeschluss übertragen – in die des Bürgermeisters. Hätten die Landesgesetzgeber eine Beschränkung auf Angelegenheiten im ausschließlichen Kompetenzbereich des Bürgermeisters oder des Rats vornehmen wollen, hätten sie das im Gesetzestext eindeutig zum Ausdruck bringen müssen.

Ein weites Verständnis entspricht auch Sinn und Zweck einer umfassenden Kontroll- und Überwachungsfunktion des Gemeinderats und seiner Mitglieder. Dazu ist es erforderlich, sich sowohl über die Durchführung der vom Rat in eigener Zuständigkeit getroffenen Beschlüsse als auch über die Amtsführung des Gemeindehauptverwaltungsorgans hinsichtlich seiner in originärer Kompetenz wahrzunehmenden Aufgaben informieren zu können[858]. Nur dieses Ergebnis berücksichtigt die exponierte Stellung des Gemeinderats als direkt gewähltes Repräsentationsorgan angemessen.

---

853 NVwZ 1990, S. 936, 940; ähnlich wird dies von *Wiegand/Grimberg*, § 44 Rn. 12 beurteilt.

854 § 24 Rn. 23.

855 *Dols*, Rn. 191; *Ade*, § 24 Erl. 6.

856 VBlBW 1990, S. 20.

857 *Gern*, Deutsches Kommunalrecht, Rn. 58.

858 Dabei geht es hauptsächlich um die Erledigung der Geschäfte der laufenden Verwaltung (wie hier *Schmidt-Jortzig*, Kommunalrecht, Rn. 194).

γ) Grenzen des Fragerechts

Grundsätzlich ist das Fragerecht des Ratsvertreters unbeschränkt, sofern es sich auf eine einzelne Angelegenheit bezieht und hinreichend konkretisiert ist[859]. Damit bietet es eine Möglichkeit, die Verwaltung mit ständigen Anfragen zu beschäftigen und sie von ihrer Hauptaufgabe, der Vollziehung der Beschlüsse des Gemeinderats und der Erledigung der Geschäfte der laufenden Verwaltung, abzuhalten. Um den Missbrauch des Fragerechts, der oftmals der Selbstdarstellung oder gar dem Aufbau einer Gegenverwaltung dient sowie zur Verschwendung von Arbeitszeit und Steuergeldern führt[860], zu verhindern oder auf ein Minimum zu reduzieren, besteht bei manchen Anfragen kein Anspruch auf Beantwortung. Nicht erfasst vom Anfrage- und Unterrichtungsrecht sind Unterstellungen, rechtlich nicht zulässige, strafbare sowie rechtsmissbräuchliche Fragen und Scheinfragen[861]. Außerhalb der Ratssitzungen darf das Fragerecht begrenzt werden, wenn dadurch die Effektivität der Aufgabenwahrnehmung durch die Verwaltung sichergestellt wird[862].

Dagegen ist das Verweigern von Antworten auf Anfragen mit der Argumentation, es seien Geheimhaltungsinteressen oder persönliche Daten betroffen, grundsätzlich unzulässig. Schließlich sind die Mitglieder der Gemeindevertretung in allen Ländern zur Verschwiegenheit verpflichtet[863]. Es trifft zwar zu, dass die Wahrscheinlichkeit der Weitergabe vertraulicher Informationen steigt, je größer der Kreis der Mitwisser ist, zumal die Gemeinderatssitzungen in der Regel öffentlich sind[864]. Die letztgenannte Problematik kann jedoch durch den Ausschluss der Öffentlichkeit für den datenschutzrechtlich relevanten Teil gelöst werden[865]. Darüber hinaus haben die Landesgesetzgeber auf eine Einschränkung des Auskunftsrechts bei geheimen oder personenbezogenen Daten verzichtet und die Normierung einer Verschwiegenheitspflicht, deren Verletzung im Einzelfall strafbar sein kann, für ausreichend erachtet[866]. Aus diesem Grund wird die Anwendung der Datenschutzgesetze durch die Regelungen über die Kontrolle der Verwaltung in den Gemeindeordnungen ausgeschlossen, da diese den allgemeinen Datenschutzbestimmungen vorgehen[867].

---

859 *Dols*, Rn. 191.

860 *Rothe*, NVwZ 1990, S. 936, 940.

861 VGH BW, NVwZ-RR 1989, S. 91 93; *Wiegand/Grimberg*, § 44 Rn. 12; *Gern*, Sächsisches Kommunalrecht, Rn. 339.

862 VGH BW, DÖV 1992, S. 838, 839.

863 VG Schwerin, LKV 1998, S. 74, 75; zur Verschwiegenheitspflicht unten S. 209 ff.

864 *Ehlers/Heydemann*, DVBl. 1990, S. 1, 7.

865 Zur Möglichkeit des Ausschusses der Öffentlichkeit oben S. 91.

866 Eingehend zur kommunalrechtlichen Verschwiegenheitspflicht und den möglichen strafrechtlichen Konsequenzen ihrer Verletzung unten S. 209 ff.

867 *Beckmann*, DVP 1998, S. 239, 243.

Aufgrund des hohen Ranges des Rechts auf informationelle Selbstbestimmung ist eine Übermittlung personenbezogener Daten trotz Vorrang des Kommunalverfassungsrechts nur insoweit zulässig, als dies zur ordnungsgemäßen Ausübung des Amts des Gemeindevertreters unbedingt erforderlich ist[868]. Eine Übermittlung ist unzulässig, wenn die personenbezogenen Daten für das konkrete Auskunftsverlangen nicht benötigt werden[869].

cc) Akteneinsichtsrecht als Mitgliedschaftsrecht des Ratsvertreters

Das Recht zur Einsichtnahme in Akten der Gemeindeverwaltung stellt ein klassisches Minderheitenrecht dar und dient ebenfalls vorwiegend der Kontrolle der Verwaltung und der Überprüfung der Ausführung der Gemeinderatsbeschlüsse[870]. In den meisten Gemeindeordnungen ist das Akteneinsichtsrecht nicht als Einzel-, sondern als Gruppenrecht ausgestaltet, das ein bestimmtes Quorum erfordert[871]. In Bayern fehlt eine Normierung ganz. Sofern es nicht ausdrücklich als individuelles Mitgliedschaftsrecht ausgestaltet ist, kann aus dem allgemeinen Informations- und Auskunftsanspruch kein Akteneinsichtsrecht hergeleitet werden[872]. Lediglich in Bayern wird vor dem Hintergrund der allgemeinen Überwachungs- und Kontrollfunktion des Rats das Akteneinsichtsrecht als Unterfall des Auskunftsrechts angesehen. Es steht nur der Gemeindevertretung als Kollegialorgan und nicht dem einzelnen Ratsmitglied zu[873]. Ein Recht des einzelnen Gemeindevertreters zur Einsichtnahme in Akten der Gemeindeverwaltung gibt es daher – mit Einschränkungen – nur in den Ländern Brandenburg und Schleswig-Holstein[874].

c) Ergebnis

Im Bereich der Frage-, Informations- und Auskunftsrechte, die allesamt zur Ausprägung des freien Mandats gehören, bestehen große Gemeinsamkeiten im Parlaments- und Kommunalrecht. Umfassende Informationsrechte werden durch Fragerechte ergänzt, die aus identischen Gründen eingeschränkt werden können.

---

868 *Gern*, Deutsches Kommunalrecht, Rn. 316; *Ehlers/Heydemann*, DVBl. 1990, S. 1, 8.

869 *Ehlers/Heydemann*, DVBl. 1990, S. 1, 7 f.

870 VerfGH NW, DVBl. 1994, S. 48, 50; *Hubert Meyer*, Kommunalrecht, Rn. 331; *Beckmann*, DVP 1998, 239, 243; *Scholtis*, S. 29.

871 § 24 Abs. 3 S. 1 GO BW; § 50 Abs. 2 S. 2 HGO; § 34 Abs. 4 KV MV; § 40 Abs. 3 S. 4 NGO; § 55 Abs. 3, Abs. 4 GO NW; § 33 Abs. 3 S. 2 GO RP; § 37 Abs. 1 S. 3 KSVG Saar.; § 28 Abs. 4 S. 1 GO Sachsen; § 44 Abs. 5 S. 2 GO SA; § 22 Abs. 3 S. 4 ThürKO. Eine ausführliche Darstellung der einzelnen Länderregelungen bietet *Scholtis*, S. 24 ff.

872 BVerwG, NVwZ-RR 1990, 208; *Beckmann*, DVP 1998, 239, 241; *Wengenroth*, S. 93; *Schmidt-Jortzig*, Kommunalrecht, Rn. 197.

873 *Scholtis*, S. 31.

874 § 30 Abs. 1 GO SH; § 36 Abs. 3 S. 1 GO Bbg.

Akteneinsichtsrechte und Fragerechte sind beim Abgeordneten stärker ausgeprägt. Allerdings gehören sie nicht zum unbeschränkbaren Kernbereich des freien Mandats und müssen deshalb auf Gemeindeebene nicht dem einzelnen Volksvertreter zustehen.

Relativiert wird diese Feststellung hinsichtlich des parlamentsrechtlichen Akteneinsichtsrechts aber dadurch, dass es sich nur auf organinterne Akten und nicht auf solche der Exekutive bezieht. Damit fällt diese Besserstellung der Mitglieder des Bundestags nicht sonderlich ins Gewicht. Wesentlich besser ausgebildet ist das Fragerecht des Abgeordneten im Gegensatz zu Gemeinderäten in Bayern, Nordrhein-Westfalen und Thüringen. In diesen Ländern ist es nämlich nicht als individuelles Statusrecht ausgestaltet.

2. Das Recht und die Pflicht zur Sitzungsteilnahme

a) Kommunalrechtliche Beurteilung

Die ordnungsgemäße Mandatsausübung ist ohne ausreichende Teilnahmemöglichkeiten undenkbar. Deshalb sind die Gemeinderatsmitglieder berechtigt, sich an den Aktivitäten der Gemeindevertretung zu beteiligen. Das Mitwirkungsrecht gehört zu den grundlegendsten Merkmalen der freien Mandatsausübung, mit dem eine allgemeine Mitwirkungspflicht korreliert[875]. Sie folgt aus der Stellung als Mitglied eines Kollegialorgans und ist ebenfalls Bestandteil des freien Mandats des Gemeinderatsmitglieds[876]. Dieses stellt an den gewählten Volksvertreter den Anspruch, die aus dem Wählerauftrag folgenden Aufgaben gewissenhaft zu erfüllen. Diese Partizipationspflicht ist in den Gemeindeordnungen aller Länder – außer in Rheinland-Pfalz – positiv enthalten[877].

Ungeachtet der einfachrechtlichen Ausgestaltung der Pflichtenstellung besteht für die Mitglieder der kommunalen Volksvertretung bereits aus ihrer verfassungsrechtlichen Stellung die Obliegenheit zur Sitzungsteilnahme, sofern kein wichtiger Grund zum Fernbleiben vorliegt[878]. Obwohl die Bestimmungen in den Kommunalverfassungen insoweit deklaratorischer Natur sind, erfüllen sie einen weiter gehenden Zweck und sind nicht entbehrlich. Sie enthalten nämlich zum

---

875 *Ott*, S. 247; *Wurzel*, S. 59; *Becher*, S. 38.

876 *Gern*, Deutsches Kommunalrecht, Rn. 461; *Ott*, S. 247; *Becher*, S. 39.

877 Art. 48 Abs. 1 S. 1 BayGO; § 34 Abs. 3 GO BW; § 38 Abs. 1 S. 2 GO Bbg.; § 60 Abs. 1 S. 2 HGO; § 23 Abs. 3 S. 3 KV MV; § 24 Abs. 2 S. 1 NGO; § 29 Abs. 3 S. 1 GO NW; § 33 Abs. 1 KSVG Saar.; § 35 Abs. 4 GO Sachsen; § 52 Abs. 1 GO SA; § 32 Abs. 2 S. 2 GO SH; § 37 Abs. 1 ThürKO; das gilt auch für Hessen, da die Gemeindevertreter nach § 35 Abs. 1 HGO ihre Tätigkeit mit Rücksicht auf das Gemeinwohl auszuüben haben und die Festlegung von Sanktionen bei Nichtteilnahme an den Sitzungen gemäß § 60 Abs. 1 S. 2 HGO eine Teilnahmepflicht impliziert.

878 *Schröder*, S. 394.

Teil Sanktionen, die bei unentschuldigtem Fernbleiben verhängt werden können. Sie reichen vom Ordnungs- bzw. Bußgeld über den Sitzungsausschluss gemäß § 60 Abs. 1 S. 2 HGO bis hin zum Verlust des Mandats bei wiederholten Verstößen gemäß Art. 48 Abs. 3 BayGO. In Rheinland-Pfalz, wo eine ausdrückliche Normierung der Teilnahmepflicht fehlt und in Ländern wie Baden-Württemberg und dem Saarland, in denen die Folgen der Verletzung der Teilnahmepflicht nicht geregelt sind, kann ein Verstoß gegen die Mitwirkungsobliegenheiten nicht geahndet werden[879]. Es ist lediglich möglich, die Aufwandsentschädigung teilweise abzuerkennen, sofern die jeweilige Geschäftsordnung das vorsieht[880].

Während sich die Teilnahmepflicht in den meisten Ländern in der bloßen Anwesenheit erschöpft[881], müssen die Gemeinderäte in Mecklenburg-Vorpommern in den Sitzungen mitarbeiten, § 23 Abs. 3 S. 3 KV MV. Dabei ergeben sich aber praktische Schwierigkeiten, wo die Grenze zwischen bloßer Anwesenheit und Mitarbeit zu ziehen ist und wie ein Verstoß geahndet werden soll. Ungeachtet der Umsetzungsprobleme hat der Landesgesetzgeber mit der Erweiterung des Pflichtenkatalogs seine genauen Vorstellungen von der verantwortungsbewussten Ausübung des freien Mandats verdeutlicht.

In Bayern ist es gemäß Art. 48 Abs. 1 BayGO verboten, sich bei Abstimmungen der Stimme zu enthalten. Dieser Punkt schränkt den Umfang des freien Mandats ein und ist neben der Möglichkeit des Mandatsverlustes infolge mehrfachen unentschuldigten Fehlens bei den Sitzungen Ausdruck einer besonderen Pflichtgebundenheit der dortigen Gemeindevertreter.

Insgesamt lässt die Tatsache der ausdrücklichen Regelung der Mitwirkungs- und Teilnahmepflichten in allen Bundesländern den Schluss auf eine starke Ausprägung der innerorganisatorischen Pflichtenstellung des Gemeindevertreters zu. Die Ausübung eines freien Mandats kommunalrechtlicher Prägung hat zwar ein großes Maß rechtlicher Unabhängigkeit zur Folge, führt aber nicht zur Freiheit von sämtlichen Pflichten und kann bei unzureichender Mandatsausübung empfindliche Sanktionen nach sich ziehen.

b) Rechtslage beim Parlamentsabgeordneten

Aus denselben Erwägungen wie beim Gemeinderat ist es auch für den Abgeordneten obligatorisch, an den Bundestagssitzungen teilzunehmen[882]. Die Pflicht

---

879 *Schröder*, S. 394.

880 *Becher*, S. 39.

881 So etwa § 34 Abs. 3 GO BW; § 38 Abs. 1 S. 2 GO Bbg.; § 33 Abs. 1 KSVG Saar., § 35 Abs. 4 GO Sachsen; die Formulierung „teilzunehmen" verbietet es, über die bloße Teilnahmepflicht eine weiter gehende Abstimmungs- oder Mitarbeitspflicht anzunehmen (so aber ohne Begründung *Wurzel*, S. 66).

882 *Achterberg*, Parlamentsrecht, § 11 I 4 (S. 261 f.); *Klein*, in: *Isensee/Kirchhof*, HdbStR II, 2. A., § 41 Rn. 22.

zur Teilnahme an der Arbeit des Parlaments und zur Anwesenheit bei den Sitzungen findet sich einfachrechtlich in § 13 Abs. 2 GO BT, wonach sich die Abgeordneten in eine Anwesenheitsliste eintragen müssen. Sofern sie gegen diese verfassungsrechtliche Mitwirkungspflicht verstoßen und sich an einem oder mehreren Sitzungstagen nicht in die Liste eingetragen haben, gelten sie als abwesend. Die Konsequenzen erschöpfen sich – anders als in einigen Kommunalverfassungen – gemäß § 13 Abs. 2 S. 3 GO BT, § 14 AbgG in der Kürzung der Kostenpauschale.

Unklar ist aber, ob es sich hierbei um eine Sanktion für fehlende Mitarbeit und unzureichende Pflichterfüllung handelt. Eine solche Interpretation würde zu dem Ergebnis führen, dass mit der Möglichkeit der Sanktionierung von Pflichtverletzungen die Inpflichtnahme der Parlamentsmitglieder ähnlich stark ausgeprägt wäre wie die der Gemeindevertreter, wenngleich die drohenden Konsequenzen nicht so schwer wiegend wären wie im Kommunalverfassungsrecht.

Teilweise wird aus dem Umstand, dass der Abgeordnete keine Dienste schuldet, sondern in verfassungsrechtlich garantierter Unabhängigkeit sein Mandat wahrnimmt, die Konsequenz gezogen, eine Sanktionierung bei Verletzung dieser Pflichten sei unzulässig[883]. In diesem Sinne wird aus dem „Diätenurteil" des Bundesverfassungsgerichts[884] gefolgert, die Obliegenheiten des Abgeordneten seien keine sanktionsbewehrten Rechtspflichten. Vielmehr stellten sie einen Reflex der Repräsentantenstellung und der von ihm wahrgenommenen parlamentarischen Aufgaben, die zugleich der Erfüllung der in der Verfassung normierten Staatsaufgaben dienten[885]. Normzweck der Kürzung der Kostenpauschale bei unentschuldigter Abwesenheit sei die finanzielle Berücksichtigung des Umstandes, dass ein abwesendes Bundestagsmitglied am Sitzungstag keine oder nur reduzierte Mehraufwendungen am Sitz des Bundestags habe[886].

Andere vertreten die Auffassung, aus der fehlenden Dienstverpflichtung folge nicht die Loslösung von allen Obliegenheiten, wozu auch die Teilnahme an den Sitzungen gehöre[887]. Durch die mögliche Kürzung der Kostenpauschale sei diese Pflicht „in gewisser Weise sanktionsbewehrt"[888].

Bei genauerer Betrachtung widersprechen sich die vertretenen Positionen im Ergebnis nicht, da die Maßnahmen der § 13 Abs. 2 GO BT, § 14 Abs. 1 AbgG jedenfalls nicht die Antwort auf die Verletzung der Anwesenheitspflicht sind. Ein Parlamentsabgeordneter mag die Kürzung der Kostenpauschale als Strafe für sein Fernbleiben empfinden. Er wird angesichts dieser Konsequenz stets be-

---

883 *Braun/Jantsch/Klante*, § 14 Rn. 6; ohne nähere Begründung *Berwanger*, S. 123.

884 BVerfGE 40, 296 ff.

885 *Stern*, Staatsrecht I, § 24 III 1.

886 *Braun/Jantsch/Klante*, § 14 Rn. 7.

887 *Klein*, in: *Isensee/Kirchhof*, HdbStR II, 2. A., § 41 Rn. 22.

888 S. 52 f.

müht sein, an den Sitzungstagen im Plenum zu erscheinen[889]. Es greift aber zu kurz, aus dieser subjektiven Kategorie die Kürzung der Kostenpauschale als Sanktion für die Verletzung der Teilnahmepflicht herzuleiten. Das freie Mandat stellt an den Abgeordneten hohe Anforderungen hinsichtlich der Ausübung seiner Tätigkeit und verpflichtet ihn zur deren verantwortungsbewussten Ausübung. Missachtet ein Parlamentarier dies, steht das nicht nur im Widerspruch zu einem Rechtsreflex aus dem Repräsentationsgedanke, sondern stellt eine Verletzung einer ihm als gewählten Volksvertreter obliegenden Pflicht dar. Das freie Mandat in der Ausprägung des Art. 38 Abs. 1 S. 2 GG erfordert nicht, die Volksvertreter von allen Verpflichtungen freizuhalten. Vielmehr folgen aus der Wahl zum Abgeordneten nicht nur Rechte, sondern auch Pflichten.

Von diesem Aspekt ist die Frage zu trennen, ob die Pflichtverletzung mit Sanktionen verknüpft sein kann. Dies ist im Regelfall zu verneinen, weil damit die Freiheit des Mandats unzumutbar beschränkt werden würde. In einem System der repräsentativen Demokratie wird von den Volksvertretern Verantwortungsbewusstsein und gewissenhafte Aufgabenerfüllung gefordert. Im Gegenzug wird ihnen ein hohes Maß an Vertrauen entgegengebracht. Es ist zur Sicherung der Unabhängigkeit der rechtlichen Stellung der Abgeordneten und zur Vermeidung von Manipulationsversuchen hinzunehmen, wenn ein Bundestagsabgeordneter die an ihn gestellten Erwartungen nicht erfüllt und seine im freien Mandat verankerten Obligationen vernachlässigt. Solche Begleiterscheinungen müssen akzeptiert werden, wenn die Sanktionierung von Pflichtverletzungen die Alternative ist. Im Übrigen liegt die ordnungsgemäße Aufgabenerfüllung auch im Interesse des Abgeordneten, da er unter gewöhnlichen Umständen nicht nur für die Dauer einer Legislaturperiode dem Parlament angehören möchte, sondern so lange, wie Wähler und Partei es zulassen[890]. Die unzureichende Ausübung der Abgeordnetentätigkeit wäre daher kein dauerhafter Zustand, da ein solcher Bundestagsabgeordneter kaum erneut von seiner Partei als Bundestagskandidat aufgestellt, geschweige denn vom Volk gewählt werden würde[891].

Unter Beachtung dieser Grundsätze kann ein Verstoß gegen die Anwesenheitspflicht während der Sitzungswochen nicht sanktionsbewehrt sein, zumal die Abgeordnetentätigkeit nicht nur aus der Teilnahme an der Arbeit des Plenums besteht, sondern auch aus Informationsgewinnung über bestimmte Themen und der Wahlkreisbetreuung[892]. Aus Gründen der Unabhängigkeit muss die Entscheidung, ob man an den Bundestagssitzungen teilnimmt oder nicht, beim Ab-

889 Diesen Gesichtspunkt hat auch *Demmler* (S. 52 f.) im Sinn, wenn er davon spricht, die Pflicht zur Teilnahme an den Parlamentssitzungen sei gewissermaßen sanktionsbewehrt.

890 BVerfGE 40, 296, 312 f.

891 So auch *Klein*, in: *Rüther*, Repräsentative oder plebiszitäre Demokratie, S. 33, 38; *Ott*, S. 264.

892 Daher bezeichnet *Hans Meyer*, in: *Schneider/Zeh*, Parlamentsrecht und Parlamentspraxis, § 4 Rn. 14 (S. 124) die Kürzung der Kostenpauschale als „rechtlich höchst fragwürdig“.

geordneten selbst verbleiben. Die Kürzung der Kostenpauschale ist deshalb keine Sanktion für die Verletzung der Anwesenheitspflicht, sondern lediglich Reaktion darauf, dass ein während der Sitzungszeit abwesender Abgeordneter Aufwendungen erspart, die wieder abgeschöpft werden sollen[893].

Dem steht auch nicht entgegen, dass es sich bei der Abgeordnetendiät entgegen der überkommenen Ansicht nicht um eine Aufwandsentschädigung handelt[894], sondern um ein die Existenz sicherndes Einkommen[895]. Auch nach dem „Diätenurteil" des Bundesverfassungsgerichts sind Entschädigungen für besondere mandatsbedingte Mehraufwendungen denkbar[896]. Genau darum handelt es sich bei der Kostenpauschale, da sie gemäß § 12 Abs. 2 Nr. 2 AbgG der Deckung der Mehraufwendungen am Sitz des Deutschen Bundestags dient und von den Diäten zu trennen ist.

Deshalb besteht zwischen den beiden Ansichten jedenfalls darin Einigkeit, dass die Kürzung der Kostenpauschale keine Sanktion darstellt, da es sich bei der geforderten Anwesenheit nicht um eine Rechtspflicht handelt bzw. die Kürzung keine – unzulässige – Reaktion auf die Verletzung dieser Pflicht ist[897].

c) Ergebnis

Es folgt sowohl aus dem freien Mandat der kommunalen Volksvertreter als auch aus dem der Abgeordneten die Rechtspflicht zur Teilnahme an Sitzungen der Vertretungskörperschaft. Die Bundestagsmitglieder werden aus denselben Gründen in die Pflicht genommen wie die Ratsvertreter auf kommunaler Ebene[898].

Ungeachtet hiervon ergeben sich Unterschiede bei der Frage, welche Konsequenzen ein Verstoß gegen diese Pflicht nach sich zieht. Während die Parlamen-

---

893 Unklar ist deshalb, aus welchem Grund bei Abwesenheit an einem Sitzungstag lediglich 50 Euro, an einem Plenarsitzungstag 100 Euro einbehalten werden, der Betrag bei Krankenhausaufenthalten bei 20 Euro liegt und während der Mutterschutzfristen und der Betreuung kranker Kinder gar keine Kürzung der Kostenpauschale erfolgt; kritisch auch *Braun/Jantsch/Klante*, § 14 Rn. 6 (Fn. 13).

894 So *Becher*, S. 38.

895 BVerfGE 40, 296, 328.

896 *Achterberg*, Parlamentsrecht, § 11 I 5 a (S. 266).

897 Aus diesem Grund ist es unzutreffend, wenn *Braun/Jantsch/Klante*, § 14 Rn. 6 (Fn. 12) behaupten, *Klein*, in: *Isensee/Kirchhof*, HdbStR II, 2. A., § 41 Rn. 22, vertrete wohl die Ansicht, die Kürzung der Kostenpauschale sei eine Sanktion für fehlende Mitarbeit. Vielmehr heißt es dort wörtlich: „Jedoch sind seine Pflichten nicht mit rechtlichen Sanktionen bewehrt."

898 So auch *Ott*, S. 248. In Bayern besteht an diesem Punkt ein beachtlicher Unterschied, da für die Ratsmitglieder ein Stimmenthaltungsverbot vorgesehen ist, das im Parlamentsrecht mit der zur Sicherung des freien Mandats erforderlichen Unabhängigkeit unvereinbar wäre. Dieser Aspekt ist jedoch nicht verallgemeinerungsfähig, da er sich auf Bayern beschränkt (zum Stimmenthaltungsverbot in Bayern vgl. *Heilmann*, BayVBl. 1984, S. 196 ff. sowie die Erwiderung von *Hien*, BayVBl. 1984, S. 203 ff.).

tarier – abgesehen von der Kürzung der Kostenpauschale, die aber nicht wegen der Pflichtverletzung erfolgt – keine unmittelbaren Sanktionen fürchten müssen, drohen unentschuldigt fehlenden Gemeinderatsmitgliedern in einigen Bundesländern einschneidende Maßnahmen, die von der Verhängung eines Ordnungsgeldes bis hin zum Mandatsverlust reichen. Deshalb garantiert das freie Mandat der Gemeinderäte keine so ausgeprägte Unabhängigkeit wie jenes des Bundestagsabgeordneten, wenn es um die Pflicht zur Teilnahme an Sitzungen der Vertretungskörperschaft geht. In diesem Punkt offenbart sich, dass das freie Mandat im Kommunalrecht ein höheres Maß an Pflichtgebundenheit mit sich bringt.

3. Rede- und Antragsrecht des einzelnen Volksvertreters

Ein grundlegendes, im Grundgesetz nicht ausdrücklich erwähntes Element des freien Mandats ist die Befugnis des Volksvertreters, zu den im Plenum behandelten Themen Stellung nehmen zu dürfen, einen Beitrag zur Beschlussfassung zu leisten und diese möglicherweise maßgeblich zu prägen[899]. Das Bundesverfassungsgericht bezeichnet das parlamentarische Rederecht als im demokratischen System unentbehrliche Komponente zur Wahrnehmung der parlamentarischen Aufgaben, die den Status des Abgeordneten wesentlich mitbestimme und unmittelbar der Erfüllung der verfassungsrechtlich normierten Staatsaufgaben diene[900]. Damit ist hauptsächlich die Funktion der Volksvertretung als zentrales Willensbildungs- und Entscheidungsfindungsorgan angesprochen.

a) Parlamentsrechtliche Beurteilung

Das Rederecht des Parlamentsabgeordneten gehört zu den aus Art. 38 Abs. 1 S. 2 GG abzuleitenden verfassungsmäßigen Rechten[901]. Dabei umfasst es das Antragsrecht als Folge und notwendigen Bestandteil, da im Antrag das Rederecht gebündelt und auf den wesentlichen Kernpunkt konzentriert wird[902].

Ein Parlament ohne durch Rede und Gegenrede geprägte Debatten kann nicht als solches bezeichnet werden. Zur Sicherung der Artikulations- und Willensbildungsfunktion ist das Rederecht der Abgeordneten zwingend erforderlich, weshalb es dem Abgeordneten im Kern nicht entzogen werden darf[903]. Allerdings besteht angesichts der exponierten willensbildenden Funktion der Fraktionen die Möglichkeit, ihnen die Redezeit im Plenum gemäß den bestehenden Mehrheitsverhältnissen zuzuweisen. Das ist ungeachtet des Umstands zulässig, dass damit

---

899 *Vonderbeck*, ZParl. 1983, S. 311, 314.

900 BVerfGE 60, 374, 380; 80, 188, 218; BayVerfGH, NVwZ-RR 1998, S. 409.

901 BVerfGE 96, 264, 284; *Achterberg*, JuS 1983, S. 840, 843.

902 BVerfGE 80, 188, 224, VerfGH NW, NVwZ-RR 2000, S. 265, 266.

903 *Morlok*, in: *Dreier*, GG-Kommentar II, Art. 38 Rn. 144, 148; *Besch*, in: *Schneider/Zeh*, Parlamentsrecht und Parlamentspraxis, § 33 Rn. 10

das Rederecht des Parlamentsmitglieds beschnitten wird. Es steht einfach nicht unbegrenzt Zeit zur Verfügung, um jedem Mandatsträger das Wort erteilen zu können[904]. Damit wird einem anderen Elementarprinzip Rechung getragen, nämlich der Erhaltung der Funktions- und Arbeitsfähigkeit des Parlaments. Außerdem wird so der Gefahr des Missbrauchs des Rederechts durch extensive Ausübung entgegengewirkt. Es ist also eine Abwägung zwischen der Bedeutung des Rederechts und dem Interesse an einem funktionierenden Parlament vorzunehmen.

Eine verfassungsrechtliche Grenze finden die einschränkenden Maßnahmen am eben beschriebenen Charakter des Parlaments als Forum für Rede und Gegenrede. Wenn dieser in Frage gestellt wird, stellt sich ein grundsätzlich zulässiges Mittel zur Aufrechterhaltung der Arbeits- und Funktionsfähigkeit als missbräuchlich dar[905].

b) Gemeinderat

Die für die Zuerkennung des Rederechts maßgeblichen Faktoren – Willensbildungs- und Entscheidungsfindungsfunktion – kommen aufgrund ihrer unmittelbaren demokratischen Legitimation auch den kommunalen Volksvertretungen zu. Der Gemeinderat hat die Aufgabe, divergierende Ansichten der Mandatsträger durch Rede und Gegenrede und der abschließenden Abstimmung zu einem einheitlichen Willen der Gemeinde zusammenzufassen[906]. Dementsprechend wirken auch auf lokaler Ebene die Gemeinderatsmitglieder durch die Ausübung des organschaftlichen Rederechts an der Willensbildung und Entscheidungsfindung mit. Das Rederecht stellt ebenfalls eine wesentliche Befugnis der kommunalen Volksvertreter dar und enthält als Folge und notwendigen Bestandteil das uneingeschränkte Recht jedes Mitglieds, Sach- und Geschäftsordnungsanträge zu stellen[907].

Übereinstimmend zur parlamentsrechtlichen Situation besteht die Möglichkeit, den Anteil an der Gesamtredezeit von den Mandatsträgern auf die Fraktionen zu übertragen und das Rederecht des Einzelnen in der Geschäftsordnung zeitlich zu begrenzen[908]. Dahinter steht wie im Parlamentsrecht die faktische Notwendigkeit, auf die Begrenztheit der vorhandenen Arbeitszeit bei einer Vielzahl von Volksvertretern zu reagieren. Das gilt im Kommunalrecht ungeachtet der zumeist niedrigeren Zahl der Volksvertreter noch stärker als im Parlamentsrecht. Aufgrund der Ehrenamtlichkeit der Tätigkeit der Gemeinderatsmitglieder sind

---

904 BayVerfGH, NVwZ-RR 1998, S. 409, 410.

905 BVerfGE 10, 4, 13.

906 BVerwG, DVBl. 1988, S. 792, 793.

907 *Buhren*, LVK 1992, S. 315; *Rothe*, DÖV 1990, S. 736, 738.

908 VGH BW, VBlBW 1994, S. 99, 100; BVerwG, DVBl. 1988, S. 792, 793; *Buhren*, LKV 1992, S. 315; *Rothe*, DÖV 1990, S. 736, 739.

ihrer zeitlichen Beanspruchung im Plenum und den Ausschüssen engere Grenzen gesetzt als der der Parlamentsabgeordneten[909]. Unter Beachtung dieser gemeinderechtlichen Besonderheit gilt dann wie im Parlamentsrecht, dass die Beschränkung nicht über das hinausgehen darf, was für die Sicherung des Arbeitsablaufs im Gemeinderat unbedingt erforderlich ist[910].

c) Ergebnis

Beim Rede- und Antragsrecht bestehen keinerlei Unterschiede zwischen der Rechtsstellung des Bundestagsabgeordneten und des Gemeindevertreters. Dies liegt an der von beiden Kollegialorganen wahrzunehmenden Willensbildungs- und Entscheidungsfindungsfunktion, die eine öffentliche Diskussion durch Rede und Gegenrede unerlässlich macht. Hierin zeigt sich deshalb auch eine bedeutsame Gemeinsamkeit in der Ausgestaltung des freien Mandats, das in diesem Punkt völlig identisch ist. Dies wird insbesondere dadurch deutlich, dass die zum Parlamentsrecht entwickelten Grundsätze zum Rede- und Antragsrecht von den Verwaltungsgerichten ausdrücklich zur Beurteilung der kommunalen Rechtslage herangezogen werden[911].

Ein weiterer interessanter Zwischenbefund liegt in der Rolle der Fraktionen für die Willensbildung der Mandatsträger[912]. Die Möglichkeit, die zur Verfügung stehende Redezeit auch in den Gemeinden anteilig auf die Fraktionen zu verteilen, ist ein Indikator für die zunehmende Bedeutung der Parteien und die fortschreitende Politisierung der Ortsstufe.

4. Mitwirkungsverbote

Eine nähere Untersuchung der Beschneidung der Teilnahmebefugnisse durch Mitwirkungsverbote ist erforderlich, da auch dieser Gesichtspunkt aufgrund der damit verbundenen Pflichtenstellung als Argument gegen eine parlamentsrechtsähnliche Ausgestaltung des freien Mandats der Gemeinderäte dient[913].

---

909 VGH BW, VBlBW 1994, S. 99, 100; HessVGH, DVBl. 1978, S. 821, 823; *Schulze*, in: *Hammerbacher*, Handbuch Kommunale Politik, I/A 3.1, S. 1, 4.

910 VGH BW, VBlBW 1994, S. 99, 100.

911 Vgl. OVG Nds., DVBl. 1990, S. 159; HessVGH, DVBl. 1978, S. 821, 823.

912 Auf das Fraktionsbildungsrecht wird noch genauer eingegangen, s. unten S. 199 ff.

913 LG Krefeld, NJW 1994, S. 2036, 2037.

a) Kommunalrechtliche Untersuchung

aa) Hintergrund der Regelung

Sämtliche Gemeindeordnungen der Flächenländer in der Bundesrepublik enthalten Mitwirkungsverbote für die Gemeinderatsmitglieder bei drohenden Interessenkollisionen[914]. Genau wie die Inkompatibilitätsvorschriften dienen sie der Vermeidung von Konflikten, die auf einer persönlichen oder sachlichen Beziehung zum Beratungsgegenstand und zur Beschlussfassung beruhen.

Zugleich soll es den Ratsmitgliedern ermöglicht werden, ihre Tätigkeit ausschließlich nach den gesetzlichen Vorgaben und ihrem am Gemeinwohl orientierten Gewissen auszuüben[915]. Die Inkompatibilitätsvorschriften greifen bei generellen und globalen Unvereinbarkeiten bereits vor Annahme des Mandats. Dagegen gewährleisten Befangenheitsvorschriften die „Sauberkeit" der Gemeinderatsentscheidung[916] bei konkreten und individualisierbaren Interessenkonflikten. Diese können die Unparteilichkeit des Gemeinderats in Frage stellen und bei jedem Mitglied der Vertretungskörperschaft auftreten, ohne einen völligen Ausschluss von der Tätigkeit als Volksvertreter zu rechtfertigen.

bb) Verfassungsrechtliche Bedenken

Verfassungsrechtliche Probleme bringen die Befangenheitsnormen deshalb mit sich, weil dem Interesse der örtlichen Gemeinschaft an der Unvoreingenommenheit und Neutralität der Entscheidungen das freie Mandat der Ratsmitglieder gegenübersteht, das eine möglichst umfangreiche und vollständige Beteiligung an sämtlichen Gemeinderatsentscheidungen erfordert. Durch den Ausschluss bestimmter Gemeinderatsmitglieder von der Entscheidungsfindung liegt eine Ungleichbehandlung gegenüber den Mitgliedern der Vertretungskörperschaft vor, die von ihrem Mitwirkungsrecht Gebrauch machen können. Außerdem ist es denkbar, mit dem Ausschluss eines Volksvertreters von bestimmten Entscheidungen die durch die Wahl geschaffenen Mehrheitsverhältnisse zu verzerren und damit das Repräsentationsprinzip zu verletzen oder bei mehreren betroffenen Personen sogar die Beschlussfähigkeit des Kollegialorgans aufs Spiel zu setzen. Diese Gefahr besteht vor allem bei der Entscheidung über den Erlass eines Bebauungsplans.

---

914 § 18 GO BW; Art. 49 BayGO; § 28 GO Bbg.; § 25 HGO; § 24 KV MV; § 26 NGO; § 31 GO NW; § 22 GO RP; § 27 a KSVG Saar.; § 20 GO Sachsen; § 31 GO SA; § 22 GO SH; § 38 ThürKO.

915 OVG RP, NVwZ-RR 2000, S. 103, 104; VHG BW, NVwZ-RR 1995, S. 154, 155; *Gern*, Deutsches Kommunalrecht, Rn. 510 m.w.N.

916 *Schäfer*, VBlBW 2003, S. 271, 272.

Wie bereits bei der Darstellung der inhaltlichen Gestaltung der Statusrechte der gemeindlichen Volksvertreter herausgearbeitet wurde, können die verfassungsrechtlichen Garantien des Demokratie- und Repräsentationsprinzips modifiziert und eingeschränkt werden, sofern Besonderheiten des Kommunalrechts dies erfordern und der Kernbereich der verfassungsrechtlichen Vorgaben nicht verletzt wird[917]. Die kommunale Vertretungskörperschaft nimmt auch Aufgaben der Verwaltung wahr, da sich ihre Tätigkeit nicht im Satzungserlass erschöpft. Bei der Wahrnehmung von reinen Exekutivaufgaben sind aber der Rat und seine Mitglieder zur Neutralität verpflichtet. Damit lässt sich eine Mitwirkung möglicherweise voreingenommener Personen schwerlich vereinbaren. Dies ergibt sich auch aus dem verwaltungsrechtlichen Rechtsgrundsatz, dass niemand in eigener Sache entscheiden soll[918].

Auch bei der rechtsetzenden Tätigkeit des Gemeinderats besteht wegen der räumlichen Begrenztheit der Befassungskompetenz des Rats für die Mitglieder eine gegenüber Abgeordneten wesentlich höhere Wahrscheinlichkeit, einen persönlichen Bezug zur Entscheidung aufzuweisen. Die Strukturen der örtlichen Gemeinschaft ermöglichen es eher, persönliche Vorteile anzustreben statt dem öffentlichen Interesse zu dienen. Die Vermeidung dieser spezifisch kommunalrechtlichen Gefahren, die einem anderen zu beachtenden Verfassungsgrundsatz, nämlich dem Rechtsstaatsprinzip, zuwider laufen, rechtfertigt eine Einschränkung der aus dem freien Mandat folgenden Mitwirkungsbefugnisse.

Auch die Berufung auf eine Verfälschung der Mehrheitsverhältnisse im Rat und der damit verbundenen Verletzung des Demokratie- und Repräsentationsprinzips führt nicht zu verfassungsrechtlichen Bedenken. Die Umsetzung der von den Wählern geschaffenen Mehrheitsverhältnisse ist gerade dann nicht gewährleistet, wenn das Gemeinderatsmitglied sich nicht von seinem Gewissen leiten lässt, sondern von persönlichen Interessen. Das Repräsentationsprinzip, das die Vertretung des gesamten Volkes zum Inhalt hat, kommt nicht zur Geltung, wenn die betroffene Person nicht die Interessen der Allgemeinheit verfolgt, sondern ihre eigenen oder die naher Angehöriger.

Im Übrigen ist ein repräsentativdemokratisches System nur funktionsfähig, wenn die Wähler bei der Verleihung demokratischer Legitimation den Volksvertretern vertrauen können. Mit dem Ausschluss befangener Gemeinderatsmitglieder wird dieses Vertrauen gestärkt, dem Ansehensverlust des Rats entgegengewirkt und der Rechtssicherheit gedient[919].

Überdies fehlt es an einem allgemeinen Grundsatz, wonach die politischen Mehrheitsverhältnisse unbedingt gewahrt bleiben müssen. Andernfalls wären auch Fraktionswechsel während der Legislaturperiode unzulässig[920].

---

917 Oben S. 154 ff.

918 *Waechter*, Rn. 352.

919 *Waechter*, Rn. 352; *Glage*, S. 74.

920 BremStGH, NJW 1977, S. 2307, 2308.

An der Verfassungsmäßigkeit der Befangenheitsvorschriften bestehen keine Zweifel. Daraus lässt sich aber nicht die Schlussfolgerung ziehen, extensive Einschränkungen des freien Mandats aufgrund von Interessenkonflikten seien zulässig. Vielmehr müssen bei Auslegung und Anwendung der Befangenheitsvorschriften die im Spannungsfeld stehenden Ziele, die Sauberkeit der Entscheidungen unter Wahrung weitgehender Mitwirkungsbefugnisse zu erreichen, zur jeweils größtmöglichen Wirksamkeit gebracht werden[921].

cc) Tatbestandsvoraussetzungen

α) Befangenheitsauslösende Konstellationen und deren Konsequenzen

Die befangenheitsauslösenden Gründe in den Kommunalverfassungen lassen sich in zwei Gruppen einteilen: in persönlich-verwandtschaftliche und in wirtschaftliche.

Ein Mitwirkungsverbot aufgrund persönlich-verwandtschaftlicher Verflechtungen ergibt sich dann, wenn für das Gemeinderatsmitglied selbst oder eine andere eng mit ihm verbundene Person durch die vom Rat zu entscheidende Angelegenheit ein unmittelbarer Vor- oder Nachteil eintreten kann. Zumeist gehören in den Gemeindeordnungen der Ehegatte sowie Verwandte bis zum dritten und Verschwägerte bis zum zweiten Grad zu den Angehörigen. Es kommt in allen Kommunalordnungen auch dann zum Ausschluss, wenn die von der Entscheidung unmittelbar betroffene Person von einem Ratsmitglied kraft Gesetz oder Vollmacht vertreten wird. Ein weiterer zu den persönlichen Gründen zu zählender Sachverhalt, der lediglich in Baden-Württemberg, Niedersachsen und Sachsen nicht zu einem Mitwirkungsverbot führt, ist die nicht in amtlicher Tätigkeit vorgenommene Gutachtertätigkeit in der zu beratenden Angelegenheit. Hier ist eine unvoreingenommene Entscheidung, die eventuell konträr zur zuvor abgegebenen Ansicht ausfällt, kaum denkbar.

Aus wirtschaftlichen Gründen greift in allen Bundesländern ein Mitwirkungsverbot ein, wenn das Gemeinderatsmitglied Vertreter einer juristischen Person ist, die durch die Entscheidung unmittelbar bevor- oder benachteiligt werden kann. Mit Ausnahme von Bayern, Mecklenburg-Vorpommern und Thüringen löst die entgeltliche Beschäftigung bei einer natürlichen oder juristischen Person die Befangenheit aus, sofern der Arbeitgeber ein persönliches oder wirtschaftliches Interesse an der Angelegenheit hat und dadurch ein Interessenwiderstreit in der Person des Gemeinderats nicht ausgeschlossen werden kann. Gleiches gilt, abgesehen von Bayern, Mecklenburg-Vorpommern, Niedersachsen und Thüringen, wenn man an einer Gesellschaft beteiligt ist oder bei dieser eine Organstellung innehat.

---

921 So auch *Wengenroth*, S. 160.

Damit die Befangenheitsvorschriften wirksam angewendet werden können, besteht für die Gemeinderatsmitglieder die Pflicht, der zuständigen Stelle die Tatsachen mitzuteilen, die möglicherweise ein Mitwirkungsverbot nach sich ziehen[922]. Sollte der Rat die Befangenheit bejahen, muss die betroffene Person die Sitzung verlassen. Dazu genügt es nicht, lediglich mit dem Stuhl etwas vom Sitzungstisch abzurücken[923]. In Brandenburg, Niedersachsen, Mecklenburg-Vorpommern, Nordrhein-Westfalen, Rheinland Pfalz, Sachsen und Sachsen-Anhalt[924] ist für diesen Fall gesetzlich bestimmt, dass ein Verweilen im Zuschauerraum zulässig ist. Gleiches gilt für die Länder Baden-Württemberg und Thüringen. Das ergibt sich für Baden-Württemberg daraus, dass entgegen der früheren Fassung des § 18 Abs. 5 GO BW nicht mehr der *Sitzungssaal*, sondern die *Sitzung* verlassen werden muss[925]. In Thüringen ordnet § 38 Abs. 1 S. 2 ThürKO an, dass ein befangenes Gemeinderatsmitglied bei nicht öffentlichen Sitzungen den Sitzungsraum verlassen muss. Im Umkehrschluss folgt daraus bei öffentlichen Sitzungen das Recht, im Zuschauerbereich verbleiben zu dürfen.

In den anderen Kommunalverfassungen ist es umstritten, ob sich ein befangenes Ratsmitglied dort aufhalten kann. Dagegen spricht die Möglichkeit, die Entscheidung anderer Ratsmitglieder allein durch die physische Anwesenheit im Saal zu beeinflussen, da die anderen Volksvertreter die Interessen des befangenen Kollegen kennen und wissen, dass er den Sitzungs- und Abstimmungsverlauf verfolgt[926]. Auf der anderen Seite kann von Gemeinderatsmitgliedern erwartet und verlangt werden, dass sie dem Druck standhalten und ihre eigene Ansicht vertreten. Zudem verliert der Ratsvertreter mit dem Ausschluss von Beratung und Abstimmung nicht das Recht, sich wie ein gewöhnlicher Bürger über die Tätigkeit des Rats zu informieren und als Zuschauer an den Gemeinderatssitzungen teilzunehmen. Eine Schlechterstellung gegenüber anderen Bürgern kann durch die als gering einzuschätzende Beeinflussungsmöglichkeit nicht gerechtfertigt werden. Daher ist der befangene Gemeinderat auch in den Ländern ohne ausdrückliche Regelung berechtigt, bei einer öffentlichen Sitzung als Zuschauer im Saal zu verbleiben[927].

---

922 § 18 Abs. 4 S. 1 GO BW; § 28 Abs. 4 S. 1 GO Bbg.; § 25 Abs. 4 S. 1 HGO; § 24 Abs. 3 S. 1 KV MV; § 26 Abs. 4 S. 1 NGO; § 31 Abs. 4 S. 1 1. Hs. GO NW; § 22 Abs. 4 S. 1 GO RP; § 20 Abs. 3 S. 1 GO Sachsen; § 31 Abs. 4 S. 1 GO SA; § 22 Abs. 4 S. 1 GO SH; § 38 Abs. 3 S. 1 ThürKO.

923 VGH BW, NVwZ-RR 1995, S. 154, 155.

924 § 28 Abs. 4 S. 2 GO Bbg.; § 24 Abs. 3 S. 1 2. Hs. KV MV; § 26 Abs. 5 S. 2 NGO; § 31 Abs. 4 S. 1 2. Hs. GO NW; § 22 Abs. 3 GO RP; § 22 Abs. 4 S. 2 GO Sachsen; § 31 Abs. 5 S. 2 GO SA.

925 *Wengenroth*, S. 162.

926 Ebenso *v. Arnim*, JA 1986, S. 1, 5.

927 VGH BW, NVwZ-RR 1995, S. 154, 155; *v. Arnim*, JA 1986, S. 1, 5.

β) Unmittelbarer Vor- oder Nachteil

Unter einem Vor- oder Nachteil versteht man unabhängig vom konkreten Ausmaß nicht nur jede materielle, sondern auch jede immaterielle oder persönliche Besser- oder Schlechterstellung, die geeignet ist, die Objektivität der Entscheidungsfindung zu beeinflussen[928]. Nach einhelliger Ansicht muss der Sondervorteil oder -nachteil nicht tatsächlich eintreten. Es genügt, wenn dafür nach gegebener Sachlage die konkrete Möglichkeit besteht[929]. Dieses weite Verständnis dient dem Anliegen, bei einem objektiven Beobachter gar nicht erst den bösen Schein von Interessenkonflikten entstehen zu lassen[930].

Zentraler und zugleich umstrittenster Punkt der Befangenheitsvorschriften ist der Begriff der Unmittelbarkeit des Vor- bzw. Nachteils, den alle Gemeindeordnungen außer der von Sachsen-Anhalt verwenden[931]. Die in diesem Bereich vorherrschende Rechtsunsicherheit kann nicht verwundern, da die Verwendung des Terminus „unmittelbar" regelmäßig Unklarheiten nach sich zieht[932].

Wegen der großen Bedeutung dieses Tatbestandsmerkmals muss sich in der Interpretation das verfassungsrechtliche Gebot widerspiegeln, die Befangenheitsregelungen in einem solchen Maße anzuwenden, dass die Gemeinwohlbezogenheit der Entscheidungen gewährleistet ist und zugleich keine unverhältnismäßigen Einschränkungen der Mandatsausübung vorgenommen werden. Wenn man das Unmittelbarkeitskriterium zu weit auslegt, werden gewählte Volksvertreter ohne zwingende Notwendigkeit von der Ausübung ihres freien Mandats ausgeschlossen, möglicherweise die vom Wähler bestimmten Mehrheitsverhältnisse verfälscht und die Beschlussfähigkeit des Rats gefährdet. Eine besondere Relevanz gewinnt dieser Aspekt dadurch, dass Befangenheitsprobleme zumeist bei wichtigen Entscheidungen wie dem Erlass von Satzungen auftreten, bei denen eine fehlerhafte Anwendung der Mitwirkungsverbote gegebenenfalls zur Nichtigkeit der Satzung führt[933]. Bei einer zu restriktiven Interpretation besteht dagegen das Risiko der Mitwirkung von Personen an Entscheidungen, bei denen sie im Interesse eines transparenten und „sauberen" Gemeinderats, der Stärkung des Vertrauens der Bürger in die Vertretungskörperschaft und zum ei-

---

928 OVG RP, NVwZ-RR 2000, S. 103, 104; *Hubert Meyer*, Kommunalrecht, Rn. 346 f.; *Pfab*, JURA 1999, S. 625, 626.

929 VGH BW, NVwZ-RR 1997, S. 183.

930 OVG RP, NVwZ-RR 2000, S. 103, 104; *Schäfer*, VBlBW 2003, S. 271, 272.

931 Dort ist der Terminus „unmittelbarer Vorteil" durch die Formulierung „besonderer Vorteil" ersetzt.

932 Dazu *Weyers*, JZ 1991, S. 999 ff. In diesem Aufsatz wird der Rechtsbegriff der „Unmittelbarkeit" sehr plakativ als „alter Bekannter" bezeichnet, bei dem man lieber „auf die andere Straßenseite" geht, wenn er einem begegnet.

933 *Hassel*, DVBl. 1988, S. 711, 713; zu den Rechtsfolgen sogleich unten S. 191 ff.

genen Schutz nicht partizipieren sollten. Zur Lösung dieses Wertungsproblems werden drei Ansätze vertreten.

Vertreter der formal-kausalen Theorie[934] folgern aus dem Wortlaut „unmittelbar“, dass es zur Beurteilung der Befangenheit darauf ankommt, ob sich für die betroffene Person bereits durch die Gemeinderatsentscheidung ein Vor- oder Nachteil im Sinne einer direkten Kausalität ergeben kann. Bei Entscheidungen, die noch weiterer Vollzugsakte bedürfen, besteht kein Mitwirkungsverbot. Gestützt wird diese Auffassung zum einen auf den Wortlaut der einschlägigen Vorschriften[935]. Ein unmittelbarer Vorteil sei gleichbedeutend mit einem direkten Vorteil und dann gegeben, wenn die Gemeinderatsentscheidung die betroffene Person ohne Umsetzungsakt tangiere. Zum anderen gewährleiste diese Theorie ein hohes Maß an Rechtssicherheit, da das Befangenheitsurteil frei von Wertungen gebildet werden könne.

Die von *Hassel* entwickelte modifizierte formal-kausale Theorie orientiert sich aus Gründen der Rechtssicherheit und der Formulierung an der formalen Theorie und lehnt eine normative Betrachtungsweise als zu unverbindlich und vom Wortlaut nicht gedeckt ab[936]. Um unbefriedigende Ergebnisse zu vermeiden, die eine rein formal-kausale Betrachtungsweise mit sich bringen kann, wird das Kriterium der Unmittelbarkeit modifiziert. Die Begünstigung oder Benachteiligung muss nicht zwingend aus dem Gemeinderatsbeschluss selbst ergeben. Zur Bejahung der Unmittelbarkeit soll es ausreichen, wenn der zum Eintritt des Vor- oder Nachteils erforderliche Umsetzungsakt des Beschlusses zwangsläufig erfolgen wird, also insbesondere dann, wenn dem Bürgermeister bei der Ausführung des Beschlusses kein Ermessen eingeräumt ist oder eine Ermessensreduktion auf Null vorliegt[937]. Entsprechendes gilt, wenn es zur Umsetzung des Beschlusses mehrerer zwangsläufig zu erwartender Ereignisse bedarf[938].

Vertreter der normativen Theorie lehnen den formalen Ansatzpunkt als den Einzelfall nicht hinreichend berücksichtigend ab und bevorzugen eine flexiblere, individuellere Lösung. Das Merkmal der Unmittelbarkeit wird nicht in einem kausalen Sinne verstanden. Vielmehr soll ein unmittelbarer Vor- oder Nachteil nach Auffassung einiger die normative Theorie vertretender Autoren dann vorliegen, wenn der betroffene Gemeinderat ein individuelles Sonderinteresse am Verhandlungsgegenstand hat[939]. Als systematisches Argument für diese Auffassung wird die in fast allen Gemeindeordnungen enthaltene Ausnahme für das

934 HessVGH, NVwZ 1982, S. 44, 45; VGH BW, DVBl. 1966, S. 827; *Theisen/Klein*, VR 1977, S. 316, 317.

935 *Hassel*, DVBl. 1988, S. 711, 714.

936 *Hassel*, DVBl. 1988, S. 711, 715 f.

937 *Weißhaar/Ihnen*, S. 114; so auch *Reichert/Baumann*, Rn. 225.

938 *Hassel*, DVBl. 1988, S. 711, 715 (Fn. 42).

939 OVG RP, NVwZ-RR 2000, S. 103, 104; VGH BW, DÖV 1993, S. 1098, 1099; VGH BW, VBlBW 1987, S. 24, 25; OVG Nds., NVwZ 1982, S. 44.

Eingreifen des Mitwirkungsverbots angeführt, nämlich die Zugehörigkeit zu einer bestimmten Bevölkerungs- oder Berufsgruppe[940]. Mit der unbedenklichen Verfolgung dieser Gruppeninteressen hätten die Landesgesetzgeber ein Gegenstück zu jenen Interessen geschaffen, die ein Mitwirkungsverbot auslösten. Außerdem könne man die Frage nach einem unmittelbaren Vor- oder Nachteil nicht abstrakt, sondern nur durch eine einzelfallbezogenen Wertung beantworten[941].

In der Tat ist in Nordrhein-Westfalen die Unmittelbarkeit gemäß § 31 Abs. 1 S. 2 GO NW zu bejahen, wenn die Entscheidung die betroffene Person direkt berührt. Dies scheint eine Auslegung im Sinne der formal-kausalen Theorie nahe zu legen. Auch kann man eine kalkulierbare und damit der Rechtssicherheit dienende Aussage darüber treffen, ob ein Vor- oder Nachteil allein durch die Gemeinderatsentscheidung eintreten kann. Diese Praktikabilitätserwägung, die dem Kollegialorgan die Entscheidung über das Eingreifen eines Mitwirkungsverbots wesentlich erleichtert, ist sicherlich der größte Vorteil dieser Theorie[942].

Allerdings spricht der Wortlaut keinesfalls zwingend dafür, die Unmittelbarkeit des möglichen Vor- oder Nachteils auf die Gemeinderatsentscheidung zu beziehen. Man kann dieses Tatbestandsmerkmal so verstehen, dass die Unmittelbarkeit nicht entscheidungs-, sondern personenbezogen bestimmt werden muss. Dann ist auch die in Nordrhein-Westfalen erfolgte Umschreibung des Wortes „unmittelbar" mit „direkt" keine Stütze der formal-kausalen Theorie mehr. Es wird lediglich ein bedeutungsschwacher Begriff durch einen anderen ersetzt, der ebenso in einem die individuellen Interessen der betroffenen Person berücksichtigenden Sinne verstanden werden kann. In Sachsen-Anhalt spricht der Gesetzeswortlaut eine eindeutigere Sprache zugunsten eines normativen Verständnisses, da ein „besonderer" Vor- oder Nachteil keine Unmittelbarkeit impliziert[943].

Für einzelfallbezogene Deutung des Unmittelbarkeitskriteriums spricht auch der historische Vorgänger der heutigen Befangenheitsvorschriften aus dem Jahre 1935. Gemäß § 25 Abs. 1 Nr. 2 DGO[944] ist die Unmittelbarkeit des Vor- oder Nachteils im Sinne von § 25 Abs. 1 S. 1 DGO dann zu bejahen, wenn die betroffene Person gegen Entgelt bei jemand beschäftigt ist, der an der Erledigung der Angelegenheit ein persönliches oder wirtschaftliches Sonderinteresse hat. Damit

---

940 *Hidien*, VR 1983, S. 128, 129.

941 VGH BW, NVwZ-RR 1997, S. 183; VGH BW, VBlBW 1987, S. 24, 25; *Schwerdtner*, VBlBW 1999, S. 81; andere möchten zur Bestimmung der Unmittelbarkeit fragen, welchen Eindruck es auf die Gemeindeeinwohner macht, wenn der betroffene Volksvertreter an der Entscheidungsfindung beteiligt ist. Maßstab für diese Betrachtung soll der objektive Empfängerhorizont des Bürgers sein (OVG RP, NVwZ-RR 2000, S. 103, 104; *Wiegand/Grimberg*, § 31 Rn. 2).

942 *Hassel*, DVBl. 1988, S. 711, 715.

943 In diesem Sinne *v. Arnim*, JA 1986, S. 1, 3 zur damaligen Rechtslage in Niedersachsen, wo früher wie jetzt in Sachsen-Anhalt von einem „besonderen Vorteil" die Rede war.

944 RGBl. 1935 I, S. 49.

legt diese Norm, die Vorbild für die heutigen Mitwirkungsverbote ist, eine interessenbezogene Interpretation der Unmittelbarkeit nahe[945].

Gleichwohl wird nicht verkannt, dass das historische Argument nur eine schwache Aussagekraft hat, zumal sich in den heutigen Fassungen der Gemeindeordnungen der Wortlaut in diesem entscheidenden Punkt geändert hat. Hätten die Landesgesetzgeber nahtlos an die Vorgängernorm anknüpfen wollen, hätte dieses Anliegen in der Formulierung stärker zum Ausdruck gebracht werden müssen. Es lässt sich auch nicht abstreiten, dass ein formal-kausales Verständnis der Unmittelbarkeit zu einem hohen Maße an Rechtssicherheit führt[946]. Angesichts der gravierenden Folgen, die durch die Mitwirkung eines befangenen Ratsvertreters bzw. den unberechtigten Ausschluss eintreten können, ist dieser Aspekt hoch einzuschätzen. Außerdem führt ein formales Verständnis des Unmittelbarkeitsprinzips zu einer restriktiven Anwendung der Mitwirkungsverbote, da ein Vor- oder Nachteil in den seltensten Fällen unmittelbar durch den Ratsbeschluss eintreten kann. Damit wird die Ausübung des freien Mandats kaum beschnitten, dem Demokratie- und Repräsentationsprinzip zu weitgehender Wirksamkeit verholfen und die Funktionsfähigkeit des Rats gewährleistet, ohne die Mehrheitsverhältnisse zu verändern.

In diesem Punkt liegt aber zugleich der größte Nachteil der formalen Theorie. Eine einseitig auf Rechtssicherheit und Mandatsausübungsfreiheit ausgerichtete schematische Betrachtungsweise berücksichtigt die Ratio der Befangenheitsvorschriften nur unzureichend und führt zu einem weitgehenden Leerlaufen der Normen[947]. Wenn man die Schwäche der formalen Theorie überwinden möchte, indem man die Unmittelbarkeit der Betroffenheit durch die Entscheidung auch dann bejaht, wenn deren Umsetzung „zwangsläufig" erfolgt, schwindet der größte Vorteil der formalen Theorie, verlässliche Entscheidungen im Dienste der Rechtssicherheit zu ermöglichen. Wann die Umsetzung der Gemeinderatsentscheidung „zwangsläufig" ist, kann nämlich nur anhand von Wertungen vorgenommen werden[948]. Diese Unsicherheit kommt noch deutlicher zum Ausdruck, wenn nicht nur ein, sondern mehrere Umsetzungsakte erforderlich sind, bis der Vor- oder Nachteil eintreten kann.

Die Möglichkeit, eine verlässliche Aussage darüber zu treffen, ob alle Zwischenschritte zwangsläufig eintreten, schwindet mit jedem weiteren Ausführungsakt. Die Abgrenzungsprobleme sind keinesfalls wesentlich geringer als bei einer normativen Herangehensweise[949]. Eine objektive Beurteilung der Befan-

---

945 *V. Arnim*, JA 1986, S. 1, 3; *Hidien*, VR 1983, S. 128, 129; *Borchmann*, NVwZ 1982, S. 17, 18.

946 *Wengenroth*, S. 169.

947 Kritisch auch *Schäfer*, VBlBW 2003, S. 271, 273.

948 Diese Schwäche konstatiert auch *Hassel*, DVBl. 1988, S. 711, 716 als Vertreter dieser Auffassung.

949 So aber ohne nähere Begründung *Hassel*, DVBl. 1988, S. 711, 716.

genheit auf Grundlage der modifizierten formalen Auffassung, in Wirklichkeit eine verkappte normative Theorie mit unscharfen Abgrenzungskriterien, ist kaum möglich.

Eine allen Interessen gerecht werdende Auslegung des Unmittelbarkeitskriteriums lässt sich am ehesten vornehmen, wenn man sich vor Augen hält, welchen Zweck die gemeindlichen Mitwirkungsverbote verfolgen. Sie sollen der Verquickung der im öffentlichen Interesse liegenden Mandatsträgerschaft mit privaten Interessen entgegenwirken, die Redlichkeit der kommunalen Selbstverwaltungskörperschaft garantieren und den Gemeinderat selbst vor Interessen- und Zielkonflikten schützen[950]. Dahinter stehen verfassungsrechtliche Prinzipien, die im Rahmen der verfassungsrechtlichen Untersuchung der Befangenheitsnormen bereits dargestellt worden sind[951]. Der sich daraus ergebende Zielkonflikt lässt sich wegen der Vielschichtigkeit der Lebenssachverhalte nicht abstrakt im Wege einer formalen Anwendung des Unmittelbarkeitskriteriums lösen, sondern nur durch eine einzelfallorientierte Wertung[952].

Eine normative Betrachtungsweise trägt auch dem Umstand gebührend Rechnung, dass der Vor- oder Nachteil nicht tatsächlich eintreten muss, sondern die bloße Möglichkeit ausreicht. Der böse Schein ist aber nur dann zu vermeiden, wenn man fragt, ob die Auswirkungen der Entscheidung geeignet sind, die Unvoreingenommenheit des Gemeinderatsmitglieds in Frage zu stellen. Das Herausarbeiten dieses individuellen Sonderinteresses ist allein durch die Untersuchung der Kausalität zwischen Entscheidung und Vor- bzw. Nachteil nicht durchführbar, sondern bedarf einer wertenden Einzelfallprüfung. Dabei ist der Zielkonflikt zwischen größtmöglicher Mitwirkungsbefugnis der Mandatsträger und Funktionstüchtigkeit der Gemeindevertretung einerseits und der Gemeinwohlbezogenheit der Entscheidung andererseits hinreichend in der Würdigung zu berücksichtigen[953]. Bei Beachtung dieser Vorgaben sind weder eine zu restriktive Anwendung der Befangenheitsvorschriften zulasten der freien Mandatsausübung noch das Eintreten von Rechtsunsicherheit durch Einführung eines normativen Kriteriums zu befürchten[954]. Wenn trotz allem ein Rest an Rechtsunsicherheit bestehen bleibt, so ist das die Folge der Verwendung eines unbestimmten Rechtsbegriffs durch den Gesetzgeber. Dies ist aber hinzunehmen,

---

950 Dabei handelt es sich entgegen der Ansicht *Hassels*, DVBl. 1988, S. 711, 715 nicht um eine „Leerformel", die der Verwirklichung „utopischer Vorstellungen von Sauberkeit und Anstand in der Kommunalverwaltung" dient, sondern um Grundprinzipien einer funktionierenden Demokratie (wie hier *Schäfer*, VBlBW 2003, S. 271, 272).

951 Oben S. 178 ff.

952 Ebenso *Borchmann*, NVwZ 1982, S. 17, 19.

953 Ebenso *Glage*, S. 93 f.

954 Diese beiden Aspekte sind aber die Hauptkritikpunkte an der normativen Theorie, vgl. *Hassel*, DVBl. 1988, S. 711, 715 f., der das Urteil über die Befangenheit nach normativen Kriterien als „Würfelspiel" bezeichnet.

wenn durch eine flexible Regelung unterschiedlichste Lebenssachverhalte erfasst werden können und Sinn und Zweck der Mitwirkungsverbote am besten zur Geltung kommen[955].

Die beiden Varianten der normativen Theorie schließen sich nicht aus, sondern können zur Bestimmung der Befangenheit ergänzend herangezogen werden. Ein Gemeindevertreter ist dann vom Mitwirkungsverbot betroffen, wenn er – im Gegensatz zu einem Gruppeninteresse – ein individuelles Sonderinteresse am Ausgang der Entscheidung hat. Um das zu beurteilen, ist der Empfängerhorizont eines objektiven Gemeindebürgers heranzuziehen. Durch diese Sichtweise kann bereits das Entstehen eines bösen Scheins verhindert werden[956].

γ) Gesetzliche Ausnahmen vom Mitwirkungsverbot

In der Mehrzahl der Fälle ist der Ausschluss eines befangenen Ratsvertreters zur Wahrung der Objektivität der Entscheidung zwingend erforderlich. Es sind aber auch Konstellationen denkbar, in denen ein Mitwirkungsverbot nicht angebracht ist, obwohl die Voraussetzungen grundsätzlich erfüllt sind. Um einen Ausschluss zu verhindern, lassen die meisten Gemeindeordnungen zwei Ausnahmen zu. Es handelt sich dabei um die Zugehörigkeit zu einer bestimmten Berufs- oder Bevölkerungsgruppe und um die Teilnahme an vom Gemeinderat durchzuführenden Wahlen.

In allen Ländern außer in Bayern ist eine Mitwirkung an den Entscheidungen zulässig, wenn die Situation des Gemeinderats oder seiner Angehörigen durch die zu treffende Entscheidung möglicherweise verbessert oder verschlechtert wird, dies aber nur auf der Zugehörigkeit zu einer bestimmten Berufs- oder Bevölkerungsgruppe beruht. In einem solchen Fall sind bestimmte Wähler und Volksvertreter insgesamt als Gruppe betroffen, nicht aber die in ihr zusammengefassten Einzelpersonen. Es mangelt an einem abgrenzbaren Sonderinteresse, weshalb die Gefahr sachfremder Entscheidungen nicht mehr besteht[957]. Die von Gemeinderatsmitgliedern verfolgte Intention, Interessen bestimmter Bevölkerungsgruppen zu fördern, ist trotz Repräsentation des gesamten Volkes dem Wesen einer Parteiendemokratie immanent und führt nicht zum Ausschluss wegen Befangenheit. Bei dieser Feststellung handelt es sich um einen allgemein gültigen Grundsatz. Deshalb besteht auch in Bayern bei einer solchen Sachlage kein Mitwirkungsverbot. Dogmatisch lässt sich das damit begründen, dass es an der Unmittelbarkeit des Vorteils fehlt[958].

---

955 OVG Nds., NVwZ 1982, S. 44.

956 Ebenso *Glage*, S. 71, 95; *Hidien*, VR 1983, S. 128, 130.

957 *Wengenroth*, S. 162 f.

958 *Lissack*, § 5 Rn. 60; *Knemeyer*, Bayerisches Kommunalrecht, Rn. 215; *v. Arnim*, JA 1986, S. 1, 4.

Hinter der Zulässigkeit der Teilnahme an Wahlen durch den Gemeinderat steht der Gedanke, dass eine Wahl im Rat im Gegensatz zu den anderen Entscheidungen eine politisch motivierte Angelegenheit ist. Sie entfaltet zumeist keine Außenwirkung, die Berücksichtigung persönlicher Konsequenzen ist selbstverständlich[959]. Ein weiterer Grund für die Nichtanwendbarkeit der Befangenheitsnormen liegt darin, dass bei Wahlen im Gemeinderat, etwa bei der Wahl der Ausschussmitglieder, die Wahrung der politischen Mehrheitsverhältnisse Vorrang gegenüber der Unvoreingenommenheit der Entscheidung haben soll[960]. Während Wahlen zum Teil allgemein nicht dem Anwendungsbereich der Mitwirkungsverbote unterfallen[961], betrifft diese Ausnahme in anderen Ländern nur Wahlen in Ehrenämter[962] bzw. im Saarland in unbesoldete Stellen aus der Mitte des Gemeinderats[963]. Diese Einschränkung des Ausnahmetatbestands beruht auf dem Gedanken, dass die Wahl in ein unbesoldetes Ehrenamt keine finanziellen Vorteile mit sich bringt, sondern nur Belastungen[964].

Das führt zu der Frage, ob in den Bundesländern, in denen Wahlen allgemein vom Anwendungsbereich der Befangenheitsvorschriften ausgenommen sind, eine restriktive Auslegung mit der Beschränkung auf Wahlen in unbesoldete Stellen geboten ist. Anlass zu dieser Überlegung ist die Problematik, die sich ergibt, wenn ein Volksvertreter um eine Stelle in ein besoldetes Amt kandidiert und sich dann selbst wählen könnte. Ausgehend von dieser Möglichkeit sieht *Glage*[965] die Erfolgsaussichten eines externen Bewerbers geschmälert und bejaht einen Verstoß gegen den in Art. 33 Abs. 2 GG normierten Verfassungsgrundsatz des gleichen Zugangs zu öffentlichen Ämtern. Wenn ein sich um das Amt bewerbender Gemeinderat bei der Wahl mitwirke, könne leicht der Eindruck entstehen, es ginge bei der Stellenvergabe nicht um die Wahrung der Allgemeininteressen, sondern um eine Verteilung der Posten unter den Ratsmitgliedern. Damit sei die objektive Prüfung der Geeignetheit und Vorbildung des Bewerbers nicht mehr gewährleistet. Außerdem hätten Bundes- bzw. Landesgesetzgeber durch die Einführung des § 20 BVwVfG und der entsprechenden Regelungen in den Landesgesetzen in Kenntnis der variierenden Vorschriften in den Kommunalverfassungen zum Ausdruck gebracht, dass bei der Mitwirkung in einem Verwaltungsverfahren zwischen ehrenamtlichen und nicht ehrenamtlichen Tätigkeiten zu differenzieren sei. Dieser Grundsatz gelte auch im Kommunalrecht,

---

959 *Schröder*, S. 399 f.

960 *Glage*, S. 111; *Molitor*, S. 65 f.; *Kazele*, S. 205.

961 Art. 49 Abs. 2 Nr. 1 BayGO; § 25 Abs. 2 HGO; § 24 Abs. 2 Nr. 2 KV MV; § 26 Abs. 3 Nr. 3 NGO; § 22 Abs. 2 GO RP; § 23 Abs. 3 Nr. 2 GO SH; § 38 Abs. 2 ThürKO.

962 § 18 Abs. 3 S. 2 GO BW; § 28 Abs. 3 Nr. 2 GO Bbg.; § 31 Abs. 3 Nr. 2 GO NW; § 20 Abs. 2 Nr. 1 GO Sachsen.

963 § 27 Abs. 3 Nr. 2 KSVG Saar.

964 *Glage*, S. 112; *v. Arnim*, JA 1986, S. 1, 5.

965 S. 113 f.

wenn die Wahlen keinen rein politischen Hintergrund hätten, sondern darüber hinaus der Besetzung eines Amts dienten und der Gemeinderat wie ein Verwaltungsorgan handle[966].

Diese Argumente überzeugen. Zwar legt der Wortlaut der Mitwirkungsvorschriften eine extensive Auslegung der Ausnahmeregelung nahe, da die Landesgesetzgeber eine Einschränkung der Teilnahmemöglichkeiten an Wahlen ausdrücklich in den Gesetzestext hätten aufnehmen können und von dieser Möglichkeit partiell auch Gebrauch gemacht haben. Dazu ist die Wertigkeit der Wahrung der politischen Mehrheitsverhältnisse gerade bei für die Gemeinde wichtigen Wahlen in hauptamtliche Tätigkeiten nicht zu vernachlässigen.

Nicht einleuchtend ist aber das gegen die Restriktion der Teilnahmemöglichkeiten an Wahlen vorgebrachte Argument, es sei bei geheimen Wahlen gar nicht nachprüfbar, ob ein Gemeinderatsmitglied für sich selbst gestimmt habe und ob sein Wahlverhalten ergebnisrelevant gewesen sei[967]. Zum einen impliziert diese Aussage geheime Wahlen, was aber nicht immer gegeben sein muss. Zum anderen entsteht der böse Schein bereits dann, wenn ein Vor- oder Nachteil nicht ausgeschlossen werden kann. Dies ist aber bereits dann der Fall, wenn sich der Gemeinderat zur Wahl aufgestellt hat. Konsequenterweise dürfte der Kandidat dann gar nicht erst an der Abstimmung teilnehmen, so dass sich die Frage der Entscheidungsrelevanz nicht stellen würde[968]. Außerdem ist der Wortlaut der einschlägigen Bestimmungen nicht eindeutig genug, um eine Restriktion auf Wahlen in Ehrenämter aus systematischen und teleologischen Gründen auszuschließen. In einigen Bundesländern hat sich der Gesetzgeber in Kenntnis des hohen Stellenwerts von Wahlen in besoldete Stellen bewusst umfassend für das Vermeiden von Interessenkollisionen und für die Stärkung des Vertrauens der Bevölkerung in die kommunale Selbstverwaltungskörperschaft entschieden und diese Gesichtspunkte über die Erhaltung des Wählerwillens gestellt[969]. Gerade bei einer besoldeten Stelle wird der kandidierende Gemeinderat kaum gegen sich entscheiden, wenn er einen anderen Bewerber für geeigneter hält. Es lässt sich nie ausschließen, dass bei der Entscheidung, die Stimme sich selbst zu geben, ein vitales Eigeninteresse maßgeblich ist. Der dabei unvermeidbar entstehende böse Schein einer „Selbstbedienungsmentalität" wiegt bei einem objektiven Betrachter sehr schwer. Die Intention der Mitwirkungsverbote, die repräsentative Demokratie durch die Garantie der Unvoreingenommenheit des Rats zu stärken, wird in ihr Gegenteil verkehrt. Es droht ein unwiederbringlicher Vertrauensverlust. Eine Beschränkung der Ausnahmetatbestände auf Wahlen zu ehrenamtlichen Tätigkeiten entspricht nicht nur Sinn und Zweck der Mitwirkungs-

966 *Dagtoglou*, in: *Doehring*, Festgabe für Forsthoff, S. 65, 80.

967 *Schröder*, S. 399.

968 So auch *Glage*, S. 112 f.; *Kazele*, S. 206; *Geyer*, S. 83.

969 Art. 49 Abs. 2 Nr. 1 BayGO; § 25 Abs. 2 HGO; § 24 Abs. 2 Nr. 2 KV MV; § 26 Abs. 3 Nr. 3 NGO; § 22 Abs. 2 GO RP; § 23 Abs. 3 Nr. 2 GO SH; § 38 Abs. 2 ThürKO.

verbote, sondern dient gleichzeitig der Wahrung anderer verfassungsrechtlicher Prinzipien, nämlich der Chancengleichheit der Bewerber und dem Rechtsstaatsprinzip.

Untermauert wird dies durch die Befangenheitsvorschrift des § 20 BVwVfG und die entsprechenden Regelungen im Landesrecht. Zwar ist die in § 20 Abs. 2 BVwVfG enthaltene Ausnahme nicht übertragbar, da das Kommunalverfassungsrecht gegenüber den Landesverwaltungsverfahrensgesetzen spezieller ist[970]. Ein weiterer Unterschied zwischen Beamten- und Kommunalrecht besteht darin, dass ein befangener Beamter durch einen anderen ersetzt werden kann, während das bei einem mandatierten Volksvertreter nicht möglich ist[971]. Dennoch wird in dieser Vorschrift deutlich, dass die Mitwirkung des Bewerbers eine andere Qualität hat, wenn es nicht um die Besetzung einer besoldeten, sondern einer ehrenamtlichen Stelle geht.

Deswegen ist eine restriktive Auslegung der Ausnahmevorschriften mit der Folge geboten, dass sich diese in allen Ländern, in denen Wahlen vom Anwendungsbereich der Mitwirkungsverbote ausgeschlossen sind, auf die Wahl in ehrenamtliche Tätigkeiten beschränken[972].

---

970 Stelkens/Bonk/Sachs-Bonk/Schmitz, § 20 Rn. 15.

971 *Geyer*, S. 25.

972 Anders stellt sich die Situation in Sachsen-Anhalt dar. Dort fehlt eine Ausnahmeregelung für Wahlen ganz. Das führt bei Wahlen in hauptamtliche Funktionen zum Eingreifen eines Mitwirkungsverbots, da Motive beim Wahlverhalten der betroffenen Person mit einfließen können, die nicht in der Stellung als Teil des Kollegialorgans wurzeln, sondern den jenseits der Mandatsstellung liegenden Lebensbereich betreffen (*Wiegand/Grimberg*, § 31 Rn. 6). Insofern gilt nichts anderes als in den anderen Bundesländern.

Umstritten ist dagegen, ob ein Gemeinderatsmitglied berechtigt ist, an Wahlen durch das Kollegialorgan teilzunehmen, wenn es um die Besetzung einer ehrenamtlichen Tätigkeit geht. *Wiegand/Grimberg* (§ 31 Rn. 6) bejahen dies, da im Umkehrschluss zu § 32 Abs. 2 S. 1 GO SA ein Mitwirkungsverbot dann nicht erforderlich sei, wenn die betroffene Person in öffentlicher Eigenschaft zum Wohle der Gemeinschaft tätig werde und damit überwiegend öffentliche Interessen vertrete. Die Ausnahme bei organinternen Wahlen wird mit der fehlenden Außenwirkung dieser Abstimmung und der ansonsten bestehenden Missbrauchsmöglichkeit begründet, mit einer absichtlichen Nominierung einen politischen Gegner ausschließen zu können. *Glage* (S. 110 ff., 115 f.) stellt für die Nichtanwendbarkeit der Befangenheitsvorschriften bei Wahlen in unbesoldete Stellen aus der Mitte des Gemeinderats auf die gesellschaftliche Akzeptanz des Sich-Selbst-Wählens, die geringe Bedeutung der mit der Wahl einhergehenden Vor- und Nachteilen ideeller Natur sowie auf die elementare Bedeutung der Verwirklichung des politischen Elements bei Wahlen ab, in denen sich der Wählerwille fortsetzen soll. *Budde* (S. 166) weist darauf hin, dass es eine Selbstverständlichkeit sei, bei einer Wahl aus der Mitte des Gemeinderats teilnehmen zu dürfen, da grundsätzlich jeder wählbar sei und deshalb bei allen Gemeinderatsmitgliedern Interessenkonflikte drohten.

Gegen eine derartige Einschränkung des Mitwirkungsverbots spricht aber, dass der sachsen-anhaltinische Gesetzgeber in Kenntnis der Ausnahmevorschriften für Wahlen in den alten Bundesländern auf eine Normierung verzichtet hat. Damit ist die Vermeidung

dd) Folgen bei unberechtigter Mitwirkung bzw. unberechtigtem Ausschluss

Eine Gemeinsamkeit in allen Ländern besteht darin, dass das Ratsmitglied bei Eingreifen eines Mitwirkungsverbots sowohl von der Beratung als auch von der Beschlussfassung ausgeschlossen ist. In Schleswig-Holstein verbietet zwar § 22 Abs. 1 GO SH lediglich allgemein das „Tätigwerden" in einer Angelegenheit, in der man befangen ist. Da die Tätigkeit eines Ratsmitglieds neben der Abstimmung auch die vorbereitenden Beratungen umfasst und § 22 Abs. 4 S. 3 GO SH ein Verbot der Anwesenheit des befangenen Gemeinderats bei Beratung und Entscheidung enthält, gilt dort nichts anderes als in den übrigen Ländern[973].

Mit dieser Ausgestaltung tragen die Landesgesetzgeber dem Umstand Rechnung, dass insbesondere bei mehrstufigen Verfahren mit unterschiedlichen Verfahrensakten und verfahrensleitenden Beschlüssen nicht nur bei der Schlussberatung und der sich daran anschließenden Abstimmung über ein Vorhaben die Entscheidung beeinflusst werden kann. Es ist bereits bei informellen Treffen, den fraktionsinternen Vorberatungen, im Ausschuss und im Plenum möglich, den Entwurf der Beschlussfassung mit dem erforderlichen Verhandlungsgeschick in eine bestimmte Richtung zu lenken. Aus diesem Grund gilt das Mitwirkungsverbot nicht nur für die Beratung, die zeitlich unmittelbar vor der Abstimmung liegt. Die Formulierung der einschlägigen Bestimmungen spricht

des bösen Scheins bei Wahlen in der Vertretungskörperschaft über die weitest gehende Verwirklichung des Wählerwillens gestellt worden. Anders als bei der Zugehörigkeit zu einer Berufs- oder Bevölkerungsgruppe, bei der die Nichtanwendbarkeit der Befangenheitsvorschriften auch mit einem fehlenden Vor- oder Nachteil begründet werden kann, sind bei Wahlen zu organinternen ehrenamtlichen Tätigkeiten unmittelbar in der Person des Bewerbers liegende Vor- oder Nachteile nicht auszuschließen, auch wenn es sich hauptsächlich um solche ideeller Art handelt (ebenso *Klang/Gundlach*, § 31 GO, Rn. 5, 7). Auch die Steigerung des Ansehens in der Öffentlichkeit, die etwa mit der Stellung als Gemeinderatsvorsitzender einhergeht kann, ist ein befangenheitsrelevanter Vorteil. Daher haben die Regelungen für Wahlen nicht lediglich klarstellende Funktion. Das Schweigen des Gesetzes legt eine ausnahmslose Anwendbarkeit des § 31 Abs. 1 GO SA auf Wahlen in der Gemeindevertretung nahe. Im Übrigen ist das von *Wiegand/Grimberg* angeführte Argument, eine zum öffentlichen Wohl ausgeübte Tätigkeit führe nicht zu einem Mitwirkungsverbot, nicht auf Wahlen aus der Mitte des Gemeinderats beschränkt. Es gilt genauso bei sonstigen Wahlen in gemeindliche Ämter, da auch diese Tätigkeiten zum Wohl der Allgemeinheit ausgeübt werden müssen. Zur Differenzierung zwischen verschiedenen Arten der Wahlen im Gemeinderat ist dieses Kriterium daher ungeeignet. Der Einwand, bei aus der Mitte des Gemeinderats vorgenommenen Wahlen seien alle Ratsmitglieder befangen, überzeugt nicht, da man nicht gewählt werden kann, wenn man nicht kandidiert. Der Kreis der befangenen Personen kann dadurch leicht eingegrenzt werden. Deshalb sind in Sachsen-Anhalt die Mandatsträger bei Wahlen jeglicher Art, bei denen der Anwendungsbereich des § 31 Abs. 1 S. 1 GO SA eröffnet ist, bei einer Kandidatur von der Mitwirkung ausgeschlossen.

973 So auch *Glage*, S. 119.

nicht für eine Beschränkung auf die Schlussberatung, sondern für ein umfassendes Mitwirkungsverbot. Nur mit einer solch extensiven Interpretation wird dem Hauptzweck der Mitwirkungsverbote, von sachfremden Erwägungen geprägte Entscheidungen zu verhindern, die erforderliche Wirksamkeit verliehen[974].

Unterschiedlich geregelt ist dagegen, welche Konsequenzen sich ergeben, wenn ein befangener Ratsvertreter an einer Entscheidung des Gemeinderats mitwirkt oder ein in Wirklichkeit nicht vom Mitwirkungsverbot erfasster Gemeindevertreter zu Unrecht ausgeschlossen wird. Die in den Gemeindeordnungen bei Mitwirkung eines befangenen Ratsmitglieds angeordneten Folgen sind die Rechtswidrigkeit[975], die Ungültigkeit[976] oder die Unwirksamkeit[977] der Entscheidung.

In Nordrhein-Westfalen und Schleswig-Holstein sind lediglich die Rüge- und Heilungsmöglichkeiten aufgeführt. Zu den Auswirkungen der Mitwirkung eines befangenen Ratsvertreters schweigt das Gesetz. Allerdings besteht Einigkeit darüber, dass auch dort der gefasste Beschluss rechtswidrig ist. Diese Rechtsfolge tritt unabhängig davon ein, ob die unzulässige Mitwirkung kausal für das konkrete Abstimmungsergebnis war oder nicht[978]. Jede andere Interpretation würde zu erheblichen Beweisproblemen führen. Es wäre kaum möglich, jenseits des nicht mehr nachprüfbaren Abstimmungsverhaltens festzustellen, ob eine Beeinflussung der Beratung stattgefunden hat[979]. Dies gilt auch für Bayern, Brandenburg, Nordrhein-Westfalen, Schleswig-Holstein und Thüringen. Dort ist der Beschluss zwar nur dann ungültig oder unwirksam, wenn die Mitwirkung für das Abstimmungsergebnis entscheidend war, weil damit nur die Rechtslage im Verhältnis zum Bürger beschrieben wird[980]. An der Rechtswidrigkeit der Entscheidung ändert die fehlende Entscheidungserheblichkeit der unberechtigten Mitwirkung nichts. Deshalb kann der Bürgermeister auch bei nicht nachweisbarer Kausalität widersprechen oder die Aufsichtsbehörde gegen den Beschluss einschreiten[981].

---

974 *Pfab*, JURA 1999, S. 625, 627; *Wengenroth*, S. 161; *Glage*, S. 120; *Hassel*, VR 1985, S. 108, 109.

975 § 18 Abs. 6 GO BW; § 20 Abs. 5 GO Sachsen.

976 Art. 49 Abs. 4 BayGO; § 28 Abs. 6 GO Bbg.

977 § 25 Abs. 6 HGO; § 24 Abs. 4 KV MV; § 26 Abs. 6 HGO; § 22 Abs. 5 GO RP; § 27 Abs. 6 KSVG Saar.; § 31 Abs. 6 GO SA; § 38 Abs. 4 ThürKO. Wegen des Interesses an Planungs- und Rechtssicherheit enthalten alle Befangenheitsvorschriften Heilungsmöglichkeiten, wonach der Verstoß nur innerhalb eines begrenzten Zeitraums – er liegt zwischen einem Monat und einem Jahr – geltend gemacht werden kann. Danach gilt der Beschluss als von Anfang an gültig zustande gekommen.

978 *Klang/Gundlach*, § 31 Rn. 17.

979 *V. Arnim*, JA 1986, S. 1, 6.

980 *V. Arnim*, JA 1986, S. 1, 6.

981 *Molitor*, S. 124 weist in diesem Zusammenhang für die Rechtslage in Bayern auf Art. 59 Abs. 2 BayGO hin, wonach der Bürgermeister sogar zum Einschreiten verpflichtet ist.

Die gleichen Rechtsfolgen ergeben sich für den Fall des unberechtigten Ausschlusses eines Gemeinderatsmitglieds. In Baden-Württemberg zieht das ebenfalls die Rechtswidrigkeit des Beschlusses nach sich, § 18 Abs. 6 S. 1 GO BW. In Mecklenburg-Vorpommern gibt es mit § 24 Abs. 4 S. 2 KV MV eine Regelung, die die rückwirkende Unbeachtlichkeit des fehlerhaften Ausschlusses anordnet, wenn die betroffene Person der Entscheidung nachträglich zustimmt. In den übrigen Kommunalverfassungen ist diese Konstellation nicht geregelt. Nach der Ratio der Befangenheitsnormen kann aber nichts anderes gelten als bei der unberechtigten Mitwirkung. Der unberechtigte Ausschluss eines Gemeinderatsmitglieds zieht immer die Unwirksamkeit des Beschlusses nach sich, ohne dass eine konkrete Kausalität zwischen Mitwirkungsverbot und Abstimmungsergebnis erforderlich ist. Das gilt auch in den Bundesländern, die eine Kausalität für die Ungültigkeit des Beschlusses voraussetzen, wenn es um die unberechtigte *Mitwirkung* eines befangenen Gemeinderats geht. Während in diesem Fall die Prinzipien der Rechtssicherheit und der Unvoreingenommenheit der Gemeinderatsentscheidung gegeneinander abzuwägen sind, geht es beim rechtsfehlerhaften *Ausschluss* um die Verletzung von Mitwirkungs- und Stimmrechten. Außerdem ist es – insbesondere, wenn es um die Vorberatungen geht oder der Ausgeschlossene einer Minderheitsfraktion angehört – kaum möglich, eine hypothetische Entscheidungserheblichkeit der fehlenden Einbeziehung in den Entscheidungsprozess zu begründen[982]. Ohne Sanktionsmöglichkeiten wäre der unberechtigte Ausschluss gemeindlicher Volksvertreter ein geeignetes Mittel, missliebige politische Gegenspieler auszuschalten[983].

b) Parlamentsrechtliche Beurteilung

Im Parlamentsrecht gibt es keine Vorschriften, die den Mitwirkungsverboten im Kommunalrecht entsprechen. Das liegt daran, dass Parlamentsabgeordnete in einem bestimmten Maße immer befangen im Sinne der parteipolitischen Interessenbindung sind[984]. Über diese aus der Natur der politischen Sache folgende Einschränkung hinaus wird teilweise versucht, aus allgemeinen Erwägungen und vereinzelten Regelungen ungeschriebene Abstimmungsverbote herzuleiten.

Ein Ansatzpunkt zur Begründung des Abstimmungsverbots bei Betroffenheit in eigener Sache ist die analoge Anwendung des Art. 137 Abs. 1 GG[985]. *Becher*[986] weist darauf hin, dass das Gebot, nicht in eigener Sache zu entscheiden,

---

982 *Molitor*, S. 151.

983 *Molitor*, S. 151; *v. Arnim*, JA 1986, S. 1, 6.

984 *Brocker*, ZParl. 1999, S. 739, 746; die Äußerung bezieht sich auf den politischen Charakter von Untersuchungsausschüssen, gilt aber genauso für die allgemeine Abgeordnetentätigkeit.

985 *Achterberg*, AöR (1984), S. 505, 510 f., 515 f.

986 S. 53.

ein allgemeiner Rechtsgrundsatz des Prozess- und Verwaltungsrechts sei, der auch im Parlamentsrecht gelte. Bestätigt werde das durch die parlamentsrechtlichen Normen in Bremen und Bayern[987].

In diesem Kontext lassen sich auch der Ausschluss des betroffenen Abgeordneten von Beratung und Beschlussfassung im Wahlprüfungsverfahren gemäß § 17 Abs. 1 WahlprüfungsG und § 107 Abs. 2 GO BT i.V.m. Nr. 3 Anl. 6 GO BT erwähnen. Danach soll dem involvierten Parlamentarier das Wort nicht erteilt werden und seine Anträge bleiben unberücksichtigt, wenn es um die Immunitätsaufhebung geht.

Da das Mitwirkungsrecht des Parlamentsabgeordneten aus Art. 38 Abs. 1 S. 2 GG folgt und ein elementares Mandatsausübungsrecht darstellt, kann eine Einschränkung nur aus zwingenden Gründen erfolgen, hinter denen andere grundgesetzlich verankerte Prinzipien stehen[988]. Bevor die zur Begründung von Ausschlusstatbeständen herangezogenen Normen dahingehend untersucht werden, muss in einem ersten Schritt geklärt werden, ob sie überhaupt in die Ausübung des freien Mandats eingreifen. Selbst bei Bejahung beider Punkte kann das Ergebnis nicht ohne weiteres als Indiz für ein ungeschriebenes Mitwirkungsverbot herangezogen werden. Zur Annahme eines allgemeinen Rechtsgrundsatzes muss die Ratio einer Norm einen über den Einzelfall hinausgehenden Gehalt aufweisen und darf nicht nur einer spezifischen Sachlage Rechnung tragen.

aa) § 17 WahlprüfungsG

Beim Mitwirkungsverbot des Abgeordneten im Wahlprüfungsverfahren liegt ein besonderer Sachverhalt vor, der nicht mit den kommunalen Befangenheitsvorschriften vergleichbar ist. Es geht bei der Wahlprüfung nicht um Mitwirkungsbefugnisse im Rahmen der Mandatsausübung, sondern um die Frage, ob das Mandat überhaupt wirksam erlangt worden ist[989]. Mit dem Ausschluss von Beratung und Beschlussfassung wird deshalb nicht in die Ausübung des freien Mandats eingegriffen. Die Ausnahmeregelung des § 17 Abs. 2 WahlprüfungsG, die die Nichtanwendbarkeit des Mitwirkungsverbots anordnet, wenn die Wahl von mindestens zehn Abgeordneten angefochten wird, stellt diesen Befund nicht in Frage. Sie dient nicht der Sicherung der Mandatsausübung, sondern der Erhaltung der Funktionstüchtigkeit des Parlaments und der Wahrung der politischen Mehrheitsverhältnisse, die bei einer Vielzahl von Betroffenen bei einem umfassenden Ausschluss gefährdet wären.

---

987 Gemäß Art. 84 BremLV dürfen die Mitglieder der Bürgerschaft nicht mitwirken, wenn sie in eigener Sache betroffen sind. In Bayern enthält § 141 Abs. 1 GO BayLT ein Abstimmungsverbot, wenn ein Parlamentarier von einer Angelegenheit „allein und unmittelbar" betroffen ist.

988 *Knebel-Pfuhl*, S. 180.

989 *Achterberg*, AöR 109 (1984), S. 505, 508; *Wurzel*, S. 75 f.; *Geyer*, S. 26.

bb) Immunitätsaufhebung

Im Immunitätsaufhebungsverfahren wird dem den Gegenstand des Verfahrens bildenden Mandatsträger die Beratungsbefugnis genommen. Dennoch wird diese Einschränkung nicht als statusprägend und mandatsbeschränkend angesehen, da die Immunitätsaufhebung ausschließlich das Verfahrensrecht, nicht aber die Behandlung einer Sachfrage betreffe[990]. Dazu stünden sich das öffentliche Interesse an der Mandatsausübung und das an der Durchführung eines Prozesses gegen den betroffenen Parlamentsabgeordneten gegenüber[991].

Überzeugen kann dieser Ansatz nicht. Die Unterscheidung zwischen verfahrensrechtlichen und Sachfragen ist zu formalistisch und versucht eine Einteilung in wichtige und weniger wichtige Bereiche des Mitwirkungsrechts vorzunehmen. Eine derartige Aufspaltung bringt aber nicht nur Abgrenzungsschwierigkeiten mit sich, sondern ist auch nicht begründbar. Das aus dem freien Mandat folgende parlamentsrechtliche Mitwirkungsrecht ist nicht auf materielle Fragen beschränkt, sondern gilt umfassend. Da eine Teilnahme des betroffenen Abgeordneten im Immunitätsaufhebungsverfahren nicht möglich ist, folgt aus § 107 Abs. 2 GO BT i.V.m. Nr. 3 Anl. 6 GO BT eine Beeinträchtigung des Mandats. Diese Geschäftsordnungsbestimmung ist eine Reaktion darauf, dass der betroffene Abgeordnete bei der Debatte über die Aufhebung seiner Immunität kaum objektive Gesichtspunkte in seinen Wortbeitrag mit einfließen lassen wird. Außerdem minimiert das Mitwirkungsverbot das Risiko, dass die Entscheidung der anderen Parlamentsabgeordneten durch die Ausführungen des betroffenen Kollegen von sachfremden Erwägungen getragen sein könnte. Dabei handelt es sich um Aspekte, die neben anderen zur Schaffung der kommunalen Befangenheitsvorschriften geführt haben. Sicherlich ist die Verhaltensregel ein Ausnahmefall, der nicht zur Begründung eines ungeschriebenen parlamentsrechtlichen Grundsatzes des Verbots der Mitwirkung bei eigener Betroffenheit herangezogen werden kann. Sie ist aber Beweis dafür, dass ein Mitwirkungsverbot kein parlamentsfremdes Instrumentarium ist[992].

cc) Art. 84 BremLV, § 141 Abs. 1 GO BayLT

Die Verfassung des Landes Bremen ist die einzige in Deutschland, die in Art. 84 BremLV ein mit den kommunalrechtlichen Befangenheitsvorschriften nahezu identisches Mitwirkungsverbot enthält. Es geht wie die gemeinderechtlichen Normen auf § 25 DGO vom 30.01.1935 zurück und diente als Vorlage für die Gemeindeordnungen im Nachkriegsdeutschland[993]. Art. 84 BremLV beschränkt

---

990 *Achterberg*, AöR 109 (1984), S. 505, 508.

991 *Achterberg*, AöR 109 (1984), S. 505, 508.

992 Ebenso *Ott*, S. 256.

993 BremStGH, NJW 1977, S. 2307.

die Mitwirkungsrechte der Parlamentarier und greift in die Mandatsausübungsfreiheit ein[994].

Der Hintergrund dieser von allen anderen Verfassungen abweichenden Gewichtung ist eine bremische Besonderheit. In einem Stadtstaat ist die Gefahr von Interessenkonflikten aufgrund der größeren Sachnähe wesentlich ausgeprägter als in einem Flächenland. Gerade im kleinsten Bundesland Bremen ist die Situation mit der einer Großstadtgemeinde vergleichbar. Die Bürgerschaft hat nämlich über dieselben örtlichen Angelegenheiten zu entscheiden wie ein Gemeinderat[995], da sie gemäß Art. 148 Abs. 1 BremLV als Stadtbürgerschaft die Gemeindevertretung verkörpert.

Auch in ihrer Funktion als Parlament ist der Tätigkeitsbereich mit kommunalrechtlichen Elementen angereichert, wenn es etwa gemäß Art. 101 BremLV um die Verfügung über Gelder der Stadt und die Veräußerung oder Belastung landeseigener Grundstücke geht. Die Doppelfunktion als Parlament und Gemeinderat ist der maßgebliche Punkt, der zum Vorrang der Uneigennützigkeit der Mandatsausübung gegenüber uneingeschränkter Mandatsausübung geführt hat.

Diese Besonderheiten in Bremen sind ihrerseits auf die politischen Umstände zur Zeit der Entstehung der Verfassung zurückzuführen. 1946 stand Bremen unter britischer Verwaltung. Diese sah die Stadt nicht als Staat an, sondern in Anlehnung an englische Kommunalverwaltungsgrundsätze als Kommune[996]. Der vor diesem Hintergrund entwickelte Entwurf der späteren Verfassung war daher ursprünglich als Gemeindeordnung geplant und entsprechend ausgestaltet[997]. Die Entwicklung einer Staatsverfassung wurde erst ab 1947 vorangetrieben, als Bremen zur amerikanischen Besatzungszone gehörte. Die unter anderen Vorzeichen geleisteten Vorarbeiten sind dabei aber mit eingeflossen.

Wegen der Ähnlichkeit mit einer kommunalen Vertretungskörperschaft und seiner Entstehungsgeschichte kann Art. 84 BremLV nicht als Indiz für einen allgemeinen parlamentsrechtlichen Grundsatz eines Mitwirkungsverbots angeführt werden[998]. Örtliche Beschränkungen des Tätigkeitsfeldes der Landesparlamente, mit denen die Gefahr von Interessenkonflikten und „Vetternwirtschaft" einhergeht, finden sich nämlich nicht nur in Bremen, sondern auch in den beiden anderen Stadtstaaten Berlin und Hamburg. Ausschlussgründe wegen persönlicher Betroffenheit gibt es dort aber nicht. Dennoch unterliegen die bremischen

---

994 Dieser Eingriff ist verfassungsrechtlich gerechtfertigt, da der Landesverfassungsgeber die Uneigennützigkeit und Unabhängigkeit der Mandatsausübung über die uneingeschränkte Teilnahmemöglichkeit gestellt und damit andere Belange von Verfassungsrang berücksichtigt hat, BremStGH, NJW 1977, S. 2307.

995 *Achterberg*, AöR 109 (1984), S. 505, 509; *Geyer*, S. 1.

996 *Knebel-Pfuhl*, S. 111; *Wurzel*, S. 75.

997 *Wurzel*, S. 77 f.

998 So aber wohl *Becher*, S. 53.

Volksvertreter kommunalrechtsähnlichen Mitwirkungsverboten, ohne dass man ihnen die Stellung als Parlamentsabgeordnete absprechen würde[999].

Auch § 141 Abs. 1 GO BayLT enthält wegen des restriktiven Anwendungsbereichs keinen verallgemeinerungsfähigen Rechtssatz[1000]. Die Vorschrift ist mit ihrem engen Wortlaut auf Konstellationen beschränkt, die aufgrund des abstrakt-generellen Charakters eines Gesetzes höchst selten vorkommen. Zudem ist der Abgeordnete von der Mitwirkung nicht ausgeschlossen, wenn nahe Angehörige durch die Angelegenheit allein und unmittelbar betroffen sind. Ungeachtet der Beschränkung auf Ausnahmefälle verfolgt § 141 Abs. 1 GO BayLT das Ziel, die Unvoreingenommenheit des Abstimmungsverhaltens zu gewährleisten und Gewissenskonflikte gar nicht erst entstehen zu lassen. Somit kommt auch in der bayerischen Regelung das Motiv zum Ausdruck, aus kommunalrechtsgleichen Gründen die ungehinderte Mandatsausübung nicht in jedem Fall über die Objektivität der Entscheidungsfindung und des Abstimmungsverhaltens zu stellen[1001]. Ansatzweise zeigt auch diese Regelung, dass im Parlamentsrecht Interessenkonflikte durch Mitwirkungsverbote gelöst werden.

dd) Art. 137 Abs. 1 GG analog

Art. 137 Abs. 1 GG analog ist ebenfalls nicht zur Begründung eines allgemeinen Mitwirkungsverbots geeignet. Diese Ermächtigung zur Einführung von Inkompatibilitätsvorschriften dient zwar auch der Vermeidung von Interessenkonflikten. Sie betrifft aber nicht die Ausübung des Abgeordnetenmandats, sondern stellt ihn im Vorfeld vor die Entscheidung, ob er das Mandat annehmen möchte oder ob für ihn die Fortführung seines Amtes Priorität hat. Durch Art. 137 Abs. 1 GG sollen solche Interessenkonflikte vermieden werden, die sich aus der Wahrnehmung von Organwalteraufgaben im Bereich einer anderen Gewalt ergeben, nicht aber solche beliebigen Ursprungs[1002]. Die Verwirklichung der organisatorischen Gewaltenteilung durch gegenseitige Hemmung und Kontrolle der Staatsgewalt ist aber nicht die Ratio der Mitwirkungsverbote.

ee) Stellungnahme und abschließende Bewertung

Zunächst spricht der unterschiedliche Umfang des Tätigkeitsfeldes der zum Vergleich stehenden Volksvertretungen gegen Mitwirkungsverbote auf Parlamentsebene. Die Gemeinderatsmitglieder nehmen auch echte Exekutivaufgaben wahr. Im Rahmen dieser Tätigkeit gibt es den Grundsatz, nicht an Entscheidungen in eigener Sache mitzuwirken. Aufgrund der institutionellen Legislativstel-

---

999 So bereits *Ott*, S. 255.

1000 *Fichtner*, S. 70.

1001 *Geyer*, S. 27 f.

1002 *Achterberg*, AöR 109 (1984), S. 505, 516 f.

lung der Parlamente kann er nicht auf diese übertragen werden. Außerdem besteht wegen der wesentlich schwächer ausgeprägten Sach- und Ortsnähe im Parlamentsrecht keine generelle Notwendigkeit zur Einführung von Mitwirkungsverboten. Anstelle eines unmittelbaren Vor- oder Nachteils läge auf Bundes- und Landesebene lediglich eine Gruppenbetroffenheit vor, die auch im Kommunalrecht nicht zur Eröffnung des Anwendungsbereichs der Mitwirkungsverbote führen würde[1003].

Anders verhält es sich nur bei Einzelfall- und Maßnahmegesetzen, da es sich hier um konkrete Angelegenheiten handelt. Obwohl der Gesetzgeber diesen Punkt zum Anlass hätte nehmen können, Befangenheitsvorschriften einzuführen, hat er von dieser Möglichkeit keinen Gebrauch gemacht. Damit kommt die überragende Bedeutung des Mitwirkungsrechts für die Ausübung des freien Mandats zum Ausdruck, zu dessen Gunsten sogar in wenigen Einzelfällen die Gefahr sachfremder Entscheidungen in Kauf genommen wird. Diese wird aber dadurch minimiert, dass die Öffentlichkeit auf Sachverhalte, die auf eine von sachfremden Erwägungen geprägte Entscheidung schließen lassen, sehr empfindlich reagiert und ein Abgeordneter mit seinem Fehlverhalten die Wiederwahl riskiert. Deshalb wird er in der Regel auf eine Beteiligung an der Entscheidung verzichten[1004].

Außerdem besteht auch beim Erlass von Einzelfall- und Maßnahmegesetzen ein Unterschied zur kommunalrechtlichen Situation. Neben der in diesem Fall identischen Einzelfallbezogenheit der Maßnahme ist auf gemeindlicher Ebene die Nähe zwischen Entscheidungsträger und Betroffenem stärker ausgeprägt. Deshalb besteht die Gefahr einer von sachfremden Erwägungen getragenen Entscheidung nicht in dem Maße wie in den Gemeinden[1005].

Zwar ist ein Parlamentsabgeordneter genauso zur uneigennützigen Erfüllung seiner Aufgaben verpflichtet ist wie ein Gemeinderatsmitglied[1006]. Daraus kann man aber nicht folgern, dass es dem Abgeordneten verboten sei, bei persönlicher Betroffenheit am Entscheidungsprozess teilzunehmen. Allein wegen der Gewissensunterworfenheit des Mandats besteht eine solche Pflicht selbst bei ausschließlich im subjektiven Interesse liegenden Angelegenheiten nicht, da die Schwelle zur „Gewissenlosigkeit" noch nicht überschritten ist[1007]. Sich in einer solchen Konstellation aus der parlamentarischen Debatte herauszuhalten, ist ein Gebot von Sitte und Anstand, dessen Verletzung zunächst durch Opposition und Medien publik gemacht und nach Beendigung der Legislaturperiode vom Wähler bewertet werden kann[1008]. Eine rechtliche Pflicht aus ethisch-moralischen

---

1003 *Ott*, S. 253; *Achterberg*, AöR 109 (1984), S. 505, 525, 528.
1004 *Ott*, S. 256.
1005 *Ott*, S. 253.
1006 *Geyer*, S. 25.
1007 *Achterberg*, AöR 109 (1984), S. 505, 515.
1008 Ähnlich *Achterberg*, AöR 109 (1984). S. 505, 531.

Verhaltensweisen herzuleiten, erscheint jedoch problematisch, da damit Rechtsunsicherheit einhergeht und die Gefahr willkürlicher Ergebnisse besteht.

Daher lässt sich ein Unterschied in der Rechtsstellung des Gemeinderats im Vergleich zu der des Bundestags- und Landtagsabgeordneten feststellen[1009]. Bedingt ist die Einführung kommunalrechtlicher Mitwirkungsverbote zum einen durch die viel stärker ausgeprägte sachlich-räumliche Nähe zur Entscheidung. Zum anderen kommt mit der Einführung von im Verwaltungsrecht weit verbreiteten Ausschlusstatbeständen zum Ausdruck, dass das Mandat kommunalrechtlicher Prägung nicht nur gesetzgeberische, sondern auch verwaltende Aufgaben enthält. Damit stellen die kommunalrechtlichen Mitwirkungsverbote eine Reaktion auf die gemeindespezifischen Besonderheiten und die Doppelfunktion des Gemeinderats dar, bezwecken aber primär keine stärkere Pflichtenbindung des kommunalen Volksvertreters[1010].

Außerdem sind Mitwirkungsverbote ansatzweise auch im Parlamentsrecht bekannt. Daher sprechen die Befangenheitsvorschriften nicht gegen eine parlamentsrechtsähnliche Qualifizierung des kommunalrechtlichen Mandats.

III. Weitere Rechte und Pflichten der Gemeinderäte bzw. Parlamentarier

Im Folgenden werden weitere statusprägende Mitgliedschaftsrechte untersucht. Konkret handelt es sich dabei um den Grundsatz der Immunität bzw. Indemnität und die im Kommunalrecht als Konkretisierung der allgemeinen Treuepflicht[1011] verstandenen Verschwiegenheits- bzw. Zeugnisverweigerungspflichten sowie das Vertretungsverbot. Zunächst soll aber mit dem Fraktionsbildungsrecht begonnen werden, da dies ein deutliches Anzeichen für den Grad der Politisierung der jeweiligen Ebene darstellt.

1. Fraktionsbildungsrecht

a) Parlamentsrecht

Unter Fraktionen versteht man freiwillige Zusammenschlüsse von Abgeordneten zum Zwecke der politischen Koordination ihrer parlamentarischen Arbeit und zur Durchsetzung gemeinsamer politischer Ziele[1012]. Sie sind aufgrund der immer stärker zunehmenden Komplexität der Sachthemen und des vielschichtigen

---

1009 Zur Forderung nach der Einführung eines Mitwirkungsverbots und der möglichen inhaltlichen Ausgestaltung der Regelung s. *Knebel-Pfuhl*, S. 179 ff.

1010 Ähnlich *Hans Meyer*, in: *ders./Stolleis*, HessStVwR, S. 169, 216.

1011 *Berwanger*, S. 123 f.; *Gönnenwein*, S. 267.

1012 *Braun/Jantsch/Klante*, § 45 Rn. 3.

parlamentarischen Entscheidungsprozesses notwendige Einrichtungen des Verfassungslebens[1013] und die wichtigste Untergliederung der Parlamente.

Ungeachtet dessen sind sie im Grundgesetz nur an einer Stelle erwähnt, nämlich in Art. 53 a Abs. 1 S. 2 GG. Fraktionen prägen die politische Struktur des Parlaments und stellen seine Arbeitsfähigkeit sicher, indem sie zur Aufgabenteilung beitragen[1014]. Das folgt mittlerweile direkt aus § 47 Abs. 1 AbgG, wonach die Fraktionen an der Aufgabenerfüllung des Bundestags mitwirken. Außerdem kommt ihnen eine Filterfunktion im Vorfeld der parlamentarischen Debatte und Ausschussarbeit zu, da innerhalb der Fraktionen divergierende politische Auffassungen zu einheitlichen Meinungen zusammengeführt werden, die im Parlament diskutiert werden können[1015]. Fraktionen sind also auch Mittel der parteipolitischen Willensbildung im Parlament und vor der nationalen Öffentlichkeit[1016]. Als parlamentarischer Arm der Parteien bilden sie das Bindeglied zwischen Bundestag und dem politisch interessierten und engagierten Teil der Gesellschaft.

Die Abgeordneten büßen durch den Beitritt zu einer Fraktion durch die damit verbundene Mediatisierung einerseits individuelle Befugnisse ein, können andererseits erst auf diesem Weg ihren politischen Zielsetzungen angemessen Ausdruck verleihen. Insgesamt zeigt die Wichtigkeit von Fraktionen in der Parlamentswirklichkeit die Entwicklung zur Parteiendemokratie, da die Parteien über die Fraktionen ihre politischen Ziele im Bundestag zu verwirklichen suchen[1017]. Außerdem können die Abgeordneten innerhalb der Fraktion ihre Sachkompetenz am besten entfalten und werden durch arbeitsteilende Aufgabenzuweisungen optimal in den Geschehensablauf eingebunden[1018]. Zusammenfassend kann man diese drei Merkmale als Strukturierungs-, Kanalisierungs- und Integrationsfunktion bezeichnen[1019].

Die verfassungsrechtliche Grundlage zur Bildung von Fraktionen ist nicht Art. 21 GG, sondern Art. 38 Abs. 1 S. 2 GG[1020]. Vom freien Mandat ist das Recht des Abgeordneten mit umfasst, sich mit anderen Abgeordneten zusammenzuschließen[1021]. Verpflichtet ist er dazu allerdings nicht, weshalb es ihm auch freisteht, die Fraktion, der er sich angeschlossen hat, während der Legisla-

---

1013 BVerfGE 10, 4, 14; 20, 56, 104; 43, 142, 147; 70, 324, 350 f.; 80, 188, 219 f.; *Scholtis*, S. 164.

1014 BVerfGE 20, 56, 104; BT-Drs. 12/4756, S. 4; *Zeh*, in: *Isensee/Kirchhof*, HdbStR II, 2. A., § 42 Rn. 6; *Schmidt-Jortzig/Hansen*, NVwZ 1994, S. 1145, 1146.

1015 *Schmidt-Jortzig/Hansen*, NVwZ 1994, S. 1145, 1146.

1016 *Schröder*, S. 312.

1017 BVerfGE 20, 56, 104.

1018 *Schmidt-Jortzig/Hansen*, NVwZ 1994, S. 1145, 1146.

1019 So *Schmidt-Jortzig/Hansen*, NVwZ 1994, S. 1145, 1146.

1020 BVerfGE 84, 304, 322; klarstellend BT-Drs. 12/4756, S. 6.

1021 BVerfGE 43, 142, 149; 70, 324, 363; *Roll*, § 10 Rn. 1; ausführlich *Bick*, S. 39 – 42.

turperiode wieder zu verlassen[1022]. Eine einfachgesetzliche Ausprägung des Fraktionsbildungsrechts mit lediglich klarstellender Funktion stellt § 45 Abs. 1 AbgG dar[1023].

Die Festlegung der Voraussetzungen, die für die Bildung einer Bundestagsfraktion erfüllt sein müssen, obliegt aufgrund seiner weit reichenden Geschäftsordnungskompetenz und –autonomie dem Parlament[1024]. Deshalb findet sich im Abgeordnetengesetz keine diesen Themenkreis betreffende Aussage, sondern in § 45 Abs. 2 AbgG ein Verweis auf die Geschäftsordnung. Dort regelt § 10 Abs. 1 GO BT die genauen Voraussetzungen für die Fraktionsbildung. Eine Fraktion muss aus mindestens fünf Prozent der Abgeordneten bestehen, die derselben oder solchen Parteien angehören, die gleich gerichtete politische Ziele verfolgen und in keinem Bundesland miteinander konkurrieren. Sollten diese Bedingungen nicht erfüllt sein, bedarf die Anerkennung als Fraktion der Zustimmung des Bundestags, § 10 Abs. 1 S. 2 GO BT. Mit den einschränkenden Voraussetzungen zeigt sich der weite Ermessens- und Gestaltungsspielraum im Geschäftsordnungsrecht zur Sicherstellung der Funktionsfähigkeit des Parlaments gegenüber Kleingruppierungen[1025]. Eine Arbeitserleichterung für das Legislativorgan ergibt sich insbesondere dann, wenn die Gruppierung eine gewisse Größe erreicht und Synergieeffekte dadurch zu erwarten sind, dass sich Abgeordnete mit ähnlicher politischer Gesinnung zusammenschließen.

Ein allgemeines parlamentsrechtliches Prinzip der politischen Homogenität von Fraktionsmitgliedern ergibt sich aus § 10 Abs. 1 GO BT jedoch nicht. Schon auf Bundestagsebene ist der Grundsatz nicht konsequent durchgehalten, da theoretisch auch eine Fraktion politisch nicht Gleichgesinnter möglich ist, sofern der Bundestag diesen Zusammenschluss billigt.

Auf Landesebene gibt es in den Geschäftsordnungen keine einheitliche Ausgestaltung des Fraktionsbildungsrechts. Zum Teil findet sich uneingeschränkt das Erfordernis der politischen Homogenität[1026], teilweise sind die Regelungen deckungsgleich mit denen der Geschäftsordnung des Bundestags[1027]. In Hamburg, Hessen, Mecklenburg-Vorpommern, Nordrhein-Westfalen und im Saar-

---

1022 *Braun/Jantsch/Klante*, § 45 Rn. 6. Die Freiwilligkeit ist der entscheidende Punkt für die Vereinbarkeit der fraktionellen Mediatisierungstendenzen mit dem freien Mandat, *Brandner*, JA 1990, S. 151, 152.

1023 S. dazu die Gesetzesbegründung zu § 45 AbgG in BT-Drs. 12/4756, S. 6: „Die Vorschrift des Absatzes 1 greift die verfassungsrechtliche Vorgabe auf, nach der die Bildung der Fraktionen ihre rechtliche Grundlage in Art. 38 Abs. 1 des Grundgesetzes hat [...].“

1024 BVerfGE 80, 188, 218 f.; *Braun/Jantsch/Klante*, § 45 Rn. 8; *Bick*, S. 47.

1025 *Roll*, § 10 Rn. 3.

1026 § 17 Abs. 1 GO LT BW; § 6 Abs. 1 S. 1 GO BayLT; § 8 Abs. 1 GO LT Bbg. i.V.m. § 1 Abs. 1 S. 1 FraktG Bbg.; § 2 Abs. 1 GO NLT; § 8 Abs. 1 GO LT RP; § 8 Abs. 1 GO LT Sachsen; § 22 Abs. 1 GO LT SH; § 8 Abs. 1 GO ThürLT.

1027 § 7 Abs. 1, Abs. 3 GO AbgH Berlin; § 7 Abs. 1 GO BremBürgerschaft; § 2 Abs. 1 S. 1 GO LT SA.

land gibt es keine zwingenden Vorgaben hinsichtlich der Verfolgung ähnlicher politischer Ziele[1028]. Auch die Bestimmungen zur Fraktionsmindeststärke weichen voneinander ab, wobei in der Mehrzahl der Geschäftsordnungen wie auf Bundesebene eine Fünf-Prozent-Klausel enthalten ist, nämlich in Bayern, Berlin, Bremen, Hamburg, Niedersachsen, Nordrhein-Westfalen, Sachsen, Sachsen-Anhalt und Thüringen. In den anderen Ländern ist eine bestimmte Mindestzahl von Abgeordneten vorgegeben.

Ungeachtet der unterschiedlichen Voraussetzungen schränkt die einfachgesetzliche Ausgestaltung des Fraktionsbildungsrechts die verfassungsrechtlichen Abgeordnetenrechte ein. Das ist aber gerechtfertigt, solange damit als Ziel die Aufrechterhaltung der Arbeits- und Funktionsfähigkeit verfolgt wird. Dabei kommt den Parlamenten ein Ermessensspielraum zu, dessen Grenzen umstritten sind. Als Ansatzpunkte werden unter anderem die Parteibindung, das Willkürverbot, der Minderheitenschutz, die elementaren Abgeordnetenrechte, die Funktionsfähigkeit der Fraktion und die Chancengleichheit herangezogen. Eine einheitliche Schrankenlehre konnte sich bislang jedoch nicht entwickeln[1029]. Für die vorliegende Arbeit kommt es jedoch nur darauf an, dass in diesem Bereich grundsätzlich ein umfassender Gestaltungsspielraum des Parlaments vorhanden ist, der verfassungsrechtlichen Grenzen unterliegt, also ein Spannungsverhältnis zwischen Geschäftsordnungsbefugnis des Organs und dem freien Mandat des Abgeordneten besteht. Daher kann auf eine dezidierte Erörterung dieses Punktes verzichtet werden.

b) Fraktionsbildung im Kommunalrecht

Eine verfassungsrechtliche Festschreibung des Fraktionsbildungsrechts existiert im Kommunalrecht nicht. Einfachgesetzlich ist es mittlerweile in den meisten Gemeindeordnungen enthalten, nicht aber in Baden-Württemberg, Bayern und Sachsen[1030]. Das hat freilich keine Auswirkungen, da auch im Kommunalrecht die Befugnis zum fraktionellen Zusammenschluss unmittelbar aus dem freien Mandat des kommunalen Volksvertreters folgt und ein Annexrecht zum Mitgliedschaftsrecht darstellt[1031]. Das freie Mandat des Gemeinderats unterscheidet sich in diesem Punkt nicht von dem des Bundestags- oder Landtagsabgeordneten[1032]. Die Notwendigkeit zur effektiveren und besseren Aufgabenerfüllung

---

1028 § 7 Abs. 1 GO Bürgerschaft HH i.V.m. § 1 Abs. 1 FraktG HH; § 40 Abs. 1 GO HLT i.V.m. § 1 Abs. 1 HFraktG; Art. 25 Abs. 1 LV MV i.V.m. § 38 Abs. 1 GO LT MV; § 15 Abs. 1 GO LT NW; § 10 GO LT Saar.

1029 Zu diesem hochumstrittenen Komplex detailliert *Hölscheidt*, § 12 IV (S. 407 ff.).

1030 § 40 GO Bbg.; § 36 a HGO; § 23 Abs. 5 KV MV; § 39 b NGO; § 56 GO NW; § 30 a GO RP; §§ 30 Abs. 5 KSVG Saar.; § 43 GO SA; § 32 a GO SH; § 25 ThürKO.

1031 *Gern*, Deutsches Kommunalrecht, Rn. 420; *Groh*, NWVBl. 2001, S. 41, 44; *Bick*, S. 63.

1032 *Bick*, S. 62.

durch Fraktionsbildung ist im Kommunalrecht sogar noch ausgeprägter als im Parlamentsrecht. Den Gemeinderatsmitgliedern steht weniger Zeit zur Verfügung, sich in verschiedene Probleme einzuarbeiten. Aufgrund dieses ausgeprägten Spannungsfelds zwischen Professionalität und Ehrenamt sind die Fraktionen für kommunalrechtliche Willensbildung von entscheidender Bedeutung[1033].

Unter Berücksichtigung der vorherigen Ausführungen ist es missverständlich, wenn *Schmidt-Aßmann*[1034] die Zulässigkeit der Fraktionsbildung aus der internen Organisationsgewalt des Rats ableiten möchte. So kommt dem Gemeinderat wie dem Bundes- und den Landtagen aufgrund seiner Geschäftsordnungsautonomie das Recht zu, die Voraussetzungen für die Fraktionsbildung zu normieren. Das Recht – nicht die Pflicht – der Gemeinderatsmitglieder zum fraktionellen Zusammenschluss folgt dagegen aus ihrem freien Mandat, nicht aus der Organisationsgewalt des Rats.

Ebenfalls nicht zutreffend ist die Auffassung, wonach die kommunalrechtliche Zulässigkeit des Fraktionswesens an sich aus der Zielsetzung derselben folge, nämlich der Verwaltungsvereinfachung[1035]. Die Tätigkeit des Gemeinderats und seiner Fraktionen kann nicht mit einem gewöhnlichen Exekutivorgan verglichen werden. Sinn und Zweck einer Fraktion sind auch im Kommunalrecht nicht auf die Vereinfachung des Verwaltungshandelns beschränkt. Sie sollen vielmehr die Arbeits- und Funktionsfähigkeit des Gemeinderats sicherstellen, den Prozess der Willensbildung und Entscheidungsfindung wie auf parlamentarischer Ebene umsetzen und kanalisieren sowie die Gemeinderatsmitglieder in die Arbeit des Kollegialorgans einbinden[1036]. Das erstgenannte Ziel hat keinen spezifischen Parlamentsbezug. Es trägt dem Umstand Rechnung, dass ein Gremium mit einer großen Anzahl von Entscheidungsträgern eine genaue Ausgestaltung der Entscheidungsfindung zur Aufrechterhaltung der Handlungsfähigkeit benötigt. Dagegen zeigt sich mit den beiden letztgenannten Absichten erneut die Parallelität eines Strukturprinzips im Parlaments- und Kommunalrecht, die auf die Eigenschaft als exponierte, unmittelbar legitimierte Repräsentativkörperschaft zurückzuführen ist. So sind die Fraktionen auch im Kommunalrecht die wahren Schaltstellen der Ratsarbeit und die kommunalpolitischen „Machtzentren"[1037]. Hinsichtlich Funktion und Struktur der Fraktionen in den Parlamenten bzw. den Kommunalvertretungen bestehen keine relevanten Unterschiede[1038].

1033 *Rosenzweig*, in: *Brand/Schinkel*, NStVwR, S. 265, 310.

1034 In: *ders.*, Besonderes Verwaltungsrecht, 1. Kap., Rn. 66 a.

1035 So aber *Gern*, Deutsches Kommunalrecht, Rn. 420.

1036 *Ott*, S. 223; *Hubert Meyer*, Kommunales Parteien- und Fraktionenrecht, S. 247 f.; explizit aufgeführt ist diese Funktion in § 40 Abs. 2 GO Bbg.; § 36 a Abs. 3 HGO; § 39 b Abs. 2 S.1 NGO; § 56 Abs. 2 GO NW.

1037 *Stober*, § 15 VII 2 (S. 215); ebenso *Bick*, S. 18.

1038 *Borchert*, AöR 102 (1977), S. 210, 234.

Darüber hinaus offenbart sich im Vergleich des Fraktionswesens noch eine andere, interessantere Gemeinsamkeit, die schon bei der Erörterung des innerparlamentarischen Rederechts angesprochen wurde[1039]. Die Etablierung des Fraktionswesens auf kommunaler Ebene ist ein Spiegelbild der Politisierung in diesem Bereich und der zunehmenden Prägung der gemeindlichen Willensbildung durch die Parteien. Darin liegt ein weiteres Argument gegen die überkommene These vor, der Gemeinderat sei ein Ort der verwaltungsrechtlichen Sachentscheidungen und nicht der politischen Auseinandersetzungen[1040]. Deutlich wird das darin, dass die parlamentsrechtlichen Probleme im Bereich des Fraktionswesens im Kommunalrecht wieder zu finden sind. Das Spannungsverhältnis zwischen zwei elementaren parlamentsrechtlichen Strukturprinzipien, dem freien Mandat und der autonomen Geschäftsordnungsbefugnis, ist auch im Kommunalverfassungsrecht zu beobachten.

Schließlich besteht das Recht des Gemeinderats zur Festlegung der Voraussetzungen der Fraktionsbildung wegen des hohen Wertes des freien Mandats nicht uneingeschränkt[1041]. In diesem Punkt lassen sich wie im Fraktionsbildungsrecht der Landtagsabgeordneten beachtliche Unterschiede zwischen den Bundesländern feststellen. Restriktive Voraussetzungen für die Fraktionsbildung bestehen nicht in allen Gemeindeordnungen. So finden sich Bestimmungen zur Fraktionsmindeststärke nur in den Gemeindeordnungen von Brandenburg, Mecklenburg-Vorpommern, Niedersachsen, Nordrhein-Westfalen, Rheinland-Pfalz, dem Saarland, Sachsen-Anhalt und Schleswig-Holstein[1042].

Daraus folgt nicht, dass in den anderen Bundesländern keine Regelungen zur Fraktionsmindeststärke vorhanden sind. Dort erfolgt die Festlegung einer Fraktionsmindeststärke aufgrund der Geschäftsordnungsautonomie direkt durch den Gemeinderat[1043]. Dies ist unter Beachtung des Minderheitenschutzes, der Chancengleichheit und des Willkürverbots zulässig, da der Erhöhung der Funktionsfähigkeit insbesondere die Vorklärungsfunktion einer Fraktion dient, die aber bei einer „Ein-Mann-Fraktion" nicht mehr erfüllt werden kann[1044].

Eine Beschränkung des Fraktionsbildungsrechts auf Mitglieder derselben Partei oder Angehörige derselben politischen Gruppierung ist landesgesetzlich im Saarland, in Sachsen-Anhalt und in Schleswig-Holstein vorgeschrieben[1045]. Be-

---

1039 Oben S. 177.

1040 So aber *Hubert Meyer*, Kommunales Parteien- und Fraktionenrecht, S. 223.

1041 *Zöller*, VR 1993, S.316, 317.

1042 § 40 Abs. 1 S. 2 GO Bbg.; § 23 Abs. 5 S. 2 KV MV; § 39 b Abs. 1 NGO; § 56 Abs. 1 S. 2 GO NW; § 30 a Abs. 1 S. 2 GO RP; § 30 Abs. 5 S. 2 KSVG Saar.; § 43 S. 3 GO SA; § 32 a Abs. 5 S. 1 GO SH.

1043 Für die Rechtslage in Bayern *Lissack*, § 4 Rn. 86; a.A. *Stober*, § 15 VII 1 (S. 213), der aufgrund der statusrechtlichen Gleichstellung in diesem Fall die „Ein-Mann-Fraktion" für zwingend notwendig hält.

1044 *Scholtis*, S. 293.

1045 § 30 Abs. 5 S. 1 KSVG Saar.; § 43 S. 1 GO SA; § 32 Abs. 1 Nr. 1, Abs. 5 GO SH.

sonders deutlich kommt dieser Umstand in Schleswig-Holstein zum Ausdruck. Dort bilden Angehörige einer politischen Partei automatisch eine gemeinsame Fraktion, sofern es sich um mindestens zwei Gemeinderatsmitglieder handelt. In den übrigen Ländern fehlt eine Beschränkung auf Angehörige derselben Partei. Dahinter steht der Gedanke, dass unabhängig von der gemeinsamen politischen Überzeugung eine Arbeitserleichterung und eine Effektivitätssteigerung allein durch den Zusammenschluss zweier Abgeordneter erfolgen können.

Ungeachtet dessen werden die Zusammenschlüsse in der Praxis im Regelfall auf politisch Gleichgesinnte beschränkt sein[1046], so dass die unterschiedlichen Voraussetzungen für die Fraktionsbildung sich unter gewöhnlichen Umständen nicht auswirken. Etwas anderes kann sich aber dann ergeben, wenn es dem einzelnen Volksvertreter nicht möglich ist, sich mit anderen Mitgliedern der Gemeindevertretung zusammenzuschließen, die Ausübung bestimmter Rechte aber an den Fraktionsstatus gebunden ist. Die Relevanz dieses Gesichtspunkt wird insbesondere bei der Besetzung von Ratsausschüssen deutlich, da diese bei fehlendem Konsens in der Vertretungskörperschaft nach den Grundsätzen der Verhältniswahl gewählt werden und damit keiner Fraktion angehörende Abgeordnete oftmals unberücksichtigt bleiben[1047]. Darauf wird gesondert bei der Behandlung des Anspruchs eines fraktionslosen Gemeinderatsmitglieds auf Sitz und Stimme im Ausschuss einzugehen sein[1048].

c) Ergebnis

Im Recht der Abgeordneten zur Fraktionsbildung und bei der Ausgestaltung des Fraktionswesens bestehen keine relevanten Unterschiede, das freie Mandat ist insofern deckungsgleich[1049]. Deshalb besteht die Möglichkeit, bei der kommunalverfassungsrechtlichen Interpretation des Fraktionsbildungsrechts auf parlamentsrechtliche Grundsätze zurückzugreifen[1050].

Das Recht des Gemeinderatsmitglieds zum fraktionellen Zusammenschluss und die Ausbreitung des Fraktionswesens stellen einen eklatanten Unterschied zu einem „gewöhnlichen“ Verwaltungsorgan dar und dienen als deutliches Anzeichen für eine Parlamentisierung und Politisierung der Ortsstufe[1051].

Dieser Gesichtspunkt kann bei der Frage nach der Übertragbarkeit parlamentsrechtlicher Grundsätze auf das Kommunalrecht nicht unberücksichtigt bleiben. Eine immer stärker politisch geprägte und den staatlichen Parlamenten angenäherte Willensbildung bedarf angemessener Individualrechte zur Partizipation an

[1046] *Waechter*, Rn. 317.
[1047] *Berwanger*, S. 1.
[1048] Dazu ausführlich unten S. 261 ff.
[1049] Ebenso *Ott*, S. 224; *Borchert*, AöR 102 (1977), S. 210, 234.
[1050] *Schröder*, S. 520.
[1051] So auch *Rohde*, S. 178 ff.

dieser Aufgabe. Daneben wird dadurch dem Grundauftrag eines Kollegialorgans, das zugleich Volksvertretung ist, Geltung verschafft. Eine der spezifischen Funktion des Rats gerecht werdende Willensbildung ist wie auf parlamentarischer Ebene nur dann ausreichend gewährleistet, wenn sie in den geordneten Bahnen einer Fraktion unter Beachtung des Minderheitenschutzes stattfindet.

2. Verschwiegenheits- und Geheimhaltungspflicht

Die genaue Ausgestaltung des freien Mandats kann nicht nur anhand der Rechte analysiert werden. Mit der Annahme des Mandats sind auch Pflichten verbunden, deren Ausgeprägtheit bedeutsame Rückschlüsse auf den Grad der Freiheit bzw. das Maß der Pflichtgebundenheit zulässt und die für die Vergleichbarkeit der Rechtsstellung von Abgeordneten und Gemeindevertretern taugen. Zu Beginn der Prüfung soll die Verschwiegenheitspflicht behandelt werden, da sie zur Begründung des exekutiven Charakters der Rechtsstellung des kommunalen Volksvertreters herangezogen wird[1052].

a) Parlamentarische Verschwiegenheits- und Geheimhaltungspflichten

Die Volksvertreter auf Bundes- und Landesebene sind nicht frei im Umgang mit den erlangten Informationen, sondern unterliegen unter bestimmten Umständen Geheimhaltungs- und Schweigepflichten[1053]. In einigen Landesverfassungen ist die Geheimhaltungspflicht der Parlamentarier anders als im Grundgesetz ausdrücklich aufgeführt[1054]. Allerdings soll sich aus Art. 42 GG eine umfassende Pflicht zur Geheimhaltung über den Inhalt nicht öffentlicher Bundestagssitzungen „zwingend" ergeben[1055]. Diese Ansicht ist nicht unbestritten. Nach anderer Auffassung soll allein aus der Nichtöffentlichkeit der Sitzung keine Geheimhaltungspflicht folgen, sondern nur bei ausdrücklicher Anordnung[1056].

Zur Klärung dieses Punktes muss zwischen Ausschuss- und Plenarsitzungen differenziert werden. Sofern es sich um den Inhalt von Ausschusssitzungen handelt, ist der letztgenannten Auffassung zuzustimmen. Wenn allein die Nichtöffentlichkeit dieser Sitzungen zu einer uneingeschränkten Verschwiegenheitspflicht führen würde, wäre die eine besondere Anordnung der Geheimhaltung

1052 LG Krefeld, NJW 1994, S. 2036, 2037.

1053 Unter Geheimhaltungspflichten sind die aus dem Gesetz folgenden Verschwiegenheitspflichten zu verstehen, während Schweigepflichten vereinbarte Verschwiegenheitspflichten darstellen (so *Schulte*, S. 22).

1054 Art. 61 Abs. 3 Bay LV; Art. 83 Abs. 2 Brem LV; Art. 7 Abs. 2 Nr. 3, Art. 26 Abs. 6 LV HH; Art. 85 Abs. 1 S. 2 LV Saar.

1055 *Schulte*, S. 23 f.

1056 *Ott*, S. 260.

vorsehende Bestimmung des § 69 Abs. 7 GO BT überflüssig. Sämtliche Ausschusssitzungen finden gemäß § 69 Abs. 1 S. 1 GO BT nicht öffentlich statt[1057].

Außerdem dient die Nichtöffentlichkeit der Ausschusssitzungen dem Zweck, eine sachliche Auseinandersetzung und Entscheidungsfindung ohne Beobachtung durch die Medien und ohne parteipolitische Zwänge zu ermöglichen, nicht aber der Geheimhaltung. In einer Ausschusssitzung ist es viel eher als im Plenum möglich, frei zu argumentieren und auch einmal nicht ganz ausgereifte Gedanken zu äußern. Insgesamt wird mit der Nichtöffentlichkeit der Sitzungen die Effektivität der Arbeit der Parlamente gesteigert[1058]. Art. 42 Abs. 1 GG steht diesem Ergebnis nicht entgegen, da sich der Grundgesetzartikel nur auf Sitzungen des Plenums bezieht und die Ausschüsse davon nicht erfasst sind.

Anders verhält es sich, wenn es um die Nichtöffentlichkeit der Bundestagssitzungen geht. Wie bei der Darstellung der Öffentlichkeitsfunktion bereits ausgeführt wurde, kommt ein Ausschluss nur zur Sicherung privater und staatlicher Geheimnisse sowie strafrechtlicher Ermittlungen in Frage[1059]. Wenn eines dieser beiden Schutzgüter tatsächlich stärker zu gewichten ist als die Verfolgung der Debatte durch die Öffentlichkeit, muss der Schutz umfassend sein und auch eine Schweigepflicht der Abgeordneten über den Sitzungsinhalt nach sich ziehen. Sonst ist es nicht zu rechtfertigen, die Öffentlichkeit von der Sitzung auszuschließen. Da die Ausschließungsgründe in den Landesverfassungen mit denen des Art. 42 Abs. 1 GG identisch sind, besteht auch in den Ländern ohne ausdrückliche Regelungen eine verfassungsunmittelbare Pflicht zur Verschwiegenheit über den Inhalt nicht öffentlicher Sitzungen des Plenums.

Darüber hinaus gibt es einfachgesetzliche Geheimhaltungspflichten in der Geheimschutzordnung des Bundestags, die gemäß § 17 GO BT als Anlage 3 integraler Bestandteil der Geschäftsordnung ist. Darin sind gemäß § 1 GSO BT Geheimhaltungsvorschriften für die vom Bundestag stammenden oder ihm zugeleitete Verschlusssachen enthalten. Ähnliches gilt für die Geschäftsordnungen der Landtage, die unter ähnlichen Voraussetzungen die Parlamentarier zum Schweigen verpflichten[1060]. Außerdem sind an dieser Stelle einfachgesetzliche Geheim-

---

1057 *Wurzel*, S. 82 (Fn. 2). Identisch ist die Rechtslage in Baden-Württemberg. Die Landtagssitzungen sind grundsätzlich öffentlich, Art. 33 S. 1 LV BW. Gemäß § 32 Abs. 1 S. 1 GO LT BW sind die Ausschusssitzungen dagegen nicht öffentlich. § 32 Abs. 4 GO LT BW sieht darüber hinaus die Möglichkeit der Beschließung eines Geheimhaltungsgrades vor, die bei einer umfassenden Schweigepflicht entbehrlich wäre.

1058 *Schröder*, S. 403.

1059 Oben S. 89 f.; *Linck*, ZParl. 23 (1992), S. 673, 695.

1060 § 32 Abs. 4 GO LT BW; §§ 4, 5, 30 GO BayLT; §§ 4 Abs. 1 – Abs. 5 GSO AbgH Berlin; § 5 GO BremBürgerschaft; § 2 Abs. 1 GSO LT Bbg.; § 56 Abs. 4 GO Bürgerschaft HH; § 112 GO HLT, § 2 Abs. 1 GSO HLT, § 93 GO NLT; § 104 Abs. 4 S. 2 GO LT MV, § 2 Abs. 1 GSO LT MV; §§ 6 Abs. 4, 30 GO LT NW, § 2 Abs. 1 GSO LT NW; §§ 80 Abs. 7 S. 1, Abs. 9, 111, 116 Abs. 3 GO LT RP; §§ 5 – 9, 18 Abs. 10, 22 Abs. 8 GO LT Saar.;

haltungspflichten zu nennen, die sich aus § 10 a Abs. 2 BHO, § 5 PKGrG, § 10 GO Gem. Ausschuss und § 6 Abs. 4 BVerfGG ergeben.

Damit kann festgestellt werden, dass die Abgeordneten zur Verschwiegenheit über den Inhalt der Ausschusssitzungen verpflichtet sind, sofern Vertraulichkeit angeordnet wurde. Ohne besondere Anordnung gilt diese Obliegenheit auch für sämtliche nicht öffentlichen Parlamentssitzungen sowie Gegenstände, die der Geheimschutzordnung unterfallen oder durch sonstige gesetzliche Bestimmungen der Geheimhaltung unterliegen.

Parlamentsrechtlicher Geheimnisschutz und die damit verbundene Verschwiegenheitspflicht stellen die Kehrseite der Informationsrechte der Abgeordneten dar, die zur ordnungsgemäßen Wahrnehmung der Gesetzgebungs- und Kontrollrechte unerlässlich sind. Eine umfassende Informationsgewinnung durch die Verwaltung wäre ohne verlässliche Diskretion gefährdet, insbesondere bei sicherheitsrelevanten Tatsachen[1061]. Ein wirksamer Geheimschutz im Interesse des Staates ist aber nicht das einzige Ziel der Verschwiegenheitspflichten. Mit der Geheimschutzordnung wird auch angestrebt, Vorgänge nicht ans Licht der Öffentlichkeit gelangen zu lassen, durch die der Geschäftsbereich von Privatunternehmen oder die Privatsphäre einzelner Personen berührt wird[1062]. In diesem Bereich dient die Verschwiegenheitspflicht nicht nur der Erlangung privater Unterlagen, sondern schützt auch das allgemeine Persönlichkeitsrecht des Betroffenen. Damit haben die Geheimhaltungspflichten eine doppelte Schutzrichtung, indem sie sich sowohl an staatlichen als auch an privaten Interessen hinsichtlich Diskretion und Vertraulichkeit orientieren[1063]. Besonders deutlich kommt das in § 6 Abs. 4 BVerfGG zum Ausdruck, wonach die Mitglieder des Wahlausschusses zur Verschwiegenheit über die persönlichen Verhältnisse der Bewerber verpflichtet sind. Da der Status der Abgeordneten nicht als Selbstzweck besteht, sondern nur im Zusammenhang mit der Funktionsfähigkeit des Gesamtorgans bestimmt werden kann, stellt die Existenz von Verschwiegenheitspflichten eine zulässige Einschränkung des freien Mandats zur Sicherstellung der ordnungsgemäßen Aufgabenerfüllung des Bundestags dar[1064].

---

§§ 28 Abs. 3, Abs. 4 GO LT Sachsen; §§ 22, 85, 88 GO LT SA; §§ 10 Abs. 5, 17 Abs. 2 S. 2 GO LT SH; §§ 78 Abs. 2, 102 GO ThürLT, § 2 Abs. 1 GSO ThürLT.

1061 *Jahn/Engels*, in: *Schneider/Zeh*, Parlamentsrecht und Parlamentspraxis, § 20 Rn. 2.

1062 *Jahn/Engels*, in: *Schneider/Zeh*, Parlamentsrecht und Parlamentspraxis, § 20 Rn. 5 f.; so ausdrücklich der Schutzzweck in § 6 Abs. 4 BVerfGG.

1063 So auch *Jahn/Engels*, in: *Schneider/Zeh*, Parlamentsrecht und Parlamentspraxis, § 20 Rn. 7; die Ausführungen sind zwar auf die GSO BT bezogen, enthalten aber eine allgemein gültige Aussage für die Verschwiegenheitspflicht über den Inhalt nicht öffentlicher Parlamentssitzungen, da hier dieselbe Ratio – Ausschluss aus Gründen des Staatsschutzes oder wegen individueller Interessen – zu Grunde liegt.

1064 *Braun/Jantsch/Klante*, § 44 c Rn. 6.

Ein Verstoß gegen die Verschwiegenheitspflicht ist unter bestimmten Umständen gemäß § 353 b Abs. 2 Nr. 1 StGB strafbar[1065]. In extremen Fällen können die §§ 93 ff. StGB einschlägig sein, da Abgeordnete nicht generell vom Täterkreis ausgenommen sind[1066].

In Bayern und dem Saarland besteht landesverfassungsrechtlich nach Art. 61 Abs. 3 Bay LV bzw. Art. 85 Abs. 1 LV Saar. die Möglichkeit der Abgeordnetenanklage vor dem Verfassungsgerichtshof, wenn ein Angehöriger des Parlaments vertrauliche Mitteilungen an einem Dritten weitergibt und dabei in der Voraussicht handelt, dass sie öffentlich bekannt werden. Dabei kann der Verfassungsgerichtshof im Saarland gemäß § 85 Abs. 3 LV Saar. als Sanktion auf den Verlust des Mandats erkennen. Solch drastische Konsequenzen drohen bei einem groben Verstoß gegen die Verschwiegenheitspflichten auch in Bremen und Hamburg, wo gemäß Art. 85 Abs. 1 S. 1 BremLV bzw. Art. 7 Abs. 2 Nr. 3 LV HH der Ausschluss aus der Bürgerschaft vorgesehen ist. In den übrigen Bundesländern besteht keine über die strafrechtliche Verfolgung hinausgehenden Sanktionsmöglichkeiten[1067].

b) Verschwiegenheit in den Kommunalverfassungen

Sämtliche Kommunalverfassungen der deutschen Flächenländer enthalten Vorschriften zur Verschwiegenheit der Gemeinderäte[1068]. Es handelt sich hierbei um eine Konkretisierung ihrer umfassenden Treuepflicht[1069]. Bei der konkreten Ausgestaltung ergeben sich beträchtliche Unterschiede.

Der Verschwiegenheit unterliegen die Gemeinderatsmitglieder in allen Ländern nur bezüglich solcher Sachverhalte, die ihnen im Rahmen der Tätigkeit innerhalb der kommunalen Vertretungskörperschaft bekannt geworden sind, nicht

---

1065 § 353 b Abs. 1 StGB ist dagegen auf Abgeordnete nicht anwendbar (*Tröndle/Fischer*, § 353 b Rn. 3). Dass sich ein Abgeordneter grundsätzlich nach § 353 b Abs. 2 StGB strafbar machen kann, konnte *Wurzel*, S. 108 f. nicht prüfen, da nach der damaligen Fassung des § 353 b StGB in der Tat der Abgeordnete nicht zum tauglichen Täterkreis gehörte. Ihr damaliger Begründungsansatz, die ausgeprägtere Pflichtgebundenheit des Gemeindevertreters darauf zu stützen, dass die Verletzung der Verschwiegenheitspflicht durch ein Parlamentsmitglied zwar pflichtwidrig, aber nicht strafbar sei, ist daher heute nicht mehr haltbar.

1066 *Tröndle/Fischer*, § 93 Rn. 18.

1067 *Becher*, S. 60 f.

1068 § 35 Abs. 2 GO BW; Art. 31 Abs. 2 S. 1, 20 Abs. 2 S. 1 BayGO; §§ 38 Abs. 2, 27 Abs. 1 GO Bbg.; §§ 35 Abs. 2, 24 Abs. 1 HGO; § 23 Abs. 6 KV MV; §§ 39 Abs. 3, 25 Abs. 1 NGO; §§ 43 Abs. 2, 30 Abs. 1 GO NW; § 20 Abs. 1 GO RP; §§ 33 Abs. 2, 26 Abs. 3 KSVG Saar.; § 37 Abs. 2 GO Sachsen; § 50 Abs. 3 GO SA; §§ 32 Abs. 3, 21 Abs. 2 – 5 GO SH; §§ 24 Abs. 1, 12 Abs. 3 ThürKO.

1069 *Hahn*, VBlBW 1995, S. 425; *Ott*, S. 260; *Gönnenwein*, S. 267.

aber hinsichtlich der ihnen von Privatpersonen zugetragenen Fakten[1070]. Innerhalb der Verschwiegenheitspflicht gilt hier wie auf Bundes- und Landesebene, dass sie dann besteht, wenn sie gesetzlich vorgeschrieben, ausdrücklich angeordnet oder der Natur der Sache nach erforderlich ist[1071]. Das Bestehen einer Verschwiegenheitspflicht ist wie im Parlamentsrecht ohne weiteres bei nicht öffentlichen Gemeinderatssitzungen anzunehmen, da die Ausschlussgründe denen auf Bundes- und Landesebene entsprechen[1072]. So versteht man unter den der Natur der Sache nach geheimhaltungsbedürftigen Angelegenheiten solche, deren Mitteilung an Dritte dem Wohl der Gemeinde oder berechtigten Interessen einzelner Bürger zuwider laufen[1073]. Diese Begrifflichkeit entspricht den Gründen, die einen Ausschluss der Öffentlichkeit rechtfertigen können.

Darüber hinaus ist im Gegensatz zur parlamentsrechtlichen Situation auch der Inhalt der Sitzungen beratender Ausschüsse von der Verschwiegenheitspflicht umfasst, sofern sie nicht öffentlich stattgefunden haben. Dies wiederum ist nach einigen Gemeindeordnungen ohne besondere Anordnung der Fall, sofern es sich um die Sitzung selbst handelt oder um eine Zusammenkunft, die lediglich der Vorbereitung der Entscheidung eines beschließenden Ausschusses dient[1074]. Im Kommunalverfassungsrecht ist eine nicht öffentliche Sitzung damit zugleich immer eine geheime Sitzung[1075].

Unter anderem dieser Aspekt wird zur Begründung einer umfassenden parlamentsrechtsfremden Pflicht herangezogen, die den Bestimmungen über die Amtsverschwiegenheit von Beamten – § 61 Abs. 1 BBG, § 39 Abs. 1 BRRG – sehr ähneln soll[1076]. Während das freie Mandat auf kommunaler Ebene durch die umfassenderen Verschwiegenheitspflichten amtsrechtlich geprägt sei, könne der Abgeordnete sich auf ein freieres, von subjektiver Pflichterfüllung geprägtes Mandat berufen[1077]. Dies komme dadurch zum Ausdruck, dass die kommunalrechtliche Verschwiegenheitspflicht fast durchgängig in den Gemeindeordnungen[1078] sanktioniert sei. Dagegen fehle es auf Bundes- und Länderebene an par-

---

1070 *Siebler*, S. 51 f.

1071 *Wiegand/Grimberg*, § 30 Rn. 4; *Stober*, § 15 II 3e (S. 193).

1072 *Stober*, § 15 II 3 e (S. 193); *Wengenroth*, S. 158; a.A. *Ott*, S. 261.

1073 *Knirsch*, S. 30.

1074 Vgl. etwa § 39 Abs. 5 S. 1 GO BW; § 46 Abs. 4 S. 2 GO RP; § 48 Abs. 5 S. 1 KSVG Saar.; §§ 41 Abs. 5 S. 2, 43 Abs. 2 GO Sachsen; zur Verschwiegenheitspflicht über den Inhalt nicht öffentlicher Ausschusssitzungen *Wiegand/Grimberg*, § 30 Rn. 6, § 50 Rn. 10. In diesem Land besteht hinsichtlich der Verschwiegenheitspflicht für nicht öffentliche Sitzungen mit § 50 Abs. 3 GO SA eine Spezialnorm.

1075 *Hahn*, VBlBW 1995, S. 425, 426; a.A. *Ott*, S. 261.

1076 *Wurzel*, S. 79.

1077 *Schröder*, S. 299; ähnlich *Berwanger*, S. 124 f.

1078 § 17 Abs. 4 i.V.m. § 16 Abs. 3 GO BW; Art. 20 Abs. 4 BayGO; § 27 Abs. 6 S. 2 i.V.m. § 26 Abs. 2 S. 4 GO Bbg.; § 24 a Abs. 1 Nr. 2, Abs. 2 i.V.m. § 24 HGO; § 25 Abs. 2 NGO i.V.m. § 24 Abs. 2 S. 2 – 4 NGO; § 30 Abs. 6 S. 2 i.V.m. § 29 Abs. 3 GO NW; § 20

lamentsrechtlichen Sanktionsmöglichkeiten, eine Ahndung sei nur unter strafrechtlichen Gesichtspunkten möglich[1079]. Außerdem ziele die Verschwiegenheitspflicht der Abgeordneten auf Staatsschutzgesichtspunkte und politische Gründe ab, während die Gemeinderatsmitglieder vorwiegend zum Schutz persönlicher Verhältnisse zum Schweigen verpflichtet seien[1080].

Überzeugend sind diese Einwände gegen die Vergleichbarkeit der Verschwiegenheitspflicht auf parlamentarischer und gemeindlicher Ebene nicht. Auch wenn die Verschwiegenheitspflicht der Parlamentsabgeordneten eher auf politischen und Staatsschutzgründen beruht, kann sie auch aus überwiegenden Individualinteressen folgen. Dies ergibt sich neben der Möglichkeit des Ausschlusses der Öffentlichkeit von Parlamentssitzungen aus dem letztgenannten Grund auch aus § 6 Abs. 4 BVerfGG. Die Mitglieder des Wahlausschusses sind nach dieser Vorschrift zur Verschwiegenheit über die persönlichen Verhältnisse des Bewerbers verpflichtet. Darin kommt deutlich die individuelle Schutzrichtung dieser Verschwiegenheitspflicht zum Ausdruck[1081].

Wenn ein Gemeinderatsmitglied durch die automatische Geheimhaltungsbedürftigkeit des Inhalts und Verlaufs der Ausschusssitzungen quantitativ ausgeprägteren Verschwiegenheitspflichten unterliegt als sein parlamentsrechtliches Pendant, liegt das an kommunalen Besonderheiten. Die größere Nähe der Entscheidungsträger zum Entscheidungsgegenstand und zu den Adressaten führt zu einer höheren Geheimhaltungsbedürftigkeit des Inhalts der Ausschussberatungen. Das gilt insbesondere für geplante Ausweisungen von Baugebieten in Bebauungsplänen, da bei vorzeitiger Kenntnis der Öffentlichkeit von dem Vorhaben die Grundstückspreise schon im Vorfeld in die Höhe getrieben würden und die Ratsmitglieder von Dritten bedrängt würden, das Baugebiet zu erweitern. Damit würde eine sachliche, von äußerem Druck befreite Entscheidungsfindung deutlich erschwert. Hierin wird eine weitere Schutzrichtung der Verschwiegenheitspflicht deutlich. Durch sie werden die Gemeinderatsmitglieder selbst geschützt, indem sie frei und ohne die Befürchtung entscheiden können, dass ihre Ansichten nach außen gelangen[1082]. Unter anderem zur Erfüllung dieses Schutzzwecks sind aber auch die Verschwiegenheitspflichten der Abgeordneten geschaffen worden. Wenn die Entscheidungsfindung in den parlamentarischen Ausschüssen in einem dem Gemeinderat entsprechenden Maße gefährdet ist, wird es dort zur Anordnung der Vertraulichkeit kommen, so dass bei vergleichbaren Sachverhalten auch vergleichbare Pflichten bestehen. Dass der Schwer-

---

Abs. 2 i.V.m. § 19 Abs. 3 GO RP; § 26 Abs. 4 KSVG Saar.; § 19 Abs. 4 GO Sachsen; § 30 Abs. 4 GO SA i.V.m. § 29 Abs. 2 GO SA; § 12 Abs. 3 S. 2 – 4 ThürKO.

1079 *Schröder*, S. 401 f.

1080 *Schröder*, S. 402 f.; *Wurzel*, S. 83.

1081 So bereits oben S. 208.

1082 *Schulze*, in: *Hammerbacher*, Handbuch Kommunale Politik, I/A 2.1, S. 1, 9; *Hahn*, VBlBW 1995, S. 425, 426; *Wurzel*, S. 80.

punkt im Kommunalrecht eher hierauf liegt, erklärt sich mit der größeren Nähe und direkteren Betroffenheit durch kommunale Entscheidungen, nicht aber mit der angeblichen Stellung der Gemeindevertretung als ein mit Verwaltungsentscheidungen betrautes Exekutivorgan[1083].

Verfassungsrechtliche Sanktionsmöglichkeiten sind zwar bundesverfassungsrechtlich im Gegensatz zur Mehrzahl der Gemeindeordnungen nicht vorgesehen. In den Ländern gibt es solche Möglichkeiten immerhin in Bayern, Bremen, Hamburg und dem Saarland. Diese gehen über die kommunalrechtlichen Sanktionsmöglichkeiten sogar hinaus, da den Gemeinderäten zumeist nur die Verhängung eines Ordnungsgeldes droht[1084]. Dagegen sind in den vorgenannten Bundesländern die Aberkennung des Mandats bzw. der völlige Ausschluss möglich. Selbst wenn man die Verfassung Bremens wegen ihrer historischen Besonderheiten ausklammert[1085], ist dem Parlamentsrecht der Länder die Sanktionierung von Verstößen gegen die Verschwiegenheitspflicht nicht fremd. Ob sie „schwer durchsetzbar" sind[1086], ist für die Vergleichbarkeit der Geheimhaltungspflichten irrelevant[1087].

Auch über diesen Gesichtspunkt hinaus kann man nicht behaupten, die Art und Weise des Umgangs mit der Schweigepflicht unterliege im Parlamentsrecht viel stärker der Disposition des Abgeordneten und seiner Gewissensfreiheit, da ein Verstoß „nur" strafrechtlich geahndet werden könne[1088]. Als Strafmaß sieht § 353 b Abs. 2 Nr. 1 StGB als Höchstmaß immerhin drei Jahre Freiheitsstrafe vor. Bei den §§ 94 ff. StGB handelt es sich mehrheitlich sogar um Verbrechen.

Angesichts solcher Sanktionen und der negativen Wirkung der Missachtung der Verschwiegenheitspflicht in der Öffentlichkeit kann man nicht von einer freieren Gewissensentscheidung des Parlamentsabgeordneten darüber sprechen, ob und wie er seine Verschwiegenheitspflicht erfüllt. Außerdem besteht in Extremfällen auch für den gemeindlichen Volksvertreter als letztes Mittel die Möglichkeit, nach Ausschöpfung sämtlicher rechtlicher Möglichkeiten und Einschaltung der Aufsichtsbehörde unter Verletzung seiner Verschwiegenheitspflicht an die Öffentlichkeit zu gehen[1089].

Letztlich könnte man die stärkere Ausprägung der kommunalrechtlichen Verschwiegenheitspflicht im Vergleich zu der des Parlamentariers darauf zu stützen

---

1083 Unzutreffend insofern *Schröder*, S. 402.

1084 Die als Merkmal einer starken Pflichtgebundenheit herangezogene Möglichkeit des Verlusts der Bürgerrechte in Baden-Württemberg besteht seit der Änderung des § 16 Abs. 3 GO BW mit Gesetz vom 16.07.1998 (GBl. BW 1998, S. 418) nicht mehr.

1085 Zu den Besonderheiten bereits oben S. 196; vgl. auch *Wurzel*, S. 83.

1086 Damit möchte *Schröder*, S. 401 f. die verfassungsrechtlichen Sanktionsmöglichkeiten relativieren.

1087 Ähnlich *Ott*, S. 262.

1088 So aber *Schröder*, S. 401 f.

1089 OVG RP, Urteil vom 13.06.1995, Az: 7 A 12186/94.

versuchen, dass die des Gemeinderatsmitglieds nicht mit Beendigung des Mandats erlischt, sondern grundsätzlich zeitlich unbegrenzt fortbesteht[1090]. Die Ausstrahlungswirkung der Pflicht zur Verschwiegenheit über den Zeitraum der Tätigkeit als Volksvertreter hinaus ist aber auch im Parlamentsrecht zu finden. Dies folgt mittlerweile aus § 44 c Abs. 1 AbgG, da das Erfordernis einer Aussagegenehmigung für geheimhaltungsbedürftige Angelegenheiten auch nach Beendigung des Mandats lebenslang bestehen bleibt, was zwangsläufig zu einer anhaltenden Verschwiegenheitspflicht führt[1091]. Ferner ist in den Geheimschutzordnungen einiger Bundesländer[1092] ausdrücklich angeordnet, dass die Pflicht zur Geheimhaltung auch für die Zeit nach dem Ausscheiden aus dem Landtag gilt.

c) Ergebnis

Eine stärker amtsrechtlich geprägte Pflichtenstellung der Gemeinderatsmitglieder gegenüber den Parlamentsabgeordneten kann nicht festgestellt werden. Vielmehr stehen hinter den kommunalrechtlichen Verschwiegenheitspflichten dieselben Erwägungen wie hinter denen der Parlamentarier, wenngleich die tatsächliche Gewichtung des konkret einschlägigen Geheimhaltungsgrundes aufgrund gemeindespezifischer Besonderheiten variieren kann. Dies führt aber nicht zu wesensmäßigen Unterschieden.

3. Aussagepflicht, Genehmigungsvorbehalt und Zeugnisverweigerungsrecht

Eng mit der gerade dargestellten Verschwiegenheitspflicht korrespondieren deren prozessuale Auswirkungen. Das Maß der Pflichtgebundenheit ergibt sich in diesem Bereich daraus, ob die Volksvertreter dazu verpflichtet sind, über die der Geheimhaltungspflicht unterliegenden Tatsachen auszusagen oder dazu einer Genehmigung bedürfen und ob sie sich unter bestimmten Umständen auf ein Zeugnisverweigerungsrecht berufen können.

a) Parlamentsrechtliche Beurteilung

Zweifelsfrei zu klären ist die Frage nach den Rechten und Pflichten des Parlamentsabgeordneten, wenn er von vornherein nicht bereit ist, als Zeuge in einem Prozess oder einem Verwaltungsverfahren auszusagen. In diesen Fall besteht gemäß Art. 47 S. 1 GG verfassungsunmittelbar das den Grundsatz der uneinge-

---

1090 Zur Fortdauer der Verschwiegenheitspflicht nach Beendigung der Tätigkeit als Gemeinderat *Birkenfeld-Pfeiffer/Gern*, Rn. 253; *Hahn*, VBlBW 1995, S. 425, 427.

1091 *Braun/Jantsch/Klante*, § 44 c Rn. 8 f.

1092 In Berlin, Brandenburg, Mecklenburg-Vorpommern, Nordrhein-Westfalen, Rheinland-Pfalz, Sachsen und Thüringen.

schränkten Zeugnispflicht[1093] stark modifizierende Recht, über Personen, die ihnen in ihrer Eigenschaft als Abgeordnete oder denen sie in dieser Eigenschaft Tatsachen anvertraut haben sowie über diese Tatsachen selbst das Zeugnis zu verweigern. In den Landesverfassungen existieren entsprechende Regelungen, etwa Art. 39 LV BW. Damit wird die Entscheidungsfreiheit des Abgeordneten bezüglich seiner Aussagebereitschaft geschützt. Es handelt sich nicht um eine Pflicht, sondern um ein aus dem parlamentarischen Mandat folgendes subjektives Abgeordnetenrecht[1094]. In den Prozessordnungen finden sich in § 383 Abs. 1 Nr. 6 ZPO, § 98 VwGO und § 53 Abs. 1 Nr. 4 StPO einfachgesetzliche Absicherungen dazu. Für Mitglieder des Europaparlament gilt § 6 EuAbgG, welcher inhaltlich § 53 Abs. 1. S. 1 Nr. 4 StPO entspricht.

Aus Art. 47 S. 1 GG und den adäquaten Bestimmungen in den Landesverfassungen ergibt sich aber nicht eindeutig, ob das dort normierte Zeugnisverweigerungsrecht in Fällen gesetzlicher Verschwiegenheitspflichten überhaupt greift. Darin ist nämlich nicht von staatlichen Geheimhaltungsverpflichtungen die Rede, sondern von Tatsachen, die dem Abgeordneten in dieser Eigenschaft von *Personen* anvertraut worden sind. Dies spricht eher dafür, dass von Art. 47 S. 1 GG nur das Verhältnis zwischen Mitgliedern des Bundestags und nicht parlamentsangehörigen Dritten gemeint ist[1095]. Auch der historische Sinn der Vorschrift liegt darin, das Vertrauensverhältnis zwischen Parlamentarier und Staatsbürger zu schützen, nicht aber die Sicherung der Geheimhaltung amtlicher Kenntnisse zu gewährleisten oder der Exekutive Vertraulichkeit entgegenzubringen[1096]. Das für die Lösung dieses Problems entscheidende Merkmal des „Anvertrautseins" lässt sich zudem einfacher bejahen, wenn ein Bürger freiwillig dem Abgeordneten einen Sachverhalt mitteilt, als wenn das vom Parlament selbst oder seitens der Exekutive geschieht. Hier besteht nämlich zumeist eine Informations- und Mitteilungspflicht[1097].

Allerdings kann man die Verpflichtung der Exekutive zur Vorlage brisanter und geheimhaltungsbedürftiger Informationen auch mit der hervorgehobenen Stellung der Abgeordneten und der damit zusammenhängenden Vertrauenswürdigkeit begründen. Aus diesem Grund kann von vornherein mit der Beachtung der Verschwiegenheitsvorschriften gerechnet werden[1098]. Ferner ist der Wortlaut des Art. 47 S. 1 GG nicht zwingend, da die anvertrauende Person nicht unbedingt eine Privatperson sein muss, sondern auch jemand sein kann, der in amtli-

1093 *Groß*, StV 1996, S. 559, 560; *Eckhardt*, S. 56.

1094 *Nolte*, MDR 1989, S. 514; *Wurzel*, S. 90.

1095 Das Zeugnisverweigerungsrecht umfasst in diesem Verhältnis nicht nur die Auskünfte, sondern auch die anvertrauende Person selbst (*Fürmann*, JuS 2004, S. 303, 306).

1096 *Schulte*, S. 90 f.; ähnlich *Umbach*, in: *ders./Clemens*, Art. 47 Rn. 9.

1097 *Schulte*, S. 92 f.

1098 *Schulte*, S. 93.

cher Eigenschaft tätig wird[1099]. Letztlich sprechen auch die Ratio der Regelung und die hervorgehobene Stellung des Abgeordneten im staatsrechtlichen Gesamtgefüge für eine weite Auslegung. Mit dem Zeugnisverweigerungsrecht wird auch die Funktionsfähigkeit der Institution geschützt, deren Mitglied der Abgeordnete ist[1100]. Zur wirkungsvollen Wahrnehmung seiner Kontroll-, Überwachungs-, und Gesetzgebungsfunktion ist das Parlament auf vollständige Informationen angewiesen, die es jedoch nicht erhalten würde, wenn nicht ihre vertrauliche Behandlung gewährleistet wäre[1101]. Darüber hinaus betrifft das freie Mandat nicht nur die Stellung zum Volk, sondern auch zum Staat. Es wäre daher in sich unschlüssig, für die vom Volk anvertrauten Tatsachen ein Zeugnisverweigerungsrecht zu bejahen, es aber abzulehnen, wenn es um die Erfüllung staatlicher Verschwiegenheitspflichten geht[1102].

Daher sind nicht nur parlamentsfremde Informationen, sondern auch die der Regierung oder anderer Exekutivorgane anvertraut im Sinne des Art. 47 S. 1 GG. Das führt dazu, dass ein Abgeordneter auch dann ein Zeugnisverweigerungsrecht hat, wenn das Beweisthema einen der parlamentsrechtlichen Verschwiegenheitspflicht unterliegenden Sachverhalt betrifft. Zwangsläufig stellt sich in dieser Konstellation bei fehlender Aussagebereitschaft die Frage nach dem Erfordernis einer Aussagegenehmigung für den Bundestagsabgeordneten nicht. Die Bestimmung des Art. 47 S. 1 GG ist ein beachtliches Argument für die Freiheit des parlamentarischen Mandats in diesem Bereich.

Weniger eindeutig war früher die Konstellation zu beurteilen, in der ein Abgeordneter trotz bestehender Verschwiegenheitspflicht aussagebereit war, aber keine Aussagegenehmigung des Bundestags vorlag[1103]. Es stellte sich die Frage, ob der Parlamentsabgeordnete unter Inkaufnahme der strafrechtlichen und gegebenenfalls parlamentsrechtlichen Sanktionen eine freie Entscheidung zugunsten der Aussage treffen konnte oder ob – und gegebenenfalls von wem – eine Entbindung von der Schweigepflicht möglich wäre[1104]. Die Streitfrage ist mit Einführung des § 44 c AbgG durch das 17. Änderungsgesetz vom 04.11.1994 obsolet geworden. Hieraus ergibt sich das Erfordernis einer Aussagegenehmigung für den Fall, dass der Abgeordnete über Tatsachen eine Erklärung abgeben möchte, die aufgrund eines Gesetzes oder nach den Bestimmungen der Geschäftsordnung des Bundestags geheimhaltungsbedürftig sind. Wie gerade festgestellt

---

1099 *Schulte*, S. 92.

1100 *Umbach*, in: *ders./Clemens*, Art. 47 Rn. 9; *Trute*, in: *v. Münch/Kunig*, GG-Kommentar II, Art. 47 Rn. 2.

1101 BVerfGE 67, 100, 135; *Groß*, StV 1996, S. 559, 560 f.

1102 *Schulte*, S. 95.

1103 Nicht davon erfasst ist der Fall, dass die Informationen von einer Privatperson anvertraut worden sind. Dieser Sachverhalt löst keine parlamentrechtliche Verschwiegenheitspflicht aus. Er ist ausschließlich über Art. 47 S. 1 GG zu entscheiden.

1104 Dazu *Nolte*, MDR 1989, S. 514 f.; *Schulte*, S. 38.

wurde[1105], endet das Genehmigungserfordernis nicht mit dem Mandat, sondern besteht bis zum Ableben des Abgeordneten weiter. Die Erteilung der Aussagegenehmigung, nicht aber die Pflicht zur Aussage gemäß Art. 47 S. 1 GG wird von § 44 c AbgG nicht überlagert, da ein verfassungsunmittelbar gewährleistetes Recht nicht einfachgesetzlich modifiziert werden kann und es als Verstärkung des freien Mandats nicht zur Disposition des Bundestags steht[1106]. Die Letztentscheidungskompetenz für oder gegen eine Aussage liegt also auch in diesem Fall beim Abgeordneten.

Diese Freiheit des Mandats besteht aber nur in dem Fall, wenn der Bundestagspräsident die Aussagegenehmigung erteilt, der Mandatsträger aber nicht bereit ist, auszusagen. In der umgekehrten, hier zu besprechenden Konstellation – der Abgeordnete möchte aussagen, erhält aber keine Genehmigung dazu – ist es ihm nicht möglich, seine Zeugenpflichten wahrzunehmen. Damit kann ein Parlamentarier zwar nicht zu einem aktiven Tun, aber zu einem Unterlassen gezwungen werden, worin eine partielle Einschränkung des freien Mandats und eine Auferlegung von Pflichten zu sehen ist. § 44 c AbgG stellt auch keinen unzulässigen Eingriff in Art. 47 S. 1 GG dar, da ein Abgeordneter dadurch nur davor geschützt wird, aussagen zu *müssen*, nicht aber davor, nicht aussagen zu *dürfen*[1107].

b) Aussagegenehmigung und Zeugnisverweigerung in den Gemeindeordnungen

In den Gemeindeordnungen einiger Bundesländer ist ausdrücklich festgelegt, dass vor jeder gerichtlichen oder außergerichtlichen Äußerung der Gemeinderatsmitglieder eine Aussagegenehmigung eingeholt werden muss[1108]. Diese Regelungen können aber nicht in jedem Fall unmittelbare Geltung beanspruchen, da das Prozessrecht nach Art. 74 Abs. 1 Nr. 1 GG Gegenstand der konkurrierenden Gesetzgebung ist und der Bund davon umfassend Gebrauch gemacht hat[1109].

Das führt aber nicht zur Bedeutungslosigkeit eines kommunalrechtlichen Genehmigungsvorbehalts. Ausgangspunkt für die Einführung der Aussagevorbehalte in einen Zivilprozess ist § 376 Abs. 1 ZPO. Diese Vorschrift besagt, dass für die Vernehmung von Richtern, Beamten und anderen Personen des Öffentlichen Dienstes über verschwiegenheitsrelevante Tatsachen die besonderen beam-

---

1105 S. 213.

1106 *Braun/Jantsch/Klante*, § 44 c Rn. 2.

1107 *Fürmann*, JuS 2004, S. 303, 306 f.; *Nolte*, MDR 1989, S. 514, 515.

1108 Art. 20 Abs. 3 S. 1 BayGO; §§ 38 Abs. 2 lit. b), 27 Abs. 2 GO Bbg.; §§ 35 Abs. 2, 24 Abs. 2 HGO; § 23 Abs. 6 S. 3 KV MV; § 25 Abs. 1 S. 3 NGO; §§ 43 Abs. 2 Nr. 2, 30 Abs. 2 GO NW; §§ 32 Abs. 3, 21 Abs. 3 GO SH.

1109 Unzutreffend insoweit *Becher*, S. 63 f., der auf das Problem der Gesetzgebungskompetenz überhaupt nicht eingeht.

tenrechtlichen Regelungen anwendbar sind. Gleiches gilt für die Genehmigung von Aussagen.

Gemeindevertreter sind nach allgemeiner Ansicht aufgrund einer weiten Auslegung des Begriffs als sonstige Personen des Öffentlichen Dienstes zu qualifizieren. In diesem Zusammenhang kommt es nämlich nicht auf einen beamtenrechtlichen Status an, sondern auf das öffentliche Interesse an der Einhaltung der Amtsverschwiegenheit, das allein an die Wahrnehmung einer öffentlichen Funktion anknüpft[1110]. Mit dem Verweis auf die „besonderen beamtenrechtlichen Regelungen“ ist im Fall des Gemeinderatsmitglieds die einschlägige Gemeindeordnung gemeint, sofern darin geregelt ist, ob eine Genehmigung erforderlich ist[1111]. Deshalb muss in den Ländern mit kommunalrechtlicher Genehmigungsvorschrift vor der Vernehmung in einem Zivilprozess vom Gericht eine Aussagegenehmigung eingeholt werden, zu deren Erteilung je nach Bundesland entweder der Gemeinderat oder der Bürgermeister zuständig ist.

Damit ist aber noch nichts über die Rechtslage in den übrigen Bundesländern gesagt. Nach einer Auffassung in der Literatur führt das Schweigen der Kommunalverfassungen zu einer unbeschränkten Zeugnispflicht des Gemeinderatsmitglieds. Das hat zur Folge, dass die Verschwiegenheitspflicht nur durch das Zeugnisverweigerungsrecht des § 383 Abs. 1 Nr. 6 ZPO oder § 384 Nr. 3 ZPO geschützt wird[1112]. Als Argument dient der Wortlaut des § 376 Abs. 1 ZPO. Dieser stelle nicht auf das Bestehen einer materiellen Verschwiegenheitspflicht ab, sondern auf die Existenz besonderer Vorschriften mit dem Inhalt, dass eine Aussage nur mit Genehmigung zulässig ist[1113].

Nach anderer Ansicht führt das Nichtvorhandensein kommunalrechtlichen Bestimmung dazu, dass das Genehmigungserfordernis entweder aus den entsprechend anwendbaren landesbeamtenrechtlichen Vorschriften hergeleitet oder direkt als Korrelat der materiellrechtlichen Verschwiegenheitspflichten des Ratsvertreters angesehen wird[1114]. Beide Lösungen kommen zum selben Ergebnis, nämlich der Erforderlichkeit einer Aussagegenehmigung. Dem ist zuzustimmen, da nur so eine nicht erklärbare und nicht gewünschte Diskrepanz zwischen materiellrechtlicher Schweige- und prozessualer Zeugnispflicht für die Gemeinderatsmitglieder in den einzelnen Ländern vermieden werden kann. Wenn die Ratsvertreter in den Bundesländern ohne Genehmigungspflicht über ihre Aussagebereitschaft allein entscheiden könnten, wäre dies ein Widerspruch dazu, dass es auch nicht in ihrer Macht, sondern in der des Kollegialorgans steht, festzule-

---

1110 OVG NW, MDR 1955, S. 61, 62; *Wurzel*, S. 86; *Eckhardt*, S. 58 f.

1111 *Stein/Jonas-Berger*, § 376 Rn. 46; *Ott*, S. 273 f.; *Siebler*, S. 58.

1112 *Stein/Jonas-Berger*, § 376 Rn. 45.

1113 *Stein/Jonas-Berger*, § 376 Rn. 37.

1114 Zur ersten Möglichkeit tendieren OVG RP, NVwZ 1996, S. 1133, 1134; *Wiegand/Grimberg*, § 30 Rn. 8; *Wurzel*, S. 88.

gen, über welche Sachverhalte sie schweigen müssen[1115]. Zudem besteht ein großes öffentliches Interesse an der durchgängigen Einhaltung der Verschwiegenheitspflichten unabhängig davon, ob die verpflichtete Person ein Richter, Parlamentsabgeordneter, Beamter, öffentlich-rechtlicher Angestellter oder Gemeinderat ist[1116]. Die Einhaltung der Verschwiegenheitspflichten kann aber unabhängig von der statusrechtlichen Beurteilung der jeweiligen Person nur dann sichergestellt werden, wenn der Dienstherr die Letztentscheidungskompetenz darüber behält, ob verschwiegenheitsrelevante Tatsachen publik gemacht werden dürfen. Zuständig für die Erteilung der Aussagegenehmigung bei kommunalen Volksvertretern ist der Gemeinderat als zentrales Leitungsorgan[1117]. Nach Erteilung der Genehmigung besteht eine umfassende Aussagepflicht, soweit der Sachverhalt der Verschwiegenheits- und Geheimhaltungspflicht unterliegt.

Diese Grundsätze sind auf ein verwaltungsgerichtliches Verfahren wegen des Verweises auf § 376 ZPO in § 98 VwGO genauso anwendbar. Sofern es um die Erteilung einer Aussagegenehmigung in einem Strafverfahren geht, gelten bei dem im Wortlaut mit § 376 Abs. 1 ZPO identischen § 54 Abs. 1 StPO dieselben Erwägungen.

Von dem Erfordernis einer Aussagegenehmigung zu trennen ist das Zeugnisverweigerungsrecht der Ratsmitglieder[1118]. Hierzu schweigen die Gemeindeordnungen. Jedoch besteht genau wie bei der Pflicht zur Einholung einer Aussagegenehmigung keine Ländergesetzgebungskompetenz.

Dafür ergibt sich zivil- und wegen § 98 VwGO auch verwaltungsprozessual aus § 383 Abs. 1 Nr. 6 ZPO ein Zeugnisverweigerungsrecht für Gemeinderäte. Dieses entfällt gemäß § 385 Abs. 2 ZPO mit der Erteilung der Aussagegenehmigung, wenn es um gemeindeinterne Sachverhalte geht. Es greift aber zu kurz, wenn man in diesem Fall von einer uneingeschränkten Zeugnispflicht ausgehen würde. Die Aussagegenehmigung kann sich nur auf den Bereich der im Gemeinderat erlangten Kenntnisse beziehen, nicht aber auf Sachverhalte, die dem Ratsvertreter von Einwohnern der Gemeinde im besonderen Vertrauen auf seine Stellung als Volksvertreter mitgeteilt worden sind[1119]. Diese Fakten unterliegen nämlich nicht der Amtsverschwiegenheit, sind aber dennoch „anvertraut" im Sinne des § 383 Abs. 1 Nr. 6 ZPO. Insofern ändert die Erteilung einer Aussagegenehmigung nichts an dem teilweise bestehenden Zeugnisverweigerungsrecht im Zivil- und Verwaltungsprozess. Dieses Recht entspricht auf einfachgesetzli-

---

1115 Ähnlich OVG NW, MDR 1955, S. 61, 62.

1116 *Wurzel*, S. 88.

1117 OVG RP, NVwZ 1996, S. 1133, 1134.

1118 *Hartmann*, in: *Baumbach/Lauterbach/Albers/ders.*, § 376 Rn. 1.

1119 Oben S. 209; *Ott*, S. 274; *Siebler*, S. 60 f.

cher Ebene dem des Abgeordneten aus Art. 47 S. 1 GG und unterliegt nicht der Disposition des Rats oder des Bürgermeisters[1120].

Strafprozessual fehlt in § 53 Abs. 1 StPO eine dem § 383 Abs. 1 Nr. 6 ZPO entsprechende Regelung. Allerdings besteht hier ein identischer Konflikt wie im Parlamentsrecht zwischen der Zeugnispflicht und dem durch das Mandat bedingten Vertrauensverhältnis zu den Bürgern. Der Ratsvertreter steht in diesem Punkt einem Abgeordneten wesentlich näher als einem Beamten oder öffentlichrechtlichem Angestellten. Bei Letzteren muss man von vornherein davon ausgehen, dass es zu ihren Pflichten gehört, dienstlich erlangte Kenntnisse zu offenbaren, wenn der Dienstherr bzw. Arbeitgeber sie dazu verpflichtet. Daher muss die Verschwiegenheit für die Person, die dem Gemeindevertreter etwas anvertraut hat, auch im Gerichtsverfahren gewährleistet sein. Deshalb ist wegen der Nähe zum Parlamentsabgeordneten eine analoge Anwendung des § 53 Abs. 1 Nr. 4 StPO möglich[1121].

c) Ergebnis

Sowohl Parlamentsabgeordneten als auch Gemeinderatsmitgliedern sind Verpflichtungen auferlegt, sofern es um die gerichtliche Vernehmung als Zeuge geht. Von den drei in diesem Zusammenhang denkbaren Konstellationen führen zwei zu einer identischen Beurteilung der Stellung der Volksvertreter.

Sofern es um die Vernehmung zu Tatsachen geht, die dem Parlamentarier bzw. dem Ratsvertreter von einer Privatperson anvertraut worden sind, besteht für beide Gruppen ein Zeugnisverweigerungsrecht. Für den Abgeordneten lässt es sich verfassungsrechtlich auf Art. 47 S. 1 GG zurückführen. Dagegen ist es für den Gemeinderat im Verwaltungs- und Zivilprozess in § 376 Abs. 1 ZPO einfachrechtlich enthalten und folgt im Strafprozess aus einer analogen Anwendung des § 53 Abs. 1 Nr. 4 StPO. Eine Aussagegenehmigung spielt in diesem Zusammenhang keine Rolle, da außerhalb der Vertretungskörperschaft erlangte Informationen generell nicht von der Verschwiegenheitspflicht erfasst sind. Es handelt sich um eine freie Entscheidung des Mandatsträgers, von seinem Zeugnisverweigerungsrecht Gebrauch zu machen.

Wenn der Sachverhalt unter die Verschwiegenheitspflicht des Abgeordnetengesetzes bzw. der Gemeindeordnungen fällt, besteht kein Unterschied in der Ausgestaltung des freien Mandats, solange die zuständige Stelle die Aussagegenehmigung verweigert. Dann ist ein potenzieller Zeugen auch bei bestehender Aussagebereitschaft zum Schweigen verpflichtet.

1120 *Eckhardt*, S. 61; *Siebler*, S. 61; auf diesen Punkt geht *Wurzel*, BayVBl. 1986, S. 417, 418 überhaupt nicht ein und sieht darin eine erhebliche Abweichung des Status des Gemeindevertreters von dem des Abgeordneten.

1121 *Eckhardt*, S. 61 f.; *Siebler*, S. 62, 143.

In der dritten Konstellation – aussageunwilliger Mandatsträger bei erteilter Genehmigung – bestehen Unterschiede. Wenn der Bundestagspräsident die Genehmigung erteilt hat, ist der Abgeordnete nicht zur Aussage verpflichtet. Art. 47 S. 1 GG ist somit ein Garant für den Schutz der Gewissensentscheidung des Abgeordneten, ob er das Interesse an der Wahrheitsfindung im Einzelfall gegenüber der Verschwiegenheit und Vertraulichkeit als vorrangig ansieht. Dagegen steht dem kommunalen Volksvertreter kein Zeugnisverweigerungsrecht zu, wenn der Gemeinderat bzw. der Bürgermeister die Aussagegenehmigung erteilt haben. Seine uneingeschränkte Aussagepflicht gilt nicht nur dort, wo sich Normen über die prozessuale Absicherung der Verschwiegenheitspflicht finden, sondern wegen der entsprechenden Anwendbarkeit der landesbeamtenrechtlichen Regelungen in allen Bundesländern. Hier stellt sich das Mandat des Abgeordneten gegenüber dem des Gemeindevertreters als freier und weniger pflichtgebunden dar. Er ist tatsächlich nur seinem Gewissen unterworfen, während das Ratsmitglied äußeren Zwängen unterliegt und insofern eine amtsrechtliche Prägung des Mandats erkennbar ist.

4. Immunität und Indemnität

Ein deutliches Unterscheidungsmerkmal in der statusrechtlichen Situation des Volksvertreters wird in den Indemnitäts- und Immunitätsrechten gesehen[1122]. Während die Indemnität den Bundestagsabgeordneten mit Ausnahme von verleumderischen Beleidigungen[1123] vor strafrechtlicher Verfolgung für seine im Parlament getätigten Handlungen und Äußerungen schützt, sichert ihn das Immunitätsprivileg gegenüber Strafverfolgungsmaßnahmen ab. Sie dürfen ohne Genehmigung des Bundestags nicht durchgeführt werden.

Die inhaltliche Diskussion kann an dieser Stelle nicht mit dem Argument abgebrochen werden, Indemnität und Immunität seien nur Rechte des Parlaments, aber keine subjektiven Abgeordnetenrechte. Das Bundesverfassungsgericht hat im „Pofalla-Urteil“ vom 17.12.2001 entgegen der überwiegend vertretenen Auf-

---

1122 *Berwanger*, S. 120; *Wurzel*, BayVBl. 1986, S. 417, 418; *Schröder*, S. 379 f.; *Becher*, S. 34.

1123 Art. 46 Abs. 1 S. 2 GG. In Baden-Württemberg, Hessen und Rheinland-Pfalz geht der Schutz des Abgeordneten hinsichtlich der im Parlament vorgenommenen Äußerungen noch weiter, indem keine Ausnahmen der Indemnität für verleumderische Beleidigungen vorgesehen sind, Art. 37 LV BW; Art. 95 HLV; Art. 93 LV RP.

Dagegen gewährt die Bayerische Verfassung durch Art. 27 LV nur für Abstimmungen Indemnität, jedoch ohne Einschränkung für verleumderische Beleidigungen. Ein vom Umfang her Art. 46 Abs. 1 GG entsprechender strafrechtlicher Schutz bayerischer Landtagsabgeordneter ergibt sich aber aus § 36 StGB, der sich auch auf Mitglieder der Landesparlamente erstreckt. Nach überwiegender Ansicht ist eine Norm des einfachen Bundesrechts dazu geeignet, Landesverfassungsrecht zu derogieren (dazu *Walter*, JZ 1999, S. 981 ff.).

fassung[1124] das Immunitätsrecht nicht ausschließlich als dem Parlament in seiner Gesamtheit zustehendes Recht qualifiziert. Es enthalte darüber hinaus einen subjektiven Anspruch des Abgeordneten auf eine willkürfrei getroffene Sachentscheidung über die Genehmigung der Strafverfolgungsmaßnahmen[1125]. Das wird vor allem damit begründet, dass es nicht ausgeschlossen sei, dass sich die Parlamentsmehrheit sachfremde Motive der Strafverfolgungsbehörden zu eigen mache, wenn es um die Aufhebung der Immunität eines Oppositionsabgeordneten gehe.

a) Vergleichbare Bestimmungen in den Kommunalverfassungen?

Während die Indemnitäts- und Immunitätsbestimmungen für Parlamentsmitglieder verfassungsrechtlich in Art. 46 Abs. 1 – Abs. 4 GG und den entsprechenden Regelungen der Landesverfassungen, beispielsweise Art. 37 f. LV BW, enthalten sind und als zentrale, klassische Rechte der Abgeordneten gelten[1126], fehlen sie in den Gemeindeordnungen sämtlicher Bundesländer.

Lediglich mit Art. 51 Abs. 2 BayGO ist eine Bestimmung vorhanden, die auf den ersten Blick Ähnlichkeiten mit den verfassungsrechtlichen Indemnitätsbestimmungen aufweist. Allerdings bezieht sich der Schutz der kommunalen Volksvertreter entgegen der parlamentsrechtlichen Regelung nicht auf die Redefreiheit, sondern nur auf die Abstimmung. Bereits deshalb wird eine Vergleichbarkeit abgelehnt[1127]. Die Regelung ist zudem nur im Kontext mit dem bundesweit einmaligen Verbot der Stimmenthaltung gemäß Art. 48 Abs. 1 S. 2 BayGO zu verstehen und kann wegen ihres Ausnahmecharakters im Gesamtgefüge der Kommunalverfassungen nicht verallgemeinert werden[1128]. Sie stellt insofern einen Fremdkörper dar[1129] und zeigt keinesfalls einen „völlig neuen Weg für die Rechtsstellung der Gemeinderatsmitglieder" auf[1130]. Außerdem fehlt es an der Ländergesetzgebungskompetenz, strafrechtliche Schutzvorschriften für kommunale Volksvertreter zu erlassen[1131].

Ganz ohne Schutz für seine im Gemeinderat getätigten Äußerungen ist der kommunale Mandatsträger aber nicht, da er sich auf § 193 StGB berufen

---

1124 *Butzer*, S. 93 f.; *Achterberg*, Parlamentsrecht, § 11 d bb (S. 243); *Ahrens*, S. 102; *Bockelmann*, S. 25.

1125 BVerfG, NJW 2002, S. 1111, 1113; zuvor schon *Walter*, JURA 2000, S. 496, 499.

1126 *Scholtis*, S. 191 ff.; *Wurzel*, S. 109; zum „Kernstück" des parlamentarischen Mandats zählt sie neben den Indemnitäts- und Immunitätsbestimmungen noch das Zeugnisverweigerungsrecht des Abgeordneten.

1127 *Schröder*, S. 382; darüber hinaus ist die Begehung eines Beleidigungsdelikts bei einer Abstimmung kaum vorstellbar, vgl. *Siebler*, S. 141.

1128 *Kuhn*, BayVBl. 1989, S. 169, 170.

1129 *Berwanger*, S. 120.

1130 So aber *Becher*, S. 33.

1131 *Kuhn*, BayVBl. 1989, S. 169, 171; *Schröder*, S. 383.

kann[1132]. Ferner muss die Verwirklichung des Tatbestandes des § 185 StGB wegen des Strafantragserfordernisses gemäß § 194 Abs. 1 S. 1 StGB nicht zwingend ein strafrechtliches Nachspiel haben. Dies gilt jedenfalls dann, wenn der Schwerpunkt der Tätigkeit, bei der die Beleidigung begangen wurde, im gesetzgeberischen und nicht im verwaltenden Bereich lag. Auch die jeweiligen Organteile eines institutionellen Exekutivorgans sind nur dann Amtsträger im Sinne des § 11 Abs. 2 c StGB, wenn sie funktional administrativ tätig werden[1133].

b) Historische Wurzeln der Indemnität und Immunität

Bereits mit der Feststellung der fehlenden Existenz kommunalrechtlicher Indemnitäts- und Immunitätsvorschriften geht *Schröder*[1134] davon aus, dass das freie Mandat kommunalrechtlicher Prägung keinesfalls so unabhängig ist, dass man es als parlamentarisch bezeichnen kann[1135]. Bevor man sich dieser Schlussfolgerung anschließen kann, bedarf es aber zunächst der Beantwortung der Frage, welches Strukturprinzip mit diesen Rechten konkretisiert wird und ob es für die Zuerkennung eines freien Mandats konstitutiv ist. Dazu soll zunächst der historische Hintergrund der Institute skizziert werden.

Die Indemnität war erstmals explizit in Sektion 9 der „Bill of Rights" aus dem Jahre 1689 als Ausdruck der parlamentarischen Funktion enthalten, Regeln für die öffentliche Debatte aufzustellen[1136]. Die parlamentarische Immunität dagegen geht nicht auf englische Traditionen zurück, sondern hat ihren Ursprung in der Zeit der Französischen Revolution[1137]. Beide Rechtsinstitute verfolgten den Zweck, die Tätigkeit des Parlaments und seiner Mitglieder vor willkürlicher Einflussnahme seitens des Monarchen und der ihm unterstellten Exekutive zu bewahren.

1132 *Ott*, S. 273; *Wurzel*, S. 57; *Becher*, S. 33 f.; *Siebler*, S. 142.

1133 *Eser*, in: *Schönke/Schröder*, § 11 Rn. 23; *Kühne*, S. 21, 22 f.; a.A. LG Krefeld, NJW 1994, S. 2036 f. mit der wenig überzeugenden und nicht überraschenden Begründung, der Gemeinderat sei kein Parlament, sondern ein Verwaltungsorgan. Nur eine den Tatbestand des § 185 StGB erfüllende Äußerung, die schwerpunktmäßig im verwaltenden Bereich getätigt wird, hätte nach der hier vertretenen Auffassung zur Folge, dass nicht nur der Verletzte strafantragsberechtigt wäre, sondern gemäß § 194 Abs. 3 S. 1 StGB auch der Bürgermeister bzw. Ratsvorstand als „Dienstvorgesetzter".

1134 S. 380.

1135 Zur geschichtlichen Entwicklung der Indemnität ausführlich *Härth*, S. 15 – 76; eine instruktive historische Darstellung der Immunität bietet *Butzer*, S. 30 – 66; s.a. *Klein*, in: *Schneider/Zeh*, Parlamentsrecht und Parlamentspraxis, § 17 Rn. 9 – 19.

1136 *Trute*, in: *v. Münch/Kunig*, GG-Kommentar II, Art. 46 Rn. 3; *Bockelmann*, S. 9 (Fn. 1); im Wortlaut der „Bill of Rights" heißt es: „That the freedom of speech, debates or proceedings in Parliament, ought not to be impeached or questioned in any court or place out of Parliament".

1137 *Walter*, JURA 2000, S. 496, 497; *Andriof*, S. 4 ff.; *Butzer*, S. 30, 38 ff.; unzutreffend insoweit BVerfG, NJW 2002, S. 1111, 1112.

Mit der Entwicklung des Konstitutionalismus in Deutschland im 19. Jahrhundert wurden auch hier Abwehrrechte für die Mitglieder des Parlaments erforderlich. Eine erste Normierung der Indemnität findet sich in § 120 der Paulskirchenverfassung vom 28.03.1849. Immunitätsbestimmungen sind in Art. 117 enthalten. In der Preußischen Verfassung vom 31.01.1850 gibt es entsprechende Regelungen in Art. 84, denen die Art. 30, 31 Abs. 2 der Reichsverfassung vom 16.04.1871 nahezu vollständig entsprechen. Auch mit der Weimarer Reichsverfassung vom 11.08.1919 gingen mit Art. 36 bzw. Art. 37 Abs. 2 WRV keine relevanten Änderungen einher. Primärer Zweck der Indemnitäts- und Immunitätsregelungen war aber trotz des mit den Regelungen zwangsläufig verbundenen Schutzes der Volksvertreter vor tendenziösen und willkürlichen Verfolgungen durch den Exekutivapparat nicht die Gewährung subjektiver Abgeordnetenrechte. Vielmehr sollte einer Beeinträchtigung der politischen Wirksamkeit der Volksvertretung entgegengewirkt und ihre Arbeits- und Funktionsfähigkeit gesichert werden[1138].

c) Rechtfertigung im modernen Verfassungsstaat?

Nach diesem kurzen historischen Exkurs ist zu klären, ob die damals bestehende Gefahrensituation, die maßgeblich zur Entwicklung der Schutzrechte für die Kammern und ihre Mitglieder geführt hat, auch heute noch aktuell ist.

aa) Immunität

Das wird von Teilen des Schrifttums aufgrund des Ursprungs der beiden Rechtsinstitute im 17. bzw. 18. Jahrhundert und des in Deutschland seit etwa 150 Jahren nahezu unverändertem Wortlauts insbesondere für die Immunität verneint[1139]. Es handle sich hierbei um Relikte einer vergangenen Epoche, die sich mittlerweile von berechtigten und notwendigen Schutzrechten zu nicht mehr zu rechtfertigenden Privilegien der Abgeordneten gewandelt hätten. In einem demokratischen Rechtsstaat sei es nicht vorstellbar, Opfer ungerechtfertigter, politisch motivierter Verfolgung durch die Exekutive zu werden. Diese sei an Recht und Gesetz gebunden, von der Legislative abhängig und stehe unter der Rechtskontrolle einer unabhängigen Judikative[1140].

Gegen diese Einwände hat das Bundesverfassungsgericht im bereits angesprochenen „Pofalla-Urteil“, der ersten bundesverfassungsgerichtlichen Entschei-

---

1138 *Butzer*, S. 93 f. (zur Immunität); *Bockelmann*, S. 10; a.A. *Trute*, JZ 2003, S. 148, 149 (doppelte Schutzrichtung).

1139 *Witt*, JURA 2001, S. 585, 588; *Rauball*, in: *v. Münch*, GG-Kommentar II, Art. 48 Rn. 30; *Andriof*, S. 16; *Bockelmann*, S. 11 ff.; bereits das Reichsgericht zweifelte im Jahr 1892 an der Existenzberechtigung der Immunität von Abgeordneten, s. RGSt 22, 379, 386.

1140 *Becher*, S. 30; kritisch auch *Stern*, Staatsrecht I, § 24 II 2 b β (S. 1061).

dung über die parlamentarische Immunität überhaupt, Stellung bezogen. Es führt darin aus, die Gefahr der willkürlichen Verfolgung sei in einem funktionierenden Rechtsstaat unwahrscheinlich, jedoch nicht völlig auszuschließen. Das Immunitätsrecht sei aber gerade für solch kritische Situationen geschaffen worden[1141]. Die Gegenansicht gehe fälschlicherweise von einem idealen Verhältnis zwischen positivem Recht und der Verfassungswirklichkeit aus[1142]. Neben die historischen Beweggründe zur Schaffung der Immunitätsregeln seien in der heutigen Zeit andere Risiken getreten, weshalb die Immunitätsregeln noch immer ihre Berechtigung hätten. So wird hauptsächlich auf den Erhalt der Arbeits- und Funktionsfähigkeit abgestellt und das Repräsentationsprinzip in den Vordergrund gestellt. Hieraus wird das Gebot entnommen, die Zusammensetzung des Parlaments und damit die Mehrheitsverhältnisse nicht durch ermittlungs- oder prozessbedingte Abwesenheiten von möglicherweise über den erforderlichen Sachverstand verfügenden Abgeordneten zu verfälschen[1143].

Diese auf die Immunität bezogenen Argumente des Bundesverfassungsgerichts vermögen jedoch nicht zu überzeugen, sofern sie die historischen Beweggründe als noch immer aktuell beschreiben. Die Gefahr einer tendenziösen Verfolgung kann als so gering angesehen werden, dass sie zu vernachlässigen ist. Dass es in einem modernen Rechtsstaat zu offensichtlich willkürlichen und unter keinem Blickwinkel zu rechtfertigenden Ermittlungstätigkeiten kommt, ist auch bei unterstelltem „idealem" Verständnis zwischen geschriebenem Recht und Verfassungswirklichkeit nicht anzunehmen. Sollten aus der Bevölkerung politisch motivierte Strafanzeigen eingehen, wird die Staatsanwaltschaft ein Ermittlungsverfahren erst gar nicht einleiten oder es alsbald nach § 152 Abs. 2 in Verbindung mit § 170 Abs. 2 StPO einstellen[1144]. Darüber hinaus bedürfen die meisten Maßnahmen im Ermittlungsverfahren der richterlichen Anordnung, etwa Durchsuchungen oder Beschlagnahmen. Der Richtervorbehalt zielt auf eine präventive Rechtmäßigkeitskontrolle durch eine unabhängige und neutrale Instanz ab[1145]. Davon abgewichen werden kann nur, wenn Gefahr im Verzug vorliegt. Da es sich hierbei um einen eng auszulegenden Ausnahmetatbestand handelt, ist die Anordnung durch den Richter die Regel[1146]. Die Rechtmäßigkeit der Anordnung selbst kann ebenso gerichtlich überprüft werden.

1141 BVerfG, NJW 2002, S. 1111, 1113; ähnlich *Maunz*, in: *ders./Dürig*, GG-Kommentar III, Art. 46 Rn. 26; *Wurbs*, S. 22; *Achterberg*, Parlamentsrecht, § 11 d dd (S. 246); *Glauben*, DRiZ 2003, S. 51, 52 spricht sehr eingängig von der „Reservefunktion" der Immunität in einem funktionierenden Rechtsstaat.

1142 BVerfG, NJW 2002, S. 1111, 1113.

1143 BVerfG, NJW 2002, S. 1111, 1113; *Wiefelspütz*, DVBl. 2002, S. 1229, 1231; *Wurzel*, S. 54; eingehend zur Möglichkeit der Einbringung von Sachverstand und der Persönlichkeit des Abgeordneten *Wurbs*, S. 24 ff.

1144 *Lieber/Rautenberg*, DRiZ 2003, S. 56, 61.

1145 BVerfGE 57, 346, 355 f.; 76, 83, 91; 103, 142, 151.

1146 BVerfGE 103, 142, 153.

Wenn man die neben den rechtsstaatlichen Bindungen der Strafverfolgungsbehörden bestehenden Rechtsschutzmöglichkeiten nicht für ausreichend hält, zweifelt man an der Unvoreingenommenheit der Richter und stellt damit die Grundidee einer über die Rechtmäßigkeit von Ermittlungsmaßnahmen zu urteilenden unabhängigen Justiz in Frage[1147]. Selbst bei einem unberechtigten Ermittlungsverfahren hätten die zur Mehrheitsfraktion im Parlament gehörenden Abgeordneten über die von ihr gewählte und abhängige Regierung die Möglichkeit, auf die Tätigkeit der Exekutive Einfluss zu nehmen und politisch motivierte, nicht von sachlichen Argumenten getragene Vorgehensweisen durch die Ermittlungsbehörden zu unterbinden. Gefährdet erscheint damit lediglich ein Oppositionsabgeordneter, dessen Immunitätsschutz aber von der politisch mit der Exekutive übereinstimmenden Parlamentsmehrheit aufgehoben werden kann[1148].

Die Gefahr, dass sich die Parlamentsmehrheit willkürliche Argumente der Strafverfolgungsbehörde zu eigen macht, wird vom Bundesverfassungsgericht zwar gesehen und war das tragende Argument für die Zuerkennung eines subjektiven Anspruchs des verfolgten Abgeordneten aus Art. 46 Abs. 2 i.V.m. Art. 38 Abs. 1 S. 2 GG auf eine willkürfreie Entscheidung des Parlaments über die Immunitätsaufhebung[1149]. Da dieser Anspruch erst dann verletzt ist, wenn die vom Bundestag vorzunehmende Interessenabwägung seinen verfassungsrechtlichen Status in grundlegender Weise verkennt[1150], hilft ihm sein Recht nur in solchen Fällen, die in einem Rechtsstaat nicht denkbar sind. Bis zu dieser Evidenzgrenze besteht die Gefahr einer nicht nur von sachlichen Argumenten getragenen Immunitätsaufhebung für oppositionelle Abgeordnete weiter[1151].

Nach Ansicht des Bundesverfassungsgerichts soll aber auch im Falle rechtlich einwandfreier Strafverfolgungsmaßnahmen das Parlament die Genehmigung mit Rücksicht auf seine Belange verweigert werden können[1152]. Dem muss widersprochen werden. Wenn die erforderlichen Verdachtsmomente zur Durchführung strafprozessualer Maßnahmen vorliegen, sind keine Gründe ersichtlich, die die Funktionsfähigkeit des Parlaments über den Verfassungsrang[1153] einneh-

---

1147 Auf die fehlende Notwendigkeit über die gewöhnlichen rechtsstaatlichen Schutzmechanismen für die Abgeordneten hat bereits *Kelsen*, S. 41 f. zu Zeiten der Weimarer Republik, die sicherlich nicht mit mehr Rechtsstaatlichkeit verbunden waren als die heutige, hingewiesen. Vgl. dazu auch *Witt*, JURA 2001, S. 585, 588.

1148 So bereits *Kelsen*, S. 41 f.; *Bockelmann*, S. 12; s.a. *Ott*, S. 272.

1149 Oben S. 221.

1150 BVerfG, NJW 2002, S. 1111, 1114; *Trute*, JZ 2003, S. 148, 149.

1151 Im „Pofalla-Urteil" hat das Bundesverfassungsgericht eine evident rechtswidrige Anordnung der Durchsuchungen verneint und die Messlatte so hoch gelegt, dass sie bei entsprechendem Wunsch des Parlaments kaum erreicht werden wird, wie *Trute*, JZ 2003, S. 148, 150 skeptisch anmerkt.

1152 BVerfG, NJW 2002, S. 1111, 1113; zustimmend *Trute*, JZ 2003, S. 148.

1153 BVerfGE 46, 214, 223; 49, 24, 54; 51, 324, 343 f.

menden Strafanspruch des Staates stellen könnten[1154]. Es kann nicht abgestritten werden, dass ein Ermittlungsverfahren die vom Volk festgelegten Mehrheitsverhältnisse verändert, wenn der Abgeordnete während der Sitzungsperiode freiheitsbeschränkende und freiheitsentziehende Maßnahmen erdulden muss oder die Hauptverhandlung stattfindet. Erstgenannte Maßnahmen werden jedoch angesichts der hohen Verdachtsmomente sicherlich nicht die Regel sein. Zur Anordnung der Untersuchungshaft bedarf es nämlich neben einem Haftgrund gemäß § 112 Abs. 1 S. 1 StPO eines dringenden Tatverdachts. Dieser erfordert die große Wahrscheinlichkeit, dass der Beschuldigte Täter oder Teilnehmer einer rechtswidrigen und schuldhaften Straftat ist[1155].

Sofern die Abwesenheit durch eine Gerichtsverhandlung bedingt ist, muss das angesichts des bestehenden hinreichenden Tatverdachts, ohne den es gar nicht zur Eröffnung der Hauptverfahrens gekommen wäre, hingenommen werden. Es ist nämlich mehr als fragwürdig, das aus dem Repräsentationsprinzip hergeleitete Recht des Parlaments auf Aufrechterhaltung der Mehrheitsverhältnisse auch dann sichern zu wollen, wenn gegen ein Mitglied der Volksvertretung begründete strafrechtliche Verdachtsmomente bestehen. Es darf nicht außer Acht gelassen werden, dass diese sehr ausgeprägt sein müssen, wenn es zu Maßnahmen kommt, durch die eine Teilnahme an der Parlamentsarbeit unmöglich gemacht wird. Außerdem würde das öffentliche Ansehen des Parlaments enormen Schaden nehmen, wenn bei Vorliegen entsprechender Verdachtsmomente ein förmliches Ermittlungsverfahren eingeleitet werden soll oder die Anordnung der Untersuchungshaft geplant ist und der Bundestag die erforderliche Genehmigung mit Rücksicht auf seine Belange verweigert[1156]. Die Aufrechterhaltung der Mehrheitsverhältnisse hat dann zur Sicherung des hohen Stellenwertes des Legislativorgans hinter dem Strafverfolgungsinteresse zurückzutreten.

Ein weiterer Punkt, der gegen die Stichhaltigkeit des Arguments der Verfälschung der Mehrheitsverhältnisse im Parlament bei verfolgungsbedingter Abwesenheit spricht, ist Art. 46 Abs. 2 2. Hs. GG. Danach greift der Immunitätsschutz nicht, wenn der Abgeordnete bei Begehung der Tat oder am darauf folgenden Tag festgenommen wird. In diesem Fall ist die gesamte Untersuchung genehmigungsfrei, auch wenn es im Laufe des Verfahrens zur Freilassung des Parlamentsmitglieds kommt[1157]. Hintergrund dieses Ausnahmetatbestandes ist der nicht erforderliche Schutz des Abgeordneten vor tendenziöser Verfolgung durch die Exekutive, da bei der Festnahme auf frischer Tat oder unmittelbar danach

---

1154 Ähnlich *Wiefelspütz*, DVBl. 2002, S. 1229, 1233.

1155 *Meyer-Goßner*, § 112 Rn. 5; *Beulke*, Rn. 210.

1156 Kritisch zur Verwendung dieses unbestimmten Begriffs auch *Wiefelspütz*, DVBl. 2002, S. 1229, 1233.

1157 *Glauben*, DRiZ 2003, S. 51, 52; *Trute*, in: *v. Münch/Kunig*, GG-Kommentar II, Art. 46 Rn. 35.

eine politische Motivation auszuschließen sei[1158]. Das trifft sicherlich zu, ändert aber nichts daran, dass es für die Veränderung der Mehrheitsverhältnisse keinen Unterschied macht, aus welchem Grund der Volksvertreter an der Wahrnehmung seines Mandats gehindert ist[1159]. Der Umstand, dass Art. 46 Abs. 2 2. Hs. GG bis heute in der Verfassung enthalten ist, stellt einen beachtlichen Anhaltspunkt dafür dar, dass die Wahrung der Mehrheitsverhältnisse hinter dem Strafverfolgungsanspruch zurücktritt, wenn er auf sachliche Gründe gestützt werden kann.

Die hier vertretene Ansicht wird dadurch bestätigt, dass in der Parlamentspraxis die Immunität in solchen Fällen fast immer aufgehoben worden ist[1160]. Der Bundestag selbst weist darauf hin, dass seine Praxis darauf abziele, die Abgeordneten in einem Strafverfahren nicht anders zu behandeln als die übrigen Bürger auch[1161]. Hält man sich den öffentlichen Druck seitens der Presse vor Augen, hat der Bundestag in dieser Konstellation realistischerweise auch gar nicht die Möglichkeit, die Aufhebung der Immunität zu verweigern[1162].

Eine Abkehr von den „traditionellen“ Immunitätsbestimmungen haben daher auch die Bundesländer Brandenburg und Hamburg vollzogen. In Brandenburg sind gemäß Art. 58 LV Bbg sämtliche Strafverfolgungsmaßnahmen ohne Genehmigung des Landtags zulässig, solange die Volksvertretung nicht die Aussetzung des Verfahrens verlangt. In Hamburg gilt dies außer für freiheitsbeschränkende Maßnahmen im Sinne des Art. 15 Abs. 1 LV HH[1163] genauso, Art. 15 Abs. 2 LV HH[1164].

Neben der Wahrung des Repräsentationsprinzips durch Erhaltung der Mehrheitsverhältnisse im Bundestag ist die Sicherung der Arbeits- und Funktionsfähigkeit ein weiteres Hauptargument zur Rechtfertigung der Abgeordnetenimmunität. Es ist aber zu bezweifeln, ob diese ernsthaft gefährdet ist, wenn eines seiner Mitglieder strafrechtlich verfolgt wird. Bei mindestens 598 Abgeordneten – in der aktuellen 15. Legislaturperiode hat der Bundestag aufgrund von Überhangmandaten 603 Sitze – kann man dies kaum annehmen, zumal ein vollbe-

---

1158 OLG Oldenburg, NJW 1966, 1764, 1765.

1159 So auch *Butzer*, S. 225.

1160 S. hierzu die Übersichten bei *Schindler*, Datenhandbuch I, Kap. 2.4 (S. 394 f.), Datenhandbuch III, Nachtrag zu 2.4 (S. 4346). Hieraus ergibt sich, dass in zwischen 3. und 13. Wahlperiode mit Ausnahme zweier Straßenverkehrsdelikte die Genehmigung immer erteilt wurde, sofern man die Äußerungsdelikte ausnimmt, bei denen eine Genehmigung wegen der Indemnitätsregeln zumeist versagt wurde.

1161 Mitteilung der Vorsitzenden des Ausschusses für Wahlprüfung, Immunität und Geschäftsordnung in der 15. Wahlperiode, S. 3, http://www.bundestag.de/gremien15/a01/immunitaet.pdf.

1162 *Ott*, S. 271; *Wurzel*, BayVBl. 1986, S. 417, 418 (Fn. 12).

1163 In diesem Fall ist eine vorherige Genehmigung der Bürgerschaft erforderlich.

1164 Zur Vorzugswürdigkeit der Ausgestaltung des Immunitätsrechts in den Ländern Brandenburg und Hamburg *Lieber/Rautenberg*, DRiZ 2003, S. 56, 57 ff.

setztes Plenum aufgrund auswärtiger Termine, Wahlkreisarbeit oder Krankheit die Ausnahme darstellt[1165]. Auch in diesem Zusammenhang kann auf Art. 46 Abs. 2 2. Hs. GG verwiesen werden. Nicht nur für die Mehrheitsverhältnisse, sondern auch für die fehlende Möglichkeit der Einbringung individueller Sachkompetenzen des Abgeordneten ist es irrelevant, aus welchem Grund er an Parlamentsarbeit nicht teilhaben kann.

Wenn man die Arbeits- und Funktionsfähigkeit schon durch Strafverfolgungsmaßnahmen gefährdet sieht, gilt dies erst recht, wenn es um die Aufhebung der Immunität eines Abgeordneten geht. Diese geschieht gewöhnlich im Fokus der Öffentlichkeit und unter großer Anteilnahme der Presse, führt oftmals zu einer Vorverurteilung des Parlamentsmitglieds[1166] und beeinträchtigt die parlamentarische Mitwirkungsmöglichkeit faktisch ebenfalls stark. Damit verkehrt sich der mit der Einführung der Verfolgungsschutzvorschriften bezweckte Effekt ins Gegenteil. Zudem hindert die Immunität nicht vor tendenziösen Presseberichterstattungen gegen einen Abgeordneten und anderen subtileren Kampagnen, da diese trotz oder gerade wegen der Aufrechterhaltung der Immunität fortgesetzt werden können und fortgesetzt werden[1167].

Letztlich wird auch von Befürwortern der parlamentarischen Immunität angemerkt, dass diese für die Abgeordneten eine enorme Belastung und kein Privileg darstellt[1168]. *Linck* ist der Ansicht, die Immunität der Abgeordneten sei für sie angesichts des öffentlichen Wirbels bei der Aufhebung „statt Wohltat eher Plage“. *Glauben* spricht gar von einem „Mühlstein um den Hals“ des Abgeordneten[1169]. Angesichts dieses Umstands und der anderen gerade aufzeigten Nachteile der Immunität in der Verfassungswirklichkeit sowie der geänderten staatlichen Rahmenbedingungen im Vergleich zum 19. Jahrhundert hat sich das Immunitätsrecht überlebt. Als tragendes parlamentsrechtliches Strukturprinzip kann es nicht mehr bezeichnet werden[1170]. Dies folgt auch daraus, dass im „Po-

---

1165 *Ahrens*, S. 101, a.A. *Wurbs*, S. 25.

1166 *Witt*, JURA 2001, S. 585, 588; kritisch zur Presseberichterstattung bei der Immunitätsaufhebung auch *Glauben*, DRiZ 2003, S. 51, 53, 55.

1167 Ähnlich *Ott*, S. 269; unzutreffend *Walter*, JURA 2000, S. 496, 500, wonach die Immunität vor böswilligen Verfolgungsmaßnahmen und damit zusammenhängenden Presseberichterstattungen schützen soll.

1168 *Glauben*, DRiZ 2003, S. 51, 53; dagegen sind *Lieber/Rautenberg*, DRiZ 2003, S. 56, 59 ff. angesichts des Widerstands der Parlamentarier, bei Anzeigeerstattung in das Js-Register eingetragen zu werden und des im Organstreitverfahrens vom Abgeordneten *Pofalla* behaupteten Anspruchs auf rechtliches Gehör vor Genehmigung der Durchsuchungsanordnung der Ansicht, einige Abgeordnete verstünden ihre Immunität als persönliches Privileg und nicht als notwendiges Recht zur Erhaltung der Funktionsfähigkeit der Volksvertretung.

1169 *Glauben*, DRiZ 2003, S. 51, 55; *Linck*, in: *ders./Jutzi/Hopfe*, Die Verfassung des Freistaats Thüringen, Art. 55 Rn. 3.

1170 Ebenso *Ott*, S. 272.

falla-Urteil" trotz der darin herausgearbeiteten subjektiven Schutzrichtung der Immunität mehrfach deutlich hervorgehoben wurde, dass der Genehmigungsvorbehalt für die strafrechtliche Verfolgung des Abgeordneten in erster Linie dem Schutz des Parlamentsganzen dient[1171]. Ferner ist die individuelle Absicherung nicht sonderlich ausgeprägt. Schließlich ist das Recht des Abgeordneten auf eine willkürfreie Entscheidung des Parlaments erst dann verletzt, wenn es seinen repräsentativen Status grundlegend verkannt hat. Das wird praktisch nie zu bejahen sein.

bb) Indemnität

Etwas anders stellt sich die Situation für die Beurteilung der Indemnität im modernen Verfassungsstaat dar. Auch hier greift die historische Rechtfertigung nicht mehr, da das Parlament nicht mit Willkürakten seitens der von ihr abhängigen Regierung zu rechnen braucht. Die Trennlinie verläuft vielmehr zwischen Parlamentsmehrheit und Regierung auf der einen und der Opposition auf der anderen Seite[1172]. Wie die Strafverfolgungsfreiheit wird die Indemnität in einer modernen, funktionierenden Demokratie mit der konsequenten Durchsetzung des Repräsentationsprinzips gerechtfertigt, da allein ein vollständig besetzter Bundestag dem repräsentativen Meinungsquerschnitt in der Bevölkerung entspreche[1173]. Die Aufrechterhaltung der Arbeitsfähigkeit und die Ermöglichung einer umfassenden, belastungsfreien Willensbildung im Parlament könne nur durch die Stärkung der Redefreiheit des Abgeordneten gewährleistet werden[1174]. Damit ist die Schutzrichtung der Indemnität wesentlich stärker subjektiviert als die der Immunität. Die Förderung der Arbeit des Hauses wird durch eine „Garantie für das Gewissensmandat"[1175], d.h. die Freistellung des Abgeordneten von jeglicher außerparlamentarischen Verantwortung für seine innerparlamentarische Tätigkeit, erreicht[1176]. Außerdem wirkt die Indemnität anders als die Immunität nach Beendigung des Mandats fort und kann weder vom Volksvertreter noch vom Parlament aufgehoben werden[1177].

Es stellt sich allerdings die Frage, ob es in der heutigen Zeit tatsächlich noch erforderlich ist, mit Ausnahme verleumderischer Beleidigungen – als Landtagsabgeordneter ist sogar dies in manchen Bundesländern zulässig[1178] – den Abge-

1171 BVerfG, NJW 2002, S. 1111, 1113, 1114.

1172 BVerfGE 102, 224, 236; BVerfG, NJW 2002, S. 1111, 1113; *Wurbs*, S. 88; s.a. oben S. 82, 131 f.

1173 *Linden*, S. 39.

1174 *Wurbs*, S. 88 f.; *Stern*, Staatsrecht I, § 24 II 2 b α (S. 1060); *Linden*, S. 38.

1175 So *Schröder*, S. 379.

1176 *Wurbs*, S. 90.

1177 *Walter*, JURA 2000, S. 496, 498; *Wurbs*, S. 84.

1178 Vgl. oben S. 220 (Fn. 1123).

ordneten vor jeglicher zivil- und strafrechtlicher Verantwortung freizustellen[1179]. Dies gilt umso mehr, wenn man bedenkt, dass die Indemnität nicht nur die rechtliche Verantwortlichkeit bei Angriffen auf andere Parlamentsmitglieder ausschließt, sondern auch dann greift, wenn abfällige Äußerungen über parlamentsfremde Dritte getätigt werden. Außerdem sind Mitglieder der Bundesregierung, die nicht zugleich dem Bundestag angehören oder nicht in dieser Tätigkeit handeln, auf Wunsch des Parlaments gemäß Art. 43 Abs. 1 GG verpflichtet, dort zu erscheinen, wo sie sich zumeist kritischen parlamentarischen Anfragen der Opposition ausgesetzt sehen. Ihnen helfen keine Indemnitätsregeln, wenn sie bei Beantwortung der Fragen eine beleidigende Äußerung von sich geben[1180].

Andererseits darf nicht außer Acht gelassen werden, dass bei einer Auseinandersetzung im Plenum die Gemüter erregt sein können und im Eifer des Gefechts Worte fallen, die so nicht beabsichtigt sind oder im politischen Kampf um Macht und Einfluss in Kauf genommen werden[1181]. Sofern der Angegriffene ein anderes Parlamentsmitglied ist, kann man zur Lösung dieses Problems darauf verweisen, dass die Beleidigung gemäß § 194 Abs. 1 S. 1 StGB ein reines Antragsdelikt ist[1182]. Daher steht es im Ermessen des Volksvertreters, ob er eine strafrechtliche Verfolgung in Gang setzt oder aufgrund der besonderen Umstände einer parlamentarischen Debatte davon absieht. Möglicherweise hält er es nämlich für denkbar, dass er oder ein Angehöriger seiner Fraktion irgendwann in eine ähnliche Situation geraten könnte. Außerdem besteht auch hier die Option, sich bei Wahrnehmung berechtigter Interessen auf den Rechtfertigungsgrund des § 193 StGB zu berufen. Dessen Schutz wird auch bei anderen Verfassungsorganen wie etwa Regierungsmitgliedern als ausreichend erachtet[1183].

Gegenüber nicht parlamentsangehörigen Dritten wäre ein Abgeordneter in höherem Maße zivil- und strafrechtlichen Ansprüchen ausgesetzt, wenn seine Äußerungen über das zulässige Maß hinausgehen. Davon abgesehen, dass Beleidigungen gegenüber solchen Personen jenseits des § 193 StGB auch durch einen Volksvertreter nicht zu rechtfertigen sind, wird sich ein Abgeordneter aus einem ganz anderen Grund als der rechtlichen Verantwortlichkeit zu mäßigen versuchen. Viel einschneidender sind die Reaktionen der Öffentlichkeit auf bestimmte Äußerungen oder ein auffälliges Abstimmungsverhalten, die dann, wie in der

---

1179 So bereits *Kelsen*, S. 42.

1180 *Wurbs*, S. 85; *Stern*, Staatsrecht I, § 24 II 2 b α (S. 1060).

1181 *Wurbs*, S. 93.

1182 Eine Antragsbefugnis des Bundestagspräsidenten oder des Bundestags gemäß § 193 Abs. 3 S. 1 StGB besteht nicht, da § 11 Abs. 1 Nr. 2 c StGB auf Abgeordnete nicht anwendbar ist, BGHSt 5, 100, 106; *Eser*, in: *Schönke/Schröder*, § 11 Rn. 23.

1183 *Ott*, S. 273; *Wurbs*, S. 85; *Linden*, S. 61 spricht davon, dass dem Abgeordneten durch den Schutz des § 193 StGB die Möglichkeit zur Kritik in einem „breiten Spektrum“ erlaubt sei; a.A. *Wurzel*, S. 52, die den Schutz des § 193 StGB in den meisten Fällen als unzureichend erachtet.

Vergangenheit öfter zu beobachten, zu einem Rückritt von einem Parteiamt oder gar zum Fraktionsausschluss führen können[1184]. Vor diesen einschneidenden Maßnahmen schützt die Indemnität nicht.

d) Ergebnis

De lege lata ist das Mandat der Bundes- und Landtagsabgeordneten weniger starken Pflichtbindungen unterworfen als das der Gemeinderatsmitglieder. Der Willensbildungsprozess des Gemeinderats ist im Vergleich zu dem des Parlaments nicht so stark vor gerichtlichem Einschreiten geschützt[1185]. Dadurch ändert sich aber nichts Grundlegendes an der Willensbildungsfunktion der kommunalen Volksvertretung.

Das Immunitätsrecht, das den Abgeordneten angesichts der hohen Anforderungen an das Vorliegen einer willkürlichen Strafverfolgung kaum schützt, ist im demokratischen Rechtsstaat mit einer an Recht und Gesetz gebundenen Verwaltung und einer unabhängigen Justiz nicht mehr zeitgemäß. Die vorhandenen Mechanismen reichen aus, um ihn vor einer willkürlichen Verfolgung zu schützen.

Der Indemnität dagegen ist auch heute noch aufgrund des besonderen Charakters einer Parlamentsdebatte die Existenzberechtigung nicht völlig abzusprechen. Allerdings wird sie, wie gerade dargestellt, nicht mehr zwingend zur Aufrechterhaltung der Funktionsfähigkeit des Parlaments gebraucht, zumal die Wahrung eines zurückhaltenden und angemessen Tons aus anderen Gründen als der juristischen Verantwortlichkeit erforderlich ist. Den Besonderheiten einer politischen Auseinandersetzung in der kommunalen Volksvertretung wird mit der Berufungsmöglichkeit auf § 193 StGB Rechnung getragen. Damit wird die Pflichtgebundenheit der Gemeinderatsmitglieder etwas abgemildert.

5. Kommunales Vertretungsverbot

Eine Konkretisierung der allgemeinen Treuepflicht der Gemeinderäte wird im kommunalen Vertretungsverbot gesehen[1186], das in fast allen Gemeindeordnungen der deutschen Flächenländer enthalten ist[1187]. Danach dürfen die Räte keine fremden Ansprüche gegen „ihre" Kommune geltend machen, sofern sie nicht als

---

[1184] *Ott*, S. 272 f.

[1185] So auch *Ladeur*, BayVBl. 1992, S. 387, 388.

[1186] BVerfGE 41, 231, 241; *Gern*, Deutsches Kommunalrecht, Rn. 574; *Schoch*, S. 18.

[1187] § 17 Abs. 3 GO BW; Art. 50 BayGO; §§ 38 Abs. 2, 29 Abs. 1 GO Bbg.; §§ 35 Abs. 2, 26 HGO; § 26 KV MV; §§ 39 Abs. 3, 27 Abs. 1 S. 2 NGO; §§ 43 Abs. 2, 32 GO NW; § 21 GO RP; §§ 30 Abs. 1 S. 3, 26 Abs. 2 KSVG Saar.; § 19 Abs. 3 S. 1 GO Sachsen; § 30 Abs. 3 GO SA; §§ 32 Abs. 3 S. 1, 23 S. 1, 2 GO SH. In Thüringen fehlt eine derartige Bestimmung.

gesetzlicher Vertreter handeln. Betroffen von diesem Verbot sind vor allem Rechtsanwälte und Steuerberater, deren Berufsbild von der Geltendmachung fremder Ansprüche geprägt ist[1188]. Auch dieser Aspekt soll Ausdruck der fehlenden Vergleichbarkeit der Rechtsstellung des Gemeinderats mit der des Parlamentsabgeordneten sein[1189].

a) Unterschiede im sachlichen und personellen Geltungsbereich in den Ländern

Das kommunalrechtliche Vertretungsverbot ist in den Bundesländern unterschiedlich stark ausgeprägt. In den meisten Gemeindeordnungen gibt es differenzierende Lösungen, wonach nach Art der Tätigkeit in der Gemeinde ein absolutes oder ein eingeschränktes Vertretungsverbot besteht[1190]. Innerhalb dieser Länder werden die Gemeinderatsmitglieder in Baden-Württemberg, Nordrhein-Westfalen, Rheinland-Pfalz, Sachsen-Anhalt und Schleswig-Holstein vom absoluten Vertretungsverbot erfasst[1191]. In Brandenburg, Hessen und Niedersachsen ist das Verbot auf Konstellationen beschränkt, in denen zwischen der ehrenamtlichen Tätigkeit und den geltend gemachten Ansprüchen oder Interessen ein Zusammenhang besteht[1192].

1188 *Waechter*, Rn. 363; *Stober*, § 15 II 3 d bb (S. 193); *Stühler*, VBlBW 1993, S. 1; *Schoch*, JuS 1989, S. 531, 533.

1189 *Wurzel*, BayVBl. 1986, S. 417, 418; *Becher*, S. 60.

1190 Zu den terminologischen Unterschieden s. *Schoch*, S. 13 ff.

1191 In Baden-Württemberg wird in § 17 Abs. 3 GO BW zwischen „ehrenamtlich tätigen" und „ehrenamtlich mitwirkenden Bürgern" differenziert. Für erstere gilt ein umfassendes Vertretungsverbot. Aus § 32 Abs. 1 S. 2 GO BW folgt, dass die Gemeinderäte „ehrenamtlich tätig" sind. Dies wird durch § 15 Abs. 1 GO BW bestärkt.

In Nordrhein-Westfalen ist das Vertretungsverbot über die Verweisung des § 43 Abs. 2 GO NW anwendbar. Obwohl hier nicht geregelt ist, ob für Gemeinderäte § 32 Abs. 1 oder Abs. 2 GO NW gelten soll, wird wegen der größeren Nähe des Gemeindevertreters zum Ehrenamt als zur ehrenamtlichen Tätigkeit angenommen, dass § 43 Abs. 2 GO NW auf § 32 Abs. 1 GO NW verweist (*Dieckmann/Heinrichs*, § 32 Erl. 2; *Schoch*, S. 64 ff.).

In Rheinland-Pfalz ist das Ergebnis wie in Baden-Württemberg eindeutig dadurch determiniert, dass in § 18 Abs. 1 GO RP die Tätigkeit als Gemeinderat als Ehrenamt legaldefiniert ist, § 21 Abs. 1 GO SH für Inhaber eines solchen Ehrenamtes ein absolutes Vertretungsverbot vorsieht. Diese Argumentation lässt sich auf Sachsen-Anhalt übertragen. Dort gilt für kommunale Volksvertreter das absolute Vertretungsverbot, da § 30 Abs. 3 GO SA zwischen ehrenamtlich tätigen und ehrenamtlich mitwirkenden Bürgern differenziert. Aus § 28 Abs. 1 S. 1 GO SA folgt explizit, dass die Mitgliedschaft im Gemeinderat eine ehrenamtliche Tätigkeit darstellt.

In Schleswig-Holstein gilt das Vertretungsverbot aufgrund der Verweisungsnorm des § 32 Abs. 3 S. 1 GO SH. Hierin wird aber nur auf die § 23 S. 1 und S. 2 GO SH verwiesen, die ein absolutes Vertretungsverbot enthalten.

1192 In Brandenburg lässt sich das eingeschränkte Vertretungsverbot damit rechtfertigen, dass Gemeinderäte keine Ehrenbeamte im Sinne des über die Verweisung in § 38 Abs. 2 GO Bbg. anwendbaren § 29 Abs. 1 S. 1 GO Bbg. sind, sondern andere ehrenamtlich Tätige im

Im Gegensatz dazu lässt sich in Bayern, Mecklenburg-Vorpommern und Sachsen unmittelbar aus dem Gesetz ein absolutes Vertretungsverbot für Gemeinderäte herleiten, das eine Geltendmachung fremder Ansprüche gegen die Gemeinde ausnahmslos untersagt[1193].

Die saarländische Regelung enthält ein durchgehend eingeschränktes Verbot, § 26 Abs. 2 in Verbindung mit § 30 Abs. 1 S. 3 KSVG Saar.

In Thüringen fehlt ein Verbot der Geltendmachung fremder Ansprüche gegen die Gemeinde ganz. Weder § 12 Abs. 3 ThürKO noch § 24 ThürKO erwähnen das Vertretungsverbot. Da das Vertretungsverbot entgegen der früher vom Bundesverfassungsgericht vertretenen Ansicht[1194] in das Grundrecht der Berufsausübungsfreiheit eingreift[1195], wäre eine gesetzliche Eingriffsgrundlage erforderlich, die nicht vorhanden ist. Allein die allgemeine Treuepflicht kann ein Vertretungsverbot nicht begründen, weshalb die Gemeinderatsmitglieder in Thüringen keinen Einschränkungen unterliegen.

b) Sinn und Zweck des Vertretungsverbots

Sofern die Gemeindeordnung den Mitgliedern der kommunalen Volksvertretung lediglich ein eingeschränktes Vertretungsverbot auferlegt, wird damit nur ein Ziel verfolgt, nämlich einen möglichen Interessenkonflikt zu verhindern, der durch die Wahrnehmung fremder Ansprüche gegen die Gemeinde bei gleichzeitiger ehrenamtlicher Tätigkeit für sie als Ratsmitglied auftreten kann[1196].

Sinne des § 29 Abs. 1 S. 2 GO Bbg. Dies wiederum folgt nicht nur aus dem Wesen des gemeindlichen Mandats, sondern auch aus der Terminologie des § 26 Abs. 1 S. 2 GO Bbg., wonach ein Mandatsträger ein Ehrenamt wahrnimmt.

In Hessen existiert mit § 35 Abs. 2 HGO wie in Nordrhein-Westfalen eine undifferenzierte Verweisung auf das Vertretungsverbot (§ 26 HGO). Da Gemeinderatsmitglieder als ehrenamtlich Tätige im Sinne der §§ 24 bis 26 bezeichnet werden, § 26 HGO aber das absolute Vertretungsverbot nur Ehrenbeamten auferlegt und dabei eine Abgrenzung zu „anderen ehrenamtlichen Bürgern" vornimmt, unterliegen die Volksvertreter nur einem eingeschränkten Vertretungsverbot. Dies wird untermauert durch die Entstehungsgeschichte der Norm (dazu ausführlich *Schoch*, S. 68 ff.).

In der Gemeindeordnung Niedersachsens wird das kommunale Vertretungsverbot durch § 39 Abs. 3 NGO für anwendbar erklärt, wobei ausdrücklich auf das eingeschränkte Vertretungsverbot in § 27 Abs. 1 S. 2 NGO verwiesen wird.

1193 Art. 50 BayGO; § 26 KV MV; § 19 Abs. 3 S. 1 GO Sachsen.

1194 BVerfGE 41, 231, 241.

1195 *Pfeifer*, BayVBl. 1994, S. 577, 579; *Schoch*, S. 249; *Menger*, NJW 1980, S. 1827, 1828; die Frage wird von der Rechtsprechung mittlerweile offen gelassen, vgl. BVerfG, NJW 1988, S. 694 f.; VGH BW, BWGZ 1995, S. 333. Zum Teil neigt sie sogar dazu, den Schutzbereich des Art. 12 GG als berührt anzusehen, etwa BVerwG, NJW 1988, S. 1994.

1196 BVerfGE 41, 231, 241; *Kunze/Bronner/Katz*, § 17 Rn. 14; *Waechter*, Rn. 363; *Pfeifer*, BayVBl. 1994, S. 577; *Schoch*, S. 22 f., 27; *Becher*, S. 58.

Dagegen sollen durch das absolute Vertretungsverbot nicht nur Interessenkonflikte vermieden, sondern auch Sauberkeit, Sachlichkeit und Ansehen der Kommune geschützt werden[1197]. Die Gemeindeverwaltung soll von allen Beeinflussungen freigehalten werden, die einer objektiven, unparteiischen und einwandfreien Führung der Geschäfte der Gemeinde entgegenstehen[1198]. Mit der Geltendmachung fremder Ansprüche besteht die Gefahr, dass ein Mitglied des Gemeinderats sein politisches Gewicht zugunsten seines Mandanten ausnutzt und damit die von ihm und der Verwaltung gewissenhaft zu erfüllenden öffentlichen Interessen vernachlässigt[1199]. Das umfassende Verbot der Geltendmachung fremder Ansprüche soll bereits den Anschein einer unlauteren Entscheidungsfindung verhindern[1200].

c) Verhältnis zum Mitwirkungsverbot und Auswirkungen auf das Mandat

Aus der Darstellung des mit dem Vertretungsverbot verfolgten Zwecks ergibt sich eine große Ähnlichkeit zu den bereits behandelten Mitwirkungsverboten und Inkompatibilitätsvorschriften[1201]. All diese Institute haben die Vermeidung von Interessenkonflikten und eine sachgerechte Ausübung der Ratstätigkeit zum Ziel[1202]. Das Vertretungsverbot ist aber neben den Befangenheitsvorschriften nicht etwa überflüssig, da die Regelungen andersartigen Interessenlagen Rechnung tragen. Zwar gibt es Konstellationen, in denen das Mitwirkungsverbot allein Gewähr für eine ordnungsgemäße Aufgabenerfüllung bietet und den bösen Schein vermeiden hilft. Dieser seltene Fall liegt dann vor, wenn der Ratsvertreter seinen Mandanten gegenüber der Gemeinde vertritt und die Angelegenheit in der kommunalen Volksvertretung behandelt wird[1203].

Sonst bestehen aber erhebliche Unterschiede im Anwendungsbereich der beiden Institute. Während für das Eingreifen des Mitwirkungsverbots ein unmittelbarer Vor- oder Nachteil möglich sein muss, es sich deshalb um eine punktuelle Regelung handelt, reicht der Anwendungsbereich des Vertretungsverbots vor allem dann weiter, wenn es absolute Wirkung entfaltet[1204]. Dagegen ist das Vertretungsverbot nicht so umfassend wie der Ausschluss wegen Befangenheit, wenn der Volksvertreter eigene Ansprüche geltend macht oder als gesetzlicher

---

1197 VGH BW, DÖV 1988, S. 302, 303; *Pfeifer*, BayVBl. 1994, S. 577; *Stühler*, VBlBW 1993, S. 1, 2; *Prutsch*, S. 9.

1198 BVerfGE 41, 231, 242; BVerwGE 3, 127, 128; VHG BW, NVwZ-RR 1996, S. 285; *Stühler*, VBlBW 1993, S. 1; *Hegele/Sponer*, LKV 1993, S. 358, 359; *Schoch*, S. 27.

1199 *Wiegand/Grimberg*, § 30 Rn. 9; *Kazele*, S. 242; *Schoch*, NVwZ 1984, S. 626, 628; *Eckhardt*, S. 51.

1200 *Ott*, S. 259; *Pfeifer*, BayVBl. 1994, S. 577; *Stühler*, VBlBW 1993, S. 1, 2.

1201 Zu den Inkompatibilitätsvorschriften S. 143 ff.; zu den Mitwirkungsverboten S. 177 ff.

1202 *Kazele*, S. 244; *Prutsch*, S. 26; *Schoch*, S. 29, 277.

1203 *Pfeifer*, BayVBl. 1994, S. 577, 578; *Kazele*, S. 243; *Prutsch*, S. 28; *Schoch*, S. 29.

1204 *Prutsch*, S. 27; *Schoch*, S. 28; a.A. *Kazele*, S. 242.

Vertreter handelt[1205]. In diesem Fall besteht nach keiner Gemeindeordnung ein Vertretungsverbot. Dagegen entfalten die Befangenheitsvorschriften gerade dann ihre Wirkung, wenn eigene Interessen oder die naher Angehöriger im Raum stehen. Außerdem greifen sie nur dann, wenn ein Sachverhalt vorliegt, der in die Befassungskompetenz des Gemeinderats fällt. Dagegen kennt das Vertretungsverbot eine solche Einschränkung zur Vermeidung „unsichtbarer und indirekter“[1206] Einflussnahmeversuche nicht.

Ein anderer für diese Untersuchung bedeutender Unterschied zwischen Mitwirkungs- und Vertretungsverbot besteht in den Auswirkungen auf die Mandatsausübung. Einerseits würde es zu kurz greifen, zu behaupten, die Vertretungsverbote hätten mit dem Mandat überhaupt nichts zu tun. Wäre die betroffene Person nicht Mitglied des Gemeinderats, würden sie die Treuepflichten nicht treffen. Eine Verletzung des Verbots kann zudem gemeindeintern sanktioniert werden, sofern das in der einschlägigen Kommunalverfassung vorgesehen ist[1207].

Andererseits kann man aus diesem Umstand allein keine „beamtenrechtsähnliche Ausgestaltung der Pflichtenseite“[1208] des Ratsvertreters herleiten. Um von einer stärkeren Pflichtgebundenheit des Mandats kommunalrechtlicher Prägung im Vergleich zu Art. 38 Abs. 1 S. 2 GG sprechen zu können, wäre es erforderlich, eine über die soeben geschilderten Punkte hinausgehende Beeinträchtigung seiner Entfaltungsmöglichkeiten in der Eigenschaft als kommunaler Mandatsträger darzulegen. Während ein Gemeinderatsmitglied bei Vorliegen eines befangenheitsauslösenden Tatbestands unmittelbar an der Wahrnehmung seiner Aufgaben als Volksvertreter gehindert wird, hat das Vertretungsverbot auf seine Stellung als Mandatsträger keinen unmittelbaren Einfluss, da er seine gemeindliche Funktion ohne Einschränkung weiter ausüben kann[1209]. Das Verbot der Geltendmachung fremder Ansprüche gegen die Gemeinde trifft ihn ausschließlich als berufsausübende Privatperson[1210].

Zusammenfassend kann man davon sprechen, dass es sich bei dem Vertretungsverbot um eine statusrechtlich begründete Pflicht ohne direkte Auswirkungen auf die Statusrechte selbst handelt. Aus diesem Grund ist es nicht möglich, mit diesem kommunalrechtlichen Institut eine stärkere Pflichtgebundenheit des Mandats zu begründen.

1205 *Schoch*, S. 28.

1206 *Pfeifer*, BayVBl. 1994, S. 577, 578.

1207 Beispielsweise in Baden-Württemberg gemäß §§ 17 Abs. 3, Abs. 4, 16 Abs. 3 GO BW.

1208 So *Wurzel*, BayVBl. 1986, S. 417, 418.

1209 *Pfeifer*, BayVBl. 1994, S. 577, 579, 581; *Schoch*, S. 28; a.A. *Menger*, NJW 1980, S. 1827, 1829.

1210 *Pfeifer*, BayVBl. 1994, S. 577, 579.

d) Vergleichbare Regeln und Interessenlagen im Parlamentsrecht?

Treuepflichten sind nicht auf gemeindliche Volksvertreter beschränkt. Auch im Parlamentsrecht leitet man aus Art. 38 Abs. 1 S. 2 GG eine Gemeinwohlverpflichtung des Abgeordneten ab[1211]. In Bremen ist das ausdrücklich in Art. 83 S. 2 BremLV festgelegt. Die Verpflichtung manifestiert sich im einfachen Recht nicht in einem Vertretungsverbot. Stattdessen ist es dem Abgeordneten selbst überlassen, auf welche Weise und mit welcher Intensität er ihr nachkommt.

Allerdings ist mit der Schaffung von Verhaltensregeln eine Verrechtlichung des Mandats und eine stärkere Pflichtbindung der Parlamentarier zu beobachten[1212]. In diesem Zusammenhang wird zutreffend darauf hingewiesen[1213], dass für die Bundestagsabgeordneten gemäß § 2 Abs. 2 Anl. 1 GO BT eine Anzeigepflicht gegenüber dem Bundestagspräsidenten besteht, wenn sie gerichtlich oder außergerichtlich Ansprüche gegen die Bundesrepublik Deutschland geltend machen und das Honorar eine bestimmte Summe – gegenwärtig 3000 Euro – übersteigt[1214]. Es handelt sich dabei um eine umfassende Pflicht, die gemäß § 2 Abs. 3 Anl. 1 GO BT auch dann besteht, wenn fremde Ansprüche gegen bundesunmittelbare Körperschaften, Anstalten oder Stiftungen des öffentlichen Rechts geltend gemacht werden. Die Anzeige zieht aber keinerlei rechtliche Konsequenzen für den Abgeordneten nach sich. Er kann ohne Einschränkung jede berufliche Tätigkeit neben seinem Mandat ausüben[1215].

Einschneidende Sanktionen hat ein Parlamentsabgeordneter bei einem Verstoß gegen die Anzeigepflicht im Gegensatz zum Gemeinderat nicht zu befürchten. Wenn ein Parlamentsabgeordneter gegen die Pflichten des § 2 Abs. 2 Anl. 1 GO BT verstößt, ist lediglich die Veröffentlichung der Feststellung des Verstoßes als Drucksache vorgesehen, § 8 Abs. 3 Anl. 1 GO BT. Die damit verbundene negative Öffentlichkeitswirkung, das gesteigerte Interesse für die Nebentätigkeit und die drohenden politischen Folgen für den Parlamentarier werden regelmäßig ausreichen, um die ordnungsgemäße Erfüllung der Anzeigepflicht sicherzustellen. Um öffentliche Diskussionen von Beginn an zu vermeiden, wird der Abgeordnete häufig gar keine fremden Ansprüche gegen die Bundesrepublik geltend machen, sofern sie nicht völlig bedenkenfrei sind[1216].

1211 *Klein*, in: *Rüther*, Repräsentative oder plebiszitäre Demokratie, S. 33, 38; *Stern*, Staatsrecht I, § 24 IV 2 a (S. 1071); *Becher*, S. 46 f.

1212 *Ott*, S. 278.

1213 *Ott*, S. 259.

1214 Ausführungsbestimmungen des Präsidenten des Deutschen Bundestags vom 23.07.1987 (BGBl. 1987 I S. 1757), geändert durch die Änderungsbekanntmachungen vom 14.12. 1995 (BGBl. 1995 I S. 50) und 23.10.2002 (BGBl. 2002 I S. 4208).

1215 *Roll*, in: *Schneider/Zeh*, Parlamentsrecht und Parlamentspraxis, § 19 Rn. 17.

1216 So zur Pflicht zur Anzeige der Nebentätigkeiten gemäß § 1 Abs. 2 Anl. 1 GO BT *Roll*, in: *Schneider/Zeh*, Parlamentsrecht und Parlamentspraxis, § 19 Rn. 17.

Der Hintergrund der Verhaltensregeln entspricht somit dem des kommunalen Vertretungsverbots. Mit der Verpflichtung zur Offenlegung sollen Konflikte zwischen Privatinteressen und Mandatspflichten verhindert oder zumindest transparent gemacht werden[1217]. Interessenkonflikte sind also auch dem Parlamentsrecht nicht fremd[1218], wenngleich die Mittel zu Verhinderung derselben im Kommunalrecht ungleich härter sind. Dies hängt wiederum damit zusammen, dass im örtlichen Bereich die Interessenverflechtungen enger und die Einflussnahmemöglichkeiten auf die Gemeindeverwaltung größer sind als auf Bundes- und Landesebene[1219]. Es stehen keine parlamentsfremden Merkmale hinter dem kommunalen Vertretungsverbot, sondern ortsspezifische Besonderheiten. Eine beamtenrechtsähnliche Pflichtenstellung des Gemeindevertreters ist nicht das Ziel der Vertretungsverbote, sondern allenfalls ein Reflex auf die Eigenheiten kommunaler Selbstverwaltung.

e) Ergebnis

Treuepflichten folgen sowohl aus dem parlaments- als auch aus dem kommunalrechtlichen Mandat, wenngleich die dem Vertretungsverbot unterliegenden Gemeinderäte davon stärker betroffen sind. Beeinträchtigt wird aber nicht das Mandat selbst, sondern die außerhalb davon liegende Tätigkeit. Eine stärkere Pflichtgebundenheit des Mandats selbst folgt aus dem Vertretungsverbot gerade nicht. Außerdem trägt das Vertretungsverbot wie das Mitwirkungsverbot dem Umstand Rechnung, dass aufgrund der örtlichen Nähe innerhalb der Gemeinde die Gefahr von Interessenkollisionen und Einflussnahmeversuchen auf die Kommunalverwaltung größer ist als auf Bundes- und Landesebene. Mandatsrelevante Differenzen lassen sich mit dem Vertretungsverbot indes nicht begründen.

Nachdem die Ausprägungen der kommunalrechtlichen Treuepflicht – Mitwirkungsverbot, Verschwiegenheitspflicht und Vertretungsverbot – behandelt worden sind, kann man zudem feststellen, dass die Stellung der Ratsvertreter ansatzweise amtsrechtliche Züge aufweist, keinesfalls aber beamtenrechtsähnlich ist. Der entscheidende Unterschied besteht darin, dass die Legitimation der kommunalen Volksvertreter nicht wie die der Beamten aus einer Ernennung, sondern direkt vom Wähler stammt[1220].

1217 *Roll*, § 18 Rn. 1.

1218 *Roll*, in: *Schneider/Zeh*, Parlamentsrecht und Parlamentspraxis, § 19 Rn. 1. Dies kommt außerdem in der Existenz der bereits behandelten parlamentsrechtlichen Inkompatibilitäten zum Ausdruck (S. 143 f.).

1219 BVerfG, DVBl. 1988, S. 54, 55 ff.; BVerwG, NJW 1984, S. 377, 378; VGH BW, BWGZ 1995, S. 333; zustimmend *Schoch*, NVwZ 1984, S. 626, 628.

1220 *Waechter*, Rn. 362.

IV. Rechtschutzmöglichkeiten bei Verletzung von Statusrechten

Die Statusrechte der Volksvertreter sind wenig wert, wenn keine adäquaten Möglichkeiten zur gerichtlichen Durchsetzung vorhanden sind. Die Geltendmachung subjektiver Rechte der Bundestagsmitglieder geschieht vor dem Bundesverfassungsgericht im Wege des Organstreitverfahrens gemäß Art. 93 Abs. 1 Nr. 1 GG, §§ 13 Nr. 5, 63 ff. BVerfGG. Die Antragsbefugnis der Abgeordneten folgt daraus, dass es sich bei ihnen um mit eigenen Rechten ausgestattete Organteile des Parlaments im Sinne des Art. 93 Abs. 1 Nr. 1 GG handelt[1221]. Der Antragsgegner wird in der Entscheidung nicht zur Vornahme oder Unterlassung einer bestimmten Handlung verpflichtet. Gemäß § 67 S. 1 BVerfGG stellt das Bundesverfassungsgericht lediglich fest, ob ein Verstoß gegen eine Grundgesetzbestimmung vorliegt. Entsprechend können die Landtagsabgeordneten bei der Verletzung ihrer subjektiven Statusrechte die Landesverfassungsgerichte[1222] bzw. in Schleswig-Holstein[1223] das Bundesverfassungsgericht anrufen.

Entsprechend stellt sich die Rechtslage im Kommunalrecht dar. Dort existiert das Kommunalverfassungsstreitverfahren zur Durchführung gerichtlicher Auseinandersetzungen zwischen Organen oder Organteilen einer kommunalen Gebietskörperschaft über die Rechtmäßigkeit des innerorganisatorischen Funktionsablaufs[1224]. Auf diesem Weg kann ein Gemeinderatsmitglied die Verletzung der ihm zustehenden Organrechte geltend machen. Dabei handelt es sich nicht um eine Klage sui generis, sondern um einen speziellen Fall der allgemeinen Feststellungsklage[1225], für den gemäß § 40 Abs. 1 S. 1 VwGO der Verwaltungsrechtsweg eröffnet ist. Hinsichtlich der Voraussetzungen und der Urteilsformel sind große Gemeinsamkeiten zum verfassungsrechtlichen Organstreitstreitverfahren sichtbar. Das gesamte Verfahren entspricht dem des Art. 93 Abs. 1 Nr. 1 GG[1226].

1221 BVerfGE 43, 142, 148, 60, 374, 379; 62, 1, 31 f.

1222 Art. 68 Abs. 1 Nr. 1 LV BW; Art. 64 BayLV; Art. 113 LV Bbg.; Art. 84 Abs. 2 Nr. 1 LV Berlin; Art. 140 LV Bremen; Art. 65 Abs. 3 Nr. 2 LV HH; Art. 53 Nr. 1 LV MV; Art. 54 Nr. 1 NLV; Art. 75 Nr. 2 LV NW; Art. 135 Abs. 1 Nr. 1 i.V.m. Art. 130 Abs. 1 LV RP; Art. 97 Nr. 1 LV Saar.; Art. 75 Nr. 1 LV Sachsen; Art. 75 Nr. 1 LV SA; Art. 80 Abs. 1 Nr. 3 ThürLV; dazu auch BVerfGE 43, 142, 148. In Hessen heißt das landesrechtliche Pendant nicht Organstreitverfahren, sondern Verfassungsstreitigkeit, HessStGH, NVwZ 2002, S. 468, 469. Gemäß Art. 131 Abs. 2 HLV i.V.m. § 42 Abs. 2 HStGHG ist ein einzelner Landtagsabgeordneter hier nicht allein antragsbefugt, sondern nur ein Zehntel der gesetzlichen Zahl der Landtagsmitglieder.

1223 Art. 44 Abs. 1 Nr. 1 LV SH.

1224 *Kingreen*, DVBl. 1995, S. 1337, 1338; *Schoch*, JuS 1987, S. 783, 784.

1225 *Buchwald*, S. 157 ff.; daneben wird oftmals auch die allgemeine Leistungsklage als prozessuale Einkleidung des Kommunalverfassungsstreits für zulässig erachtet; dazu *Ehlers*, NVwZ 1990, S. 105 ff.; *Schoch*, JuS 1987, S. 783, 788.

1226 *Waechter*, Rn. 409.

D. Ergebnis der Untersuchung der Statusrechte

Nach der Analyse der Statusrechte von Abgeordneten und Gemeinderatsmitgliedern kann die zu Beginn des Kapitels aufgeworfene Frage[1227] beantwortet werden, ob die Rechtsstellung und das freie Mandat der Volksvertreter inhaltlich miteinander vergleichbar sind.

In der Wahlvorbereitungsphase besteht mit dem in beiden Rechtsgebieten vorhandenen Behinderungsverbot eine dem Repräsentationsprinzip Rechnung tragende parlamentsrechtstypische Parallele[1228]. Dagegen tritt die in diesem Bereich bestehende Differenz – nur der Bewerber um ein parlamentarisches Mandat hat einen Freistellungsanspruch – in ihrer Bedeutung zurück. Sie stellt kein parlamentsfremdes Merkmal dar, sondern eine Reaktion auf den weniger aufwändig zu führenden Wahlkampf in der Gemeinde. Darüber hinaus bestehen mit dem Vorhandensein von Inkompatibilitätsvorschriften parlamentsrechtstypische Bindungen[1229], die aus demselben Grund geschaffen worden sind, nämlich zur Vermeidung von Interessenkonflikten und zum Schutz der Gewaltenteilung im weiteren Sinne.

Innerhalb der Rechtsstellung besteht insofern ein Unterschied, als nur der Parlamentsabgeordnete uneingeschränkt Immunität und Indemnität genießt. Allerdings haben sich diese beiden Institute weitgehend überlebt und sind in einem demokratischen Rechtsstaat nicht mehr formprägend für die Stellung eines Abgeordneten[1230]. Sie können nur dann gegen die Gleichwertigkeit von kommunal- und parlamentsrechtlichem Mandat verwendet werden, wenn man sie „verabsolutiert“[1231]. Die methodische Unzulässigkeit, die Qualifikation des Mandats als „frei“ oder „beamtenrechtsähnlich“ durch einzelne Punkte vorzunehmen, folgt bereits daraus, dass die Stellung der Abgeordneten in einigen Landesverfassungen partiell wesentlich stärker reglementiert ist als im Grundgesetz. Trotzdem käme niemand auf die Idee, Landtagsabgeordneten nicht als Inhaber eines freien Mandats zu bezeichnen.

Nimmt man stattdessen eine Gesamtschau der zur Erfüllung der verschiedenen Parlamentsfunktionen erforderlichen Organrechte der Volksvertretung vor, ergibt sich über weite Strecken Kongruenz. Nach erfolgreicher Wahl genießen Gemeinderatsmitglieder aus Gründen des Repräsentationsprinzips identischen

---

1227 Oben S. 156.

1228 *Schröder*, in: *Achterberg/Püttner/Würtenberger*, Besonderes Verwaltungsrecht II, § 16 Rn. 71; *Frowein*, in: *Püttner*, HdbKWP II, § 28 A III 3 (S. 88).

1229 *Hans Meyer*, in: *ders./Stolleis*, HessStVwR, S. 169, 216.

1230 *Groh*, NWVBl. 2001, S. 41, 43 vertritt die Auffassung, angesichts der Vielzahl an Gemeinsamkeiten bei der Rechtsstellung der Volksvertreter fielen die nicht existierenden Immunitäts- und Indemnitätsvorschriften im Kommunalrecht kaum noch ins Gewicht.

1231 *Hans Meyer*, in: *ders./Stolleis*, HessStVwR, S. 169, 197; *Ott*, S. 270; genau diese methodische Unschärfe ist bei *Wurzel*, S. 109 zu beobachten.

Mandatsschutz wie Bundes- und Landtagsabgeordnete. Sie müssen keine beruflichen Nachteile befürchten, dürfen insbesondere nicht gekündigt werden[1232]. Damit steht den kommunalen Volksvertretern ein typisches Recht des parlamentarischen Mandats zu[1233]. Weitere Gemeinsamkeiten zwischen Rats- und Parlamentsmitglied bei den zur Mandatswahrnehmung erforderlichen Rechten stellen das Frage- und Informationsrecht sowie der Anspruch auf Überlassung von Unterlagen zur Vorbereitung dar. Sie sind allesamt Ausfluss des Repräsentationsgedankens, ermöglichen eine gewissenhafte Erfüllung der mit dem Mandat verbundenen Aufgaben und dienen der ordnungsgemäßen Wahrnehmung der Kontroll- und Überwachungsbefugnisse der Vertretungskörperschaft. Da diese Strukturmerkmale im Recht der kommunalen Volksvertretungen genauso gelten wie im Parlamentsrecht, sind auch die Statusrechte nahezu identisch ausgestaltet. Besonders deutlich zeigt sich das im Rede- und Antragsrecht der Volksvertreter. Lediglich in quantitativer Hinsicht hat der Bundestagsabgeordnete stärker ausgeprägte Frage- und Informationsrechte, die eine Gleichwertigkeit aber nicht grundsätzlich in Frage stellen.

Um diese Rechte effektiver wahrnehmen und divergierende Meinungen im Vorfeld zu einer einheitlichen Verhandlungsposition entwickeln zu können, besteht sowohl für die Parlamentsmitglieder als auch für die Gemeinderäte die Möglichkeit des fraktionellen Zusammenschlusses. Damit wird auf beiden Ebenen die Arbeits- und Funktionsfähigkeit des Gesamtorgans gestärkt, die Effektivität der Leistung des einzelnen Volksvertreters erhöht und seine Einbindung in die Aufgabenerfüllung des Gesamtorgans gefördert. Hierbei darf aber nicht übersehen werden, dass mit der Notwendigkeit zur Einfügung in die Fraktion ein Verlust individueller und eigenständiger Positionen einhergeht. Exemplarisch sei dabei auf die in beiden Rechtsgebieten vorhandene Möglichkeit hingewiesen, die zur Verfügung stehende Gesamtredezeit anteilig auf die Fraktionen zu verteilen, womit die Mediatisierung eines Individualrechts zum Gruppenrecht zu beobachten ist. Der Grund für den in Bund, Ländern und Gemeinden bestehenden faktischen Zwang zur Fraktionsbildung ist nicht nur die immer weiter fortschreitende sachliche und rechtliche Komplexität der von der Vertretungskörperschaft zu behandelnden Fragen, sondern auch der zunehmende parteiliche Einfluss auf gemeindlicher Ebene.

Die Frage nach der Vergleichbarkeit der konkreten Erscheinungsform des freien Mandats könnte aufgrund der bisherigen Ausführungen bejaht werden, wenn man nur auf die mit Mandatserlangung verbundenen Rechte abstellen würde. Dies gilt umso mehr, wenn man die großen Gemeinsamkeiten in der prozessualen Geltendmachung der Organrechte mit einbezieht. Allerdings müssen auch die mit dem Mandat verbundenen Verpflichtungen in der Untersuchung

1232 *Frowein*, in: *Püttner*, HdbKWP II, § 28 A III 3 (S. 88).
1233 *Hans Meyer*, in: *ders./Stolleis*, HessStVwR, S. 169, 215 f.

berücksichtigt werden. Das in diesem Zusammenhang vorgebrachten Argument, das Mandat des Gemeinderatsmitglieds sei wesentlich stärker pflichtgebunden als das des Parlamentsabgeordneten und würde beamtenrechtsähnliche Elemente in sich tragen[1234], ist in dieser Pauschalität unzutreffend. Viele Pflichten treffen nicht nur die kommunalen, sondern auch die parlamentarischen Volksvertreter. So sind Verschwiegenheitspflichten dem Parlamentsrecht genauso bekannt wie dem Kommunalverfassungsrecht. Sie dienen hier wie dort der Erhaltung der Kontroll- und Überwachungsfunktion des Gesamtorgans, schützen das Vertrauensverhältnis zwischen Bürger und Volksvertreter und wirken über die Mandatsbeendigung fort. Prozessual abgesichert wird die Verschwiegenheitspflicht durch das Erfordernis einer Aussagegenehmigung, die ebenfalls zum Erhalt der Überwachungs- und Kontrollpflicht beiträgt. Zu den in beiden Rechtsgebieten mit dem Mandat verknüpften Treuepflichten kann man zusätzlich noch die Verpflichtung zur Sitzungsteilnahme und zur Teilnahme an der Arbeit der Vertretungskörperschaft rechnen, außerdem ansatzweise das Mitwirkungsverbot. Letzteres ist kommunalrechtlich zwar viel stärker ausgeprägt, auf parlamentarischer Länderebene aber zumindest dem Grunde nach vorhanden. Dies zeigt, dass Interessenverquickungen keine nur im gemeindlichen Bereich zu beobachtenden Phänomene sind und auch im Parlamentsrecht gesetzgeberische Reaktionen darauf erfolgt sind.

Trotz dieser Gemeinsamkeiten ist das freie Mandat in seiner kommunalrechtlichen Erscheinungsform stärker pflichtgebunden. An die Stelle von kommunalrechtlichen Vertretungsverboten tritt für den Abgeordneten lediglich die Pflicht zur Anzeige von Interessenkonflikte indizierenden beruflicher Tätigkeiten. Diese ziehen kein Verbot nach sich[1235].

Eine weitere Abweichung in der Rechtsstellung ergibt sich daraus, dass die Verletzung der Teilnahmepflicht für den Bundestagsabgeordneten im Gegensatz zum Gemeindevertreter keine unmittelbaren Konsequenzen hat, da die Kürzung der Kostenpauschale keine Strafe für dieses Fehlverhalten ist. Die kommunalrechtliche Pflichtenseite ist somit nicht nur stärker ausgeprägt, sondern auch in höherem Maße sanktionsbewehrt.

Es würde allerdings zu kurz greifen, wenn man allein aufgrund dieser Unterschiede das kommunalrechtliche Mandat als parlamentsfern qualifizieren würde. Um diesen Schluss ziehen zu können, müssten Gründe zu der stärkeren Pflichtbindung geführt haben, die der Mitgliedschaft in einem Parlament entschieden entgegenstehen. Dies wäre dann der Fall, wenn der Gesetzgeber bewusst eine Annäherung der Rechtsstellung der Gemeinderatsmitglieder an die eines Beamten vorgenommen hätte. Wie aber in diesem Kapitel gezeigt wurde, stellen die

---

1234 So aber *Wurzel*, S. 109.

1235 Relativierend muss hier aber angemerkt werden, dass das kommunale Vertretungsverbot nicht spezifisch die Ausübung des freien Mandats beschränkt, sondern die berufliche Tätigkeit jenseits der Stellung als Ratsvertreter.

stärkeren Bindungen nicht mehr als eine gesetzgeberische Reaktion auf die räumlich-sachlichen Besonderheiten der Kommunalebene dar[1236]. Diese bestehen zum einen in der im Vergleich zum Bund und den Ländern ausgeprägteren Nähe zwischen Normgeber und –adressat mit den damit verbundenen Gefahren für eine objektive Entscheidungsfindung. Zum anderen sind die Gemeinderatsmitglieder stärker als die Parlamentsabgeordneten mit verwaltungsrechtlichen Einzelfallentscheidungen beschäftigt[1237]. Damit sind die amtsrechtlichen Züge nur ein Reflex, nicht aber finales Ziel der die Freiheit des Mandats beeinträchtigenden Regelungen. Sie stellen keinen Widerspruch zum parlamentsrechtlichen Charakter der Stellung des Ratsvertreters dar.

Letztlich ergibt sich, dass die inhaltliche Ausgestaltung des freien Mandats im Parlaments- und Kommunalrecht nicht völlig deckungsgleich ist, in den wesentlichen Elementen aber übereinstimmt. Die weitgehend identischen Organrechte sind die zwingende Konsequenz der im ersten Kapitel herausgearbeiteten Funktionen der Volksvertretung. Wäre der räumliche Tätigkeitsbereich des Bundes- und der Landtage genauso beschränkt wie der der kommunaler Vertretungskörperschaften, müsste auch der Pflichtenkreis der Parlamentsabgeordnete angesichts der geänderten Gefahrenlage stärker ausgeprägt sein.

Summa summarum sind Gemeinderatsmitglieder Inhaber eines freien Mandats, das materiell und strukturell mit dem der Bundes- und Landtagsabgeordneten in wesentlichen Punkten übereinstimmt[1238]. Das gilt insbesondere dann, wenn es um die Ausübung der Repräsentations- und Kontrollfunktion der Kommunalvertretung geht.

Dieses Ergebnis ist nicht nur Folge des durch die Ausdehnung der Parteiendemokratie und die Verkomplizierung der Lebenssachverhalte gewandelten kommunalen Aufgabenverständnisses, sondern auch Ausdruck der positivrechtlichen Verwirklichung des in Art. 28 Abs. 1 S. 2 GG enthaltenen verfassungsrechtlichen Auftrags zur Schaffung gemeindlicher Volksvertretungen.

1236 So bereits *Hans Meyer*, in: *ders./Stolleis*, HessStVwR, S. 169, 197; ähnlich auch *Schmidt-Aßmann*, in: *ders.*, Besonderes Verwaltungsrecht, 1. Kap. Rn. 60; *Berwanger*, S. 123, 139 f.; *Schröder*, in: *Achterberg/Püttner/Würtenberger*, Besonderes Verwaltungsrecht II, § 16 Rn. 71.

1237 *Meyn*, in: *Huber*, ThürStVwR, Rn. 102 (S. 237).

1238 *Groh*, NWVBl. 2001, S. 41, 43 bezeichnet die Unterschiede in den Statusrechten als „marginal".

3. Kapitel: Recht fraktionsloser Gemeinderäte auf Ausschussmitgliedschaft

A. Systematische Adaptionsvoraussetzungen

Nach der Gegenüberstellung der Funktionen kommunaler und parlamentarischer Vertretungskörperschaften sowie der Untersuchung der Statusrechte soll geklärt werden, auf welche Weise die herausgearbeiteten Gemeinsamkeiten in die Rechtsanwendung mit einfließen können. Anschließend stellt sich die Frage, unter welchen Voraussetzungen eine entsprechende Anwendung parlamentsrechtlicher Grundsätze und Normen im Kommunalverfassungsrecht denkbar und möglich ist.

Eine direkte Heranziehung der entsprechenden Norm kommt a priori nicht in Betracht, da trotz der festgestellten Gemeinsamkeiten zwischen Gemeinderat und Parlament bzw. seiner Mitglieder keine vollständige Kongruenz besteht[1239]. Aus diesem Grund hilft es für die Problematik der Berücksichtigung parlamentsrechtlicher Aussagen im Gemeinderecht nicht im Geringsten weiter, wenn man die kommunale Volksvertretung als Parlament bezeichnet. Sämtliche oder gar keine parlamentsrechtlichen Grundsätze auf das Kommunalverfassungsrecht anzuwenden, überzeugt nicht[1240].

Die Frage nach einer Mitberücksichtigung von Parlamentsrecht bei der Auslegung oder einem Analogieschluss stellt sich in der Rechtspraxis unter anderem dann, wenn es um die Einsetzung kommunaler Untersuchungsausschüsse und um die Strafbarkeit der Gemeinderatsmitglieder wegen der Annahme materieller oder immaterieller Vorteile für ein bestimmtes Abstimmungsverhalten geht[1241].

1239 So auch *Hubert Meyer*, Kommunales Parteien- und Fraktionenrecht, S. 226.

1240 So ansatzweise bereits oben S. 5; ähnlich wie hier *Berwanger*, S. 84.

1241 Zum (fehlenden) Recht des Gemeinderats auf Einsetzung eines Untersuchungsausschusses oben S. 87 ff.

Ein Abgeordneter kann sich mangels Amtsträgereigenschaft (BGHSt 5, 100, 105 f.) nicht nach §§ 331 f. StGB strafbar machen, sondern nur nach § 108 e StGB. Aus dieser Tatbestandsformulierung ergibt sich aber als Voraussetzung, dass die fragliche Wahl oder Abstimmung noch nicht stattgefunden haben darf und nur materielle Vorteile umfasst sind, während die §§ 331 f. StGB auch nachträgliche Zuwendungen materieller und ideeller Art umfassen (*Eser*, in: *Schönke/Schröder*, Vorbem. §§ 109 ff. Rn. 8, 10; *Barton*, NJW 1994, S. 1098, 1099 f.). Dagegen ist es beim Gemeinderatsmitglied umstritten, ob die §§ 331 ff. StGB auch anwendbar sind, wenn der Vorteil für das Abstimmungsverhalten beim Satzungserlass angeboten wird (so LG Krefeld, NJW 1994, S. 2036 f.; a.A. *Gribbohm*, in: LK I, § 11 Rn. 37; *Eser*, in: *Schönke/Schröder*, Vorbem. §§ 109 ff. Rn. 6; danach ist § 108 e StGB auf Gemeinderatsmitglieder dann anwendbar, wenn es nicht um reine Verwaltungstätigkeit geht, sondern um Legislativakte).

Kritisch zum 1994 neu eingeführten § 108 e StGB *Barton*, NJW 1994, S. 1098 ff. (insbes. S. 1100 f.). Die identische Problematik stellt sich beim bereits behandelten Strafan-

Der umstrittenste Punkt in der Diskussion ist aber der Anspruch des fraktionslosen Abgeordneten auf Sitz und Stimme in einem Gemeinderatsausschuss. Darauf wird sich die Anwendung des in diesem Kapitel zu entwickelnden Systems konzentrieren[1242].

I. Abgrenzung der Analogiebildung zur verfassungskonformen Auslegung

Schröder[1243] hat bereits darauf hingewiesen, dass zur Füllung normativer Lücken die Heranziehung und Konkretisierung sachgebietsgleichen Bundes- oder Landesrechts gegenüber dem Analogieschluss vorrangig ist. Sofern ein Problem im Wege einer erweiternden Auslegung kommunalrechtlicher Regelungen gelöst werden kann – gegebenenfalls durch eine verfassungskonforme Interpretation der Norm[1244] – ist ein Rückgriff auf parlamentsrechtliche Grundsätze nicht nur entbehrlich, sondern mangels Regelungslücke methodisch unzulässig[1245]. Für den konkreten Einzelfall bedeutet dies, dass zunächst geprüft werden muss, ob die vermeintlich lückenhafte kommunalrechtliche Norm nicht durch die Anwendung kommunalverfassungsrechtlicher Formprinzipien zur Erzielung eines bestimmten Ergebnisses ausgefüllt werden kann[1246]. Dabei hat sich die Interpretation zur Vermeidung von Rechtsunsicherheit im Rahmen des juristisch Zulässigen zu halten. Deshalb dürfen politologische Erkenntnisse über die Rechtswirklichkeit des kommunalen Ratswesens nicht unmittelbar in die Argumentation einfließen, sondern finden ihren Zugang über wandelbare und wertungsoffene Verfassungsprinzipien. Die so angereicherten staatsrechtlichen Prinzipien des Grundgesetzes werden ihrerseits über die Schnittstelle des Art. 28 Abs. 1 S. 1, S. 2 GG ins Kommunalverfassungsrecht transponiert und können damit in die Interpretation der jeweiligen gemeinderechtlichen Norm mit einbezogen werden.

Diese Vorgehensweise ist allerdings nicht uneingeschränkt möglich. Der Wortlaut der Vorschrift bildet sowohl den Ausgangspunkt als auch die Grenze der Untersuchung[1247]. Sofern die Wortlautgrenze überschritten wird, ist eine ver-

---

tragserfordernis gemäß § 194 Abs. 1 S. 1 StGB, wenn ein Gemeinderatsmitglied ein anderes Mitglied beleidigt hat.

1242 Auch nach der „Wüppesahl-Entscheidung" sind die dogmatischen Probleme des inneren Parlamentsrechts nicht eindeutig geklärt. *Morlok*, JZ 1989, S. 1035 f. spricht in Anlehnung an den Vermerk „hic sunt leones" zur Kennzeichnung unbekannter Gebiete auf alten Landkarten sehr anschaulich davon, im Parlamentsrecht gebe es auch nach der Entscheidung des Bundesverfassungsgerichts noch „Löwen".

1243 S. 526.

1244 *Schmalz*, Rn. 363, 366.

1245 *Berwanger*, S. 78; *Schmalz*, Rn. 377.

1246 Ähnlich *Schröder*, S. 518 f., 526 f.

1247 BVerfGE 101, 312, 329; *Lüdemann*, JuS 2004, S. 27, 29; *Müller/Christensen*, Rn. 310; *Larenz/Canaris*, S. 161.

fassungskonforme Auslegung unter Einbeziehung politologischer Erkenntnisse in die grundgesetzlichen Prinzipien ausgeschlossen[1248].

In diesem Fall kann aber nicht sofort eine Analogiebildung zu parlamentsrechtlichen Normen in Betracht gezogen werden. Wenn nämlich aus anderen kommunalrechtlichen Vorschriften, allgemeinen Prinzipien oder unmittelbar auf den gemeindlichen Bereich anwendbaren verfassungsrechtlichen Vorgaben die Schlussfolgerung gezogen werden kann, dass ein bestimmtes Organrecht zwingend erforderlich ist, führt das zur Verfassungswidrigkeit der in Frage stehenden Norm[1249]. Eine Heranziehung parlamentsrechtlicher Regelungen ist dagegen weder notwendig noch methodisch zulässig[1250]. Dies gilt selbst dann, wenn allein aus der Verfassungsnorm kein direkter und unmittelbarer Anspruch auf eine bestimmtes Tun oder Unterlassen hergeleitet werden kann.

Nur wenn all diese vorrangigen Prüfungspunkte negativ ausfallen, kann an einen Analogieschluss zum Parlamentsrecht gedacht werden. Im Ergebnis ist *Schröder* uneingeschränkt zuzustimmen, dass Analogien nur vereinzelt in Betracht kommen und im Kommunalrecht zur Bestimmung der Rechtsstellung der Gemeinderatsmitglieder in der Mehrzahl der Fälle entbehrlich sind[1251].

II. Voraussetzungen eines Analogieschlusses

Für den Fall, dass zur Lösung eines kommunalrechtlichen Problems auf eine parlamentsrechtliche Norm zurückzugreifen ist, soll hier eine kurze Zusammenfassung der Analogievoraussetzungen erfolgen, die die Besonderheiten des Rechts der parlaments- bzw. kommunalrechtlichen Volksvertretungen berücksichtigt.

1. Bestehen einer planwidrigen Regelungslücke

Eine Analogiebildung setzt nicht nur eine faktische, sondern dazu eine planwidrige Regelungslücke voraus[1252]. Eine solche liegt dann vor, wenn es sich bei der fehlenden Normierung um eine regelungsbedürftige Frage handelt, bei der nicht angenommen werden kann, dass eine beabsichtigte legislative Untätigkeit vor-

---

1248 BVerfGE 93, 37, 81.

1249 *Lüdemann*, JuS 2004, S. 27, 29; *Berwanger*, S. 78.

1250 Daran leidet die methodische Vorgehensweise *Berwangers*, S. 80, 84, 174, der unmittelbar nach Verneinung der Möglichkeit der verfassungskonformen Auslegung der kommunalrechtlichen Bestimmungen über die Ausschussbesetzung zur Prüfung des Art. 38 Abs. 1 S. 2 GG analog als Anspruchsgrundlage für Sitz und Stimme im Gemeinderatsausschuss übergeht, ohne zuvor andere kommunalrechtliche Anspruchsgrundlagen in Erwägung zu ziehen (ähnlich wie hier *Groh*, NWVBl. 2001, S. 41, 43; *Selenkewitsch*, VR 1994, S. 274, 279).

1251 *Schröder*, S. 539 f.; a.A. *Berwanger*, S. 80 ff.

1252 *Schröder*, S. 521.

liegt[1253]. Dagegen ist die Analogiebildung ausgeschlossen, wenn der Gesetzgeber bewusst keine Regelung getroffen hat. Dann ergibt sich nämlich im Umkehrschluss, dass ein bestimmtes Recht oder eine bestimmte Pflicht gerade nicht bestehen soll. Sofern ein solcher Fall des „beredten Schweigens" vorliegt, besteht keine planwidrige Regelungslücke. Deshalb ist die analoge Anwendung parlamentsrechtlicher Vorschriften ausgeschlossen[1254]. Dies ist insbesondere dann so, wenn die zu untersuchende Norm einem in sich geschlossenen Regelungssystem mit abschließenden Entscheidungen angehört. Das lässt sich in der Regel im Organisationsrecht verwaltender Vertretungskörperschaften feststellen[1255]. Gerade im Recht kommunaler Volksvertretungen ist daher mit Zurückhaltung an die Frage heranzugehen, ob tatsächlich eine planwidrige Regelungslücke vorliegt[1256].

2. Vergleichbare Interessenlage

Im Rahmen der Prüfung der zweiten Voraussetzung eines Analogieschlusses, dem Vorliegen einer vergleichbaren Sach- und Interessenlage, ist zunächst herauszuarbeiten, ob es sich bei der staatsrechtlichen Norm um allgemeines Parlamentsrecht handelt. Nur solche Vorschriften können typische Lösungsmodelle für eine Vielzahl von Fällen sein[1257].

Falls dies zutrifft, ist zu prüfen, welches Form- und Strukturprinzip sich hinter der in Frage stehenden Norm verbirgt und ob seine Ratio im Recht der kommunalen Vertretungskörperschaften in vergleichbarer Weise gilt wie im Parlamentsrecht[1258]. Notwendig, aber auch ausreichend ist eine partielle strukturelle Übereinstimmung der Vertretungskörperschaften in diesem strittigen Punkt. Eines darüber hinausgehenden umfassenden und vollständigen Nachweises parlamentsrechtsähnlicher Züge bedarf es dagegen nicht[1259]. Schließlich geht es nicht um eine vollständige Adaption des Parlamentsrechts in den kommunalverfassungsrechtlichen Bereich, sondern um die Klärung einer bestimmten Einzelfrage.

Sofern die allgemein gültige Parlamentsfunktion vergleichbar vom Rat wahrgenommen wird, ist anschließend festzustellen, ob zur Verwirklichung dieses

1253 *Schmalz*, Rn. 385 f.; *Schröder*, S. 521.

1254 *Höhn*, S. 321.

1255 *Schröder*, S. 521 f., 523 f.

1256 *Schröder*, S. 526.

1257 *Schröder*, S. 532.

1258 Ähnlich *Schröder*, S. 519 f.; zur Notwendigkeit der Herausarbeitung der Ratio der Gesetzesnorm zur Analogiebildung *Larenz*, S. 381 f.

1259 Missverständlich insofern *Schröder*, S. 519, dessen Wortwahl das Erfordernis einer umfassenden parlamentsrechtlichen Ähnlichkeit nahe legt; wie hier *Hubert Meyer*, Kommunales Parteien- und Fraktionenrecht, S. 226 f.

parlamentsrechtsähnlichen Formprinzips die Stärkung des freien Mandats durch Zuerkennung eines subjektiven Rechts zwingend erforderlich ist oder ob es ausreicht, wenn die zur Untersuchung gestellte Funktion kollektiv vom Gesamtorgan wahrgenommen wird. Dann wäre eine Stärkung der Rechtsposition möglicherweise sinnvoll und wünschenswert. Von Verfassungs wegen ist sie allerdings nicht erforderlich, da die Statusrechte keinen Selbstzweck darstellen. Letztlich steht die wirksame Aufgabenerfüllung des Gesamtorgans im Vordergrund, der die subjektiven Abgeordnetenrechte dienen[1260].

Abschließend ist zu prüfen, ob trotz Anwendbarkeit des maßgeblichen parlamentsrechtlichen Strukturprinzips im Kommunalverfassungsrecht und grundsätzlicher Erforderlichkeit eines Statusrechts aufgrund von Besonderheiten der kommunalen Selbstverwaltung eine im Vergleich zum Recht der staatlichen Parlamente abweichende Ausgestaltung des freien Mandats notwendig ist. Wie die Untersuchung der Statusrechte gezeigt hat, liegen diese Besonderheiten vor allem in der auf die Ortsebene begrenzten räumlichen Nähe zwischen Entscheidungsträger und Normadressat, aber auch in der sachlichen Begrenztheit der Gemeinderatstätigkeit[1261]. Sollte ein solches lokalspezifisches Merkmal vorliegen, führt das trotz grundsätzlicher Ähnlichkeit der Rechtstellung der Volksvertreter dazu, dass eine analoge Anwendung parlamentsrechtlicher Prinzipien und Normen ausgeschlossen ist. Methodisch fehlt es dann an der für den Analogieschluss obligatorischen vergleichbaren Interessenlage zwischen Parlamentsabgeordnetem und kommunalem Volksvertreter.

B. Anwendung des Systems auf den Anspruch auf Ausschussmitgliedschaft

Nach dieser kurzen abstrakten Darstellung der Voraussetzungen zum Ausfüllen gesetzlicher Unklarheiten und Lücken im Kommunalverfassungsrecht soll das System auf die Frage angewendet werden, ob jeder kommunale Mandatsträger unabhängig von seiner Fraktionszugehörigkeit einen Anspruch auf Mitgliedschaft in einem Gemeinderatsausschuss hat. Bejahendenfalls hat man zu klären, wie der Anspruch materiell ausgestaltet sein muss.

1260 *Brandner*, JA 1990, S. 151, 152; *Morlok*, JZ 1989, S. 1035, 1037; dies gilt etwa für das Akteneinsichtsrecht des Gemeinderats, das in nahezu allen Bundesländern nur dem Kollegialorgan insgesamt zusteht, aber keinen subjektiven Einschlag hat (dazu oben S. 169).

1261 Sofern das Mandat in der Realität noch als Ehrenamt ausgeübt werden kann; ansonsten wäre eine Modifizierung der kommunalen Modells hin zu einer Alimentierung erforderlich. Die vollständige Professionalisierung des Gemeinderats aus Gründen der Erhaltung bzw. Wiederherstellung seiner Arbeits- und Funktionsfähigkeit würde allerdings zu Kollisionen mit einem anderen Grundkonzept der kommunalen Selbstverwaltung führen, nämlich den Aufbau der Demokratie von unten nach oben zu fördern. Dieser Grundgedanke ist mit dem unentgeltlichen und ehrenamtlichen Charakter des Mandats des Gemeindevertreters eng verwoben. Hierzu und zu Lösungsmöglichkeiten des Problems ausführlich *Heuvels*, passim.

Als analytischen Ausgangspunkt muss man sich den Hauptauftrag der Volksvertretungen der Gemeinden bzw. des Bundes und der Länder vor Augen führen. Dieser besteht in der Vertretung des Volkes[1262], wozu die Mitglieder der Vertretungskörperschaft unmittelbar demokratisch legitimiert sind. Damit jeder Mandatsträger als Teil des Gesamtorgans den Wählerauftrag ordnungsgemäß wahrnehmen kann, stehen ihm die gleichen Rechte und Pflichten in der Volksvertretung zu[1263]. Der Grundsatz der Gleichheit aller Mitglieder der Vertretungskörperschaft ist also Folge des Repräsentationsprinzips. Darüber hinaus ist die Zubilligung der gleichen Rechte und Pflichten erforderlich, damit die Abgeordneten in letzter Konsequenz ihr Mandat als ein freies ausüben können, ohne von äußeren Einflüssen zu bestimmten Entscheidungen gezwungen zu werden, die nicht ihrem Gewissen entsprechen.

Eine wichtige Rolle zur Sicherung der Freiheit des Mandats und zur Verwirklichung des Repräsentationsgedankens spielen die bereits behandelten Teilnahmerechte im Plenum[1264]. Komplexität und Umfang der Sachthemen, über die die Volksvertreter zu befinden haben, lassen die Debatten in Bundestag und Gemeinderat zwar nicht zur Makulatur werden. Sie erfordern aber eine fachkundige Diskussion und ein sorgfältiges Ausarbeiten der Beschlussvorlagen und Gesetzesentwürfe in kleineren, gut informierten und auf bestimmte Sachgebiete spezialisierten Gruppen von Abgeordneten bzw. Ratsvertretern, den Ausschüssen. In der Realität sind Gesetze und Beschlüsse deshalb in den Bundestags- und Ratssitzungen in der Regel schon vorgezeichnet, bevor die Debatte im Plenum stattgefunden hat[1265]. Die für die Entscheidungsfindung maßgebliche Willensbildung spielt sich nicht mehr im Parlament oder Rat selbst ab, sondern in den Ausschüssen; auch die Kontroll- und Untersuchungsaufgaben werden hauptsächlich von ihnen wahrgenommen[1266]. Damit ist die Ausschussarbeit in die Repräsentation des Volkes durch das Parlament mit einbezogen und bildet den Dreh- und Angelpunkt der parlamentarischen Tätigkeit[1267].

Diese Erkenntnis, verbunden mit dem Grundsatz der formalen Mandatsgleichheit, legt es nahe, jedem Volksvertreter unabhängig von der Fraktionsangehörigkeit einen Anspruch auf Mitgliedschaft in einem Ausschuss zuzuerkennen, damit dieser angemessen an der kommunalen bzw. staatlichen Willensbildung

---

1262 Im ersten Fall des im Gemeindegebiet lebenden Volksteils, im zweiten Fall des Staatsvolks der Bundesrepublik Deutschland bzw. des Landesvolks.

1263 BVerfGE 44, 308, 316; 56, 396, 405; 70, 324, 354; 80, 188, 218, 221; *Trute*, JURA 1990, S. 184, 189.

1264 Dazu oben S. 170 ff.

1265 NW LT-Drs. 12/4597, S. 24.

1266 BVerfGE 40, 308, 317; 80, 188, 221; 84, 304, 323; *Klein*, in: *Isensee/Kirchhof*, HdbStR II, 2. A., § 41 Rn. 9; *Franke*, S. 45; *Ziekow*, JuS 1991, S. 28, 31; zur Wahrnehmung der Kontrollfunktion *Zeh*, in: *Isensee/Kirchhof*, HdbStR II, 2. A., § 42 Rn. 41; *Brandner*, JA 1990, S. 151, 153.

1267 BVerfGE 84, 304, 323; *Hölscheidt*, DVBl. 1989, S. 291.

teilnehmen kann. Dennoch besteht nach überwiegender Ansicht in der verwaltungsgerichtlichen Rechtsprechung weder im Recht der staatlichen Parlamente noch der kommunalen Vertretungskörperschaften ein solcher uneingeschränkter Anspruch. Diese Judikatur soll nun dargestellt und diskutiert werden. Dabei soll zunächst mit der parlamentsrechtlichen Situation begonnen werden, da es im Ergebnis darum geht, ob diese Grundsätze – möglicherweise modifiziert – ins Kommunalrecht übernommen werden können.

I. Rechte des Bundestagsabgeordneten auf Mitwirkung in einem Ausschuss

1. Rechtslage bis zum Jahr 1989

Die Geschäftsordnung des Bundestags sah früher bei der Ausschussbesetzung in § 57 Abs. 1 GO BT vor, dass das System für die Zahl der Ausschusssitze vom Bundestag zu entwickeln sei. Gemäß § 57 Abs. 2 GO BT a.F. oblag die Benennung der Ausschussmitglieder den Fraktionen. Somit stand den Volksvertretern einfachgesetzlich kein Statusrecht auf Mitgliedschaft in einem Parlamentsausschuss zu[1268]. Das hatte in der Praxis für fraktionsangehörige Abgeordnete regelmäßig keine nachteilige Wirkung, da die Fraktionen die Ausschüsse mit eigenen Angehörigen beschickten. Fraktionslose Bundestagsabgeordnete waren dagegen von der Ausschussarbeit faktisch ausgeschlossen, da sie nicht als Mitglieder benannt wurden[1269]. Zu dieser Praxis stellte das Bundesverfassungsge-

---

1268 *Morlok*, JZ 1989, S. 1035, 1040 m.w.N; a.A. *Hölscheidt*, DVBl. 1989, S. 291, 294.

1269 *Trute*, JURA 1990, S. 184, 189; *Morlok*, JZ 1989, S. 1035, 1036.
Das Schicksal der Fraktionslosigkeit lässt sich für die Zeit vor der Wiedervereinigung auf eine einzige Konstellation beschränken. Angesichts der Sperrklausel bzw. des Erfordernisses dreier Direktmandate gab es zu Beginn der Legislaturperiode so gut wie keine fraktionslosen Abgeordneten. Zum „Einzelkämpfer“ wurde man nur im Falle eines Fraktionsaustritts oder –ausschlusses. Wenn man die ersten drei Wahlperioden außer Acht lässt, die aufgrund der Fraktionenvielfalt und der politischen Neuorientierung nach Kriegsende von Austritten und Wechseln geprägt waren, haben zwischen der vierten und der dreizehnten Legislaturperiode nur 24 Bundestagsabgeordnete dauerhaft (d.h. bis zum Ende der Legislaturperiode) ihren Fraktionsstatus durch Fraktionsaustritt verloren (*Schindler*, Datenhandbuch I, Kap. 5.6 (S. 938 f.), Datenhandbuch III, Nachtrag zu 5.6 (S. 4354)). Davon fallen allein sieben Austritte in die 9. Wahlperiode zwischen 1980 und 1983, als die sozialliberale Koalition im Wege des konstruktiven Misstrauensvotums zugunsten einer CDU/FDP-Koalition beendet wurde, weshalb sieben SPD/FDP-Abgeordnete ihren Parteien den Rücken kehrten.
Nachdem in der 14. Wahlperiode nur zwei Fraktionsaustritte zu verzeichnen waren, sind in der aktuellen 15. Legislaturperiode mit den Abgeordneten *Martin Hohmann* (vormals CDU, Dezember 2003 aus Partei und Fraktion ausgeschlossen) und den beiden in ihren Berliner Wahlkreisen direkt gewählten PDS-Politikerinnen *Gesine Lötzsch* und *Petra Pau* drei fraktionslose Parlamentsabgeordnete vorhanden. Zählt man den vor seinem Tod im Sommer 2003 aus der FDP-Fraktion ausgeschlossenen *Jürgen W. Möllemann* dazu, ist das

richt in einem obiter dictum fest, sie sei im Regelfall zulässig und entspräche der Parlamentspraxis[1270].

Der der Fraktion der GRÜNEN angehörende Bundestagsabgeordnete *Thomas Wüppesahl* war wegen seines Parteiaustritts Anfang des Jahres 1988 aus der Fraktion ausgeschlossen und aus den drei Ausschüssen, denen er angehörte, abberufen worden. Unter anderem gegen die Ausschussabberufung strengte er ein Organstreitverfahren vor dem Bundesverfassungsgericht an.

2. Wandel in der Rechtsprechung – das „Wüppesahl-Urteil"

Das Bundesverfassungsgericht musste sich in seinem grundlegenden Urteil vom 13.06.1989[1271] umfassend mit der Rechtsnatur der Ausschüsse und den damit zusammenhängenden Rechten der Parlamentarier auseinandersetzen. Dabei kam es zu dem Ergebnis, dass auch hier der Repräsentationsgedanke zum Tragen kommen müsse, da die vom Bundestag gebildeten Ausschüsse die endgültige Abstimmung im Plenum vorbereiteten und ein beachtlicher Teil des Entscheidungsprozesses in diesen Gremien stattfände[1272]. Daher sei es für eine pflichtgemäße Erfüllung der aus dem freien Mandat des Abgeordneten folgenden Aufgaben wesentlich, in den Ausschüssen genauso mitarbeiten und zur politischen Willensbildung beitragen zu können wie im Plenum[1273]. Da die vorbereitenden Ausschüsse sehr wichtig für die spätere Beschlussfassung seien, müsse deren

---

Phänomen des fraktionslosen Abgeordneten sogar viermal zu beobachten. Die für eine „gewöhnliche" Legislaturperiode hohe Zahl fraktionsloser Abgeordneter erklärt sich im Gegensatz zu früheren Legislaturperioden damit, dass die PDS im Ostteil Berlins, anders als bei der vorangegangenen Wahl, keine drei Direktmandate erlangen und damit nicht als Gruppe ohne Geltung der Fünf-Prozent-Sperrklausel in den Bundestag einziehen konnte. Die beiden direkt gewählten Abgeordneten haben damit weder Fraktions- noch Gruppenstatus. Aufgrund dieser vereinigungsbedingten Besonderheit besteht angesichts der hohen Erststimmenanteile von PDS-Kandidaten auch bei künftigen Bundestagswahlen die Möglichkeit, dass die Fraktionslosigkeit nicht erst nachträglich eintritt, sondern von Anfang an besteht. Diese ostdeutsche Besonderheit scheint *Berwanger*, S. 152, zu übersehen, wenn er feststellt, es sei „relativ unwahrscheinlich", dass ein Parlamentsabgeordneter bereits vor der Ausschussbesetzung fraktionslos ist.

1270 BVerfGE 70, 324, 366. Auf der anderen Seite wird in derselben Entscheidung die Gleichrangigkeit des Status fraktionsangehöriger und –loser Abgeordneter betont (E 70, 324, 354). *Ziekow*, JuS 1991, S. 28, 30 sieht in diesem obiter dictum des Zweiten Senats aus dem Jahr 1986 den entscheidenden Grund dafür, dass derselbe Senat drei Jahre später im „Wüppesahl-Urteil" keine vollständige Kehrtwende vollzog, die ein Recht auf Vollmitgliedschaft in einem Ausschuss unzweifelhaft dargestellt hätte.

1271 BVerfGE 80, 188 ff.

1272 BVerfGE 80, 188, 220; BVerwGE 90, 104, 109.

1273 BVerfGE 80, 188, 222; 44, 308, 317 f.; für *Morlok*, JZ 1989, S. 1035, 1040 ist die Möglichkeit der Mitarbeit in einem Ausschuss „die wichtigste Frage" für die Stellung eines fraktionslosen Abgeordneten.

Zusammensetzung ein verkleinertes Abbild des Parlaments darstellen und dessen politische Kräfteverteilung widerspiegeln[1274]. Deshalb und wegen der für den Parlamentarier zu schaffenden Möglichkeit, sich einem bestimmten Sachgebiet besonders intensiv widmen zu können[1275], habe jeder Abgeordnete einen aus Art. 38 Abs. 1 S. 2 GG folgenden Anspruch auf Mitarbeit in mindestens einem Ausschuss. Dieses enthalte ein Rede- und als notwendigen Bestandteil davon ein Antragsrecht[1276]. Da die Geschäftsordnung der Verfassung im Rang nachstünde, dürfe ihr Inhalt weder den ausdrücklichen grundgesetzlichen Normen noch allgemeinen Verfassungsprinzipien und den dem Grundgesetz immanenten Wertentscheidungen widersprechen[1277].

Da die damalige Fassung der §§ 12 Abs. 1, 57 Abs. 2 GO BT mit dem Gebot der formalen Gleichbehandlung der Abgeordneten und dem aus dem freien Mandat folgenden Recht auf Teilhabe an der gesamten parlamentarischen Arbeit jedoch unvereinbar war, führte dies zur Verfassungswidrigkeit der Geschäftsordnungsbestimmung. § 57 Abs. 2 GO BT wurde daraufhin geändert.

Gemäß Art. 57 Abs. 1 S. 1, Abs. 2 GO BT n.F. hat jeder Volksvertreter unabhängig von der Frage nach der Fraktionszugehörigkeit einen Anspruch auf Mitwirkung in einem Ausschuss als beratendes Mitglied, also mit Rede- und Antragsrecht. Fraktionslose Mitglieder werden gemäß Art. 57 Abs. 2 S. 2 GO BT vom Bundestagspräsidenten als beratende Ausschussmitglieder benannt.

In der Zuerkennung einer rein beratenden Funktion in der Geschäftsordnung spiegelt sich die Relativierung des verfassungsrechtlich gebotenen Minderheitenrechts auf Mitarbeit in einem Ausschuss wider. Diese Einschränkung geht ebenfalls auf die vom Bundesverfassungsgericht im „Wüppesahl-Urteil" aufgestellten Grundsätze zurück. Da Zweck des Ausschusses die Vorbereitung von Bundestagsentscheidungen durch Beratung der übergebenen Vorlagen und Erstellen von Beschlussempfehlungen sei, läge der Schwerpunkt der Mitarbeit des Bundestagsmitglieds in diesem Gremium in der Einbringung von Argumenten und der Bereicherung der Diskussion[1278]. Indem durch das garantierte Rede- und Antragsrecht eine effektive Teilnahme an der Ausschussarbeit möglich sei, müsse den Parlamentariern ohne Fraktionszugehörigkeit kein Stimmrecht im Ausschuss eingeräumt werden[1279].

Somit wird deutlich, dass nach Ansicht des Bundesverfassungsgerichts die Statusrechte der Volksvertreter nicht grenzen- und schrankenlos gelten, sondern unter gewissen Voraussetzungen weniger stark ausgeprägt sein können. Das Ge-

---

1274 BVerfGE 80, 188, 222; 96, 264, 282; für Ratsausschüsse ebenso BVerwG, NVwZ 2004, S. 621; BayVGH, BayVBl. 2004, S. 429, 431.

1275 So bereits BVerfGE 44, 308, 316.

1276 BVerfGE 80, 188, 222, 224.

1277 BVerfGE 1, 144, 148; 44, 308, 315.

1278 BVerfGE 80, 188, 224.

1279 BVerfGE 80, 188, 224.

richt begründet dies damit, dass der Stimme des fraktionslosen Abgeordneten, die für die Mehrheitsverhältnisse im Ausschuss maßgeblich sein könnte, bei einer Vollmitgliedschaft ein überproportionales Gewicht zukäme. Außerdem spräche er im Ausschuss nur für sich, die fraktionsangehörigen Parlamentarier dagegen gleichzeitig für ihre Fraktion[1280].

Weiterhin stünde ein Stimmrecht der Funktion der Ausschüsse entgegen, die Mehrheitsfähigkeit eines Beschlusses im Gremium sicherzustellen[1281]. Eine Korrektur dieser Stimmendisproportionalität zur Neutralisierung des Einflusses des fraktionslosen Abgeordneten durch Veränderung der Anzahl der Sitze könne dem Bundestag aufgrund der damit verbundenen Schwierigkeiten von Verfassungs wegen nicht zugemutet werden[1282].

Überdies werde dadurch das Abgeordnetenstimmrecht in der Sache nicht verkürzt, da eine Kompensation der Defizite im Ausschuss durch ein voll ausgeprägtes Stimmrecht in der parlamentarischen Beratung der Gesetzesvorlage stattfände. Damit scheide Art. 38 Abs. 1 S. 2 GG als Anspruchsgrundlage für das Ausschussstimmrecht aus[1283]. Die Einräumung eines Ausschussstimmrechts falle in die Geschäftsordnungskompetenz des Bundestags nach Art. 40 Abs. 1 S. 2 GG, wobei ihm ein besonders weiter Spielraum zukäme[1284].

Das Bundesverfassungsgericht hat damit die Statusrechte des Abgeordneten ausschließlich und abschließend in Art. 38 Abs. 1 S. 2 GG fixiert, ohne die bislang aus Art. 20 Abs. 1, Abs. 2, Art. 3 Abs. 1 GG abgeleiteten mandatsprägenden Grundsätze materiellrechtlich zu verändern oder gar aufzugeben. Aufgrund der in dem Urteil besonders herausgestellten Bedeutung der Ausschussarbeit für die parlamentarische Tätigkeit kann das Abgeordnetenmandat nur dann ausreichend zur Geltung gelangen, wenn jedes Bundestagsmitglied in einem Ausschuss an der Gestaltung der Beschlussvorlagen mitwirken darf, wenn auch nur beratend mit Rede- und Antragsrecht. Ein Stimmrecht im Ausschuss gehört demnach im Gegensatz zu dem im Plenum nach Ansicht des höchsten deutschen Gerichts nicht zum verfassungsrechtlich garantierten Kern des freien Mandats. Daher scheidet Art. 38 Abs. 1 S. 2 GG als Anspruchsgrundlage aus. Die Zuerkennung des Stimmrechts ist ausschließlich Sache des Parlaments als Geschäftsordnungsgeber.

1280 BVerfGE 80, 188, 224.

1281 BVerfGE 80, 188, 225.

1282 BVerfGE 80, 188, 225.

1283 BVerfGE 80, 188, 225; instruktiv zum Wechsel der Prüfungsperspektive im Urteil *Trute*, JURA 1990, S. 184, 190.

1284 BVerfGE 80, 188, 225.

3. Das Sondervotum Mahrenholz'

Kritik an der Rechtsauffassung des Bundesverfassungsgerichts findet sich bereits im Sondervotum von *Mahrenholz*[1285]. Er stimmt grundsätzlich mit dem Urteil überein, ist jedoch der Auffassung, einem fraktionslosen Abgeordneten stünden im Ausschuss nicht nur verfassungsrechtlich garantierte Rede- und Antragsrechte zu, sondern auch ein Stimmrecht. Er begründet sein Ergebnis vor allem mit der spezifischen Funktion der Bundestagsausschüsse, die mit der des Plenums verglichen werden könne. Der Ausschuss sei der Ort, in dem unterschiedliche Auffassungen der einzelnen Parlamentarier und ihrer Fraktionen durch intensive und detailreiche Diskussionen zu einem mehrheitsfähigen Kompromiss zusammengeführt würden. Daher komme dem Ausschussstimmrecht eine eigenständige Bedeutung zu[1286]. In der späteren Debatte sei eine solch intensive Auseinandersetzung wegen der Größe des Plenums und der fehlenden Sachlichkeit der Auseinandersetzung nicht mehr möglich. Außerdem sei das Ergebnis durch die Ausschussarbeit bereits vorgezeichnet. Damit könne das fehlende Stimmrecht im Ausschuss nicht durch das in der Bundestagsdebatte kompensiert werden. Es werde in der Sache verkürzt bzw. entzogen[1287]. Ferner fehle es an der eindeutigen Trennbarkeit zwischen Rede- und Stimmrecht, da eine Beratung sich als einheitlicher Vorgang aus Diskussion, Anträgen und der abschließenden Abstimmung darüber zusammensetze[1288]. Dem aus Art. 38 Abs. 1 S. 2 GG folgenden Recht auf gleichberechtigte Mitwirkungsmöglichkeit aller Abgeordneter werde man nicht gerecht, wenn dem fraktionslosen Abgeordneten das Stimmrecht genommen werde. Schließlich könne er dann am parlamentarischen Willensbildungsvorgang nicht in gleicher Weise wie die anderen Abgeordneten teilnehmen[1289].

Es sei kein taugliches Argument gegen die Zuerkennung des Ausschussstimmrechts, dass der fraktionslose Abgeordnete nur für sich, aber nicht für eine Fraktion abstimme. Damit sei auch das Rede- und Antragsrecht im Ausschuss entbehrlich. Außerdem träfe dieser Punkt auf einen fraktionsangehörigen Politiker genauso zu, wenn er sich gegen die eigene Fraktion entscheide und eine andere Position bei der Abstimmung vertrete[1290]. Man dürfe auch nicht unberücksichtigt lassen, dass der fraktionslose Abgeordnete nur in einem Ausschuss mitwirke, in dem er für sich spreche, ansonsten aber vom Vortrag seiner politischen Ziele suspendiert sei. Dagegen seien die fraktionsangehörigen Bundestagsmitglieder

---

1285 *Mahrenholz*, BVerfGE 80, 235 ff.

1286 *Mahrenholz*, BVerfGE 80, 235, 236 f.

1287 *Mahrenholz*, BVerfGE 80, 235, 237.

1288 *Mahrenholz*, BVerfGE 80, 235, 237; zustimmend *Groh*, NWVBl. 2001, S. 41, 48.

1289 *Mahrenholz*, BVerfGE 80, 235, 238.

1290 *Mahrenholz*, BVerfGE 80, 235, 238 f.

mit ihren politischen Ideen und Zielen durch ihre Kollegen in jedem Ausschuss vertreten[1291].

Das aus dem Demokratieprinzip folgende Gebot der spiegelbildlichen Besetzung von Plenum und Ausschuss könne ebenfalls die Aberkennung eines elementaren Mitwirkungsrechts nicht rechtfertigen. Schließlich stehe es dem Bundestag als Verfassungsorgan frei, als gegenüber der Entziehung des Stimmrechts wesentlich milderes Mittel in kleinen Ausschüssen die Besetzung so zu modifizieren, dass die Regierungsmehrheit auch dort sichergestellt sei und es zu keiner überproportionalen Wertung der Stimme des fraktionslosen Abgeordneten komme[1292].

4. Stimmen im Schrifttum zum „Wüppesahl-Urteil"

In der Literatur ist das Urteil begrüßt worden, soweit es die Zubilligung von Rede- und Antragsrecht im Ausschuss betrifft. Wie schon im Sondervotum *Mahrenholz'* ist die Einschränkung des Gerichts, dem Abgeordneten lediglich ein Rede- und Antragsrecht, nicht aber ein Stimmrecht zuzuerkennen, auf weitgehendes Unverständnis gestoßen.

Morlok[1293] ist der Auffassung, wenn das Bundesverfassungsgericht die Minderheitenrechte ohne direkten Rückgriff auf das Demokratieprinzip abschließend in Art. 38 Abs. 1 S. 2 GG festmache, folge aus dieser Norm grundsätzlich ein umfassendes Mitwirkungsrecht der Abgeordneten in allen Gremien mit allen Handlungsformen. Eine Einschränkung der Statusrechte stehe damit unter einen verfassungsrechtlichen Rechtfertigungszwang, weshalb der dogmatische Ansatz der Rechtsprechung verfehlt sei. Es gehe nicht darum, ob dem fraktionslosen Abgeordneten ein Stimmrecht zuerkannt werden soll, sondern, ob und in welchem Umfang man es ihm aus zwingenden Gründen nehmen dürfe[1294]. Die Aberkennung des Stimmrechts führe zu inakzeptablen Konsequenzen, weil man

---

1291 *Mahrenholz*, BVerfGE 80, 235, 239.

1292 *Mahrenholz*, BVerfGE 80, 235, 240; in dem der Ansicht *Mahrenholz'* diametral widersprechenden Votum des Bundesverfassungsrichters *Kruis* vertritt letzterer die These, unter Berücksichtigung der überragenden Bedeutung der Fraktionen als Scharnier zwischen Repräsentationsfunktion des Abgeordneten mit der parteienstaatlich geprägten Bundestagsarbeit könne ein Anspruch auf Mitarbeit in einem Ausschuss nur durch die Fraktionen vermittelt werden.

Der Abgeordnetenstatus werde durch ein fehlendes Mitwirkungsrecht nicht beeinträchtigt, da es durch die parlamentarische Gliederung in Fraktionen vorgeprägt und nur in diesem Rahmen gewährleistet sei (*Kruis*, BVerfGE 80, 241 f.). Die Zuerkennung eines Mitwirkungsanspruchs käme einer Überbewertung der Rechtsstellung des Parlamentariers in Richtung auf ein individuelles Grundrecht gleich.

1293 JZ 1989, S. 1035 ff.; kritisch auch *Trute*, in: *v. Münch/Kunig*, GG-Kommentar II, Art. 38 Rn. 92.

1294 Ebenso *Brandner*, JA 1990, S. 151, 154; *Trute*, JURA 1990, S. 184, 190.

damit „Abgeordnete zweiter Klasse“ schaffe[1295]. Außerdem sei die Effektivität der parlamentarischen Ausschussarbeit durch Zuerkennung eines universellen Mitwirkungsrechts nicht zwangsläufig gefährdet, zumal alternative Regelungsmodelle der Ausschussgröße und –besetzung denkbar und vorstellbar seien[1296].

Auch *Berwanger*[1297] lehnt die Einschränkung der Rechtsstellung des Abgeordneten ab. Ähnlich wie *Morlok* kritisiert er, dass das Gericht auf der einen Seite die Statusrechte des Abgeordneten ausschließlich in Art. 38 Abs. 1 S. 2 GG verortet hätte, auf der anderen Seite es aber unterlassen habe, die weiterführenden Verfassungsgrundsätze – repräsentative Demokratie, formalisierter Gleichheitssatz und Minderheitenschutz – in die Gesamtbetrachtung zum freien Mandat einzubeziehen. Die im „Wüppesahl-Urteil“ heraufbeschworene Gefahr des Effektivitäts- und Funktionsverlustes des Parlaments durch stimmberechtigte Ausschussmitglieder sei nicht konkret genug dargelegt worden[1298]. Das Risiko der Beeinträchtigung der Mehrheitsfähigkeit einer Beschlussvorlage sei rein theoretischer Natur. Es entbehre jeglicher praktischer Relevanz. Einem solchen Szenario könne durch Modifizierung der Sitzverteilung entgegengewirkt werden, zumal es sich nur um einen einzigen Ausschusssitz je fraktionslosen Bundestagsabgeordneten handle.

Von anderen Autoren wird die fehlende dogmatische Klarheit des Urteils kritisiert[1299]. Die Änderung der höchstrichterlichen Rechtsprechung in Bezug auf die ausschließliche Fundierung der Abgeordnetenrechte in Art. 38 Abs. 1 S. 2 GG und der Verzicht auf die zusätzliche Heranziehung des formalisierten Gleichheitssatzes sowie des bisher aus Art. 20 Abs. 1, Abs. 2 GG hergeleiteten Minderheitenschutzes werde mit keinem Wort begründet[1300]. Schwer ins Gewicht falle zudem die materielle Unsicherheit, die das Urteil hervorrufe. Das zentrale Merkmal für Art und Umfang der Statusrechte der Parlamentsabgeordneten sei nach Rechtsprechung des Bundesverfassungsgerichts das der Repräsentation. Eine klare und verlässliche Definition dieses Begriffs, der eine vorhersehbare und objektive Entscheidung über die Beteiligungsrechte ermöglichen und den verfassungsrechtlich geschützten Kernbereich des Art. 38 Abs. 1 S. 2 GG umschreiben würde, finde sich in der Entscheidung nicht. Deshalb folgten aus der Gerichtsentscheidung keine zwingenden Argumente gegen die Auffassung *Mahrenholz'* für ein Recht auf Vollmitgliedschaft.

1295 *Schulze-Fielitz*, DÖV 1989, S. 829, 834 verwendet den Begriff der „Zwitterfigur des stimmrechtslosen Abgeordneten“.

1296 *Morlok*, JZ 1989, S. 1035, 1041, 1046 f.; *Brandner*, JA 1990, S. 151, 155; *Schulze-Fielitz*, DÖV 1989, S. 829, 833.

1297 S. 150 f.

1298 *Berwanger*, S. 150; ebenso *Trute*, JURA 1990, S. 184, 191.

1299 *Bernzen/Gottschalck*, ZParl. 1990, S. 393 ff.; *Brandner*, JA 1990, S. 151, 156.

1300 *Bernzen/Gottschalck*, ZParl. 1990, S. 393, 403.

Als eigenen Vorschlag bieten *Bernzen/Gottschalck*[1301] den Definitionsversuch an, Repräsentation dort zu fordern, wo rechtlich verbindlich entschieden wird. Daran anknüpfend werfen sie dem Bundesverfassungsgericht vor, die Prüfung versäumt zu haben, inwieweit in den Parlamentsausschüssen nur tatsächlich oder auch rechtlich die Entscheidungen getroffen würden[1302].

Ebenfalls auf die dogmatischen Schwächen und die inneren Widersprüche des Urteils weisen *Brandner, Trute* und *Schulze-Fielitz* hin[1303]. Das Bundesverfassungsgericht habe einerseits die überragende Wichtigkeit der Ausschussarbeit hervorgehoben und auf die aus dem Repräsentationsgedanken folgenden gleichen Mitwirkungsbefugnisse der Abgeordneten hingewiesen. Es durchbräche diesen Grundsatz aber mit der Vorenthaltung des Stimmrechts und stütze sich zur Rechtfertigung ebenfalls auf das die Wahrung der Mehrheitsverhältnisse erfordernde Repräsentationsprinzip. Die elementaren Gründe für die Zuerkennung eines Anspruchs auf Mitarbeit im Ausschuss gleichzeitig gegen sein Stimmrecht zu verwenden, sei unzulässig[1304]. Außerdem müsse bezweifelt werden, ob allein die Sachargumente des fraktionslosen Abgeordneten ausreichend seien, um an der Diskussion im Ausschuss ernsthaft teilnehmen zu können, da die Überzeugungskraft des sachlichen Vorbringens von der politischen Durchsetzbarkeit und dem Zwang zum Kompromiss beschränkt sei[1305].

Für *Ziekow* hingegen ist die methodische Vorgehensweise des Bundesverfassungsgerichts zulässig. Er hält die Unterschiede zwischen der fehlenden Trennbarkeit von Rede- und Stimmrecht im Plenum einerseits und der Abspaltung des Stimmrechts vom Rederecht im Ausschuss andererseits für gewichtig genug, um zu einer differenzierenden Betrachtung zu gelangen[1306]. Ein Stimmrecht im Ausschuss sei nicht erforderlich. Dieser Ort sei nicht dazu bestimmt, Entscheidungen zu treffen, sondern diene dem Austausch von Sachargumenten, was auch ohne Stimmrecht möglich sei. Im Abschlussbericht des Ausschusses sei die adäquate Berücksichtigung seiner Auffassung sichergestellt[1307]. Ferner werde durch die Anerkennung des Stimmrechts die Repräsentation seiner Ansicht nicht gestärkt. Wenn sich die Mehrheit für eine Beschlussvorlage entschieden habe, die dem Fraktionslosen nicht zusagt, könne er auch mit seiner Stimme nichts dagegen unternehmen. Sofern die Mehrheitsmeinung deckungsgleich mit seiner ei-

1301 *Bernzen/Gottschalck*, ZParl. 1990, S. 393, 399 f.

1302 *Bernzen/Gottschalck*, ZParl. 1990, S. 393, 400.

1303 *Brandner*, JA 1990, S. 151, 154 f.; *Trute*, JURA 1990, S. 184, 190 f.; *Schulze-Fielitz*, DÖV 1989, S. 829, 833 f., 837 f.

1304 *Trute*, JURA 1990, S. 184, 190 f.; *Schulze-Fielitz*, DÖV 1989, S. 829, 833.

1305 *Brandner*, JA 1990, S. 151, 154; a.A. *Trute*, JURA 1990, S. 184, 191.

1306 *Ziekow*, JuS 1991, S. 28, 31, 34 („überzeugendes Modell").

1307 *Ziekow*, JuS 1991, S. 28, 31 f.

genen sei, könne er nicht stärker repräsentiert werden als das sowieso schon geschehe[1308].

Trotz Übereinstimmung mit dem Ergebnis des Urteils moniert er ebenfalls die Argumentationskette des Bundesverfassungsgerichts. Eine Neuberechnung der Ausschusssitze bei Gewährung des Stimmrechts sei für den Bundestag keinesfalls unzumutbar. Der überproportionalen Gewichtung der Stimme des Außenseiters könne man entgegenwirken, indem in der Geschäftsordnung des Bundestags jeder Fraktion mindestens zwei Ausschusssitze zuerkannt würden[1309].

5. Stellungnahme

Das Bundesverfassungsgerichtsurteil überzeugt hinsichtlich der generellen Zuerkennung eines Anspruchs auf Ausschussmitgliedschaft ebenso wie die Kritikpunkte der Literatur an der Reduzierung dieses Rechts auf ein Grundmandat.

Es ist mit dem Bundesverfassungsgericht davon auszugehen, dass man die aus dem Repräsentationsgedanken und dem Demokratieprinzip folgenden verfassungsrechtlichen Grundsätze der formalen Gleichbehandlung aller Abgeordneten[1310] und den Minderheitenschutz exklusiv Art. 38 Abs. 1 S. 2 GG zuordnet. Dann ist eine gebührende Teilnahme angesichts der überragenden Rolle des Ausschusswesens unter Beachtung der anderen das freie Mandat bestimmenden Formprinzipien nur gewährleistet, wenn man wenigstens in einem Ausschuss mitwirken darf. Dazu muss über die bloße Anwesenheit hinaus auf jeden Fall ein Rede- und Antragsrecht vorhanden sein. Das gilt jedenfalls, solange die Zahl der Gesamtausschusssitze die der Parlamentsabgeordneten übersteigt.

Unverständlich ist es, auf halbem Weg stehen zu bleiben und nicht jedem Parlamentsabgeordneten das Recht auf Vollmitgliedschaft zuzuerkennen. Dass in den Ausschüssen nur tatsächliche, aber keine rechtlichen Entscheidungen mit verbindlichem Charakter getroffen werden, spielt hierfür keine Rolle. Das Repräsentationsprinzip entfaltet sich nicht nur dann, wenn rechtsverbindliche Sachentscheidungen getroffen werden[1311], sondern auch, wenn diese inhaltlich vorbereitet und diskutiert werden. Eine Abgrenzung des Geltungsbereichs des Art. 38 Abs. 1 S. 2 GG nach dem Kriterium einer verbindlichen Sachentscheidung ist

---

1308 *Ziekow*, JuS 1991, S. 28, 32.

1309 *Ziekow*, JuS 1991, S. 28, 31.

1310 Dazu *Trute*, JURA 1990, S. 184, 188; kritisch zur Bestimmung der formal richtigen Anspruchsgrundlage *Bernzen/Gottschalck*, ZParl. 1990, S. 393, 396 f.; allerdings sind auch sie der Ansicht, es sei mehr eine dogmatische Spielerei als ein materielles Problem, ob man die Grundsätze der formalisierten Gleichheitssatzes und des Minderheitenschutzes nun gesondert aus dem Grundsatz der Gleichheit der Wahl bzw. dem Rechtsstaats- und Demokratieprinzip herleitet oder ob man all diese Kriterien in Art. 38 Abs. 1 S. 2 GG hineinliest.

1311 In diesem Sinne aber *Bernzen/Gottschalck*, ZParl. 1990, S. 393, 400; wie hier BVerfGE 44, 308, 317.

rein formalistisch und berücksichtigt den tatsächlichen Stellenwert der Ausschussarbeit nicht hinreichend. Das ist aber gerade bei „offenen" Verfassungsbestimmungen und Fundamentalnormen erforderlich[1312].

Da das Repräsentationsprinzip im Plenum und in den Ausschüssen gilt, kann auch *Ziekow*[1313] nicht zugestimmt werden. Ein parlamentarischer Ausschuss ist mehr als ein Forum des Austausches von Gedanken und sachlichen Argumenten. Obwohl die verbindlichen Entscheidungen formal im Parlament getroffen werden, sind die Würfel meistens bereits davor, und zwar nach Beendigung der Ausschussberatungen gefallen, zumindest aber deutlich vorgezeichnet. Eine dem Repräsentationsgedanken entsprechende gleichrangige Beteiligung des fraktionslosen Abgeordneten kann aber nur dann angenommen werden, wenn er nicht nur mit einem Rede- und Antragsrecht an den Beratungen teilgenommen hat, sondern über die an das Plenum gerichteten Beschlussempfehlungen mit abstimmten darf. Die Separation von Stimm- und Antragsrecht erscheint angesichts der von *Mahrenholz* beschriebenen Einheitlichkeit dieser Vorgänge konstruiert. Sie leuchtet spätestens dann nicht mehr ein, wenn man bedenkt, dass das Bundesverfassungsgericht hinsichtlich der Rechtslage im Plenum selbst die Ansicht vertritt, geistige Auseinandersetzung und Abstimmung seien voneinander untrennbar[1314].

Davon abgesehen ist es falsch, eine Stärkung der repräsentativen Stellung des fraktionslosen Abgeordneten durch Zuerkennung eines Stimmrechts mit dem Argument abzulehnen, er könne weder die ihm widersprechende Mehrheitsmeinung durch seine Stimme zu seinen Gunsten beeinflussen noch seine repräsentative Stellung stärken, wenn er der gleichen Ansicht sei wie die Ausschussmehrheit[1315]. Diese Annahme beruht auf einer missverständlichen Umsetzung des Repräsentationsgedankens, die nicht auf die Entscheidungsrelevanz des Abstimmungsverhaltens, sondern allein auf die Möglichkeit abstellt, den Wählerauftrag durch Teilnahme an der Willensbildung umzusetzen. Wäre die Argumentation *Ziekows* zutreffend, könnte man damit nicht nur das Stimmrecht, sondern das Grundmandat insgesamt in Frage stellen[1316]. Denn auch das Rede- und Antragsrecht des Minderheitsabgeordneten hat keine Relevanz für die Erarbeitung der Beschlussempfehlung, wenn die Ausschussmehrheit andere Ansichten vertritt als er. Unter Umständen wird seine Ansicht bereits ausreichend von den fraktionsangehörigen Ausschussmitgliedern wahrgenommen, wenn sie mit der der Ausschussmehrheit einhergeht. Man könnte sogar noch weiter gehen und fragen, ob die fehlende Fraktionszugehörigkeit nicht zum Verlust des Mandats insgesamt führen müsste, wenn das Repräsentationsprinzip nur dann tangiert

---

1312 Ähnlich BVerfGE 44, 308, 317 f.
1313 JuS 1991, S. 28, 31 f.
1314 BVerfGE 70, 324, 355.
1315 So aber *Ziekow*, JuS 1991, S. 28, 32.
1316 So auch *Brandner*, JA 1990, S. 151, 154.

wäre, wenn die Stimm- und Teilnahmerechte zur Mehrheitsbildung beitragen könnten.

Die voranstehenden Ausführungen dokumentieren deutlich die methodische und materielle Unschärfe im "Wüppesahl-Urteil" bei der Darstellung des Art. 38 Abs. 1 S. 2 GG. Ausgehend von der Prämisse der formellen Abgeordnetengleichheit und der Geltung des Repräsentationsgedanken in den Ausschüssen steht dem fraktionslosen Abgeordneten wie seinen fraktionell organisierten Kolleginnen und Kollegen grundsätzlich ein Recht auf Vollmitgliedschaft aus Art. 38 Abs. 1 S. 2 GG zu. Es darf nur zur Erhaltung der Mehrheitsverhältnisse und zur Sicherung der Arbeits- und Funktionsfähigkeit des Parlaments beschnitten werden[1317].

Es sind aber, wie bereits im Sondervotum von *Mahrenholz* eingehend dargestellt, keine durchschlagenden Argumente vorhanden, die eine Schlechterstellung des fraktionslosen Abgeordneten gegenüber den anderen Parlamentsmitgliedern rechtfertigen könnten. Die vermeintliche Überrepräsentation des „Einzelkämpfers" ist kein überzeugender Einwand zur Aberkennung des Stimmrechts. Es trifft grundsätzlich zu, dass ein fraktionsloser Abgeordneter nur für sich stimmt, ein fraktionsangehöriger Parlamentarier dagegen auch für andere Fraktionsmitglieder. Dies gilt aber nur, solange er nicht von der vorgegebenen Fraktionslinie abweicht. Außerdem fließen die politischen Vorstellungen im Gegensatz zu den fraktionell organisierten und dadurch mediatisierten Mandatsträgern überhaupt nicht in die Willensbildung und Entscheidungsfindung anderer Ausschüsse ein. Die möglicherweise stärker ausgeprägte persönliche Wahrnehmung eines fraktionslosen Abgeordneten ist die Konsequenz daraus, dass trotz überragendem Einfluss der politischen Parteien letztlich Personen die parlamentarische Arbeit verrichten, die verfassungsrechtlich nicht ihre Fraktion oder Partei repräsentieren, sondern das Volk[1318].

Die Verzerrung der Mehrheitsverhältnisse durch eine Vollmitgliedschaft im Ausschuss ist ein Szenario, das mit anderen, die Mandatsausübung nicht beschränkenden Mitteln vermieden werden kann. Es besteht ohne größere Schwierigkeiten die Möglichkeit, die Zahl der Ausschusssitze zu erhöhen oder mit Bruchteilsstimmen zu arbeiten, wenn durch die Anwesenheit eines fraktionslosen Abgeordneten eine Verzerrung der Mehrheitsverhältnisse im Plenum drohen sollte[1319]. Dies führt zwar unweigerlich zu einem Mehraufwand bei der Ausschussbildung zu Beginn der Legislaturperiode. Angesichts des hohen Stellen-

---

1317 *Berwanger*, S. 150; *Morlok*, JZ 1989, S. 1035, 1038.

1318 Ähnlich *Trute*, JURA 1990, S. 184, 190; *Morlok*, JZ 1989, S. 1035, 1047, a.A. *Kruis*, BVerfGE 80, 241, 242, wonach der Abgeordnetenstatus durch die Gliederung des Parlaments in Fraktionen geprägt sei, weshalb die Teilnahme an der Ausschussarbeit nur durch eine Fraktion vermittelt werden könne.

1319 *Trute*, JURA 1990, S. 184, 191; *Morlok*, JZ 1989, S. 1035, 1041, 1046 f.; *Schulze-Fielitz*, DÖV 1989, S. 829, 833; *Mahrenholz*, BVerfGE 80, 235, 240.

wertes des freien Mandats für das Funktionieren einer repräsentativen Demokratie und der möglichst uneingeschränkten Verwirklichung des Wählerwillens sind diese Beeinträchtigungen aber hinnehmbar, wenn dadurch die Partizipation jedes Volksvertreters sichergestellt werden kann. Keinesfalls genügt der Hinweis auf schwierige Korrekturen, auf die der Bundestag nicht von Verfassungs wegen verwiesen werden könne, zumal es sich nur um einen einzigen Ausschuss je fraktionslosen Abgeordneten handelt[1320]. Letztlich darf man nicht unerwähnt lassen, dass es angesichts der Letztentscheidungskompetenz des Plenums zweifelhaft ist, ob sich im Ausschuss die dort bestehenden Stimmverhältnisse völlig identisch widerspiegeln müssen[1321].

Falls die Arbeits- und Funktionsfähigkeit des Parlaments durch die Zunahme der Zahl der stimmberechtigten Ausschussmitglieder tatsächlich gefährdet wäre, könnte damit eine Einschränkung des Rechts auf Mitgliedschaft in einem Ausschuss gerechtfertigt werden. Dazu wäre aber neben einer konkreten Darlegung einer drohenden Beeinträchtigung der parlamentarischen Funktionsfähigkeit nachzuweisen, dass anstellte der Einschränkung der Statusrechte kein anderer, die Abgeordneten weniger belastender Weg zur Problemlösung in Betracht kommt. Davon abgesehen erscheint es kaum vorstellbar, wie durch die Aufwertung des Grundmandats zur Vollmitgliedschaft die Arbeits- und Funktionsfähigkeit beeinträchtigt werden könnte. Der entscheidende Vorteil der Ausschüsse, Sachfragen in kleinen, überschaubaren und steuerbaren Runden zu erörtern, wird bereits durch die verfassungsrechtliche Zuerkennung eines Rede- und Antragsrechts eingeschränkt, nicht aber durch ein zusätzlich bestehendes Stimmrecht. Die Anwesenheit eines weiteren Parlamentsabgeordneten verlängert und verkompliziert die Ausschusssitzung unabhängig davon, ob er am Ende der Sitzung über die Beschlussvorlagen abstimmen darf oder nicht.

Letztlich besteht bei der gegenwärtigen Anzahl von Ausschusssitzen unabhängig von der Fraktionszugehörigkeit ein Anspruch jedes Bundestagsabgeordneten auf Sitz und Stimme in einem Ausschuss, für dessen Beschränkung keine überzeugenden Argumente mit Verfassungsrang vorhanden sind[1322]. Den grundgesetzlichen Vorgaben aus Art. 38 Abs. 1 S. 2 GG genügt die gegenwärtige Fassung des § 57 Abs. 2 GO BT nicht, wonach fraktionslosen Abgeordneten nur die

---

1320 Wie hier *Brandner*, JA 1990, S. 151, 155, a.A. BVerfGE 80, 188, 225. Es bleibt unklar, weshalb es sich um so gravierende Korrekturen handeln soll, dass von Verfassungs wegen eine gesetzgeberische Reaktion nicht verlangt werden dürfe. Zudem wird eine Veränderung der Mehrheitsverhältnisse in den meisten Bundestagsausschüssen angesichts deren Größe durch eine einzige Stimme nicht drohen. Es wäre deshalb denkbar, einem fraktionslosen Abgeordneten einen Sitz in einem großen Ausschuss zu geben, in dem die Spiegelbildlichkeit der Ausschussbesetzung ohne Aufstockung der Sitze oder andere Reaktionen nicht gravierend verändert wird.

1321 *Brandner*, JA 1990, S. 151, 155; *Trute*, JURA 1990, S. 184, 191; bejahend hingegen *Morlok*, JZ 1989, S. 1035, 1041.

1322 Ebenso *Berwanger*, S. 151; *Schulze-Fielitz*, DÖV 1989, S. 829, 833 f.

Stellung eines *beratenden* Ausschussmitglieds zukommt. Da der Wortlaut eindeutig und diesbezüglich keiner Interpretation zugänglich ist, scheidet die Möglichkeit der verfassungskonformen Auslegung aus. § 57 Abs. 2 GO BT ist daher auch in der heutigen Fassung verfassungswidrig und muss an die Vorgaben des Grundgesetzes angepasst werden.

II. Situation auf kommunaler Ebene

1. Hintergrund des gemeindlichen Ausschusswesens

Wie auf bundesrechtlicher Ebene sind in allen Kommunalordnungen Ausschüsse vorgesehen[1323]. Während im Parlamentsrecht die Letztentscheidungskompetenz immer beim Bundestag bzw. den Landtagen verbleibt, gibt es in den Gemeindeordnungen neben den beratenden auch beschließende Ausschüsse. Diese entscheiden im Rahmen ihrer übertragenen Zuständigkeit selbstständig anstelle des Kollegialorgans[1324].

Die Ausschüsse sollen wie auf Bundesebene den Rat entlasten und der Steigerung seiner Arbeitsfähigkeit durch die Möglichkeit dienen, sich auf die Hauptaufgaben der Gemeinde zu beschränken[1325]. Aufgrund der zunehmenden Spezialisierung der zur Debatte stehenden Fragen spielt sich ein Großteil der Arbeit nicht mehr in der Ratssitzung, sondern wie im parlamentarischen Bereich in den Ausschüssen ab[1326]. Oft ist eine sachliche Erörterung von Anträgen und Vorlagen über die politischen Grenzen hinweg nur dort möglich[1327]. Daher ist es im Kommunalrecht genauso anerkannt, dass die Repräsentation des Volkes nicht nur im Plenum, sondern auch in den Ausschüssen verwirklicht wird[1328]. Daraus folgt die Notwendigkeit der spiegelbildlichen Besetzung von Gemeinderat und Ausschüssen[1329]. Bis dahin herrschen weitgehende Parallelen bei der Behandlung von Bundestags- und Gemeinderatsausschüssen.

1323 §§ 39 ff. GO BW; Art. 32 f. BayGO; §§ 50 f., 55 GO Bbg.; § 62 HGO; §§ 35 f. KV MV; §§ 51 ff. NGO; §§ 57 ff. GO NW; §§ 44 ff. GO RP; § 48 KSVG Saar.; §§ 41 ff. GO Sachsen; §§ 46 ff. GO SA; §§ 45 ff. GO SH; §§ 26 f. ThürKO.

1324 So ausdrücklich § 39 Abs. 3 S. 1 GO BW; Art. 32 Abs. 3 S. 1 BayGO; § 41 Abs. 3 S. 1 GO Sachsen. In Bayern tragen beschließende Ausschüsse gemäß Art. 32 Abs. 2 S. 1 BayGO den Namen „Gemeindesenate“. Das ändert an der inhaltlichen Qualifikation aber nichts.

1325 BayVGH, BayVBl. 1993, 180, 181; BayVGH, BayVBl. 1990, S. 468, 469; *Hubert Meyer*, Das Recht der Ratsfraktionen, S. 62; *Jacoby*, S. 182; *Körner*, in: *Püttner*, HdbKWP II, § 28 D II 2 a (S. 133).

1326 *Franke*, S. 236; *Schwerdtner*, VBlBW 1993, S. 328, 329.

1327 *Hubert Meyer*, Das Recht der Ratsfraktionen, S. 62.

1328 BVerwG, NVwZ-RR 1993, S. 209; OVG RP, DÖV 1996, S. 612, 613.

1329 BVerwG, NVwZ 2004, S. 621; NVwZ-RR 1993, S. 209; BayVGH, BayVBl. 1993, S. 1810, 182; *Schreiber*, BayVBl. 1996, S. 134.

Umstritten ist aber, ob und auf welchem Weg die vom Bundesverfassungsgericht aufgestellten Grundsätze auf das Kommunalrecht übertragen werden können, ob also ein fraktionsloser Ratsvertreter Anspruch auf Sitz und möglicherweise darüber hinausgehend Stimme in einem Gemeinderatsausschuss hat.

2. Gegenwärtige Rechtslage

Nach der gerade dargestellten Prüfungsreihenfolge ist zunächst zu klären, ob nach den kommunalrechtlichen Bestimmungen über die Besetzung von Ausschüssen ein Anspruch jedes Gemeinderatsmitglieds auf einen Sitz darin besteht. Das kann jedoch nach der Analyse der einschlägigen Normen nicht bejaht werden, da es bundesweit an einem einheitlichen Bild fehlt.

Lediglich im Saarland, in Niedersachsen, Nordrhein-Westfalen, Schleswig-Holstein und Thüringen sind die Minderheitenrechte fraktionsloser Gemeinderatsmitglieder kodifiziert, wenngleich zum Teil nur rudimentär.

Im Saarland und in Schleswig-Holstein hat jeder Gemeindevertreter gemäß § 48 Abs. 3 S. 3 KSVG Saar. bzw. § 46 Abs. 8 GO SH das Recht, in Ausschüssen, denen er nicht angehört, zu reden und Anträge zu stellen. Ein Stimmrecht steht dem fraktionslosen Gemeinderat dagegen genauso wenig zu wie ein Ausschussmitgliedschaftsrecht.

In Niedersachsen und Nordrhein-Westfalen entspricht die Rechtslage derjenigen in § 57 Abs. 2 GO BT, da ein Recht auf beratende Mitgliedschaft in einem Ausschuss besteht, § 51 Abs. 3 S. 3 NGO, § 58 Abs. 1 S. 11 GO NW. Darüber hinaus haben niedersächsische Ratsmitglieder gemäß § 52 Abs. 2 S. 2 NGO das Recht, sich an Beratungen in einem Ausschuss, dem sie nicht angehören, zu beteiligen, wenn ein von ihnen gestellter Antrag behandelt wird.

In Thüringen hat jeder Gemeindevertreter gemäß § 27 Abs. 1 S. 4 ThürKO Anspruch auf Vollmitgliedschaft in einem Ausschuss, wenn die Zahl der Ausschusssitze die des Gemeinderats übersteigt[1330]. Damit gehen die Rechte fraktionsloser Ratsmitglieder hier weiter als die fraktionsloser Parlamentsabgeordneter, wenngleich auch sie keinen unbedingten Anspruch auf Vollmitgliedschaft enthalten.

In Brandenburg, Hessen, und Sachsen-Anhalt finden sich wie im Saarland entsprechende Regelungen für Fraktionen, die bei der Besetzung der Ausschüsse leer ausgegangen sind[1331]. Sie haben das Recht auf Entsendung eines beratenden

---

[1330] *Berwanger*, S. 71 f. weist in diesem Zusammenhang auf die Gefahr hin, dass der Minderheitenschutz im Gemeinderat unterlaufen werden könnte, wenn die Gemeinden die Anzahl der Ausschusssitze gezielt geringer hielten als die Gesamtzahl der Gemeinderatsmitglieder.

[1331] § 50 Abs. 4 GO Bbg, § 62 Abs. 4 S. 2 HGO, § 46 Abs. 2 GO SA. Das gilt auch für das Saarland, § 48 Abs. 3 S. 1 KSVG Saar. Dort ergänzt die Norm den eigenständigen An-

Mitglieds. Regelungen für einen unberücksichtigt gebliebenen fraktionslosen Volksvertreter gibt es dagegen nicht.

Ein identisches Bild hinsichtlich der Rechtsstellung fraktionsloser Volksvertreter bietet sich in Baden-Württemberg, Bayern, Mecklenburg-Vorpommern, Rheinland-Pfalz und Sachsen, da hier die Kommunalverfassungen zu diesem Thema schweigen[1332]. Zwar gibt es in Bayern eine spezielle gesetzgeberische Vorgabe für die Ausschussbesetzung. Nach Art. 33 Abs. 1 S. 2 BayGO hat der Gemeinderat dabei dem Stärkeverhältnis der in ihm vertretenen Parteien und Wählergruppen Rechnung zu tragen[1333]. Hinter dieser Formulierung steht jedoch kein allgemeines Rechtsprinzip mit einem Optimierungsgebot als Inhalt, das jedem Gemeinderatsmitglied ein Anspruch auf Ausschussmitgliedschaft zubilligt[1334]. Zum einen ist die Norm bereits dem Wortlaut nach auf Fraktionen und Wählergruppen beschränkt, umfasst also gerade keine fraktionslosen Ratsmitglieder. Zum anderen muss man berücksichtigen, dass das Gebot der Spiegelbildlichkeit der Besetzung der Gemeinderatsausschüsse lediglich ein allgemein gehaltenes verfassungsrechtliches Postulat ist. Als solches entfaltet es zwar unmittelbare Rechtsgeltung; eines gesetzgeberischen Zwischenaktes bedarf es zur Erlangung seiner Normativkraft nicht[1335]. Um direkt aus solchen Vorgaben subjektive Organsrechte herleiten zu können, muss sich das grundgesetzliche Prinzip aber so weit verdichtet haben, dass Inhalt und Umfang des Rechts genau be-

spruch der Gemeindevertreter auf Teilnahme an sämtlichen Ausschusssitzungen, § 43 Abs. 3 S. 3 KSVG Saar.

1332 Diese Rechtslage trifft auch auf die Verfassung der Stadt Bremerhaven zu und ist deshalb relevant, weil dort ein fraktionsloser Stadtverordneter seinen vermeintlichen Anspruch auf Vollmitgliedschaft in einem Ausschuss unter Berufung auf die vom Bundesverfassungsgericht im „Wüppesahl-Urteil“ aufgestellten Grundsätze vor dem OVG Bremen (NVwZ 1990, S. 1195 ff.) gerichtlich geltend gemacht hat. Dazu unten S. 272 f.

1333 Ähnlich § 50 Abs. 8 GO Bbg.; § 48 Abs. 2 S. 1 KSVG Saar.; § 42 Abs. 2 S. 1 GO Sachsen; § 46 Abs. 1 S. 1 GO SA; § 27 Abs. 1 S. 3 ThürKO. Dabei handelt es sich aber um ein allgemein gültiges Prinzip, das auch in den Gemeindeordnungen gilt, in denen es nicht ausdrücklich festgeschrieben ist. Nach Auffassung der BayVGH, BayVBl. 1993, S. 180, 181, die später höchstrichterlich bestätigt wurde, BVerwG, DVBl. 1994, S. 216, soll die Bestimmung dahingehend zu verstehen sein, dass der Gemeinderat bei der Besetzung auf das Stärkeverhältnis nach Gemeinderatssitzen und nicht auf das Stärkeverhältnis nach den auf Parteien und Wählergruppen entfallende Wählerstimmen abzustellen habe. Ebenso *Firsching*, BayVBl. 1995, S. 365.

1334 So aber *Schreiber*, BayVBl. 1996, S. 134, 141, 170, 171; prinzipielle Einwände gegen die Qualifizierung allgemeiner Rechtsgrundsätze als Optimierungsgebote wegen der Kollisionsmöglichkeiten mit anderen Grundsätzen erhebt *Penski*, JZ 1989, S. 105, 110; umfassend zur Optimierungsthese von Regeln und Prinzipien unter Nachweis der literarischen Auseinandersetzung *Hain*, S. 114 ff.

1335 *Reimer*, S. 52 f., 292 f.; *Göldner*, S. 32.

stimmbar sind[1336]. Dies ist bei Verfassungsprinzipien aufgrund ihrer weiten und offenen Fassung so gut wie nie denkbar. Aus ihnen kann man nur gewisse Standards bestimmen, an die der Gesetzgeber bei der Normierung des kommunalen Ausschusswesens gebunden ist[1337]. Auf diese Weise entfalten die Verfassungsprinzipien ihre Wirkung im Regelfall mittelbar, führen aber wegen des Erfordernisses der Interpretation bei der Umsetzung nicht zu einer Festlegung des Konkretisierungsergebnisses[1338]. Genau das ist hier der Fall. Das Gebot der Spiegelbildlichkeit der Ausschussbesetzung ist kein aus sich heraus erklärbarer Grundsatz, sondern erschließt sich erst als Bestandteil des Demokratie- und Rechtsstaatsprinzips. Art. 33 Abs. 1 S. 2 BayGO enthält lediglich die Formulierung, der Gemeinderat müsse den Mehrheitsverhältnissen und dem Stärkeverhältnis im Gemeinderat „Rechnung tragen". Damit ist die Vorschrift zu allgemein gehalten, um daraus ein Optimierungsgebot mit dem Inhalt ableiten zu können, dass fraktionslose Ratsvertreter einen unbedingten Anspruch auf eine vollwertige Ausschussmitgliedschaft haben[1339].

Abgesehen von dieser bayerischen Besonderheit finden sich in den letztgenannten Bundesländern zum Komplex der Ausschusszusammensetzung lediglich Regelungen zur Einrichtung der Ausschüsse und zur Wahl der Mitglieder. Übereinstimmend werden die Ausschussmitglieder aus der Mitte des Gemeinderats bestimmt[1340]. Dabei können in beschränktem Maße auch nicht dem Gemeinderat angehörige sachkundige Bürger als beratende oder beschließende Mitglieder in die Ausschüsse gewählt bzw. zur Beratung hinzugezogen werden[1341]. Sofern im Gemeinderat kein Konsens über einen gemeinsamen Wahlvorschlag erzielt werden kann, ist die Durchführung von Verhältniswahlen auf der Grundlage von Wahlvorschlägen der im Gemeinderat vertretenen Parteien bzw. Wählergruppen vorgesehen[1342]. Das führt im Regelfall zum Ausschluss fraktionsloser Ratsvertreter von der Ausschussarbeit und entspricht der parlamentsrechtlichen Situation vor Änderung des § 57 Abs. 2 GO BT.

1336 *Göldner*, S. 36, 40; zur grundsätzlichen Möglichkeit der unmittelbaren Anwendbarkeit von Verfassungsprinzipien *Reimer*, S. 440 ff.

1337 *Larenz/Canaris*, S. 160; *Göldner*, S. 85 ff.; allgemein zur Konkretisierung von Verfassungsprinzipien *Reimer*, S. 458 ff.

1338 *Reimer*, S. 458 f.; *Larenz/Canaris*, S. 16; *Penski*, JZ 1989, S. 105, 111.

1339 So auch *Berwanger*, S. 79.

1340 § 41 Abs. 1 S. 2 GO BW; § 50 Abs. 1 S. 2 GO Bbg.; § 62 Abs. 1 S. 1 HGO; § 51 Abs. 1, Abs. 2 NGO; § 48 Abs. 1 S. 1 KSVG Saar.; § 42 Abs. 1 S. 2 GO Sachsen.

1341 § 41 Abs. 1 S. 3 GO BW; § 50 Abs. 7 GO Bbg.; § 62 Abs. 6 HGO; § 36 Abs. 5 S. 1 KV MV; § 51 Abs. 6 S. 1 NGO; § 58 Abs. 3 S. 1 GO NW; § 44 Abs. 1 S. 2 GO RP; § 49 Abs. 1 KSVG Saar.; § 44 Abs. 1, Abs. 2 GO Sachsen; § 48 Abs. 2 S. 1 GO SA; § 46 Abs. 2 GO SH; § 27 Abs. 5 ThürKO; zu diesem Themenkreis eingehend *Wacker*, passim.

1342 *Körner*, in: *Püttner*, HdbKWP II, § 28 D II 3 (S. 137); explizit § 36 Abs. 1 S. 2 KV MV, § 45 Abs. 1 S. 4 GO RP; § 48 Abs. 2 S. 2 KSVG Saar.; § 42 Abs. 2 S. 2 GO Sachsen; § 46 Abs. 1 GO SH.

Als Zwischenergebnis kann festgestellt werden, dass die Rechte der „Einzelgänger“ in Niedersachsen, Nordrhein-Westfalen und Thüringen bundesweit am stärksten ausgeprägt sind. Mit leichten Abstrichen gilt das auch für Schleswig-Holstein und das Saarland. Unabhängig von der jeweiligen Ausgestaltung ist in keiner Gemeindeordnung ein uneingeschränkter Anspruch auf Ausschussmitgliedschaft für fraktionslose Ratsmitglieder vorhanden.

Damit stellt sich die Frage nach einer verfassungskonformen Auslegung der Ausschussbesetzungsvorschriften dahingehend, dass ein solcher Anspruch in die Normen hineinzulesen ist. Dazu wäre vorrangig eine Klärung der Frage erforderlich, ob ein unbedingtes Ausschussmitgliedschaftsrecht aufgrund verfassungsrechtlicher Vorgaben zwingend erforderlich ist. Das kann an dieser Stelle offen bleiben[1343]. Selbst bei Bejahung eines derartigen Rechts aus dem freien Mandat bestünde keine Möglichkeit zur verfassungskonformen Auslegung der eben genannten Normen.

Auch in den Ländern ohne entsprechende Normen für fraktionslose Gemeinderäte würde ein solches Vorgehen scheitern, da bei einem verfassungsunmittelbaren Anspruch auf Ausschussmitgliedschaft die gesetzgeberischen Gestaltungsmöglichkeiten zur Umsetzung dieses Gebots so umfangreich wären, dass eine verfassungskonforme Auslegung ohne normativen Anknüpfungspunkt einen nicht mehr vertretbaren Eingriff in Befugnisse der Legislative darstellen würde[1344]. Aus diesem Grund kann man *Berwangers* Argumentation nur bedingt zustimmen. Seiner Ansicht nach spricht der klare Wortlaut der Ausschussbesetzungsvorschriften gegen ihre verfassungskonforme Auslegung, da eine Beteiligung von Minderheiten in den Ausschüssen nicht vorgesehen sei[1345]. Sicherlich lässt sich das Fehlen ausdrücklicher Beteiligungsrechte auf den ersten Blick als Argument gegen einen solchen Anspruch verwenden. Allerdings kommt eine verfassungskonforme Auslegung gerade in den Fällen in Betracht, in denen die gesetzliche Formulierung unklar ist oder ein Normprogramm für eine bestimmte Konstellation schlicht fehlt.

Zutreffend ist *Berwangers* Begründung dagegen bei der Unmöglichkeit der verfassungskonformen Auslegung der kommunalrechtlichen Vorschriften, in denen die Rechtsstellung der fraktionslosen Gemeinderäte ausdrücklich geregelt ist. Eindeutig zu bejahen ist das für Niedersachsen und Nordrhein-Westfalen. Wenn dort explizit nur eine *beratende* Mitgliedschaft vorgesehen ist, steht der Wortlaut einer Vollmitgliedschaft ausdrücklich entgegen. Gleiches gilt aber

---

1343 Auf die Frage nach der Erforderlichkeit des Anspruchs auf Vollmitgliedschaft in zumindest einem Ausschuss wird später noch eingegangen (unten S. 273 ff.).

1344 Die Vielfältigkeit der gesetzgeberischen Reaktionsmöglichkeiten auf den verfassungsunmittelbaren Anspruch aus dem freien Mandat ist bereits im Rahmen der parlamentsrechtlichen Untersuchung dargestellt worden (S. 257, 259). Ausführlich zu diesem Punkt unten S. 285.

1345 *Berwanger*, S. 78 f.

auch für das Saarland und Schleswig-Holstein. Im Saarland wird in § 48 Abs. 3 S. 1 KSVG unzweideutig das Recht der bei der Sitzverteilung leer ausgegangene Fraktionen benannt, einen Vertreter als beratendes Mitglied und dem Recht zur Antragsstellung in den Ausschuss zu entsenden. Dagegen ist in § 48 Abs. 3 S. 3 KSVG die Bestimmung enthalten, sämtliche Mitglieder des Gemeinderats könnten an den Ausschusssitzungen ohne Stimmrecht teilnehmen. Daraus lässt sich der Umkehrschluss ziehen, dass im Gegensatz zu den Fraktionen gerade kein isoliertes Mitgliedschaftsrecht für fraktionslose Volksvertreter begründet werden soll, sondern nur ein davon zu trennendes allgemeines Partizipationsrecht an Sitzungen von Ausschüssen, denen man nicht als Mitglied angehört[1346]. Dies wird dadurch verstärkt, dass § 48 Abs. 3 S. 3 KSVG nicht speziell für Fraktionslose gilt, sondern für alle Gemeinderatsmitglieder.

In Schleswig-Holstein bezieht sich das Teilnahmerecht mit der Möglichkeit zur Wortergreifung nach dem klaren Wortlaut nur auf die Ausschüsse, in denen man nicht Mitglied ist. § 46 Abs. 8 GO SH kann daher nicht verfassungskonform auslegt werden und begründet kein eigenständiges Mitgliedschaftsrecht.

Daraus folgt neben der Unmöglichkeit der verfassungskonformen Auslegung der Besetzungsvorschriften die Konsequenz, dass es auch keinen Grundsatz des allgemeinen Kommunalrechts gibt, aus dem ein derartiger Anspruch abgeleitet werden könnte. Dazu sind die Kodifikationen in den Bundesländern viel zu zerklüftet und uneinheitlich, zumal in keinem einzigen Land ein unbeschränkbares Mitgliedschaftsrecht besteht. Allerdings zeigt sich insbesondere mit der Existenz des § 27 Abs. 1 S. 4 ThürKO, der einen nahezu umfassenden Schutz der Volksvertreter gewährt, dass eine Mitarbeit fraktionsloser Gemeinderatsmitglieder in den Ausschüssen keinesfalls ein systemwidriger Fremdkörper ist. Vielmehr ist diese Regelung Anzeichen eines beginnenden kommunalrechtlichen Wandels hin zu einem ausgeprägteren Minderheitenschutz[1347].

3. Lösungsmöglichkeiten trotz fehlendem einfachgesetzlichen Anspruch

Ein spezieller kommunalrechtlicher Anspruch auf Ausschussmitgliedschaft kommt also auch durch eine verfassungskonforme Auslegung nicht in Betracht. Ein sich durch alle Gemeindeordnungen durchziehender positivrechtlicher Grundsatz existiert nicht. Daher stellt sich die Frage, welcher Weg zur Begründung eines eigenständigen Ausschussmitgliedschaftsanspruchs unabhängig von der Fraktionszugehörigkeit gangbar ist. Denkbar sind zwei Möglichkeiten. Man

1346 *Wohlfahrt*, Rn. 139.

1347 Dieser Wandel kommt ebenfalls in der Begründung des Gesetzentwurfs der nordrhein-westfälischen Landesregierung vom 13.01.2000 – NW LT-Drs. 12/4597 – zum Ausdruck, da mit der Zuerkennung eines Grundmandats für jeden Gemeindevertreter auf die fehlende Sperrklausel im Kommunalwahlrecht reagiert wird und die Stärkung des Demokratieprinzips durch Aufwertung der Mitgliedschaftsrechte beabsichtigt ist.

kann aus den grundgesetzlichen Vorschriften über die Ausgestaltung der Kommunalverfassungen einen Anspruch auf Ausschussmitgliedschaft herzuleiten versuchen, der seinem Inhalt nach Art. 38 Abs. 1 S. 2 GG gleichkommt. Alternativ kann man feststellen, dass eine dem Art. 38 Abs. 1 S. 2 GG entsprechende Vorschrift nicht vorhanden ist[1348] und an eine analoge Anwendung dieser parlamentsrechtlichen Norm denken.

Berwanger beschreitet methodisch den letztgenannten Weg. Unmittelbar nach Ablehnung einer verfassungskonformen Auslegung der Ausschussbesetzungsregelungen prüft er die Möglichkeit der analogen Anwendung „von Parlamentsrecht", bejaht dies im Grundsatz und leitet anschließend ein Recht des fraktionslosen Gemeinderatsmitglieds auf Vollmitgliedschaft in einem Ausschuss her. Dabei dient als Anspruchsgrundlage Art. 38 Abs. 1 S. 2 GG analog i.V.m. den „Grundsätzen der repräsentativen Demokratie (Art. 20 II S. 2; 28 I S. 2)"[1349].

Anknüpfend an die Vorüberlegungen zur Transformation parlamentsrechtlicher Grundsätze ist diesem Verfahren entgegenzutreten[1350]. Die Frage, ob die mit einem Ausschussstimmrecht angereicherte Rechtsprechung des Bundesverfassungsgerichts entsprechend auf kommunaler Ebene anwendbar ist, kann nicht unmittelbar nach Ablehnung der Möglichkeit der verfassungskonformen Auslegung durch einen Analogieschluss zu Art. 38 Abs. 1 S. 2 GG beantwortet werden. Denn eine im Wege des Analogieschlusses zu einem fremden Rechtsgebiet zu schließende Regelungslücke besteht nur, wenn es keine grundgesetzlichen Vorgaben für die Ausgestaltung der Kommunalverfassungen gibt, die einen Anspruch des fraktionslosen Ratsvertreters auf Sitz und Stimme in einem Ausschuss implizieren. In einem solchen Fall würde eine entgegenstehende und einer entsprechenden Auslegung unzugängliche Norm gegen höherrangige Vorgaben verstoßen. Zur Lösung dieser Kollision käme entweder ein die verfassungswidrige Norm überlagernder unmittelbarer verfassungsrechtlicher Anspruch oder eine den grundgesetzlichen Anforderungen Rechnung tragende Anpassung der entsprechenden Normen in Betracht. Dagegen scheidet eine Analogiebildung zu parlamentsrechtlichen Vorschriften aus, da das den Anspruch begründende Strukturprinzip zum positiven Verfassungsrecht gehört und daher gar keine Lücke besteht[1351].

Somit ist das weitere Prozedere dieser Untersuchung vorbestimmt. Bevor man das Mandat des Parlamentsabgeordneten analog im Kommunalverfassungsrecht anzuwenden versucht, ist zu prüfen, ob nicht bereits das Mandat des gemeindlichen Volksvertreters einen eigenständigen Anspruch vermittelt oder eine gesetzgeberische Reaktion dahingehend verlangt, jedem Ratsmitglied auf einfachgesetzlicher Ebene einen Ausschussmitgliedschaftsanspruch zu verschaffen. So-

---

1348 So etwa BVerfGE 79, 344, 348; VGH BW, BWGZ 1993, S. 164, 165.

1349 *Berwanger*, passim (insbes. S. 4, 80, 84, 174).

1350 Oben S. 245 f.; zur Kritik an dieser Prüfungsreihenfolge insbes. S. 245 (Fn. 1250).

1351 *Reimer*, S. 446.

fern hier Parallelen zu parlamentsrechtlichen Formprinzipien vorhanden sind, können diese zur Beantwortung der kommunalrechtlichen Fragestellung herangezogen werden. Dabei handelt es sich aber nicht um eine Analogiebildung, sondern um die Schlussfolgerung aus einem positiv ausgefallenen Strukturvergleich.

Es stellt sich also die Frage, ob die kommunalrechtsspezifischen Grundgesetznormen – konkret handelt es sich um Art. 28 Abs. 1 S. 1, S. 2 GG, Art. 20 Abs. 2 S. 1, S. 2 GG – einen der parlamentsrechtlichen Situation entsprechenden Anspruch auf eine erfolgreiche Teilnahme am Ausschussbesetzungsverfahren vermitteln. Mit diesem Problem hatten sich im Nachgang an das „Wüppesahl-Urteil" die Verwaltungsgerichte zu beschäftigen und kamen zu unterschiedlichen Ergebnissen.

a) Die herrschende Ansicht in der verwaltungsgerichtlichen Spruchpraxis

Das Bundesverwaltungsgericht[1352] sowie mehrere Verwaltungsgerichtshöfe bzw. Oberverwaltungsgerichte haben einen aus verfassungsrechtlichen Vorgaben folgenden Anspruch fraktionsloser Gemeinderatsvertreter und Kleinstfraktionen auf Mitgliedschaft und Stimmrecht in einem Ausschuss verneint[1353]. Allerdings entsprachen die den Entscheidungen zu Grunde liegenden Sachverhalte nicht durchgehend dem des „Wüppesahl-Urteils". Den Klägern ging es nicht durchgehend um eine Vollmitgliedschaft im Ausschuss[1354], sondern nur um Rede- und Antragsrechte in Ausschüssen, denen sie nicht angehörten[1355] bzw. um Fraktionsrechte auf Zuerkennung eines Stimmrechts für beratende Ausschussmitglieder[1356]. Trotz dieser Divergenzen sind die Entscheidungsgründe mit denen des Bundesverfassungsgerichtsurteils vergleichbar und auf den hier vorliegenden Sachverhalt übertragbar. Darin finden sich nämlich grundsätzliche Ausführungen zur Stellung fraktionsloser Ratsvertreter.

Eine entsprechende Anwendung der vom Bundesverfassungsgericht für das Parlamentsrecht entwickelten Grundsätze wird zunächst mit dem pauschalen und nicht weiter konkretisierten Argument abgelehnt, beim Rat handle es sich

---

1352 BVerwG, NVwZ-RR 1993, S. 209; BVerwG, NVwZ-RR 1994, S. 109.

1353 VGH BW, DÖV 1990, S. 625; VGH BW, BWGZ 1993, S. 164; BayVGH, BayVBl. 1990, S. 468; OVG Saar., NVwZ 1992, S. 289; OVG SH, NVwZ-RR 1994, S. 459; OVG RP, DÖV 1996, S. 612.

1354 So aber in den Sachverhalten BVerwG, NVwZ-RR 1994, S. 109 f.; OVG SH, NVwZ-RR 1994, S. 459 ff.; VGH BW, BWGZ 1993, S. 164 f.

1355 BayVGH, BayVBl. 1990, S. 468 f.

1356 BVerwG, NVwZ-RR 1993, S. 209; OVG Saar., NVwZ 1992, S. 289 ff.

um das Exekutivorgan einer Selbstverwaltungskörperschaft, nicht aber um ein Parlament[1357].

Darüber hinaus wird die Geltung des Repräsentationsgedankens auch bei der Tätigkeit im Ausschuss von den Fachgerichten grundsätzlich anerkannt[1358]. Jedoch folge aus dem Prinzip der demokratischen Repräsentation auch, dass die Zusammensetzung der Ausschüsse das vom Wähler bestimmte Kräfteverhältnis im Plenum widerspiegeln müsse[1359], nicht aber eine genaue Repräsentation der politischen Kräfte. Dies könne dazu führen, dass nach den jeweiligen Sitzverteilungsregeln im Einzelfall eine politische Gruppe trotz des grundsätzlichen Anspruchs auf Gleichberechtigung leer ausgehe[1360].

Mit der zwingenden Zuerkennung eines Ausschusssitzes könnten zudem die Mehrheitsverhältnisse durch einen einzelnen Volksvertreter, dessen Stimme dann überproportional gewichtet würde, verschoben werden[1361]. Eine Vergrößerung der Ausschüsse bis zu einem Maß, an dem jedem Gemeinderat proporzgenau ein Sitz zugeteilt werden könne, sei keine Alternative. Dadurch werde der Vorteil des Ausschusswesens, die effektive und sachgerechte Beratung einzelner Fragestellungen durch eine überschaubare Mitgliederzahl, zunichte gemacht[1362].

Damit sind Punkte angesprochen, die schon aus dem parlamentsrechtlichen Teil der Darstellung bekannt sind[1363] und unter dem Oberbegriff „Effektivität der Ausschussarbeit und Wahrung des Repräsentationsprinzips durch spiegelbildliche Besetzung“ zusammengefasst werden können.

Soweit das Stimmrecht in einem vorbereitenden Ausschuss tangiert sei, werde die Wahrnehmung der elementaren Rechte eines Volksvertreters durch die Einflussnahmemöglichkeit in der Gemeinderatssitzung durch Ausübung des Rede-, Antrags- und Stimmrechts gewährleistet[1364]. Die dazu notwendigen Informationen, zu deren Gewinnung die Vorberatungen in den Ausschusssitzungen dienten, könne sich der fraktionslose Gemeinderat verschaffen, indem er von seinem in den meisten Gemeindeordnungen normierten Recht auf Teilnahme als

---

1357 VGH BW, BWGZ 1993, S. 164, 165; VGH BW, DÖV 1990, S. 625; BayVGH, BayVBl. 1993, S. 180, 183; BayVGH, BayVBl. 1990, S. 468; zustimmend *Firsching*, BayVBl. 1995, S. 365, 366; kritisch *Ladeur*, BayVBl. 1992, S. 387, 390.

1358 BVerwG, NVwZ-RR 1993, S. 209; OVG RP, DÖV 1996, S. 612, 613.

1359 So ausdrücklich Art. 33 Abs. 1 S. 2 BayGO; § 48 Abs. 2 S. 1 KSVG Saar.; § 42 Abs. 2 S. 1 GO Sachsen; § 47 Abs. 4 S. 1 GO SA; § 26 Abs. 3 S. 1 ThürKO; OVG NW, Urteil vom 26.11.2002 – Az. 15 A 662/02.

1360 BVerwG, NVwZ-RR 1993, S. 209; VGH BW, DÖV 1990, S. 625; OVG SH, NVwZ-RR 1994, S. 459, 460;OVG RP, DÖV 1996, S. 612, 613; OVG Saar., NVwZ-RR 1992, S. 289.

1361 BVerwG, NVwZ-RR 1993, S. 209.

1362 BVerwG, NVwZ-RR 1993, S. 209; VGH BW, BWGZ 1993, S. 164, 165; BayVGH, BayVBl. 2004, S. 429, 430.

1363 Oben S. 251 f.

1364 OVG RP, DÖV 1996, S. 612, 613; OVG Saar., NVwZ-RR 1992, S. 289, 290.

Zuhörer Gebrauch mache[1365]. Die fehlende Gestaltungsmöglichkeit hinsichtlich der Beschlussvorlagen durch Teilnahme an den Beratungen im Ausschuss sei letztlich die Konsequenz des geringen politischen Einflusses, der wiederum auf das Wahlergebnis zurückgeführt werden könne[1366].

Außerdem seien die Mitwirkungsrechte im Plenum anders als im Bundestag, wo die hohe Abgeordnetenzahl eine Beschränkung der Statusrechte des Einzelnen unumgänglich mache, durch die geringere Mitgliedszahl im Gemeinderat viel gewichtiger[1367]. Auch dieser Gesichtspunkt, das Kompensationsargument, ist nicht singulär in der kommunalrechtlichen Debatte zu finden, sondern wurde bereits vom Bundesverfassungsgericht zur Begründung der Aberkennung des Stimmrechts herangezogen[1368].

Anders begründet wird der Ausschluss der „Einzelgänger“ von der Teilnahme an der Arbeit beschließender Ausschüsse. Hier könne man das Urteil des Bundesverfassungsgerichts von vornherein nicht heranziehen, da es auf Parlamentsebene nur beratende Ausschüsse gäbe[1369]. Da das Kompensationsargument bei dieser Ausschussform mangels endgültiger Befassung durch den Gemeinderat von vornherein nicht durchgreifen kann, behelfen sich die Gerichte zur Rechtfertigung des Ausschlusses damit, der Gemeinderat habe unter Beteiligung der fraktionslosen Ratsvertreter in seiner Gesamtheit die Übertragung einzelner Angelegenheiten beschlossen. Damit seien die Mitwirkungsrechte der Minderheiten gewahrt[1370]. Insofern müssten die Grundsätze der repräsentativen Demokratie aufgrund der Delegation von Entscheidungsbefugnissen nicht weiter eingehalten werden[1371]. Wenn man fraktionslosen Volksvertretern einen Mitwirkungsanspruch in beschließenden Ausschüssen zubilligen würde, hätte das eine Verzerrung der Mehrheitsverhältnisse zur Folge, die anders als bei beratenden Ausschüssen nicht mehr vom Gemeinderat selbst korrigiert werden könnte. Daher müsste die Gemeindevertretung bei einer drohenden Veränderung der Mehrheitsverhältnisse unverzüglich selbst eintreten, um dem Mehrheitswillen Geltung zu verschaffen. Der Sinn beschließender Ausschüsse, die Entlastung des Rats, würde ad absurdum geführt[1372]. Weiterhin wird argumentiert, es handle sich bei den übertragbaren Themen um Angelegenheiten von minderer Bedeutung, die die Stellung des Gemeinderats als Hauptorgan und zentrale Instanz der

---

1365 VGH BW, DÖV 1990, S. 625; *Gern*, Deutsches Kommunalrecht, Rn. 416; dieses Recht folgt aus § 62 Abs. 4 S. 3 HGO; § 36 Abs. 6 S. 1 KV MV; § 52 Abs. 2 S. 1 NGO; § 58 Abs. 1 S. 4 GO NW; § 46 Abs. 4 S. 3 GO RP; § 48 Abs. 3 S. 4 KSVG Saar.; § 42 Abs. 4 GO Sachsen; § 46 Abs. 8 GO SH.

1366 OVG RP, DÖV 1996, S. 612, 614.

1367 OVG RP, DÖV 1996, S. 612, 614.

1368 BVerfGE 80, 188, 225.

1369 OVG Saar., NVwZ 1992, S. 289, 290.

1370 BVerwG, NVwZ-RR 1993, S. 209.

1371 OVG Saar., NVwZ 1992, S. 289, 290.

1372 OVG SH, NVwZ-RR 1994, S. 459, 460.

Gemeinde nicht in Frage stellten[1373]. Letztlich wird auf die Möglichkeit der Gemeindevertretung hingewiesen, die übertragenen Bereiche wieder an sich zu ziehen und Beschlüsse aufzuheben oder ändern zu können, sofern dadurch noch keine Rechte Dritter entstanden sind[1374].

Darüber hinaus wird für beide Ausschusstypen angeführt, das Recht zur kommunalen Selbstverwaltung bestehe nur im Rahmen der Gesetze, Art. 28 Abs. 2 GG. Die Ausgestaltung der Rechtsstellung der Gemeindevertreter sei damit Sache des Landesgesetzgebers[1375]. Die Möglichkeit, als fraktionsloses Ratsmitglied in einem Ausschuss mitarbeiten zu können, sei viel ausgeprägter als beim Bundestagsabgeordneten. Schließlich würden die Ausschussmitglieder nicht von den Fraktionen, sondern aus der Mitte des Gemeinderats bestimmt bzw., falls ein Konsens über die Besetzung nicht erzielt werden konnte, nach den Regeln der Verhältniswahl gewählt[1376].

Weiter gehende Argumente gegen die Zuerkennung von Minderheitenrechten im Ausschuss findet der Bayerische Verwaltungsgerichtshof. Entsprechend der methodischen Vorgehensweise *Berwangers* nimmt das Gericht an, dass in Bayern eine dem Art. 38 Abs. 1 S. 2 GG entsprechenden Regelung fehle und eine analoge Anwendung dieser Grundgesetznorm und der parlamentsrechtlichen Grundsätze auf Kommunalvertretungen nicht in Betracht komme[1377]. Das auf kommunaler Ebene vorhandene freie Mandat sei durch die landesgesetzliche Möglichkeit zur Schaffung von beschließenden Ausschüssen generell schwächer, da damit zugleich eine gesetzliche Einschränkung der Volksvertreter hinsichtlich der Ausschusszugehörigkeit mit umfasst sei[1378].

Das Gericht geht weiter davon aus, wegen der abschließenden Übertragung von Aufgabenfeldern an beschließende Ausschüsse sei die Teilnahme an beratenden Ausschüssen für fraktionslose Mandatsträger viel wichtiger. Dort fände die endgültige Beschlussfassung im Rat statt. Dagegen führe eine Teilnahme an Sitzungen beschließender Ausschüsse wegen des endgültigen Charakters der Abstimmungen zu keiner Verbesserung der Rechtsstellung. Im Bundestag sei durch die Fünf-Prozent-Sperrklausel bzw. das Erfordernis dreier Direktmandate ein Einzug in den Bundestag zumeist wenigstens in Gruppenstärke gewährleistet, der fraktionslose Abgeordnete also die seltene Ausnahme, so dass im Regel-

1373 BVerwG, NVwZ-RR 1993, S. 209; OVG RP, DÖV 1996, S. 612, 614; VGH BW, DÖV 1990, S. 625.

1374 OVG RP, DÖV 1996, S. 612, 614.

1375 VGH BW, BWGZ 1993, S. 164, 165; OVG Saar., NVwZ 1992, S. 289, 290.

1376 VGH BW, BWGZ 1993, S. 164, 165; damit kommt zum Ausdruck, dass das freie Mandat kommunalrechtlicher Prägung nach dieser Ansicht lediglich die theoretische Chance umfasst, in einen Ausschuss gewählt zu werden, nicht aber, in jedem Fall tatsächlich darin vertreten zu sein.

1377 VGH BW, BWGZ 1993, S. 164, 165; BayVGH, BayVBl. 1993, S. 180, 183; BayVGH, BayVBl. 1990, S. 468; a.A. *Berwanger*, S. 174.

1378 BayVGH, BayVBl. 1990, S. 468, 469.

fall alle Abgeordneten einem Ausschuss angehörten[1379]. Dagegen habe der Landesgesetzgeber für die Wahlen zu kommunalen Selbstverwaltungsorganen in Bayern von der Einführung einer Sperrklausel abgesehen und damit erst die Möglichkeit geschaffen, in einer kommunalen Selbstverwaltungskörperschaft auch einzelne Vertreter von Wählern und Wählergruppen vorzufinden[1380]. Dennoch habe es die Landeslegislative bewusst unterlassen, Regelungen zugunsten dieser Gruppen zu schaffen. Deshalb sei eine Nichtberücksichtigung dieser Gruppen im Ausschuss durch das Gebot der Spiegelbildlichkeit die zwingende Konsequenz.

b) OVG Bremen

Völlig konträr dazu hat das Oberverwaltungsgericht Bremen[1381] in einer vereinzelt gebliebenen Entscheidung die Rechte fraktionsloser Gemeinderatsmitglieder gestärkt. Es ist der Ansicht, nach der Entscheidung des Bundesverfassungsgerichts müsse die verwaltungsgerichtliche Rechtsprechung zum Beteiligungsrecht kommunaler Abgeordneter weitgehend als nicht mehr zeitgemäß angesehen werden[1382]. Infolgedessen übertrug es die für Parlamentsabgeordnete aufgestellten Grundsätze auf fraktionslose Gemeinderäte und bejahte – insofern über die Bundesverfassungsgerichtsentscheidung hinausgehend und den Stimmen im parlamentsrechtlichen Schrifttum folgend – einen Anspruch auf vollwertige Mitgliedschaft im Ausschuss, also mit Stimmrecht. Eine unabdingbare Vollmitgliedschaft war in der Verfassung der Stadt Bremerhaven genauso wenig vorgesehen wie in den Gemeindeordnungen der anderen Bundesländer[1383].

Begründet wurde dieser Schritt mit der weitgehend identischen Innenstruktur staatlicher und kommunaler Volksvertretungen und der aus dem repräsentativen Status abzuleitenden Gleichheit der Rechte und Pflichten der Mandatsträger[1384]. Auf kommunaler Ebene sei die Arbeit noch viel stärker als im Parlamentsrecht auf die Ausschüsse verlagert, weil deren Aufgabe nicht nur die Vorbereitung von Entscheidungen, sondern auch die unmittelbare Beteiligung an Verwaltungsaufgaben sei. Gleichberechtigte Arbeit der Gemeindevertreter sei jedoch ohne vollwertige Ausschussarbeit unvorstellbar[1385].

1379 BayVGH, BayVBl. 1990, S. 468; angesichts der Mehrheitsverhältnisse in einigen Wahlkreisen im Osten Berlins mit der nicht nur theoretischen Möglichkeit der Erlangung von Direktmandaten durch PDS-Politiker erscheint diese Aussage zumindest zweifelhaft; hierzu auch oben S. 249 (Fn. 1269).

1380 BayVGH, BayVBl. 1990, S. 468.

1381 NVwZ 1990, S. 1195 ff.

1382 OVG Bremen, NVwZ 1990, S. 1195, 1196.

1383 *Röper*, VR 1993, S. 331; *ders.*, VR 1991, S. 298.

1384 OVG Bremen, NVwZ 1990, S. 1195, 1196.

1385 OVG Bremen, NVwZ 1990, S. 1195, 1196.

c) Stellungnahme

Nach dieser umfassenden Zusammenfassung der gesetzlichen Lage im Kommunalrecht und der verwaltungsgerichtlichen Rechtsprechung ist nun zu klären, ob jedes fraktionslose Gemeinderatsmitglied unabhängig von der Bejahung der Parlamentseigenschaft des Gemeinderats einen Anspruch auf Sitz und Stimme in einem Ausschuss hat. Sollte dies bejaht werden, stellt sich anschließend die Frage, ob dieser Anspruch gegebenenfalls Einschränkungen unterliegt.

aa) Recht auf Vollmitgliedschaft aufgrund verfassungsrechtlicher Vorgaben

Dazu muss zuerst bestimmt werden, welche Verfassungsprinzipien hinter der Teilnahme an der Ausschussarbeit stehen. Aufgrund der mehrfach angesprochenen, auch im Kommunalrecht gültigen Hauptfunktionen des Ausschusswesens, mehrheitsfähige Beschlussvorlagen für die Plenumsdebatte zu erarbeiten und den Gemeinderat zu entlasten[1386], sind dies das Demokratieprinzip und der Repräsentationsgedanke. Aus den verfassungsrechtlichen Vorgaben kann man ableiten, dass den Gemeinderäten sowohl im Plenum als auch in den Ausschüssen gleiche Mitwirkungsrechte zustehen müssen[1387].

Der unmittelbar demokratisch legitimierte Gemeinderat repräsentiert gemäß Art. 28 Abs. 1 S. 2, Art. 20 Abs. 2 GG die unterschiedlichen politischen Ansichten der im Gemeindegebiet lebenden Gemeindebürger und weist insofern parlamentarische Strukturen auf. Als zentrales gemeindliches Organ ist er genauso Volksvertretung wie die Parlamente auf Bundes- und Landesebene[1388] und besitzt eine gleichrangige demokratische Legitimation. Weiter ist er ein Ort der politischen Willensbildung mit dem Ziel des Gesetzes- bzw. Satzungserlasses. Unabhängig von der Zubilligung der Parlamentseigenschaft nimmt er wie der Bundestag Überwachungs- und Kontrollbefugnisse gegenüber der Kommunalverwaltung als „Kommunalregierung“ im eigentlichen Sinn wahr[1389]. Obwohl diese Aufgaben rechtlich vom Gemeinderat als Kollegialorgan erfüllt werden[1390], fallen sie in der Realität den in der Minorität befindlichen Volksvertretern zu. Dabei verkörpert ein fraktionsloser Abgeordneter die Minderheitenstellung am deutlichsten.

[1386] Oben S. 248, 261.

[1387] So auch *Hubert Meyer*, Kommunalrecht, Rn. 376; *Schwerdtner*, VBlBW 1993, S. 328, 329 f.; *Ladeur*, BayVBl. 1992, S. 387, 392.

[1388] BVerwG, NVwZ 2004, S. 621; *Groh*, NWVBl. 2001, S. 41, 43; *Schwerdtner*, VBlBW 1993, S. 328 f.; *ders.*, DÖV 1990, S. 14, 15 f.; *Ladeur*, BayVBl. 1992, S. 387, 388.

[1389] *Schwerdtner*, VBlBW 1993, S. 328, 329; in § 45 Abs. 1 GO SH ist diese Funktion sogar ausdrücklich festgehalten.

[1390] *Scholtis*, S. 28.

Die Strukturprinzipien entfalten zwangsläufig Ausstrahlungswirkung in die Statusrechte der Gemeinderäte. Schließlich sind es die Volksvertreter, die als gewählte Repräsentanten für das Gelingen des mittelbar-demokratischen Modells verantwortlich sind[1391]. Aus den dargestellten Grundsätzen und dem freien Mandat kommunalrechtlicher Prägung folgt auch auf gemeindlicher Ebene das Prinzip der formellen Mandatsgleichheit. Danach müssen jedem einzelnen Gemeinderatsmitglied die gleichen Mitwirkungsrechte zur ordnungsgemäßen Wahrnehmung der der Vertretungskörperschaft zugewiesenen Aufgaben zustehen[1392]. Das gilt unzweifelhaft dort, wo die Willensbildung in die verbindliche Entscheidungsfindung übergeht, also in den Gemeinderatssitzungen. Angesichts der entscheidenden Rolle der Gemeinderatsausschüsse ist eine Umsetzung aber auch dort erforderlich, wo es um die Vorbereitung der Entscheidungen und die Schaffung einer mehrheitsfähigen Verhandlungsgrundlage geht[1393]. Wenn man einen Anspruch fraktionsloser Gemeinderatsmitglieder auf Vollmitgliedschaft in einem Ausschuss von vornherein negieren würde, hieße das nichts anderes, als mit der Beschneidung von Minderheitenrechten das Wählervotum partiell zu ignorieren. Das gilt nicht nur für die dem Rat bzw. seinen Untergliederungen zugewiesenen Willensbildungs- und Entscheidungsfindungsaufgaben im Bereich der Gesetzgebungsbefugnis, sondern auch für die ebenfalls zu einem Großteil vorverlagerten Überwachungs- und Kontrollbefugnisse.

Man kann hier auch nicht die Ansicht vertreten, eine Benachteiligung von Minderheiten scheide aus, da sich die kommunale Volksvertretung bei der Ausschussbesetzung an die Kräfteverhältnisse im Rat halten müsse und nicht an das erzielte Wahlergebnis[1394]. Daran ist sicherlich zutreffend, dass sich der Proporz grundsätzlich an der Zahl der Gemeinderatssitze zu orientieren hat und nicht an der der Wählerstimmen. Allerdings darf nicht außer Acht gelassen werden, dass ein fraktionsloser Ratsvertreter die Stimmen von so vielen Gemeindebürgern erhalten hat, dass er die erste und zugleich entscheidende Hürde übersprungen hat – den Einzug in die kommunale Volksvertretung. Bereits damit ist der Erwerb gleichberechtigter Statusrechte verbunden, die nicht mit Hinweis auf die prozentuale Schwäche in Bezug auf die Gesamtzahl der Gemeinderatssitze entzogen werden dürfen. Wenn schon auf Bundesebene dem nicht organisierten Abgeordneten Mitgliedschaftsrechte eingeräumt werden, obwohl der Status der Fraktionslosigkeit in der Praxis des Parlamentswesens ein atypischer Zustand ist, muss das erst recht für die gemeindliche Volksvertretung gelten. Dort kommt dieser Fall angesichts der oftmals fehlenden Sperrklauseln wesentlich

---

1391 *Böckenförde*, in: *Isensee/Kirchhof*, HdbStR II, 2. A., § 30 Rn. 26.

1392 BVerwG, NVwZ 2004, S. 621; OVG SH, NVwZ-RR 1994, S. 459, 460. Die verbleibenden Differenzen in der Ausgestaltung des Statusrechts sind für den hier zur Diskussion stehenden Bereich irrelevant.

1393 BVerwG, NVwZ 2004, S. 621.

1394 So jedoch BayVGH, BayVBl. 1996, S. 180, 181.

häufiger vor als auf Bundestags- und Landtagsebene und stellt keine Ausnahmesituation dar[1395].

Das „Kompensationsargument" der herrschenden Ansicht ist nicht dazu geeignet, das Mitwirkungsdefizit in der Ausschussarbeit durch die voll ausgeprägten Statusrechte im Plenum zu beseitigen[1396]. Denklogisch ist das von vornherein nur möglich, sofern beratende Ausschüsse zur Debatte stehen, bei denen die Letztentscheidungskompetenz weiterhin beim Gemeinderat liegt. Nur hier kann man von der Einheitlichkeit des Willensbildungs- und Entscheidungsfindungsvorgangs sprechen, der mit der Einbringung und Sachdiskussion der Thematik in den Untergliederungen beginnt und mit der verbindlichen Beschlussfassung im Plenum endet. Mit dieser rein formalen Sichtweise berücksichtigt man aber nur unzureichend, dass – wie im Parlamentsrecht – die Sachdiskussion und die fachliche Arbeit fast ausschließlich in den zur Entlastung des Rats geschaffenen Untergliederungen stattfindet. Dagegen kommt es im Plenum zu einem „Schaulaufen" ohne reale Chance des fraktionslosen Gemeindevertreters zur Modifizierung der von den Ausschüssen erarbeiteten Beschlussvorlagen[1397].

Das führt im Ergebnis dazu, dass Rede-, Antrags- und Stimmrechte im Ausschuss nicht lediglich außerhalb des Kernbereichs des freien Mandats stehende Ergänzungen darstellen. Vielmehr wird ein Teil des Entscheidungsprozesses dem Plenum unweigerlich zugunsten der Ausschüsse entzogen. Damit ist die dortige Mitarbeit im Vergleich zu der im Kollegialorgan ein nicht kompensationsfähiges Aliud. Deshalb kommt es gar nicht darauf an, ob die Debatte in der Gemeinderatssitzung einen höheren Stellenwert hat als die in den Parlamenten. Zum einen ist die Ausschussarbeit in der Gemeinde noch wichtiger als im Parlament, da sich der Rat mit Einzelfragen beschäftigt und seine Leitungsfunktion gegenüber dem Bürgermeister nicht so ausgeprägt ist[1398]. Zum anderen sind selbst bei unterstellter Richtigkeit die spezifischen Mitwirkungs- und Gestaltungsmöglichkeiten im Ausschuss in diesem Stadium irreversibel verloren, da sie sich von denen im Plenum quantitativ und qualitativ unterscheiden[1399]. Auch auf kommunaler Ebene werden mit den Beschlussvorlagen Fakten geschaffen, bei denen es für fraktionslose Volksvertretern einfacher ist, sie im Vorfeld mitzugestalten als im Nachhinein zu modifizieren. Aus diesem Grund ist eine Umsetzung des Demokratie- und Repräsentationsgedankens nicht nur erforderlich, wenn verbindliche Sachentscheidungen getroffen werden, sondern auch dann,

---

1395 So bereits *Ladeur*, BayVBl. 1992, S. 387, 393.

1396 So aber etwa OVG RP, DÖV 1996, S. 612, 613; OVG Saar., NVwZ-RR 1992, S. 289, 290.

1397 *Knemeyer*, Bayerisches Kommunalrecht, Rn. 225; *Hubert Meyer*, Das Recht der Ratsfraktionen, S. 62, 65; *Schwerdtner*, VBlBW 1993, S. 328, 329.

1398 *Schwerdtner*, VBlBW 1993, S. 328, 329; *Ladeur*, BayVBl. 1992, S. 387, 392.

1399 Ähnlich *Groh*, NWVBl. 2001, S. 41, 47 f.

wenn sie vorbereitet werden. Auch dabei steht die Willensbildungsfunktion im Vordergrund.

Eine Kompensation der Defizite bei der Beteiligung an der Ausschussarbeit durch die verstärkte Beeinflussung der Ratsdebatte wäre auch dann nicht möglich, wenn man sie grundsätzlich für ausgleichsfähig hielte. Die kommunalen Vertretungskörperschaften sind im Vergleich zum Bundestag zwar mit weniger Mitgliedern besetzt. Dafür sind die Parlamentsabgeordneten im Gegensatz zu ehrenamtlichen Gemeinderatsmitgliedern Berufspolitiker, weshalb insgesamt mehr Zeit für die Debatte im Plenum zur Verfügung steht. Das relativiert die größere Anzahl von Mandatsträgern im Bundestag teilweise. Außerdem bestehen die Landesparlamente nicht immer aus mehr Mitgliedern als der Stadtrat einer Großgemeinde. So hat das Landesparlament in Mecklenburg-Vorpommern 71 Sitze, der Saarländische Landtag sogar nur 51[1400]. Dagegen besteht der Stadtrat von Freiburg gemäß § 25 Abs. 2 S. 1 GO BW aus 48, der von München sogar aus 80 Mitgliedern, Art. 31 Abs. 2 S. 3 BayGO. Trotz dieses Umstands haben auch Mitglieder „kleinerer" Parlamente einen verfassungsrechtlich abgesicherten Anspruch auf Ausschussmitgliedschaft, obwohl man auch hier die Möglichkeit zur Einflussnahme in der Plenarsitzung angesichts der geringen Mitgliedszahl höher einschätzen könnte als im Bundestag.

Die spezifischen Merkmale der Gemeinderatsausschüsse stehen auch der Annahme entgegen, das Informationsbedürfnis der Volksvertreter zur Vorbereitung des Abstimmungsverhaltens in der abschließenden Gemeinderatssitzung könne durch das Anwesenheitsrecht in allen Ausschüssen befriedigt werden[1401].

Aus den bisherigen Ausführungen ergibt sich, dass vorbereitende Ausschusssitzungen mehr sind als reine Informationsveranstaltungen. Deshalb sind bei der Frage nach den Teilnahmemöglichkeiten im Ausschuss nicht nur Informationsrechte tangiert. Das Anwesenheitsrecht als stummer Zuhörer genügt nicht den Anforderungen, die das freie Mandat kommunalrechtlicher Prägung an die Statusrechte im Vorfeld der Gemeinderatssitzung stellt.

Wenn schon bei beratenden Ausschüssen eine Kompensation durch die späteren Mitwirkungsrechte nicht in Betracht kommt, gilt das a maiore ad minus bei beschließenden Ausschüssen, die anstelle der Gemeindevertretung verbindliche Sachentscheidungen treffen. Es überzeugt nicht, wenn die Beschneidung des freien Mandats und eine Verletzung des Repräsentationsgedanken ausscheiden soll, weil der Gemeinderat unter Mitwirkung des später Ausgeschlossenen die Übertragung demokratisch beschlossen hat und es sich bei den übertragbaren Zuständigkeiten durchgehend um solche minderer Bedeutung handeln soll. Mit der Übertragung hat der Gemeinderat lediglich darüber entschieden, welche Kompetenzen abschließend an Untergliederungen abgegeben werden, nicht aber

---

1400 § 1 Abs. 1 S. 1 LWG MV; Art. 66 Abs. 1 LV Saar.

1401 So auch *Berwanger*, S. 73 f.; a.A. OVG RP, DÖV 1996, S. 612, 614.

darüber, ob eine bestimmte Gruppe von Gemeinderatsmitgliedern von der Mitwirkung in den Ausschüssen ausgeschlossen sein soll. Außerdem könnte man mit der Erwägung, eine Einhaltung des Repräsentationsprinzips sei immer dann zu bejahen, wenn die unmittelbar demokratisch legitimierte Vertretungskörperschaft unter Einschluss der fraktionslosen Gemeinderatsmitglieder Kompetenzen abgibt, alle Minderheitenrechte aushebeln.

Wenngleich die demokratische Legitimation einer Volksvertretung grundsätzlich zu einer Delegation der Befassungs- und Entscheidungsbefugnisse ermächtigt, so gilt das nicht immer. Es gibt Bereiche, in denen Rechte der Minderheiten durch die Mehrheit nicht ohne andere zwingende verfassungsrechtliche Gründe eingeschränkt oder beseitigt werden dürfen. Angesichts des hohen Stellenwerts des kommunalen Ausschusswesens für den gemeindlichen Tätigkeitsbereich handelt es sich hier um einen solchen Bereich, in dem die verfassungsrechtlichen Strukturprinzipien uneingeschränkt umgesetzt und eingehalten werden müssen, nicht aber ohne weiteres durch eine Mehrheitsentscheidung modifiziert werden dürfen. Da der Repräsentationsgedanke wegen der Befugnis zu verbindlichen Sachentscheidungen bei beschließenden Ausschüssen auf jeden Fall anwendbar ist, spielt es keine Rolle, ob die zu behandelnden Themen von untergeordneter Bedeutung sind oder nicht. Zum einen liegt darin ein generell ungeeignetes Kriterium zur Begründung der Mandatsbeschränkung. Die Statusrechte hängen nicht von der Qualität oder der Wichtigkeit der konkreten Tätigkeit ab, sondern gelten immer dann, wenn eine repräsentativdemokratische Umsetzung des Wählerwillens stattfindet. Zum anderen ist völlig unklar, wie man untergeordnete von übergeordneten Themen objektiv abgrenzen soll[1402].

Ebenso wenig durchschlagend ist das Argument, die Grundsätze der repräsentativen Demokratie erforderten keine über die theoretische Chance zur Wahl in einen Ausschuss hinausgehenden Rechte. Aus der bloßen Chance folgt kein Anspruch tatsächlich gewählt zu werden. Allein die Möglichkeit auf Erlangung eines Ausschusssitzes ist kein Surrogat für die Einwirkungsmöglichkeiten im Ausschuss selbst und stellt kein ausreichendes Statusrecht dar. Demokratie- und Repräsentationsgedanke mit dem daraus folgenden formalisierten Gleichheitssatz erfordern wegen der elementaren Bedeutung der Ausschussarbeit grundsätzlich einen von der Entscheidung Dritter – den anderen Gemeinderatsmitgliedern – losgelösten Partizipationsanspruch für die gemeindlichen Untergliederungen. Würde die theoretische Chance auf eine Ausschussmitgliedschaft den verfassungsrechtlichen Vorgaben für das freie Mandat genügen, hätte das Bundesverfassungsgericht in der „Wüppesahl-Entscheidung“ § 57 Abs. 2 GO BT a.F. nicht für mit Art. 38 Abs. 1 S. 2 GG unvereinbar gehalten. Denn auch vor der Änderung der Geschäftsordnungsbestimmung bestand die theoretische Chance für fraktionslose Parlamentsabgeordnete auf eine Ausschussmitgliedschaft. Die

1402 In diese Richtung zielt auch die Kritik von *Groh*, NWVBl. 2001, S. 41, 47.

Fraktionen waren in der Auswahl „ihrer“ Mitglieder frei und hätten auch fraktionslose Mandatsträger bestimmen können. Das kam in der Realität jedoch nicht vor. Obwohl die Modalitäten der Ausschussbeschickung im Kommunalrecht von denen im früheren Geschäftsordnungsrecht des Bundestags abweichen, ergibt sich dasselbe Ergebnis. Ob nun die Fraktionen über die Besetzung entscheiden oder die Mitglieder aus der Mitte des Gemeinderats gebildet werden, ändert nichts daran, dass fraktionsangehörige Volksvertreter auf die Fraktionszugehörigkeit achten und Minderheiten in aller Regel keinen Erfolg bei der Auswahl haben[1403].

Man kann die Einschränkung eines Anspruchs auf Sitz und Stimme auch nicht damit begründen, der Landesgesetzgebers habe die Befugnis, das Kommunalverfassungsrecht nach seinen eigenen Vorstellungen zu gestalten. Zwar ist die kommunale Selbstverwaltung nur im Rahmen der Gesetze gewährleistet. Das bedeutet aber nicht, dass der Landesgesetzgeber keinen Bindungen bei der Normierung der Kommunalverfassungen unterliegt. Vielmehr handelt es sich bei den Statusrechten der Ratsmitglieder um Verfassungsgrundsätze, die der Normgeber bei der Ausgestaltung des Rechtsgebiets zu beachten hat und die seiner Disposition entzogen sind[1404].

Aufgrund der vergleichbaren parlamentarischen Strukturprinzipien und der Funktionenkongruenz kommunaler und parlamentarischer Vertretungskörperschaften sind die Leitlinien des „Wüppesahl-Urteils“ auf das Kommunalverfassungsrecht dem Grunde nach übertragbar[1405]. Gleiches gilt für die Modifikationen bezüglich des ebenfalls vorhandenen Ausschussstimmrechts[1406].

1403 Anders VGH BW, BWGZ 1993, S. 164, 165; nach dieser Auffassung soll ein fraktionsloses Gemeinderatsmitglied eine deutlich größere Chance besitzen, Mitglied in einem Ausschuss zu werden.

1404 So auch *Groh*, NWVBl. 2001, S. 41, 43.

1405 Im Ergebnis wie hier *Hubert Meyer*, Das Recht der Ratsfraktionen, S. 65; *Schwerdtner*, VBlBW 1993, S. 328, 329; *Ladeur*, BayVBl. 1992, S. 387, 390; *Groh*, NWVBl. 2001, S. 41, 43 spricht sehr anschaulich davon, die Frage nach der Übertragbarkeit parlamentsrechtlicher Grundsätze in das Kommunalverfassungsrecht sei „kein Frage mathematischer Formelhaftigkeit“; a.A. VGH BW, BWGZ 1993, S. 164, 165; VGH BW, DÖV 1990, S. 625; BayVGH, BayVBl. 1993, S. 180, 183; BayVGH, BayVBl. 1990, S. 468.

1406 Ansonsten wäre auch nicht zu verstehen, dass nach den meisten Gemeindeordnungen die Möglichkeit für sachkundige Bürger besteht, beratendes (z.B. § 41 Abs. 1 S. 2 GO BW), teilweise – etwa gemäß § 36 Abs. 5 KV MV – sogar stimmberechtigtes Ausschussmitglied zu werden, ein demokratisch gewählter Mandatsträger davon aber ausgeschlossen wäre (im Ergebnis wie hier *Berwanger*, S. 153). Kritisch zum Stimmrecht sachkundiger Einwohner und Sachverständiger wegen fehlender unmittelbarer demokratischer Legitimation *Gern*, Deutsches Kommunalrecht, Rn. 414; ausführlich dazu *Wacker*, S. 79 ff.

bb) Modifizierung des Ergebnisses aufgrund kommunaler Besonderheiten?

Wenngleich die der Bejahung des Vollmitgliedschaftsrechts von fraktionslosen Parlamentsabgeordneten zu Grunde liegenden Erwägungen grundsätzlich auch auf den kommunalen Volksvertreter zutreffen und das freie Mandat diesbezüglich eine identisch ausgeprägte Rechtsstellung impliziert, ist eine Einschränkung der Statusrechte aus zwingenden Gründen mit Verfassungsrang möglich[1407].

Die Hauptargumente der Rechtsprechung sind wie im Parlamentsrecht die Gefahr der Verzerrung der Mehrheitsverhältnisse durch Anerkennung eines uneingeschränkten Mitgliedschaftsrechts im Ausschuss sowie die des Effektivitätsverlusts, der durch die Aufstockung der Zahl des Ausschusssitze drohen soll.

Der erste Kritikpunkt greift nur dann, wenn man wie hier von einem Recht auf Vollmitgliedschaft ausgeht[1408]. Dagegen könnte die Arbeits- und Funktionsfähigkeit durch übergroße Ratsausschüsse allein durch die Zuerkennung eines Grundmandats und einer damit einhergehenden Verlängerung der Sitzung beeinträchtigt sein, während in dieser Hinsicht die Ausübung des Stimmrechts nicht zu Effektivitätsproblemen führt.

Im parlamentsrechtlichen Teil der Untersuchung wurde festgestellt, dass die dort geäußerten Bedenken in der gegenwärtigen Situation nicht zur Beschneidung des freien Mandats fraktionsloser Bundestagsabgeordneter geeignet sind[1409]. Wegen der strukturellen und funktionellen Vergleichbarkeit der Volksvertretungen greifen die obigen Einwände grundsätzlich auch im Kommunalrecht. Anderes kann sich nur dann ergeben, wenn hinsichtlich der Gefahr der Verzerrung der Mehrheitsverhältnisse bzw. einer drohenden Beeinträchtigung der Arbeitsfähigkeit der Ausschüsse weiter gehende, gemeindespezifische Unterschiede bestehen.

α) Effektivitätsverlust der Ausschussarbeit

Bei kleinen Gemeinden mit entsprechend gering dimensionierten Kommunalvertretungen und wenigen Ausschusssitzen ist es kaum denkbar, dass die Arbeitsfähigkeit eines Ausschusses durch die Mitarbeit eines weiteren Volksvertreters beeinträchtigt wird. Zwar führt seine Mitgliedschaft im Ausschuss prozentual zu einem höheren Zuwachs als in großstädtischen Volksvertretungen. Maßgeblich ist aber, dass auch dann die absolute Zahl der Ausschussmitglieder in dem von der Aufstockung berührten Ausschuss niedriger ist als in jedem normal besetzten Bundestagsausschuss[1410]. Aber auch beim Stadtrat größerer Kommu-

1407 *Groh*, NWVBl. 2001, S. 41, 45; *Schwerdtner*, VBlBW 1993, S. 328, 329.

1408 So auch *Berwanger*, S. 152.

1409 Oben S. 257, 259.

1410 In der 15. Legislaturperiode hat der Haushaltsausschuss 44 Vollmitglieder und ein beratendes Mitglied, der Ausschuss für Wirtschaft und Arbeit besteht aus 42 Mitgliedern.

nen müsste konkret dargelegt werden, weshalb die Effektivität der Ausschussarbeit unter der Anwesenheit eines zusätzlichen Mandatsträgers leiden sollte. Daran fehlt es bislang. Außerdem fällt es schwer, die Berufung auf eine eingeschränkte Effektivität der Ausschussarbeit zuzulassen, da die Landesgesetzgeber mit der Schaffung zum Teil überdimensionierter Gemeinderatssitze das Problem der drohenden Arbeitsunfähigkeit selbst geschaffen haben. Es wäre unbillig, es durch die Aberkennung verfassungsrechtlich gesicherter Mitwirkungsbefugnisse lösen zu wollen[1411].

Des Weiteren kann man nicht unberücksichtigt lassen, dass das Effektivitätspostulat im Kommunalrecht nicht so ausgeprägt ist wie auf staatlicher Ebene. Der Landesgesetzgeber akzeptiert es nicht nur, sondern wünscht es sogar, dass Kleinstparteien und Einzelbewerber in die gemeindliche Volksvertretung auch mit der denkbaren Folge unübersichtlicher Mehrheitsverhältnisse einziehen, um einer noch stärkeren Oligopolitisierung entgegenzuwirken[1412]. In Nordrhein-Westfalen geht er sogar davon aus, dass die Mitgliedschaft eines fraktionslosen Gemeinderats im Ausschuss die Sachdiskussion belebt und die Ratsarbeit entlastet[1413].

Wenn die erfolgreiche Wahl eines fraktionslosen Gemeinderats im Kommunalrecht aber eher die Regel ist als im Parlamentsrecht, dann müssen die vom Bundesverfassungsgericht aufgestellten Grundsätze erst recht bei der Bestimmung des freien Mandats kommunaler Prägung greifen. Aus demselben Grund – dem Interesse an der Teilnahme unabhängiger Personen an der kommunalen Selbstverwaltung – ist auch die eng mit dem Effektivitätsgrundsatz verknüpfte innerfraktionelle Vorklärungsfunktion nicht zur Einschränkbarkeit der Statusrechte geeignet. Auch sie ist bei kleineren und mittleren Gemeinden nicht so ausgeprägt wie im Parlamentsrecht, da mit ihr ansonsten die Überbetonung der Rolle der Fraktionen im kommunalen Bereich einhergehen würde[1414]. Dass es den Kommunalverfassungsgebern nicht durchweg auf eine fraktionelle Vorklärung der Sachfragen ankommt, zeigt sich auch darin, dass manche Bundesländer den Zusammenschluss zweier Gemeinderatsmitglieder zu einer reinen Ausschussfraktion zulassen[1415]. Bei unterschiedlicher politischer Ausrichtung ist es

---

Daneben existieren zwei weitere Ausschüsse mit 40 Mitgliedern. Kleinster Ausschuss ist der Wahlprüfungsausschuss mit neun Mitgliedern. Statistische Angaben zu allen Ausschüssen findet man unter http://www.bundestag.de/gremien15/ausschuesse/index.html.

1411 *Ladeur*, BayVBl. 1992, S. 387, 391.

1412 NW LT-Dr. 12/4597, S. 24 f.; *Berwanger*, S. 153; *Hubert Meyer*, Kommunalrecht, Rn. 376; *ders.*, Das Recht der Ratsfraktionen, S. 65.

1413 NW LT-Drs. 12/4597, S. 26.

1414 *Groh*, NWVBl. 2001, S. 41, 45; *Ladeur*, BayVBl. 1992, S. 387, 391.

1415 Art. 33 Abs. 1 S. 5 BayGO; § 27 Abs. 1 S. 5 ThürKO. Auf diese Mitwirkungsmöglichkeit wird in der Rechtsprechung ausdrücklich hingewiesen, BayVGH, BayVBl. 1993, S. 180, 182.

sehr wahrscheinlich, dass gar keine gemeinsamen Positionen vertreten werden, weshalb eine Vorklärung in einer solchen „Fraktion" a priori ausgeschlossen ist.

β) Spiegelbildliche Repräsentation in den Ausschüssen

Auch im Kommunalrecht müssen die Gemeinderatsausschüsse spiegelbildlich besetzt werden[1416]. Das gilt insbesondere für beschließende Ausschüsse, wo die Letztentscheidungskompetenz nicht mehr beim Gemeinderat selbst liegt. Wenn man gegen das überproportional wirkende Stimmrecht keine Gegenmaßnahmen treffen würde, wäre die Konsequenz die Verletzung dieses Gebots. Das gilt insbesondere für kleinere Gemeinden, in denen bereits ein zusätzlicher Stimmberechtigter die Mehrheitsverhältnisse nachhaltig verändern kann.

Dieser Gesichtspunkt kann aber für sich allein die Aberkennung des Ausschussstimmrechts nicht rechtfertigen[1417]. Sofern eine Fraktion eine starke Mehrheit besitzt, besteht gar nicht die Notwendigkeit, auf die Mitwirkung eines weiteren Mandatsträgers zu reagieren[1418]. Andernfalls gibt es zur Lösung auftretender Probleme und zur Wahrung bzw. Wiederherstellung der Spiegelbildlichkeit mildere Mittel als den Ausschluss des gewählten Volksvertreters. Beispielsweise könne man die Ausschusssitze zugunsten der großen Fraktionen aufstocken, die Sitzverteilung neu berechnen oder ein Stimmensplitting entsprechend der Mehrheitsverhältnisse im Plenum einführen[1419]. Solange die Unmög-

---

Es erscheint aber angesichts der neuesten Judikatur des BVerwG (NVwZ 2004, S. 621 f.) zweifelhaft, ob diese gesetzliche Möglichkeit verfassungsgemäß ist. Das Gericht hat die Zulässigkeit einer bloßen Zählgemeinschaft mehrerer Fraktionen zur Erhöhung der auf sie entfallenden Zahl der Ausschusssitze zu Lasten einer Minderheitsfraktion verneint. Durch ein derartiges Vorgehen spiegle sich bei der Sitzverteilung nicht das Kräfteverhältnis zwischen den Fraktionen wider, sondern das zwischen den gebildeten Fraktionsbündnissen. Es stelle einen Verstoß gegen die Gleichheit der Stimmengewichtung und damit gegen das Prinzip der demokratischen Repräsentation ohne zwingenden sachlichen Grund dar, wenn „ad-hoc-Bündnisse" allein zum Zweck der Erhöhung der auf sie entfallenden Sitzzahl gebildet würden. Bloße Zählgemeinschaften ohne eine verfestigte Form des Zusammenwirkens dürften nicht dazu führen, dass die Sitze anders verteilt werden als ohne Bildung solcher Gemeinschaften.

Allerdings bezieht sich das Urteil auf die Gewinnung zusätzlicher Sitze durch die Mehrheitsparteien im Rat zu Lasten der Minderheitsfraktionen. Deshalb ist die Übertragung der im Urteil aufgestellten Grundsätze auf die Zählgemeinschaften der Minorität nicht zwingend vorgegeben.

1416 BVerwG, NVwZ 2004, S. 621; BayVGH, BayVBl. 2004, S. 429, 430; OVG NW, Urteil vom 26.11.2002 – Az. 15 A 662/02; *Groh*, NWVBl. 2001, S. 41, 46.

1417 A.A. *Hubert Meyer*, Das Recht der Ratsfraktionen, S. 66.

1418 *Berwanger*, S. 155.

1419 *Berwanger*, S. 155 ff.; *Groh*, NWVBl. 2001, S. 41, 48; *Waechter*, Rn. 327; *Ladeur*, BayVBl. 1992, S. 387, 391; die Reaktionsmöglichkeit entsprechen weitgehend denen auf parlamentsrechtlicher Ebene (dazu oben S. 257, 259).

lichkeit zur Durchführung einer oder mehrerer Maßnahmen nicht konkret dargelegt ist, wäre ein Ausschluss angesichts der Bedeutung des freien Mandats und dem darin enthaltenen Gebot der formalen Mandatsgleichheit unverhältnismäßig[1420].

cc) Ergebnis

Die parlamentsrechtlichen Grundsätze zur Mitgliedschaft in einem Ausschuss gelten auch im Kommunalrecht. Die Bedeutung der Ausschussarbeit, die Verlagerung der Willensbildung vom Plenum in die Untergliederungen, der drohende Verlust von im Plenum nicht kompensierbaren Mitwirkungsbefugnissen, die Notwendigkeit umfassender Informationen sowie die Besonderheit der beschließenden Ausschüsse erfordern es, jedem einzelnen Gemeinderatsmitglied einen Anspruch auf Vollmitgliedschaft in einem Ausschuss zuzuerkennen. Anspruchsgrundlage dafür sind Art. 28 Abs. 1 S. 1, S. 2, 20 Abs. 2 S. 1, S. 2 GG in Verbindung mit den – deklaratorisch wirkenden[1421] – kommunalverfassungsrechtlichen Vorschriften über das freie Mandat.

Die Funktionsfähigkeit des Rats und der Grundsatz der Spiegelbildlichkeit der Ausschüsse zur Wahrung der Mehrheitsverhältnisse können durch entsprechende Maßnahmen aufrechterhalten werden. Daher wäre der Entzug des Stimmrechts unverhältnismäßig[1422].

dd) Pflicht zur Schaffung ausreichender Ausschusssitze?

Nachdem von Verfassungs wegen ein Recht jedes Gemeinderatsmitglieds auf Sitz und Stimme in einem Ausschuss besteht, stellt sich die Frage, ob daraus die gesetzgeberische Pflicht zur Schaffung ausreichender Ausschusssitze folgt oder ob der Mitgliedschaftsanspruch nur unter der Prämisse besteht, dass genügend Ausschusssitze vorhanden sind. Das wirft deshalb Probleme auf, weil die örtliche Vertretungskörperschaft je nach Größe der Kommune aus unterschiedlich vielen Mitgliedern besteht. Das Bundesverfassungsgericht[1423] hat in einer frühen Entscheidung, in der es um die Zahl der Gemeinderatssitze ging, ausdrücklich festgestellt, dass die besonderen Verhältnisse in den kleinen Gemeinden dazu zwängen, die Mitgliederzahl des Rats auf ein im Vergleich zu den größeren Kommunen geringeres Maß einzuschränken. Mit einer deutlichen Erweiterung der Zahl der Ausschusssitze bestehe vor allem in kleineren Gemeinden die Ge-

---

1420 Ähnlich *Groh*, NWVBl. 2001, S. 41, 49.

1421 Dazu oben S. 153.

1422 Wie hier im Ergebnis *Groh*, NWVBl. 2001, S. 41, 44 f.; *Waechter*, Rn. 327; *Ladeur*, BayVBl. 1992, S. 387, 394; a.A. *Hubert Meyer*, Kommunalrecht, Rn. 377; *ders.*, Das Recht der Ratsfraktionen, S. 66 (Grundmandat, aber kein Stimmrecht).

1423 BVerfGE 13, 243, 248.

fahr der übermäßigen zeitlichen Inanspruchnahme der ehrenamtlich tätigen Gemeinderatsmitglieder. Diese seien nämlich wegen der geringen Anzahl von Sitzen auch ohne eine mögliche Verkomplizierung der Verhältnisse durch einen fraktionslosen Ratsvertreter stark eingebunden. Daher könnte eine Aufstockung der Sitzzahl zu einer Belastung führen, die mit dem Ehrenamt nicht mehr in Einklang zu bringen wäre[1424]. Außerdem läge ein erheblicher Eingriff in die Geschäftsordnungsautonomie des Gemeinderats vor, wenn man das Recht auf Ausschussmitgliedschaft ausnahmslos in den Vordergrund stellen würde. Es gehöre zu den elementaren Rechten einer Volksvertretung, die Größe der Ausschüsse festzulegen, wobei ihr ein weiter Ermessensspielraum zustehe[1425].

Würde man dagegen die Geschäftsordnungsbefugnisse durchgehend über die organschaftlichen Mitgliedschaftsrechte fraktionsloser Ratsmitglieder stellen, wäre damit eine mit der Bedeutung des freien Mandats nicht zu vereinbarende Relativierung des zuvor herausgearbeiteten Minderheitenrechts verbunden. Zugleich bestünde für die Gemeinderatsmehrheit die Möglichkeit, durch Festlegung einer geringen Zahl von Ausschusssitzen Minderheiten von einem Großteil des Tätigkeitsbereichs auszuschließen[1426].

Bereits dieser kurze Problemaufriss macht deutlich, dass man den Konflikt zwischen dem freiem Mandat und der gemeindlichen Geschäftsordnungsbefugnis nicht durch die Absolutierung eines der beiden Rechte lösen kann[1427]. Vielmehr sind die widerstreitenden Interessen dahingehend in Ausgleich zu bringen, dass sowohl die statusrechtliche Position fraktionsloser Ratsvertreter als auch die Geschäftsordnungsbefugnis der kommunalen Vertretungskörperschaft angemessen zur Geltung kommen. Dabei ist zu bedenken, dass dem Rat kein freies, sondern ein pflichtgemäßes Organisationsermessen zusteht. Dieses hat er nach sachgerechten Kriterien auszuüben, wozu nicht nur die Effektivität der Verwaltung und die Schaffung solider Mehrheiten zählen, sondern auch das Prinzip der demokratischen Repräsentation[1428]. Wenn das Kollegialorgan zu Beginn der Legislaturperiode die Ausschussgrößen unter Beachtung der Mehrheitsverhältnisse im Rat festlegt, hat es grundsätzlich den verfassungsrechtlich

---

1424 Je kleiner der Gemeinderat ist, desto schwerer lassen sich fraktionslose Gemeinderäte in einem Ausschuss unterbringen, ohne die Struktur der Mehrheitsverhältnisse zu verändern.

1425 BayVGH, BayVBl. 2004, S. 429, 430; BayVBl. 1993, S. 180, 182; VGH BW, BWGZ 1993, S. 164, 165; OVG NW, DVBl. 1985, S. 172, 173 f.; in diesem Sinne *Knemeyer*, Bayerisches Kommunalrecht, Rn. 230; *Firsching*, BayVBl. 1995, S. 365; *Deubert*, BayBgm. 1993, S. 50, 71; kritisch zum Argument der organisationsrechtlichen Hoheit des Gemeinderats *Groh*, NWVBl. 2001, S. 41, 42.

1426 Ähnlich kritisch *Berwanger*, S. 71 f. (bezogen auf § 27 Abs. 1 S. 4 ThürKO); *Brandner*, JA 1990, S. 151, 155; *Morlok*, JZ 1989, S. 1035, 1041.

1427 A.A. *Berwanger*, S. 157; seines Erachtens nach korrespondiert mit dem Anspruch auf Zuteilung eines vollen Ausschusssitzes die Pflicht des Gemeinderats zur Schaffung einer ausreichenden Sitzzahl.

1428 *Firsching*, BayVBl. 1995, S. 365; a.A. *Kämmerer*, NJW 2003, S. 1166, 1167.

abgesicherten Anspruch aus dem freien Mandat auf Vollmitgliedschaft in einem Ausschuss zu beachten und das weitere Verfahren darauf abzustellen. Im Normalfall wird das dazu führen, dass die Zahl der Ausschusssitze der der Ratssitze entspricht, insbesondere bei Großstadtgemeinden.

Vereinzelt kann sich bei der Erarbeitung der Vergabemodalitäten jedoch herausstellen, dass aus zwingenden verfassungsrechtlichen Gründen, etwa dem Erhalt der Funktionsfähigkeit der Ausschussarbeit aufgrund einer drohenden Verzerrung der Mehrheitsverhältnisse, eine Aufstockung der Sitzzahl nicht in Betracht kommt und auch kein anderer Lösungsweg gangbar ist. Nun hat der Gemeinderat die Befugnis, eine Anzahl von Ausschusssitzen zu bestimmen, die niedriger als die Zahl der Gemeinderatsmitglieder ist. Dann kann es verfassungsrechtlich nicht beanstandet werden, wenn ein fraktionsloser Ratsherr bei der Vergabe der Ausschusssitze leer ausgeht, sofern das Auswahlverfahren rechtsstaatlichen Anforderungen genügt und nicht bewusst auf die Benachteiligung von Minderheiten abzielt. Angesichts des hohen Werts des freien Mandats kommt das Zurückbleiben der Zahl der Ausschusssitze hinter denen des Gesamtorgans nur als letztes Mittel zur Vermeidung schwer wiegender Nachteile für die Aufgabenerfüllung der Selbstverwaltungskörperschaft in Betracht. Um dem so Übergangenen die Möglichkeit einer gerichtlichen Überprüfung der Entscheidung im Wege des Kommunalstreitverfahrens zu eröffnen[1429], bedarf der Gemeinderatsbeschluss einer ausführlichen Begründung.

Mit der Festlegung solch schwer zu erfüllenden Voraussetzungen wird zum einen sichergestellt, dass der Gemeinderat bei seiner Entscheidung den Stellenwert des freien Mandats hinreichend würdigt. Zum anderen ist gewährleistet, dass eine Herabsetzung der Zahl der Ausschusssitze nicht willkürlich mit dem Ziel erfolgt, fraktionslose Ratsmitglieder auf „kaltem Wege“ von der Ausschussarbeit fernzuhalten[1430]. Eine gewisse Unschärfe bei der Grenzziehung wird sich freilich nicht vollständig vermeiden lassen.

1429 Das möglicherweise verletztes Organrecht gemäß § 42 Abs. 2 VwGO analog ist das freie Mandat kommunalrechtlicher Prägung.

1430 Ähnlich in Bezug auf die Ermessensgrenzen des Rats bei der Anwendung eines der zur Ermittlung der Anzahl der Ausschusssitze in Frage kommenden Verfahren (d'Hondt oder Hare-Niemeyer) *Deubert*, BayBgm. 1993, S. 50, 71.

Hierzu hat der Bayerische Verwaltungsgerichtshof (BayVBl. 2004, S. 429, 430 f.) erneut festgestellt, grundsätzlich führten beide Verfahren zu Rundungsfehlern, weshalb der strikte Normbefehl des Art. 33 Abs. 1 S. 2 BayGO an seine immanenten Grenzen stoße und die Auswahl zwischen den beiden Berechnungsverfahren dem Gemeinderat obläge. Allerdings hat das Gericht gleichzeitig die Grenzen dieses Rechts markiert. Danach stellen die mathematischen Verfahren keinen Selbstzweck dar, sondern sind auf ihre Auswirkungen im konkreten Einzelfall hin zu untersuchen. Dabei ist auf den Hintergrund der Ausschussbesetzung zu achten, eine möglichst repräsentative Zusammensetzung der Ausschüsse zu erhalten. Sollten aber mit dem gewählten Verfahren durch eine so genannte „Über-Aufrundung“ (BayVGH, BayVBl. 2004, S. 429, 431) extreme Rundungsfehler zu-

4. Folgen der Verfassungswidrigkeit der Besetzungsvorschriften

Mangels relevanter kommunaler Besonderheiten im Vergleich zur parlamentsrechtlichen Situation sind die modifizierten Grundsätze der Bundesverfassungsgerichtsrechtsprechung zum fraktionslosen Abgeordneten vollständig auf den Gemeinderat anwendbar. Daher besteht aus verfassungsrechtlicher Sicht ein Defizit in der geltenden Gesetzeslage[1431]. Lediglich die Regelung in der Gemeindeordnung Thüringens entspricht den bundesverfassungsrechtlichen Vorgaben an das freie Mandat kommunalrechtlicher Prägung.

Wegen der Komplexität des Sachgebiets und der einfachrechtlichen Beeinflussungen durch weit gefasste Verfassungsprinzipien ist es jedoch nicht möglich, die verfassungsrechtlichen Vorgaben zugleich als konkrete Anspruchsgrundlagen heranzuziehen[1432]. Zwar ist das freie Mandat kommunalrechtlicher Prägung selbst kein Verfassungsprinzip, sondern das mit Verfassungsrang ausgestattete Fundament der Statusrechte[1433]. Dieses hat in die Kommunalverfassungen deklaratorischen Eingang gefunden. Sein materieller Gehalt wird aber maßgeblich durch Demokratieprinzip und Repräsentationsgedanken bestimmt. Würde man den Grundsätzen zum Ausschussmitgliedschaftsrecht Anspruchscharakter zuerkennen, wäre das ein mittelbares Operieren mit unscharfen Verfassungsgrundsätzen. Eine derartige Vorgehensweise verbietet sich aber, da sonst eine Lockerung der einfachrechtlichen Bindungen einherginge. Diese gehören aber zu den Grundlagen eines Rechtsstaats und müssen beachtet werden[1434].

Damit ist es Aufgabe der Landesgesetzgeber, die Ausschussbesetzungsvorschriften an die in dieser Abhandlung herausgestellten verfassungsrechtlichen Vorgaben anzupassen, die nicht zu rechtfertigende Benachteiligung fraktionsloser Gemeinderatsmitglieder abzustellen und die Mandatsgleichheit auch im Vorfeld der verbindlichen Entscheidungsfindung sicherzustellen. Ein unmittelbarer Anspruch der Minderheiten auf Ausschussmitgliedschaft aus den verfassungsrechtlichen Vorgaben an das freie Mandat kommunalrechtlicher Prägung besteht dagegen nicht.

Solange die erforderlichen Modifikationen des Kommunalverfassungsrechts noch nicht durchgeführt sind, stellt sich die Frage, welche Auswirkungen die Diskrepanz zwischen Verfassungsrecht und den Ausschussbesetzungsvorschrif-

---

lasten einer Minderheitsfraktion auftreten, verletzt der Rat das bei der Auswahl der Berechnungsart zu beachtende Proportionalitätserfordernis, wenn er dieses Verfahren anwendet.

1431 Unter der Hypothese der Übertragbarkeit der vom Bundesverfassungsgericht aufgestellten Kriterien ausdrücklich OVG RP, DÖV 1996, S. 612, 613.

1432 Dazu bereits oben S. 265.

1433 *Berwanger*, S. 137; *Demmler*, S. 26.

1434 *Mahrenholz*, BVerfGE 86, 340, 348; *Reimer*, S. 456.

ten hat[1435]. In der Regel führt die Verfassungswidrigkeit einer Norm zu ihrer Nichtigkeit, was sich auch aus § 78 S. 1 BVerfGG ergibt. Zwingend ist diese Konsequenz aber nicht. Nach ständiger Rechtsprechung des Bundesverfassungsgerichts gibt es mehrere Konstellationen, in denen als Rechtsfolge des Verfassungsverstoßes von der Feststellung der Nichtigkeit abgesehen wird[1436]. Das gilt unter anderem, wenn es für den Gesetzgeber mehrere Möglichkeiten zur Beseitigung des verfassungswidrigen Zustands gibt[1437], was vor allem dann der Fall ist, wenn durch eine unvollständige Regelung ein Gleichheitsverstoß vorliegt[1438]. Darunter lässt sich der fehlende statusrechtliche Anspruch des fraktionslosen Ratsvertreters auf Sitz und Stimme in einem Ausschuss fassen. Der Verfassungsverstoß liegt in einem gesetzgeberischen Unterlassen und führt zu einer Ungleichbehandlung der kommunalen Mandatsträger ohne Fraktionszugehörigkeit. Bei der Beseitigung der Benachteiligung müssen die Statusrechte der nicht fraktionell organisierten Gemeinderatsmitglieder an die ihrer Kollegen angepasst werden, um dem Gebot der formalisierten Mandatsgleichheit und dem Repräsentationsprinzip gerecht zu werden. Wie das im Einzelnen zu geschehen hat, kann anhand der verfassungsrechtlichen Gegebenheiten nicht eindeutig bestimmt werden. Der Gesetzgeber hat nämlich nicht nur die aus dem freien Mandat folgenden Vorgaben zu beachten, sondern muss gleichzeitig die Konsequenzen eines derartigen Anspruchs auf das Besetzungsverfahren im Auge behalten. Außerdem ist eine Auseinandersetzung mit der Problematik erforderlich, wie das durch eine überproportionale Stimmgewichtung in Frage gestellte Gebot der Spiegelbildlichkeit gewahrt bleiben kann. Grundsätzlich soll den Wünschen des fraktionslosen Volksvertreters auf Mitarbeit in einem Ausschuss seiner Wahl Rechung getragen werden. Ein unbedingter Anspruch auf Mitgliedschaft in einem bestimmten Ausschuss oder gar mehreren Ausschüssen scheidet allerdings aus[1439]. Des Weiteren kann die Zuweisung eines Ausschusssitzes nur in einem geregelten Verfahren geschehen[1440].

Aus dieser Aufzählung der Probleme ergeben sich für den Gesetzgeber mehrere alternativ oder kumulativ anzuwendende Gestaltungsmöglichkeiten. Dabei kommt ihm ein erheblicher Ermessens- und Gestaltungsspielraum zu[1441]. Außerdem wäre selbst bei Nichtigerklärung der Ausschussbesetzungsvorschriften

---

1435 Mit Ausnahme Thüringens.

1436 Zu den fünf Fallkonstellationen überblickartig *Benda/Klein*, Rn. 1267.

1437 BVerfGE 23, 1, 10 f.; 28, 227, 242 f.; 41, 399, 425 f.; 57, 335, 346; 61, 43, 68; 78, 350, 363; 87, 153, 178; 93, 37, 84; 99, 280, 298.

1438 BVerfGE 13, 248, 260 f.; 22, 349, 359; 57, 335, 346; *Benda/Klein*, Rn. 1269.

1439 *Berwanger*, S. 172; *Hubert Meyer*, Kommunalrecht, Rn. 377; *ders.*, Das Recht der Ratsfraktionen, S. 65; *Ladeur*, BayVBl. 1992, S. 387, 394; für die parlamentsrechtliche Situation BVerfGE 44, 308, 316; 80, 188, 226; *Brandner*, JA 1990, S. 151, 155; *Trute*, JURA 1990, S. 184, 191.

1440 VGH BW, DÖV 1990, S. 625.

1441 Ähnlich *Ladeur*, BayVBl. 1992, S. 387, 392, 393.

noch immer keine Anspruchsgrundlage vorhanden, die dem fraktionslosen Gemeindevertreter ein Recht auf Ausschussvollmitgliedschaft vermitteln könnte[1442].

Substanzielle Verbesserungen lassen sich also nicht durch einen Akt der Judikative erreichen, sondern nur durch ein legislatives Tätigwerden. Die Nichtigkeit der Ausschussbesetzungsvorschriften würde nur zu einem völlig ungeordnetem Prozedere bei der Regelung der Ausschussbeschickung und damit zu einem der Verfassung noch ferner stehenden Zustand führen, als es momentan der Fall ist[1443]. Deshalb und aus Respekt vor dem Freiraum des Normgebers[1444] bei der Umsetzung der grundgesetzlichen Vorgaben sind die Ausschussbesetzungsvorschriften verfassungswidrig, aber nicht nichtig[1445]. Einzig in Thüringen entspricht die Gesetzeslage den verfassungsrechtlichen Vorgaben.

1442 In diese Richtung BVerfGE 22, 349, 359.

1443 Auch in dieser Konstellation folgt als Rechtsfolge eines Verfassungsverstoßes nicht die Nichtigerklärung, sondern die bloße Verfassungswidrigerklärung, BVerfGE 33, 303, 305, 347 f.; 87, 153, 177 f.

1444 So die Begründung des BVerfG, E 28, 227, 243; 37, 217, 260 f.; 61, 43, 68; kritisch dazu *Benda/Klein*, Rn. 1269; *Ipsen*, JZ 1989, S. 41, 43 ff.

1445 Im Ergebnis ebenso *Berwanger*, S. 168; *Ladeur*, BayVBl. 1992, S. 387, 393.

4. Kapitel: Zusammenfassung der Ergebnisse und Ausblick

1. Eine Volksvertretung zeichnet sich dadurch aus, dass sie die Stellung eines unmittelbar legitimierten Repräsentativorgans des Gesamtvolks oder eines Teils davon einnimmt. Darüber hinausgehende Parlamentsmerkmale sind in diesem Zusammenhang irrelevant. Da die Gemeinderatswahlen gemäß Art. 28 Abs. 1 S. 2 GG nach denselben Grundsätzen wie die Bundes- und Landtagswahlen durchzuführen sind und das Repräsentationsprinzip auch im kommunalen Bereich vollständig gilt, können die gemeindlichen Kollegialorgane uneingeschränkt als Volksvertretungen bezeichnet werden.

2. Von den weiteren parlamentarischen Strukturmerkmalen – dazu gehört neben der Willensbildungs-, Gesetzgebungs-, Kreations-, Öffentlichkeits- und Kontrollfunktion die Befugnis zur Selbstorganisation – verkörpert die Legislativfunktion das bedeutendste Merkmal eines Parlaments. Dagegen hängt die Ausprägung der Kreationsfunktion stark von der Art des jeweiligen Regierungssystems ab. Die Kontrollfunktion hat in der Verfassungswirklichkeit angesichts derselben Parteizugehörigkeit von Parlamentsmehrheit und Regierung entscheidend an Bedeutung verloren und wird hauptsächlich von der Opposition ausgeübt.

   Der Grundsatz der materiellen Diskontinuität und die Wahrnehmung des Wahlprüfungsrechts durch die Volksvertretung stellen dagegen keine zwingenden Parlamentsmerkmale mehr dar.

3. Die vorgenannten parlamentsprägenden Strukturprinzipien werden von der kommunalen Vertretungskörperschaft weitgehend erfüllt. Insbesondere die satzungsgebende Tätigkeit entspricht ungeachtet der institutionellen Exekutivzugehörigkeit des Rats der Gesetzgebungsfunktion staatlicher Parlamente, wenngleich sie aufgrund der verfassungsrechtlichen Konzeption räumlich-sachlich auf den Bereich der örtlichen Gemeinschaft begrenzt ist. Dem Gemeinderat kommt wie dem Bundestag ein originär im Grundgesetz eingeräumtes Rechtsetzungsrecht zu, das wegen der fehlenden Anwendbarkeit des allgemeinen Vorbehalts des Gesetzes nicht eingeschränkt ist.

   Soweit das Gemeindevolk die Befugnisse nicht wie bei der Bürgermeisterwahl selbst wahrnimmt, sind dem Rat als unmittelbar demokratisch legitimiertem Organ sämtliche Kreationsaufgaben in der Gemeinde zugewiesen.

   Ihm fällt auch die Wahrnehmung der Kontrollfunktion zu. An die Stelle der klassischen tritt im Kommunalverfassungsrecht eine faktische Gewalteilung innerhalb der institutionellen Exekutive. Danach kontrolliert und überwacht der Rat den Bürgermeister und die ihm unterstellte Gemeindeverwaltung als eine Art „Kommunalregierung". Die dazu erforderliche rechtliche Abhängigkeit der Mitglieder des Gemeindevorstandes und der Beigeordneten besteht, da sie als Ausfluss der Kreationsfunktion unmittelbar vom Vertrauen der Volksvertretung abhängen. Sofern es um die Kontrolle des direkt gewählten Bürgermeisters geht, tritt an die Stelle einer rechtlichen die tatsächliche Abhängigkeit von der Vertretungskörperschaft, da ohne Kooperation mit dem kommunalen Hauptorgan dauerhaft keine zufrieden stellende Aufgabenerfüllung möglich ist[1446].

Daneben ist der Gemeinderat wie sein parlamentsrechtliches Gegenstück zentrales Willensbildungs- und Entscheidungsfindungsorgan, in dem „echte" Politik gemacht und nicht nur verwaltende Tätigkeit ausgeübt wird.

Insgesamt fällt ins Auge, dass Gemeinsamkeiten zwischen staatlichen und kommunalen Volksvertretungen immer dann zu beobachten sind, wenn es um Befugnisse geht, die Ausfluss des Repräsentations- und Demokratieprinzips sind. Dagegen bestehen die Differenzen hauptsächlich in den Bereichen der organschaftlichen Souveränitätsrechte und der Eingliederung des Rats in die Verwaltung. Am deutlichsten zeigt sich das in der Aufsichtsunterworfenheit des Gemeinderats. Dieser Umstand erklärt sich aber mit der räumlichen Begrenztheit des kommunalen Bereichs und der partiellen Wahrnehmung reiner Exekutivaufgaben durch die Ratsvertretung. Trotz dieser quantitativ stärkeren Pflichtgebundenheit steht der Gemeindevertretung noch ein parlamentsrechtstypisches Maß an Souveränität und Selbstorganisationsbefugnissen zu. Außerdem sind auch auf parlamentsrechtlicher Ebene verbandsinterne Kontrollmechanismen vorhanden, die zum Teil dieselben Ziele verfolgen wie die staatliche Kommunalaufsicht.

Das primäre Wahlprüfungsrecht muss nicht zwingend den Parlamenten zugewiesen sein. Auch die materielle Diskontinuität stellt keine unabdingbare Konsequenz des Repräsentationsgedankens dar, sondern ist von Zweckmäßigkeits- und Praktikabilitätserwägungen getragen. Daher kann der Charakter der kommunalen Selbstverwaltungskörperschaften nicht als parlamentsfremd bezeichnet werden, weil diese Prinzipien im Kommunalrecht nicht oder nur eingeschränkt verwirklicht sind.

4. Aufgrund des hohen Maßes an Übereinstimmungen kann man den Rat als parlamentsrechtsähnliches Organ bezeichnen. Ob die Übereinstimmungen für eine Qualifizierung als Parlament im rechtlichen Sinne ausreichen, hängt davon ab, für wie gewichtig man die bestehenden Unterschiede hält und ob man zu einer streng juristischen oder zu einer mehr politologisch geprägten Sichtweise tendiert. Dabei handelt es sich nämlich um einen rein

---

1446 Allerdings ist das zur Durchsetzung der Kontroll- und Überwachungsaufgaben zur Verfügung stehende Arsenal an rechtlichen Möglichkeiten im Parlamentsrecht umfangreicher. Insbesondere steht den kommunalen Vertretungskörperschaften kein Recht zur Einsetzung eines Untersuchungsausschusses zu.

akademischen Streit um Worte und Begrifflichkeiten. Für die Frage nach der Übertragbarkeit parlamentsrechtlicher Grundsätze und Prinzipien ist die Übereinstimmung des jeweils zur Debatte stehenden Strukturprinzips maßgeblich, nicht aber die Antwort auf die Parlamentseigenschaft der Gemeindevertretung.

5. Die uneingeschränkte Verwirklichung des Repräsentations- und Demokratieprinzips auf kommunaler Ebene schlägt sich nicht nur in der Stellung und der Struktur des Gesamtorgans nieder, sondern hat auch Auswirkungen auf die Statusrechte der kommunalen Volksvertreter und ihr freies Mandat, das dem Grunde nach denen der Parlamentsabgeordneten entspricht.

In der Wahlvorbereitungsphase bestehen parlamentsrechtstypische Behinderungsverbote, die der Verwirklichung des Repräsentationsgedankens dienen sollen. Die Nichtgewährung von Wahlvorbereitungsurlaub in den Gemeindeordnungen ist keine parlamentsfremdes Merkmal, sondern nur die Konsequenz aus der gesetzlichen Konzeption eines gemeindlichen „Feierabendwahlkampfes". Inkompatibilitätsvorschriften mit identischem Hintergrund gibt es sowohl im Parlaments- als auch im Kommunalrecht. Sie sind im staatlichen Bereich sogar stärker ausgeprägt als im gemeindlichen.

Nach der Wahl wandelt sich das Behinderungsverbot in beiden Rechtsgebieten zu einer Mandatsschutzvorschrift. Der Repräsentationsgedanke und das Demokratieprinzip wirken sich maßgeblich auf die Ausgestaltung des freien Mandats aus. Um der Vertretungskörperschaft insgesamt zugewiesene Aufgaben wahrnehmen zu können, besitzen kommunale Mandatsträger Frage- und Informations- sowie Rede- und Antragsrechte, die denen der Bundestagsmitglieder weitgehend entsprechen. Zur effektiveren Durchsetzung dieser Rechte und zur Verwirklichung ihrer politischen Ziele steht den Volksvertretern ein Fraktionsbildungsrecht zu, das nicht nur identischen Inhalt hat wie das der Parlamentsabgeordneten, sondern auch den fortschreitenden Parteieneinfluss auf der Ortsstufe widerspiegelt.

Unterschiede sind dagegen in der Pflichtenstellung festzustellen, ohne dass dadurch eine beamtenrechtsähnliche Ausgestaltung des kommunalen Mandats vorliegt, welche die normative Vergleichbarkeit und die Geltung parlamentsrechtlicher Grundsätze ausschließen würde. Die auffallendste Divergenz besteht bei den parlamentsrechtlichen Immunitäts- und Indemnitätsrechten, die im Kommunalrecht nicht vorhanden sind. In einem demokratischen Rechtsstaat mit einer unabhängigen, funktionierenden Justiz ist aber insbesondere das Immunitätsprivileg zur ordnungsgemäßen Aufgabenerfüllung durch den Parlamentsabgeordneten nicht mehr erforderlich und stellt ein „veraltetes" Recht aus der Zeit des Frühkonstitutionalismus dar. Auch das Instrument der Indemnität ist kein unabdingbares Statusrecht mehr.

Die weiteren Abweichungen – Mitwirkungs- und Vertretungsverbote, zum Teil mit Sanktionen belegte Teilnahmepflichten – sind dem Parlamentsrecht nicht gänzlich fremd, wie beispielsweise die Mitwirkungsverbote für Landtagsabgeordnete in Bayern und Bremen zeigen. Zudem ist die stärker ausgeprägte Pflichtenseite im Kommunalverfassungsrecht nicht von dem Ziel getragen, eine Angleichung an die Rechtsstellung eines Beamten vorzunehmen. Sie stellt vielmehr eine Reaktion auf die größere räumliche und sachliche Nähe des Gemeinderatsmitglieds zum Regelungsgegenstand dar, mit der eine im Vergleich zum Bund und den Ländern höherer Gefahr von unsachlichen Erwägungen getragenen Entscheidungsfindung einhergeht. Außerdem zeigt sich darin – wie auch bei der Aufsichtsunterworfenheit der Vertretungskörperschaft – die Wahrnehmung von exekutiven Aufgaben durch die Ratsvertreter.

Letztlich bestehen auch im Bereich der Statusrechte keine nennenswerten Abweichungen in der Ausgestaltung der Rechtsstellung, wenn es um die Konkretisierung des Repräsentationsprinzips geht.

6. Ausgehend vom Ergebnis der untersuchten Strukturprinzipien der Kollegialorgane und der Statusrechte ihrer Mitglieder muss bei vermeintlichen Lücken und Defiziten einer gemeinderechtlichen Norm zunächst versucht werden, sie durch verfassungskonforme Auslegung unter Heranziehung kommunalverfassungsrechtlicher Formprinzipien zu schließen. Dabei ist der Wortlaut sowohl Ausgangspunkt als auch Grenze einer derartigen Auslegung. Sollte er überschritten sein, kann nicht sofort zu einem parlamentsrechtlichen Analogieschluss übergegangen werden. Vielmehr muss geprüft werden, ob nicht allgemeine kommunalrechtliche Grundsätze oder Strukturprinzipien existieren, die das fragliche Statusrecht zwingend erfordern. Bei der Herausarbeitung dieser kommunalverfassungsrechtlichen Prinzipien kann auf parlamentsrechtliche Erkenntnisse zurückgegriffen werden, wenn insofern eine strukturelle Vergleichbarkeit der Volksvertretungen vorliegt. Hier ist methodisch der Ort, in dem die Ergebnisse der vorliegenden Untersuchung relevant werden, nicht aber im Rahmen des Versuchs eines Analogieschlusses. Erst nach einem negativen Ausgang dieser Prüfung kann an eine Analogiebildung gedacht werden. Sie wird aber nur sehr eingeschränkt möglich und in den meisten Fällen entbehrlich sein.

7. Entgegen der Auffassung des Bundesverfassungsgerichts steht einem Bundestagsabgeordneten unabhängig von seiner fraktionellen Organisation ein Anspruch auf Vollmitgliedschaft in einem Bundestagsausschuss zu. Die Zuerkennung einer rein beratenden Mitgliedschaft ohne Stimmrecht berücksichtigt die grundgesetzlichen Vorgaben des freien Mandats nur unzureichend. Durchschlagende Argumente mit Verfassungsrang gegen eine

Einschränkung der parlamentarischen Mitwirkungsrechte sind in der gegenwärtigen Situation nicht vorhanden. Ein drohender Verlust der Arbeits- und Funktionsfähigkeit des Parlaments ist durch die zusätzliche Zuerkennung eines Stimmrechts nicht zu befürchten. Ein Effektivitätsverlust kann nicht durch die Teilnahme an der Abstimmung, sondern an der Sitzung ausgelöst werden. Dazu sind fraktionslose Abgeordnete aber auch nach Auffassung des Bundesverfassungsgerichts berechtigt. Zur Wahrung des Gebots der Spiegelbildlichkeit der Ausschussbesetzung und der Mehrheitsverhältnisse sind im Vergleich zur Aberkennung des Ausschussstimmrechts mildere Mittel denkbar und durchführbar. § 57 Abs. 2 GO BT wird diesen Vorgaben nicht gerecht und ist verfassungswidrig.

8. Diese Grundsätze gelten uneingeschränkt im Kommunalverfassungsrecht. Jeder Ratsvertreter kann aufgrund der verfassungsrechtlichen Vorgaben verlangen, in mindestens einem Ausschuss als antrags- und stimmberechtigtes Mitglied mitzuwirken. Anspruchsgrundlage dafür sind Art. 28 Abs. 1 S. 1, S. 2, 20 Abs. 2 S. 1, S. 2 GG in Verbindung mit den deklaratorisch wirkenden Vorschriften des freien Mandats in den Gemeindeordnungen.

   Dieses Ergebnis ist Konsequenz des Repräsentationsgedankens und des im freien Mandat kommunalrechtlicher Prägung enthaltenen Grundsatzes der formellen Gleichheit aller Mitglieder der Vertretungskörperschaft. Er bezieht sich nicht nur auf das Plenum, sondern gilt angesichts der Vorverlagerung der Entscheidungsfindung auch in den Ausschüssen.

   Die parlamentsrechtlichen Erkenntnisse sind dabei vollständig verwertbar, da in diesem Bereich keine relevanten Unterschiede zwischen den Vertretungskörperschaften bestehen. Eine analoge Anwendung von Art. 38 Abs. 1 S. 2 GG ist damit nicht verbunden und auch gar nicht notwendig.

   Gemeindespezifische Gesichtspunkte, die über die parlamentsrechtlichen Aspekt hinausgehen und eine Einschränkung des Mitgliedschaftsrechts rechtfertigen könnten, bestehen nicht. An einer dezidierten Darlegung der Beeinträchtigung der Arbeits- und Funktionsfähigkeit des Rats im Einzelfall fehlt es bislang. Ferner ist das Effektivitätspostulat im Kommunalrecht nicht so ausgeprägt wie im Parlamentsrecht. Die Partizipation nicht parteipolitisch organisierter Bürger ist sogar erwünscht. Eine spiegelbildliche Repräsentation in den Ausschüssen könnte durch mildere Mittel erreicht werden, weshalb die Aberkennung des Stimmrechts als unverhältnismäßig zu werten ist.

9. Aus diesen verfassungsrechtlichen Erwägungen folgt keine uneingeschränkte Pflicht der Vertretungskörperschaft, die Zahl der Ausschusssitze so zu erhöhen, dass sie mindestens die der Gemeinderatsmitglieder erreicht. Vielmehr ist zwischen dem freien Mandat des Ratsmitglieds und der Ge-

schäftsordnungsgewalt der Selbstverwaltungskörperschaft abzuwägen. Um eine willkürliche Herabsetzung der Anzahl der Ausschusssitze zu verhindern, ist der Rat verpflichtet, bei der Ausübung seines Organisationsermessens den hohen Stellenwert des freien Mandats und des Minderheitenschutzes angemessen zu berücksichtigen. Dies wird im Regelfall zu einer Zahl von Ausschusssitzen führen, die mindestens so hoch ist wie die der Gemeinderatsmitglieder. Sollten aber mit der Aufstockung der Sitzzahl schwer wiegende, anders nicht zu beseitigende Nachteile für die Vertretung drohen, kann davon abgesehen werden, auch wenn das zum Verlust des Mitgliedschaftsrechts eines fraktionslosen Mandatsträgers führt.

10. Die Ausschussbesetzungsvorschriften in den Gemeindeordnungen entsprechen den verfassungsrechtlichen Vorgaben nicht, wenngleich in manchen Bundesländern zumindest ein kommunalrechtliches Grundmandat verankert ist. Lediglich in Thüringen ist den grundgesetzlichen Anforderungen mit § 27 Abs. 1 S. 4 ThürKO Genüge getan. Dort hat jedes Ratsmitglied einen Anspruch auf Vollmitgliedschaft in einem Ausschuss, wenn die Zahl der Ausschusssitze die des Gemeinderats übersteigt.

11. Da die Vorschriften über die Ausschussbesetzung nicht verfassungskonform ausgelegt werden können, besteht aufgrund ihrer Verfassungswidrigkeit für die Landesgesetzgeber Anpassungsbedarf. Die Verfassungswidrigkeit zieht allerdings nicht die Nichtigkeit der Regelungen nach sich. Da es sich um einen Gleichheitsverstoß handelt, stehen zu seiner Beseitigung mehrere Möglichkeiten zur Auswahl. Die Ungleichbehandlung fraktionsloser Ratsvertreter kann nicht durch die Nichtigerklärung der einschlägigen Normen behoben werden, sondern nur durch ein Tätigwerden der Landesparlamente. Ihnen steht dabei ein weites gesetzgeberisches Ermessen zu.

Literaturverzeichnis

Achterberg, Norbert: Die Abstimmungsbefugnis des Abgeordneten bei Betroffenheit in eigener Sache, in AÖR 109 (1984), S. 505 ff.

Achterberg, Norbert: Parlamentsrecht, Tübingen 1984.

Achterberg, Norbert: Zur Rechtsnatur parlamentarischer Rügen – BVerfGE 60, 374, in JuS 1983, S. 840 ff.

Ade, Klaus: Gemeindeordnung für Baden-Württemberg, in: Kommunalverfassungsrecht Baden-Württemberg, Wiesbaden 1998 (Stand: 8. EL Mai 2004).

Adler, Lars Christian: Das Satzungsrecht der Gemeinden als verfassungsrechtlich eigenständiges Rechtsetzungsrecht?, München 1997 – zugleich Diss. München 1997.

Ahrens, Wolf-Eberhard: Immunität von Abgeordneten, Bad Homburg 1970.

Andriof, Udo: Rechtfertigung und praktische Bedeutung der Immunität der Abgeordneten, Diss. Freiburg i.Br. 1969.

Arnim, Hans Herbert von: Ausschluß von Ratsmitgliedern wegen Interessenkollision, in JA 1986, S. 1 ff.

Arnim, Hans Herbert von: Gemeindliche Selbstverwaltung und Demokratie, in AÖR 113 (1988), S. 1 ff.

Axer, Peter: Normsetzung der Exekutive in der Sozialversicherung, Tübingen 2000.

Badura, Peter: Die parlamentarische Demokratie, in: *Isensee Josef / Kirchhof, Paul* (Hrsg.), Handbuch des Staatsrechts der Bundesrepublik Deutschland, Band 2 (HdbStR II), 3. A., Heidelberg 2004, § 25.

Badura, Peter: Die Stellung des Abgeordneten nach dem Grundgesetz und den Abgeordnetengesetzen in Bund und Ländern, in: *Schneider, Hans-Peter / Zeh, Wolfgang* (Hrsg.), Parlamentsrecht und Parlamentspraxis in der Bundesrepublik Deutschland, Berlin/New York 1989, § 15.

Badura, Peter: Rechtsetzung durch Gemeinden, in DÖV 1963, S. 561 ff.

Baedeker, Hans Jürgen: Die Organisationsgewalt im Bund und der Vorbehalt des Gesetzes, Diss. Köln 1969.

Bagehot, Walter: The English Constitution, Oxford, 1867/2001.

Barton, Stephan: Der Tatbestand der Abgeordnetenbestechung (§ 108 e StGB), in NJW 1994, S. 1098 ff.

Baumbach, Adolf / Lauterbach, Wolfgang / Albers, Jan / Hartmann, Peter: Zivilprozessordnung, 62. A., München 2004.

Becher, Uwe: Die persönliche Rechtsstellung des Gemeindevertreters im Verhältnis zu der des Parlamentariers, Diss. Kiel 1964.

Becker, Ulrich: Organisation und Selbstverwaltung der Sozialversicherung, in: *Baron von Maydell, Bernd / Ruland, Franz* (Hrsg.), Sozialrechtshandbuch (SRH), 3. A., Baden-Baden 2003.

Becker, Ulrich: Staat und autonome Träger im Sozialleistungsrecht, Baden-Baden 1996.

Beckmann, Edmund / Rühberg, J. H.: Zulässigkeit kommunaler Untersuchungsausschüsse?, in DVP 2000, S. 104 ff.

Beckmann, Edmund: Dürfen Ratsvertreter alles wissen?, in DVP 1998, S. 239 ff.

Benda, Ernst / Klein, Eckart: Verfassungsprozeßrecht, 2. A., Heidelberg 2001.

Bernzen, Christian / Gottschalck, Detlef: Abgeordnetenstatus und Repräsentation: Anmerkungen zum „Wüppesahl-Urteil" des Bundesverfassungsgerichts, in ZParl. 1990, S. 393 ff.

Berwanger, Jörg: Die Besetzung von Gemeinderatsausschüssen, Frankfurt a.M./Berlin/Bern/Wien 2001 – zugleich Diss. Saarbrücken, 2000.

Besch, Johann Christoph: Rederecht und Redeordnung, in: *Schneider, Hans-Peter / Zeh, Wolfgang* (Hrsg.), Parlamentsrecht und Parlamentspraxis in der Bundesrepublik Deutschland, Berlin/New York 1989, § 33.

Bethge, Herbert: Parlamentsvorbehalt und Rechtssatzvorbehalt für die Kommunalverwaltung, in NVwZ 1983, S. 577 ff.

Beulke, Werner: Strafprozessrecht, 7. A., Heidelberg 2004.

Bick, Ulrike: Die Ratsfraktion, Berlin 1989 – zugleich Diss. Bochum, 1988.

Bieback, Karl-Jürgen: Rechtliche Probleme von Organisationsstruktur und Selbstverwaltung der Unfallversicherung, in: *Heinze, Meinhard / Schmitt, Jochen* (Hrsg.), Festschrift für Wolfgang Gitter, Wiesbaden 1995, S. 83 ff.

Birkenfeld-Pfeiffer, Daniela / Gern, Alfons: Kommunalrecht (Hessisches Landesrecht), 3. A., Baden-Baden 2001.

Bleckmann, Albert: Inhalt und Umfang des Gesetzesvorbehalts bei Gemeindesatzungen, in DVBl. 1987, S. 1085 ff.

Bleckmann, Albert: Staatsrecht, Band 2 – Die Grundrechte, 4. A., Köln/Berlin/Bonn/München 1997.

Bleutge, Rolf: Der Kommunalverfassungsstreit, München 1970.

Bockelmann, Paul: Die Unverfolgbarkeit der Abgeordneten nach deutschem Immunitätsrecht, Göttingen 1951.

Böckenförde, Ernst-Wolfgang: Demokratische Willensbildung und Repräsentation, in: *Isensee, Josef / Kirchhof, Paul* (Hrsg.), Handbuch des Staatsrechts der Bundesrepublik Deutschland, Band 2 (HdbStR II), 2. A., Heidelberg 1998, § 30.

Böckenförde, Ernst-Wolfgang: Demokratie als Verfassungsprinzip, in: *Isensee, Josef / Kirchhof, Paul* (Hrsg.), Handbuch des Staatsrechts der Bundesrepublik Deutschland, Band 2 (HdbStR II), 3. A., Heidelberg 2004, § 24

Bocks, Gerd: Der Rechtsschutz der Gemeinden in Nordrhein-Westfalen gegenüber Maßnahmen der Kommunalaufsicht und gegenüber Gesetzen unter besonderer Berücksichtigung der kommunalen Neuordnung, Köln/Berlin/Bonn/München 1970.

Bodenheim, Dieter G.: Das parlamentarische Fragerecht unter dem Grundgesetz, in ZParl. 1980, S. 38 ff.

Borchert, Hartmut: Die Fraktion, in AÖR 102 (1977), S. 210 ff.

Borchmann, Michael: Interessenkollision im Gemeinderecht, in NVwZ 1982, S. 17 ff.

Bracker, Reimer: Theorie und Praxis der Kommunalaufsicht, in: *Mutius, Albert von* (Hrsg.), Selbstverwaltung im Staat der Industriegesellschaft – Festgabe zum 70. Geburtstag von Georg Christoph von Unruh, Heidelberg 1983, S. 459 ff.

Brandner, Thilo: Der fraktionslose Abgeordnete und das Ausschußmandat, in JA 1990, S. 151 ff.

Braun, Werner / Jantsch, Monika / Klante, Elisabeth: Abgeordnetengesetz, Berlin/München 2002.

Breer, Dietmar: Die Mitwirkung von Ausländern an der politischen Willensbildung in der Bundesrepublik Deutschland durch Gewährung des Wahlrechts, insbesondere des Kommunalwahlrechts, Berlin 1982 – zugleich Diss. Münster 1981.

Britz, Gabriele: Die Mitwirkung Privater an der Wahrnehmung öffentlicher Aufgaben durch Einrichtungen des öffentlichen Rechts, in VerwArch. 91 (2000), S. 418 ff.

Brocker, Lars: Parlamentarisches Untersuchungsverfahren und Zurückhaltungsgebot, in ZParl. 1999, S. 739 ff.

Buchwald, Katja: Der verwaltungsgerichtliche Organstreit, Berlin 1998 – zugleich Diss. Göttingen 1997.

Budde, Thomas: Mitwirkungspflicht und Befangenheit im Gemeinderat, Diss. Tübingen 1988.

Buhren, Gert D.: Rechte und Pflichten der Mitglieder der Gemeindevertretung, in LKV 1992, S. 315 ff.

Burmeister, Joachim: Das Petitionsrecht, in: *Isensee, Josef/Kirchhof, Paul* (Hrsg.), Handbuch des Staatsrechts der Bundesrepublik Deutschland, Band 2 (HdbStR II), 2. A., Heidelberg 1998, § 32.

Busch, Bernhard: Das Verhältnis des Art. 80 Abs. 1 S. 2 GG zum Gesetzes- und Parlamentsvorbehalt, Berlin 1992 – zugleich Diss. Münster, 1991.

Buß, Anette: Nichtöffentlichkeit der Gemeindevorstandssitzung und Verschwiegenheitspflicht von Bürgermeister, Beigeordneten und Gemeindebediensteten bezüglich dienstlicher Angelegenheiten am Beispiel der hessischen Regelung, in VR 1997, S. 377 ff.

Bussalb, Jean-Pierre: Gilt der Vorbehalt des Gesetzes auch für die Rechtsetzungsbefugnis der Gemeinden?, Frankfurt a.M. 2002 – zugleich Diss. Jena 2001.

Butzer, Hermann: Immunität im demokratischen Rechtstaat, Berlin 1991 – zugleich Diss. Bochum 1990/91.

Büllesbach, Rudolf / Diercks, Thorsten: Vorbereitung und Durchführung eines Erörterungstermins im Rahmen eines abfallrechtlichen Planfeststellungsverfahrens, in DVBl. 1991, S. 469 ff.

Dagtoglou, Prodromos: Befangenheit und Funktionenhäufung in der Verwaltung, in *Doehring* (Hrsg.), Festgabe für Ernst Forsthoff, München 1967, S. 65 ff.

David, Joachim: Die Satzungsgewalt der Gemeinden in Nordrhein-Westfalen, 2. A., Münster 1961.

Degenhart, Christoph: Staatsrecht I – Staatsorganisationsrecht, 19. A., Heidelberg 2003.

Demmler, Wolfgang: Der Abgeordnete im Parlament der Fraktionen, Berlin 1994 – zugleich Diss. Freiburg i.Br. 1993.

Deubert, Michael: Ausschußbesetzung nach „d'Hondt" oder „Hare-Niemeyer"?, in BayBgm. 1993, S. 50, 71.

Dieckmann, Jochen / Heinrichs, Friedrich Wilhelm (Hrsg.): Gemeindeordnung für das Land Nordrhein-Westfalen, Köln 1996.

Dols, Heinz: Kommunalrecht für Baden-Württemberg, 5. A., Stuttgart/Berlin/Köln 1999.

Dolzer, Rudolf / Vogel Klaus (Hrsg.): Bonner Kommentar zum Grundgesetz, Band 4, Heidelberg 2004 (Stand: 111. EL Mai 2004).

Dreier, Horst (Hrsg.): Grundgesetz, Kommentar, Band 2 (Art. 20 – 82 GG) (GG-Kommentar II), Tübingen 1998.

Dreier Horst (Hrsg.): Grundgesetz, Kommentar, Band 3 (Art. 83 – 146 GG) (GG-Kommentar III), Tübingen 2000.

Dreier, Horst: Das Demokratieprinzip des Grundgesetzes, in JURA 1997, S. 249 ff.

Eberle, Carl-Eugen: Gesetzesvorbehalt und Parlamentsvorbehalt, in DÖV 1984, S. 485 ff.

Eckhardt, Wolfram: Die Rechtsstellung des bayerischen Gemeinderats im Vergleich zur Rechtsstellung von Gemeindevertretungen in den übrigen Bundesländern, Diss. München 1969.

Ehlers, Dirk / Heydemann, Christoph: Datenschutzrecht in der Kommunalverwaltung, in DVBl. 1990, S. 1 ff.

Ehlers, Dirk: Die Klagearten und besonderen Sachentscheidungsvoraussetzungen im Kommunalverfassungsstreitverfahren, in NVwZ 1990, S. 105 ff.

Ehlers, Dirk: Kommunalaufsicht und europäisches Gemeinschaftsrecht, in DÖV 2001, S. 412 ff.

Eichert, Christof: Parlament oder Verwaltungsorgan?, in BWGZ 1994, S. 569 ff.

Eiermann, Heinrich: Verfahrens- und Rechtsfragen kommunaler Akteneinsichtsausschüsse, in VBlBW 1999, S. 447 ff.

Emde, Ernst Thomas: Die demokratische Legitimation der funktionalen Selbstverwaltung, Berlin 1991 – zugleich Diss. Freiburg i.Br. 1986.

Engel-Boland, Stefanie: Gemeindliches Satzungsrecht und Gesetzesvorbehalt, Baden-Baden 1999 – zugleich Diss. Frankfurt a.M. 1998.

Engelken, Klaas: Verfassungsmaßstäbe für Unvereinbarkeits- und andere Hinderungsvorschriften bei kommunalen Mandaten, in DÖV 1996, S. 853 ff.

Engisch, Karl: Einführung in das juristische Denken, 9. A., Stuttgart/Berlin/Köln 1997.

Fichtner, Harald: Die Fraktion im Bayerischen Gemeinderecht, Bayreuth 1997 – zugleich Diss. Bayreuth, 1997.

Firsching, Ansgar: Zur Ausübung des Organisationsermessens der Gemeinden bei der Bildung von Ausschüssen bzw. bei der Verringerung der Mitgliedszahlen von Ausschüssen, in BayVBl. 1995, S. 365 ff.

Flach, Christian: Kommunales Steuerfindungsrecht und Kommunalaufsicht, Frankfurt a.M./Berlin/Bern/Wien 1998 – zugleich Diss. Hamburg 1998.

Foerstemann, Friedrich: Vorsitz und Verfahren in der kommunalen Vertretungskörperschaft, in: *Püttner, Günter* (Hrsg.), Handbuch der kommunalwissenschaftlichen Praxis, Band 2 (HdbKWP II), 2. A., Berlin/Heidelberg/New York 1982, § 28 B.

Foerster, German: Der praktische Fall: Ein heikler Auftrag, in VR 1989, S. 167 ff.

Foerster, German: Neues Wahlsystem für den Magistrat: der Parteienproporz, in SKV 1973, S. 207 ff.

Forsthoff, Ernst: Lehrbuch des Verwaltungsrechts, Band I, Allgemeiner Teil, 10. A., München 1973.

Franke, Edgar: Die hessischen kommunalen Ausschüsse zwischen kommunalverfassungsrechtlicher Stellung und kommunaler Praxis, Frankfurt a.M./Berlin/Bern/New York/Paris/Wien – zugleich Diss. Gießen 1994.

Friesenhahn, Ernst: Zur neueren Entwicklung des Petitionsrechts in der Bundesrepublik Deutschland, in: Recht als Prozess und Gefüge – Festschrift für Hans Huber zum 80. Geburtstag, Bern 1981, S. 353 ff.

Frömel, Roland: Kommunalrecht, in VBlBW 1993, S. 488 ff.

Frotscher, Werner: Selbstverwaltung und Demokratie, in: *Mutius, Albert von* (Hrsg.), Selbstverwaltung im Staat der Industriegesellschaft – Festgabe zum 70. Geburtstag von Georg Christoph von Unruh, Heidelberg 1983, S. 127 ff.

Frotscher, Werner: Stadtparlament und Stadtregierung: BVerfGE zugunsten des repräsentativ-demokratischen Prinzips auf kommunaler Ebene, in ZParl. 1976, S. 494 ff.

Frowein, Jochen Abraham: Das freie Mandat der Gemeindevertreter, in DÖV 1976, S. 44 ff.

Frowein, Jochen Abraham: Der Status der kommunalen Vertretungskörperschaft und ihrer Mitglieder, in: *Püttner, Günter* (Hrsg.), Handbuch der kommunalwissenschaftlichen Praxis, Band 2 (HdbKWP II), 2. A., Berlin/Heidelberg/New York 1982, § 28 A.

Fürmann, Jochen: Das Zeugnisverweigerungsrecht der StPO – Eine Übersicht, in JuS 2004, S. 303 ff.

Gabriel, Oscar W. / Holtmann, Everhard: Kommunale Demokratie, in: *Graf von Westfalen, Raban* (Hrsg.), Parlamentslehre, 2. A., München/Wien 1996, § 21.

Gabriel, Oscar W.: Parlamentisierung der Kommunalpolitik, in: *ders. / Haungs, Peter / Zender, Matthias* (Hrsg.), Opposition in Großstadtparlamenten, Melle 1984.

Gern, Alfons: Deutsches Kommunalrecht, 3. A., Baden-Baden 2003.

Gern, Alfons: Sächsisches Kommunalrecht, 2. A., München 2000.

Geyer, Armin: Das Mitwirkungsverbot für persönlich beteiligte Gemeindevertreter unter besonderer Berücksichtigung ihrer Stellung als gewählte Volksvertreter, Diss. Hamburg, 1968.

Glage, Michael: Mitwirkungsverbote in den Gemeindeordnungen, Göttingen 1995 – zugleich Diss. Göttingen, 1994.

Glauben, Paul: Immunität – auch für die Abgeordneten mehr »Plage als Wohltat«, in DRiZ 2003, S. 51 ff.

Glauben, Paul: Parlamentarisches Untersuchungsrecht als „schärfstes Schwert", in DRiZ 2003, S. 161 ff.

Gleitze, Wilfried / Krause, Peter / Baron von Maydell, Bernd / Merten, Detlef (Hrsg.): Gemeinschaftskommentar zum Sozialgesetzbuch – Gemeinsame Vorschriften für die Sozialversicherung (GK-SGB IV), Neuwied/Kriftel/Berlin 1992.

Göldner, Detlef Christoph: Verfassungsprinzip und Privatrechtsnorm in der verfassungskonformen Auslegung und Rechtsfortbildung, Berlin 1969.

Gönnenwein, Otto: Gemeinderecht, Tübingen 1963.

Gramlich, Ludwig: Zur „Öffentlichkeit" von Gemeinderatssitzungen, in DÖV 1982, S. 139 ff.

Grawert, Rolf: Die nationalsozialistische Herrschaft, in: *Isensee Josef / Kirchhof, Paul* (Hrsg.), Handbuch des Staatsrechts der Bundesrepublik Deutschland, Band 1 (HdbStR I), 3. A., Heidelberg 2003, § 6.

Grawert, Rolf: Staatsvolk und Staatsangehörigkeit, in: *Isensee, Josef / Kirchhof, Paul* (Hrsg.), Handbuch des Staatsrechts der Bundesrepublik Deutschland, Band 2 (HdbStR II), 3. A., Heidelberg 2004, § 16.

Grimmer, Klaus: Aufgaben und Zuständigkeiten des Parlaments, in: *Graf von Westfalen, Raban* (Hrsg.), Parlamentslehre, 2. A., München/Wien 1996, § 9.

Groh, Kathrin: Der verfassungsrechtliche Anspruch von Gemeinderatsgruppen auf Sitz und Stimme in den Hauptausschüssen und auf beratende Mitgliedschaft in allen übrigen Ausschüssen nordrhein-westfälischer Kommunen, in NWVBl. 2001, S. 41 ff.

Groß, Karl-Heinz: Verteidiger, Abgeordnete und Journalisten als verbotene unfreiwillige Medien zur strafprozessualen Aufklärung, in StV 1996, S. 559 ff.

Häberle, Peter: Berufs»ständische« Satzungsautonomie und staatliche Gesetzgebung, in DVBl. 1972, S. 909 ff.

Hahn, Robert: Die kommunale Verschwiegenheitspflicht gem. § 17 Abs. 2 S. 1 GemO Baden-Württemberg, in VBlBW 1995, S. 425 ff.

Hain, Karl-Eberhard: Die Grundsätze des Grundgesetzes, Baden-Baden 1999.

Härth, Wolfgang: Die Rede- und Abstimmungsfreiheit der Parlamentsabgeordneten in der Bundesrepublik Deutschland, Berlin 1983.

Hassel, Volker: Befangenheit beim Erlaß eines Bebauungsplans, OVG Münster, NVwZ 1984, S. 667 ff., in VR 1985, S. 108 ff.

Hassel, Volker: Die Bedeutung des Unmittelbarkeitskriteriums für eine interessengerechte Anwendung der kommunalen Befangenheitsvorschrift, in DVBl. 1988, S. 711 ff.

Hausmann, Wolfgang: Die Inkompatibilität im Gemeindeverfassungsrecht der Bundesrepublik Deutschland, Berlin 1976.

Hegele, Dorothea / Sponer, Wolf-Uwe: Die neue sächsische Gemeindeordnung, in LKV 1993, S. 358 ff.

Heilmann, Hartmut: Verfassungswidrigkeit des Art. 48 Abs. 1 S. 2 BayGO? - Zugleich ein Beitrag zur Sicherung zum Institut der Stimmenthaltung in der freiheitlichen Demokratie - , in BayVBl. 1984, S. 196 ff.

Hempel, Brigitte / Hempel, Norbert: Anmerkung zum Urteil des BGH vom 22.5.1981 – V ZR 69/80, in DVBl. 1982, S. 67 ff.
Hendler, Reinhard: Selbstverwaltung als Ordnungsprinzip, Köln/Berlin/Bonn 1984.
Hendler, Reinhard: Das Prinzip Selbstverwaltung, in: *Isensee, Josef / Kirchhof, Paul* (Hrsg.), Handbuch des Staatsrechts der Bundesrepublik Deutschland, Band 4 (HdbStR IV), 2. A., Heidelberg 1999, § 106.
Herbert, Alexander: Die Gemeindevertretung als Petitionsadressat, in VR 1994, S. 154 ff.
Hesse, Konrad: Bedeutung der Grundrechte, in: *Benda, Ernst / Maihofer, Werner / Vogel, Hans-Jochen* (Hrsg.), Handbuch des Verfassungsrechts der Bundesrepublik Deutschland, 2. A., Berlin/New York 1994, § 5.
Hesse, Konrad: Grenzen der Verfassungswandlung, in: *Ehmke, Horst / Kaiser, Joseph H. / Kewenig, Wilhelm A. / Meessen, Karl Matthias / Rüfner, Wolfgang* (Hrsg.), Festschrift für Ulrich Scheuner, Berlin 1973, S. 123 ff.
Heuvels, Klaus: Diäten für Ratsmitglieder?, Köln/Stuttgart/Berlin/Hannover/Kiel/Mainz/München 1986 – zugleich Diss. Würzburg 1986.
Hidien, Jürgen W.: Zur Auslegung des Begriffs der Unmittelbarkeit in den kommunalrechtlichen Befangenheitsvorschriften, in VR 1983, S. 128 ff.
Hien, Eckart: Zum Stimmenthaltungsverbot in den Bayerischen Kommunalgesetzen, in BayVBl. 1984, S. 203 ff.
Hill, Hermann: Soll das kommunale Satzungsrecht gegenüber staatlicher und gerichtlicher Kontrolle gestärkt werden?, in Verhandlungen des 58. Deutschen Juristentages, München 1990, Gutachten D.
Hilz, Wolfram: Subsidiaritätsprinzip und EU-Gemeinschaftsordnung, Opladen 1998 – zugleich Diss. München 1997.
Hofmann, Harald / Muth, Michael / Theisen, Rolf-Dieter: Kommunalrecht in Nordrhein-Westfalen, 8. A., Witten 1996.
Höhn, Ernst: Praktische Methodik der Gesetzesauslegung, Zürich 1993.
Hölscheidt, Sven: Das Recht der Parlamentsfraktionen, Rheinbreitbach 2001.
Hölscheidt, Sven: Die Ausschußmitgliedschaft fraktionsloser Bundestagsabgeordneter, in DVBl. 1989, S. 291 ff.
Hönig, Dieter / Stoltenberg, Klaus: Probleme der sachlichen Diskontinuität, in DÖV 1973, S. 689 ff.
Hoppe, Bernd / Kleindiek, Ralf: Der kommunale Untersuchungsausschuß in Hessen, in VR 1992, S. 82 ff.
Hoppe, Werner: Die Wahlprüfung durch den Bundestag (Art. 41 Abs. 1 S. 1 GG) – ein „Wahlprüfungsverhinderungsverfahren“?, in DVBl. 1996, S. 344 ff.
Ipsen, Jörn: Nichtigerklärung oder „Verfassungswidrigerklärung“ – Zum Dilemma der verfassungsgerichtlichen Normenkontrollpraxis, in JZ 1989, S. 41 ff.
Ipsen, Jörn: Soll das kommunale Selbstverwaltungsrecht gegenüber staatlicher und gerichtlicher Kontrolle gestärkt werden?, in JZ 1990, S. 789 ff.
Ipsen, Jörn: Staatsrecht I – Staatsorganisationsrecht, 14. A., Neuwied/Kriftel 2002.
Isensee, Josef: Staat und Verfassung, in: *ders. / Kirchhof, Paul* (Hrsg.), Handbuch des Staatsrechts der Bundesrepublik Deutschland, Band 2 (HdbStR II), 3. A., Heidelberg 2003, § 15.
Isensee, Josef: Teilung der Staatsgewalt zwischen Bund und Ländern, in: *ders. / Kirchhof, Paul* (Hrsg.), Handbuch des Staatsrechts der Bundesrepublik Deutschland, Band 4 (HdbStR IV), 2. A., Heidelberg 1999, § 98.
Jacoby, Peter Michael: Der Schutz der Minderheiten in gemeindlichen Volksvertretungen, Diss. Tübingen 1986.

Jahn, Gerhard / Engels, Dieter: Geheimschutzordnung des Bundestages, in: *Schneider, Hans-Peter / Zeh, Wolfgang* (Hrsg.), Parlamentsrecht und Parlamentspraxis in der Bundesrepublik Deutschland, Berlin/New York 1989, § 20.

Jähnke, Burkard / Laufhütte, Heinrich Wilhelm / Odersky, Walter: Leipziger Kommentar zum Strafgesetzbuch, Band 1 (Einleitung; §§ 1 – 31) (LK I), Berlin, 11. A. 2003.

Jakob, Wolfgang: Eingriff kommunaler Satzungen in „Freiheit und Eigentum", in DÖV 1970, S. 666 ff.

Jarras, Hans D. / Pieroth, Bodo: Grundgesetz für die Bundesrepublik Deutschland, München, 7. A. 2004.

Jekewitz, Jürgen: Der Grundsatz der Diskontinuität in der parlamentarischen Demokratie, in JÖR 27 (1978), S. 75 ff.

Jellinek, Georg: Allgemeine Staatslehre, 3. A., Berlin 1920.

Jellinek, Georg: Empfiehlt es sich, die Prüfung der Wahlen für gesetzgebende Körperschaften als eine richterliche Thätigkeit anzuerkennen und deshalb der Rechtsprechung eines unabhängigen Wahlprüfungsgerichtshofes zu unterstellen?, in: Verhandlungen des 19. Deutschen Juristentages, Berlin 1888, Band 2, S. 121 ff.

Jesch, Dietrich: Gesetz und Verwaltung, 2. A., Tübingen 1968.

Jestaedt, Matthias: Demokratieprinzip und Kondominialverwaltung, Berlin 1993 – zugleich Diss. Bonn 1992.

Jestaedt, Matthias: Demokratische Legitimation – quo vadis?, in JuS 2004, S. 649 ff.

Jun, Uwe: Landesparlamente, in: *Graf von Westfalen, Raban* (Hrsg.), Parlamentslehre, 2. A., München/Wien 1996, § 22.

Kämmerer, Jörn: Muss Mehrheit immer Mehrheit bleiben? Über die Kontroversen um die Besetzung des Vermittlungsausschusses, in NJW 2003, S. 1166 ff.

Kazele, Norbert: Interessenkollisionen und Befangenheit im Verwaltungsrecht, Berlin 1990 – zugleich Diss. Gießen 1989.

Kelsen, Hans: Vom Wesen und Wert der Demokratie, 2. A., Tübingen 1929.

Kingreen, Thorsten: Die Bedeutung der gemeinderechtlichen Beanstandung für die Zulässigkeit des Kommunalverfassungsstreitverfahrens, in DVBl. 1995, S. 1337 ff.

Kittner, Michael: Geschichte und Entwicklung des Arbeitsrechts, in: *ders. / Zwanziger, Bertram* (Hrsg.): Arbeitsrecht, 2. A., Frankfurt a.M. 2003, § 3.

Klang, Klaus A. / Gundlach, Ulf: Gemeindeordnung und Landkreisordnung Sachsen-Anhalt, 2. A., Madgeburg 1999.

Klein, Eckart: Zur Gleichgestimmtheit zwischen Gemeindevertretung und kommunalen Wahlbeamten, in DÖV 1980, S. 853 ff.

Klein, Hans Hugo: Demokratie und Selbstverwaltung, in: *Schnur, Roman* (Hrsg.), Festschrift für Ernst Forsthoff zum 70. Geburtstag, 2. A., München 1974, S. 165 ff.

Klein, Hans Hugo: Indemnität und Immunität, in: *Schneider, Hans-Peter / Zeh, Wolfgang* (Hrsg.), Parlamentsrecht und Parlamentspraxis in der Bundesrepublik Deutschland, Berlin/New York 1989, § 17.

Klein, Hans Hugo: Status des Abgeordneten, in: *Isensee, Josef / Kirchhof, Paul* (Hrsg.), Handbuch des Staatsrechts der Bundesrepublik Deutschland, Band 2 (HdbStR II), 2. A., Heidelberg 1998, § 41.

Klein, Hans Hugo: Die parlamentarisch-repräsentative Demokratie des Grundgesetzes, in: *Rüther, Günther* (Hrsg.), Repräsentative oder plebiszitäre Demokratie – eine Alternative?, Baden-Baden 1996, S. 33 ff.

Klemt, Hermann: Die Mitwirkung der Kommunalaufsichtsbehörde an der Verwaltung der Gemeinden durch beratende Tätigkeit, Diss. Würzburg 1975.

Kluth, Winfried: Funktionale Selbstverwaltung, Tübingen 1997.

Knack, Hans Joachim: Verwaltungsverfahrensgesetz, 8. A., Köln/Berlin/Bonn/München 2004.

Knebel-Pfuhl, Christine: Mitwirkungsverbot wegen Befangenheit für Parlamentarier?, Diss. Berlin 1978.

Knemeyer, Franz-Ludwig / Deubert, Michael: Anmerkung zu BayVGH, Urteil vom 22.01.1992 – Az. 20 N 91.2850 u.a., BayVBl. 1992, S. 340 f.

Knemeyer, Franz-Ludwig: Bayerisches Kommunalrecht, 10. A., Stuttgart/München/Hannover/Berlin/Weimar/Dresden 2000.

Knemeyer, Franz-Ludwig: Rechtsaufsicht als Vertrauensaufsicht - Zum Wandel der Staatsaufsicht über die Kommunen als Zeichen eines Wandels in der äußeren Kommunalverfassung und zur Stärkung kommunaler Selbstverwaltung, in BayVBl. 1999, S. 193 ff.

Knemeyer, Franz-Ludwig: Staatsaufsicht über Kommunen, in JuS 2000, S. 521 ff.

Knirsch, Hanspeter: Informationen und Geheimhaltung im Kommunalrecht, Köln 1987 - teilweise zugleich Diss. Bochum 1987 u.d.T.: Das Spannungsfeld zwischen Informationsansprüchen und Geheimhaltungspflichten – dargestellt am Beispiel der Kommunalverwaltung in Nordrhein-Westfalen.

Kopp, Ferdinand / Ramsauer, Ulrich: Verwaltungsverfahrensgesetz, München, 8. A. 2003.

Körner, Hans: Ausschüsse, Kommissionen und Deputationen, in: *Püttner, Günter* (Hrsg.), Handbuch der kommunalwissenschaftlichen Praxis, Band 2 (HdbKWP II), 2. A., Berlin/Heidelberg/New York 1982, § 28 D.

Kracht, Harald: Feststellender Verwaltungsakt und konkretisierende Verfügung – Verwaltungsakte zur präventiven Regelung, Konkretisierung und Durchsetzung gesetzlicher Rechte und Pflichten, Berlin 2002 – zugleich Diss. Bonn 2001.

Krebs, Walter: Verwaltungsorganisation, in: *Isensee, Josef / Kirchhof, Paul* (Hrsg.), Handbuch des Staatsrechts der Bundesrepublik Deutschland, Band 3 (HdbStR III), 2. A., Heidelberg 1996, § 69.

Krebs, Walter: Vorbehalt des Gesetzes und Grundrechte, Berlin 1975 – zugleich Diss. Bochum 1974/1975.

Krebs, Walter: Zum aktuellen Stand der Lehre vom Vorbehalt des Gesetzes, in JURA 1979, S. 304 ff.

Kriele, Martin: Einführung in die Staatslehre, 6. A., Stuttgart/Berlin/Köln 2003.

Krings, Günter: Die Petitionsfreiheit nach Art. 17 GG, in JuS 2004, S. 474 ff.

Krüger, Niels / Apitz, Christoph: Wer ist untere Verwaltungsbehörde im Freistaat Sachsen?, in LVK 1998, S. 90 ff.

Kuhn, Herbert: Indemnität für ehrenamtliche Gemeinderatsmitglieder?, in BayVBl. 1989, S. 169 ff.

Kühne, Jörg-Detlef: Die Abgeordnetenbestechung – Möglichkeit einer gesetzlichen Gegenmaßnahme unter dem Grundgesetz, Frankfurt a.M. 1971 – zugleich Diss. Bonn 1970.

Kühnreich, Mathias: Das Selbstorganisationsrecht des Deutschen Bundestages und besonderer Berücksichtigung des Hauptstadtbeschlusses, Berlin 1997 – zugleich Diss. Bochum 1996.

Kunze, Richard / Bronner, Otto / Katz, Alfred: Gemeindeordnung für Baden-Württemberg, 4. A., 12. Lfg. (Stand: Mai 2002), Stuttgart.

Ladeur, Karl-Heinz: Zum Anspruch des fraktionslosen Gemeinderatsmitglieds auf Einräumung von Mitgliedschaftsrechten in Gemeinderatsausschüssen, in BayVBl. 1992, S. 387 ff.

Landsberg, Gerd / Zimmermann, Uwe: Eine Verfassung für Europa, in StuG 2004, S. 3 ff.

Larenz, Karl / Canaris, Claus-Wilhelm: Methodenlehre der Rechtswissenschaft, 3. A., Berlin/Heidelberg/New York/Barcelona/Budapest/Hongkong/London/Mailand/Paris/Singapur/Tokio 1995.

Larenz, Karl: Methodenlehre der Rechtswissenschaft, 6. A., Berlin/Heidelberg/New York/London/Paris/Tokio/Hongkong/Barcelona/Budapest 1991.

Lehmann-Grube, Hinrich: Aufgaben und Zuständigkeiten der kommunalen Vertretungskörperschaft, in: *Püttner, Günter* (Hrsg.), HdbKWP II, 2. A., Berlin/Heidelberg/New York 1982, § 28 C.

Leinemann, Wolfgang: Die parlamentarische Diskontinuität und ihre Wirkungen im Gesetzgebungsverfahren, in JZ 1973, S. 618 ff.

Lieber, Hasso / Rautenberg, Erardo Cristoforo: Wider das herrschende Immunitätsrecht!, in DRiZ 2003, S. 56 ff.

Linck, Joachim / Jutzi, Siegfried / Hopfe, Jörg: Die Verfassung des Freistaats Thüringen, Stuttgart/München/Hannover/Berlin/Weimar/Dresden 1994.

Linck, Joachim: Die Parlamentsöffentlichkeit, in ZParl. 23 (1992), S. 673 ff.

Linden, Jürgen: Historische, rechtstheoretische und pragmatisch-politische Rechtfertigung der Indemnität in der parlamentarischen Demokratie der Bundesrepublik Deutschland und im Rechtsvergleich mit anderen Verfassungen, Diss. Köln 1978.

Lissack, Gernot: Bayerisches Kommunalrecht, 2. A., München 2001.

Loewenstein, Karl: Zum Begriff des Parlamentarismus, in: *Kluxen, Kurt* (Hrsg.), Parlamentarismus, 5. A., Königstein/Ts. 1980, S. 65 ff.

Löwer, Wolfgang: Der Gemeinderat als Petitionsadressat?, in StuGB 1979, S. 29 ff.

Löwer, Wolfgang: Zur Problematik der Bildung von „Unterausschüssen" auf der gemeindlichen Ebene, in SKV 1975, S. 35 ff.

Lübking, Uwe / Vogelsang, Klaus: Die Kommunalaufsicht, Berlin 1998.

Lüdemann, Jörn: Die verfassungskonforme Auslegung von Gesetzen, in JuS 2004, S. 27 ff.

Lutze, Christian: Ein präsidiales Missverständnis über die formelle Prüfungskompetenz, in NVwZ 2003, S. 323 ff.

Maassen, Hermann: Zur Einschränkung des Grundsatzes der Diskontinuität, in: Aktuelle Rechtsprobleme: Hubert Schorn zum 75. Geburtstag, Frankfurt a.M. 1966, S. 68 ff.

Mangoldt, Hermann von / Klein, Friedrich / Starck, Christian (Hrsg.): Das Bonner Grundgesetz, Band 1 (GG-Kommentar I), 4. A., München 1999.

Mangoldt, Hermann von / Klein, Friedrich / Starck, Christian (Hrsg.): Das Bonner Grundgesetz, Band 2 (GG-Kommentar II), 4. A., München 2000.

Mangoldt, Hermann von / Klein, Friedrich / Starck, Christian (Hrsg.): Das Bonner Grundgesetz, Band 3 (GG-Kommentar III), 4. A., München 2001.

Maunz, Theodor / Dürig, Günter / Herzog, Roman u.a.: Grundgesetz, Kommentar, Band 2 (Art. 12 a – 20 GG) (GG-Kommentar II), Stand Februar 2003, München.

Maunz, Theodor / Dürig, Günter / Herzog, Roman u.a.: Grundgesetz, Kommentar, Band 3 (Art. 20 a – 53 GG) (GG-Kommentar III), Stand Februar 2003, München.

Maunz, Theodor / Dürig, Günter / Herzog, Roman u.a.: Grundgesetz, Kommentar, Band 4 (Art. 53 a – 88 GG) (GG-Kommentar IV), Stand Februar 2003, München.

Maunz, Theodor / Dürig, Günter / Herzog, Roman u.a.: Grundgesetz, Kommentar, Band 5 (Art. 92 – 146 GG) (GG-Kommentar V), Stand Februar 2003, München.

Maunz, Theodor: Die verfassungsgebende Gewalt im Grundgesetz, in: *Kurz, Hanns* (Hrsg.), Volkssouveränität und Staatssouveränität, Darmstadt 1970, S. 311 ff.

Maunz, Theodor: Verfassungshomogenität von Bund und Ländern, in: *Isensee, Josef / Kirchhof, Paul* (Hrsg.), Handbuch des Staatsrechts der Bundesrepublik Deutschland, Band 4 (HdbStR IV), 2. A., Heidelberg 1999, § 95.

Maunz, Theodor / Zippelius, Reinhold: Deutsches Staatsrecht, 30. A., München 1998.

Maurer, Hartmut: Die Gegenzeichnung nach dem Grundgesetz, in: *Börner, Bodo / Jahrreiß, Hermann / Stern, Klaus* (Hrsg.): Einigkeit und Recht und Freiheit – Festschrift für Karl Carstens, Band 2, Köln/Berlin/Bonn/München 1984, S. 701 ff.

Maurer, Hartmut: Rechtsfragen kommunaler Satzungsgebung, in DÖV 1993, S. 184 ff.

Mayer, Volker: Kommunale Selbstverwaltung in den ostdeutschen Ländern – verfassungsrechtliche Grundlagen und verwaltungsrechtliche Ausgestaltung der Stellung der Gemeinden im Staat, Bayreuth 2001 – zugleich Diss. Bayreuth 2001.

Medding, Josef: Das Verbot der Abgeordnetenbehinderung nach Art. 48 Abs. 2 GG, in DÖV 1991, S. 494 ff.

Medding, Josef: Der Wahlvorbereitungsurlaub eines Bewerbers um einen Sitz im Deutschen Bundestag, in VR 1990, S. 161 ff.

Menger, Christian-Friedrich: Die Problematik des sogenannten kommunalrechtlichen Vertretungsverbotes, in NJW 1980, S. 1827 ff.

Menzel, Jörg: Unvereinbarkeit von Amt und Mandat in den Ländern nach Art. 137 Abs. 1 GG und Landesverfassungsrecht, in DÖV 1996, S. 1037 ff.

Merten, Detlef: Möglichkeiten und Grenzen der Selbstverwaltung, in: *ders.* (Hrsg.), Die Selbstverwaltung im Krankenversicherungsrecht, Berlin 1995.

Meyer, Hanns: Die Finanzverfassung der Gemeinden, Stuttgart 1969.

Meyer, Hans: Das parlamentarische Regierungssystem des Grundgesetzes, in VVDStRL 33 (1975), S. 69 ff.

Meyer, Hans: Demokratische Wahl und Wahlsystem, in: *Isensee, Josef / Kirchhof, Paul* (Hrsg.), Handbuch des Staatsrechts der Bundesrepublik Deutschland, Band 2 (HdbStR II), 2. A., Heidelberg 1998, § 37.

Meyer, Hans: Der Überhang und anderes Unterhaltsame aus Anlaß der Bundestagswahl 1994, in KritV 77 (1994), S. 312 ff.

Meyer, Hans: Die Stellung der Parlamente in der Verfassungsordnung des Grundgesetzes, in: *Schneider, Hans-Peter / Zeh, Wolfgang* (Hrsg.), Parlamentsrecht und Parlamentspraxis in der Bundesrepublik Deutschland, Berlin/New York 1989, § 4.

Meyer, Hans: Kommunalrecht, in: *ders. / Stolleis, Michael* (Hrsg.): Staats- und Verwaltungsrecht für Hessen (HessStVwR), 5. A., Baden-Baden 2000, S. 169 ff.

Meyer, Hans: Kommunalwahlrecht, in: *Püttner, Günter* (Hrsg.), Handbuch der kommunalwissenschaftlichen Praxis, Band 2 (HdbKWP II), 2. A., Berlin/Heidelberg/New York 1982, § 27 B.

Meyer, Hans / Borgs-Maciejewski: Verwaltungsverfahrensgesetz, 2. A., Frankfurt a.M. 1982.

Meyer, Hubert: Amtspflichten der Rechtsaufsichtsbehörde – Staatliche Fürsorge statt Selbstverantwortung?, in NVwZ 2003, S. 818 ff.

Meyer, Hubert: Das Recht der Ratsfraktionen, Wiesbaden 1994.

Meyer, Hubert: Kommunales Parteien- und Fraktionenrecht, Baden-Baden 1990.

Meyer, Hubert: Kommunalrecht (Landesrecht Mecklenburg-Vorpommern), 2. A., Baden-Baden 2002.

Meyer-Goßner, Lutz: Strafprozessordnung, 47. A., München 2004.

Meyn, Karl-Ulrich: Gesetzesvorbehalt und Rechtsetzungsbefugnis der Gemeinden, Göttingen 1977.

Meyn, Karl-Ulrich: Kommunalrecht, in: *Huber, Peter* (Hrsg.), Thüringer Staats- und Verwaltungsrecht (ThürStVwR), Stuttgart/München/Hannover/Berlin/Weimar/Dresden 2000, S. 197 ff.

Meyn, Karl-Ulrich: Thüringer Kommunalordnung und Verfassungsrecht, in LKV 1995, S. 265 ff.

Miller, Manfred: Von der bürgerschaftlichen Mitwirkung zum Parteienprivileg?, in DVBl. 1986, S. 1131 ff.

Misera-Lang, Kathrin: Dogmatische Grundlagen der Einschränkbarkeit vorbehaltloser Grundrechte, Frankfurt a.M. 1999 – zugleich Diss. Freiburg i.Br. 1998.

Molitor, Roland: Die Befangenheit von Gemeinderatsmitgliedern: eine Untersuchung anhand Art. 49 der Bayerischen Gemeindeordnung mit Bezug auf die Kommunalverfassungen aller Bundesländer, Regensburg 1993 – zugleich Diss. Passau 1993.

Morlok, Martin: Parlamentarisches Geschäftsordnungsrecht zwischen Abgeordnetenrecht und politischer Praxis, in JZ 1989, S. 1035 ff.

Müller, Albrecht: Von der Parteiendemokratie zur Mediendemokratie, Opladen 1999.

Müller, Friedrich / Christensen, Ralph: Juristische Methodik, Band I, 8. A., Berlin 2002.

Müller, Klaus: Kontinuierliche oder intervallierte Gesetzgebung?, in DÖV 1965, S. 505 ff.

Münch, Ingo von (Hrsg.): Grundgesetzkommentar, Band 2 (Art. 21 – 69 GG), 2. A., München 1983.

Münch, Ingo von/ Kunig, Philip (Hrsg.): Grundgesetzkommentar, Band 2 (Art. 21 – 69 GG), 5. A., München 2001.

Münch, Ingo von/ Kunig, Philip (Hrsg.): Grundgesetzkommentar, Band 3 (Art. 70 – 146 GG), 5. A., München 2003.

Muckel, Stefan: Die Selbstverwaltung in der Sozialversicherung auf dem Prüfstand des Demokratieprinzips, in NZS 2002, S. 118 ff.

Musil, Andreas: Das Bundesverfassungsgericht und die demokratische Legitimation der funktionalen Selbstverwaltung, in DÖV 2004, S. 116 ff.

Mutius, Albert von / Ruge, Kay: Rechtsgrundlagen und Grenzen des Rederechts der Rechtsaufsicht in Sitzungen kommunaler Vertretungskörperschaften, in LKV 1998, S. 377 ff.

Mutius, Albert von: Das Kommunalwahlrecht für Ausländer ist verfassungswidrig, in: JURA 1991, S. 410 ff.

Mutius, Albert von: Das Selbstverwaltungsrecht der Gemeinden und Gemeindeverbände, in JURA 1982, S. 28 ff.

Mutius, Albert von: Höchstrichterliche Rechtsprechung zum Verwaltungsrecht – Zum personalen Geltungsbereich des Petitionsrechts, in VerwArch. 70 (1979), S. 165 ff.

Naßmacher, Karl-Heinz: Funktionen politischen Personals in lokalen Vertretungskörperschaften (Kommunalparlamenten), in ZParl. 4 (1973), S. 550 ff.

Neßler, Volker: Konsens und Dissens im Deutschen Bundestag – Faktoren der Willensbildung im Parlament, in ZG 1998, S. 84 ff.

Nolte, Dirk: Aussagegenehmigung für Abgeordnete des Bundestages, in MDR 1989, S. 514 f.

Obermayer, Klaus: Kommentar zum Verwaltungsverfahrensgesetz, 3. A., Neuwied/Kriftel 1999.

Oebbecke, Janbernd: Kommunalaufsicht – nur Rechtsaufsicht oder mehr?, in DÖV 2001, S. 406 ff.

Oebbecke, Janbernd: Demokratische Legitimation nicht-kommunaler Selbstverwaltung, in VerwArch 81 (1990), S. 349 ff.

Oebbecke, Janbernd: Weisungs- und unterrichtsfreie Räume in der Verwaltung, Köln 1986.

Oerder, Michael: Grenzen der kommunalen Satzungsautonomie, in NJW 1990, S. 2104 ff.
Ossenbühl, Fritz: Rechtsverordnung, in: *Isensee, Josef / Kirchhof, Paul* (Hrsg.), Handbuch des Staatsrechts der Bundesrepublik Deutschland, Band 3 (HdbStR III), 2. A., Heidelberg 1996, § 64.
Ossenbühl, Fritz: Satzung, in: *Isensee, Josef / Kirchhof, Paul* (Hrsg.), Handbuch des Staatsrechts der Bundesrepublik Deutschland, Band 3 (HdbStR III), 2. A., Heidelberg 1996, § 66.
Ossenbühl, Fritz: Verfahren der Gesetzgebung, in: *Isensee Josef / Kirchhof, Paul* (Hrsg.), Handbuch des Staatsrechts der Bundesrepublik Deutschland, Band 3 (HdbStR III), 2. A. 1996, § 63.
Ossenbühl, Fritz: Vorrang und Vorbehalt des Gesetzes, in: *Isensee, Josef / Kirchhof, Paul* (Hrsg.), Handbuch des Staatsrechts der Bundesrepublik Deutschland, Band 3 (HdbStR III), 2. A., Heidelberg 1996, § 66.
Ott, Yvonne: Der Parlamentscharakter der Gemeindevertretung, Baden-Baden 1994 – zugleich Diss. Frankfurt a.M. 1994.
Papier, Hans-Jürgen: Die finanzrechtlichen Gesetzesvorbehalte und das grundgesetzliche Demokratieprinzip, Berlin 1973.
Patzelt, Werner J.: Deutschlands Abgeordnete: Profil eines Berufsstandes, in ZParl. 1996, S. 462 ff.
Penski, Ulrich: Rechtsgrundsätze und Rechtsregeln, in JZ 1989, S. 105 ff.
Petz, Helmut: Die Übertragbarkeit von Staatsaufgaben als Kreisverwaltungsaufgaben auf die kreisfreien Städte, in BayVBl. 1989, S. 353 ff.
Pfab, Susanne: Die Bedeutung kommunalrechtlicher Verfahrensanforderungen für das Bauleitplanverfahren, in JURA 1999, S. 625 ff.
Pfeifer, Johannes Christian: Das kommunale Vertretungsverbot – Sauberkeit der Verwaltung und anwaltliche Berufsausübung, in BayVBl. 1994, S. 577 ff.
Pieroth, Bodo / Schlink, Bernhard: Grundrechte Staatsrecht II, Heidelberg, 19. A. 2003.
Pitschas, Rainer: Struktur- und Funktionswandel der Aufsicht im Neuen Verwaltungsmanagement, in DÖV 1998, S. 907 ff.
Prutsch, Ulrich: Das kommunal-rechtliche Vertretungsverbot der Nordrhein-Westfälischen Gemeinde- und Kreisordnung, Diss. Köln 1984.
Püttner, Günter: Kommunale Selbstverwaltung, in: *Isensee, Josef / Kirchhof, Paul* (Hrsg.), Handbuch des Staatsrechts der Bundesrepublik Deutschland, Band 4 (HdbStR IV), 2. A., Heidelberg 1999, § 107.
Püttner, Günter: Kommunalrecht Baden-Württemberg, 2. A., Stuttgart/München/Hannover/Berlin/Weimar 1999.
Püttner, Günter: Zum Verhältnis zwischen Demokratie und Selbstverwaltung, in: *ders.* (Hrsg.), Handbuch der kommunalwissenschaftlichen Praxis, Band 2 (HdbKWP II), 2. A., Berlin/Heidelberg/New York 1982, § 25.
Randelzhofer, Albrecht: Das Grundgesetz unter Vorbehalt? Zum neuen Art. 146 GG, in: *Stern, Klaus*: (Hrsg.), Deutsche Wiedervereinigung, Band 1, Köln/Berlin/Bonn/München 1991, S. 141 ff.
Rehbinder, Manfred: Rechtssoziologie, 4. A., München 2000.
Reichert, Bernd / Baumann, Roland: Kommunalrecht (Baden-Württemberg), 2. A., Baden-Baden 2000.
Reimer, Franz: Verfassungsprinzipien, Berlin 2001 – zugleich Diss. Freiburg i.Br. 2000.
Reiter, Heinrich: Die Selbstverwaltung als Organisationsprinzip der Sozialversicherung, in DRV 1993, S. 657 ff.
Ridder, Helmut: Vom „freien Mandat“ zur Freiheit vom Mandat, in DÖV 1970, S. 617 ff.

Rohde, Claudia-Simone: Der Gemeinderat als Kontrollorgan – Informationsrechte und Akteneinsicht in Baden-Württemberg, Hamburg 2003 – zugleich Diss. Heidelberg 2002.

Roll, Hans-Achim: Kommentar zur Geschäftsordnung des Deutschen Bundestages, Baden-Baden 2001.

Roll, Hans-Achim: Verhaltensregeln, in: *Schneider, Hans-Peter / Zeh, Wolfgang* (Hrsg.), Parlamentsrecht und Parlamentspraxis in der Bundesrepublik Deutschland, Berlin/New York 1989, § 19.

Röper, Erich: „Umwahl" von Ausschußmitgliedern, in VR 1993, S. 331 ff.

Röper, Erich: Ausschußsitze auch für fraktionslose Stadtverordnete, in VR 1991, S. 298 f.

Rosenzweig, Klaus: Kommunalrecht, in: *Brandt, Edmund / Schinkel, Manfred-Carl* (Hrsg.), Staats- und Verwaltungsrecht für Niedersachsen (NStVwR), Baden-Baden 2002, S. 265 ff.

Rothe, Karl-Heinz: Gibt es noch ein Rederecht der kommunalen Mandatsträger?, in DÖV 1990, S. 736 ff.

Rothe, Karl-Heinz: Rechtsnatur und strittige Regelungen der Geschäftsordnungen kommunaler Vertretungskörperschaften, in DÖV 1991, S. 486 ff.

Rothe, Karl-Heinz: Verpflichtung des Hauptverwaltungsbeamten einer Gemeinde zur schriftlichen Beantwortung aller Anfragen von Ratsfraktionen, in NVwZ 1990, S. 936 ff.

Ruland, Franz: Funktion und Tradition sozialer Selbstverwaltung am Beispiel der gesetzlichen Rentenversicherung, in DRV 1993, S. 684 ff.

Rupp, Hans Heinrich: Die Unterscheidung von Staat und Gesellschaft, in: *Isensee Josef / Kirchhof, Paul* (Hrsg.), Handbuch des Staatsrechts der Bundesrepublik Deutschland, Band 2 (HdbStR II), 3. A., Heidelberg 2004, § 31.

Sachs, Michael (Hrsg.): Grundgesetz, 3. A., München 2003.

Sachs, Michael: Das parlamentarische Regierungssystem und der Bundesrat – Entwicklungsstand und Reformbedarf, in VVDStRL 58 (1999), S. 39 ff.

Schäfer, Martin: Zur Befangenheit von Gemeinderatsmitgliedern, in VBlBW 2003, S. 271 ff.

Scheuner, Ulrich: Art. 146 GG und das Problem der verfassungsgebenden Gewalt, in: *Kurz, Hanns* (Hrsg.), Volkssouveränität und Staatssouveränität, Darmstadt 1970, S. 288 ff.

Scheuner, Ulrich: Gemeindeverfassung und kommunale Aufgaben in der Gegenwart, in AfK 1 (1962), S. 149 ff.

Scheuner, Ulrich: Vom Nutzen der Diskontinuität zwischen Legislaturperioden, in DÖV 1965, S. 510 ff.

Schindler, Peter: Datenhandbuch zur Geschichte des Deutschen Bundestages 1949 bis 1999, Band 3 (Datenhandbuch III), Berlin 1999.

Schindler, Peter: Datenhandbuch zur Geschichte des Deutschen Bundestages 1949 bis 1999, Band 1 (Datenhandbuch I), Berlin 1999.

Schlaich, Klaus: Die Funktionen des Bundespräsidenten im Verfassungsgefüge, in: *Isensee Josef / Kirchhof, Paul* (Hrsg.), Handbuch des Staatsrechts der Bundesrepublik Deutschland, Band 2 (HdbStR II), 2. A., Heidelberg 1998, § 49.

Schlaich, Klaus: Wählbarkeitsbeschränkungen für Beamte nach Art. 137 Abs. 1 GG und die Verantwortung des Gesetzgebers für die Zusammensetzung der Parlamente, in AÖR 105 (1980), S. 188 ff.

Schmalz, Dieter: Methodenlehre für das juristische Studium, 4. A., Baden-Baden 1998.

Schmidt, Eva: Kommunalaufsicht in Hessen – eine dogmatische und empirische Untersuchung der §§ 135 ff. HGO, Frankfurt a.M. 1990 – zugleich Diss. Frankfurt a.M. 1990.

Schmidt-Aßmann, Eberhard: Die Garantie der kommunalen Selbstverwaltung, in: *Badura, Peter / Dreier, Horst* (Hrsg.), Festschrift 50 Jahre Bundesverfassungsgericht, Band II, Tübingen 2001, S. 803 ff.

Schmidt-Aßmann, Eberhard: Die kommunale Rechtssetzungsbefugnis, in: *Püttner, Günter* (Hrsg.), Handbuch der kommunalen Wissenschaft und Praxis, Band 3 (HdbKWP III), 2. A., Berlin/Heidelberg/New York 1983, § 53 B.

Schmidt-Aßmann, Eberhard: Die Rechtsetzungsbefugnis der kommunalen Körperschaften, in: *Mutius, Albert von* (Hrsg.), Selbstverwaltung im Staat der Industriegesellschaft – Festgabe zum 70. Geburtstag von Georg Christoph von Unruh, Heidelberg 1983, S. 607 ff.

Schmidt-Aßmann, Eberhard: Kommunalrecht, in *ders.* (Hrsg.): Besonderes Verwaltungsrecht, 12. A., Berlin 2003, 1. Kapitel.

Schmidt-Bleibtreu, Bruno / Klein, Franz: Kommentar zum Grundgesetz, 9. A., Neuwied/ Kriftel 1999.

Schmidt-Eichstaedt, Gerd: Die Machtverteilung zwischen der Gemeindevertretung und dem Hauptverwaltungsbeamten im Vergleich der deutschen Kommunalverfassungssysteme, in AfK 24 (1985), S. 20 ff.

Schmidt-Jortzig, Edzard / Hansen, Frank: Neue Rechtsgrundlage für die Bundestagsfraktionen, in NVwZ 1994, S. 1145 ff.

Schmidt-Jortzig, Edzard: Kommunale Organisationshoheit, Göttingen 1979.

Schmidt-Jortzig, Edzard: Kommunalrecht, Stuttgart/Berlin/Köln/Mainz 1982.

Schmidt-Jortzig, Edzard: Soll das kommunale Satzungsrecht gegenüber staatlicher und gerichtlicher Kontrolle gestärkt werden?, DVBl. 1990, S. 920 ff.

Schmidt-Jortzig, Edzard: Verfassungsgemäße und soziologische Legitimation gemeindlicher Selbstverwaltung im modernen Industriestaat, in DVBl. 1980, S. 1 ff.

Schneider, Hans-Peter: Das parlamentarische System, in: *Benda, Ernst / Maihofer, Werner / Vogel, Hans-Jochen* (Hrsg.), Handbuch des Verfassungsrechts der Bundesrepublik Deutschland, 2. A., Berlin/New York 1994, § 13.

Schoch, Friedrich: Das kommunale Vertretungsverbot, Siegburg 1981.

Schoch, Friedrich: Der Kommunalverfassungsstreit im System des verwaltungsgerichtlichen Rechtsschutzes – OVG Koblenz, NVwZ 1985, 283, in JuS 1987, S. 783 ff.

Schoch, Friedrich: Soll das kommunale Satzungsrecht gegenüber staatlicher und gerichtlicher Kontrolle gestärkt werden?, in NVwZ 1990, S. 801 ff.

Schoch, Friedrich: Verfassungsmäßigkeit und personeller Geltungsbereich des kommunalen Vertretungsverbots – BVerfG, NJW 1988, 694, und BVerwG, NJW 1988, 1994, in JuS 1989, S. 531 ff.

Schoch, Friedrich: Zum sachlichen Geltungsbereich des kommunalen Vertretungsverbots, in NVwZ 1984, S. 626 ff.

Scholtis, Norbert: Minderheitenschutz in kommunalen Vertretungskörperschaften, Siegburg 1986.

Schönke, Adolf / Schröder, Horst: Strafgesetzbuch: Kommentar, 26. A., München 2001.

Schreiber, Oliver: Zum Gebot der Spiegelbildlichkeit bei der Bildung und Besetzung gemeindlicher Ausschüsse in Bayern, in BayVBl. 1996, S. 134 ff., 170 ff.

Schröder, Meinhard: Grundlagen und Anwendungsbereich des Parlamentsrechts, Baden-Baden 1979.

Schröder, Meinhard: Kommunalverfassungsrecht, in: *Achterberg, Norbert / Püttner, Günter / Würtenberger, Thomas* (Hrsg.): Besonderes Verwaltungsrecht, Band 2, 2. A., Heidelberg 2000, § 16.

Schulte, Klaus: Volksvertreter als Geheimnisträger, Pfaffenweiler 1987 – teilweise zugleich Diss. Köln 1985 u.d.T.: Zeugnisverweigerungsrecht und Verschwiegenheitspflicht des Abgeordneten des Deutschen Bundestages.

Schulze, Heiko: Die Bedeutung der Kommunalpolitik im demokratischen Gemeinwesen, in: *Hammerbacher, Ruth* (Hrsg.), Handbuch Kommunale Politik, Stuttgart, Stand November 2000 (20. Lfg.), I/A 1.1, S. 1 ff.

Schulze, Heiko: Die Pflichten des Kommunalpolitikers, in: *Hammerbacher, Ruth* (Hrsg.), Handbuch Kommunale Politik, Stuttgart, Stand November 2000 (20. Lfg.), I/A 2.1, S. 1 ff.

Schulze, Heiko: Die Rechte des Kommunalpolitikers, in: *Hammerbacher, Ruth* (Hrsg.), Handbuch Kommunale Politik, Stuttgart, Stand November 2000 (20. Lfg.), I/A 3.1, S. 1 ff.

Schulze-Fielitz, Helmuth: Der Fraktionslose im Bundestag: Einer gegen alle?, in DÖV 1989, S. 829 ff.

Schuppert, Gunnar Folke: Staatsaufsicht im Wandel, in DÖV 1998, S. 831 ff.

Schuppert, Gunnar Folke: Selbstverwaltung, Selbststeuerung, Selbstorganisation – Zur Begrifflichkeit einer Wiederbelebung des Subsidiaritätsgedankens, in AÖR 114 (1989), S. 127 ff.

Schwanengel, Wito: Einwirkungen der Landesparlamente auf die Normsetzung der Exekutive, Berlin 2002.

Schwerdtfeger, Gunther: Welche rechtlichen Vorkehrungen empfehlen sich, um die Rechtsstellung von Ausländern in der Bundesrepublik Deutschland angemessen zu gestalten?, in Verhandlungen des 53. Deutschen Juristentages, München 1980, Gutachten A.

Schwerdtner, Eberhard: Chancengleichheit und Minderheitenschutz in der Kommunalpolitik, in DÖV 1990, S. 14 ff.

Schwerdtner, Eberhard: Das Mitwirkungsverbot wegen Befangenheit als Rechtsproblem, in VBlBW 1999, S. 81 ff.

Schwerdtner, Eberhard: Der Minderheitenschutz – auch ein elementarer Grundsatz im Kommunalrecht, in VBlBW 1993, S. 328 ff.

Seibert, Max-Jürgen: Beschränkung der Amtshaftung durch gemeindliche Satzung? – Zum Vorbehalt des Gesetzes im Bereich der Satzungsautonomie –, in DÖV 1986, S. 957 ff.

Seifert, Karl-Heinz: Die politischen Parteien in der Bundesrepublik Deutschland, Köln/Berlin/Bonn/München 1975.

Seiler, Christian: Der einheitliche Gesetzesvorbehalt, Berlin 2000 – zugleich Diss. Heidelberg 1999.

Selenkewitsch, Ilja: Der praktische Fall, Die Mitgliedschaft in Ausschüssen des Gemeinderates, in VR 1994, S .274 ff.

Sendel, Max: Empfiehlt es sich, die Prüfung der Wahlen für gesetzgebende Körperschaften als eine richterliche Thätigkeit anzuerkennen und deshalb der Rechtsprechung eines unabhängigen Wahlprüfungsgerichtshofes zu unterstellen?, in: Verhandlungen des 19. Deutschen Juristentages, Berlin 1888, Band 1, S. 130 ff.

Siebler, Klaus: Die Rechtsstellung der Gemeindevertreter in den Gemeindeordnungen der Bundesrepublik, Diss. Heidelberg 1961.

Sponer, Wolf-Uwe: Die verfassungsrechtliche Zulässigkeit der Wahrnehmung der Rechtsaufsicht durch ein ausschließlich kommunal strukturiertes Landratsamt, in LKV 2003, S. 314 ff.

Starck, Christian: Autonomie und Grundrechte – Zur Regelungsbefugnis öffentlich-rechtlicher Autonomieträger im Grundrechtsbereich, in AÖR 92 (1967), S. 449 ff.

Starck, Christian: Regelungskompetenz im Bereich des Art. 12 Abs. 1 GG und ärztliches Berufsrecht, in NJW 1972, S. 1489 ff.

Stargardt, Hans-Joachim: Stärkung der Kommunalparlamente oder kommunales „Wahlfürstentum"?, in VR 1991, S. 146 ff.

Stein, Ekkehart: Die rechtswissenschaftliche Arbeit, Tübingen 2000.

Stein, Friedrich / Jonas, Martin: Kommentar zur Zivilprozessordnung, Band 4 Teilband 2 (§§ 348 – 510 b), 21. A., Tübingen 1999.
Stelkens, Paul / Bonk, Heinz-Joachim / Sachs, Michael (Hrsg.): Verwaltungsverfahrensgesetz, 6. A., München 2001.
Stern, Klaus: Das Staatsrecht der Bundesrepublik Deutschland, Band 2, München 1980.
Stern, Klaus: Das Staatsrecht der Bundesrepublik Deutschland, Band 1, 2. A., München 1984.
Stern, Klaus: Der Gesetzgebungsnotstand – Eine vergessene Verfassungsnorm, in: *Jekewitz, Jürgen / Melzer, Michael / Zeh, Wolfgang* (Hrsg.): Politik als gelebte Verfassung, Opladen 1980, S. 129 ff.
Stober, Rolf: Kommunalrecht in der Bundesrepublik Deutschland, 3. A., Stuttgart/Berlin/Köln 1996.
Stühler, Hans-Ulrich: Rechtsanwalt zwischen Amt und Mandat – Das kommunale Vertretungsverbot gem. § 17 Abs. 3 S. 1 GemO Baden-Württemberg, in VBlBW 1993, S. 1 ff.
Stühler, Hans-Ulrich: Sind kommunale Grundstücksangelegenheiten in öffentlicher oder nichtöffentlicher Sitzung des Gemeinderats zu behandeln?, in VBlBW 1997, S. 288 ff.
Theisen, Rolf-Dieter / Klein, Günther: Befangenheit von Ratsmitgliedern, in VR 1977, S. 316 ff.
Thieme, Werner (Hrsg.): Niedersächsische Gemeindeordnung, 3. A., Köln/Berlin/Bonn/ München 1997.
Trachternach, Theo: Parteien in der kommunalen Selbstverwaltung, Würzburg 1974 – zugleich Diss. Bochum 1973 u.d.T.: Einflußnahme der politischen Parteien auf die kommunale Selbstverwaltung – Möglichkeiten und Grenzen.
Tröndle, Herbert / Fischer, Thomas: Strafgesetzbuch, 51. A., München 2003.
Troßmann, Hans: Der Bundestag – Verfassungsrecht und Verfassungswirklichkeit, in JöR 28 (1979), S. 1 ff.
Troßmann, Hans: Kommentar zum Parlamentsrecht des Deutschen Bundestages, München 1977.
Trute, Hans-Heinrich: Der fraktionslose Abgeordnete, in JURA 1990, S. 184 ff.
Trute, Hans-Heinrich: Urteilsanmerkung zu BVerfG, Urteil vom 17.12.2001 – 2 BvE 2/00, in JZ 2003, S. 148 ff.
Umbach, Dieter C. /Clemens, Thomas (Hrsg.): Grundgesetz, Band 2 (Art. 38 – 146 GG), Heidelberg 2002.
Unruh, Georg Christoph von: Selbstverwaltung als staatsbürgerliches Recht, in DÖV 1972, S. 16 ff.
Unruh, Georg Christoph von: Gebiet und Gebietskörperschaften als Organisationsgrundlagen nach dem Grundgesetz der Bundesrepublik Deutschland, in DVBl. 1975, S. 1 ff.
Versteyl, Amseln: Wider den Grundsatz der Diskontinuität der Parlamente – Überlegungen unter besonderer Berücksichtigung des Haushaltsrechts, in DVBl. 1973, S. 161 ff.
Vetter, Erwin: Das Subsidiaritätsprinzip in der Europäischen Union aus der Perspektive der deutschen Länder, in: *Hrbek, Rudolf* (Hrsg.), Das Subsidiaritätsprinzip in der Europäischen Union – Bedeutung und Wirkung für ausgewählte Politikbereiche, Tübingen 1995, S. 35 ff.
Vogel, Joachim: Juristische Methodik, Berlin/New York 1998.
Vonderbeck, Hans-Josef: Die Rechte eines Mitglieds des Deutschen Bundestages, in ZParl. 1983, S. 311 ff.
Wacker, Jörg: Sachkundige Bürger und Einwohner in gemeindlichen Ausschüssen, Berlin 2000 – zugleich Diss. Münster 1999.
Waechter, Kay: Kommunalrecht, 3. A., Köln/Berlin/Bochum/München 1997.

Walter, Tonio: Indemnität für Landtagsabgeordnete – zum Regelungsgehalt des § 36 StGB, in JZ 1999, S. 981 ff.

Walter, Tonio: Indemnität und Immunität (Art. 46 GG) im Überblick, in JURA 2000, S. 496 ff.

Walz, Simone / Süß, Stefan: Verfassungswidrigkeit der gewerbesteuerlichen Änderungen durch das Steuervergünstigungsabbaugesetz? – Gemeinde und Unternehmer als Spielball des Gesetzgebers, in DStR 2003, S. 1637 ff.

Wassermann, Rudolf (Hrsg.): Kommentar zum Grundgesetz für die Bundesrepublik Deutschland (Reihe Alternativkommentare), Band 1, Art. 1 – 37, 2. A., Neuwied 1989.

Wassermann, Rudolf (Hrsg.): Kommentar zum Grundgesetz für die Bundesrepublik Deutschland (Reihe Alternativkommentare), Band 2 (AK-GG II), Art. 18 – 80, 3. A., Neuwied/Kriftel 2001 (Stand: 2. EL August 2002).

Weber, Werner: Kommunalaufsicht als Verfassungsproblem, in: Aktuelle Probleme der Kommunalaufsicht, Berlin 1963, S. 17 ff.

Wegge, Georg: Zur normativen Bedeutung des Demokratieprinzips nach Art. 79 Abs. 3 GG, Baden-Baden 1996 – zugleich Diss. Marburg 1996.

Weißhaar, Erwin / Ihnen, Hans-Jürgen: Kommunalrecht Niedersachsen, 5. A., Hamburg 1998.

Wengenroth, Thomas: Rechtsstellung und Rechtsschutz der Gemeinderatsmitglieder in Baden-Württemberg, Berlin 1996 – zugleich Diss. Mannheim 1996.

Wessel, Michael: Urteilsanmerkung zu StGH BW, Urteil vom 26.10.1989 – GR 3/87, in VBlBW 1993, S. 172 ff.

Weyers, Hans-Leo: Über die „Unmittelbarkeit" als Rechtsbegriff, in JZ 1991, S. 999 ff.

Widtmann, Julius / Grasser, Walter: Bayerische Gemeindeordnung, 5. A. (Stand: Oktober 2003), München.

Wiefelspütz, Dieter: Die Immunität des Abgeordneten, in DVBl. 2002, S. 1229 ff.

Wiegand, Bernd / Grimberg, Michael: Gemeindeordnung für das Land Sachsen-Anhalt, 3. A., München 2003.

Wimmer, Raimund: Friedenswahlen in der Sozialversicherung – undemokratisch und verfassungswidrig, in NJW 2004, S. 3369 ff.

Witt, Olaf: Das Immunitätsrecht im Grundgesetz, in JURA 2001, S. 585 ff.

Wohlfahrt, Jürgen: Kommunalrecht – Auf der Grundlage des saarländischen KSVG, 3. A., Baden-Baden 2003.

Wollmann, Hellmut: Kommunalvertretungen: Verwaltungsorgane oder Parlamente?, in: *Hammerbacher, Ruth* (Hrsg.), Handbuch Kommunale Politik, Stuttgart, Stand November 2000 (20. Lfg.), I/C 2.1, S. 1 ff.

Wollmann, Hellmut: Modernisierung von Kommunalpolitik und –verwaltung zwischen Demokratie und Betriebswirtschaft – konträr, kompatibel, komplementär?, in: *Hammerbacher, Ruth* (Hrsg.), Handbuch Kommunale Politik, Stuttgart, Stand November 2000 (20. Lfg.), I/D 3.3, S. 1 ff.

Wülfing, Thomas: Grundrechtliche Gesetzesvorbehalte und Grundrechtsschranken, Berlin 1981 – zugleich Diss. Münster 1980.

Wurbs, Richard: Regelungsprobleme der Immunität und der Indemnität in der parlamentarischen Praxis, Berlin 1988 – zugleich Diss. Münster 1987.

Würtenberger, Thomas: Art. 146 GG n.F. Kontinuität oder Diskontinuität im Verfassungsrecht?, in: *Stern, Klaus* (Hrsg.), Deutsche Wiedervereinigung, Band 1, Köln/Berlin/Bonn/München 1991, S. 95 ff.

Würtenberger, Thomas: Staatsrechtliche Probleme politischer Planung, Berlin 1979.

Wurzel, Gabriele: Gemeinderat als Parlament?, Diss. Würzburg 1975.

Wurzel, Gabriele: Usurpation parlamentarischer Kompetenzen durch Stadt- und Gemeinderäte, in BayVBl. 1986, S. 417 ff.

Zeh, Wolfgang: Gliederung und Organe des Bundestages, in: *Isensee, Josef / Kirchhof, Paul* (Hrsg.), Handbuch des Staatsrechts der Bundesrepublik Deutschland, Band 2 (HdbStR II), 2. A., Heidelberg 1998, § 42.

Zeh, Wolfgang: Parlamentarisches Verfahren, in: *Isensee, Josef / Kirchhof, Paul* (Hrsg.), Handbuch des Staatsrechts der Bundesrepublik Deutschland, Band 2 (HdbStR II), 2. A., Heidelberg 1998, § 43.

Zender, Matthias: Die Minderheitsfraktion in der großstädtischen Vertretungskörperschaft, Diss. Trier 1982.

Ziekow, Jan: Der Status des fraktionslosen Abgeordneten – BVerfGE 80, 190, in JuS 1991, S. 28 ff.

Zippelius, Reinhold: Machkontrolle durch strukturelle Vielfalt und Funktionenteilung, in: *Müller, Georg / Rhinow, René A. / Schmidt, Gerhard / Wildhaber, Luzius* (Hrsg.), Staatsorganisation und Staatsfunktionen im Wandel, Basel/Frankfurt a.M. 1982, S. 147 ff.

Zippelius, Reinhold: Allgemeine Staatslehre, 14. A., München 2003.

Zöller, Thomas: Der praktische Fall: Mindeststärke von Ratsfraktionen, in VR 1993, S. 316 ff.

Zulegg, Manfred: Die Fraktionen in der kommunalen Vertretungskörperschaft, in: *Püttner, Günter* (Hrsg.), Handbuch der kommunalwissenschaftlichen Praxis, Band 2 (HdbKWP II), 2. A., Berlin/Heidelberg/New York 1982, § 28 E.

Peter Lang · Europäischer Verlag der Wissenschaften

Jörn Rathje

Der Ermittlungsbeauftragte des parlamentarischen Untersuchungsausschusses

Frankfurt am Main, Berlin, Bern, Bruxelles, New York, Oxford, Wien, 2004.
XIII, 173 S.
Europäische Hochschulschriften: Reihe 2, Rechtswissenschaft. Bd. 3912
ISBN 3-631-52503-6 · br. € 39.–*

Am 26. Juli 2001 ist das Gesetz zur Regelung des Rechts der Untersuchungsausschüsse des Deutschen Bundestages in Kraft getreten. Eine Neuerung ist § 10 des Gesetzes, der die Möglichkeit vorsieht, einen Ermittlungsbeauftragten zur Unterstützung der Tätigkeit des Untersuchungsausschusses einzusetzen. Ziel der Arbeit ist es, die Rechtsfigur des Ermittlungsbeauftragten in das Gefüge des parlamentarischen Untersuchungsrechts einzuordnen. Die Grundlagen des parlamentarischen Untersuchungsrechts werden dargestellt. Darauf aufbauend untersucht die Studie die Rechtsstellung des Ermittlungsbeauftragten. Erläutert werden seine Aufgaben, das Verfahren der Einsetzung und Bestimmung, seine Stellung im Verhältnis zum Untersuchungsausschuss, seine Befugnisse sowie die Bedeutung seiner Berichterstattung.

Aus dem Inhalt: Entwicklung des parlamentarischen Untersuchungsrechts · Untersuchungsrecht nach Inkrafttreten des Untersuchungsausschussgesetzes · Unterstützung des Untersuchungsausschusses durch einen Ermittlungsbeauftragten · Verfahren der Einsetzung und Bestimmung des Ermittlungsbeauftragten · Stellung im Verhältnis zum Untersuchungsausschuss · Befugnisse des Ermittlungsbeauftragten · Berichterstattung · Gesamtbewertung

Frankfurt am Main · Berlin · Bern · Bruxelles · New York · Oxford · Wien
Auslieferung: Verlag Peter Lang AG
Moosstr. 1, CH-2542 Pieterlen
Telefax 00 41 (0) 32 / 376 17 27

*inklusive der in Deutschland gültigen Mehrwertsteuer
Preisänderungen vorbehalten

Homepage http://www.peterlang.de

Kolibri 360 GmbH
Ferdinand-Jühlke-Straße 7
99095 Erfurt, Deutschland
produktsicherheit@kolibri360.de

Druck:
CPI Druckdienstleistungen GmbH
im Auftrag der
Kolibri 360 GmbH
Ferdinand-Jühlke-Str. 7
99095 Erfurt